北京丰台年鉴

2018

北京市丰台区地方志编纂委员会

中 华 书 局

2018

图书在版编目（CIP）数据

北京丰台年鉴.2018/北京丰台区地方志编纂委员会编. -- 北京: 中华书局, 2018.11

ISBN 978-7-101-13562-6

Ⅰ. ①北… Ⅱ. ①北… Ⅲ. ①丰台区－2018－年鉴
Ⅳ. ①Z521.3

中国版本图书馆 CIP 数据核字（2018）第 251401 号

北京丰台年鉴（2018）

北京市丰台区地方志编纂委员会编

*

中 华 书 局 出 版

（北京市丰台区太平桥西里 38 号　100073）

http: // www. zhbc. com. cn

E-mail: zhbc@zhbc. com. cn

廊坊市金虹宇印务有限公司印刷

*

787 * 1092 1/16　28.5 印张　37 插页　561 千字

2018 年 12 月第 1 版　　2018 年 12 月第 1 次印刷

印数：1300 册　　定价：200 元

ISBN 978-7-101-13562-6

北京市丰台区地方志编纂委员会

《北京丰台年鉴》编辑部

编 辑 说 明

一、《北京丰台年鉴》是一部综合性资料性工具书和史料文献。在丰台区委、区政府领导下，由区地方志编纂委员会主持编纂。

二、本年鉴以马克思列宁主义、毛泽东思想、邓小平理论、“三个代表”重要思想、科学发展观和习近平新时代中国特色社会主义思想为指导，全面贯彻党的十九大精神，坚持实事求是的原则，与时俱进，开拓创新，科学地反映客观情况。

三、本年鉴从 2002 年开始，逐年编辑出版。当年出版的年鉴全面汇集上一年度丰台区各项事业、行业等诸方面新发生的重大事件、新情况和重要的文献信息，为各级领导提供可资参考的依据，为各个行业提供有价值的资料，为各方面人士了解、熟悉和研究丰台提供最新信息。

四、本年鉴以详记区属各系统、各单位为主，略记驻区部分中央、市属单位的情况。

五、本年鉴采用文章、条目等体裁，以条目为主，用规范的语体文、记述体直陈其事，文字力求言简意赅。

六、本年鉴文字内容设有特载、区情概况、大事记、政党团体、政权政协、政法军事、农村经济和农业、工业、商贸服务业、高新技术产业、综合经济管理、财政税务审计、金融、城市建设和管理、交通邮电、科技教育、文化体育卫生、社会、街乡（镇）、人物、附录等一级栏目，一级栏目下设二级栏目，二级栏目下设分目，分目下设条目。

七、本年鉴收有2017年内丰台区党、政、军、民主党派、团体、街乡（镇）、部分企业负责人名录及驻区部分单位负责人名录，所列职务均以 2017 年内任职为限，其中有任免情况的分别予以说明，同时收有获得国家（中央部委）、市奖励与荣誉称号的单位和个人名单和获得高级职称的人员名单。

八、本年鉴选入的文章、条目均由各部门、各单位确定专人撰写，并经主管负责人审核。统计资料由区统计局提供，照片由各单位提供。

九、本年鉴反映2017年1月1日至12月31日期间的情况，文内一般直书月、日，不再写年份。

十、本年鉴由区地方志办公室《北京丰台年鉴》编辑部负责编辑、文字加工和版面设计。在编辑出版过程中得到了全区各单位及各方面的大力支持和热情帮助，在此一并表示感谢。由于编辑水平所限，疏漏和不足之处恳请读者批评指正。

北京丰台年鉴
2018 BEIJING FENGTAI NIANJIAN

数字丰台

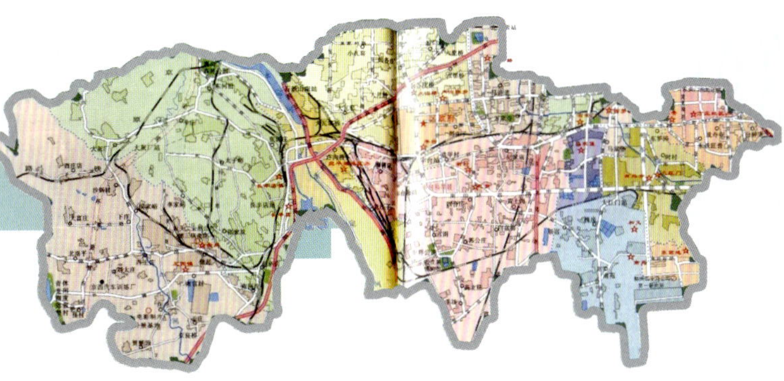

区域总面积 305.53平方公里

常住人口218.6万人

户籍人口113.9万人

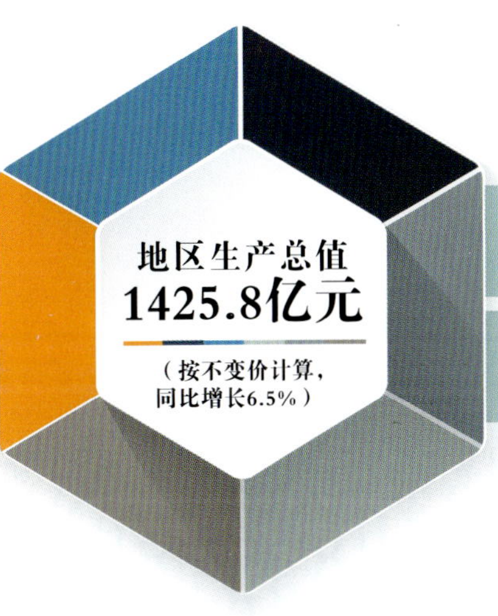

地区生产总值
1425.8亿元
（按不变价计算，同比增长6.5%）

金融机构各项存款余额7014.3亿元　同比增长11.1%

居民人均住房建筑面积29.2平方米

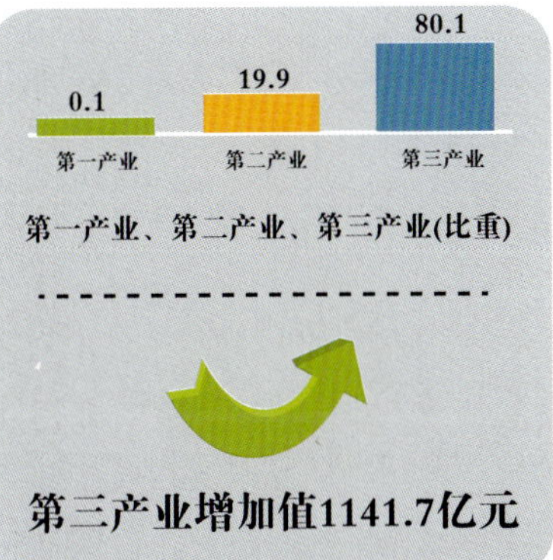

第一产业、第二产业、第三产业(比重)

第三产业增加值1141.7亿元

一般公共财政预算收入
113.1亿元

一般公共预算支出
227.4亿元

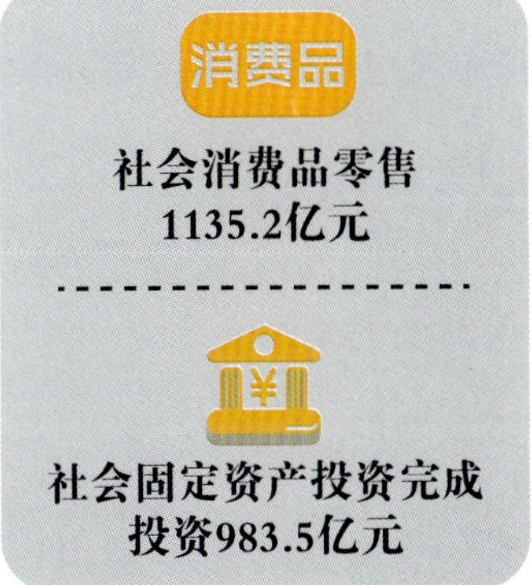

社会消费品零售
1135.2亿元

社会固定资产投资完成
投资983.5亿元

园区收入4800亿元
同比增长9%

规模以上工业总产值
308.7亿元

居民人均可支配收入55871元
同比增长9.2%

居民人均消费支出38127元
同比增长0.8%

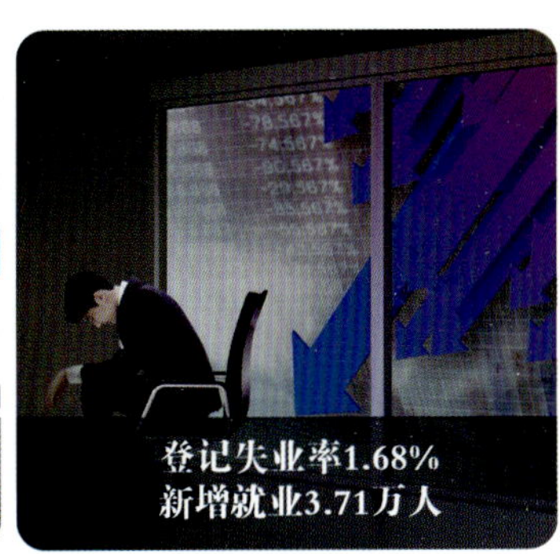

登记失业率1.68%
新增就业3.71万人

学校（幼儿园、小学、中学）个数：

幼儿园137所

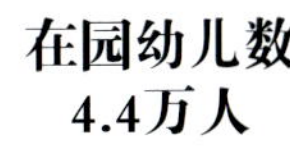

在园幼儿数
4.4万人

小学77所

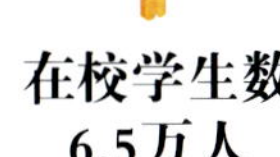

在校学生数
6.5万人

普通中学48所

在校学生数
2.2万人

中等职业学校5所

在校学生数
2180人

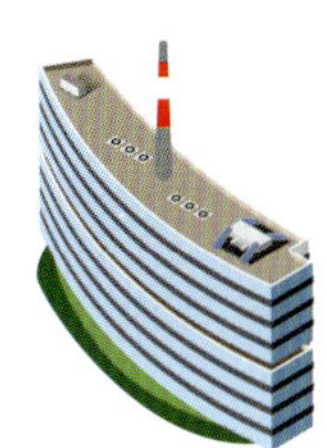

文化广场31个

体育场地1275个

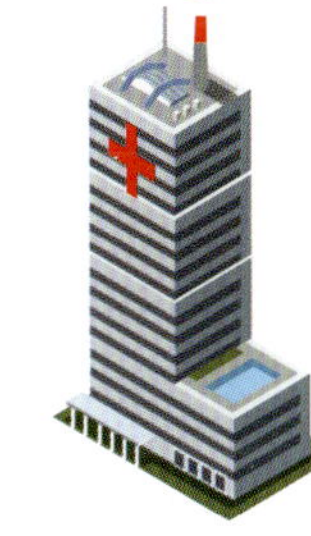

卫生机构个数539个

卫生技术人员数量
19706人

科技专利申请量11359件

4月19日，丰台区监察委员会成立大会召开

10月30日，丰台区召开党员干部群众党的十九大精神宣讲会

6月14日，丰台区流动党员创业创新驿站揭牌

6月25日，丰台区党员在宛平县衙旧址开展纪念全民族抗战爆发80周年主题党日活动

6月28日，丰台青年学生代表参观在宛平县衙旧址举办的“铭记历史，勿忘国耻”抗战史料展并宣誓

6月28日，卢沟桥乡大瓦窑村党史馆开馆

7月7日，100余名各界青年代表参加纪念全民族抗战爆发80周年纪念活动

9月29日，丰台区直机关工委在文化馆举办"两学一做"示范基层党组织和"两学一做"先锋颁奖仪式

4月16日至19日，丰台区第十六届人民代表大会第二次会议在北京双拥大厦召开

5月27日，中国少年先锋队北京市丰台区第六次代表大会在北京市第十二中学召开

7月12日，丰台区召开北京地区部队停止有偿服务房地产租赁行业试点工作部署会

8月9日，丰台区深化监察体制改革试点工作评估验收汇报会在区政府召开

11月21日至23日，丰台区第十六届人民代表大会第三次会议在东方美高美酒店召开

11月30日，丰台区科学技术协会第八次代表大会召开

2018年1月8日，丰台区政协第十届委员会第二次会议开幕

2018年1月9日，丰台区第十六届人民代表大会第四次会议召开

1月10日，丰台公安分局在亿潼龙万丰购物中心广场开展"110宣传日"主题活动

1月13日，丰台人民检察院与区属十三家司法和行政单位在区检察院会签《公益诉讼工作沟通协作办法（试行）》

3月30日，区法院速裁庭正式成立并召开体验式新闻通报会启动“三五五”速裁工作模式

6月9日，丰台区司法局与区法院、区检察院共同签署《关于执行社区服刑人员财产刑、附带民事赔偿案件的意见(试行)》

6月22日，丰台法院在中国人民抗日战争纪念雕塑园开展“法治初心”审判团队成立誓师大会暨员额法官入额一周年宣誓活动

6月26日，丰台区公安分局在首都经济贸易大学开展国际禁毒日集中宣传活动

7月2日，军休干部在抗战纪念雕塑园参加丰台区纪念全民族抗战爆发80周年歌会

7月27日，丰台区领导慰问消防支队官兵

7月31日，南苑街道机场社区举行双拥工作站揭牌仪式

7月18日，区法院举办丰法业务课堂

8月18日，召开丰台区律师参与多元调解、电子送达及网上预约立案工作推进会

9月8日，丰台区2017年欢送新兵入伍大会在中国人民抗日战争纪念馆召开

10月18日，区领导到卢沟桥乡西局地铁站检查党的十九大期间安全值守情况

11月9日，丰台消防支队在右安门悦秀城组织“119”消防演练活动

12月4日，丰台区司法局“学习贯彻党的十九大精神维护宪法权威”主题宣传活动在中国人民抗日战争纪念馆举行

5月18日，丰台区工商联与首都经济贸易大学经济学院举行非公经济人才培养基地签约和揭牌仪式

9月15日，民革丰台区工委在赵登禹学校举行赠送将军事迹光盘仪式

9月24日，民盟丰台区工委医务一支部教堂义诊

10月11日，方庄古二社区地区侨联举办“侨心向党心　共燃爱国情”主题活动

10月29日，民盟丰台区工委召开七届七次扩大会议暨2017年度重点课题报告研讨会

9月26日，民盟区工委“丰台区军民融合体系建设”课题调研座谈会召开

2月21日，中关村丰台园区北京碳世纪科技有限公司发布石墨烯锂离子五号充电电池烯储霸王产品

3月3日，用于发射天舟一号货运飞船的长征七号遥二火箭从天津港起航，奔赴海南文昌航天发射中心执行任务

3月23日，北京三兴汽车有限公司房车产品参加2017第14届中国（北京）国际房车露营展览会

4月20日晚19时41分，由中国航天科技集团研制的新一代中型运载火箭—长征七号遥二火箭发射天舟一号货运飞船圆满成功

5月28日，丰台区国家电子商务示范基地亮相在国家会议中心举办的京交会

9月19日，首都航天机械公司与英国焊接所（TWI）签订长期合作备忘录

9月26日，丰台区首家邮政惠民生活驿站——东高地邮政果菜超市开业

11月11日，北京三兴汽车有限公司中型高机动车型亮相军民融合装备展

12月22日“新商业 新品质 新生活”丰台区生活服务业创新发展推进会在汽车博物馆新闻发布厅召开

12月25日，升级改造后的新隆嘉超市菜市场一角

1月14日，丰台区首届“炫酷宝贝”体育舞蹈比赛在丰台区少年宫举行

3月9日，雷锋情景剧在汽车博物馆报告厅演出

3月15日，丰台二中附属实验小学少先队员代表走进丰台区气象局参加观云识天科普活动

4月3日至12日，比利时布兰肯堡市青少年代表团访问丰台区

4月16日，云岗街道在云岗中学举行"科技引领云岗人 共创文明示范区"活动

4月19日，丰台区职业与成人教育集团成立

4月20日，以“放飞希望，放飞梦想”为主题的2017年北京国际风筝节暨京津冀风筝交流活动在北京园博园开幕

4月30日，方庄地区第九届文化体育节在方庄体育公园开幕

5月13日，2017丰台区青年文化创新创业大赛暨第二届北京市文化创意创新大赛（丰台赛区）决赛创客之夜在竹海科技孵化器举办

5月26日，防灾减灾进校园活动在北京第二实验小学怡海校区举行

6月15日，市、区领导与“五月的鲜花”演职人员及先进个人、集体代表合影

7月5日，英国安妮公主访问和义街道幸福家庭快乐园

7月13至18日，丰台区少年宫代表团到日本东京都葛饰区进行友好交流

7月16日，东铁营街道在八一建军节前夕和北京京剧院携手在蒲黄榆礼堂为地区部队官兵及家属送上京剧《四郎探母》

8月4日，“新市民健康促进小屋”揭牌仪式在红星美凯龙北京西四环商场举行

9月15日，丰台区侨联举办“第八届首都新侨乡文化节”丰台合唱专场暨闭幕式

9月19日，以“创新驱动发展、科学破除愚昧”为主题的2017年全国科普日丰台区主场活动在南苑公园举行

9月22日，区领导到中国戏曲学院调研

9月23日，2017北京女子半程马拉松在北京园博园魅力开跑

9月29日，2017中国戏曲文化周盛会

9月29日，2017中国戏曲文化周期间剧目《年画娃娃》

9月29日，2017园博园中国戏曲文化周花车巡游

9月29日，区直机关“喜迎十九大 展干部风采”文艺汇演在区文化馆举办

10月1日，2017中国戏曲文化周上演的拉脱维亚儿童剧

10月5日，2017中国戏曲文化周北京园博里唱大戏

10月6日，2017中国戏曲文化周戏曲票友大赛表演现场

10月10日，南苑乡举办群众广场舞比赛

10月30日，北京市第一块具有中国建筑风格特色的门球场——造甲村门球场正式向市民开放

11月1日，“2017德中丝路老爷车拉力赛”收车仪式在北京汽车博物馆举行

11月16日至20日，丰台区开展文化科技卫生“三下乡”活动

11月21日，北京电子科技学院与中国科学技术大学联合培养博士研究生协议签字仪式

11月30日，丰台区举办第三轮全国艾滋病综合防治示范区总结暨第三十个“世界艾滋病日”宣传活动

12月2日，北京文联原创优秀文艺节目展演颁奖晚会上，获一等奖的牙拍舞进行展示演出

12月9日，首都航天机械公司一技术项目获国防邮电产业职工技术创新成果一等奖

12月25日，“守规矩、倡廉洁、扬正气”为主题的廉政舞台剧在区文化馆上演

1月8日，丰台区老干部活动团队2017年新春团拜会

3月8日，丰台区妇联举办“文明丰台 炫丽女性”妇女健身舞展示活动

9月19日，区领导查看卢沟桥社会福利中心

9月22日，和义街道举办第七届残疾人文化节

9月22日，区人力社保局组织区内用工企业前往内蒙古林西县召开2017年秋季就业扶贫暨京蒙对接扶贫招聘会

9月29日，丰台区妇女儿童社会服务中心举行揭牌仪式

9月30日，丰台区各界人士在二七烈士墓举行烈士公祭活动

10月12日，丰台区举办居家养老服务机构管理人员专业技能培训活动

10月26日，丰台区举行远程监测、分级求助空巢老年人健康能力提升项目启动仪式

11月9日，丰台区第十三届残疾人运动会在丰台体育中心举办

12月7日，卢沟桥乡小瓦窑村回迁房外挂电梯施工接近尾声

12月8日，丰台区总工会在国际创新创业博览会上的展台

12月24日，丰台区志愿者为老年人配发“连心通”腕表

12月26日，“寻找丰台最美社工”颁奖活动现场

3月28日，区领导到卢沟桥乡天兰天尾货市场调研疏解工作

5月15日，西罗园街道辖区内环境整治后的凉水河

8月16日，区领导调研久敬庄57号院疏解整治工作

9月30日，花乡京开市场疏解迁址到河北高碑店

10月20日，市、区领导调研丰台区宛平湖永定河综合治理与生态修复工作

11月12日，丰台团区委开展“保护水环境V蜂在行动”丰台青年志愿服务暨节水护水青年行动主题推动日活动

12月19日，丰台西站标准化建设“三年基础工程”表彰现场会

目 录

特 载

区情概况

大事记

政党 团体

政权　政协

政法　军事

农村经济和农业

工　业

商贸　服务业

科技·高新技术产业

综合经济管理

财政　税务　审计

金　融

城乡建设和管理

交通　邮电

文化　教育

体育　卫生

街乡（镇）

人　物

统计资料

附　录

索　引

特　　载

在区委十二届二次全会上的工作报告

2017 年 1 月 9 日

杨艺文

区第十二次党代会刚刚闭幕，会议对过去五年工作进行了回顾，对未来五年工作进行了谋划。为切实抓好党代会精神的贯彻落实，区委召开十二届二次全会，就2016年工作的收获和体会进行总结，对2017年工作进行部署。现在，我向全会进行报告。

一、关于 2016 年的各项工作

过去一年，常委会认真贯彻中央五大发展新理念，以发展理念转变引领发展方式转变；把握首都“四个中心”和国际一流和谐宜居之都新定位，服务保障首都核心功能；围绕“疏功能、转方式、治环境、补短板、促协同”新要求，明确了未来五年“以环境促发展”八个方面的目标任务，团结带领全区广大党员干部群众开拓创新、奋力拼搏，实现了“十三五”发展的良好开局。

（一）坚持以上率下，落实从严治党主体责任

常委会认为党要管党、从严治党是当前新形势下体现党领导核心作用的重要关键，也是引领和推动全区发展的重要保障，抓好党建就是最大的政绩，抓好党建就要落实在区委履行好主体责任上。围绕履行主体责任，常委会主要抓了以下五个方面工作。

抓思想政治引领。认真组织开展“两学一做”学习教育，组织学习十八届六中全会精神，重点围绕三个层级，强化理论武装。一是推动区级领导班子学深悟透，发挥好引领作用，健全常委会集体学习等制度，全年开展会前集体学习24次，开展理论中心组、“两学一做”等集中学习22次；二是推动中层干部学懂弄通，发挥好传导作用，把中央和市委的新精神新要求融入到各种教育培训中，继续开展处级党政“一把手”党建研修班，并首次组织处级“一把手”对党的政策法规进行闭卷测试；三是推动基层干部学以致用，发挥好实效作用，围绕功能疏解等重点任务，对乡镇、村两级班子和社区书记、主任进行了全员培训。同时，在学习中注重方式创新，结合习近平总书记“七一”重要讲话，开展了“长辛店1921红色党课”主题教育活动，区四套班子围绕科技创新和农村城市化到其他区进行专题学习。

抓党建统领全局。贯彻落实《中国共产党地方委员会工作条例》，加强自身建设，

修订完善了区委常委会工作规则和“三重一大”决策制度实施办法，新制定了区委全会、书记专题会和议事协调会等议事规则，进一步明确了区委常委会、区委书记、分管区领导从严治党责任清单。抓区级领导班子党组的建设，听取区人大常委会、政府、政协、法院、检察院五个党组的工作汇报，进一步加强区委对全区党建工作的领导。

抓班子队伍建设。坚决贯彻落实新时期“好干部”标准，制定实施了《关于民主推荐丰台区处级党政正职考察对象人选的实施办法》等10项制度规定，全年共调整处级干部640人。严格执行个人有关事项报告抽查核实制度，落实中央“凡提必核”要求，重点抽查核实科级以上干部1400余人。严格落实换届工作主体责任，按照中央和市委对换届工作的部署要求，严肃换届纪律，组织领导干部观看换届警示教育片，完成57个基层党组织、5个乡镇领导班子和区级领导班子换届，实现了中央和市委对换届工作“四个好”的目标要求。

抓干部作风建设。开展以“力学笃行、担当有为”为主题的作风建设年活动，加强正向激励，制定下发了《关于激励广大干部改革攻坚、担当作为的意见》。针对“不担当不作为”4个方面20种表象，深刻查摆，立行立改，区级领导查摆出问题83条，处级班子查摆出问题706条。认真做好中央环境保护督察组督办工作，区四套班子领导包片负责，组织了15个督导组，加强案件办理情况督导，着力解决群众身边的问题，已办结督察组交办案件418件，全区环境面貌得到明显改善。

抓党风廉政建设。积极实践监督执纪“四种形态”，研究制定了《丰台区关于把握和运用监督执纪“四种形态”的意见》等制度文件，重视教育预防，对苗头性倾向性问题抓早抓小，注重使用约谈提醒、函询、诫勉、给予党政纪轻处分等手段，切实体现“惩前毖后、治病救人”的方针。针对疏解非首都功能等工作中存在的纪律问题，下发了《关于全区党员干部在非首都功能疏解中带头遵规守纪的通知》，广大干部遵规守纪意识明显提高。

（二）坚持核心引领，推动功能疏解与转型升级

常委会认为，保持经济健康平稳发展，必须深入贯彻新发展理念，坚持疏解功能谋发展，努力实现转型升级、提质增效的目的。围绕重大事项，加强组织调度，面对疏功能、降人口的新形势，及时调整完善疏解非首都功能协同发展领导小组，建立区级领导分片督导工作机制，研究制定限制、转型、退出的政策措施，定期听取功能疏解、人口调控等工作进度，统筹推动南苑地区协同发展，确定了“两减、两增、两降、两升、两创”的工作目标，促进功能疏解与产业升级、人口调控、环境提升等工作有机结合。围绕重点产业，加强研究决策，着眼“高精尖”产业的融合发展，定期听取丰台科技园区、丽泽金融商务区等重点功能区发展情况，不断完善创新创业政策体系，提升科技创新能力；着眼都市生活性服务业的创新发展，推进互联网与传统服务业不断融合发展，加快国家电子商务示范基地建设；积极探索健康服务业发展新思路，多次专题研究健康服务业发展新模式，并成功创建了国家中医药综合改革试验区。围绕重大问题，加强研究谋划，针对农村集体经济和楼宇经济特点，出台了《关于鼓励乡镇楼宇建设“专精特新”企业创新创业示范基地的实施意见》等政策，推动农村地区产业布局与功能疏解、创新发展有机融合；发挥生态优势，积极引入新的发展理念和社会资本，大力促进农村地区旅游休闲、健康养老、体育健身等绿色产业的融合发展。经过一年的努力，功能疏解、人口调控、经济发展的各项指标任务都按计划完成。

（三）坚持改革谋划，提升城市规划建设管理水平

常委会认为，城市工作是一个系统工程，做好新时期的城市工作，必须认识、尊重、顺应城市发展规律，深化规划建设管理体制改革。加强顶层设计，坚持以规划引领发展，启动丰台空间战略规划研究编制工作，与“十三五”规划有机融合，推动“生产、生活、生态”空间合理布局的有效落地；积极谋划河西地区产城融合发展模式，获批了全市唯一一个国家级产城融合示范区；结合今年的防汛抗洪工作，积极争取市级支持，启动了补齐水务基础设施短板行动计划的编制，三年内将有21个项目落地；抓住进入首都中心城区的契机，推动《基础设施补短板三年建设方案》尽早列入全市总体工作安排。重视深化改革，认真落实中央城市工作会议精神，制定了《关于深化改革提升城市规划建设管理水平全面打造和谐宜居人文环境的实施意见》，对丰台城市科学发展提出了新要求；集中研究了城乡环境建设管理、城市管理、综合行政执法等改革方案，深入研究了街道、社区管理体制改革，为进一步理顺城市管理体系奠定坚实的基础。督促任务落实，围绕中央环境保护督察组的督察工作要求，进一步加强环境保护和生态文明建设的组织领导、统筹协调和监督问责；围绕大气污染防治，系统推进“煤改清洁能源”、工业污染企业退出、控车减油、节能改造等措施；围绕水污染防治，统筹推进河道治理和黑臭水体治理；围绕城市秩序难点治理，加大对地下空间、群租房、“开墙打洞”、占道经营等的整治力度，全年拆除既有违法建设201万平方米。

（四）坚持以文筑城，提升城市发展内涵

常委会认为，文化是一个城市的灵魂和内在魅力，要坚持把文化建设作为推动地区科学发展、转变经济发展方式的重要抓手，挖掘文化底蕴，整合人文资源，彰显丰台文化魅力和城市发展品质。注重保护历史文化资源，积极推动卢沟桥-宛平城作为国家重大活动纪念地和历史文化旅游休闲地区的环境提升，研究谋划长辛店-二七厂“一街一厂”历史风貌和民族工业遗产保护工程，启动长辛店老镇历史文化风貌有机更新，推进地区文脉的保护、延续和传承。注重塑造特色文化品牌，秉承高端化、精品化、国际化的标准，成功举办“中国-中东欧国家艺术合作论坛”和2016北京戏曲文化周品牌活动，提升了丰台文化的知名度和影响力。注重丰富群众文化生活，举办“卢沟晓月”中秋赏月会、中医药健康养生文化季、“北宫森林音乐厅”金秋演出季等一系列具有地区特色、群众喜闻乐见的文化休闲活动，不断满足人民群众日益增长的精神文化需求。注重提高城市文明水平，按照首都中心城区的更高标准，部署启动“首都文明示范区”创建工作，为驻区单位、部队和广大人民群众营造和谐宜居的人文环境，全面提升市民文明素养和区域文明程度。

（五）坚持民生导向，着力增进人民福祉

常委会认为，民生连着民心，解决民生问题是最大的政治，要坚持以人民为中心的发展思想，把保障和改善民生作为一切工作的出发点和落脚点，围绕就业、收入、教育、医疗、养老等关乎老百姓生活的各个方面，全力谋实事、办好事、解难事，让群众获得看得见、摸得着的实惠。始终把就业作为民生之本，在全市率先制定实施《关于做好新形势下就业创业工作的实施意见》，加大创业带就业支持力度，根据城乡建设的实际需求，做好多层次的就业引导工作，保持了就业形势持续稳定。始终把增收作为核心任务，加大产业引导资金投入力度，持续做好经济薄弱村帮扶，扶持农业观光产业发展，实现居民人均可支配收入增速高于地区生产总值增速。始终把教育作为头等大事，强化党对教育工作的领导，在全市率先召开全

区教育工作会议，坚持以立德树人为核心定位，谋划部署了“十三五”时期教育发展战略，提出由教育大区向教育强区迈进的发展目标。始终把健康作为第一追求，引进、整合优质医疗资源，加强分级诊疗体系和医联体建设，在社区推广家庭医生式服务，不断扩大基本卫生服务覆盖面。始终把养老作为重点工程，在全市率先出台《贯彻落实〈北京市居家养老服务条例〉的实施意见》及配套措施，积极引入社会资本注入养老服务和建设，有效增加养老服务供给。

（六）坚持民主法治，夯实安全稳定基础

常委会积极推进民主法治建设，统筹团结全区各方力量，切实提高依法治区水平，努力营造和谐稳定的区域环境。重视发挥区人大作为地方国家权力机关的职能作用，支持区人大及其常委会依法对首都公共文化服务示范区创建、污水处理设施建设管理、居家养老服务条例贯彻落实等有关工作进行审议和监督，对区域重大事项行使决定权。重视发挥区政协凝心聚力的作用，制定了《关于进一步加强政协协商民主建设的实施意见》，围绕推进都市生活性服务业创新示范区建设等议题进行政治协商，支持政协及其常委会对功能疏解、京津冀协同发展等重大问题积极建言献策、开展民主监督。重视发挥统一战线的优势和作用，研究出台《关于加强统一战线统筹协调工作的意见》，构建“大统战”工作格局，加强民主党派沟通交流，就经济社会发展、重要人事安排等事项充分听取党外人士意见建议，支持民主党派、工商联、宗教团体做好换届工作。重视发挥双拥工作的桥梁纽带作用，深化军政沟通协调机制，搭建军民合作互助平台，荣获“全国双拥模范城”六连冠。重视发挥法治建设维护和谐稳定的积极作用，支持司法体制改革，加快立体化社会治安防控体系建设，狠抓安全生产责任落实，注重从源头上预防和减少社会矛盾纠纷，维护了地区政治稳定和社会安定。

关于抓党建工作情况，常委会已向全会提交了书面报告，请同志们审议。

在总结成绩的同时，常委会也清醒看到存在的问题和不足：党建主体责任的层层传导还需要强化，疏解功能与优化提升的统筹谋划还需要加强，改革创新的着力点和方向还需要精准，补齐基础设施短板和破解城乡一体化难题还需要加快，群众对区域环境和服务的满意度还需要进一步提高。对此，我们要保持清醒认识，不忘初心、继续前进，努力把各方面工作做得更加扎实、更有成效。

二、关于2017年的各项工作

同志们，2017年是在新的起点上继续深入推进“十三五”发展战略的关键一年。中央经济工作会议深入分析了当前国内国际经济形势，明确提出了今年经济工作的目标任务、重大政策和原则要求。市委第十二次全会在深刻学习、准确把握中央精神的基础上，强调部署了把握稳中求进工作总基调、深化供给侧结构性改革、推进城市治理、加强党的领导等重点工作。区委结合“十三五”时期“核心引领、双轮驱动、两翼并举、统筹融合”发展战略，在坚持疏解功能谋发展的总体思路下，提出了“以环境促发展”八个方面的目标任务，确立了开创现代化国际化首都中心城区新局面的发展方向。围绕中央和市委各项决策部署以及丰台区“十三五”发展战略和党代会确定的发展思路，常委会针对2017年工作，研究确定了“坚持党建统领、夯实两个基础、聚焦八个重点”的工作目标任务，提交全会讨论审议。本次全会就是进一步把思想、行动、工作重点统一到中央和市委的要求上来，增强定力，巩固成果，乘势而上，抓好落实。

（一）要始终秉承稳中求进的工作总基调

党的十八大以来，历年中央经济工作会议都将“稳中求进”作为工作总基调。去年

12月14日至16日召开的最新一次中央经济工作会议，把稳中求进工作总基调从经济领域提升到了治国理政重要原则的新高度。按照中央的总体要求，市委全会就2017年工作提出了“坚持稳中求进工作总基调、坚持以提高质量和效益为中心、坚持以推进供给侧结构性改革为主线”等工作要求。对此，我们必须认识到，“稳”不是无所作为，“稳中求进”不是“稳而不进”，必须要正确审视“稳”与“进”的关系，在准确把握大的形势背景下奋勇争先、有所作为。

一是稳大局，在坚持首都政治站位上有所作为。北京各方面工作都具有代表性、指向性，建设和管理好首都，是国家治理体系和治理能力现代化的重要体现。坚持首都的政治站位，就是要认真贯彻落实习近平总书记“2.26”讲话精神和京津冀协同发展战略，围绕“四个中心”战略定位和建设国际一流和谐宜居之都总体目标，坚持把疏解非首都功能作为贯彻落实五大发展理念、落实国家京津冀协同发展战略的重要举措。在中央经济工作会议上，习近平总书记对以疏解北京非首都功能为重点的京津冀协同发展战略再次进行了重点阐述。我们要深刻学习领会中央关于首都各项战略决策，始终把首都功能定位作为我们工作的基本遵循。坚持首都政治站位，就是要牢固树立“四个意识”特别是核心意识、看齐意识，坚决维护中央权威，坚持首都“四个服务”职责，以首善的工作标准履行好首都的政治责任，把优化首都核心功能、服务首都发展大局作为全体党员干部履职担当的核心主旨，不断增强政治责任感和历史使命感，坚决落实好非首都功能疏解、年度经济社会发展指标任务、大气治理、环境建设等各项工作。稳大局，要进一步夯实民主政治建设的基础，加强和改善人大工作，筹备召开第四次人大工作会议，切实发挥好人民代表大会制度优势；要坚持重大问题政治协商制度，推动协商民主广泛多层制度化发展；要深化落实“大统战”工作格局，加强与各党派团体的联系沟通，为落实首都政治站位、推动区域科学发展汇集力量、凝聚共识。

二是稳增长，在推动供给侧结构性改革上有所作为。习近平总书记在中央经济工作会议上强调，供给侧结构性改革最终目的是满足需求，主攻方向是提高供给质量，根本途径是深化改革。我们要认识到，推进非首都功能疏解、促进经济发展转型升级提质增效，与深化供给侧结构性改革一脉相承，其目的都是为了更好地提高供给质量、满足市场需求、带动经济发展。特别是对于丰台区来说，传统产业比重较大、占用资源较多、质量效益偏低，推动供给侧结构性改革对我区优化产业结构、提高发展质量带来了新机遇。因此，我们要按照中央、市委的决策部署，立足区域产业特点和资源禀赋，通过疏解低端产业为优化产业结构、转变增长方式释放发展空间。要针对我区服装、花卉、农副产品等传统产业特点，紧密围绕都市生活性服务业创新示范区建设，广泛运用“互联网+”、线上线下等创新组织方式、产业业态和产业模式，加快传统产业转型升级，不断提高生活性服务业品质，满足多层次、多元化需求，进一步做优做强实体经济，形成新的产业基础。要充分发挥科技、金融两大主导产业优势，大力推动科技创新与金融创新，做强现代服务业，加速科技、金融、文化的创新融合，形成新的产业体系。要充分发挥河西地区生态资源优势，注重培育健康养老、文化体育、旅游休闲等新兴产业，促进农民增收致富，形成新的经济增长点。

三是稳民生，在落实以人民为中心的指导思想上有所作为。习近平总书记强调，“人民对美好生活的向往，就是我们的奋斗目标”，“民心是最大的政治”，充分体现了党“以民为本”的执政理念。党和政府工作的好坏，关键是要看人民群众的感受和评价。应该说，我们在落实“以民为本”工作要求上，与人民群众的实际需求还存在着一定程度的错位。一个直观的感受就是虽然党委政府近年来做了大量的工作，但是反映到各种人民群众满意度测评上，分值普遍偏低，也就是说“我们端去的菜老百姓不爱吃”、“政府买了单老百姓不买账”。这次中央环保督察中，居民反映了许多环境秩序问题，其中生活垃圾、建筑垃圾随意堆放造成环境脏乱差和违法建设两类问题最为突出，各占到案件总数的三分之一左右。有些违法建设存在了很长时间甚至好几年，我们见怪不怪、习以为常，环境保护督察一强调责任追究，一个晚上就解决了。这说明我们在城市管理、环境建设、服务百姓等方面还存在不足，在基础设施、公共服务等方面还存在短板，与人民群众对高品质生活环境的殷切期盼还存在较大差距。这次中央环境保护督察是对我们工作的一次审视、促进和激励，也是对我们认识的提高和深化。因此，在今后工作中，我们要聚焦民生领域中的主要问题，继续坚持把群众满意作为工作的出发点和落脚点，提高城市精细化管理服务水平。要继续开展以“走基层、听民声、访民情、解民难”为主题的作风建设年活动，广泛倾听了解民情民意，有针对性地加强和改进工作，变“政府端菜”为“百姓点菜”，实现“政府买单、群众买账”的互动。当前，要围绕中央环保督察中群众普遍反映的涉及环境脏乱、违法建设、基础设施、物业管理等问题，积极整改落实、回应群众期盼，提高广大人民群众的获得感和满意度，力争取得最大公约数。要紧紧抓住全市支持丰台基础设施建设的重大机遇，加紧研究制定全区基础设施补短板建设方案，用最快的速度、最有力的措施，推动建设项目落地，提升我区基础设施建设水平。

四是稳安全，在维护首都政治安全上有所作为。习近平总书记曾专门就首都安全作出批示，“首都安全关系以政权安全与制度安全为核心的政治安全，关系党和国家工作全局，关系国家长治久安。首都稳、全国稳，北京市要坚决守土尽责，确保首都安全稳定。”2017年是国家的大事之年，也是北京的大事之年。党的十九大将在北京召开，中央还将在京举办“一带一路”国际合作高峰论坛，市委上半年也要进行换届，维护首都政治稳定和社会安定是我们作为地方党委政府必须履行好的政治责任，不能有丝毫松懈。要以加快推进法治丰台建设为载体，认真贯彻落实总书记对首都安全的批示要求，牢固树立总体国家安全观，坚持底线思维，坚决做到守土有责、守土负责、守土尽责。要牢固树立“首都稳、全国稳”的大局意识，加强立体化社会治安防控体系建设，完善反恐防暴、应急处突各项工作机制，做好国家重大活动特别是在宛平城地区开展的重大国事活动的服务保障工作。要高度重视社会矛盾隐患排查化解工作，围绕征地拆迁、环境污染、非法集资、回迁房建设等重点领域，加强源头防控；要关注多元利益诉求的有效化解，防止社会矛盾由个人形成群体、由局部形成整体，形成交织、聚集、激化，最终演变成区域性不稳定事件。要认真落实中央关于抓意识形态工作的各项要求，关注网络安全，增强政治敏感性，做好舆论引导工作，及时处置舆情事件，提高舆论应对能力。要落实安全生产党政同责、一岗双责，深入开展安全隐患排查整治，加强对重点点位、重点领域、重点地区的安全管理，坚决防止重特大安全事故的发生。要加大食品安全监管力度，全面排查食品安全隐患，切实保障人民群众“舌尖上的安全”。

五是稳信心，在建设现代化国际化首都中心城区上有所作为。目前，丰台经济社会发展已经站到了一个新的历史起点上，全区经济总量、消费品零售额均突破千亿大关，财政收入突破百亿大关，特别是通过全区广大干部群众的不懈努力，全区151家商市场成功疏解转型，216家工业污染企业实现退出，4.25万户燃煤取暖户实现煤改清洁能源，38个棚户区改造和环境整治项目先后启动实施，2016年拆除违法建设201万平方米，实现了任务翻倍。这些成绩的取得，凝结着全区广大干部群众的辛勤汗水，在艰辛的付出中，我们也收获了成功的喜悦。近两年来高强度的工作考验，不仅检验了队伍、锻炼了干部，更加证明了我们是一支敢打硬仗、能打胜仗的队伍，是讲政治、敢担当的领导集体。在此，我代表区四套班子，向大家表示衷心的感谢和崇高的敬意！2017年，我们面临更加繁重的任务和更加艰巨的挑战，应该讲压力是巨大的。但是，大家也应该意识到，随着丰台步入首都中心城区行列，我们也迎来了难得的历史机遇。去年以来，市委市政府对丰台区基础设施、公共服务等都给予了高度的重视和支持。“7.20”暴雨以后，围绕丰台防汛抗洪，市、区计划投入65亿资金、启动21个基础设施建设，切实解决丰台汛期的风险问题；河西地区的排水基础设施投资建设工作已纳入中心城区的投资范畴，2017年市、区计划在河西地区新建53公里污水管线；市供电公司计划投入100亿以上资金用于我区电力基础设施建设；《基础设施补短板三年建设方案》也在抓紧制定中。可以说，只要我们提出具有可操作性的项目和政策需求，市里就会支持我们。机会总是留给有准备的人，我们必须要增强机遇意识，以功成不必在我的精神和胸怀，全力以赴打好丰台基础设施和公共服务建设的翻身仗。习总书记说，什么时候党和人民事业发展的道路都是不平坦的，一代人有一代人的长征，就不可避免要“爬雪山”、“过草地”。我们要“走好今天的长征路”，乘势而上、努力拼搏，紧紧抓住难得的历史发展机遇，一任接着一任干、一级做给一级看，“天上不会掉馅饼”、“撸起袖子加油干”，快马加鞭、奋勇争先，为建设现代化国际化首都中心城区作出历史的贡献。

（二）要善于运用科学有效的工作方法

事情能不能做好，找准方法是关键。去年年初，习近平总书记曾就学习毛泽东同志《党委会的工作方法》作出重要批示，区委常委会也专门组织了集中学习。当前，丰台发展进入速度换挡、结构调整、动力转换的关键时期，形势复杂多变，利益主体多元，要完成好疏功能、转方式、治环境、补短板、促协同等各项目标任务，我们必须要当好“领头羊”，学会“弹钢琴”，抓好工作统筹，做到胸中有数，努力形成精细化管理的“一张网”、工作总体布局的“一盘棋”、任务措施落实的“一体化”、团结拼搏奋斗的“一条心”。

一是打好攻坚“组合拳”。当前，我们承担的各项任务普遍呈现出复杂性、多元性、时限性的特点，要善于认识和把握工作之间的内在联系，做到“纲举目张”，以全市“疏解整治促提升”专项行动为带动，综合解决区域内存在的重点难点问题，“治标上要当高手，治本上要谋良策”。要统筹功能疏解与提质增效，按照疏解功能谋发展的总体思路，在继续做好非首都功能疏解的同时，加快腾退空间的规划建设，和义五金市场和新宫聊城五金市场等地区的绿化美化工作要抓紧设计实施，形成新的城市景观亮点；南苑地区协同试点工作要抓紧谋划，推动规划和政策尽快落地，为新产业发展谋篇布局，发挥好引领示范作用；腾退的社区空间要与补公共服务设施短板紧密结合，特别是要围绕社区综合便民服务设施的建设，加快统筹规划布局，促进社区综合商业配套设施的品牌化、连锁化发展，满足群众生活服务便利化的要求。要统筹功能疏解与环境建设，在疏解工作中，要注重环境保护和环境秩序“两环”协同治理，集中解决“开墙打洞”、违章占道、无证无照经营、违法建设、露天烧烤、垃圾渣土乱倒等环境保护和环境秩序相互交织的问题。要注重“控业”与“控人”的协同，加大疏解力度，加强准入管理，严控新增劳动密集型和“七小”类传统服务业。要注重“点线面”的协同，聚焦基础设施较差、群众反映问题较多的大红门、马家堡、新村等重点地区，三四环及其连接线等主要道路沿线，以及大灰厂、钢渣山、铁路林场等环境和安全隐患较大的重要风险点，加大综合治理力度，建立层级管理、全域覆盖的监管体系和责任追究机制。要统筹功能疏解与文明城区建设，将疏解提升与“首都文明示范区”创建工作有机结合起来，带动地区环境秩序的显著改善和城市文明水平的整体提升，不断提升市民的文明素质和参与意识，使丰台改革发展的社会基础更加稳固。

二是要打好改革“创新牌”。毛泽东同志曾作过一个形象的比喻：“我们的任务是过河，但是没有桥或没有船就不能过。不解决桥或船的问题，过河就是一句空话。”回顾这些年来，我们遇到的瓶颈和难题之所以无法破解，就是怎么过河的问题没有找到出路。全面深化改革，同样需要解决改革的任务目标和方法路径问题。首先，要明确过河的目标任务，就是围绕哪些关键问题进行改革。就丰台现阶段而言，当前要重点推进城市管理执法体制改革，实现执法力量、执法重心下移，解决城市管理的精细化问题；要推进街道社区管理体制改革，建立完善公共治理机制，解决提升社区基础工作水平问题；要推进行政区划调整，破解城乡二元结构难题，加速重点村收尾工作，推进农村集体建设用地改革，解决城市化和城乡一体化发展问题；要推进两大功能区管理运营体制改革，实现政府主导与市场运营有机结合，完善支持鼓励创新创业的政策服务机制，加强楼宇经济协同发展，解决产业发展支撑体系问题；要落实推进监察体制改革，按照北京市国家监察体制改革试点方案的部署要求，构建权威、高效、全覆盖的监察体系，解决对国家公职人员的依法依规监督问题。改革任务明确之后，就要进一步解决“桥”和“船”的问题，研究通过什么路径和方法推动改革目标切实落地，当前主要是加大争取政策、项目、资金支持的力度。要深入研究《北京市深化农村改革综合性实施方案》，结合一道、二道绿隔政策，抓紧研究河东城市化、河西城乡一体化的有效路径，争取农村集体建设用地试点政策；要充分利用市里制定的功能疏解空间腾退利用政策，带动南苑地区协同试点的加快推进；要用足用好中心城区基础设施建设支持政策和项目资金，带动我区基础设施承载能力整体提升；要抓住“疏解整治促提升”专项行动的各项项目资金机遇，更好地解决我区环境整治工作中存在的突出问题；要认真谋划将我区历史遗留的问题，结合当前市里的重点工作和任务要求，分类打包、争取政策、抓住机遇、分批解决。与此同时，要为改革打好基础、做好支撑。要加快空间战略规划的编制，使首都总规和“十三五”规划能够切实落地，把“两线三区”管控政策、“拆建平衡、拆大于建”的政策与乡域统筹、组团发展结合起来，将建设指标用于丰台区发展最关键的领域和最重要的地区。比如，以大红门商市场疏解为契机，规划引领南中轴地区转型升级；以北宫中医药文化养生为窗口，加强周边地区健康服务业规划布局；以长辛店-二七厂历史风貌和民族工业遗产保护为牵引，促进文化创意产业发展；以园博园及周边生态旅游资源为载体，打造文化体育休闲品牌；以长辛店镇集体建设用地试点为契机，促进镇域统筹、发展新兴产业。

三是要打好整体“协同战”。随着改革进程的不断深入，我们在今后的工作中将面临更多棘手的难题，仅靠一个职能部门、一家单位或是仅靠丰台区自身，是难以有效解决的，必须加强各层级、各地区、各部门之间的协调联动，集全区之力确保各项工作能够高效有序地向前推进。要强化市、区两级的协同。我们要将市委市政府的重点工作、折子工程、为民办实事项目等市里布置的各项工作任务与丰台区的年度重点工作有机融合、相互借势、同步推进，千万不可各自为政、各行其是，分散力量、影响效果。要强化区、街条块的协同。我们要树立部门支持服务基层的工作导向，按照条块结合、以块为主、属地统筹的原则，把任务整体下放到基层，把执法力量下沉到基层，把部门指导服务和经费保障落实到基层。区级领导之间要加强部门之间的协调，确保各项工作协同到位。要强化城市与农村的协同。丰台发展的难点在农村，后劲也在农村，要按照河东地区城市化、河西地区城乡一体化的建设目标，更加注重城乡社会事业的均衡发展和基本公共服务的均等化布局，加强乡村产业用地和指标的统筹协同，向城市交通便利和区位优势明显的地区和产业园区综合布局，加快推进产城融合发展。要强化区属与区域的协同。我们做工作不能总是自拉自弹自唱，要充分调动驻区企事业单位和驻区部队的力量，特别是要调动广大人民群众参与地区发展建设的积极性，统筹各方力量和智慧，形成区域建设发展的大合唱，共同营造社会多元共治的良好局面。要强化任务与资金的协同。我们要根据年度重点工作任务适度调整财政资金支持政策，集中财力，聚焦重点地区、重点任务，防止任务与政策引导资金相互脱节，使有限的资金用到最需要的地方、发挥最大效益。要强化任务与责任的协同。我们要以群众满意度为核心，统筹运用绩效考核、环境考核、安全考核、党建考核等各类考核指标体系，形成全区综合考核评价机制，定期督查工作进度，加大监督问责追究，确保全年任务的落实。

（三）要始终坚持党建统领的工作核心

做好全局工作，关键在党，必须切实加强党的领导，抓好党的自身建设，发挥党建统领作用，把全面从严治党的要求体现在党领导的各项事业中，为经济社会发展提供坚强保证。关于今年的党建工作，区委还要作具体部署，这次主要对坚持党建统领提三条要求。

一是要增强抓党建主体责任的自觉性主动性。十八大以来，以习近平同志为核心的党中央始终强调党要管党、从严治党，把全面从严治党纳入“四个全面”战略布局中，持续推动全面从严治党向纵深开展。在刚刚召开的十八届中央纪委七次全会上，习近平总书记再次强调，要“拿出滴水穿石的劲头、铁杵磨针的功夫”，“不断增强全面从严治党的系统性、创造性、实效性”。《中国共产党地方委员会工作条例》中更是明确指出，党的地方委员会必须认真履行全面从严治党主体责任，书记必须履行抓党建第一责任人职责。在这样的大背景下，我们必须提高思想站位，牢固树立“把抓好党建作为最大政绩”的工作理念，把管党治党的主体责任放在心上、抓在手上、扛在肩上，使管党治党从宽松软走向严紧硬，严字当头、实字托底，步步深入、善作善成。要把主体责任落实到学习贯彻六中全会精神和中央纪委七次全会总书记的要求上，抓好思想理论武装，继续开展“两学一做”学习教育，全面落实“五联”思想政治教育工作体系，不断增强“四个意识”特别是核心意识、看齐意识，补足精神之钙，不忘初心、坚守正道。要把主体责任落实到构建大党建体系格局上，推动党建工作的领导体系、组织体系、运行体系和评价体系发挥效用，以各级党委（党组）和班子成员的责任清单为抓手，落实党委（党组）书记的第一责任和分管领导的“一岗双责”，促进各级党委（党组）真正做到聚精会神抓党建、从严治党带好班子队伍。要把主体责任落实到推进中心工作上，组织落实好“疏解整治促提升”专项行动，推动抓党建与“疏功能、转方式、治环境、补短板、促协同”同步部署、相互促进。要把主体责任落实到加强党风廉政建设和党内监督上，严格落实党风廉政建设“两个责任”清单，健全完善主体责任检查考核机制；加强党内政治生活规范，充分发扬党内民主，强化党内日常监督，让正常的批评和自我批评成为党内政治空气的清洁剂；加强党的纪律建设，做到惩治腐败力度绝不减弱、零容忍态度绝不改变，坚决打赢反腐败这场正义之战。

二是要增强抓基层党建的责任感使命感。党的执政基础在基层，党的基层组织是贯彻党的路线方针政策、落实党的任务的战斗堡垒，在推动发展、服务群众、凝聚人心、促进和谐中发挥着重要作用，加强基层党建是夯实党执政基础的必然要求。现在，我们的基层党建还存在一些问题，有些软弱涣散党组织还不能有效发挥战斗堡垒作用，有些基层工作理念和方法还不能完全适应社会发展的变化和要求，有些基层组织的教育活动流于形式、尚未达到应有的效果，有些基层群众还没有有效地组织动员起来，非公企业和社会组织领域的党组织在数量与质量的统一上还存在不小差距，基层党建先进典型的品牌打造和宣传推广还不到位。各级党委（党组）要从巩固执政基础的政治大局出发，不断提升抓基层党建的能力和水平，层层传导责任，坚决把党要管党、从严治党的方针贯彻到基层。要重点研究基层党组织建设中存在的问题和难题，大力加强基层组织阵地建设，完善党的工作体系在基层的科学规范配置，创新社区党组织设置，不断提升基层党组织的创造力、凝聚力、动员力、战斗力，把基层党组织建设成坚强有力的战斗堡垒。要加强对非公企业和社会组织领域党建工作的研究和推进，注重党组织数量和质量的统一，加强工作理念和方法的创新，不断提升党建工作效果，力求在这些“新组织”中建设充满活力的“新堡垒”。要落实好《关于激励广大干部改革攻坚、担当作为的意见》，完善干事创业、容错纠错的制度机制，激发党员干部干事创业的热情，鼓励党员干部发挥先锋模范作用，引导党员干部做到忠诚、干净、担当，努力工作、无私奉献。

三是要增强党建引领发展的能力和水平。能不能保持经济社会持续健康发展，从根本上讲取决于党在经济社会发展中的领导核心作用发挥得好不好。面临新形势、新定位、新要求，要建设创新、绿色、文化、和谐丰台，实现“十三五”时期“核心引领、双轮驱动、两翼并举、统筹融合”发展战略，实现“以环境促发展”的目标任务，实现经济、政治、文化、社会、生态文明“五位一体”的统筹发展，就必须牢牢树立以党建引领发展的理念，充分发挥党总揽全局、协调各方的领导核心作用。各部门，特别是各行政部门党组织的“一把手”要增强党建引领的自觉，深刻认识抓党建就是抓发展、就是抓稳定、就是抓民生，不断增强抓党建的内在动力，找准党建工作与中心工作的结合点，坚持两手抓，促进党建与发展形成合力、相互促进。区级领导班子要发挥好示范带头作用，坚持在工作中用心、用智、用力、用情，努力提升党建引领科学发展的能力，下更大力气解决区域发展难题，推动经济、政治、文化、社会、生态文明和党的建设统筹发展。

同志们，做好今年的工作，任务艰巨、使命光荣，我们要全面深入贯彻党的十八届六中全会精神，紧密团结在以习近平同志为核心的党中央周围，以区第十二次党代会精神为统领，攻坚克难、真抓实干，在建设创新、绿色、文化、和谐丰台中作出更大的贡献，以优异成绩迎接党的十九大胜利召开。

在区委十二届四次全会上的讲话
在第一次全体会议上的讲话

（2017 年 7 月 28 日）

汪先永

这次全会的主要任务是，深入学习贯彻习近平总书记系列重要讲话精神和治国理政新理念新思想新战略，深入学习贯彻习近平总书记两次视察北京重要讲话精神，抓好市第十二次党代会、市委十二届二次全会精神的学习宣传和落实，总结上半年工作，分析当前形势，部署下一阶段重点工作。下面，我代表区委常委会讲几点意见。

一、关于上半年各项工作

区委常委会认真贯彻落实习近平总书记重要讲话精神，紧紧围绕首都城市战略定位，按照区第十二次党代会的工作部署，抓好了以下几方面重点工作。

一是疏解整治促提升扎实推进。常委会坚持把疏解非首都功能作为推进供给侧结构性改革、促进发展转型升级的重要手段，全力开展“疏解整治促提升”专项行动。共疏解区域性批发市场12家，拆除违法建设190万平方米，整治开墙打洞近4300处，疏解一般制造业企业37家；专项行动13个分项任务中，6个分项任务超额完成全年计划；常住人口下降3.4万人，完成全年任务的51%；在疏解工作任务完成量考核中，位居全市第二。

二是发展质量稳步提升。常委会坚持创新驱动发展战略，充分发挥重点功能区的带动作用，借助区域内尖端科技企业集聚优势，有力推动了科技、金融、商务服务等“高精尖”产业发展。上半年，全区经济社会发展形势稳中向好，地区生产总值同比增长6.2%，一般公共预算收入同比增长4.1%。第三产业增加值比重达到80.3%，中关村科技园丰台园总收入预计同比增长8%。

三是民生保障持续改善。常委会坚持以人民为中心，围绕群众关心的热点难点问题，大力推进老旧小区加装电梯，加快实施棚户区改造、保障房建设，切实提升就业、医疗、教育、养老服务水平。上半年，为张仪村丰仪家园加装43部外挂电梯，完成老旧小区综合整治改造近1300户，棚户区改造和保障房竣工量均超额完成全年计划，城镇新增就业2.2万人，登记失业率控制在2%以内，医药分开综合改革平稳推进，教育资源不断优化，居家养老服务体系进一步完善。

四是环境治理成效显著。常委会坚持以全市环保督察迎检工作为抓手，推进环境秩序集中整治，下大气力解决环境突出问题。上半年，$PM_{2.5}$累计浓度下降到73微克/立方米，黑臭水体治理进入收尾阶段，区域环境得到明显改善。

五是文化建设持续发力。常委会坚持以全民族抗战爆发八十周年纪念活动为契机，在宛平城开展“铭记历史·不忘初心”主题党日活动，累计接待全市党员干部五万余人。深入挖掘卢沟桥历史文化资源，国家重大活动纪念地的影响力进一步拓展。围绕首都文明示范区创建，推进精神文明建设，加快基层公共文化设施建设。举办“花开丰台”端午游园会等系列文化惠民活动240余场，积极筹备2017中国戏曲文化周，群众精神文化生活日益丰富。

六是安全稳定基础稳固。常委会坚持以平安丰台、法治丰台建设为载体，健全完善了社会稳定风险评估、矛盾纠纷多元化解等机制，组织开展了“丰台区2017年安全隐患专项整治十大行动”，圆满完成了“一带一路”国际合作高峰论坛、纪念全民族抗战爆发八十周年等重大活动的安全维稳任务，确保了服务保障工作万无一失。

七是党的建设不断加强。常委会认真贯彻落实《中国共产党地方委员会工作条例》，坚持把方向、管大局、作决策、保落实，切实加强了对各个领域的领导。落实管党治党主体责任，认真抓好中央巡视“回头看”整改落实，制定完善了18项区委议事规则及决策制度，有力推进了“两学一做”学习教育常态化制度化。积极推进民主政治建设，支持人大、政协围绕重点工作建言献策、开展监督。加强干部队伍建设，紧紧围绕全区改革发展大局，深入分析干部队伍状况，在干部选拔任用中加强民主、广泛听取意见，注重在急难险重工作中培养锻炼干部。加强基层党的建设，围绕各条战线、各个领域、各个环节，抓实抓牢基层党组织建设，深化“一规两册”党支部规范化建设，基层基础不断夯实。加强党风廉政建设，始终保持惩治腐败的高压态势，积极稳妥推进监察体制改革，科学运用监督执纪“四种形态”，给予提醒谈话、通报、诫勉共101人次，给予党政纪轻处分45人。

半年来，区委带领全区人民，紧密团结在以习近平同志为核心的党中央周围，在市委、市政府的坚强领导下，开拓进取，真抓实干，各项工作取得了新的成绩。在此，我代表常委会，向辛勤奋战在各个领域、各条战线上的全体党员干部群众，表示崇高的敬意和衷心的感谢！

在总结工作成绩的同时，我们也清醒地看到，当前丰台发展还面临许多困难和挑战，主要是：“疏解整治促提升”专项行动任务依然很重，需要我们进一步提高认识、攻坚克难；在腾退空间利用方面，还需要认真研究制定区域控制性详细规划，做好提升工作；在城乡一体化建设方面，还需要加强政策路径创新研究；在基础设施建设、公共服务配套、城市环境治理等方面，还需要进一步加大工作力度，更好地满足人民群众对良好生活环境的期盼。对于这些问题，我们必须在今后工作中认真对待，切实加以解决。

二、准确把握当前工作面临的形势

多年来，丰台区的功能定位在不断调整变化中，由过去的近郊区发展为城乡结合部，后发展为首都功能拓展区。现在，丰台区已成为首都中心城区。

在首都发展的历史进程中，每个地区由于区位特点不同，都有属于自己的发展时区，在一段时期内的发展内容、规模、速度、质量、效益等也不尽相同。随着首都发展战略、城市总体规划的调整，现在到了丰台的发展时区，我们面临难得的大好发展形势。

习近平总书记两次视察北京并发表重要讲话，为首都未来发展指明了方向，让我们在明确发展思路、破解发展难题的过程中，思想认识更加统一、目标任务更加清晰、方法措施更加有力。

随着丰台成为首都中心城区，地位和作用更加重要。市第十二次党代会提出，城市空间布局要实现南北均衡发展，为丰台区提供了重大发展机遇。

丰台区位优势明显。作为首都中心城区，南中轴及其延长线纵贯南北，南二环、南三环、南四环、南五环横贯东西，不仅是全市空间布局中“一主”“两轴”的重要组成部分，更是首都功能的重要承载区。

丰台发展空间广阔。全区有可利用空间32平方公里，其中产业空间、居住空间各11平方公里。产业空间主要集中在重点功能区、南苑地区等南三环、南四环沿线的黄金地段。其中，丽泽金融商务区储备开发土地面积约3平方公里，是全市三环内最后一块成规模的开发区域。随着“疏解整治促提升”工作力度不断加大，将为丰台区构建“高精尖”产业结构，促进职住平衡、宜居宜业，提供广阔的发展空间。

丰台后发优势彰显。当前，首都进入了减量发展的全新阶段，发展方式从“聚集资源求发展”变为“疏解功能谋发展”。我们能够在学习借鉴其他城区发展经验的基础上，以新发展理念为指导，站在“前人的肩膀上”更好地谋划区域发展，少走粗放式、扩张式发展的弯路，跨入集约化、内涵式发展的阶段，实现后发先至。

丰台科技资源丰富。全区共有26名两院院士、41名国家“百千万人才”，各类专业技术人员超过16万人，是全市继海淀区之后的第二大智力密集区。以中国中车、中国中铁、中国通号为代表的130余家重点轨道交通企业，以及以航天一院、航天三院为代表的5大军工集团、27家国防科技研究院汇聚丰台，这里已经成为国内轨道交通、航天科技龙头企业分布最多、规模效益最显著、研发实力最强的区域之一。

丰台历史文化悠久、生态环境优美。卢沟桥-宛平城已经成为影响深远的国家重大活动纪念地，长辛店-二七厂红色文化遗存，是全市党史教育和爱国主义教育的重要基地，古老悠久的莲花池、金中都等历史遗迹，见证了北京古都的沧桑巨变。全区城市绿化覆盖率达到46.6%，水域面积达8平方公里，北京园博园、北宫国家森林公园以及园博湖、晓月湖、宛平湖、园博园湿 地“三湖一湿地”，更是极大提升了地区生态环境水平，形成了完整的“山、水、林、田、湖”生态格局。

丰台党建工作基础扎实。区委始终高度重视党的建设，党建工作水平位居全市前列。在各级党组织的团结带领下，全区广大党员干部思发展、谋发展的愿望强烈，自信心、凝聚力大幅提升，干事创业热情空前高涨，形成了“一门心思谋发展、团结一致干事业”的良好氛围，为推动丰台跨越式发展汇聚起了强大的精神动力。

面对当前形势，全区上下必须进一步增强机遇意识、忧患意识，紧紧围绕市第十二次党代会各项决策部署，系统谋划、突出重点、把握节奏，抓住丰台发展的黄金时期，扎实推动地区发展。

三、扎实推进今后各项重点工作

贯彻落实习近平总书记重要讲话精神，最重要的是要落实在行动上。做好下一阶段工作，要重点抓好以下六个方面：

（一）科学谋划城市空间布局

一是优化城市空间布局。要主动对标新版城市总体规划，树立减量发展理念，用好“双控”指标，严守三条红线，坚持“多规合一”，加快编制全区控制性详细规划，以及南苑、大红门等重点区域的城市设计和规划实施方案，实现人口、资源、环境、产业、功能等各类要素的优化整合。要以中关村科技园丰台园、丽泽金融商务区、首都商务新区、河西地区国家产城融合示范区四大功能区建设为带动，加大扶持力度，做到功能清晰、分工合理，实现全区东西协调、城乡一体发展，助推全市南北均衡发展。要坚决维护规划的严肃性权威性，健全完善科学有效的规划实施机制，充分发挥好规划的战略引领和刚性约束作用。

二是做好南苑、大红门地区规划建设。要以南苑、大红门地区空间秩序重塑和功能重组为目标，依托首都商务新区和北京南苑万亩森林湿地公园建设，制定区域整体发展规划，实现大红门、凉水河、森林湿地公园、首都商务新区、南苑棚改区等多点联动。特别是要依托一道“绿隔”建设和城乡结合部环境综合改造，在南苑地区、南四环与南五环之间，规划建设北京南苑万亩森林湿地公园，挖掘南苑“皇家苑囿”的历史底蕴，打造集生态修复、休闲健身、科普教育、历史文化、高端商务于一体的城市绿色空间，构建蓝绿交织、水城共融的美丽丰台。

（二）坚定不移疏解非首都功能

作为中心城区，丰台既是疏解非首都功能的主战场，也是减量发展的主阵地。要坚决落实京津冀协同发展战略要求，紧紧抓住疏解非首都功能这个“牛鼻子”，把疏解功能与改善环境、控制人口、减量发展有机结合起来，推动产业疏解转移，实现“业疏人走”。

一是加快推进“疏解整治促提升”专项行动。要在巩固上半年工作成效的基础上，聚焦区域性批发市场疏解、违法建设拆除、“开墙打洞”整治等重点任务，持续加大工作力度，确保专项行动年度任务如期完成，实现全年常住人口下降3%的任务目标。要坚持提早谋划，精确掌握基本情况，细化完善2018-2022年“疏解整治促提升”专项行动方案和分年度工作计划。

二是完成大红门区域性批发市场疏解任务。要按照蔡奇书记“规划引领、依法疏解、拆除违建、做好安置、形成合力”的指示要求，集中发力、攻坚克难，创新工作思路、落实疏解政策，在瓶颈问题上取得突破，确保年底前完成闭市搬迁任务。要按照“减重、减负、减量”原则，严格落实人口规模、建设规模“双控”要求，科学制定大红门地区的控制性详细规划，加快新业态培育，推动地区产业转型升级。

三是高效利用疏解整治的腾退空间。要认真制定疏解腾退空间利用的专项规划，做好与首都功能定位的衔接，围绕全国科技创新中心、文化中心建设以及现代服务业发展，抓好产业与业态提升，积极发展“高精尖”产业。要坚持从群众关切出发，加大“留白增绿”、保障民生的力度，将疏解腾退空间用于公共绿地、基本生活服务设施、便民服务网点、社区（村）文体活动场所等方面建设，使疏解和提升相互促进、相得益彰。

（三）全力抓好四大功能区建设

围绕首都“四个中心”建设，突出科技创新、文化创新，以四大功能区建设为抓手，积极构建“高精尖”产业体系。同时，继续深化“放、管、服”改革，提升服务水平，为企业发展营造良好的政务环境。

一是抓好中关村科技园丰台园建设。要突出高端化发展，坚持高端引领与空间拓展相结合，重点引进科技研发能力强、综合贡献度高的企业，努力打造首都科技创新前沿阵地。要突出特色化发展，抓住当前全市实施创新驱动发展战略、推动“三城一区”建设的机遇，借助航天一院、航天三院、中国中车、中国中铁、中国通号等高新技术企业的科技资源优势，积极搭平台、建机制、出政策、优服务，打造航天、高铁两大国家名片的服务加速器，推动轨道交通、航天科技等特色优势产业发展。要突出差异化发展，努力建设集技术研发、创新孵化、成果转化、科技服务于一体的平台，形成产、学、研、用紧密衔接的自主创新体系，推动科技创新全产业链融合发展。

二是抓好丽泽金融商务区建设。要着眼全市金融产业布局和发展规律，主动承接核心区金融业溢出资源。要进一步提高准入门槛、提升产出效率，重点发展互联网金融、金融信息、金融中介等金融服务产业，努力建设新兴金融产业聚集区。要加强中关村科技园丰台园、丽泽金融商务区的功能互补和协同发展，积极构建集科技、金融、商务服务、文化创意等高新产业于一体的“高精尖”产业结构，打造首都金融创新融合发展的新地标。要加大商务区基础设施建设力度，进一步提升空间承载力。

三是抓好首都商务新区建设。要坚持以南苑、大红门地区转型发展为带动，传承大红门传统产业的历史文化积淀，打造现代时尚服饰民营企业总部，推动大红门地区功能重塑。要从服务首都功能、保障市民生活需求出发，积极推动高端商务服务、时尚创意、展示交易、电子商务等特色产业发展，将该区域建设成为产业转型升级示范、环境优美、宜居宜业的面向国际交往的重要门户，打造首都高端商务发展的新空间、新名片。

四是抓好河西地区国家产城融合示范区建设。要坚持“以产兴城、以城带产、产城融合”的发展道路，以国家产城融合示范区项目为带动，加大对农林业用地的保护力度，发挥生态资源优势，积极发展旅游会展、都市休闲、观光农业、文化创意、体育健身等绿色产业。要抓住全市建设西山永定河文化带的契机，深入挖掘卢沟桥-宛平城、长辛店-二七厂的历史传承和红色文化，以及云岗航天文化、永定河生态文化、园博园戏曲文化，实现历史文化与绿色产业的融合发展，满足市民群众日益增长的多样化精神文化需求。

（四）积极推动城乡一体化发展

一是推进河东城市化和河西新型城镇化。要加快河东三乡城市化统筹试点工作，推进中部组团尽快实施，抓好重点村收尾，推动还建产业尽快落地。要抓好棚户区改造和环境整治项目推进，加快看丹村、东铁营等在施项目建设，尽早启动小屯村、南苑村等待施项目。要积极探索河西地区新型城镇化路径，以长辛店镇统筹利用集体产业用地试点为契机，转变依托土地开发平衡资金的固有思路，加快研究实施王佐镇棚户区改造项目，实现农村人口就地城镇化。

二是推动农村集体经济持续发展。要加快乡镇级集体经济产权制度改革，合理使用全市集体建设用地建设租赁住房等相关政策，进一步激发农村发展活力，优化集体经济产业结构。要坚持区域统筹理念，在积极争取土地上市的同时，加大区级层面的统筹协调力度，把集体经济产业指标向重点功能区周边优势区域适度聚集，实现土地利用效率最大化。要继续推进产权交易规范管理，加大村务公开力度，加强农村集体经济组织的规范管理。

三是提升农村地区管理服务水平。要深化农村社区化管理实践探索，努力破解城乡二元结构难题，进一步明确城乡结合部地区管理权属，消除管理服务的“空白点”，实现城乡管理“全覆盖”“无缝隙”。要借鉴张仪村综合治理模式，持续开展农村人居环境整治，打造美丽乡村。要继续完善惠农政策，拓宽就业渠道，健全增收机制，更加注重精准施策、精准帮扶，实现农民收入持续增长。

（五）持续保障和改善民生

一是全面提升公共服务质量。要坚持以人民为中心的发展思想，着力构建覆盖城乡、优质均衡的公共服务体系。要实施更加积极的就业政策，推进人力资源服务产业园区建设，重点加大对疏解过程中分流职工的就业帮扶力度。要深入实施教育集团发展、集群共享，增加学前教育资源供给，持续推进义务教育优质均衡。要深化医改，以紧密型医联体建设为抓手，推广方庄地区家庭医生签约服务模式，建设空巢独居老人“连心通”工作体系。要推进居家和社区养老服务试点工作，逐步完善以居家为基础、社区为依托、机构为补充、医养相结合的养老服务体系。要推动文化惠民消费，办好中国戏曲文化周活动，加快公共文化和体育健身设施建设，提升公共文化服务水平，广泛开展全民健身体育活动。

二是着力改善群众生活条件。要加快推进已纳入市级计划的45个棚户区改造和环境治理项目。要加强老旧小区综合治理，为莲花池西里、小瓦窑村、东高地梅源里等老旧小区加装107部外挂电梯。要坚持从细处着手，加大背街小巷治理力度，积极开展外立面美化、立体绿化、增加夜景照明等各项工作，为辖区居民打造优美靓丽的居住环境。要办好群众家门口的事情，扎实推进提升生活性服务业品质三年行动计划，在实现“一刻钟社区服务圈”全覆盖的基础上，逐步构建“五分钟便民蔬菜零售网络体系”，让百姓生活更加舒适便捷。

三是加大民生基础设施投入力度。要抓住新版北京城市总体规划编制的重大机遇，对照中心城区标准，积极争取市级部门支持，加大区级财政投入力度。要配合市级部门做好区域轨道交通建设，加快河西地区有轨电车 T1、T2交通线建设，织密城市路网。要进一步完善电力、热力、供排水等管线，加快建设河西第三水厂、河西再生水厂二期、建筑垃圾资源化处理厂等基础设施，切实增强城市运行服务保障能力。

（六）创新完善城市治理体系

一是加大环境治理力度。要以全市环保督察迎检为契机，进一步压实环境保护责任，围绕治霾、治水、治堵、垃圾治理等重点领域，加大专项治理和执法监管工作力度。要持续推进清煤降氮、控车减油、节能减排、清洁降尘“四大工程”，确保 $PM_{2.5}$ 年均浓度下降幅度符合国家和市委要求。要全面落实“河长制”。年底前，要消除全区黑臭水体，实现水体全面达标。同时，积极开展河道两岸“亮化”工程，进一步改善区域生态环境，提升居民休闲环境。

二是提高精细化管理水平。要坚持“精治、共治、法治”的原则，按照“城市管理要像绣花一样精细”的要求，积极研究行政区划调整工作，逐步建立街巷长制与小巷管家，加快综合执法平台建设，积极探索老旧小区物业管理模式，进一步提高城市管理效能。要从机关事业单位做起，推行垃圾强制分类制度，提高垃圾减量化、资源化、无害化处理水平。要坚持公交优先战略，鼓励规范共享单车等绿色出行，加强静态交通秩序管理，提高公共交通服务能力和水平。要运用现代信息化技术推进智慧管理和智慧服务，进一步推动城市管理网、社会服务管理网、社会治安网“三网融合”，努力建设智慧丰台。

三是推进社会治理工作模式创新。要总结推广“市民劝导队”经验做法，引导各界群众主动参与社会事务共治共管。要充分发挥街道乡镇、社区村在基层治理中的基础性作用，逐步健全基层民主议事协商、民主评议和重大事项民主决策制度，完善社区“参与型”协商自治模式。要注重发挥枢纽型社会组织的桥梁纽带作用，进一步激发社会活力，引导社会组织成为管理社会事务、提供公共服务的重要力量。

四是维护区域安全稳定。要牢固树立总体国家安全观，加强重要地区安全管控，充分运用高峰论坛安保经验，坚持下先手棋、打主动仗，以最高标准、最强组织、最实举措，全力做好党的十九大安保维稳工作。要把确保政治安全放在第一位，严密防范、坚决打击敌对势力渗透破坏活动，切实加强重点人群、重点组织管理。要深化重大决策社会稳定风险评估，完善常态化矛盾纠纷排查化解制度。要继续深化平安丰台、法治丰台建设，完善立体化、信息化治安防控体系，推进民主法治建设，不断提升人民群众的安全感和满意度。要严格落实安全生产责任制，以“安全隐患专项整治十大行动”为载体，加强重点领域、重点行业安全管控和隐患排查治理。

四、坚定不移推进全面从严治党

（一）把学习贯彻习近平总书记重要讲话精神作为思想理论建设的首要内容

要坚持把“两贯彻一落实”作为当前和今后一个时期的重大政治任务，始终坚持以习近平总书记重要思想为根本遵循，切实作为案头卷、工具书、座右铭，切实做到一体学习、一体贯彻，确保落地生根、形成生动实践。要教育引导广大党员干部牢记“看北京首先要从政治上看”，进一步把思想行动统一到习近平总书记对北京工作要求上来，用“四个意识”做好丰台工作，履行好“四个服务”职责，服务保障好首都功能。要大力开展“砥砺奋进的五年”重大主题宣传，为迎接党的十九大营造良好氛围。党的十九大召开后，要全力抓好十九大精神的学习宣传贯彻。要坚持党管意识形态不动摇，加强传统与新兴宣传阵地建设，提高新形势下的舆论引导能力和群众工作能力。

（二）加强干部队伍建设

要完善干部培养、选拔、使用等各项机制，打造忠诚、干净、担当的干部队伍。要树立正确用人导向，坚持好干部标准，坚持公道正派，坚持德才兼备，不让老实人吃亏、不让干事的人心寒、不让一线的干部失落、不让带“病”的人提拔。要注重在一线工作中发现、培养、锻炼干部，加大对街道乡镇冲锋陷阵、冲在最前面的基层干部的选拔力度。要建立干部容错纠错机制，让干部敢于担当、敢于作为，敢于担责，营造干事创业的良好氛围。要立足当前、着眼长远，抓好干部梯队建设，留出足够的时间去墩苗、去储备干部、去发现干部。要加强教育培训和实践锻炼，提升干部专业素养和工作能力。要认真落实蔡奇书记关于组织工作的重要指示精神，加紧研究制定相关实施意见。

（三）抓好基层党组织建设

要牢固树立党的一切工作到支部的鲜明导向，进一步健全完善党支部“一规两册”工作机制，结合“两学一做”学习教育常态化制度化，抓实党支部书记集中轮训，加强党支部规范化建设，把每一个基层党支部都建设成为坚强的战斗堡垒，让党的旗帜在每一个基层阵地都高高飘扬。要总结提炼推广张仪村党支部群众工作经验、“时代风帆”楼宇党建工作经验，提升农村、社区、国企、机关、高校、社会组织等领域的党建工作水平，抓好非公领域党的组织和工作“两个覆盖”，切实发挥好党组织政治核心、政治引领的作用。

（四）加强和规范党内政治生活

要严格贯彻执行《中国共产党廉洁自律准则》和《中国共产党纪律处分条例》，严明党的政治纪律和政治规矩。要推动“三会一课”、民主生活会、组织生活会等党内政治生活制度化、规范化、常态化、长效化，切实提高组织生活的质量和效果。要坚持民主集中制原则，落实集体领导和个人分工负责相结合的制度。领导班子成员要以身作则，带头参加双重组织生活，带头开展经常性谈心谈话，带头开展批评和自我批评，带头向组织请示报告工作中的重大问题和个人有关事项，带头教育管理好亲属和身边工作人员，带头接受党内监督和外部监督。

（五）持续深入推进党风廉政建设和反腐败斗争

要以建立巡察机构和监察体制改革为契机，实现对公职人员监察全覆盖，抓紧启动区委巡察工作。要下大力气预防和治理“小官贪腐”问题，坚持不懈落实中央八项规定精神和市委实施意见，深化“为官不为、为官乱为”专项治理，严肃查处群众身边的不正之风和腐败问题，严防不正之风反弹回潮，营造良好政治生态。

（六）落实全面从严治党主体责任

要认真贯彻《中国共产党地方委员会工作条例》，以市委全会、市委常委会工作规则为指导，进一步细化完善区委工作规则和运行机制，切实担负起把方向、管大局、作决策、保落实的重要职责。要认真贯彻《中国共产党党组工作条例》，支持和保证人大、政府、政协、法院、检察院等依法依章程独立负责、协调一致开展工作。要牢固树立抓好党建是最大政绩的理念，履行好全面从严治党主体责任。区委班子成员要坚持以上率下，带头履行好各分管领域的党建责任，层层传导压力，层层压实责任，把全面从严贯彻到管党治党各领域各方面。

（七）持续加强作风建设

要推动作风建设长效化、常态化，弘扬党的优良传统和作风，走好新形势下的群众路线，坚持深入实际、深入基层、深入群众，加强调查研究，当好群众贴心人，进一步增强服务意识，提高团结引领群众、做好群众工作的能力，让广大党员干部始终保持奋发有为、真抓实干的精神状态，营造“一条心干事业、一盘棋抓工作、一股劲促发展”的良好局面。

同志们，让我们紧密团结在以习近平同志为核心的党中央周围，认真贯彻落实习近平总书记重要讲话精神，怀着对党和人民事业的满腔热忱，坚持以“四个意识”做好丰台工作，始终保持良好的精神状态，努力营造良好的政治生态，把心思集中在想事上，把本领体现在干事上，把目标锁定在成事上，以“钉钉子”的精神一件事接着一件事办，不断创新和改进工作方式方法，继续保持已有良好发展势头，敢于担当、勇于负责，团结务实、稳中求进，以优异成绩迎接党的十九大胜利召开。

在区委十二届五次全会上的工作报告

（2017 年 12 月 30 日）

汪先永

区委十二届五次全会的主要任务是：以习近平新时代中国特色社会主义思想为指引，深入学习贯彻党的十九大精神和中央经济工作会议精神，落实市委十二届三次、四次全会各项部署要求，总结部署全区经济社会发展和党的建设工作。

下面，我受区委常委会委托，向全会报告工作。

一、2017 年工作总结

区委常委会坚决贯彻落实以习近平同志为核心的党中央的各项决策部署，坚决贯彻落实市委的各项工作要求，充分发挥区委把方向、管大局、作决策、保落实的作用，认真抓好各项工作。

1. 全面学习宣传贯彻党的十九大精神，常委会带头学习，组织开展全区处级干部学习贯彻党的十九大精神全员轮训，开展“十进”宣讲活动，组织党的十九大代表宣讲、宣讲团宣讲等各类活动近800场，迅速掀起学习宣传贯彻的热潮，推动党的十九大精神深入人心。

2. 坚定执行党的政治路线，严明党的政治纪律和政治规矩，坚持党中央权威和集中统一领导。以习近平新时代中国特色社会主义思想为指引，加强思想理论武装，坚持党委（党组）理论学习中心组学习制度，开展领导干部上讲台活动。修订区委党建工作领导小组主要职责和议事规则，完善区领导落实管党治党主体责任工作制度。修订区委全会、区委常委会工作规则，制定实施《区委常委会带头落实全面从严治党主体责任的实施办法》、《加强和完善“三重一大”决策制度实施办法》，构建“两规则两办法”制度体系。严格落实区委意识形态主体责任，全区意识形态领域平稳可控。抓好班子、带好队伍，注重在基层一线锻炼和提拔干部。分类推进“一规一表一册一网”党支部规范化建设试点工作，打造100个基层党建示范点。认真做好监察体制改革各项工作，深入开展警示教育活动，持续加大惩治腐败力度，用好监督执纪“四种形态”，营造了良好政治生态。狠抓作风建设，严格落实中央八项规定精神，驰而不息纠正“四风”问题，鼓励干部奋发有为、稳中求进，形成了“一条心干事业、一盘棋抓工作、一股劲促发展”的良好局面。

3. 紧紧抓住疏解非首都功能“牛鼻子”，聚焦大红门区域性批发市场疏解、违法建设拆除、“开墙打洞”治理等重点任务，扎实推进疏解整治促提升专项行动。共疏解区域性批发市场30家、长途客运站2家，大红门地区45家市场疏解工作全部完成。累计拆除违法建设360万平方米，清理占道经营2.13万起，整治“开墙打洞”5010处，清理整治无证无照经营5871户，治理“散乱污”企业2432家，疏解一般制造业企业52家，全区常住人口规模持续保持下降趋势。

对疏解腾退空间，坚持“留白增绿”，不断加大基础设施、配套服务建设力度。

4. 围绕北京城市总体规划编制，科学研究区域功能定位，有序开展城市规划建设。按照市委把南中轴建设成为生态轴、文化轴和发展轴的要求，统筹考虑南中轴、大红门、南苑森林湿地公园的规划问题，会同市规土委、东城区等相关部门，编制了《南中轴地区概念性规划研究及永外地区-大红门地区-南苑森林湿地公园地区详细规划设计方案征集文件》，正在开展国际方案征集工作。保障区域发展用地需求，完成国有建设用地供应98公顷，落实集体建设用地36公顷用于建设租赁住房。持续加强土地资源管控，腾退违法用地98公顷。推动长辛店老镇等棚户区改造项目，完成搬迁改造8646户，开工建设保障房1万余套（其中为西城区建设3382套）。

5. 不断提升经济发展质量，积极构建“高精尖”经济结构，认真抓好“放管服”工作，努力营造良好营商环境。地区生产总值同比增长6.5%左右，一般公共预算收入同比增长8.2%左右。第三产业增加值占比达到80%左右，科技、金融、商务、信息等服务业对地区生产总值增长贡献率达到近60%。中关村科技园区丰台园利润总额增速位居中关村示范区第一，地均产出位居第二，人均产出位居第三。

6. 积极推进社会建设，持续改善民生。城镇登记失业率控制在2%以内，居民人均可支配收入增速高于经济增速。深化教育领域综合改革，推进优质教育资源覆盖，新增学前和中小学教育学位6720个，义务教育阶段优质学位达到74%。稳步推进医药分开综合改革，推广家庭医生签约服务模式。积极开展居家和社区养老服务改革试点工作，推动养老服务“连心通”工程。为老旧小区加装电梯280部，新建规范便民网点127个，群众生活更加便捷。为5894户困难家庭淘汰不合格燃气灶具，加装安全辅助设施。

7. 加大生态文明建设力度，狠抓中央、市环保督察反馈问题整改。严格落实清洁空气行动计划，全年 $PM_{2.5}$平均浓度下降到62微克/立方米，同比下降21.5%。全面实施“河长制”，推广“当班河长”模式，聚焦水环境治理，水质监测考核断面全部达标，区域水环境得到有效改善。严厉打击盗采和非法加工砂石行为，完成平原造林1000亩。

8. 加强精神文明建设，提升区域文明水平，成功创建首都文明示范区。举办“2017中国戏曲文化周”等国家级重大文化活动，演出场次近250场，吸引近20万名群众，形成了专业性、品牌性影响。开展“我的丰台·我的家”系列文化惠民活动，组织全民健身活动，群众精神文化生活日益丰富。

9. 扎实开展平安丰台建设，圆满完成党的十九大、“一带一路”高峰论坛等重大会议活动的安保维稳工作，圆满完成全民族抗战爆发80周年纪念活动的各项服务保障工作。深入开展“丰台区2017年安全隐患整治十大专项行动”，坚定有序推进安全隐患排查清理整治专项行动，全面落实市委市政府安全生产督察反馈问题整改，全年累计整改各类安全隐患4.3万个，拆除彩钢板房140万平方米，停产停业、关停取缔存在重大安全隐患的企业3000余家，行政处罚1800余万元，市政府挂账的6处燃气占压严重隐患已全部整改完毕，完成264处地下空间治理任务，全区安全形势总体稳定，群众安全感、满意度不断提升。

10. 积极推进民主法治建设，召开区党代表会议和两次人民代表会议，圆满完成各项选举任务。召开区委第四次人大工作会议，进一步加强和改进全区人大工作。支持区政协开展工作，围绕疏解腾退空间利用等中心工作进行议政协商。推进法治丰台建设，全面深化依法行政工作，推进法治政府、法治社会建设，维护司法权威。加强对全面深化改革工作的领导，积极推动各重点领域和关键环节的改革任务。加强与民主党派、民族宗教界代表人士的联系，爱国统一战线不断巩固壮大。推动工会、共青团、妇联及科协等群团组织改革，桥梁纽带作用不断增强。加强党管武装工作，深入开展双拥共建，军政军民团结更加巩固。

以上成绩的取得，是以习近平同志为核心的党中央统揽全局、科学决策的结果，是市委市政府正确领导的结果，是全区党员干部群众共同努力的结果。特别是基层一线的同志，面对困难和挑战奋勇争先、攻坚克难，展现出了强烈的责任感、使命感和良好的工作作风。社会各界和广大人民群众主动参与、建言献策，对全区的建设发展作出了积极贡献。各位区委委员和与会同志在各自岗位上认真履职、努力工作，对常委会的工作给予了大力支持。在此，我代表区委常委会，向大家表示衷心的感谢。

在总结工作成绩的同时，必须清醒看到，我区经济发展质量有待提升；生态环境建设水平还需要进一步提高；疏解非首都功能任务仍然比较艰巨；实施城市总体规划还需要长期不懈的努力；在城乡统筹发展方面，还有一些政策上、路径上的问题需要破解；部分基层党组织还存在建设不规范、作用发挥不充分的问题。这些困难和问题，必须着力加以解决。

二、切实把学习宣传贯彻党的十九大精神引向深入

党的十九大，是在全面建成小康社会决胜阶段、中国特色社会主义进入新时代的关键时期召开的一次十分重要的大会。全区上下要认真落实《中共中央关于认真学习宣传贯彻党的十九大精神的决定》，按照市委的各项部署，把党的十九大精神学懂弄通做实，确保党的十九大精神在丰台落地生根，形成生动实践。

一是突出十个深刻领会和六个聚焦，在学懂上下功夫。“十个深刻领会”，即：深刻领会党的十九大的主题，深刻领会习近平新时代中国特色社会主义思想的历史地位和丰富内涵，深刻领会党的十八大以来党和国家事业发生的历史性变革，深刻领会中国特色社会主义进入了新时代，深刻领会我国社会主要矛盾的变化，深刻领会新时代中国共产党的历史使命，深刻领会实现第一个百年奋斗目标和向第二个百年奋斗目标进军，深刻领会社会主义经济建设、政治建设、文化建设、社会建设、生态文明建设等方面的重大部署，深刻领会国防和军队建设、港澳台工作、外交工作的重大部署，深刻领会坚定不移全面从严治党的重大部署。“六个聚焦”，即：把着力点聚焦到习近平新时代中国特色社会主义思想是党必须长期坚持的指导思想上，聚焦到5年来党和国家事业取得历史性成就和发生历史性变革上，聚焦到作出中国特色社会主义进入了新时代、我国社会主要矛盾已经转化为人民日益增长的美好生活需要和不平衡不充分的发展之间的矛盾等重大政治论断的深远影响上，聚焦到贯彻落实党的十九大的重大决策部署上，聚焦到以习近平同志为核心的新一届中央领导集体是深受全党全国各族人民拥护和信赖的领导集体上，聚焦到习近平总书记是全党拥护、人民爱戴、当之无愧的党的领袖上。

二是做到学深悟透，在弄通上下功夫。党的十九大精神和习近平新时代中国特色社会主义思想博大精深、内涵丰富，是一个逻辑严密、系统完整的思想体系。要坚持全面系统学、融会贯通学，在学思践悟中不断提高思想觉悟、政治觉悟和理论水平，引导全体党员干部群众深刻学习领会习近平新时代中国特色社会主义思想“八个明确”“十四个坚持”的精神实质和丰富内涵，准确把握十九大精神的核心要义和思想精髓，使之融入血脉、铸入灵魂，切实增强对习近平新时代中国特色社会主义思想高

度的政治认同、思想认同、理论认同，牢固树立“四个意识”和“四个自信”，在政治立场、政治方向、政治原则、政治道路上同党中央保持高度一致。

三是结合工作实际，在做实上下功夫。全面学习宣传贯彻党的十九大精神，最终要体现在行动上，落实到工作的全过程、各方面。要主动对标党的十九大作出的各项重大决策部署，结合习近平总书记对北京工作的重要讲话精神，结合北京城市总体规划实施，认真思考谋划，列出任务清单，狠抓工作落实，坚持不懈、久久为功，抓紧每一天，办好每件事，切实把党中央的战略部署转化为工作任务，体现在工作落实中。要坚持理论与实践相结合，大兴调查研究之风，围绕党的十九大提出的重大理论观点、重大方针政策、重大工作部署，聚焦丰台经济社会发展重点热点难点问题，深入一线、深入基层，开展有针对性的调查研究，提出务实管用的工作思路和对策，学会用党的十九大精神特别是习近平新时代中国特色社会主义思想去分析解决问题，找到攻坚克难的思路和方法。

三、2018 年工作部署

全区上下要进一步深入学习贯彻党的十九大精神，以习近平新时代中国特色社会主义思想为指引，坚持稳中求进工作总基调，坚持新发展理念，抓住全市推进南北均衡发展和实施新一轮城市南部地区发展行动计划的战略契机，把握丰台的发展时区，全面落实北京城市总体规划，沉下心来推动高质量发展，为首都加强“四个中心”功能建设、提高“四个服务”水平作出贡献。

2018年，全区地区生产总值增速预期目标为6.5%左右，一般公共预算收入增幅达到7.5%左右，居民人均可支配收入增速高于经济增速，万元地区生产总值能耗、水耗等指标达到市级要求。

（一）全面落实城市总体规划

《北京城市总体规划（2016年-2035年）》对丰台区的功能定位是：首都高品质生活服务供给的重要保障区，首都商务新区，科技创新和金融服务的融合发展区，高水平对外综合交通枢纽，历史文化和绿色生态引领的新型城镇化发展区。我们要认真贯彻落实，科学编制分区规划和全域控制性详细规划，抓好重点区域的规划建设。

一是抓好南苑-大红门地区和首都商务新区的规划建设。

中轴线及其延长线是体现大国首都文化自信的代表地区，既要展示传统文化精髓，又要体现现代文明魅力。南苑-大红门地区是带动南部地区发展的增长极，是推动南北均衡发展的突破口。

按照市委把南中轴建设成为生态轴、文化轴和发展轴的要求，以南苑-大红门地区和南苑森林湿地公园为重点，做好南中轴地区规划建设，2018年7月底前形成详细规划和城市设计成果。加快推进首都商务新区规划建设，以地区传统产业优化升级为带动，借助丰台航天科技资源优势，积极发展商务服务、科技文化、时尚创意等现代服务业，培育中高端消费新增长点，引导符合首都功能的企业总部集聚。推进南苑森林湿地公园建设，利用已有的绿色空间和河湖水系，编制详细规划设计方案，加快地上物拆迁腾退，启动部分区域建设。

二是加快丽泽金融商务区的建设。

丽泽金融商务区作为北京三环内最后一块成规模的开发区域，是新兴金融产业集聚区、首都金融改革试验区，对于突出高端引领、优化提升现代服务业，有着重要意义。

落实全市金融工作会议精神，按照市委关于推进金融街与丽泽金融商务区一体化发展的要求，加强与金融街的交流合作，积极发展互联网金融、数字金融、金融信息、金融中介、金融文化等新兴业态。把握新机场城市航站楼建设带来的发展机遇，建设具有国际水准、高效便捷的服务贸易综合示范区。2018年，计划实现开复工面积300万平方米、结构封顶240万平方米，基本完成南区道路、市政管线建设，加快推进北区征地拆迁收尾工作。

三是提升中关村科技园区丰台园的发展水平。

中关村科技园区丰台园作为中关村最早的“一区三园”之一，发展水平位于中关村示范区前列，已形成以轨道交通、航天科技为主导的特色产业体系，是首都建设全国科技创新中心的重要承载空间。

抓住全市建设具有全球影响力的科技创新中心的机遇，贯彻落实京津冀协同发展战略，继续优化“高精尖”经济结构，做大做强轨道交通、航天科技、应急救援等优势产业，持续完善创新创业的生态体系，促进产业迈向全球价值链中高端，实现总收入同比增长8%、留区财政收入同比增长10%的目标，进一步提升对区域发展的综合贡献度。

四是建设首都高品质生活服务供给的重要保障区。

丰台区现有新发地农副产品批发市场等多个服务保障首都市民生活的市场，蔬菜、果品批发总量分别占到全市的70%和80%，是保障和服务首都功能优化提升的关键地区。

深化供给侧结构性改革，扎实推进生活性服务业品质提升，推动生活性服务业便利化、精细化、品质化发展。瞄准市民对高品质生活的需求，推动新发地、岳各庄等农副产品市场进行内涵式升级，创出丰台品牌，转型经营方式，创新交易方式，延伸产业链条，拓展服务功能，增强有效供给质量和效益，着力提升服务保障首都的能力水平。合理布局商业设施，积极发展社区商业便民服务综合体和社区商业“e 中心”，方便市民生活。发展现代消费模式，培育服务消费新的增长点，提升市民消费体验，满足多层次消费需求。

五是建设高水平对外综合交通枢纽。

丰台区是连接“一核”“两翼”（首都功能核心区、城市副中心和雄安新区）的重要区域。辖区内有西客站、北京南站2座综合火车站，日均客运量约占全市的65%左右，丰台火车站、丽泽新机场航站楼正在规划建设当中，另有9条铁路、4条高速公路穿行而过，对于首都建设国际性综合交通枢纽、推进京津冀交通一体化，有着重要作用。

推动丽泽新机场城市航站楼规划建设，实现丰台火车站开工建设，做好西客站、北京南站等交通枢纽周边秩序维护工作，发挥好对外交通联络的保障作用。加快推动8号线三期、14号线中段、16号线、19号线一期等轨道交通建设，推进新机场高速、通久路等高速公路和城市快速路的规划建设，逐步打通与核心区联通的“断头路”，加快规划道路实施，提高道路网密度，构建便捷高效的城市交通体系。

六是加快“一绿”地区规划建设。

结合全市“一绿”地区规划，全面启动河东城市化试点建设，落实南苑乡、卢沟桥乡试点实施方案，完成花乡规划方案编制和报批工作。完善乡镇统筹机制，打破“一村一策”单独项目开发平衡资金的模式，解决历史遗留欠账问题，积极推进拆迁建设、农民转居、规划绿地实现等各项工作，腾退建筑面积454万平方米。落实城市总体规划关于减量发展的要求，推动集体产业用地资源向功能区周边优势区域适度集聚，发展文化创意、科技研发、商务办公等产业。

七是推进历史文化和绿色生态引领的新型城镇化发展区建设。

河西地区拥有丰富的历史文化资源、红色文化资源和生态空间资源，是首都中心城区整体发展的重要组成部分和丰台未来可持续发展的重要战略腹地。

以产城融合示范区建设为带动，科学规划建设科技园区西区，抓好长辛店镇统筹利用集体产业用地试点工作，推动河西地区新型城镇化建设。保护山水生态和文化遗产，促进旅游和文化融合发展。

（二）持续推进疏解整治促提升专项行动

认真落实中央和市委的部署，以疏解北京非首都功能为“牛鼻子”推动京津冀协同发展，坚持减重、减负、减量发展，坚定不移疏解非首都功能。

按照市、区2018-2020年疏解整治促提升专项行动方案要求，继续推动专项行动稳步开展。实现三环内市场疏解提升取得明显成效，有序推进违法建设拆除、违法用地腾退、“开墙打洞”整治、无证无照经营整治、城乡结合部专项整治等疏解整治任务。以人口调控检验专项行动最终效果，坚持人随功能、人随产业去留，引导人口有序流动，保持城市活力。

对标城市总体规划，服务“四个中心”功能建设，体现“四个服务”，统筹规划、高效利用疏解腾退空间。加大“留白增绿”力度，增加城市绿色生态空间。将疏解腾退空间用于公共服务设施、社会保障设施、便民服务网点、社区（村）文体活动场所等方面建设，保障改善民生。对不同规划性质用地的腾退空间实施分类管控，积极发展“高精尖”产业。

（三）着力提升区域发展水平

一是提升经济发展的质量和效益。落实新发展理念，以供给侧结构性改革为主线，坚持质量第一、效益优先，不断优化营商环境，努力建设现代化经济体系，进一步提升区域发展质量和水平。推进政府职能转变，深化“放管服”改革，优化行政审批流程，建设高效、规范、透明、简便的服务体系。各街道乡镇、各功能区、各委办局要重视区域内财源培育工作。高质量发展应该实现投资有回报、企业有利润、员工有收入、政府有税收。重视和支持企业上市，加大政策支持力度，完善企业上市联动培养机制，充实上市后备企业资源库，提升企业融资能力和市场竞争力。深入实施商标品牌战略。积极推进乡镇村集体经济组织在保护农民利益的前提下，进行现代企业制度改革，激发企业活力，提高经济效益。

二是推进城乡统筹发展。加大对农村地区市政基础设施建设、招商引资、产业升级等方面的支持力度，积极破解城乡一体化进程中的二元结构难题。继续推进农村集体产权制度改革，完善公司治理结构，做强做优农村集体企业。用好农村集体土地建设租赁住房的政策，合理规划建设长租房，采取市场化、企业化运作手段，既保障农民长期利益，又服务产业发展。开展新一轮经济薄弱村帮扶，启动大灰厂、西王佐、庄户3个村的美丽乡村创建工作。

三是持续改善区域生态环境。做好治大气、治水、增绿等各项工作，为人民群众创造天蓝地绿、山清水秀的良好生态环境。实施新一轮清洁空气行动计划，抓好机动车、工业、扬尘等污染源防治工作，巩固无煤化建设成果，保持空气质量稳中向好，$PM_{2.5}$年均浓度力争好于2017年水平。加强水环境治理，推广“当班河长”模式，实施永定河丰台段等河道水生态修复工程，逐步恢复河湖水系生态。实施新一轮平原造林工程，建设一批居民可达、可感、可享的小微绿地、街心公园、城市公园等绿色空间。

四是提高城市管理水平。深化城市管理体制改革，增强街道乡镇在城市管理中的基础地位，充分赋权授权，加大财政资金向基层倾斜力度，使街道乡镇的人、财、事权与属地管理职责相统一。搭建好区、街道乡镇两级综合执法平台，组建街道乡镇综合执法中心，将执法力量、执法重心下沉到基层，形成执法合力，夯实城市管理的基层基础，实现“街乡吹哨、部门报到”。坚持“精治、共治、法治”的原则，完善党委领导、政府负责、社会协同、公众参与、法治保障的社会治理体制，打造共建共治共享的社会治理格局。

（四）切实维护安全稳定

一是维护政治安全。严格落实意识形态工作责任制，提高政治敏感性和鉴别力，做好舆论引导工作，及时处置舆情事件，提高舆论应对能力，特别是要高度重视网络意识形态工作，加强正面宣传，牢牢把握意识形态工作领导权。加强立体化社会治安防控体系建设和基层综治中心规范化建设，有效防范涉恐涉暴、群体性事件、个人极端行为、重大社会舆情事件等风险隐患，切实维护社会安定。

二是坚定有序推进安全隐患排查清理整治。牢固树立安全发展理念，弘扬生命至上、安全第一的思想，讲求工作方法，注重人文关怀，依法依规推进安全隐患排查清理整治工作。落实国务院《消防安全责任制实施办法》，以“三合一”、高风险密集居住场所、彩钢板房为重点，积极消除安全隐患，切实保障人民群众生命财产安全。完善安全生产责任制，坚持党政同责、一岗双责、齐抓共管、失职追责，充分发挥街道乡镇综合执法中心和基层综治中心的作用，强化属地管理责任，落实部门的综合监管责任和行业监管（管理）责任，推动企业履行主体责任。

三是有效化解矛盾纠纷。加强重大决策社会稳定风险评估，从源头上消除和预防不稳定因素。完善矛盾纠纷多元化解机制，发挥人民调解、司法调解、行政调解的作用，下大气力解决好信访突出问题，将矛盾纠纷化解在基层、化解在萌芽状态。

（五）持续推进社会建设

一是提高居民收入水平。坚持把居民收入作为衡量地区发展水平的重要标准，实施更加积极的就业政策，拓宽就业渠道，破解农村劳动力、困难群体就业难题，鼓励自主创业，城镇登记失业率控制在3%以内。完善城乡一体的社会保障体系，推进全民参保。

二是提升基础设施和公共服务水平。加大基础设施投入力度，扩大优质公共服务供给，不断提升人民获得感、幸福感、安全感。加快河西第三水厂、河西再生水厂二期建设，完善供排水、热力、燃气等配套管线设施，完成重点积水点治理任务，提升城市运行保障能力。继续扩大普惠性学前学位供给，实现丰台二中改扩建、北京十中槐树岭校区等项目竣工，加快北师大四附中建设，促进教育优质均衡发展。推进学习型社会建设，大力提高区域国民素质。为天坛医院新址开诊创造良好服务保障环境，启动丰台医院提质改建工程，加快推进丰台中西医结合医院二期工程，改善就医环境。继续推进居家和社区养老服务改革试点工作，启动20家社区养老服务驿站建设，建立区级养老服务综合信息平台，继续推广养老服务“连心通”工程，构建精准养老服务模式。

三是加强文化建设。按照全市文化中心建设的总体部署，抓住首都文化的丰台落点，打造历史文化、红色文化、戏曲文化、创新文化等特色品牌。以社会主义核心价值观为引领，深化首都文明示范区建设。推进西山永定河文化带建设行动计划，挖掘、保护丰台区历史文化资源。深化首都公共文化服务示范区创建，补齐公共文化服务短板。深入实施文化惠民工程，持续开展形式多样的群众性文化活动，广泛开展全民健身活动，丰富百姓文化生活。大力发展文化创意产业，做强卢沟桥-宛平城抗战文化游等特色旅游板块，统筹利用疏解空间、老工业厂房、集体建设用地等，建设“中车二七1897”科技文化创新城、北京国家数字出版基地等文创功能区。

四是着力改善群众生活环境。以“住有所居”为目标，继续做好保障房建设和棚户区改造工作。深化老旧小区综合整治，积极推进加装电梯、增加停车位、完善社区服务设施等工作。以“十无一创建”为标准实施背街小巷整治提升，继续推进精品示范大街建设。完善便民服务网点，抓好百姓“菜篮子”工程，逐步构建“五分钟便民蔬菜零售网络体系”。

五是扎实推进民主法治建设。支持和保障人大、政协依法依章程履行职能，更好发挥人大依法监督、政协民主监督作用。牢牢把握大团结大联合的统一战线主题，加强与各民主党派、工商联等各界人士的沟通联系，认真做好民族、宗教等工作，不断增进共识、凝聚力量，形成推动区域发展的强大合力。加强对工会、共青团、妇联等群团组织的领导，增强群团工作的政治性、先进性、群众性。充分发挥区委在推进法治建设中的领导作用，积极推进依法治理、依法行政和依法办事，继续深化司法体制改革。认真履行党管武装工作职责，加强国防教育，深化双拥共建，不断巩固和发展军政军民团结。

（六）以党的政治建设为统领全面从严治党

一是加强党的政治建设。把党的政治建设摆在首位。旗帜鲜明讲政治，坚决维护以习近平同志为核心的党中央权威和集中统一领导，坚定执行党的政治路线，在政治立场、政治方向、政治原则、政治道路上同党中央保持高度一致。全面坚持和加强党的领导，充分发挥区委总揽全局、协调各方作用，加强对人大、政府、政协、法院、检察院党组的领导，完善和落实民主集中制的各项制度，不断提高履职能力和领导水平。严格遵守《党章》，严守党的政治纪律和政治规矩，认真严肃开展党内政治生活，培育积极健康的党内政治文化，营造风清气正的良好政治生态。

二是强化思想理论武装。坚持以习近平新时代中国特色社会主义思想武装头脑，纳入理论中心组学习重要内容，不断提高政治素养和思想理论水平。抓好各级领导班子思想政治建设和党员干部教育培训，通过处级干部轮训班、“一把手”专题研修班等多种形式，开展多形式、分层次、全覆盖的全员培训，推动习近平新时代中国特色社会主义思想进教材、进课堂、进头脑。深入推进“两学一做”学习教育常态化制度化，在全体党员中开展“不忘初心、牢记使命”主题教育，引导全体党员干部更加自觉地为实现新时代党的历史使命不懈奋斗。

三是建设高素质专业化干部人才队伍。坚持党管干部原则，坚持德才兼备、以德为先，坚持五湖四海、任人唯贤，坚持事业为上、公道正派，突出政治标准，倡导实干导向，注重在经济建设、社区治理及功能区建设一线选拔忠诚干净担当的干部，做到“四个不能让”。加强年轻干部培养，选派优秀年轻干部到街道乡镇、重点功能区、国有企业等一线单位进行锻炼。旗帜鲜明为敢于担当、踏实做事、不谋私利的干部撑腰鼓劲，注重对街道社区、乡镇村等基层干部的激励和关爱，营造干事创业的浓厚氛围。加强对专业人才的引进服务，优化人才发展环境。

四是夯实基层党组织建设。突出政治功能，以提升组织力为目标，强化党组织对各领域社会基层组织的政治领导。以“一规一表一册一网”为载体，狠抓支部规范化建设，落实“三会一课”、组织生活会、民主评议党员、谈心谈话等制度，开展党员积分管理、支部评星定级活动。探索党建引领基层治理的有效途径，发挥基层党组织领导作用，加强统筹协调，整合社会资源，提高服务凝聚群众的能力。加强基础保障，坚持打基础、补短板、强功能，突出抓好社区村党组织书记队伍建设，抓好软弱涣散党组织转化工作，提高非公经济组织和社会组织“两个覆盖”。认真落实《党务公开条例》，坚持发扬民主，保障党员权利。

五是全面加强纪律建设。坚持纪严于法、纪在法前，以党章党规党纪为尺子，落实好“六项纪律”，重点强化政治纪律和组织纪律，带动廉洁纪律、群众纪律、工作纪律和生活纪律严起来。下大气力建制度、立规矩，加强对权力运行的制约和监督，强化制度执行，强化不敢腐的震慑，扎牢不能腐的笼子，增强不想腐的自觉。继续深化国家监察体制改革试点工作，发挥定向巡察、派驻监督、国家监察的监督合力。坚持无禁区、全覆盖、零容忍，持续加大执纪问责力度，科学运用监督执纪“四种形态”，集中整治“小官贪腐”“微权力”腐败等各类突出问题。

六是不断改进工作方法。总基调是稳中求进，必须更加讲政治，更加坚定有序，更加平稳推进，更加注重统筹兼顾。始终坚持以人民为中心的发展思想，更好地满足人民群众对美好生活的需要。进一步坚定信心、保持定力，沉下心来落实工作，周密部署、用心操作，看准了的事一抓到底。注重讲究工作方式方法，坚持正面引导，坚持依法办事，走好群众路线，相关工作要多听各方面意见。

七是持续深化作风建设。认真落实习近平总书记关于进一步纠正“四风”、加强作风建设的重要批示，坚决贯彻中央八项规定实施细则，查找“四风”突出问题，特别是形式主义、官僚主义的新表现，紧盯“表态多、调门高、行动少、落实差”等问题，采取有效措施，坚决加以整改。对标对表市委提出的管党治党12类突出问题，驰而不息正风肃纪。鼓励党员干部改革攻坚、担当作为，引导全区党员干部把心思集中在想事上、把本领体现在干事上、把劲头聚焦在成事上，始终保持高昂的热情和旺盛的干劲，凝心聚力，攻坚克难，干在实处，走在前列。

同志们，新时代要有新气象，更要有新作为。让我们更加紧密地团结在以习近平同志为核心的党中央周围，以习近平新时代中国特色社会主义思想为指引，在市委的坚强领导下，稳中求进、锐意进取，沉下心来、埋头苦干，扑下身子为民造福，撸起袖子扎实工作，为建设和谐宜居的中心城区努力奋斗！

在第二次全体会议上的讲话

2017年7月28日

汪先永

这次全会开得很好。我们用了不到一天的时间，认真学习了市第十二次党代会和市委十二届二次全会精神，对今后一段时期全区各项工作进行了全面部署，审议并通过了区委工作规则和全会决议，圆满完成了各项会议议程。通过此次会议，大家进一步深化了思想认识，增强了思想自觉，统一了思想、提振了信心。下面，我再讲几点意见。

一、要认真学习贯彻习近平总书记在省部级主要领导干部“学习习近平总书记重要讲话精神，迎接党的十九大”专题研讨班开班式上的重要讲话精神

2017年7月26日至27日，省部级主要领导干部“学习习近平总书记重要讲话精神，迎接党的十九大”专题研讨班在京举行，习近平总书记在开班式上发表了重要讲话。习近平总书记的重要讲话科学分析了当前国际国内形势，深刻阐述了五年来党和国家事业发生的历史性变革，深刻阐述了新的历史条件下坚持和发展中国特色社会主义的一系列重大理论和实践问题，深刻阐明了未来一个时期党和国家事业发展的大政方针和行动纲领，提出了一系列新的重要思想、重要观点、重大判断、重大举措，具有很强的思想性、战略性、前瞻性、指导性。

全区各级党组织要认真组织好习近平总书记重要讲话精神的学习宣传贯彻，联系以习近平同志为核心的党中央治国理政实践，联系党和国家的历史性变革和历史性成就，联系北京和丰台的工作实际，结合“两贯彻一落实”，引导广大党员干部进一步增强“四个意识”，增强维护以习近平同志为核心的党中央权威的思想自觉和行动自觉，把习近平总书记重要讲话精神切实转化为推动地区发展的强大动力。全区党员干部要认真学习领会，切实把思想和行动统一到习近平总书记重要讲话精神上来，自觉服从和服务于党和国家工作大局，以首善标准做好各项工作，努力使地区建设发展更加符合党和人民的新要求，以优异成绩迎接党的十九大胜利召开。

二、要抓好全会精神的学习贯彻落实

关于这次全会上的讲话，前期先后召开了三次专题座谈会，广泛征求了区级领导班子、各单位、各部门的意见建议，又经过常委会认真研究，形成了最终定稿。在此，有两点需要重点提示一下，大家要认真领会。

一是关于丰台的发展时区。讲话用了八个自然段，对丰台发展时区进行了论述。这部分内容，是我们认识丰台的“法宝”，是全区上下统一思想、统一行动的基础，也是对外宣传展示的一张“名片”。当前，丰台区已经纳入首都中心城区。市第十二次党代会提出，城市空间布局要实现南北均衡发展，为丰台未来发展提供了难得机遇、描绘了美好前景。全区各级党员领导干部要善于

"观大势"，认真学习领会区委关于丰台发展时区的判断和论述，看到自身的发展优势，把握机遇、迎头赶上，推动地区经济社会持续健康发展。

二是关于四大功能区的建设。根据新版北京城市总体规划，区委区政府经过认真研究，在原有中关村科技园丰台园、丽泽金融商务区的基础上，提出了建设首都商务新区、河西地区国家产城融合示范区建设的工作部署。关于首都商务新区。经过常委会反复研究，明确了"首都商务新区"的提法，大体上确定为南苑、大红门地区的区域范围。我们要对照新版城市总规，在实践中进一步探索，及早制定南苑、大红门地区的城市设计和规划实施方案。关于河西地区国家产城融合示范区。区委区政府在研究全区发展的过程中，充分考虑河西地区发展和地区群众的期盼，提出要加快河西地区国家产城融合示范区建设。但是，对于河西地区的发展，目前只有一个概括性的指导，需要在发展过程中不断研究探索。同时，河西地区的发展不能仅仅依靠政府，要鼓励、引导市场力量、社会力量融入地区发展当中。

三、要做好下一阶段几项重点工作

第一，要切实维护区域安全稳定。安全稳定是地区发展的基础。市委十二届二次全会上，蔡奇书记反复强调安全稳定的重要性。随着十九大的临近，安全稳定工作显得尤为重要。各单位、各部门要把安全稳定放在更加突出位置，认真总结、充分运用成功处置"善心汇"非法传销组织非法聚集的经验做法，加强矛盾排查化解，做好应急处突准备，全面做好十九大的各项安保维稳工作，始终维护地区政治稳定和社会安定。要全力做好安全生产工作，特别是要加大彩钢板房等突出安全隐患的整治力度，各党政机关、事业单位、国有企业要带头拆除彩钢板房屋，不要等到发生了事故再"悔之晚矣"。要强化防汛工作责任，加大险情隐患排查力度，加强应急处置，切实做到严防死守。

第二，要不断优化提升生态环境。全会讲话提出的建设南苑万亩森林湿地公园，得到了市委市政府以及市有关部门的高度认可，得到了区内方方面面的充分肯定。要通过做好南苑万亩森林湿地公园，把生态引入城市，服务保障好首都功能，改善丰台形象和发展环境，为市民和谐宜居的生产、生活提供一个好的生态环境，实现"筑巢引凤"。各街乡镇要利用这次全市环保督察的契机，切实抓好地区生态环境建设，让辖区环境好起来、美起来。

第三，要扎实推动"疏解整治促提升"专项行动。上半年，我区完成量考核排名全市第二。主要拿分项是区域性批发市场疏解，共疏解了12家区域性批发市场，但是拆除违法建设等任务完成进度还相对滞后。下一步，要紧紧抓住全市开展"疏解整治促提升"专项行动的重大机遇，借势发力，进一步加大工作推进力度，确保完成大红门地区区域性批发市场疏解、违法建设拆除、"开墙打洞"治理等各项重点任务，力争在年底考核中保持全市前三名的水平。同时，在抓提升方面，要保持耐心和定力，坚持稳中求进，保持产业准入的高门槛、高标准，实现疏解腾退空间的高效集约利用。

第四，要全面抓好基层党建工作。市委高度重视基层党的建设，对党支部建设等工作专门召开会议进行研究，市委全会也就基层党建各项工作任务进行了整体部署。各党委（党组）书记都要切实把抓党建的责任扛起来，围绕党支部规范化建设，抓好党支部"一规两册"工作落实，把基层支部做扎实。区委也将加大检查力度，不打招呼，直奔现场，对各单位抓落实情况进行检查。

第五，要全力做好干部队伍建设。近期，区委对部分干部做了调整，在调整过程中，注重以下几个原则：注重发扬民主，广泛征求意见；对思想统一、认识一致的干部优先使用；注重实干导向，加大从基层一线选拔干部力度，把人品好、能干事的干部选拔出来；注重尊重干部个人意愿，根据干部能力特点合理安排岗位，体现关心关爱。下一步，区委将认真落实蔡奇书记关于组织工作的重要指示精神，加强对干部的选拔、任用和培养。要加快选配正、副处级领导岗位干部，加大从街道乡镇一线选拔处级干部的力度。要研究利用好处级非领导职务晋升的相关政策，充分调动年龄较大干部的工作积极性。要做好年轻干部培养工作，加强干部梯队建设。

四、要保持奋发有为的精神状态

当前，市委市政府高度重视北京南部地区的发展，丰台区迎来了发展的黄金时期。面对这难得的历史发展机遇，我们要坚定信心，发挥区位优势，挖掘发展潜力，努力建设和谐宜居的首都中心城区。要敢于担当，围绕疏解整治促提升、北京南苑森林湿地公园建设等重点任务，攻坚克难、主动作为，真正把责任扛在肩上、把工作落到实处。要创先争优，把全区党员干部思发展、谋发展的迫切愿望，体现在干事创业当中，以一流的标准、一流的作风、一流的业绩，推动丰台各项工作走在前列。

同志们，让我们紧密团结在以习近平同志为核心的党中央周围，在市委的坚强领导下，始终保持高昂的热情和旺盛的干劲，继续发扬“钉钉子”精神，持之以恒、扎实用力，扑下身子、真抓实干，把各方面工作干得更实更好，以优异的成绩迎接党的十九大胜利召开。

北京市丰台区人民政府工作报告

——2018年1月9日在丰台区第十六届人民代表大会第四次会议上

丰台区区长　冀　岩

各位代表：

现在，我代表丰台区人民政府，向大会报告政府工作，请予审议，并请区政协各位委员提出意见。

一、2017年工作回顾

一年来，在市委、市政府的坚强领导下，在中共丰台区委的领导下，在区人大及其常委会的监督支持下，我们深入学习贯彻党的十九大精神，以习近平新时代中国特色社会主义思想为指引，主动适应经济发展新常态，坚持稳中求进工作总基调，践行新发展理念，落实京津冀协同发展战略，牢牢把握首都城市战略定位，紧紧依靠人民群众，全面履行政府职责，攻坚克难，开拓创新，较好地完成了区十六届人大一次会议确定的目标任务，全区经济社会发展取得了新的成绩。

2017年预计实现地区生产总值1400亿元，增长6.5%；一般公共预算收入完成113.1亿元，增长8.1%；社会消费品零售额实现1134.4亿元，增长5.5%；完成全社会固定资产投资980亿元；居民人均可支配收入增长9%，高于经济增速；城镇登记失业率保持在2%以内；万元地区生产总值能耗下降3.8%；细颗粒物年均浓度为62微克/立方米，同比下降21.5%。

（一）坚持疏解整治促提升，区域面貌呈现新变化

紧紧抓住疏解非首都功能这个“牛鼻子”，扎实开展疏解整治促提升专项行动。疏解区域性批发市场30家、长途客运站2家，大红门地区45家市场完成调整疏解。疏解一般制造业企业52家、区域性仓储物流基地7家。拆除违法建设360万平方米，整治“开墙打洞”5010处，清理占道经营2.13万起，清理整治无证无照经营5871户，治理“散乱污”企业2432家，治理京铁家园等地下空间264处，整治群租房2761处。坚持“留白增绿”，不断加大基础设施、配套服务设施建设力度，完成平原造林1000亩，彩叶树种造林500亩，城市绿化20公顷，新增文化休闲场所175处，新建规范便民网点127个。区域面貌更加整洁，城市功能得到优化。

（二）强化创新引领，经济发展质量稳步提升

对标国际一流，构建“高精尖”经济结构。预计第三产业增加值比重达80%左右，科技、金融、商务、信息等服务业对地区生产总值增长贡献率达60%。企业占市场主体比重达73%，同比提高4.3个百分点。上市企业达23家。国家级高新技术企业保有量超过1200家，增幅超过30%。技术合同总额达701.7亿元，同比增长10%。专利申请量同比增长21%。

丰台科技园区围绕“高精尖”产业定位，着力发展主导产业，培育特色产业，效益和竞争力不断提升，预计总收入4800亿

元，同比增长9%，其中轨道交通、航天科技、新材料及应用技术产业占比达59.8%，1-11月地均产出达202亿元、人均产出达255.3万元，位居中关村示范区前列。丽泽金融商务区被确定为北京市服务业扩大开放综合试点示范园区，新引进中铁京津投资基金等18家新兴金融机构，累计引进金融机构393家，全年税收增幅预计超过41%。

持续优化营商环境，深化“放管服”改革，取消和调整非行政许可审批事项71项，出台《丰台区社会信用体系建设实施方案》《关于加强政务服务体系建设的实施意见》。创新工商登记准入服务举措，在全市率先实现“即时核准，一日取照”。实施商标品牌战略，新增有效注册商标1.95万件，同比增长21.5%。全区进出口总额突破1000亿元。设立“中小企业创新创业投资子基金”，解决企业融资难题。

（三）加强精细化管理，城市治理体系不断优化

对标《北京城市总体规划（2016年-2035年）》，编制区域空间战略规划。完成《南中轴地区概念性规划研究及永外地区-大红门地区-南苑森林湿地公园地区详细规划设计方案任务书》编制。开展城市总体规划与土地利用规划“两图合一”工作。启动城市街道设计导则编制。深化城市管理体制改革，组建城市管理委员会，完成城市管理执法重心下移，加大基层综合执法力度。落实“街巷长制”和“小巷管家”，构建有效的城市运行管理体系。

持续治理“大城市病”，抓好中央和市级环保督察反馈意见整改。严格落实清洁空气行动计划，建成覆盖21个街乡镇的大气污染监测预警体系，完成3078蒸吨燃气（油）锅炉低氮改造，淘汰老旧机动车6.2万辆，完成“煤改电”1.4万户，全区基本实现无煤化。完成交通疏堵改造工程10项，新增停车位7200个，交通状况进一步好转。聚焦水环境治理，全面实施“河长制”，建立“当班河长”模式，完成丰草河等7条27公里黑臭水体治理，水质监测考核断面全部达标。完善打击盗采和非法加工砂石行为工作机制。升级改造公厕133座。建筑垃圾资源化处理厂实现开工，餐厨厨余垃圾处理厂建成试运行。

严格落实安全生产责任制，扎实开展安全隐患整治专项行动，抓好市级安全生产督察反馈意见整改，完成1座公安现役消防站、4座小型消防站建设，加强防汛等应急值守工作，城市运行平稳有序。完成2000家餐饮企业“阳光餐饮”建设，重点食品、药品抽检合格率分别达到98.7%、99.8%。畅通信访渠道，初信初访办结率达到96%。扎实推进“雪亮工程”，新增公共区域监控3412个，整合社会单位监控6.9万个，刑事类、秩序类警情同比降幅超过20%，群众安全感进一步提高。圆满完成党的十九大、“一带一路”高峰论坛、全民族抗战爆发80周年纪念活动的服务保障工作。

（四）着力补齐短板，城乡统筹扎实推进

加快基础设施建设，在建轨道交通90公里，改扩建道路20条，开工建设河西第三水厂。改造配电自动化站室186座，新增配电自动化线路156条，配网自动化实现全覆盖。

深化河东地区城市化统筹试点工作，南苑乡、卢沟桥乡统筹实施方案获批；花乡纳入全市第四批城市化试点。长辛店镇统筹利用集体产业用地试点工作方案已确定。保障区域发展用地需求，完成国有建设用地供应98公顷，落实集体建设用地36公顷建设租赁住房。持续加强土地资源管控，腾退违法用地98公顷。

积极推进花乡、长辛店镇、宛平城地区乡镇级集体经济产权制度改革。进一步规范农村产权交易管理，全年产权交易项目成交13 宗，合同金额 22.54 亿元，农村产权交

易资产类成交金额连续三年排名全市第一。启动新一轮经济薄弱村精准帮扶计划。

（五）推进社会事业，民生福祉持续改善

全年27件重要民生实事全部完成。城镇新增就业3.71万人，城镇登记失业人员实现就业 1.72万人，农村劳动力规范就业4074人。城乡居民养老保险续保率达到97%。保障房新开工10583套，竣工12445套。长辛店老镇等棚户区改造完成搬迁8646户。开展老旧小区综合整治，加装电梯280部、智能代步器105部。

深化教育领域综合改革，继续实施“集团+集群”发展模式，新增学前及中小学学位 6720个，5所幼儿园晋级市级示范园，人大附中丰台学校投入使用，义务教育阶段优质学位达74%。开展医药分开综合改革，覆盖全区352家医疗机构，分级诊疗格局初步形成。完成家庭医生服务签约近80万人。全面推进居家和社区养老服务改革试点，以养老服务“连心通”工程为载体，构建覆盖空巢独居老人的精准养老服务工作体系，23个社区养老服务驿站投入使用。为5894户困难家庭淘汰不合格燃气灶具，加装安全辅助设施。新建 4 个市级“一刻钟便民服务圈”示范点、10个市级社区规范化建设示范点，实现便民早餐等8项基本便民服务社区全覆盖，群众获得感进一步提升。

加强精神文明建设，成功创建首都文明示范区，群众综合素质和区域文明程度进一步提升。推动首都公共文化服务示范区建设，改造提升基层公共文化设施46处，新建全民健身专项场地168处。举办“2017中国戏曲文化周”、北京国际铁人三项赛等文化体育活动，开展“我的丰台·我的家”系列文化惠民活动800余场次，群众精神文化生活日益丰富。

成立社会组织联合会，加强社会组织培育管理，扶持60项社会组织服务项目，鼓励社会组织参与社会治理。认真做好民族宗教、外事侨务、对台、档案、保密、地方志、残疾人事业发展等工作，充分发挥工会、共青团、妇联、文联、红十字会、科协等人民团体作用。双拥共建持续深化。投入资金4578万元，对口帮扶青海治多、河北涞源、内蒙古林西开展精准脱贫工作。

（六）落实全面从严治党责任，政府自身建设进一步加强

深入学习贯彻党的十九大精神，扎实推进“两学一做”学习教育常态化制度化建设，抓好“两贯彻一落实”，严格落实党风廉政建设责任制，驰而不息整治“四风”问题，严控“三公”经费规模，政风行风持续改善。全面加强审计监督，对5个乡镇和1个地区开展农村专项审计调查，进一步规范“三资”管理。自觉接受区人大及其常委会的法律监督、工作监督和区政协的民主监督，办复市区两级人大代表和政协委员的建议、提案411件。加快政府信息化建设，政务大数据汇聚平台和街乡镇统筹采集系统建成运行。组织“政务开放日”活动，全年公开政府信息1.6万余条，保障了群众的知情权、参与权、表达权和监督权。

各位代表，过去一年取得的成绩，是市委、市政府坚强领导的结果，是中共丰台区委带领全区干部群众共同奋斗的结果。在此，我代表丰台区人民政府，向全区人民，向全体人大代表、政协委员，向各民主党派、各人民团体和各界人士，向驻区单位、驻区部队，表示诚挚的感谢！

在看到成绩的同时，我们也清醒地认识到，丰台经济社会发展还存在不平衡不充分的问题，政府工作还存在一些不足：发展质量和效益还有待提升，“高精尖”经济结构还需要加快构建；治理“大城市病”还需要下更大的气力，精细化管理还需要加强；城乡统筹发展、基础设施建设、公共服务水平、城市安全运行还存在短板；政务服务能力和

工作作风还需要进一步提升。我们将直面问题，勇于担当，在今后工作中切实加以解决，努力把各项工作做得更好更扎实。

二、2018 年工作安排

2018年，是贯彻党的十九大精神的开局之年，是决胜全面建成小康社会、实施“十三五”规划承上启下的关键一年，是丰台落实首都城市战略定位加快发展的重要一年。按照区委十二届五次全会的部署，今年政府工作的总体思路是：深入学习贯彻党的十九大精神，以习近平新时代中国特色社会主义思想为指引，坚持稳中求进工作总基调，坚持新发展理念，抓住全市推进南北均衡发展和实施新一轮南部地区发展行动计划的战略契机，全面落实北京城市总体规划，沉下心来推动高质量发展，为首都加强“四个中心”功能建设，提高“四个服务”水平做出贡献。

全区经济社会发展的主要预期目标是：地区生产总值增长6.5%左右，一般公共预算收入增长 7.5%左右，城镇登记失业率控制在 3%以内，居民人均可支配收入增速高于经济增速，细颗粒物年均浓度、万元地区生产总值能耗、水耗等指标均达到市级要求。今年将重点抓好以下几个方面的工作：

（一）落实北京城市总体规划，服务保障首都功能

抓好《北京城市总体规划（2016年—2035年）》的落实，发挥规划战略引领和刚性管控作用。严控建设用地规模，实现生态用地动态增长。建立城乡建设用地增减挂钩机制，严格拆建比、拆占比。编制区域控规，确保规划任务落地。开展城市设计导则、标准和政策规范研究，实现多规合一、全域管控。优化区域空间布局，编制统筹腾退空间再利用规划，提升首都功能服务保障能力。

北京城市总体规划明确了丰台区功能定位：首都高品质生活服务供给的重要保障区，首都商务新区，科技创新和金融服务的融合发展区，高水平对外综合交通枢纽，历史文化和绿色生态引领的新型城镇化发展区。围绕功能定位，科学编制分区规划要点和全域控制性详细规划，抓好重点区域规划建设。落实市委把南中轴建设成为生态轴、文化轴和发展轴的要求，以南苑-大红门地区和南苑森林湿地公园为重点，做好南中轴地区规划建设，2018年7月底前形成详细规划和城市设计成果。加快推进首都商务新区规划建设，以地区传统产业优化升级为带动，发挥丰台科技资源优势，积极发展商务服务、科技文化、时尚创意等现代服务业，培育中高端消费新增长点，引导符合首都功能的企业总部集聚。

坚持减重、减负、减量发展，把疏解整治促提升向纵深推进，拆除违法建设220万平方米，继续加大违法用地腾退、“开墙打洞”整治、无证无照经营整治、城乡结合部专项整治等疏解整治力度，实现三环内市场疏解提升取得明显成效。统筹规划、高效利用疏解腾退空间，重点用于公共服务设施、社会保障设施、便民服务网点、基层文体活动场所建设，加大“留白增绿”力度，建设221 公顷绿地、143 处体育活动场地，提升人居环境。

以新机场城市航站楼建设为契机，建设具有国际水准、高效便捷的服务贸易综合示范区，开工建设丰台火车站，完善北京西站、北京南站等交通枢纽配套设施，服务京津冀协同发展，发挥好对外交通联络的保障作用。

（二）构建“高精尖”经济结构，推动高质量发展

抓住全国科技创新中心建设重大机遇，加快构建“高精尖”经济结构。准确把握产出效率高、科技含量高、发展潜力大的核心标准，做强做大高新技术产业，引进培育新

兴金融产业，多元发展文化创意产业，创新发展高品质生活服务业。

发挥丰台科技园区全国科技创新中心重要承载空间的作用。聚焦轨道交通产业集聚优势，突出中国中车、中国通号、交控科技为龙头的133家重点企业带动作用，支持设计勘察、通信信号、智能控制和运营服务等高端核心技术研发，推动产业智能化、现代化、国际化。推动军民融合产业发展，全力推进丰台军民融合创新中心建设，军地共建北京海格通信导航产业园等平台。积极推进国家知识产权示范城区建设。围绕“创新人才引进、创新平台建设、创新主体投入”，制定导向性和针对性更强的激励创新政策。

围绕“新兴金融产业集聚区、首都金融改革试验区”定位，着眼全市金融产业布局和发展规律，推动金融街与丽泽金融商务区一体化发展，重点引进互联网金融、数字金融、金融信息、金融中介、金融文化等新兴业态，构建金融产业集群，提升金融创新、金融服务功能。加快平安金融中心等项目建设，实现晋商联合大厦、新青海大厦、长城资产等项目44万平方米投入使用。加快丽泽金融商务区南区基础设施建设，完成地下交通环廊主体结构。

强化首都发展理念，进一步优化营商环境，以供给侧结构性改革为主线，构建与首都城市战略定位相适应的现代化经济体系，推动高质量发展。推进政府职能转变，深化“放管服”改革，优化行政审批流程，建立高效、规范、透明、简便的服务体系。加强政策支持，建立与企业多层沟通对接机制，切实增强服务能力，充实上市后备企业资源库，完善企业上市联动培养机制，提升企业融资能力、市场竞争力和税收贡献力。推进“独角兽”企业进一步发展壮大。深入实施商标品牌战略，充分发挥商标品牌对区域经济发展提升的促进作用。

（三）加强“大城市病”治理，提升城市宜居品质

坚决打好蓝天保卫战，继续实施清洁空气行动计划，严格落实空气重污染应急预案，严格执行烟花爆竹安全管理规定，推进能源消费清洁化，淘汰老旧机动车3.5万辆，加大重型柴油车等机动车和道路遗撒、扬尘整治力度，巩固无煤化建设成果。加强水环境治理，深化“河长制”，推广“当班河长”模式，实施永定河丰台段生态环境修复工程，全面消除黑臭水体。开展第二次全国污染源普查。实施垃圾分类专项行动，提升垃圾减量化、资源化、无害化利用水平。加大打击盗采和非法加工砂石力度。深化中央和市级环保督察反馈意见整改。

完善基础设施建设，进一步提升区域承载力。推动8号线三期、14号线中段、16号线、19号线一期等轨道交通，新机场高速、通久路等高速公路和城市主干路建设，逐步打通与核心区联通的“断头路”，构建便捷高效的交通体系。加快河西第三水厂、河西再生水厂二期建设，提高河西地区供排水保障能力。完成南岗洼等重点积水点治理。加快丽泽220千伏、丰益110 千伏变电站建设。推进“厕所革命”，改造提升公厕60座。推进建筑垃圾资源化处理厂、渗沥液处理厂二期主体工程建设。

科学划定生态保护红线，切实抓好林木、水系保护工作。加大环保执法力度，强化执法能力建设，坚决制止和惩处破坏生态环境行为。推进南苑森林湿地公园建设，利用已有的绿色空间和河湖水系，编制详细规划设计方案，加快地上物拆迁腾退，启动部分区域建设。完成平原造林1000亩，完成屋顶绿化1.2万平方米、垂直绿化5公里，创建6个花园式单位、5个花园式社区和一批精品示范街。建设规范50公里自行车道和人行步道，创造良好绿色出行环境。推进智慧城市、海绵城市、节水型社会建设。开展节约型机关、绿色家庭、绿色学校、绿色社区等城市

绿色行动。

（四）提高精细化管理水平，推动城乡协调发展

在精治、共治、法治上下功夫，推进城市治理体系和治理能力现代化。深化城市管理体制改革，增强街乡镇在城市管理中的基础地位，加大财政资金向基层倾斜力度，搭建区、街乡镇两级综合执法平台，组建街乡镇综合执法中心，实现“街乡吹哨、部门报到”。以“十无一创建”为标准实施背街小巷综合整治，深化“街巷长制”，发挥“小巷管家”作用，推动城市管理向街巷胡同延伸。

落实乡村振兴战略，促进城乡融合发展。落实南苑乡、卢沟桥乡试点实施方案，完成花乡规划方案编制和报批工作。完善乡镇统筹机制，打破“一村一策”单独项目开发平衡资金的模式，积极推进拆迁建设、农民转居、规划绿地实现等工作，腾退建筑面积454万平方米，实现规划绿地146公顷。全力推动重点村建设收尾工作，实现土地已入市的村完成社保补缴、趸缴。以产城融合示范区建设为带动，科学规划建设丰台科技园区西区，抓好长辛店镇统筹利用集体产业用地试点工作，推动河西地区新型城镇化建设。继续推进花乡、长辛店镇、宛平城地区乡镇级集体产权制度改革，完善公司治理结构，做强做优农村集体企业。合理规划建设农村集体土地租赁住房。持续开展经济薄弱村精准帮扶，保护利用好自然资源，实现集体经济可持续发展和农民稳定增收。推进美丽乡村建设专项行动，创建大灰厂、庄户、西王佐 3 个美丽乡村，提升农村人居环境。

牢固树立安全发展理念，完善安全生产责任制，强化属地管理责任，落实综合监管和行业监管责任，推动企业履行主体责任。深入开展城市安全隐患治理三年行动计划，落实国务院《消防安全责任制实施办法》，建设 11 座小型消防站。加强食品安全溯源体系建设，构建食品药品安全全过程监管体系，食品、药品抽检合格率分别达到 98.5％、99％。落实好粮食安全责任制。完善应急体系建设，提升防灾减灾救灾能力。加强重大决策社会稳定风险评估，完善矛盾纠纷多元调解机制，落实信访工作责任制。加强立体化社会治安防控体系建设和基层综治中心规范化建设，深入实施“雪亮工程”，切实维护社会和谐稳定，不断增强群众安全感。

（五）坚持以人民为中心，持续保障和改善民生

完善就业政策，加大就业培训力度，切实解决好农村劳动力、困难群体就业难题。深入开展居家和社区养老服务改革试点工作，建立养老服务综合信息平台，完成养老服务指导中心和20家社区养老服务驿站建设，扩展“连心通”服务范围，完善精准养老服务体系。实施租购并举的住房制度，开工建设各类保障性住房7000套，竣工6560套。加大棚户区改造工作力度，完成4500户改造任务。对太平桥西里等5个老旧小区开展综合整治，改造加装电梯，增加停车位。

坚持教育优先发展，继续推动教育综合改革，实施内涵发展，全面提升区域教育质量，扩大优质资源供给。深化“集团+集群”发展模式，加快北京大学附属小学丰台分校、北师大四附中等项目建设。扎实推进第三期学前教育行动计划，扩大普惠性学位供给。结合中高考改革，实施教师课程与领导力提升计划。试行“区聘校用”，吸纳优秀教育人才，均衡配置教师资源。成立教育督导委员会，提高督学、督政效力。

深化医药卫生体制改革，推进医保支付方式改革，统一城乡居民医保制度。加强医联体建设，完善基层医疗卫生服务体系，扩大家庭医生服务签约范围。做好天坛医院新院区运行的服务保障工作，推动口腔医院规划选址，启动丰台医院提质改建工程，加快丰台中西医结合医院二期工程建设，提升区域医疗服务质量。

扎实推进生活性服务业品质提升，深化社区“一刻钟便民服务圈”建设，合理布局商业设施，积极发展社区商业便民服务综合体和社区商业“e 中心”。抓好百姓“菜篮子”工程，推进“五分钟便民蔬菜零售网络体系”建设，实现新增社区便民早餐等8项基本便民服务全覆盖。培育发展社区社会组织，继续扶持40项社会组织服务项目、100个社区志愿服务组织。开展双拥共建工作，落实优抚安置政策。继续做好对口协作和精准帮扶各项工作。

坚定文化自信，以社会主义核心价值观为引领，巩固首都文明示范区创建成果。落实西山永定河文化带建设行动计划，挖掘、保护丰台历史文化资源，促进文化旅游融合发展。扎实推进首都公共文化服务示范区建设，办好“2018 中国戏曲文化周”，开展“书香丰台”全民阅读活动，举办“我的丰台·我的家”系列文化活动 1600 场次以上。统筹利用疏解空间、老工业厂房、集体建设用地，发展文化创意产业，建设“中车二七厂1897”科技文化创新城、北京国家数字出版基地等文创功能区。落实“共享冬奥”公众参与计划，发展群众性冰雪运动，促进全民健身，满足群众多样化需求。

（六）加强政府自身建设，更好地为人民服务

进一步提高政治站位，牢固树立“四个意识”，坚决维护党中央权威和集中统一领导，严格遵守政治纪律和政治规矩，在政治立场、政治方向、政治原则、政治道路上，同以习近平同志为核心的党中央保持高度一致。紧密联系首都城市战略定位，结合丰台经济社会发展实际，把党的十九大提出的战略部署转化为推动发展的具体实践。开展“不忘初心、牢记使命”主题教育，坚定理想信念，践行党的宗旨，把全面从严治党的要求贯彻到政府工作的全过程。

切实把政府工作全面纳入法治轨道，坚持运用法治思维和法治方式推动工作。依法接受区人大及其常委会的法律监督和工作监督，落实区政府重大民生事项向人大报告制度，自觉接受区政协的民主监督，认真办理人大代表议案建议和政协委员提案，进一步提高办理质量。深化政府信息新闻发布会制度，加大政府信息和政务公开力度，畅通社会监督渠道。完善公共法律服务体系，深入开展“七五”普法工作，提升社会法治观念。

增强抓落实的本领，理清工作思路和重点，细化工作目标，拉出任务清单，制定路线图，排出时间表，确保件件落到实处，不断提升政府工作的科学性和精准性。提高服务群众的能力，运用大数据等信息化手段推动公共服务上水平，建设网上政务服务大厅，让企业和群众办事更便捷。加强调查研究，抓住老百姓最急最忧最怨的问题，解决好群众最关心最直接最现实的利益问题，做出让人民群众满意的实绩。

按照《中国共产党党组工作条例》要求和区委工作部署，认真落实党风廉政建设主体责任，严格执行中央八项规定精神，紧盯“四风”新表现，坚决把纪律和规矩挺在前面。完善常态化督促检查机制，严格绩效管理考核，强化公务人员责任担当。加强和完善审计监督，实现公共资金、国有资金、国有资源和领导干部履行经济责任情况全覆盖，坚决防止和纠正损害群众利益的不正之风，切实做到干部清正、政府清廉、政治清明。

各位代表，人民群众对美好生活的向往就是我们的奋斗目标。让我们更加紧密地团结在以习近平同志为核心的党中央周围，以习近平新时代中国特色社会主义思想为指引，在中共丰台区委的坚强领导下，不忘初心，牢记使命，埋头实干，不负重托，为建设国际一流的和谐宜居之都而努力奋斗！

丰台区人民代表大会常务委员会工作报告

——2018年1月10日在丰台区第十六届人民代表大会第四次会议上

丰台区人大常委会主任　李昌安

各位代表：

我受丰台区第十六届人民代表大会常务委员会委托，向大会报告工作，请予审议。

2017年主要工作回顾

2017年，是区十六届人大及其常委会的届首之年，在中共丰台区委的领导和市人大常委会的指导下，区人大及其常委会认真学习宣传贯彻党的十九大精神，以习近平新时代中国特色社会主义思想为指引，紧紧围绕区委决策部署和中心工作，认真执行区十六届人大一、二、三次会议决议和大会批准的各项任务，突出“强基础，促监督”的主要工作内容，依法履职，为我区经济社会发展提供了有力的民主法治保障，各项工作实现良好开局。

一年来，共组织召开人民代表大会4次；召开常委会会议10次，听取和审议专项工作报告27项；依法作出决议、决定16项；依法任免新一届国家机关工作人员155人次，组织宪法宣誓148人次；召开主任会议17次，研究议题36项，听取专项工作报告5项；配合立法调研8项；开展执法检查3项、专题询问1项、实地视察检查、座谈研讨70余次；接待群众来信来访112件次；规范性文件备案审查工作有序开展。

一、坚持党的领导，始终保持正确的政治方向

常委会旗帜鲜明讲政治，自觉践行“四个意识”，坚定“四个自信”，推动人民代表大会制度在丰台的创新实践。

加强政治建设。人大常委会党组牢牢把学习宣传贯彻党的十九大精神作为当前和今后一个时期的首要政治任务，制定《中共丰台区人大常委会党组学习宣传贯彻党的十九大精神实施方案》。通过学习参观、专题辅导、主题宣讲、交流研讨等多种形式，引导和带领常委会组成人员、人大代表和机关干部，深入学习贯彻习近平新时代中国特色社会主义思想和两次视察北京重要讲话精神，坚决维护以习近平同志为核心的党中央权威和集中统一领导，在政治立场、政治方向、政治原则、政治道路上同党中央保持高度一致，自觉把党的领导贯穿于人大工作全过程、落实到依法履职各方面。

严守政治规矩。区委召开第四次人大工作会议并转发《中共丰台区人大常委会党组关于进一步加强和改进全区人大工作的若干意见》，就做好当前人大工作作出重要部署。常委会认真贯彻落实此次会议精神，不断提高议事决策质量，增强监督工作实效，依法将区委的决策部署要求转化为全区人民的共同愿望和行动。严格执行重大问题、重大事项向区委请示报告制度。坚持把人大工作置于区委中心工作中去思考、谋划和推进，主动将区委要求落实到履职行权的全过程、各方面，时时处处维护区委总揽全局、

协调各方的地位和作用。充分发挥人大“工作机关”、“代表机关”的特点和优势，始终当好区委重大决策部署有效落实的实践者、推动者和保障者。

强化党组作用。按照全面从严治党的要求，加强常委会党组建设，党组成员认真履行政治责任，坚持集体领导和分工负责制，修订完善党组工作规则和议事规则等8项制度。在理论学习、制度执行、作风转变及能力提升等方面以身作则，始终站在党和人民的立场，在助推区域经济社会各项事业发展上，勇于担当，善于作为，发挥了示范引领作用。

二、探索改革创新，进一步增强工作活力

常委会坚持以对事业高度负责的精神，开拓进取，锐意创新，推动人民代表大会制度与时俱进。

坚持目标引领。谋划制定工作蓝图，审议通过《北京市丰台区第十六届人民代表大会常务委员会关于五年工作的意见》，明确了人大工作“为建设和谐宜居的中心城区提供坚强的民主法治保障”的总体目标任务；着眼增强人大工作的整体性、系统性和导向性，采取一年一个主题递进式的工作方法，构建“五措并举、协同推进”的工作格局，为坚持和完善人民代表大会制度提供了新的实践。

健全制度机制。紧紧围绕“强基础、促监督”的工作内容，按照“突出重点、精准作为、探索创新、表率担当”的要求，建章立制35项，其中新建制度30项。同时健全完善常委会议事规则，细化常委会机关工作流程。加强决策支持体系建设，建立法律和预算监督专家顾问制度及配套措施，逐步形成科学合理、内容规范、导向明确、约束力强、易于操作的制度规范和工作规程，构成符合时代要求，具有人大鲜明特点的工作体系，促进了人大工作的规范化、标准化、精细化。

完善组织结构。根据新修订的地方组织法，优化了常委会组成人员结构，新增常委会专职委员10名，专职组成人员比例由37.1%提升至51.1%；法律和财政经济专业分别占组成人员的25%和40.9%，极大提升了常委会的履职水平和监督实效。首次选举产生了法制、财政经济、教育科技文化卫生体育、城市建设环境保护、农村5个专门委员会。审议通过了专门委员会工作通则。一年来的实践有力地推动了人大工作专业化水平，发挥了审议中的参谋作用、监督中的推进作用和联系群众的纽带作用。

推动改革试点。落实全国人大常委会《关于在北京市、山西省、浙江省开展国家监察体制改革试点工作的决定》和北京市深化监察体制改革的要求，组织召开区十六届人大二次会议，依法选举产生区监察委员会主任；依法任命监察委员会副主任和委员。同时召开专题座谈会，就试点工作的开展情况及需要解决的问题进行研讨，为保障此项改革试点任务的圆满完成，提供了丰台经验。

开展专题询问。对涉及区域综合改造难度大、存在问题多、社会关注度高、关系群众切身利益的老旧小区综合整治工作，首次运用专题询问，围绕改造工程的定位、规划、电梯加装、停车设施等方面的19项具体问题，采取人大代表与政府职能部门负责人面对面一问一答的方式，提出解决问题的方法及路径，使此项工作取得明显进展。

三、突出精准履职，不断完善监督功能

常委会围绕区域改革发展的关键问题，把握首都中心城区的战略定位新内涵，强化监督力度，延伸监督触角，增强监督实效。

突出重点监督。紧紧抓住疏解非首都功能这个“牛鼻子”，把“疏解整治促提升”专项行动作为重点监督内容，贯穿全年工作

始终。综合运用视察、调研、建议、审议等多种手段，助推区域性批发市场疏解、拆除违法建设、产业提升等专项工作落实。充分发挥区人大常委会统筹作用和专门委员会智库作用，调动人大街工委、代表联组、乡镇人大和人大代表广泛参与的积极性，形成监督合力，不断增强监督工作的内涵。一年来，共组织调研、视察、座谈近20次，参加代表120人次，提出有针对性的意见建议150余条，有效地促进“疏解整治促提升”专项行动的扎实推进。

持续跟踪监督。围绕区“十三五”规划的实施，建立区域经济形势季度分析机制和政府部门适时报告机制。组织全体代表定期听取区政府经济社会发展情况报告，掌握经济发展动态。深入科技园区和不同类型经济组织研究探讨均衡发展、产城融合、功能区建设等相关问题，提出加快构建“高精尖”经济结构，提升重点功能区聚集程度等意见建议。同时听取和审议2017年国民经济和社会发展计划执行情况与2018年国民经济和社会发展计划草案的报告，提出推动新旧动能转换、提升区域整体发展质量等方面的意见建议，一年来，共组织视察、调研、座谈近30次，实现人大监督对区域经济平稳有序发展的保障作用。

实施动态监督。深化财政预算改革监督，修订并审议通过《丰台区预算审查监督办法》；听取2016年审计工作和审计整改情况报告，审查和批准2016年决算，听取和审议2017年预算执行情况报告，审查2018年预算草案。改进和完善对预算执行情况的监督，通过与财政管理信息系统联网实现数据共享，实施全口径、全过程的实时监督。发挥专门委员会专业优势，加强对部门预算的初步审查，通过分类检查，分口把关，将专委会的预算审查体现在监督的全过程中，实现监督方式创新，并提供了制度保障。

四、建设法治丰台，保障社会稳定发展

常委会始终把保障宪法和法律在本区域的贯彻实施作为重要职责，监督职权划分单位依法行政，公正司法。

开展立法调研。按照市人大的要求，积极主动参与立法调研活动，围绕《中华人民共和国人民法院组织法》、《中华人民共和国人民检察院组织法》、《中华人民共和国农村土地承包法》以及《北京市烟花爆竹安全管理规定》、《北京市旅游条例》的修订和《中华人民共和国公共图书馆法》、《北京市机动车停车条例》制定工作，与职权划分单位有效对接，采取书面征询意见、上下联动等方式，组织市、区、乡（镇）三级人大代表和群众160人次开展调研座谈和研讨交流，为国家和本市立法提出意见建议近300条，使各项立法更有针对性，更富实效性。

促进民主决策。落实中央《关于健全人大讨论决定重大事项制度、各级政府重大决策出台前向本级人大报告的实施意见》。与区政府研究向人大常委会报告工作的具体制度和衔接程序，履行讨论决定重大事项的职能。区十六届人大一次会议就开展第七个五年法治宣传教育作出决议。听取区政府贯彻落实决议情况的报告，提出强化普法责任落实，试行“法宣先行”模式等意见建议。听取2017年地方政府债务限额及预算调整方案报告，对地方政府债务限额及区级预算调整方案进行审查并作出决议。听取区政府关于丰台区行政区划调整方案的报告，提出科学划清街乡镇管理界线、加强城市精细化管理等建议。听取区政府关于2017年为群众拟办实事的报告，提出加大宣传力度，提升知晓率等建议。全年共讨论决定重大事项4项，履行了职能，从制度上保证了决策的科学化、民主化，推动了依法行政工作的有效落实。

严格执法检查。围绕法律法规在区域的贯彻落实情况，通过成立执法检查组、召开动员会、组织法规学习培训、开展走访座谈、视察调研等方式，重点对《北京市全民健身条例》、《北京市控制吸烟条例》、《北京市生活垃圾管理条例》等法律法规进行了执法检查。检查注重突出问题导向，对照重点条款逐条详查，有针对性地提出建议60余条，督促职权划分单位整改落实，对法律法规的全面普及和严格执行起到了有力的推动作用。

助力司法改革。采取实地视察、调研走访座谈、旁听案件审理、见证案件执行等方式，不断加强对司法体制改革的监督。听取区人民法院关于执行工作情况的报告，建议要创新执行工作方式，着力提高执行到位率，确保“基本解决执行难”目标如期实现。听取和审议区人民检察院关于推进落实司法体制改革工作情况的报告，提出推动改革任务均衡发展，提升检察监督工作实效等意见建议。关注基层法庭建设，督促政府职能部门加强协调，落实责任。实地视察联合律师楼人民调解室、法律援助工作站建设情况，鼓励律师发挥法律专业优势，化解社会矛盾，服务区域发展。

五、坚持问题导向，突出保障民生改善

常委会始终把保障和改善民生作为人大工作的出发点和落脚点，督促职权划分单位做好各项民生工作，切实提高人民群众的获得感和幸福感。

加大议案督办力度。围绕区十六届人大一次会议确立的“以争创首都文明示范区为契机，推进城乡环境建设”的议案，坚持“统筹安排、规范程序，突出重点、务求实效”的原则，听取和审议区政府议案办理情况报告，提出建立完善环境治理机制、加强基础设施建设、提高城乡环境治理水平、全民共建共治等四个方面的建议。同时通过开展专项调研、座谈交流、征询意见等多种方式，广泛征求议案领衔代表、委员、街乡基层群众意见建议76条，区政府及相关部门给予积极采纳。通过议案督办，体现“一案一策、持续跟进、紧抓不放”的督办优势，回应代表和群众的关切，有力推动了区域环境的提升。

提高建议办理质量。建立代表建议综合分析机制，完善并落实建议督办机制和会商机制；加大督办力度，将建议督办同常委会重点议题相结合，整体督办与重点督办相结合，复查补办与督促检查相结合。构建常委会统一负责、承办单位分工协作、专门委员会跟踪督办的办理模式，推动建议办理工作由重视办复率、办结率向提高解决率和群众满意度的转变。区十六届人大一次会议期间共收到代表建议191件，已全部办理答复完毕；闭会期间共收到代表建议22件，按照规定要求，已交区政府办理，做到事事有回音、件件有落实，一批富有建设性的建议意见成为职权划分单位科学决策的重要依据。

推动生态环境治理。认真贯彻落实《中华人民共和国环境保护法》，围绕区域环境保护突出问题，听取区政府落实环境督查情况报告，监督环境状况和环境保护目标完成情况。加强对大气、水、土壤等环保生态重点领域监督，促进实施区、街乡（镇）、社区村三级“河长制”，强化源头管控、过程监管与末端治理，推动区域生态环境持续改善。

促进社会事业发展。深入了解我区公共文化服务能力的状况，提出我区文化事业要以市民为中心、以基层为重点开展工作等建议；围绕扩大优质教育资源，提升区域教育水平，视察检查赵登禹学校和北京十二中南站校区；围绕医养融合问题，实地到右安门、新村街道养老照料中心调研，听取开展居家和社区养老服务改革试点推进情况的汇报，为更好地促进我区文化、教育、养老事业健康发展发挥了积极作用。

六、密切联系群众，发挥代表主体作用

常委会认真研究新时期代表工作的特点和规律，把联系群众作为代表履职的着力点，实现人大代表与广大群众的良性互动，主体作用明显增强。

以制度化提升代表工作水平。落实全国人民代表大会和地方各级人民代表大会代表法及北京市实施办法，不断探索代表活动、代表履职的服务保障和管理监督有效机制。建立代表活动小组制度，全体人大代表根据自身意愿、专业特长分别加入到五个专门委员会，组成23个活动小组，依法参与区域改革发展的各项事业的工作中。建立对口监督工作机制，组建19个对口监督小组，依法实施对口监督。建立人大代表报告履职情况办法、评选优秀代表、优秀议案和建议办法等制度，从岗位、履职、社会贡献三个方面对代表进行综合评价，评选出2017年度优秀履职代表34名、优秀议案和建议23件，有效激发了代表履职热情。完善市、区、乡（镇）三级人大代表联系机制，搭建联动平台，形成固定联系和工作合力。一年来，人大代表走进选区和选举单位，收集意见建议1600余件，已经解决的1300余件。使人民群众的意见建议更好地得以汇集、表达和解决，切实担负起了宪法和法律赋予的职责。

以组织化引导代表执行职务。加强履职培训，举办以筑牢履职基础为主题的新一届代表履职学习班，同时采取集中培训与分团培训、专家授课与连任代表介绍履职经验、以会代训与分散自学相结合等形式，不断提高代表的政治素质、思想理论水平和履职能力。组织代表参加常委会各项工作，近500人次参加视察调研、执法检查、专题询问等工作，共有60余人次代表列席常委会会议并作审议发言，使代表执行职务与常委会行使职权相结合更加紧密。落实人大代表联系群众制度，全区近200个选民接待站成为代表宣传党的方针政策、了解民情、听取民声、接受监督的“连心桥”、“暖心站”。坚持组织代表深入基层、深入群众，全年共开展代表活动212次，参加活动代表两千人次，接待选民上万人次，走访群众两万人次。引导代表用脚步丈量民情，用行动回应民声，成为体察民情、立足岗位、创新作为、勇于争先、助推发展的新时期合格代表。

以规范化服务保障市代表履职。周密部署，组织召开区十六届人大三次会议，保障了新一届市人大代表选举任务圆满完成。精心安排，组织市人大丰台团代表按时出席有关会议，参加市人大代表学习班和闭会期间的各项活动。发挥优势，主动邀请市代表就我区重点难点工作实地视察调研，为推动解决我区的实际困难和问题，开展市、区代表联系活动28次，听取选民意见建议100余件，为首都建设特别是丰台的发展起到了不可替代的重要作用。

七、强化自身建设，切实增强履职能力

常委会注重加强基础建设，用高的标准、严的要求，提升人大工作水平，为依法履职用权注入不竭动力。

营造干事创业浓厚氛围。注重加强“学习研究型、务实担当型、探索创新型”三型机关建设，认真学习宣传贯彻习近平新时代中国特色社会主义思想，坚持用党的理论创新成果武装头脑、指导实践、推动工作。学习人民代表大会制度理论和宪法法律，不断深化对人民代表大会本质特征和内在优势的认识，增强做好人大工作的责任感和使命感，提升履职尽责的能力和水平。加强机关干部队伍建设，规范选人用人工作流程。注重创新意识，深入研究加强和改进人大工作方法措施，探索创新工作机制，丰富完善监督手段。打造人大信息、宣传、调研有字有影有声的立体平台和信息化工作网络，成为推动和展示人大改革创新的重要窗口。全体人员团结协作，奋发有为，把心思集中在想事上，把本领体现在干事上，把目标锁定在

成事上，积极发挥学习研究、遵规守律、廉洁用权、务实担当、创新有为、联系群众六个表率作用。

提升街工委、乡镇人大工作水平。落实《中共全国人大常委会党组关于加强县乡人大工作和建设的若干意见》要求，加强对人大街工委的领导，修订完善了人大街工委通则等制度；分片召开人大街工委主任座谈会，就加强人大街工委建设、搭建代表履职平台等方面提出了要求；人大各街工委积极配合常委会做好各项议题的前期工作，在拓展监督职能，规范工作程序等方面进行了积极探索和实践。支持乡镇人大依法有效行使职权，推动乡镇人大主席专职化；深入乡镇开展城乡一体化建设情况调研，召开乡镇人大工作座谈会，就建立完善制度、丰富监督方式等进行了具体指导；乡镇人大注重创新监督方式，对政府职能科室进行工作评议，促进乡镇政府依法行政，改进工作作风。一年来，各街工委、代表联组、乡镇人大积极履职，共组织视察检查、调研座谈近150次。工作成效显著，实现了有动力、有目标、有人员、有保障、有能力干事的良好局面。

各位代表，常委会在一年的工作实践中，对人民代表大会制度有了更加深切的认识和体会。一是必须坚持党对一切工作的领导。党的领导是中国特色社会主义最本质的特征，是坚持和完善人民代表大会制度、做好新形势下人大工作的最大政治优势和根本政治保证；二是必须坚持以习近平新时代中国特色社会主义思想统揽人大工作。切实把思想和行动统一到党的十九大精神上来，使人大及其常委会成为全面担负宪法法律赋予的各项职责的工作机关，成为同人民群众保持密切联系的代表机关；三是必须深刻把握新时代新使命新要求。坚定信心、大气谋事、精准选题、讲求实效、合力成事、昂扬干事，带动工作质量和监督实效的提高；四是必须突出人大工作的计划性、前瞻性和全局性。立足丰台实际，绘制好今后一个时期的工作蓝图，每年突出一个主要工作内容，发扬钉钉子精神，脚踏实地，稳步推进，形成丰台思路、丰台实践；五是必须发挥代表的主体作用。夯实工作基础，筑牢履职平台，调动和激发代表履职积极性和热情，使人大代表成为推动我区经济社会发展的重要力量，不断推进人大工作取得新的进步。

各位代表，常委会2017年各项工作取得的成绩离不开区委的正确领导和市人大常委会的指导，离不开全体代表的共同努力，离不开区政府、区监察委员会、区法院、区检察院、驻区单位、社会各界和全区人民的大力支持。在此，我代表区人大常委会，向所有关心、支持人大工作的同志们、朋友们，表示衷心的感谢并致以崇高的敬意！

加强和改进人大工作只有进行时。常委会各项工作在取得一定成效的同时，也存在着监督的范围需要拓展，创新的举措需要探索，履职的作风需要加强等方面的问题。对此，我们将在今后的工作中加以改进。

2018 年主要工作任务

2018年，常委会将深入学习宣传贯彻党的十九大精神，在区委的坚强领导下，牢牢把握人大工作“一领导、一主导、一作用、两机关、四职权和一服务”这一基本原则，围绕丰台功能定位和工作重点，依法履行各项职权，不断推动人大工作开创新局面。

一、提高政治站位，用习近平新时代中国特色社会主义思想武装头脑

学深悟透党的十九大精神，把学习的关键点和着力点放在“十个深刻领会”和“六个聚焦”上，带着使命学、带着任务学、结合讲话（习近平总书记两次视察北京的重要讲话）学、带着感情学，在学懂、弄通、做实上下功夫，坚持学用结合，抓好落实，

更加自觉主动地在履行职能中，坚持党的领导、人民当家作主、依法治国有机统一，让党的十九大精神在丰台形成生动实践。

二、围绕重点任务，依法履行各项职权

围绕“强作风，促监督”的工作内容，按照习近平总书记“纠正‘四风’不能止步，作风建设永远在路上”的重要指示，坚决纠正“四风”新表现，坚定不移落实全面从严治党责任，驰而不息改进作风。常委会将重点围绕区域中心工作、实施新版北京城市总体规划、“疏解整治促提升”专项行动、绿化隔离地区建设、落实新一轮城市南部地区发展三年行动计划、改善和保障民生等方面开展监督；进一步健全完善讨论决定本区重大事项的程序和措施；强化对代表议案和建议的督办；依法开展执法检查。积极探索人大协商的机制和方式，运用询问、特定问题调查等方式，回应社会关切。

三、发挥代表作用，服务保障代表依法履职

加强代表学习培训，增强代表的政治和责任意识；畅通代表知情知政渠道，提高代表履职能力；组织好代表视察检查、专题调研、走访选民、列席常委会会议、座谈会征求意见等活动，提高代表活动实效；落实好代表联系群众制度，加强对市、区、乡（镇）三级代表的组织引领、服务保障和监督管理。

四、加强自身建设，提高履职能力水平

加强人大及其常委会党组自身建设，履行全面从严治党的主体责任；开展“不忘初心、牢记使命”主题教育，坚定信念，强化责任；加强三型机关建设，重视调动各方面积极性；加大对人大街工委的领导，夯实工作基础；加强对乡镇人大的工作调研和指导，支持其发挥基层国家权力机关作用，不断提高工作水平。

各位代表，新的一年里，让我们更加紧密地团结在以习近平同志为核心的党中央周围，在中共丰台区委的领导和市人大常委会的指导下，始终保持昂扬向上的精神状态，把人民对美好生活的向往作为奋斗目标，坚持和实践人民代表大会制度，为建设和谐宜居的中心城区不懈努力！

中国人民政治协商会议 北京市丰台区第十届委员会常务委员会工作报告

——2018年1月8日在政协北京市丰台区第十届委员会第二次会议上

刘 宇

各位委员：

我代表中国人民政治协商会议北京市丰台区第十届委员会常务委员会，向大会报告工作，请予审议。

一、2017年工作回顾

2017年，是全区人民认真学习宣传贯彻中共十九大精神，同心协力、攻坚克难，实现经济社会全面发展与提升的一年，也是我区政协事业在继承中发展、在发展中创新，取得新成效的一年。一年来，区政协常委会以习近平新时代中国特色社会主义思想为指导，毫不动摇地坚持党对人民政协工作的领导，不折不扣地贯彻落实中共中央大政方针、市委和区委决策部署，坚持团结和民主两大主题，紧紧依靠各界委员，围绕中心、服务大局，主动作为、锐意进取，切实发挥政协作为协商民主重要渠道和专门协商机构作用，为促进全区改革发展稳定贡献了智慧和力量。

一年来，常委会在履职过程中，始终坚持党的领导，坚定政协工作的正确方向。一是坚持巩固共同思想政治基础，切实增强政治定力。全面贯彻中共十九大以及中共中央和市、区委一系列重大决策部署，制定实施区政协《关于学习宣传贯彻中共十九大精神的工作方案》，向全体委员发出了“学好中共十九大精神、展现委员履职风采”活动倡议，开展了集中学习、专题研讨、重点辅导等活动，组织参观了“砥砺奋进的五年”大型成就展，深入学习领会习近平新时代中国特色社会主义思想，不断增强贯彻落实中共十九大精神的思想自觉和政治自觉，坚定了道路自信、理论自信、制度自信、文化自信，确保了政协事业始终沿着正确的方向前进。二是坚持充分发挥区政协党组作用，坚决贯彻区委决策部署。区政协党组牢固树立政治意识、大局意识、核心意识、看齐意识，坚决维护以习近平同志为核心的中共中央权威，坚决服从中共中央集中统一领导，严守政治纪律和政治规矩，坚决落实区委部署要求，坚持做到年度工作专题汇报、重大事项请示报告、重要意见建议及时报送，并积极引导委员中的共产党员发挥先锋模范作用，把好大局方向，抓好贯彻落实，切实把区委决策部署转化为政协组织、政协委员的共识和行动。三是坚持准确把握性质定位，积极推进政协协商民主实践。贯彻中共中央和市委关于加强协商民主建设、推进民主监督工作等总体部署，落实区委对政协工作的各项要求，精心组织实施政协年度协商工作计划，加强了政协协商与党政工作的有效衔接，增强了协商的权威性和计划性。在社会各方面的支持和参与下，组织开展调研协商和民主监督活动，切实发挥了团结统战功能和重要平台作用。同时，区委也高度重视区政协工作，区委常委会定期听取区政协党组工作汇报，审议区政协常委会工作报告和年度协商工作计划。区委、区政府主要领导同志多次就加强区政协工作、落实委员建议作出批示。区级党政领导同志坚持出席区政协组织的重要协商会议并积极同委员沟通交流，分别领衔督办重点提案，促进了协商的广泛深入和委员建议的采纳落实。

一年来，常委会认真履行政治协商、民主监督、参政议政职能，主要做了以下工作。

（一）紧扣中心工作，推动创新发展

围绕“非首都功能疏解中腾退空间的有效利用”议题，通过议政会进行协商。邀请区各民主党派、工商联代表和相关界别委员、区政府职能部门负责人组建联合调研组，深入全区各乡镇进行实地调研、座谈研讨、对口协商，并到我市其他区学习借鉴经验，多方探讨解决方案和实施路径。会同区委统战部召开议政会，区各民主党派、工商联负责同志同区委主要领导、区政府主管领导深入沟通，围绕疏解空间利用的总体思路、发展布局、工作机制、利用方式等方面深度探讨，达成了广泛共识，并将有关意见建议以专项报告形式提交区委，促进了我区非首都功能疏解工作的进一步深入。

针对“推进新发地批发市场改造升级”议题，通过议政性常委会议进行协商。组织相关界别委员，成立专题调研工作组，到新发地批发市场进行了现场调研，就改造升级中存在的问题分别同区政府职能部门、乡村负责同志、专家学者进行协商交流，召开议政性常委会议专题协商，提出了升级交易模式、提高土地使用效率、优化路网规划、推进便民网点体系建设、打造优质品牌等具体建议，并向区委提交了专项报告，得到了区委、区政府的高度重视。

围绕社会热点问题，利用季度协商恳谈会进行协商。就“加强丰台食品安全监管，保障百姓舌尖上的安全”协商议题，开展多方联合调研，及时通报情况，对有代表性的大型超市和批发市场、餐饮企业、食品生产企业、基层食药监所以及食品安全检测机构进行实地调研考察，形成了调研报告。召开协商恳谈会，提出了推进“地校合作”、发挥行业协会作用、加强食品安全知识宣传和基层执法队伍建设等一系列合理化建议，并以主席会议建议案形式提交区委，得到区委、区政府的重视，主要领导同志都作了重要批示。同步促成了区政府与北京工商大学的合作，使协商成果迅速得到转化。就“改善交通微循环、缓解交通拥堵”协商议题，组织委员以方庄地区为重点，听取情况通报，调研考察次干路、支路交通基础设施建设以及缓解交通疏堵改造情况，组织协商恳谈会，委员们从统筹规划、交通污染管控、慢行系统改造、停车和共享单车管理、交通宣传等方面提出了意见和建议，并形成了专项报告提交区委、区政府参考。

聚焦重点领域统筹发展，通过季度协商恳谈会开展协商。就“深化政府和社会资本合作，加大政府购买服务力度”议题，组织系列调研活动，利用专题研讨会、企业现场考察等形式，深入研究探讨，并在协商会上深度协商交流，提出了扩大购买服务范围、理性购买服务、注重绩效管理以及整合资源要素、扩大合作领域与规模等一系列有价值的意见建议。就“实施‘医养融合’，完善居家养老服务”议题，组织委员与区政府相关职能部门对口协商，到社区卫生服务中心、街道养老照料中心实地考察，在协商会上认真通报情况、深度协商交流，提出了有效防范居家养老法律风险、整合养老管理服务资源、建立完善多层次服务网络、提高养老服务专业化水平、完善养老护理保障机制等建议，发挥了积极的推动作用。

（二）关注民众期待，促进民生改善

提高提案工作质效。全年207件立案提案，涉及非首都功能疏解、民主法治建设、城乡环境治理以及文化、教育、医疗、养老、就业等经济社会发展各方面的重要问题。提案工作中，强化提案知情服务，采取广泛征集线索、及时提供参考、严格立案审查等办法，运用“工作指南”、“指导手册”和“手机报”等形式，实行阶段集中培训、优秀提案示范等方式，有效提高了提案质量。提案办理中，通过采取提案集中分析研究、办前和办中协商、重点提案遴选等办法，做到了统筹分类推进；通过开展区级领导督办、月度协商督办、追踪督办，实行提办双向评议、加大提案工作宣传力度等措施，深化了提案办理协商，提高了提案办理实效，促进了我区改革发展和民生事业中一批重要、关键和瓶颈性问题的解决，提案办理满意率实现新提升。

认真反映社情民意。坚持深入基层，密切联系群众，以小切口调研促进民生重点问题解决。聚焦中小科技企业服务，政协主席带领委员分别到丰台科技园区、京辰瑞达科技孵化中心、区工商联和联合律师楼调研走访，与区政府主管部门一道，现场同企业交流协商、帮助解决发展中的困难。关注老旧小区服务管理工作，组织委员与区政府主管部门开展对口协商，了解停车管理、物业管理、僵尸车整治、地下空间使用、便民网点布局等实际情况，共同协商破解难题的有效办法。助力戏曲文化发展，组织委员到中国戏曲学院调研考察，围绕发挥戏曲文化资源优势、推动地区文化建设，传承传统文化、弘扬国粹艺术，加强丰台区与驻区戏曲院团的合作与发展等方面积极建言献策。探索加快我区社会组织孵化和培育的办法，组织了10次相关调研、考察和座谈研讨活动，达成了广泛共识，助推了多元共治格局的构建。通过组织专题调研、视察考察和情况通报会等活动，加深了委员对区情和民情的了解，为积极运用社情民意信息建言献策创造了条件。全年共编报《政协委员话发展》社情民意信息35期、《丰台政协信息》普刊36期。

积极开展“爱丰台基层行”活动。组织委员走基层、惠民生、促发展。文化艺术界委员赴各乡镇开展“文化下乡”活动，用书画、春联为居民送去祝福；医药卫生界别委员到区儿童福利院开展了“情系福利院，真情送爱心”活动，到社区开展“走基层、送健康”义诊咨询活动；教育界别委员开展了助力大学生创业活动；科技界别委员到高新技术企业进行技术交流、合作洽谈及政策研讨；社会福利与社会保障界别委员实地考察了区康助互养院，在走进基层、服务群众中及时收集反映群众困难、需求和意愿，受到广大群众的欢迎。

（三）加强民主监督，促进改革创新

深化专项民主监督。制定《政协北京市丰台区委员会民主监督小组工作意见》，进一步明确了民主监督小组的工作原则、职责任务、工作形式和人员组成要求。分别组建了十届区政协教育、财政、市容环境、法治建设四个民主监督小组。教育民主监督小组对我区今年幼升小就近入学、初中派位入学计算机分配开展了现场监督，对高考、中考和高中会考开展了巡视监督，对新建、改扩建学校及配套接收建设情况开展了专项监督；财政民主监督小组针对财政政策和资金支持中小企业发展情况开展了专项监督；市容环境民主监督组对我区供暖单位低氮燃烧环保改造工程进行了调研和专项监督；法治民主监督小组对我区开展人民调解和法律援助、发挥法治建设在大气污染治理工作中的作用等专题进行了调研和监督。专项民主监督活动提出各类监督意见近百条，有力地促进了相关领域工作的改进与提升。

积极组织视察考察。区政协常委会分别针对我区非首都功能疏解情况、区循环经济产业园建设情况进行视察，提出了改进工作、完善机制、综合施策等方面的监督意见。各专门委员会开展考察活动40余次，围绕助力全区中小企业创新发展、推进产城融合示范区建设、卢沟桥文化旅游区文化体系建设等专题，深入调研，广泛交流，深度协商。每次活动后，都及时收集整理委员的意见建议，通过专题报告和社情民意信息形式提交区委、区政府决策参考。

做好特约监督工作。在总结梳理委员担任特约监督员和聘任单位情况的基础上，分别向17个单位发出征询意见函，根据拟聘任特约监督员单位特点和需求，征求相关委员意愿，提出了对原有特约监督员进行集中调整的实施方案。经区政协主席会议审议通过，47名委员受聘担任16个单位的特约监督员，监督工作全面展开。同时，区政协还组织50名委员参与区政府各部门的考核评议工作，推荐了6名委员担任区食品药品监督管理局“反映社情民意信息员”。民主监督工作进一步向工作前沿、服务一线延伸。

（四）发挥独特优势，增进广泛团结

注重联合联动。坚持问题导向，选准协商议题。年初，向区政协各参加单位和各界委员征集年度重要协商议题，汇集区党政部门和社会各界意见，向区委提出了政协年度协商工作计划草案，经区委常委会议审议通过后实施，实现了政协协商与区委、区政府中心工作的有效衔接。充分运用大会发言、党派提案、党派信息、联合调研和视察考察等方式，为区各民主党派、工商联和无党派人士参政议政创造条件、提供平台，工作机制更加顺畅、协商成果更加丰硕。

重视联谊合作。举办区政协第十八届企业家联谊会暨政企对接会，委员中的企业家同区政府职能部门以“疏解提升、同谋发展”为主题，进行了政策对接、项目交流和资源共享。配合市政协举办了“加强人民政协民主监督工作”、“加大统筹力度，疏解中心城区人口”、“优化医疗服务体系，有效实施分级诊疗”三次专题调研座谈会，并到南苑乡、王佐镇、长辛店镇、丰台医院、卢沟桥社区卫生服务中心实地调研，深度协商交流重点工作推进。组织安排了市政协相关专门委员会和密云区、海淀区、门头沟区政协来丰台协同开展专题调研。积极组织委员参加了市政协举办的纪念“五一口号”健步走和“卢沟桥醒狮越野跑”活动。接待了重庆市江津区政协、贵州省兴义市政协、辽宁省瓦房店市政协到我区考察交流，增进了了解、拓宽了视野。

维护团结和谐。针对长辛店基督教教产问题组织调研，积极开展专题协商，汇集各方意见，形成了协调推进工作的具体方案。在伊斯兰教斋月期间，区政协副主席及专门委员会走访了我区清真寺，慰问了穆斯林群众。认真组织台海形势报告会，邀请专家解读政策、分析形势、把握原则。区政协主席、副主席、秘书长分别牵头各专门委员会，对42名委员进行了走访，通报情况、交流思想、听取意见。

（五）统筹推进工作，强化履职能力

加强学习促进能力提升。常委会印发了《关于加强学习提升履职能力的工作意见》，把学习贯穿于履行职能的全过程。一年来，区政协坚持以学习提升作为年度工作的主题，在每一次调研、协商、监督、视察考察和会议活动中都安排学习内容，凝聚思想共识，提高履职能力。共召开4次常务委员会会议、8次主席会议、15次党组会议、28次专门委员会学习交流研讨会，深入学习贯彻中共中央重大决策部署，传达学习中共十九大和习近平总书记视察北京重要讲话精神，学习贯彻北京市和丰台区第十二次党代会的部署要求，围绕“加强意识形态工作，提升意识形态话语权”、“我国医疗卫生体制改革发展历程与趋势”、“以中共十九大精神为统领，创新和完善财政宏观调控”等内容举办“政协讲坛”活动，坚定信念，笃学敏行。通过举办新委员培训班、全体委员集中学习辅导、暑期学习研讨班、专委会研讨会以及编印学习专刊、搭建网络信息平台等形式，组织委员系统学习中共十九大等重要会议和文件精神，学习习近平总书记关于新形势下加强和改进人民政协工作的重要论述、统一战线和人民政协基本知识，做到学以致用、融会贯通。邀请区党政部门有关领导同志向全体委员通报区情，邀请专家和市政协领导同志讲解委员履职所需的专门知识，组织委员参加市政协组织的“一带一路”专题报告会等系列学习活动，把握形势、知情明政。通过学习，广泛凝聚起了发展共识、改革共识、法治共识、反腐败共识和价值观共识，增强了委员履职尽责的责任感、使命感。

加强制度机制建设。制定区政协《贯彻落实<关于进一步加强政协协商民主建设的实施意见>的实施办法》、《关于进一步提高提案质量的意见》、《关于开展界别活动的办法》、《专门委员会工作通则》、《专门委员会聘请特邀人士的暂行办法》、《关于特邀人士履职的有关规定》以及《秘书长调度会议规则》，修订《中共政协北京市丰台区委员会党组工作规则》、形成了十届区政协主席、副主席、秘书长联系常委、常委联系委员分工机制以及区政协各专门委员会联系界别的分工机制，强化了基础性工作，提高工作制度化、规范化、程序化水平。

加强研究与宣传工作。为纪念全面抗战爆发80周年，在区政协网站开辟“丰台往事”专栏，集中登载了20篇有代表性的抗战史料；参与全国政协“蒙古族百年实录”文史资料征编工作，通过向全体委员征稿、走访我区蒙古族代表人士、召开专题研讨会等方式汇集珍贵史料，进一步发挥了文史资料工作存史、资政、团结、育人功能。认真开展政协理论与实践研究，组织引导委员深度思考、总结提炼，及时提交优秀研究成果。其中，《问题导向、协商在前、注重质量、精准建言——北京市丰台区政协提高提案质量的实践与探索》一文在《人民政协报》刊发；《密切联系基层和群众，体现政协优势和特色》、《新形势下推进丰台区统战性社会团体建设的思考》等文章，入选市政协《发挥人民政协作为爱国统一战线组织重要作用》论文集；《打造政协讲坛平台、提升委员履职水平》、《丰台区政协党组工作实践与探索》、《民主党派基层组织开展民主监督的实践探索与思考》等文章在市、区报刊媒体发表，产生了良好的社会反响。汇集调研协商和研究成果，编发第二十七辑《咨议建言集》。积极利用16期《委员风采》专刊、9期丰台有线电视《政协视窗》栏目、31期《丰台报》专栏等形式，展示优秀委员形象、宣传政协履职成效、激发广大委员履职热情。

加强政协机关建设。落实党组和机关党组织全面从严治党责任，推进机关“两学一做”学习教育常态化制度化，针对查摆的问题和民主评议情况，认真改进作风、完善服务、提升效召开机关党风廉政建设大会，全面落实党风廉政建设责任制、承诺制。加强组织建设，成立了区政协党建工作领导小组及其办公室，强化党组党建主体责任落实，统筹机关党风廉政建设，切实发挥委员中中共党员的模范作用。做好机关干部选拔任用，通过强化学习培训、岗位责任督查、挂职交流锻炼等方式，提高了干部队伍整体素质和服务能力。

在肯定成绩的同时，我们也清醒地认识到，工作中还存在一些差距和不足，主要是：民主监督工作在认识和实践的结合上需要进一步深化；对政协工作规律的研究探索需要进一步加强；政协委员履职服务和管理仍需进一步改进。对这些问题，我们要高度重视，认真研究解决。

二、2018 年主要任务

中国特色社会主义进入了新时代、开启了新征程。面对人民对美好生活的需要，聚焦助力首都和丰台改革发展的重大责任，2018年工作的总体要求是：深入学习贯彻中共十九大精神，以习近平新时代中国特色社会主义思想为指引，牢固树立“四个意识”，把坚持和发展中国特色社会主义作为巩固共同思想政治基础的主轴，把为决胜全面建成小康社会、夺取新时代中国特色社会主义伟大胜利献计出力作为工作主线，在中共丰台区委的领导下，坚持团结民主主题，紧紧围绕落实首都城市战略定位和丰台改革发展总体布局，充分发挥思想引领、协调关系、汇聚力量、建言献策、服务大局的重要作用，认真履行政治协商、民主监督、参政议政职能，进诤言、谋良策、出实招，为推动丰台改革发展作出更大贡献，不断开创丰台政协事业的新局面。

*（一）服务改革发展大局，着力提高协商成效。*围绕落实中共十九大战略部署和市、区委总体安排，紧扣区委确定的区政协2018年协商工作计划，精心开展协商活动。坚持贯彻新发展理念，瞄准抓重点、补短板、强弱项，围绕精准实施北京城市总体规划、疏解非首都功能、新一轮“城南行动计划”实施等事关丰台长远发展大计，认真进行视察考察和调研，汇集众智、议政建言。充分发挥人才荟萃、智力密集的优势，聚焦落实北京城市总体规划对我区的定位，围绕南苑—大红门地区和首都商务新区规划建设、高品质生活服务供给保障区建设、科技创新和金融服务融合发展、历史文化和绿色生态引领的新型城镇化发展等重要问题，有计划地开展调查研究、协商研讨活动，通过议政会、议政性常委会议、季度协商恳谈会进行协商，积极提出具有针对性、可操作性强的意见建议。要突出协商前的调查研究和知情明政，为务实精准建言奠定基础，做到协商保障更加到位；要充分考虑委员界别特点和履职意愿，激发委员参与协商的积极性，做到协商组织更加精细；要强化交流互动，努力增进共识、凝聚智慧，确保协商水平进一步提高。

*（二）践行履职为民理念，着力保障和改善民生。*坚持以人民为中心的发展思想，围绕关系人民群众切身利益的热点难点问题，以“爱丰台基层行”活动为载体，深入界别群众和基层群众，以开放姿态听取意见、反映诉求，以谦恭心态问需于民、问计于民，积极推动各项民生政策落地见效。围绕污染防治攻坚、交通拥堵治理、教育均衡发展、医疗卫生体制改革、文化惠民工程、公共服务均等化、生活性服务业品质提升、平安丰台建设等，通过对口、界别、提案等议政协商形式，积极为科学决策提供参考。围绕棚户区改造、老旧小区综合整治、街区生态重塑、基本生活服务设施建设、中小科技企业发展、重点区域疏解后的规划利用等问题，组织开展专题调研、视察考察、座谈研讨、情况通报等活动，积极协助区委区政府察民情、解民忧、惠民生。

*（三）不断强化问题导向，着力推进民主监督。*贯彻落实中共中央办公厅《关于加强和改进人民政协民主监督工作的意见》和中共北京市委办公厅《关于加强和改进政协民主监督工作的实施意见》要求，进一步完善监督内容和形式，健全工作机制，形成监督合力。充分发挥各专项民主监督组作用，围绕教育、财政、城乡环境和法治建设领域的重点项目、关键环节、重要工作开展专项监督。围绕疏解整治促提升、群众性文化体育设施建设、文物保护利用、湿地公园和环保项目建设等开展视察考察。进一步深化民主评议、特约监督等工作，加强交流，总结经验，规范工作制度，完善运行机制。积极运用提案、反映社情民意信息等形式，开展经常性监督。创新监督形式，将民主监督工作融入委员调查研究之中，深入一线、深入

基层，着重发现工作中的问题和不足，推动全区重点工作的落实。

（四）坚持团结民主主题，着力发挥团结统战功能。坚持和完善中国共产党领导的多党合作和政治协商制度，贯彻落实中共十九大关于巩固和发展最广泛的爱国统一战线的战略部署，发挥好政协作为各党派团体和各族各界人士发扬民主、参与国事、团结合作的重要平台作用。始终把增进思想政治共识作为重大政治任务，正确处理一致性和多样性关系，加强大团结、扩大团结面，把凝聚共识、凝聚人心贯穿到履行职能的全部工作之中。进一步完善与参加政协的各民主党派、工商联和无党派人士的协商机制，及时就政协工作听取意见，就共同性事务加强协商，促进参加政协的各党派、工商联和无党派人士的合作共事。全面贯彻党的民族、宗教工作方针政策，发挥民族宗教界代表人士作用，促进民族团结、宗教和睦。

（五）全面抓基础强能力，着力提升政协工作水平。进一步做好提案工作，更加注重提案质量和办理质量，完善领导阅批、领衔督办、联合交办和双向评议制度，加大集体提案和平时提案工作力度，将专题协商、对口协商、反馈协商融入提案办理全过程，不断总结经验、把握规律、规范管理、强化服务。加强文史资料征集编纂工作，继续开展“丰台往事”史料选送工作，配合北京市政协和区委做好史料的征编工作。积极开展新形势下政协应用型理论与实践研究。进一步完善和有效发挥“慧政协”APP、“委员风采”网络专栏、“委员话发展”社情民意信息的平台作用，拓宽联系服务群众的渠道。做好政协新闻宣传工作，为政协履职营造良好的舆论氛围。制定委员履职规则、加强和改进调查研究工作实施办法，修订委员考评办法等制度规范，进一步提高政协工作的制度化、规范化、程序化水平。

三、坚持用新思想指导政协新实践

习近平新时代中国特色社会主义思想是实现中华民族伟大复兴的行动指南。人民政协是具有中国特色的制度安排，是社会主义协商民主的重要渠道和专门协商机构，在丰台各项事业中肩负着光荣使命。领会新思想、踏上新征程，我们要倍加珍惜荣誉、牢记责任、把握机遇，始终保持昂扬向上、奋发有为的精神状态，以高度的思想自觉和强烈的政治担当，全力以赴做好各项履职工作，同心奋斗，砥砺前行。

（一）提高政治站位，坚定立场方向。人民政协当前和今后一个时期的首要政治任务，是用中共十九大精神武装头脑、推动工作，谱写新时代的新篇章。重点是学习领会习近平新时代中国特色社会主义思想，在学懂弄通做实上下功夫，并作为统揽政协工作的总纲，增进高度的政治认同、思想认同、理论认同、情感认同，夯实团结奋斗的共同思想政治基础。要牢固树立“四个意识”，在政治立场、政治方向、政治原则、政治道路上同以习近平同志为核心的中共中央保持高度一致，努力画出最大同心圆，凝聚强大向心力，汇集更多同行者，共同为落实中共十九大确定的目标任务而奋斗。

（二）聚焦中心任务，强化责任担当。落实习近平总书记两次视察北京重要讲话精神，肩负丰台在首都发展中的重大职责使命，面对人民群众对美好生活需要呈现出的便利性、宜居性、多样性、公正性特点，应对地区创新发展、全面深化改革、城市治理的艰巨任务与挑战，我们要更加自觉地围绕中心、服务大局，认真履职，积极建言，把协商民主贯穿政治协商、民主监督、参政议政全过程，为丰台改革发展出实招、谋良策。着眼于提高协商建言的咨政价值，在提高参与度、增强协商及时性和工作主动性上下功夫，坚持协商于决策之前和决策之中，努力为首都和丰台改革发展添助力、增合力。

（三）汇聚各方力量，护航改革发展。丰台各项事业的发展，离不开安定团结的政治局面。要坚持问题导向，准确把握人民政协民主监督的性质定位、特点优势，以监督党政重大方针政策和重要决策部署的贯彻落实为重点，在“敢于监督”和“善于监督”上下功夫，不断加强和改进民主监督工作，切实增强民主监督实效，确保市、区重要决策部署全面落实。要坚持凝心聚力，在全区改革发展进程中积极引导群众看主流、看本质、看趋势，自觉主动协助区委、区政府多做协调关系、化解矛盾、理顺情绪、凝聚人心的工作。要发挥政协委员代表性强、联系面广、包容性大的优势，切实反映各界群众的意愿诉求，用好话语权，促进上情下传、下情上达，切实发挥好联系群众的桥梁纽带作用。

（四）突出界别特色，加强队伍建设。人民政协是国家治理体系的重要组成部分，必须适应新时代新任务的要求，加强委员队伍建设。坚持用习近平新时代中国特色社会主义思想武装头脑、指导实践、推动工作，提高委员的政治把握能力、调查研究能力、合作共事能力、联系群众能力，全面增强履职本领，努力做到懂政协、会协商、善议政和守纪律、讲规矩、重品行，切实发挥在政协工作中的主体作用、本职工作中的带头作用、界别群众中的代表作用。密切委员与本界别群众的联系，进一步丰富界别活动形式与内容，坚持讲真话、进诤言，助推各项改革发展举措落实到位。切实提高政协机关工作人员的服务能力，改进工作作风，积极联系委员，热心服务委员，真诚团结委员，更好发挥参谋助手、综合协调、服务保障作用。政协党组要切实担负把方向、管大局、保落实和全面从严治党主体责任，认真开展“不忘初心、牢记使命”主题教育。政协委员中的中共党员要坚定理想信念，严格遵守党章党规，严格遵守政治纪律和政治规矩，以身作则、当好表率，切实起到模范带头作用。

各位委员，蓝图已绘就，奋进正当时。让我们更加紧密地团结在以习近平同志为核心的中共中央周围，在中共丰台区委的领导下，不忘初心，牢记使命，锐意进取，砥砺前行，努力推动人民政协事业迈上新台阶，为建设和谐宜居的中心城区作出新的贡献！

区 情 概 况

2017年丰台区情

概况

丰台区地处北京城西南，面积305.53平方千米。截至年底，全区常住人口218.6万人，比上年减少6.9万人。其中常住外来人口75.4万人，比上年减少4.5万人；占常住人口的比重为34.5%，比上年下降0.9个百分点。在常住人口中，城镇人口218.2万人，占常住人口的比重为99.8%。全区常住人口出生率9.07‰，死亡率5.01‰，人口自然增长率4.06‰。常住人口密度为每平方千米7155人，比上年减少226人。户籍人口113.9万人，比上年减少1.5万人。

2017年，实现地区生产总值1425.8亿元，比上年增长6.5%。其中第一产业增加值0.7亿元，比上年增长28.5%；第二产业增加值283.3亿元，比上年下降2.8%；第三产业增加值1141.7亿元，比上年增长9%。三次产业结构为0.1：19.9：80.1。全区人均地区生产总值达到6.4万元，比上年增长13.3%。完成一般公共预算收入113.1亿元，比上年增长8.1%。其中增值税39亿元，增长48.2%；企业所得税20.6亿元，比上年增长39.8%；房产税14.6亿元，比上年增长63%；城市维护建设税9.6亿元，比上年增长4.7%。一般公共预算支出227.4亿元，比上年增长17.2%。其中，用于医疗卫生、城乡社区事务、教育、社会保障和就业的支出分别比上年增长36.4%、34.1%、12.4%和6.1%。全区金融机构各项存款余额7014.3亿元，比上年增长11.1%。其中储蓄存款2335.4亿元，比上年下降2.1%。各项贷款余额4199亿元，比上年增长15%。居民人均可支配收入55871元，比上年增长9.2%；人均消费支出38127元，比上年增长0.8%；恩格尔系数20.6%，比上年下降0.2个百分点。全区居民人均住房建筑面积29.2平方米，比上年增加0.2平方米。

2017年国民经济和社会发展

疏解非首都功能

年内，开展“疏解整治促提升”专项行动。疏解区域性批发市场30家、长途客运站2家，大红门地区45家市场完成调整疏解。疏解一般制造业企业52家、区域性仓储物流基地7家。拆除违法建设360万平方米，整治“开墙打洞”5010处，清理占道经营2.13万起，清理整治无证无照经营5871户，治理“散乱污”企业2432家，治理京铁家园等地下空间264处，整治群租房2761处。坚持“留白增绿”，完成平原造林1000亩、彩叶树种造林500亩、城市绿化20公顷，新增文化休闲场所175处，新建规范便民网点127个。

经济建设

构建“高精尖”经济结构。第三产业增加值比重达80%左右，科技、金融、商务、信息等服务业对地区生产总值增长贡献率达60%。企业占市场主体比重达73%，比上年提高4.3个百分点。上市企业达23家。国家级高新技术企业保有量超过1200家，增幅超过30%。技术合同总额达701.7亿元，比上年增长10%。专利申请量比上年增长21%。

丰台科技园区围绕“高精尖”产业定位，总收入4800亿元，比上年增长9%，其中轨道交通、航天科技、新材料及应用技术产业占比达59.8%。丽泽金融商务区被确定为北京市服务业扩大开放综合试点示范园区，新引进中铁京津投资基金等18家新兴金融机构，累计引进金融机构393家，全年税收增幅41%。

深化“放管服”改革，取消和调整非行政许可审批事项71项，出台《丰台区社会信用体系建设实施方案》《关于加强政务服务体系建设的实施意见》。创新工商登记准入服务举措，在全市率先实现“即时核准，一日取照”。实施商标品牌战略，新增有效注册商标1.95万件，比上年增长21.5%。全区进出口总额超过1000亿元。设立“中小企业创新创业投资子基金”。

工业

全年规模以上工业企业实现工业总产值308.7亿元，比上年增长2.1%。其中高技术产业产值80.8亿元，比上年增长1.8%。从主要行业看，医药制造业和专用设备制造业分别比上年增长14.2%和12.4%，铁路、船舶、航空航天和其他运输设备制造业，计算机、通信和其他电子设备制造业分别比上年下降1.8%和4.8%。

规模以上工业企业实现销售产值312亿元，比上年增长1.3%。其中内销产值302.6亿元，比上年增长0.6%；出口交货值9.4亿元，比上年增长29.1%。规模以上工业企业实现利润总额25.4亿元，比上年增长22.6%。从主要行业看，计算机、通信和其他电子设备制造业实现利润5.6亿元，比上年下降2.9%；医药制造业实现利润4.9亿元，比上年增长46.5%；电力、热力生产和供应业实现利润4.8亿元，比上年增长0.7%；仪器仪表制造业实现利润2.2亿元，比上年增长2.3%；专用设备制造业实现利润1.9亿元，比上年增长0.3%。

城乡建设与管理

编制区域空间战略规划。完成《南中轴地区概念性规划研究及永外地区—大红门地区—南苑森林湿地公园地区详细规划设计方案任务书》编制。开展城市总体规划与土地利用规划“两图合一”工作。启动城市街道设计导则编制。组建城市管理委员会，完成城市管理执法重心下移，加大基层综合执法力度。落实“街巷长制”和“小巷管家”，构建有效的城市运行管理体系。

持续治理“大城市病”，抓好中央和市级环保督察反馈意见整改。严格落实清洁空气行动计划，建成覆盖21个街乡镇的大气污染监测预警体系，完成3078蒸吨燃气（油）锅炉低氮改造，淘汰老旧机动车6.2万辆，完成“煤改电”1.4万户，全区基本实现无煤化。完成交通疏堵改造工程10项，新增停车位7200个。全面实施“河长制”，建立“当班河长”模式，完成丰草河等7条27千米黑臭水体治理，水质监测考核断面全部达标。完善打击盗采和非法加工砂石行为工作机制。升级改造公厕133座。建筑垃圾资源化处理厂开工，餐厨厨余垃圾处理厂建成试运行。

严格落实安全生产责任制，开展安全隐患整治专项行动，抓好市级安全生产督察反馈意见整改，完成1座公安现役消防站、4座小型消防站建设。完成2000家餐饮企业“阳光餐饮”建设，重点食品、药品抽检合格率分别达到98.7%、99.8%。初信、初访办结率达到96%。推进“雪亮工程”，新增公共区域监控3412个，整合社会单位监控6.9万个，刑事类、秩序类警情比上年降幅超过20%。

完成党的十九大、“一带一路”高峰论坛、全民族抗战爆发80周年纪念活动的服务保障工作。

在建轨道交通90千米，改扩建道路20条，开工建设河西第三水厂。改造配电自动化站室186座，新增配电自动化线路156条，配网自动化实现全覆盖。

深化河东地区城市化统筹试点工作，南苑乡、卢沟桥乡统筹实施方案获批，花乡纳入全市第四批城市化试点。确定长辛店镇统筹利用集体产业用地试点工作方案。保障区域发展用地需求，完成国有建设用地供应98公顷，落实集体建设用地36公顷建设租赁住房。腾退违法用地98公顷。长辛店老镇等棚户区改造完成搬迁8646户。保障房新开工10583套，竣工12445套。

推进花乡、长辛店镇、宛平城地区乡镇级集体经济产权制度改革。规范农村产权交易管理，全年产权交易项目成交13宗，合同金额22.54亿元，农村产权交易资产类成交金额连续三年排名全市第一。启动新一轮经济薄弱村精准帮扶计划。

科技、教育、文化、卫生、体育

参与区域科技创新建设，大力推动区域公民科学素质提高，努力搭建科技工作者发挥作用的工作平台，科普益民惠农项目建设、青少年科技活动等工作取得了长足进步。通过“科普益民惠农”项目建设和“五进”活动，不断加大基层科普设施建设。共投入449万元，为社区村、科普场馆、科技示范校等37个单位新增科普设施，投入经费比上年增加24.7%。6个街道辖区内的9个社区共获得市级项目奖补资金90万元，6名科普优秀宣传员受市级表彰。推荐111个项目参加北京市第37届青少年科技创新大赛，获一等奖6项、二等奖21项、三等奖41项，获奖率达61%；推荐15支队伍参加北京市第17届青少年机器人竞赛，全部获奖。从十二中、丰台二中推荐了13名优秀学生进入北京市重点实验室，参加北京市青少年科技后备人才计划。全年专利申请量与授权量分别为11359件和6123件，分别比上年增长13.6%和14.6%。其中发明专利申请量与授权量分别为5105件和2078件，分别比上年增长10.9%和17.5%。签订各类技术合同3158项，比上年下降5.6%；技术合同成交总额704.6亿元，比上年增长10.5%。中关村国家自主创新示范区丰台园投产开业企业1750家，实现总收入4950亿元，比上年增长12.4%。其中技术收入580亿元，比上年增长15.1%；产品销售收入920亿元，比上年增长10.6%。全年实现利润总额530亿元，比上年增长53.3%；实缴税费148亿元，比上年增长6.7%。出口总额11亿美元，比上年下降20.1%。

继续实施“集团+集群”发展模式，新增学前及中小学学位6720个。5所幼儿园晋级市级示范园，人大附中丰台学校投入使用，义务教育阶段优质学位达74%。年内，全区普通高中招生2486人，在校生7488人，毕业生2195人。初中招生5494人，在校生14845人，毕业生4728人。小学招生10760人，在校生65463人，毕业生9211人。幼儿园入园幼儿15659人，在园幼儿44323人。职业教育招生794人，在校生2180人，毕业生829人。成人教育招生135人，在校生624人，毕业生138人。

成立丰台区推进全国文化中心建设领导小组，围绕古都文化、红色文化、京味文化、创新文化，对丰台历史和区位特色进行研究阐释和挖掘利用。启动首都文化传承工程扶持计划，对挖掘整理南苑文化、长辛店文化、金中都文化、卢沟桥文化、航天文化的5位民间文化传播者给予专项扶持，引导社会各界干部群众深入挖掘首都文化内涵。开展长辛店历史与文化课题研究和卢沟桥国家文化公园课题研究。开展《丰台区文化发展空间布局规划》的编制工作，推进“一刻钟文化服务圈”规划和区级综合文化中心建设。推动首都公共文化服务示范区建设，改造提升基层公共文化设施46处。通过成立非营利社会组织，将假日风景社区文化中心打造成北京首个PPP模式的社区文化中心。举办2017中国戏曲文化周，观众超过20万人次，观看自媒体直播的网民达到185万人次，“中国有戏”H5阅读量达到2025万次。开展“我的丰台·我的家”系列文化惠民活动800余场次。发布《丰台区“十三五”时期文化创意产业发展规划》，进行丰台区“十三五”时期文创人才发展规划的课题研究，开展文创基金研究工作。开展“铭记历史 不忘初心”纪念全民族抗战爆发80周年主题党日活动，累计接待全市单位320余个，共计观众5万余人次。举办“万众一心 圆梦中华”全民族抗战爆发80周年群众纪念活动。开展2017年“发现丰台之美”主题活动，依托全国道德模范和“北京榜样·最美丰台人”“身边好人”评选，深入培育和践行社会主义核心价值观。成功创建首都文明示范区。全区有公共图书馆2个，馆藏图书106万册；档案馆1个，馆藏案卷14.2万卷件。文化馆（站）20个，文化广场31个，各类群众文化团体1100余个。非物质文化遗产保护项目44项，其中国家级2项。

全区352家医疗机构全面实施医药分开改革，分级诊疗格局初步形成，基层诊疗量占比达到50.2%。基层诊疗量、医疗机构的技术劳动收入、可分配收入、医保保障和医疗救助力度呈现“五上升”，药费、药占比、二三级医院诊疗量、大型设备检查费和医保患者个人负担出现“五下降”的趋势。完善6个医联体建设，方庄、马家堡社区卫生服务中心获得“国家级百强社区卫生服务中心”称号。完成家庭医生服务签约近80万人。跨省异地就医直接结算全面铺开，审核异地就医直接结算住院费用共计1385笔。6.4万名原新农合参保人员并入城乡居民基本医疗保险。创建健康社区189个，健康促进示范村44个，健康促进学校117个，健康促进医院12个，健康促进工作场所6个，无烟示范单位28家，C级戒烟门诊5家，创建8家健康食堂、8家健康餐厅。年内，全区共有卫生机构539个，比上年减少11个，其中医院74个。医疗机构共有床位10554张，比上年增加509张，其中医院10398张。全区卫生技术人员达到19706人，比上年增加1071人，其中执业（助理）医师7572人、注册护士8237人。全区医疗机构共诊疗1817.1万人次，健康检查59.9万人次。

组建丰台区冰球队、短道速滑队和滑雪队，并在2017年北京市青少年锦标赛中获得金牌2块、银牌4块、铜牌2块。组建青少年冬季运动队伍10支，共有教练员12人、运动员228人。开展短道速滑、花样滑冰、高山双板滑雪、高山单板滑雪、冰球项目培训。参加2017年北京市青少年锦标赛，获得金牌28块、银牌27块、铜牌35块。完成168块全民健身专项场地建设工作，其中建成棋苑158片、乒乓球长廊3个、篮球场地3块、笼式足球场地4块，覆盖12个街道、4个乡镇的108个社区、村。全区登记注册的单项体育协会19个，地区体育协会3个，人群类体育协会1个。年内，全区有体育场馆1275个，全民健身工程512个，社会体育指导员3294人。举办北京国际铁人三项赛、卢沟桥醒狮杯越野跑、欢乐冰雪季、万人徒步大会等各类赛事活动168场次。区籍运动员在全市体育比赛中共获奖牌180枚，其中金牌52枚。

人力资源和社会保障

城乡低保标准由家庭月人均800元上调为900元，低收入标准由1050元调整到1410元；城乡特困人员基本生活费为1350元。全年救助城乡低保对象5596户10019人，支出1.13亿元；救助城乡特困供养人员124人，支出345.6万元；认定低收入家庭109户256人。享受临时救助对象6140人次，支出689.42万元；享受专项救助累计支出2100.47万元，其中享受城乡医疗救助6269人次，支出1629.3万余元；享受教育救助79人次，支出35.17万元；享受供暖救助3375户，支出436万元。出台《丰台区特困人员救助供养实施细则》，调整城乡特困人员救助供养标准，由单一的特困救助金形式转变为“基本生活费+照料护理费”的形式。出台《丰台区关于住院押金减免相关问题的补充通知》，低保人员、低收入人员及民政部门认定的其他困难人员纳入住院押金100%减免范围；共有5家公立医院就医免交住院押金，实行先看病、后结算。

出台《丰台区开展全国居家和社区养老服务改革试点工作实施方案》；开展养老服务需求实施调查，制定《丰台区居家和社区基本养老服务项目清单》；实施困难老人居家养老服务补贴，对城乡特困供养人员等4类重点保障老年人群分类分级给予补贴。以养老服务“连心通”工程为载体，构建覆盖空巢独居老人的精准养老服务工作体系，23个社区养老服务驿站投入使用。在低层老楼加装外挂电梯280部、楼道加智能代步器105部，并购置履带式爬楼机，缓解老年人出行问题。新建养老机构2家，扩建1家，新增床位511张，全区养老床位累计9731张。

完成全区婚姻历史档案的电子化整合工作，建立婚姻档案管理系统，为当事人提供婚姻登记档案查询服务。全年办理婚姻登记、收养登记、出具（无）婚姻登记记录证明19489件。

以花乡樊家村人才大厦和劳动力安置项目产业用地为核心载体，推进国家级人力资源服务产业园区建设。推进博士后工作站建设，共有设站企业26个，其中新建站4个；在站博士后23人，其中新招博士后4人、出站1人、2名在站博士后经过市级评审获科研项目资助。

年内，基本养老保险、基本医疗保险、失业保险、工伤保险、生育保险参保人数分别为92.64万人、102.10万人、66.77万人、67.45万人、60.45万人；各项社保基金共计征缴139.02亿元，比上年增长13.80%，累计支付各类保险待遇130.14亿元，比上年减少3.28%。为全区4.39万名参保人员进行缴费补贴1096.77万元，城乡居民养老保险续保率达到97%。

全年城镇新增就业3.71万人。城镇登记失业人员实现就业1.72万人，农村劳动力规范就业4074人。城镇登记失业率为1.68%，比上年下降0.13个百分点。

（欧阳煜）

丰台区主要领导

区委书记　杨艺文（女，3月免）
　　　　　汪先永（3月任）

区人大常委会主任　李昌安

区　　长　冀岩

区政协主席　刘宇

大 事 记

2017 年丰台区大事记

1月

3日　丰台妇幼保健院新发地分院挂牌接诊。

5日　长辛店镇“心灵家园”挂牌成立。

2月

10日　右安门街道京台元宵拜年晚会在翠林敬老院举行。右安门街道与台湾高雄三民区河堤社区发展协会通过视频连线相互祝福，两岸同胞表演各地传统节目欢庆元宵佳节。

18日　北京方仕集团与沧州东塑集团产业对接战略合作签约仪式在沧州东塑明珠商贸城举行。

27日　城南最大物流仓储基地——丰台花乡白盆窑村仓储基地开始拆除。该基地占地48万平方米。

3月

8日　丰台区与北控集团签署战略合作框架协议，双方在清洁能源供应、水环境治理、海绵城市建设、棚户区改造和固废处理等领域开展全面合作。

26日　新兴际华集团应急研究总院挂牌成立。

4月

16日　南苑乡槐房村“万民同乐市场”开始拆除。该市场占地2万平方米。

18日　南苑街道辖区内“铁路货运站出租大院”开始拆除。该出租大院占地1万多平方米，有1000多间出租房屋，高峰时段曾居住3000多人。

同日　北京时尚控股旗下的北京京工服装集团有限公司与中关村丰台园企业贝壳菁汇（北京）生态创新科技有限公司联合举办的贝壳京工时尚创新园签约仪式在贝壳菁汇众创空间举行。

19日　丰台区监察委员会成立大会召开。

同日　丰台区学习型城区建设成果展示暨职业与成人教育集团成立大会举行。

20日　以“放飞希望，放飞梦想”为主题的2017年北京国际风筝节暨京津冀风筝交流活动在北京园博园开幕。

21日　市委书记郭金龙先后到朝阳区、丰台区、东城区，就“学习贯彻习近平总书记视察北京重要讲话精神，加快疏解非首都功能”主题进行调研。市委副书记、市长蔡奇一同参加调研。

23日　“丰台少年二号暨少年梦想二号”科普卫星课题启动仪式在丰台东高地钱学森青少年航天科学院举行。

5月

1日　北京市首个标准化小型消防站——丰台区花乡小型消防站挂牌成立。

10日 中国共产党北京市丰台区代表会议召开。选举产生24名代表出席北京市第十二次党代会。

18日 区工商联与首都经济贸易大学劳动经济学院共同举行“丰台区非公经济人才培养基地”签约与揭牌仪式。

同日 首都师范大学附属丽泽中学教育集团成立，原丰台第七中学与首都师范大学附属丽泽中学合并，成为首都师范大学附属丽泽中学南校区。

23日 北京丽泽金都科技发展有限责任公司与中国铁塔股份有限公司北京市城西分公司签订战略合作协议。

26日 “跨区合作推动京津冀协同发展——丰台、大兴、沧州服装产业链对接签约仪式暨新闻通气会”在京召开。丰台区、大兴区与河北沧州签署服装产业链对接协议，三地将从服装生产、销售、配套服务方面促进全产业链的外迁。

28日至30日 “花开丰台，魅力端午”文化游园会在北京园博园举办。

31日 民政部相关领导到丰台调研儿童福利和保护工作。

6月

2日 丰台区首家基层商会——太平桥街道商会挂牌成立。

5日 丰台区首个“煤改电”配套变电工程——大灰厂110千伏主变压器增容工程竣工投产。

8日 位于丰台区花乡黄土岗村的京开五金建材批发市场迁址揭牌仪式在河北省高碑店新发地国际大酒店举行。

9日 方庄地区商会挂牌成立。

10日 丰台区首个“流动党员创新创业驿站”在南四环丰开科技孵化器挂牌成立。

17日 市委副书记、代市长陈吉宁到丰台调研，了解一般制造业工业企业关停退出、生态环境建设、疏解整治促提升、高新技术产业发展等工作情况。

18日 民政部相关领导到丰台蓟翔社会工作事务所调研。

21日 青塔一小区污水管道施工现场出土一座清康熙年间光禄大夫石碑。此碑高4米、宽1.1米、厚0.45米，石碑上的文字由满文和汉文刻录，内容为“大清国光禄大夫都统议政大臣一等阿达哈哈番跨渣康熙二十四年三月初六日男跨搭尼立”。

24日 台湾高雄社区暨青年创业交流团一行21人应邀到丰台区参观访问交流，期间签署交流合作协议2个。

7月

5日 北京市第十二次党代会精神宣讲团到丰台宣讲。

11日 丰台区“普法大本营”挂牌成立，全区21个街乡镇以及42个委办局作为联盟成员单位，面向广大居民每月开展普法宣传。

14日 台湾六合夜市入驻万丰小吃城启动仪式举行。

31日 丽泽长途客运站停运。

8月

14日到16日 全国居家和社区养老服务改革试点工作绩效考核组到丰台视察考核试点进展情况。

16日 丰台区工商联金融服务平台签约仪式在总部基地举行。

21日 首届南半球空间技术应用与教育论坛在巴西利亚开幕，丰台区派代表参加了此届论坛。

25日 在天津全运会女子跳水10米台决赛中，丰台跳水神童张家齐获得冠军。

30日 丰台区在园博园举办创建北京市食品安全示范区推进大会。本次大会以“共创共享　食安丰台”为主题，2000余人参加大会。

9月

6日 首届北京市新能源汽车推广月活动在北京汽车博物馆启动。

14日 台湾高雄屏东参访团到云岗街道云西路社区参观访问。

20日至23日 第二十五届北京种子大会在丰台举办。

26日 由北京市丰台区颐养康复养老照护中心负责筹建并运营的东铁匠营街道木樨园第一社区养老服务驿站开业仪式暨聚“益”堂公益活动举办。东铁匠营街道迎来第一个集“医疗、护理、养老、康复、社会工作”五位一体的社区养老驿站。

28日 丰台万达广场金街招商推介会召开。

10月

15日 区园林绿化局在莲花池公园举行公园系统微型消防站启动仪式。

16日 方庄地区地下热力站完成升级改造。

20日 “志愿服务进社区”试点工作丰台区启动会在丰台街道召开。

27日 2017丰台区投资促进专家顾问团活动之“聚焦全球创新资源引领产业高端发展”论坛举行。

30日 以“弘扬传统文化 拓展国际视野”为主题的中英校长交流会在丰台五小科丰校区举行。

11月

1日 丰台区2017年中医药治未病健康促进工程启动仪式举行，为10支区级治未病服务团队授牌。

9日 “首届博物馆服务标准化培训班开班仪式暨《博物馆服务标准化》系列丛书发布会”在北京汽车博物馆举行。

21日 全国人大常委会副委员长、全国妇联主席沈跃跃带队到丰台宣讲党的十九大精神并调研基层妇联组织改革工作。

28日 第二十一届北京·香港经济合作研讨洽谈会在香港会议展览中心举行，丰台区通过现场展览展示、咨询洽谈等形式展示丰台发展全貌及合作新商机。

12月

9日 2017北京市体育公益活动社区行暨丰台区第十一届全民健身体育节第四届“常鸿杯”桥牌大赛在丰台体育中心举行。

22日 北京西铁营万达广场开业，开业首日客流7.9万人次，总销售额456.4万元。北京西铁营万达广场总建筑面积12.44万平方米，集合了186家精选商户及10家优质主、次力店，是集生活超市、影院电玩、潮流精品、时尚服饰、珍馐百味、生活配套、儿童游乐、休闲娱乐等为一体的京西南社区精品型购物中心。

政党　团体

中国共产党丰台区委员会

【概　况】 2017年，丰台区委贯彻落实以习近平同志为核心的党中央的各项决策部署，贯彻落实市委的各项工作要求，充分发挥区委把方向、管大局、作决策、保落实的作用，抓好各项工作。

全面学习宣传贯彻党的十九大精神，常委会带头学习，组织开展全区处级干部学习贯彻党的十九大精神全员轮训，开展“十进”宣讲活动，组织党的十九大代表宣讲、宣讲团宣讲等各类活动近800场，掀起学习宣传贯彻的热潮，推动党的十九大精神深入人心。

坚定执行党的政治路线，严明党的政治纪律和政治规矩，坚持党中央权威和集中统一领导。以习近平新时代中国特色社会主义思想为指引，加强思想理论武装，坚持党委（党组）理论学习中心组学习制度，开展领导干部上讲台活动。修订区委党建工作领导小组主要职责和议事规则，完善区领导落实管党治党主体责任工作制度。修订区委全会、区委常委会工作规则，制定实施《区委常委会带头落实全面从严治党主体责任的实施办法》《加强和完善“三重一大”决策制度实施办法》，构建“两规则两办法”制度体系。严格落实区委意识形态主体责任，全区意识形态领域平稳可控。抓好班子、带好队伍，注重在基层一线锻炼和提拔干部。分类推进“一规一表一册一网”党支部规范化建设试点工作，打造100个基层党建示范点。认真做好监察体制改革各项工作，深入开展警示教育活动，持续加大惩治腐败力度，用好监督执纪“四种形态”，营造良好政治生态。狠抓作风建设，严格落实中央八项规定精神，驰而不息纠正“四风”问题，鼓励干部奋发有为、稳中求进，形成“一条心干事业、一盘棋抓工作、一股劲促发展”的局面。

抓住疏解非首都功能“牛鼻子”，聚焦大红门区域性批发市场疏解、违法建设拆除、“开墙打洞”治理等重点任务，推进疏解整治促提升专项行动。疏解区域性批发市场30家、长途客运站2家，大红门地区45家市场疏解工作全部完成。拆除违法建设360万平方米，清理占道经营2.13万起，整治“开墙打洞”5010处，清理整治无证无照经营5871户，治理“散乱污”企业2432家，疏解一般制造业企业52家，全区常住人口规模持续保持下降趋势。对疏解腾退空间，坚持“留白增绿”，不断加大基础设施、配套服务建设力度。

围绕北京城市总体规划编制，研究区域功能定位，开展城市规划建设。按照市委把南中轴建设成为生态轴、文化轴和发展轴的要求，统筹考虑南中轴、大红门、南苑森林湿地公园的规划问题，会同市规土委、东城区等相关部门，编制《南中轴地区概念性规划研究及永外地区-大红门地区-南苑森林湿地公园地区详细规划设计方案征集文件》，开展国际方案征集工作。保障区域发展用地需求，完成国有建设用地供应98公顷，落实集体建设用地36公顷用于建设租赁住房。持续加强土地资源管控，腾退违法用地98公顷。推动长辛店老镇等棚户区改造项目，完成搬迁改造8646户，开工建设保障房1万套（其中为西城区建设3382套）。

不断提升经济发展质量，构建“高精尖”经济结构，抓好“放管服”工作，营造良好营商环境。地区生产总值同比增长6.5%左右，一般公共预算收入同比增长8.1%。第三产业增加值占80.1%，科技、金融、商务、信息等服务业对地区生产总值增长贡献率56.5%。中关村科技园区丰台园利润总额增速位居中关村示范区第一，地均产出位居第二，人均产出位居第三。

推进社会建设，持续改善民生。城镇登记失业率控制在2%以内，居民人均可支配收入增速高于经济增速。深化教育领域综合改革，推进优质教育资源覆盖，新增学前和中小学教育学位6720个，义务教育阶段优质学位74%。推进医药分开综合改革，推广家庭医生签约服务模式。开展居家和社区养老服务改革试点工作，推动养老服务“连心通”工程。为老旧小区加装电梯280部，新建规范便民网点127个，群众生活更加便捷。为5894户困难家庭淘汰不合格燃气灶具，加装安全辅助设施。

加大生态文明建设力度，狠抓中央、市环保督察反馈问题整改。落实清洁空气行动计划，全年 PM2.5平均浓度下降到62微克/立方米，同比下降21.5%。全面实施“河长制”，推广“当班河长”模式，聚焦水环境治理，水质监测考核断面全部达标，区域水环境得到有效改善。严厉打击盗采和非法加工砂石行为，完成平原造林1000亩。

加强精神文明建设，提升区域文明水平，创建首都文明示范区。举办“2017中国戏曲文化周”等国家级重大文化活动，演出场次近250场，吸引近20万名群众，形成专业性、品牌性影响。开展“我的丰台·我的家”系列文化惠民活动，组织全民健身活动，群众精神文化生活日益丰富。

开展平安丰台建设，完成党的十九大、“一带一路”高峰论坛等重大会议活动的安保维稳工作，完成全民族抗战爆发80周年纪念活动的各项服务保障工作。开展“丰台区2017年安全隐患整治十大专项行动”，全面落实市委市政府安全生产督察反馈问题整改，全年整改各类安全隐患4.3万个，拆除彩钢板房140万平方米，停产停业、关停取缔存在重大安全隐患的企业3000余家，行政处罚1800余万元，市政府挂账的6处燃气占压严重隐患全部整改完毕，完成264处地下空间治理任务。

推进民主法治建设，召开区党代表会议和2次人民代表会议，完成各项选举任务。召开区委第四次人大工作会议，进一步加强和改进全区人大工作。支持区政协开展工作，围绕疏解腾退空间利用等中心工作进行议政协商。推进法治丰台建设，全面深化依法行政工作，推进法治政府、法治社会建设，维护司法权威。加强对全面深化改革工作的领导，推动各重点领域和关键环节的改革任务。加强与民主党派、民族宗教界代表人士的联系，爱国统一战线不断巩固壮大。推动工会、共青团、妇联及科协等群团组织改革，桥梁纽带作用不断增强。加强党管武装工作，深入开展双拥共建，军政军民团结更加巩固。

（陈　程）

重要活动

【安全生产大会召开】 4月10日，丰台区2017年安全生产大会在区委区政府报告厅召开。区委书记汪先永出席并讲话。区长冀岩与安委会成员单位、街乡镇行政主要领导代表签订2017年《安全生产目标管理责任书》，传达国务院安委会第一巡查组巡查北京市动员会会议精神，并就迎检工作及全年安全生产工作作出部署。肖辉利主持。周新春通报全区2016年安全生产工作情况，并对2017年重点工作及2017年安全隐患专项整治十大行动进行部署。李昌安、刘宇、高峰、吴继东、王振华、王百玲、张婕、李春滨、杨振涛、连宇出席。

（陈　程）

【监察委员会成立】 4月19日，区监察委员会成立大会在区委区政府报告厅召开。市纪委常委、市监察委委员杨小兵和区委书记汪先永出席并讲话，冀岩主持，李正斌代表区监察委员会发言。钟百利、张巨明、狄涛、李岚、周健、叶文胜出席。

（陈　程）

【市领导调研】 7月4日，市委书记蔡奇到丰台调研，察看“纪念全民族抗战爆发80周年仪式”筹备工作情况、宛平城东门区域环境提升情况，察看大红门纺织品批发市场、北方世贸轻纺城，听取大红门地区批发市场撤并升级和外迁疏解推进情况汇报。市委常委、宣传部部长杜飞进，市委常委、秘书长崔述强，副市长程红、隋振江一同参加调研。汪先永、冀岩、钟百利、肖辉利、狄涛、吴继东、李岚、连宇陪同调研。

（陈　程）

【举行全民族抗战爆发80周年纪念仪式】 7月7日，纪念全民族抗战爆发80周年仪式在中国人民抗日战争纪念馆举行。中共中央政治局常委、中央书记处书记刘云山出席仪式并讲话。党和国家领导人刘延东、许其亮、陈昌智、张庆黎出席仪式。中央政治局委员、中央书记处书记、中央宣传部部长刘奇葆主持仪式。市领导、北京卫戍区领导、武警北京总队领导出席仪式。汪先永、冀岩、钟百利、狄涛、高峰、吴继东、李岚、王新元、李春滨、连宇等带队开展周边环境秩序维护及安全保障工作。

（陈　程）

【区委巡察机构成立暨区纪委区监委派驻机构改革大会召开】 7月14日，丰台区委巡察机构成立暨区纪委区监委派驻机构改革大会在区委区政府报告厅召开，汪先永出席并讲话。冀岩主持。会议通报区委巡察工作和区纪委区监委派驻工作的开展情况以及区委对巡察机构和区纪委区监委派驻机构干部的任命决定。钟百利、张巨明、肖辉利、吴继东、李正斌、连宇同志出席。

（陈　程）

【夜查应对污染天气环保责任落实情况】 9月8日，区领导分组包片对全区应对污染天气环保责任落实情况开展集中突击夜查。汪先永、冀岩先后来到卢沟桥街道五里店地区、首钢二通厂安置房建设工地、新发地农副产品批发市场，实地检查“散乱污”企业清理整治、施工管理及扬尘治理、重型柴油车监管等工作落实情况。李正斌、李岚、周新春、连宇一同检查。

（陈　程）

【中国戏曲文化周开幕】 9月29日，2017中国戏曲文化周在北京园博园开幕。文化部副部长张旭，市委常委、宣传部部长杜飞进，市人大常委会副主任杨艺文出席开幕式。文化部、北京市有关部门负责同志，区领导汪先永、冀岩、刘宇、钟百利、张巨明、肖辉利、狄涛、李正斌、李岚、李屹、王百玲、张婕、连宇、冯晓光一同出席。

（陈　程）

【河长制工作会议召开】 9月30日，丰台区

2017年全面推进河长制工作电视电话会议在区委区政府机关三层301会议室召开。汪先永讲话，冀岩主持，李春滨部署全区2017年河长制工作。张巨明、高峰、吴继东、李正斌、李岚、张婕、周新春、连宇出席。

（陈 程）

【全区领导干部大会召开】 10月11日，全区领导干部大会在王佐镇佃起村文化活动中心召开。汪先永讲话。冀岩主持。高峰部署非法盗采加工砂石执法工作，吴继东部署治理非法盗采加工砂石工作。区国土分局、区环保局、区监察委、区公安分局、区检察院等相关部门主要领导分别作表态发言。区四套班子成员，区法院、检察院领导，区各部门、街道乡镇、企事业单位主要领导，各村书记和有关村干部、社区代表、河西地区村民代表参加会议。

（陈 程）

【部署安全隐患排查清理整治专项行动】 11月19日，全区召开电视电话会议，对安全隐患排查清理整治专项行动进行部署。周新春通报近期全区公共安全和安全生产事故情况。冀岩部署全区公共安全和安全生产工作。汪先永讲话。钟百利主持会议。区党政领导班子成员出席，全区各处级单位、社区村、辖区重点企业在各分会场参加会议。

（陈 程）

【非首都功能疏解中腾退空间有效利用议政会召开】 12月8日，丰台区非首都功能疏解中腾退空间有效利用议政会在区委区政府第一会议室召开。汪先永讲话。刘宇主持。吴继东、李岚、徐朝辉出席，区各民主党派及工商联负责人，部分区政协常委、委员，区相关职能部门主要领导参加。

（陈 程）

组 织 工 作

【概 况】 2017年，区委组织部在区委的领导下，贯彻市委组织部各项工作部署，以习近平新时代中国特色社会主义思想为指导，统筹领导班子和干部队伍建设、基层党组织和党员队伍建设、人才队伍建设。全年新发展党员1039人，党员总数128847人。

（赵 鑫）

【十九大专题学习】 年内，举办处级干部“学习贯彻党的十九大精神”专题研讨班4期，采取专题讲座、集体自学、交流研讨等多种形式，对全区1000余名处级干部进行党的十九大精神和北京城市总规集中轮训，并按照市委组织部要求，组织局级领导和街道乡镇党（工）委书记参加全市领导干部十九大精神轮训。区级领导带头深入分管领域、联系点开展十九大精神学习宣传和调研指导60余次；区委组织部会同区委党校、区行政学院把党的十九大精神作为教学的重要内容，在区属主体班次中进行重点安排。

（赵 鑫）

【干部选拔任用】 年内，调整处级干部330人。其中，提拔102人，平级交流46人，兼职免职等182人。提拔正处级领导干部34人、副处级领导干部24人、非领导职务干部44人。

（赵 鑫）

【教育培训】 年内，开展区级主体班次25期，参训干部4200余人次，举办专题班次15期，参训干部1620人次。坚持把深入学习贯彻习近平总书记系列重要讲话精神，对北京工作的重要指示作为重中之重，抓好“两贯彻一落实”学习教育，组织党的十八届六中全会精神专题培训、全市武装部长培训班、周末专业讲堂等班次。

（赵 鑫）

【干部实践锻炼】 年内，坚持在重大活动、重点任务和急难险重工作中培养历练干部，建立多层次、多岗位、多渠道、上下联动的干部培养链。选派处级后备干部和优秀年轻干部到关键岗位、重点工程项目、基层一线、非首都功能疏解等工作中经受锻炼，选派优秀年轻干部参加对口支援、帮扶和协作地区挂职。全年选派10名干部赴新疆、西藏、内蒙古、河北等地挂职，选派200余名干部参与非首都功能疏解、环保督察、环境整治、南苑森林湿地公园拆违整治等区域重点工作和重大项目建设。

（赵 鑫）

【健全干部选拔任用制度】 年内，突出任前审核，严格执行“凡提四必”，即讨论决定前，对拟提拔或进一步使用人选的干部档案必审、个人有关事项报告必核、纪检监察机关意见必听、线索具体的信访举报必查，坚决防止“带病提拔”。坚持关口前移，做到动议即审、该核早核，全年对110名拟提拔和进一步使用的干部执行“凡提四必”。落实防止干部“带病提拔”意见，实行干部推荐提名“双签字”制度。

（赵 鑫）

【干部考核】 年内，完成区委管理的1125名处级干部的2016年度考核奖励评定工作，确定优秀三等功56人、优秀嘉奖221人、称职嘉奖56人，并将考核结果作为干部选拔任用的重要依据。

（赵 鑫）

【清理规范兼职人员】 年内，在全区所有公务员和参公管理人员、未列入参公管理的事业单位科级实职及以上人员、区属国有企业中层及以上人员、区属国有企业子公司领导人员范围内开展社团、企业兼职清理规范工作，通过前期摸底、自查报批、全面审核、清理规范等措施，确保兼职审批合规，凡不符合规定的，一律不予批准，杜绝违规兼职问题的发生。

（赵 鑫）

【出国（境）证件专项治理】 年内，对全区局处级干部的出国（境）备案情况进行梳理。根据备案情况，对办理和持有因私出国（境）证件情况进行规范，对应上交的因私出国（境）证件进行逐一登记核对。对违规办理因私出国（境）证件、违规持有因私出国（境）证件等7类问题开展全面核查。

（赵 鑫）

【基层党建示范点建设】 年内，结合全市关于党支部规范化建设试点工作的总体部署，按照 B+T+X 的总体结构，细化标准、内容和要求，以双“20%”的比例确定试点单位，围绕“一单位一特色，一领域多品牌”的要求，按照“自身建设坚强有力、服务群众成效明显、战斗堡垒作用突出、党建工作特色鲜明”的软件标准和“面积达标、布局合理、标识明显、管理规范、环境整洁、氛围浓厚”的硬件标准，在全区重点打造100多个基层党建示范点。

（赵 鑫）

【党组织整顿】 年内，推动市级软弱涣散村集中整顿工作，由区领导挂帅，落实“五个一”工作机制，明确整顿任务18项，将责任划分到12个区级职能部门和3个乡镇党委，安排 7个职能部门进行结对帮扶，协调推进解决重点难点问题9个。

（赵 鑫）

【推荐党的十九大代表】 2016年12月23日至2017年1月9日，丰台区组织推荐北京市出席党的十九大代表推荐人选，全区4087个基层党组织、122010名党员参与推荐提名。1月9日，区委召开十二届二次全会，表决确定推荐杨艺文、韩青、阿金达娃3名同志为丰台区出席党的十九大代表候选人推荐人选。3月，根据市委安排汪先永同志任丰台区委书记，同时汪先永同志作为党的十九大代表候选人推荐人选的推荐单位由密云区调整为丰台区。6月19日，北京市召开第十二次党代会，选举产生北京市出席党的十九大代表，区委书记汪先永，马家堡街道时代风帆楼宇党委副书记、工作站站长韩青当选为党的十九大代表。

（赵 鑫）

【选举市第十二次党代会代表】 5月10日，在北京双拥大厦召开丰台区党代表会议，会议应到代表385名，实到代表351名。会议差额选举产生了杨艺文、杨逸铮、王伟、王萍、田萌、刘宇、阴素贵、孙金华、孙培云、李健、李正斌、李昌安、肖文燕、肖辉利、狄涛、汪先永、迟子光、张巨明、钟百利、段德珍、姜东升、黄琛、崔燕滨、冀岩24名丰台区出席北京市第十二次党代会代表。

（赵　鑫）

【推进人才管理】 年内，立足区域重点产业发展方向，将人才规划与区域整体发展规划一同谋划，构建人才优先发展的工作格局。发挥区人才工作领导小组的作用，统筹全区各行业领域人才工作，全年申报人才项目72个，经专家评审通过支持项目34个，支持资金770万元。

（赵　鑫）

【人才工作平台建设】 年内，立足市、区央属科研资源，探索建立央地人才共享机制，搭建资源对接平台；搭建旅游产业发展联盟、科技企业孵化创新联盟、商务楼宇产业促进联盟等产业链互动平台，实现人才资源整合和优势互补。搭建产学研用创新支撑平台，促成企业与科研所院校签订合作协议，推动前沿技术在丰台区落地、转化。加强博士后平台建设，全年新建博士后工作站4个，新增院士专家工作站1家，新引进合作院士1人。2017年，全区设站企业26个，在站博士后23人，进出站58人。

（赵　鑫）

【优化人才发展环境】 年内，重新认定区级科技企业孵化器16家，首次认定区级众创空间19家。新增国家级科技企业孵化器1家、市级众创空间6家。

（赵　鑫）

宣传工作

【概　况】 2017年，区委宣传部在区委的领导下，结合丰台区发展的阶段性特征和中心工作，强化特色、打造品牌，持续推进文化强区建设，筑牢全区人民共同奋进的思想基础，营造积极向上的舆论环境，提升丰台区的知名度和美誉度，为建设创新、绿色、文化、和谐的新丰台提供思想舆论保证和精神文化条件。

（刘　屹）

【理论学习和宣讲】 年内，将学习宣传贯彻党的十九大精神作为首要任务，通过层层传达、集中学习、组团宣讲、配发书籍、知识问答等多种形式，学习习近平总书记系列重要讲话精神，创新学习方式请区领导上讲台，全年安排区领导上讲台活动30余场。制作《理论热点半月谈》理论中心组学习视频，在每次集体学习前播放。建立理论学习中心组微信群，分享学习最新理论文章。在《丰台报》开设《学习笔谈》专栏，征集、刊发全区领导干部学习体会和理论文章30余篇。制定《丰台区学习贯彻党的十九大精神宣讲工作方案》，组建由各单位主要领导组成的“丰台区学习贯彻党的十九大精神宣讲团”，开展“十进”宣讲活动，组织各类宣讲活动近800场。开展“不忘初心跟党走”百姓宣讲活动，运用群众喜闻乐见的方式进行宣讲，使十九大精神深入千家万户。

（刘　屹）

【红色教育和社会主义核心价值观】 年内，围绕全民族抗战爆发80周年，开展“铭记历史 不忘初心”纪念全民族抗战爆发80周年主题党日活动，接待全市320个单位5万人。举办“万众一心 圆梦中华”全民族抗战爆发80周年群众纪念活动，以艺术的形式全面展现中华民族从苦难走向民族复兴的历史征程。开展2017年“发现丰台之美”主题活动，依托全国道德模范、“北京榜样·最美丰台人”“身边好人”评选，培育和践行社会主义核心价值观。开展“礼在北京 让出文明—市民爱心斑马线专项行动”。组建

“文明使者”宣讲团，培育“文明丰台，幸福共享”的工作和生活理念，凝聚干部群众发展建设丰台的主人翁责任感和不服输的精气神。

（刘　屹）

【新闻舆论阵地建设】 年内，贯彻落实北京市《关于建立健全信息发布和政策解读机制的实施意见》，通过新闻发布会、集体采访、媒体专访等形式进行信息发布和政策解读工作。组织开展“宛平城展新貌”等主题采访活动。与人民网、北京日报、北京晚报等媒体合作，开展喜迎党的十九大和学习宣传贯彻党的十九大精神主题宣传，展现全区五年发展成就和学习贯彻的具体举措和实际行动。结合市党代会、全民族抗战爆发80周年等节点以及疏解整治促提升、创新发展、党建等重点工作组织系列宣传，疏解整治促提升专项行动新闻宣传在全市排名第二。围绕区委中心工作，将镜头对准群众，挖掘基层鲜活生动的线索，推出一批有影响力的民生报道。将“两微一端”、丰台区政府网站、新华网客户端、《今日头条》等网络平台与丰台广电、丰台报日常采编的信息整合发酵，实现新闻一次采集，多平台传播，年度多篇文章点击率300万次以上。北京丰台微信公众号推出《直播丰台——我区广大干部群众认真收听收看十九大开幕盛况》，荣获市网信办“中国共产党第十九次全国代表大会网络报道优秀设计奖”。联合航天一院、航天三院，邀请中华书局、中国通号、二七厂等驻区单位以及中央及市属媒体等20余家单位成立“魅力丰台”宣传协作体，推出一系列报道，共同形成丰台正面宣传的局面和声势。

（刘　屹）

【意识形态阵地建设】 年内，建立健全意识形态工作联席会、研究报告、情况通报、主动引导和风险防控、管控处置等制度，推动意识形态工作责任落到实处，把意识形态工作纳入《2017年常委会议题计划》和区委党建领导小组会议议事日程，将意识形态工作作为各级领导班子民主生活会、述职评议、履行党建责任制的重要内容。搭建丰台区宣传文化阵地网络管理平台，建立电子台账，为做好全区意识形态阵地管控打下基础。研究制定《关于群众反映问题相应反馈工作办法（试行）》及《丰台区网络舆情响应和反馈工作流程》，增强网络舆情工作实效，确保舆情不发酵、不冒泡。

（刘　屹）

【推进文创产业发展】 年内，成立丰台区推进全国文化中心领导小组，全面推进各项工作落地实施。拟定《关于加强文化丰台建设的实施意见（征求意见稿）》，明确“五大重点任务”和“八大重点工程”。加强首都文化研究，围绕古都文化、红色文化、京味文化、创新文化，对丰台历史和区位特色进行研究阐释和挖掘利用。启动首都文化传承工程扶持计划，对挖掘整理南苑文化、长辛店文化、金中都文化、卢沟桥文化、航天文化的五位民间文化传播者给予专项扶持，引导社会各界干部群众深入挖掘首都文化内涵，激发全区群众参与首都文化建设的主动性。编写《丰台区传承中华优秀传统文化实施方案（征求意见稿）》，与北京市城市总体规划相契合，开展长辛店历史与文化课题研究和卢沟桥国家文化公园课题研究。开展《丰台区文化发展空间布局规划》的编制工作，推进“一刻钟文化服务圈”规划和区级综合文化中心建设。通过成立非营利社会组织，将假日风景社区文化中心打造成北京首个PPP 模式的社区文化中心。推进中车二七厂1897科技文化创新城等园区项目建设，推动国家数字出版基地等列入市级重点产业项目。宣传推广音乐、诗歌等丰台区原创文学作品，酝酿推进大型电视连续剧《长辛店》创作。

（刘　屹）

统 战 工 作

【概　况】 2017年，丰台区统战工作，以习近平总书记系列重要讲话为根本遵循，按照中央、市委关于做好新形势下统战工作各项部署要求，坚持“凝聚共识、汇聚力量、巩固基础、助推发展、维护稳定”的工作理念，通过组织学、宣讲学、主题学等方式，在统战系统中深入学习贯彻宣传党的十九大会议精神；通过搭建政党协商、学习教育、联谊交友等平台，服务全区统战成员；通过建制度、树典型、强管理等手段，破解统战工作重点难点问题；通过联合调研、加强引导、横向交流等方法，发挥统战成员人才荟萃的优势，服务区域经济社会发展。

（张　良）

【搭建合作共事平台】 年内，统战部落实年度政党协商计划，搭建政党协商平台。举办丰台区各民主党派中青年骨干、宗教界代表人士、无党派人士、新的社会阶层人士培训班及基层统战干部培训班，使学员增强“四个自信”，对统战工作增加新认识和新启发。完善党外代表人士联系沟通机制，坚持区委常委与党外代表人士交友制度；完善政府部门与民主党派、工商联对口联系制度，在信息交流、考察调研、决策咨询等方面建立健全工作机制，扩大对口联系范围。全年开展政党协商7次。

（张　良）

【新的社会阶层建立】 年内，按照“党建带统战、统战促党建”的总体思路，建立一支140人的新的社会阶层人士队伍，其中代表人士48人，实现四类人群（私营企业和外资企业的管理技术人员、中介组织和社会组织从业人员、自由职业人员、新媒体从业人员）全覆盖。加强制度建设，建立新的社会阶层人士工作协调制度、座谈会制度、情况通报制度及领导干部列名联系制度等。在推广时代风帆大厦经验的基础上，确定北京市唯一一家联合律师楼作为丰台区新的社会阶层工作推广点，依托其党组织，开展律师群体统战工作。成立新的社会阶层人士工作科，增加编制2名，编写《丰台区新的社会阶层人士统战工作手册》，指导全区统战工作。

（张　良）

【民族宗教监管】 年内，调整丰台区民族宗教工作领导小组，由区委副书记任组长，指导全区的民族宗教工作。建立由区委统战部牵头，民宗、公安等多部门协同联动工作机制。坚持“四个一批”的原则，即：依法登记一批，以大并小一批，备案监管一批，打击取缔一批的工作方法，加强聚会点的分类管理和动态管理。健全完善“1+2+7”工作机制，即：基督教三自爱国会1会统领，丰台堂、南苑堂2堂具体管理，划分7个片区包片负责，实现对辖区聚会点的全面覆盖，确保聚会点管理工作“横向到边、纵向到点、全域覆盖、责任到人”。推进街道乡镇、社区（村）网格化管理机制，将宗教工作任务分解到基层每一个网格，及时掌握辖区内聚会点动向，构建“主体在区、延伸到乡、落实到村、规范到点”的工作格局。

（张　良）

【联动调研机制】 年内，联合区发改委、研究室、区委办、政府办提出年度党派团体调研课题，形成“党委命题、联合调研、多层保障、对口落实”的统战调研联动机制。引导各民主党派、工商联和无党派人士围绕首都功能疏解、军民融合、金融产业、环境改造等10个调研课题进行调查研究，并将调研集印刷成册，上报区委。

（张　良）

【服务非公经济】 年内，注重发挥工商联示范带头作用，推动其与社会治理相结合，围绕疏解整治促提升专项工作，组织召开“疏解整治促提升，创建文明做先锋”动员大会，向全区非公经济人士发出倡议，引导非公经济人士准确把握经济发展新常态。全年，疏解腾退非公经济企业10家，无1例引发信访事件。

（张 良）

【为归国留学人员提供服务】 年内，围绕区委、区政府确定的产业发展战略重点，以丰台区留创园为切入点，为留学人员在丰台创新创业搭台铺路，通过提供“孵化＋创投”全方位服务，促进归国留学人员科技成果的转化及产业化。全年，留创园孵化留学生企业164家，吸引近300名海外人才在丰台创新创业，其中入选“千人计划”3人，“海聚工程”1人。

（张 良）

机构编制管理工作

【概 况】 丰台区机构编制委员会办公室（区编办）是区机构编制委员会（区编委）的常设办事机构，在区编委的领导下负责本区行政管理体制和机构改革以及机构编制日常管理工作，既是区委工作机构，同时也是区政府工作机构，列入区委机构序列。2017年，继续推进体制机制和机构编制管理各项工作的开展。

（杨 驰）

【梳理规范权力清单】 年内，印发《关于全面梳理和规范本区权力清单工作的通知》，梳理区级实施行政职权事项218项；按照《关于印发北京市市、区政府部门权力清单（2017统一版）的通知》精神，形成丰台区政府部门权力清单并在丰台区政府网站上对社会公布。

（杨 驰）

【取消和调整非行政许可审批事项】 年内，取消和调整丰台区非行政许可审批事项71项。其中非行政许可审批事项予以取消或划转7项；非行政许可审批事项调整为政府内部审批事项9项；非行政许可审批事项并入区政府部门权力清单原有事项27项；28项非行政许可审批事项调整为25项区政府部门权力清单事项。

（杨 驰）

【清理规范行政审批中介服务事项】 年内，印发《关于做好北京市清理规范行政审批中介服务事项落实工作和梳理保留目录清单的通知》。丰台区7家单位清理规范行政审批中介服务事项11项，并向社会公布丰台区行政审批中介服务事项保留清单，同时明确行政审批中介服务事项动态调整程序。

（杨 驰）

【清理涉及企业群众办事创业各类证明】 年内，对照市级第二批取消调整77项涉及企业和群众办事创业证明事项，组织16家相关单位报送对应取消调整证明事项38项。

（杨 驰）

【监察机构体制改革】 年内，优化设置区纪委、区监委内设机构，完善派驻纪检机构全覆盖工作，设立15个派驻纪检组，建立集中统一、权威高效的监察体系。

（杨 驰）

【调整城市管理机构体制】 年内，在丰台区市政市容管理委员会基础上，组建丰台区城市管理委员会，作为丰台区城市管理主管部门，列入区政府工作部门，加挂丰台区城乡环境建设管理委员会办公室和丰台区交通委员会的牌子。将街道乡镇（特殊地区）城管执法队使用的行政执法专项编制同步划转至街道乡镇（地区管委会）。

（杨 驰）

【完善安全生产监管体制】 年内，明确丰台园管委会、北京南站地区管委会、丽泽商务区管委会安全生产监管职责为负责对本功能区区域范围内生产经营单位的安全生产状况进行监督检查，协助有关部门依法履行安全生产管理职责。

（杨 驰）

【环保监察督查机构建设】 年内，将丰台区环境监察支队由事业单位调整为行政执法机构，所用事业编制调整为行政执法专项编制，并充实执法力量。在丰台区环保局内设机构办公室加挂环保督查科牌子，并明确其主要职责。

（杨　驰）

【深化河长制工作机制】 年内，在区水务局内设机构水环境管理科加挂丰台区河长制办公室牌子，并为丰台区水政监察大队增加工作力量。明确河长制办公室工作职责为：贯彻落实本级和上级河长制工作决策部署；制订工作方案、阶段工作计划等，建立健全河长制管理工作机制；督导检查各街乡镇级河长制落实情况及河长履职情况；协调各成员单位对河长制工作开展监督、检查、考核、奖励等工作。

（杨　驰）

【机构合并调整】 年内，设立丰台区新型农村合作医疗管理中心。将丰台区妇幼保健院、丰台区计划生育生殖健康技术服务中心、丰台区计划生育避孕药具管理站合并，成立“北京市丰台区妇幼保健计划生育服务中心”，加挂“北京市丰台区妇幼保健院”的牌子；成立北京市丰台区计划生育宣传和指导中心。将北京市丰台区丰台第七中学并入首都师范大学附属丽泽中学。

（杨　驰）

【组建新机构】 年内，将丰台区政府审改办设在丰台区编办，负责统筹协调推动丰台区行政审批制度改革工作。组建设立中共北京市丰台区委巡察工作领导小组办公室。设立丰台区党委系统信息化服务中心。设立丰台区党建研究中心。设立丰台区粮食管理服务中心。整合设立中共北京市丰台区委网络安全和信息化领导小组。设立中共北京市丰台区委网络安全和信息化领导小组办公室。

（杨　驰）

【环保机构编制调整】 年内，为丰台区各街道（地区）乡镇社会保障事务所增加事业编制1名，实行单列，配合街道（地区）乡镇相关科室做好环境保护工作。

（杨　驰）

【事业单位法人管理】 年内，办理事业单位法人设立登记3家、变更登记90项、注销登记10家。督促事业单位法人按期开展年度报告570家。做好事中事后监管，将事业单位相关信息进行网上公示。

（杨　驰）

【修订“三定”规定】 年内，结合丰台区各部门职责划转和机构调整，分别修订中共北京市丰台区委党史工作办公室（北京市丰台区地方志编纂委员会办公室）“三定”规定、北京市丰台区民族宗教事务办公室“三定”规定、北京市丰台区人民政府外事侨务办公室“三定”规定、北京市丰台区房屋管理局（北京市丰台区人民政府住房保障和改革办公室）“三定”规定；制订北京市丰台区政务服务中心“三定”规定。

（杨　驰）

区直机关工委工作

【概　况】 2017年，机关工委围绕丰台区“十三五”规划战略和“以环境促发展”的工作目标，坚持“服务中心、建设队伍”两大核心任务，以落实全面从严治党要求为主线，抓好五项建设（理论武装和思想政治建设、基层党组织和党员队伍建设、党务工作者能力建设、机关文化建设、党风廉政建设），发挥机关党组织和党员在建设创新、绿色、文化、和谐丰台中先锋和表率作用。年底，有基层党组织82个，其中，代管机关党委7个，直管机关党委14个、党总支20个、党支部41个，党员14947人。区直机关工会所属单位47家，工会会员1572人。机关团工委所属团支部9个，团员45人。

（吴怡真）

【机关基础党建】 年内，完成19个机关党组织换届工作，新发展党员89名，完成3名失联党员处置工作，为系统18个基层党组织配备专职机关党委副书记，规范基层党组织纪律检查委员设置，完成2批次19家单位党建示范点建设，以及所属75个党组织中13个党委、57个党总支、465个党支部和党员的基本信息采集工作。制定《党费管理使用办法》，明确使用范围、程序。

（吴怡真）

【完善党建协作组工作机制】 年内，按照“职能相近、优势互补、便于活动”的原则，将82个党组织重新划分为8个组。依托党建协作组平台，广泛开展“走出去看、请进来讲、坐下来研”等活动，共享组内资源，形成党建与业务互促共进，全年组织各类活动47次，形成“年初定目标、年中抓推进、年终严考核”的工作格局，实现党建与业务工作互促共进。

（吴怡真）

【学习宣传贯彻党的十九大精神】 年内，组织学习、宣传、贯彻“十九大”精神，组织收看、撰写学习体会；为5000名在职党员购买资料；组建区直机关宣讲团，以协作组为依托，组织宣讲16场，做到系统单位全覆盖。在9个办公区布置标语展板；独立办公单位结合党建阵地开展宣传。

（吴怡真）

【教育培训】 年内，首次在市直工委党校举办82名党组织书记专题培训；举办150余名入党积极分子培训班，培训采取学分制管理考核办法，首次颁发培训结业证书；举办区直机关党建协作组组长单位培训班，组织8个组长单位党组织负责人及工作人员学习参观大红门地区市场疏解情况，并到疏解承接地沧州明珠商贸城实地了解疏解成效和进展情况；建立汽博党支部书记培训基地，对285名党支部书记进行全员轮训。建立丽泽学习教育基地，开展“走进丽泽看发展、建设丰台强信心”主题党日活动，组织1500余名党员参观学习。

（吴怡真）

【党建创新管理】 年内，首次在机关工委系统探索党建创新项目化管理工作，组建由原中组部党员干部教育专家，区委组织部、党建协作组组长单位代表等组成的评审组，按照项目立意针对性、创新性、可操作性和经费使用合规性的原则，对申报的34个党建项目进行评审。最终立项28个，给予经费支持49.55万元。并邀请专家，对10个项目进行重点指导，形成71家单位的特色工作案例92个。

（吴怡真）

【党支部规范化试点建设】 年内，开展“一规两册”专项检查，在“一规两册”全覆盖基础上，以“B+T+X”体系、“一规一表一册一网”为工作载体，选定12个党组织89个党支部作为机关系统党支部规范化建设试点单位，按照“五有”支部要求，确保支部工作逐步规范化，党员长城网使用率100%。

（吴怡真）

【基层党风廉政建设】 年内，制定下发《区直机关2017年党风廉政建设责任清单》，涵盖党风廉政建设责任29项，明确各单位党组织日常监督责任和纪委委员的专责监督责任，做到层层传导压力。购买《家庭腐败警示录》教育光盘，发放给82个基层党组织，指导各基层党组织开展警示教育活动。规范基层党组织纪律检查委员设置，举办首个基层党组织纪检委员培训班，加强区直机关系统纪检委员队伍建设，提高专业素质和履职能力。

（吴怡真）

【述职评议考核】 年内，《关于机关党建责任制考评的实践与思考》获得市直机关工委2016年调研报告一等奖，并在市机关党建研究会上作“完善考评体系，促党建责任落实”的专题书面发言。结合党的十九大对党建工作的新要求，细化调整考评指标，依托

8个党建协作组分别进行述职考核，现场进行点评。通过考核，梳理系统各单位党组织“履职尽责不到位”“基础工作不扎实”“参加活动不积极”等党建问题15类126个，提出意见建议及整改措施118个，并向各基层党组织进行反馈。

（吴怡真）

【党员思想状况调查】 年内，围绕党内学习教育、机关党建工作、关心关爱机制、机关文体活动等方面设计35道调查问题。分别以现场、线上作答两种形式，邀请区直机关83个部门的1000余名党员干部填写问卷。问卷发出1020份，收回1011份（其中现场作答问卷671份），回收率99.1%。调查显示党员干部思想稳定、精神振奋、思维活跃、状态良好，发展态势积极向上，但仍然存在全面从严治党意识仍需筑牢、党员教育管理方式有待创新、党建工作力量薄弱、关心激励机制仍需配套跟进4个方面的问题。

（吴怡真）

【文化活动】 年内，组织机关220名党员参加纪念全民族抗战爆发80周年纪念活动和文艺演出；组织400余人参观“砥砺奋进的五年”大型成就展；成立书法、瑜伽、足球等兴趣小组；开展“健康管理”身体素质测试，为400余名机关干部量身打造锻炼计划；开展“健康丰台人”区直机关分站对抗赛活动；组织机关党员参加“五月鲜花”比赛；举办区直机关“喜迎十九大 展机关风采 建美丽丰台” 文艺汇演、书画摄影展览等系列文化活动。

（吴怡真）

精神文明建设工作

【概　况】 2017年，精神文明建设工作着重落实首都和区文明委工作部署，围绕培育和践行社会主义核心价值观，以创建首都文明示范区工作为主线，着眼提升市民文明素质和社会文明程度，完善区域精神文明建设同创共建的新格局、新机制，加强公民思想道德建设各项工作，深化精神文明创建各项活动，提升丰台区精神文明建设整体水平。区文明办被北京市交通安全委员会评为“市级交通安全先进单位”。

（王西军）

【“社会主义核心价值观”宣传教育】 年内，制发《丰台区2017年文明市民学校工作安排》，依托文明市民学校开展宣传，新建“社会主义核心价值观”主题文化墙10处，引导市民自觉践行核心价值观。组织干部群众2万人参观“砥砺奋进的五年”大型成就展。将“我们的节日”系列活动与“社会主义核心价值观”宣传有机结合，弘扬传统文化，聚集正能量，印发元旦、春节、清明、端午、中秋、重阳节日文化宣传海报18000张，组织街乡镇、社区村利用宣传栏、文化墙等进行宣传，并开展群众性特色文化活动，丰富市民文化生活。重点打造“我们的节日·中秋”品牌文化活动，园博园国庆游园、欢度中秋和戏曲文化周活动相结合，举办“卢沟晓月”中秋点灯仪式、“希望爷爷”评剧精彩唱段等活动，弘扬中国传统文化、中秋民俗和文明家风的传承。

（王西军）

【选树道德榜样】 年内，开展全国道德模范、“北京榜样·最美丰台人”“身边好人”评选、选树、推荐工作，推荐高凤林参评全国道德模范，推荐113人参评“北京榜样·最美丰台人”，高凤林、余安安登上月榜，秦燕、罗光理登上周榜，推荐“身边好人”30名。开展礼遇道德模范、北京榜样、身边好人、最美丰台人游园活动，印制《2016年度最美丰台人事迹汇编》2000册、《丰台区道德模范榜样人物风采》宣传海报5000张、宣传折页20000份，在委办局、街乡镇，医院、学校，宣传模范人物事迹。

（王西军）

【学雷锋志愿服务活动】 年内，制发《关于做好丰台区2017年学雷锋志愿服务活动的通知》，发出《文明丰台，志愿同行》倡议书，利用微博、微信、宣传橱窗、电子显示屏等载体广泛宣传雷锋精神，组织志愿者提供义诊、理发、咨询、公益讲座、法律援助、岗位招聘、修自行车、配老花镜等服务项目，各中小学校开展“学雷锋精神，做雷锋传人”主题教育实践活动，营造“爱满丰台志愿服务在身边”氛围。5个志愿服务组织荣获第二批首都学雷锋志愿服务示范站（岗）金牌项目。东高地街道西洼地社区荣获2016全国学雷锋志愿服务“四个100”活动最美志愿服务社区。

（王西军）

【“礼在北京 让出文明”专项活动】 年内，开展“礼在北京 让出文明—市民爱心斑马线专项行动”。组织启动仪式，制定专项方案，严格力量配备，形成强力推进的态势。多方联动，联合区交通支队、区直机关工委、公交客三分公司等7家单位，明确责任分工，协力推进活动。以每月11日排队日、22日让座日为载体，制作硬质宣传横幅40块，发放宣传品4万件。组织服务技能培训，评选“最美爱心斑马线守护人”，激发参与岗位人员的服务动力。全区确定爱心斑马线示范路口10个。

（王西军）

【文明旅游宣传】 年内，开展文明旅游引导活动，培育市民文明旅游观念，提升市民旅游文明素质。利用 “发现新丰台”微信公众号、区域内电子屏幕等平台，宣传《出境旅游行为指南》《国内旅游行为公约》，受众市民1200万人次；制作文明旅游宣传品，在旅游景区、270家旅行社、600家宾馆、6家长途汽车站内，21个街乡镇张贴发放。授课60余场次，发放宣传品6.1万份，倡导“重信誉、守信用、讲信义”和“文明旅游 从我做起”的传统美德，听课和接受咨询人数16.9万人，营造诚实守信和文明旅游的区域环境。

（王西军）

【诚信教育活动】 年内，联合工商管理部门，开展诚信商户、诚信市场创建评比活动；9家市场被评为“北京市诚信市场”。4000余户商户被各市场评为诚信商户。

（王西军）

【开展秩序文明和环境文明引导宣传】 年内，完成中国戏曲文化周、纪念全民族抗战爆发80周年主题党日和群众纪念活动、全市轨道交通人物同检、“丰台-高雄特色周”等多个大项任务的引导服务保障工作。利用公共文明引导日，依托“文明有礼好乘客”推举活动，开展“文明交通绿色出行”“向交通陋习说不”等宣传教育活动，全年开展好乘客集中宣传活动10场，张挂推举榜180块，收到各类推荐上万人，评选区级好乘客之星144人。以拓展延伸服务为契机，参加春运、清明、高考、暑运、国庆等重点时机和中超赛场、首都图书馆、学校周边等重点场所的文明引导，公共文明引导行动的覆盖范围更加广泛。以“文明北京蓝天行动”为载体，坚持每周三的控烟和每周四的“垃圾减分”宣传，开展优秀环保公益组织、绿色生活好市民等评选活动，倡导宣传“空调调高一度”“反对铺张浪费”等行为。

（王西军）

【未成年人“我的中国梦”主题教育】 年内，贯彻落实全国未成年人思想道德建设工作电视电话会议精神，围绕立德树人根本任务，突出“我的中国梦”学习教育主题，引导未成年人培育和践行社会主义核心价值观。坚持集中活动与经常活动相结合、网上活动与网下实践相结合、巩固提高与做响品牌相结合的原则，运用重要时间节点，挖掘节日文化内涵，组织清明“网上祭英烈”、六一期间“做美德少年”、七一期间“童心向党”和十一期间“向国旗敬礼”的4项活动。全区95%以上的学生参与活动，收集各类优秀寄语1000多条，开展小小志愿者服务300场次。举办“童心向党”“优秀童谣”传唱活动20余次，录制“童心向党”视频1个，丰台一小录制的《新童谣》、东铁营第一小学录制的《童心向党》节目参加全市展播。组织“最美少年在身边——学习和争做美德少年”活动，全区9名学生获“首都百名最美少年”称号。北京市关心下一代工作委员会组织的“讲红军故事、学长征精神”主题宣讲活动中，西罗园第五小学张嘉懿演讲的《七根火柴》、长辛店第二小学吴雨彤演讲的《卫生队长的脚》、清华附中丰台学校刘宣池演讲的《永久的记忆》均获一等奖。

（王西军）

【开展中小学生文明创建活动】 1月15日，启动“小手拉大手、共创首都文明示范”暨文明小使者进社区活动。全区140所中小学14万名学生走上街头、走进社区，通过大联欢、献节目、送祝福、慰问孤寡老人、发出倡议书、进行文明礼仪宣传等方式开展文明小使者进社区活动。寒、暑假期间，各单位结合部门和地区实际，调动孩子们的积极性、主动性和创造性投身创建活动，争当创建活动小先锋。7000名中小学生被首都文明办评为“社区文明小使者”。

（王西军）

【首都文明示范区创建】 年内，确立与落实“四个中心”战略定位同步发展的创建要求。围绕“以环境促发展”的创建理念，调整疏解市场151家，退出工业污染企业216家，20个村完成整建制转居，拆除违法建设600万平方米，治理长度 60.7 公里，实施平原造林2万亩，新增园林绿地 638 公顷，城市绿化覆盖率46%，市民绿色出行比例71%。实现卢沟桥-宛平城和长辛店-二七厂两个历史文化片区保护，举办“卢沟晓月”、北京戏曲文化周等文化活动，“发现丰台之美”“我的丰台·我的家”等系列活动实现常态化发展态势。实现新增就业18万人，城镇登记失业率控制在2.5%以内，引进优质教育资源合作办学28所，建成63个市级社区规范化建设示范点，“一刻钟社区服务圈”覆盖率92.3%。

（王西军）

【文明创建成果】 年内，全区有3个村创建开通了精神文明宣传视屏，1个村建立了乡情村史陈列室，推荐参评全国文明乡镇1个，首都文明村镇32个，其中4个乡镇、28个村。推荐参评全国文明单位3个，首都文明单位标兵19个，首都文明单位79个，首都文明社区88个，首都文明风景旅游区6个。全国文明校园1个，首都文明校园17个。推荐参评首都文明家庭6户。

（王西军）

【军民共建】 年内，以深化“和谐工程”“文明工程”“关爱工程”“育人工程”“荣誉工程”5项工程为抓手，本着以人为本、共建共享的原则，指导基层开展军（警）民共建活动。基层军（警）民共建工作在取得“全国双拥模范城”六连冠。基层各单位结合元旦、春节，“八一”“十一”等重大节日，开展慰问、联欢、周末大舞台、书画展、文艺演出到军营等活动，为193名自谋职业的随军家属发放生活补助金和自谋职业扶助金726.98万元。为138名军人子女办理义务教育照顾入学手续。走访慰问驻区部队，赠送慰问金540万元。

（王西军）

政策研究工作

【概　况】 2017年，全区政策研究工作以服务区委区政府工作大局为主线，着力做好文稿起草、课题调研、信息收集等重点工作。全年起草区委区政府重要文稿10篇，完成2个市级重点课题研究和9个区级重点课题研究以及完成信息专报4篇，统筹全区调查研究并完成《2017年丰台区调研报告选编》。围绕履行区委全面深化改革工作办公室职能，加强全区深化改革工作的推动调度和政策研究，起草相关文稿7篇。

（戴玉其）

【起草文稿】 年内，参与完成《区政府工作报告》等区委区政府文件和领导讲话稿、汇报稿。围绕大红门地区市场疏解工作，组织前往河北白沟、沧州、高碑店、满城考察调研，形成调研专报3篇。围绕新丰台火车站规划建设管理工作开展一系列调研，形成调研专报1篇。

（戴玉其）

【课题调研监督指导】 年初，对各单位年度课题选题方向进行指导。课题开展过程中，加大对课题进度和研究阶段成果的评价和指导，确保课题研究的正确方向。精选78篇调研报告编辑完成《丰台区调研报告选编（2016-2017）》。

（戴玉其）

【重点课题调研】 年内，与专业研究机构合作成立课题组，开展《丰台区域发展潜力评价研究报告》《非首都功能疏解背景下丰台经济转型发展研究》2个市级重点课题调研。完成《2017年丰台区社会发展与公共服务公众评价和需求调研报告》，挖掘丰台在产业方面的优势潜力，提出适宜的发展路径。

（戴玉其）

【改革事项研究】 年内，调整区委全面深化改革领导小组组成人员及专项小组设置方案建议，由原来的10个专项小组调整为9个。确定25项重点改革任务，完成17项；聚焦一批全区发展中关键环节，提出12项重点推进的改革事项，完成9项。设置重点改革议题，提请审议。全年召开改革领导小组会5次、常委会8次，审议党的建设制度、城市规划建设管理等重要改革议题23项，出台各项改革文件37个。

（戴玉其）

党史工作

【概　况】 丰台区党史工作负责编辑出版丰台区党史专著、史志刊物，征集、整理、编纂有关丰台区党史的重要资料，推动党史研究成果的转化，指导协调全区党史宣传教育等工作。全年内部出版发行了《丰台党史期刊》《党建资料2014-2015》《“学党史 做有志公民”有奖征文》。12个案例被收录到《牢记嘱托 砥砺奋进——党的十八大以来北京发展纪实》。

（张良超）

【西城区委党史办到丰台交流座谈】 4月1日，西城区委党史办副主任张瑾一行4人到丰台党史办，就区县历史丛书的纲目设计、写作框架、地方特色，以及编写过程中的重点、难点等问题进行座谈交流。丰台区委党史办领导及部分编辑人员参加座谈。

（张良超）

【纪念抗战爆发80周年读书活动】 4月23日至8月10日，由丰台区委党史办、区文化委联合举办的纪念全民族抗战爆发80周年读书活动在丰台区图书馆举行。图书馆在浏览室、借阅室专门设立抗战图书专区和中国人民解放军史书籍专区，展示《抗日战争》《北平抗战简史》等300多种抗战图书和《第一野战军》《决战华东》等100多种解放军军史图书。旨在宣传全民族抗战对中国、对亚洲、对世界反法西斯战争胜利的伟大历史意义，宣传中国人民在抗日战争中所表现出的不怕牺牲、前赴后继、英勇战斗的抗战精神，对广大人民群众进行重温历史、勿忘国耻、振兴中华的爱国主义教育，以历史之光照亮前行之路。

（张良超）

【纪念抗战爆发80周年电影周活动】 4月28日，由丰台区委党史办、区委教工委、区文化委联合举办的纪念全民族抗战爆发80周年电影周活动，在丰台文化馆举办。丰台五小、丰师附小、丽泽中学、丰台八中等近2000名中小学师生参加活动。通过观看《激战黎明》《百团大战》《太行山上》等优秀抗战电影，使全体师生更加了解抗战、从而激发学习党史的热情和坚定革命理想信念。

（张良超）

【二七纪念馆座谈会召开】 5月4日，丰台区委组织部副部长曲峰，区委党史办主任刘怀广会同区委党校、长辛店街道等单位相关负责人，在二七纪念馆内与公司相关负责人开展专题座谈交流。与会各方就加强合作，共同促进二七纪念馆的建设和发展进行沟通，并达成共识。会议决定，区委党史办与二七机车有限公司共同做好史料挖掘工作，丰富馆内展陈资源，着力展现长辛店地区的光荣革命传统和在党史中的重要地位。区委组织部、区委党校、长辛店街道等单位结合自身优势，利用多方资源，促进展馆建设，共同打造红色教育基地。

（张良超）

【红色文化宣讲进校园】 5月12日，区委宣传部、党史办、教工委在清华附中丰台学校举行红色文化宣讲进校园启动仪式。首批聘请清华附中丰台分校、中国教科院丰台实验学校、丰台二中、北师大四附中、丰师附小等学校6名教师为宣讲员，为全区中小学生巡回宣讲党史故事、丰台故事。300余人参加启动仪式。

（张良超）

【市委党史研究室一行到区调研】 5月24日，市委党史研究室副主任陈志楣等一行6人到丰台区调研。副区长张鑫、区委宣传部副部长韩骏伟及区委党史办领导参加座谈。双方商讨联合举办纪念全民族抗战爆发80周年活动的安排，商定工作方案，细化责任分工。区党史办汇报了党史基本著作编纂情况。陈志楣就全市党史宣传月、丰台区党史基本著作编写工作提出具体要求。

（张良超）

【市委党史研究室主任到区调研指导工作】 8月3日，李良主任一行参观完大瓦窑村党史馆，即召开座谈会，会上党史办负责人汇报了《中国共产党北京市丰台区历史》《丰台史话》编纂准备工作及党史宣传月活动情况。区委副书记钟百利介绍了丰台区革命遗址的现状和经济社会发展的新亮点。区委党委、组织部长张巨明陪同调研。

（张良超）

【参加纪念全民族抗战爆发80周年座谈会】 6月28日，市委宣传部、市委党史研究室、丰台区委、中国人民抗日战争纪念馆在卢沟桥畔联合举办北京市纪念全民族抗战爆发80周年座谈会，党史系统、丰台区委、抗战老同志家属、专家学者、青年学生等100多人参加会议。座谈会由市委党史研究室副主任陈志楣主持，丰台区委副书记钟百利致辞，中国人民抗日战争纪念馆副馆长罗存康发言，市委党史研究室主任李良讲话。邓华将军的儿子邓穗，著名抗战史研究专家、军事科学院原军史所抗战组长岳思平，卢沟桥文化旅游区办事处副主任陈虎翼发言，并与现场观众互动交流。会后，全体人员在宛平县衙参观“永远的抗战 不朽的丰碑”晋察冀边区革命纪念馆进京展览，观看抗战题材话剧《宛平人家》。区党史办全体人员参加了此次活动。

（张良超）

【配合云南卫视拍摄《先驱》纪录片】 8月10日，区委党史办协调中车北京二七机车有限公司、长辛店街道、二七纪念馆、卢沟桥文化旅游区等单位，配合云南广播电视台卫视频道拍摄迎接党的十九大献礼纪录片《先驱》。主要记述忠诚的共产主义战士、伟大的革命先驱王复生、王德三、王馨廷，云南籍王家一门三烈士的革命精神和英勇事迹。

（张良超）

【党史业务培训】 10月12日至13日，丰台区委党史办举办全区党史工作培训班，区属各单位党史联络员和党史撰稿人130余人参加培训。区委党史办主任刘怀广作开班动员。会议邀请中国人民大学当代中国史教研室主任辛逸，首都师范大学历史学院教授、博士生导师史桂芳，新四军研究会会员田竞，中共北京市委宣传部原副部长、巡视员崔耀中等专家学者为培训班授课。学员就如何做好新形势下党史工作，特别是丰台区在社会主义改造、改革开放等时期党史研究和史料征集工作等议题进行研讨。

（张良超）

【《丰台党建资料（2014—2015年度）》完成编纂印发】 12月，《丰台党建资料（2014—2015年度）》完成编纂印发。全书65万字，分上级领导关怀、领导讲话、党建大事记、基层单位党建经验等6个部分。其中党建大事记、基层党建经验两部分为编辑部根据各单位提供的资料稿进行加工、整理而成，反映全区党建工作的特色和亮点。

（张良超）

【《丰台党史》期刊更名改版】 年内，《丰台党史》更名为《丰台史志》，栏目为名家理论文章、历史事件考证、历史钩沉、专题资料、工作回顾、基层党建、社会建设、丰台经济、丰台人文、史志园地。期刊每年编辑两期，并定期印发全区各单位，为各基层党组织总结历史经验教训，进行科学民主决策、开展史志宣传工作提供参考借鉴。

（张良超）

【《丰台史话》编纂工作启动】 10月，根据区委部署，《丰台史话》编纂工作正式启动，区委党史办牵头负责，组建编辑部，制定编纂方案和篇目提纲等，并报主管区领导和区委常委会审议通过。

（张良超）

对台工作

【概　况】 北京市丰台区委台湾工作办公室、丰台区政府台湾事务办公室（简称“区台办”），是区委、区政府对台工作的职能部门，主要负责组织、指导、管理、协调和服务职能，负责开展涉台宣传教育、对台经济服务、对台交流交往、对台联络及协调处理涉台事务和突发事件等。2017年，区内台资企业有50余家，主要从事食品加工、餐饮、批发零售、制造维修、文化科技、医药咨询等。加入市台企协会15家，丰台分会会员30家。区内住留台胞335人，台属200余人，台生14人（小学10人、中学4人）。现居住有8位黄埔老人。

（张振明）

【完善对台工作机制】 年内，围绕中央确定的两岸关系和平发展总体目标，从加强对台工作的实际出发，主动开展工作。坚持对台工作由党委主要领导负责制，健全完善党委统一部署、党政领导齐抓共管、对台系统组织协调、相关部门联动实施、社会力量广泛参与的对台工作机制。贯彻学习市委召开对台工作领导小组会议精神，按专项工作要求细化工作、研究规划任务。区委区政府主管领导多次听取对台工作汇报，研究重点任务，先后参加“六合夜市在丰台”和端午节前台商服务日等活动。多次走访台企调研，参加台商服务日及区长接待日活动、定期研究基层交流工作，接待台湾基层参访团与台胞座谈交流。

（张振明）

【两岸交流】 年内，区台办按照北京市开展社区交流“十百千工程”、深化京台结对交流的要求，安排元宵文化拜年及定向交流团、基层社区交流团等基层社区参访团赴台交流，接待台湾参访团，签署两岸结对交流协议，举办“京台社区大讲堂”“京台社区大舞台”活动。按照打造品牌、搭建平台、拓展领域，推动两岸交流与合作，两地基层交流工作由一点到多点，从社区村扩展到协会组织，呈现出深化、扩展的发展态势。全年办理赴台手续48件198人次。其中公职人员30件174人次，商务赴台18件24人次；参与举办第二届“高雄特色周-六合夜市在丰台”活动、“以舞会友——2017京台基层新春文化拜年及定向结对交流之旅”活动；完成年内因公赴台交流计划的8个项目；接待台湾参访团9批242人；两岸基层签署结对交流协议8个，累计47个。

（张振明）

【涉台教育】 年内，区台办继续开展涉台教育“五进”活动，以举办台海形势报告会、专题讲座、宣传报等形式开展对党政领导干部、统战人士、楼宇社区村、在校师生等宣传教育活动。加强对区人大、区政协指导监督，为新任政协委员讲解对台方针政策、台海形势。组织基地负责人参加第三届京台基础教育校长峰会活动，并推荐2位校长做主题演讲。全区有市级涉台教育基地4所，区级涉台教育基地9所。

（张振明）

【涉台服务】 年内，继续开展“感知新丰台，共谋新发展”台商服务日系列活动。发挥“分会”“热线”作用，为台胞排忧解难，举办“涉台事务热线”开放日咨询活动。全年受理并解决涉台事件2起。为北京台资企业协会丰台分会、北京园博园海峡文化发展有限公司协调处理台湾园餐饮服务许可证事项，寻找在台亲属。为台胞子女办理入学手续6名。节前走访慰问驻区8位黄埔老人。

（张振明）

【指导党派开展活动】 年内，组织12名丰台区民革成员参加对台干部培训班；参加市民革关于佟麟阁中学校内外祭奠佟麟阁将军开展活动情况的调研；组织驻区企业青年台胞参加区民革组织的“学习十九大，两岸青年畅谈铸就中华文化新时代”座谈会，台企青年代表结合自己领域工作谈感受、分享学习成果。

（张振明）

【对台工作培训】 年内，组织街乡镇主管领导、相关负责人，涉台教育基地校的对台干部工作培训，参加培训150余人；组织8个街道、社区的负责人参加市黄埔同学会组织的培训；全年台办干部参加国台办、市台办组织的业务培训6次。

（张振明）

老干部工作

【概　况】 2017年，丰台区老干部工作探索从单一服务向多样化服务、从为特定人群服务向为开放群体服务、从偏重待遇保障向精神文化养老发展。全区有离休干部299人，平均年龄87.8岁，副处及以上退休干部1311人，平均年龄69.2岁。全年举办学习培训班8期，参加各级各类比赛18次；老干部写作组发表文章90余篇，编辑系列文集《枫叶正红》（第三辑）；晓月诗社参加北京市离退休干部“喜迎十九大诗歌抒情怀”原创诗歌作品征集活动，荣获奖项24个，占所设135个奖项的18%。

（廉　政）

【贯彻落实《意见》和《实施意见》】 年内，召开“丰台区2017年老干部工作会议”进行全面部署，并向全区下发《丰台区2017年老干部工作要点》，为各单位贯彻落实中办发《意见》和北京市《实施意见》精神提供指导；引导老干部通过开展宣讲、座谈交流、作诗写文、服务社区等方式进行广泛宣传。

（廉　政）

【督查组检查指导】 7月26日，中组部老干部局督查组来丰台区检查指导工作，了解丰台区对中办发《意见》的贯彻落实情况，重点观摩市纪委市监委退休干部第三党支部和太平桥街道精图社区第三党支部联合开展的“不忘初心、做合格党员，发挥正能量、建和谐社区”联合主题党日活动。

（廉　政）

【离退休干部思想政治建设】 年内，开展十九大精神宣讲活动，抓及时、抓层次、抓举措，用十九大精神统一全区离退休干部的思想和行动，引导老同志们不忘初心，牢记使命。定期举办形势报告会，举办学习贯彻党的十九大精神专题培训班3期，推动老干部深刻领会十九大精神和习近平新时代中国特色社会主义思想；举办离退休干部党支部书记、局级和处级退休干部学习培训班8期，1000余人进行轮训。

（廉 政）

【老干部党组织建设】 年内，加强临时党支部建设探索，与海南澄迈县委老干部局签订结对协议书，强化“候鸟式”党支部的工作指导；成立老干部体育团队、摄影组、金秋艺术团等临时党支部，实现老干部骨干团队临时党支部全覆盖。组织离退休干部开展“建言十九大”调研，通过座谈研讨、个别访谈、建言征文、调查问卷等形式，深度挖掘老同志对经济社会发展的所思所感所盼，激励他们为推动丰台区各项事业发展贡献智慧和力量；组织开展离退休干部党建工作专项调研，对党组织设置情况、党员队伍情况、“三会一课”等党内组织生活制度落实情况，以及活动场地和经费保障情况进行调研，完成对离退休干部党支部的推优评先工作。

（廉 政）

【正能量活动】 年内，举办“喜迎十九大 为党旗增辉”庆“七一”和“不忘初心 牢记使命”喜迎重阳节活动，慰问全区离退休干部，《北京日报》《中国老年报》《丰台报》等媒体进行宣传报道；全区建立120余支老党员先锋队，队员3300余人，于“七一”前夕为30支队伍举行授旗仪式；向全区离退休干部征集“桑榆心向党 寄语十九大”文章以及学习党的十九大精神心得体会，优秀作品发布在丰台区委老干部局门户网站、《丰台老干部》报纸和“丰台老干部”微信公众号上，并择优推荐到各级媒体平台。

（廉 政）

【发挥老干部骨干团队作用】 年内，老干部宣讲团围绕中央和市、区工作重点以及学习党的十九大精神广泛开展宣讲；老干部理论学习组引领习近平总书记“7·26”重要讲话和党的十九大精神等学习交流；老干部写作组发表文章90余篇，编辑系列文集《枫叶正红》（第三辑）；老干部摄影组和区关工委联合开展“大手拉小手 书香育少年”主题活动；晓月诗社与重庆弘道国学院进行诗词楹联交流，参加北京市离退休干部“喜迎十九大诗歌抒情怀”原创诗歌作品征集活动，荣获24个奖项；老年书画研究会赴邯郸市开展文化交流，举办庆祝建军96周年书画作品展；老干部体育团队参加各级各类比赛18次；老干部金秋艺术团在全国性赛事中屡获奖项。

（廉 政）

【老年大学建设】 年内，在原有20所老年大学社区课堂的基础上，通过实地调研选择新村街道怡海老年大学和太平桥街道社区服务中心作为第一批老年大学分校，又新增5个社区课堂，初步形成三级老年教育体系；及时调整班级支部委员会，将书记纳入全区党支部书记培训计划，加强学员党性教育；将计算机应用知识初级班、中级班合并成一个平行班，将楷书班分为初级、中级两个层次，恢复山水画研讨班，满足老同志学习上的需求；举办庆祝建党96周年书画展、“喜迎十九大 浓浓爱党情”摄影展，推进办学质量提升；参加天津市委老干部局举办的京津冀第二届老干部书画展并获得二等奖；全年106名学员创作的140余幅书画摄影作品被各级刊物采用发表。

（廉 政）

【高龄养老服务】 年内，落实市、区为老干部办实事，提高离休干部特需经费和抗战时期参加革命工作的科级及以下离休干部离休费标准，落实企业单位和部分事业单位离休干部采暖和住房物业服务补贴，完成退休干部信息库建设和离休干部报销轮椅费等工作；春节、“七一”和国庆节开展入户走访慰问190多人次，发放慰问金、生活困难补助金、医疗费自费补助32.9万元；完成1561名离休干部社区“四就近”服务管理经费下拨工作，加强对离休干部助老员培训指导，做好离休干部服务工作；制定《丰台区委老干部局工作人员联系离退休干部工作暂行办法》，建立工作人员与离退休干部、离退休干部原单位、离休干部助老员“1+3”工作模式，实现联系服务区属离休干部全覆盖。

（廉　政）

【工作队伍建设】 年内，发挥区委老干部工作领导小组作用，加强对基层的业务指导，落实《责任制》和完成重点工作任务的实绩考核；贯彻落实全国老干部工作“双先”表彰大会精神，开展“学先进、学业务，树形象、树品牌”主题活动，强化工作队伍自身建设；开展党支部规范化建设试点工作，用好“一规一表一册一网”，推进“两学一做”学习教育常态化制度化建设；开通“丰台老干部”微信公众号，修订完善《丰台区委老干部局信息宣传工作制度（试行）》，发挥门户网站、微博和《丰台老干部》报纸等平台的作用，加大对丰台区老干部工作的宣传力度。

（廉　政）

党校工作

【概　况】 中共北京市丰台区委党校、北京市丰台区行政学院、北京市丰台区社会主义学院是一校两院合为一体的干部教育培训机构（简称党校），是区委区政府的重要部门，负责丰台区党政干部的任职教育及岗位培训，向民主党派人士和社会各界宣传党的主张。2017年，党校通过完善规章制度，开展业务培训，开发创新教学模式，组织开展科研调研活动，提升教学管理培训水平，全年完成47期约7660人次的培训任务。主体班次20期约3560人次。非主体班26期约4100人次。23项科研课题获准立项，其中市级课题7项，区级课题8项，校级课题8项，课题研究涉及党的重要理论与实践、党员干部教育、丰台区经济社会发展建设、统战工作、党建工作等方面。

（朱　静）

【清理整治校园环境】 年内，清理出租户26户80人、小轿车30辆，完成南楼通信铁塔以及附属机房100平方米、通信机房40余平方米的清退解约工作，更换学员活动中心、库房、食堂彩钢板1880平方米，拆除南小院、北平房临建和违建300余平方米的拆除工作；对部分墙皮脱落和墙面老化的墙体进行修补粉刷；修缮硬化北平房和南小院的路面500余平方米，扩充停车位近百个；综合办公楼楼顶进行整体的绿化修建。

（朱　静）

【推进物业社会化管理】 年内，在保障外聘人员各项权利的基础上与外聘人员全部解除劳动合同，由物业公司全部吸纳相关工作人员，完成物业化推进任务，解决临时用工的社保缴纳、值班加班补助等历史遗留问题。党校的物业社会化保障由中水嘉和公司提供。

（朱　静）

【打造廉政文化示范基地】 年内，按照全面从严治党和党风廉政建设的要求，立足党校工作实际，完善廉政文化建设工作体制机制，制定《丰台区委党校廉政文化示范基地建设方案》。把廉政文化建设纳入区委党校发展的总体规划之中，与智慧校园、校园文化建设结合起来，把廉政文化作为校园文化的重要组成部分；与推进干部教育培训工作结合起来，提升党员干部的思想道德水准。

（朱　静）

【送党课下基层】 年内，送党课下基层200余场次，围绕《党的十九大精神解读》《学习贯彻十九大新党章》《<关于新形势下党内政治生活的若干准则>解读》《<中国共产党监督条例>解读》《政务公开和政府信息公开》《领导干部的道德领导力》《加强人口发展战略研究 迎接新时代大国人口变局》等内容，宣讲党的新思想、新战略、新任务、新要求，受众近万人，彰显党校围绕中心、服务大局的职能作用，使党的最新理论成果特别是习近平新时代中国特色社会主义思想进社区、进企业、进家庭得到落实。

（朱　静）

【心理教育课程】 年内，增加以关爱服务为主的心理教育环节，重点通过“自我修炼与自我成长”主题心理沙龙活动、“一对一”心理疏导、团体心理减压体验等形式，晾一晾自己内心深处的困惑，使之得到释放或缓解，得到6个主体班次的514名学员和52名党校同志的认可，其成果获得北京市总工会“职工心灵驿站”称号，并获1万元奖金支持。

（朱　静）

【举办基层干部人才培训班】 1月3日至21日，举办为期19天的西藏自治区尼木县基层干部人才培训班。30名西藏自治区拉萨市尼木县乡镇干部和农村致富带头人参加培训。培训围绕理论与党性教育、农村集体经济发展、基层党建先进做法、创新思维与能力提升等内容设置课程。通过培训，提升乡镇干部政治素质和工作能力。

（朱　静）

【召开统战工作调研课题开题会】 4月20日，丰台区统战工作调研课题开题会在区委党校召开，区委常委、统战部部长参加会议。区委党校与区委统战部开展科研协作，承担《新社会阶层人士统战工作》《归国留学人员统战工作》《新形势下中小企业面临的机遇与挑战》3个科研课题研究与文稿撰写工作。

（朱　静）

【开展党性教育】 7月16日至22日，部分教职工参加“传承红色基因 加强党性修养——丰台区委党校赴遵义党性教育培训班”，在遵义市红花岗区委党校开展培训学习，接受红色教育洗礼，锤炼党性。与红花岗区委党校就校园文化建设、现场教学、课程设置等问题进行交流，为今后组织学员遵义等异地培训做好准备。

（朱　静）

【举办处级干部十九大精神学习轮训班】 11月至12月，区委党校完成丰台区处级干部十九大精神学习轮训班。共四期，每期5天，分为专题学习与讨论相结合，参加培训1140人。

（朱　静）

【主题廉政宣讲】 年内，教研处副教授杨新武作为丰台区廉政宣讲团成员，参加2017年“培育好家风传承好家训”主题廉政宣讲活动，同时在丰台区委党校对来自全区各单位的新录用人员开展宣讲，并将撰写的《北京丰台：“家风家训”廉政宣讲走进党校》一稿在区纪委网站进行宣传，获多家媒体转载，提升廉政教育和宣传成效。

（朱　静）

【《丰台区委党校党章党规教育的实践与思考》结项】 年内，区委党校首次承担的由副教授杨新武担任课题负责人的北京市思想政治工作研究会基层重点课题《丰台区委党校党章党规教育的实践与思考》结项，课题评定等级为良好，并被区委办作为优秀党建课题推送至市委办。

（朱　静）

【异地体验式教学】 年内，组织2017年副处级领导干部任职培训，并赴河南红旗渠进行异地教学，使学员了解和感受原林县人民艰苦奋斗10年的故事，以“红飘带”的雄伟工程开启对美好生活向往的新征程；组织2017年第一期正科级领导干部培训班到山东沂蒙老区现场体验式教学，让学员感受到群众路线是中国共产党进行伟大斗争、建设伟大工程、推进伟大事业、实现伟大梦想不可动摇的根本。

（朱　静）

信 访 工 作

【概　况】 2017年，丰台区信访工作在国家信访局、北京市信访办的具体指导下，围绕市、区政府年度重点任务开展各项信访工作，畅通信访渠道，办理信访事项，落实各级领导干部接访、约访、下访制度，化解信访历史积案，开展信访基础业务规范化建设，着力打造“阳光信访、责任信访、法治信访”。

（明静洁）

【领导干部接访】 年内，组织落实区级领导干部信访接待日，以《接待日报》形式及时向区委、区政府反映重点信访事项，推动重点案件化解。督促街道、乡（镇）、委办局主要领导定期开展接访工作，发现、解决群众反映合理诉求。

（明静洁）

【信访事项办理】 年内，受理群众来信来访总量同比上升24.4%，涉及人次同比上升6.8%。其中，办理来信总量同比上升37.1%，涉及人次同比下降15.5%；受理来访总量同比下降1.3%，涉及人次同比上升45%。全部信访事项实现按期办结。

（明静洁）

【矛盾排查化解】 年内，组织实施各类矛盾纠纷大排查9次，通过全面排查，不留死角，抓小、抓早、抓苗头，及早化解，消除可能发生的矛盾隐患，保障地区社会安全稳定。

（明静洁）

【信访事项“三级终结”】 年内，区信访事项复查委员会受理并办结全部信访复查申请，协助市信访事项复核委员会办理信访复核事项，提交各类证据材料。落实信访事项复查复核程序，保障依法办理信访事项，维护信访人合法权益，实现信访事项“三级终结”。

（明静洁）

【信访业务自查】 年内，开展信访基础业务规范化自查、检查工作，开展本区来信方面“及时受理率、按期办结率、群众满意率”自查工作，形成“三率”情况月通报制度，提升“三率”水平。

（明静洁）

【信访历史积案化解】 年内，在上年化解信访积案集中攻坚的基础上，继续深化信访积案化解工作，实现全部信访积案化解结案，达到“清仓见底”工作目标。

（明静洁）

【建议征集办理】 年内，全部办结北京市人民建议征集办公室转送及自收人民建议征集来信，各类来信均按照工作要求转交相关部门进行办理。开展北京市人民政府特邀建议人换届工作。

（明静洁）

【教育培训】 年内，开展全区信访工作业务培训1次，完成副处级任职培训班、正科级任职培训班、副科级任职培训班、村官培训班、专职副书记培训班、农村经济组织三套班子培训班、区国资委机关和直属企业培训班及街道系统培训班的信访授课任务，参加人员700余人。通过信访培训及授课，提升各级干部突发事件应对能力和信访矛盾纠纷化解能力。

（明静洁）

【信访宣传】 5月26日上午，区信访办开展“落实信访责任制、推动信访法治化”主题宣传日活动。区委常委、区委政法委书记高峰，区委常委、副区长吴继东到现场参加宣传活动并回应群众咨询。丰台街道、区民政局、区司法局、区卫计委、区住建委、区环保局、区人力社保局、区城管执法局、区工商分局、区食药分局10家单位参与主会场宣传，21个街道、乡（镇）设立分会场同时开展集中宣传。5月26日至6月30日期间，“落实信访责任制、推动信访法治化”主题信访宣传月活动，全区21个街道、乡（镇）通过多种形式宣传信访法治化。

（明静洁）

保密工作

【概　况】 2017年，丰台区保密局出台《加强保密工作意见》，明确保密工作的发展方向；组织保密工作管理责任书的签订、将保密工作首次纳入丰台区两个考评体系，推动保密工作主体责任的落实；坚持重大会议召开前夕和会议期间的保密工作检查，对重点单位坚持不定期抽查，完成全区自查自评全覆盖的督查；持续深化定密、网络和涉密人员“三大管理”，全年未出现失泄密事件。

（黄　洁）

【签订保密工作管理责任书】 3月，区委保密委与全区各单位签订2017—2018年度《保密工作管理责任书》，从保密工作的组织管理、定密、涉密人员、网络安全保密、保密宣传教育以及保密检查等方面对各单位主要领导的保密责任提出明确要求。要求各单位根据领导调整和人员变化情况及时签订《保密承诺书》，层层落实保密责任。

（黄　洁）

【“两会”期间保密检查】 全国“两会”期间，分别对区委办、区政府办、区委组织部、区纪委、区委机要局、区委政法委、区防范办、区综治办、区流管办和反邪教办等重点涉密单位，就涉密文件资料、涉密信息系统管理、信息发布保密审查等重点工作，有针对性地进行实物对查或技术检查。针对“两会”敏感时期，利用检查平台对区政府各单位门户网站上网信息进行检查。

（黄　洁）

【互联网门户网站保密检查】 4月，根据市保密局部署，全区各机关、单位对互联网门户网站、政务微博、微信公众号、办公系统、政务邮箱等进行全面自查。区保密局对重点单位落实政府信息公开条例和政府信息公开保密审查办法等情况进行现场检查，各单位在门户网站、政务邮箱和办公系统使用中，设置信息保密审查和提醒，对政务微博、微信方面存在的薄弱环节进行指正。

（黄　洁）

【保密法治宣传月活动】 5月，区保密局以“牢记保密责任 遵守保密规定”为主题，在全区范围开展保密法治宣传月活动。协助各单位组织一次专题学习、开展一次案例教育、进行一次互联网门户网站保密自查，为机关单位配发保密书籍390本、宣传挂图200套。

（黄　洁）

【保密专项检查】 6月，在北京市第十二次党代会召开前夕，区保密局印发通知，要求全区机关单位对日常工作全面开展自查，堵住失泄密隐患；会议期间，利用保密技术监管平台对市党代会相关涉密和敏感信息进行检测；并组织力量对区委政法委、区安监局等重点涉密单位进行现场督导检查。

（黄　洁）

【保密干部培训】 6月22日，区保密局举办为期2天的保密干部培训班，参加培训104人。邀请北京交通大学国家保密学院教授和区保密局工作人员分别讲解定密、涉密人员管理、自查自评工作、信息公开保密审查以及保密工作考核和宣传教育等方面相关内容，并组织全体人员到北交大保密实训平台进行现场教学和参观。

（黄　洁）

【发放保密书籍】 8月，区保密局向全区各单位党政主要领导和保密工作主管领导配发《保密法》和《保密法实施条例》，同时为全区所有工作人员配发由区保密局编印的宣传册《保密在您身边》13000册。

（黄　洁）

【保密督查】 年内，根据市保密局自查自评督查的要求，成立3个专项督查组，从7月至

10月，对全区100余家机关单位，按照市保密局规定的督查项目以及保密自查自评规则和标准，进行全覆盖督查。督查过程中，为各单位提供技术服务，发现问题及时指导纠正，并对工作落实不到位的5家单位进行复查。

（黄　洁）

【保密服务保障】 在党的十九大会议期间，区保密局加强保密服务保障，落实相关会议精神，提前谋划十九大期间的服务保障工作；成立“网络保密安全应急处置工作小组”，参与保密工作应急值班；印发紧急通知，对十九大期间的保密工作进行再部署、再要求；并派出2个督查小组，对重点单位的保密工作落实情况进行现场督查。

（黄　洁）

【召开保密工作紧急会议】 12月14日，召开保密工作紧急会议，全区各单位保密工作主管领导和办公室主任230人出席会议。会议传达全市党政机关保密工作紧急电视电话会议精神以及相关通报，要求各单位高度重视，认真学习领会电视电话会议精神，全面开展一次保密自查工作。区保密局结合各单位自查情况，对重点单位进行抽查。

（黄　洁）

【保密专题讲座】 年内，在强化机关单位公务人员教育方面，持续与区人力社保局、区委党校合作，完成军转干部班、正科级培训班的保密专题讲座，培训人数120名；加大对工作人员讲授保密课的力度，先后给区编办，机关事务管理处，政府办、区委办主管保密工作领导和区领导联络员等有关人员，讲解保密工作要求和规定。

（黄　洁）

【集中销毁涉密载体】 年内，按照国家涉密载体销毁中心和市保密局的统一部署，区保密局每季度联系一次国家销毁中心到区政府上门回收涉密载体。区保密局事前发出通知、统计载体数量、监督指导回收过程，为全区各单位规范、有序销毁涉密文件资料及信息设备等提供服务。

（黄　洁）

【国家级考试考务保密检查】 年内，按照国家教育考试考务安全保密有关规定中的职责分工，在辖区高考、中考、成考、自考等国家级考试期间，对区考试中心及各考点校保密室启用前的物防、技防情况和责任落实情况进行检查，对试卷的运输、交接、分发、封装等重点环节现场监督。

（黄　洁）

纪检监察工作

【概　况】 2017年，区纪委区监委全面落实市纪委市监委和区委的决策部署，落实监督责任，开展监察体制改革试点工作，协同推进纪律检查体制改革，全面履行监督执纪问责、监督调查处置职责，惩治腐败，纠正“四风”，各项工作取得新的进展和成效，为区域经济社会发展提供纪律保证。

（金海蓉）

【中共丰台区纪委十二届三次全会召开】 2月24日，中共丰台区纪委十二届三次全体会议召开。全会主要内容是深入学习贯彻习近平新时代中国特色社会主义思想，全面贯彻落实党的十九大精神，认真贯彻落实中央纪委二次全会、市纪委三次全会和区委五次全会工作部署，总结2017年纪检监察工作，部署2018年工作任务。全会审议通过区委常委、区纪委书记，区监委主任李正斌同志代表区纪委常委会所作的题为《以习近平新时代中国特色社会主义思想为指导，持续推动丰台全面从严治党向纵深发展》的工作报告和《中共北京市丰台区纪律检查委员会工作规则》。全会强调，2018年是全面贯彻落实党的十九大精神的开局之年，全区纪检监察组织和纪检监察干部要忠实履行党章和宪法赋予的职责，聚焦纪检监察工作主责主业，深化监察体制改革试点工作，持之以恒正风肃纪，深入推进反腐败斗争，营造风清气正的良好政治生态，建设忠诚干净担当的纪检监察干部队伍，为建设现代化中心城区提供纪律保证。

（金海蓉）

【主体责任落实】 年内，制定《关于对2017年丰台区重点工作开展监督检查的方案》，组建19个组，发现并查处在落实非首都功能疏解、环境建设、综合治理等重点工作推进过程中不作为、乱作为问题。每季度对全区党风廉政建设形势进行分析研判，定期研究部署监察体制改革、加强作风建设、落实“四种形态”等重要工作。督促各级党组织细化从严治党责任，制定个性化清单，逐级签订党风廉政建设责任书。制定《关于加强基层党风廉政建设任务分解方案》，将26项任务压实到51个牵头和协办单位，推动责任落实。

（金海蓉）

【强化纪律约束】 年内，开展“学习十九大，培育好家风”主题廉政巡回宣讲、党政主要领导讲廉政党课和现代廉政评剧《梦惊三板》公演、晓月清风廉政舞台剧展演等活动，组织全区7万余名党员参加党规党纪知识测试，向323个社区和64个行政村发放反腐倡廉宣传资料，组织11个单位200余名党员干部旁听庭审，设计制作《监督执纪工作手册》口袋书，拍摄制作警示教育片《文明之殇》入选《北京市正风肃纪教育片选集》。把监督执纪“四种形态”运用情况纳入述责述廉和党风廉政建设责任制检查内容。全年运用监督执纪“四种形态”处理666人次，其中，第一种形态444人次，第二种形态125人次，第三种形态66人次，第四种形态31人次。

（金海蓉）

【作风建设】 年内，紧盯重要时间节点，深入饭店、超市、农家乐、景区、花卉市场、农贸市场等场所，检查隐形“四风”问题。通过税务、财政数据库排查分析问题线索。查处违规使用公务用车速通卡、违规接受企业宴请、违规发放补贴等不正之风。开展违规购买和消费高档白酒专项治理，严查违规使用公务用车问题。查处违反八项规定问题16起，曝光17起（含2016年1起）。

（金海蓉）

【惩治腐败】 年内，对“信、访、网、电”平台受理的信访举报，统一纳入信访举报信息管理系统，实施归口管理。对2011年以来暂存、留存的130件信访举报件进行“大起底”，进行排查，明确处置方式。落实领导接访制度，由两委领导班子成员预约接待来访群众，督办指导重点信访件的办理工作。加大区域反腐败协作力度，成立追逃追赃专案组，完善线索登记等制度。全年受理检举控告1271件（次），立案202件，同比增长30.3%。给予党纪政纪处分203人，同比增长84.5%。

（金海蓉）

【监察体制改革】 年内，依法组建区监察委员会，完成机构调整、职能划转和人员转隶，明确监察对象，规范职责权限。通过改革，实现执纪监督与审查调查部门分设，形成执纪监督、审查调查、案件管理、审核审理相互配合、相互制约机制；全面实践运用12项调查措施，实现以留置取代“两规”，留置5人，形成执纪与执法相互贯通、监察程序与司法程序有序对接的工作机制。通过向街道派出监察组，向乡镇派出监察办公室，形成巡察监督、派驻监督、监察监督三个全覆盖联动格局，构建集中统一、权威高效的监察体系。

（金海蓉）

【纪检体制改革】 年内，组建区委巡察办和4个巡察组，完成2轮对12家单位的巡察，制定19项工作制度，构建“内控外联”机制，形成“全面协作+业务协作”的工作方法。新成立15个派驻纪检监察组，对区属77家单位实施监督。推动监督责任向基层延伸，以专任、兼任和交叉担任三种方式，重新梳理全区基层党组织纪检委员设置，探索行政村党组织纪检委员兼任村务监督委员会主任，规范社区纪检监督小组履职方式，通过拓宽监督渠道、强化职责关联，实现纪检监察工作延伸到“最后一公里”。

（金海蓉）

【加强队伍建设】 年内，成立纪检监察干部监督室，眼睛向内，盯住纪检监察干部有没有违纪违规。落实市纪委“五严守、八不准”行为规范，注重从小节抓起，对干部工作时间的仪容仪表、言行举止等提出明确要求。组织全区150名纪检监察干部进行为期4天的封闭培训，邀请中央纪委、市纪委相关部门的专家和领导，针对改革后的新形势、新要求和如何做好工作进行授课。开设预约菜单式精准课堂，委托中国纪检监察学院举办业务理论与实操培训班，在课程中嵌入讨论、交流、辨析等环节。

（金海蓉）

民革丰台区工委

【概　况】 2017年，民革丰台区委在民革北京市委和中共丰台区委的领导下，在区委统战部的指导下，以习近平新时代中国特色社会主义思想为主线，围绕中心，服务大局，抓落实、强担当、讲奉献、促提升。加强政策理论学习，完善组织制度，强化支部建设，促进党员交流，有效履行党派职能。年内在册党员270人，平均年龄50.7岁，中青年骨干占三分之一；区青联委员4名，区人大代表、政协委员20名，市人大代表、政协委员2名，发展新党员15名。《团结报》《团结网》《人民政协网》刊登报道丰台民革工作成果4篇，向《北京民革》微信公众号推送13篇，编辑完成《丰台民革之声》4期，《团结报》征订工作获民革中央征订工作优秀奖。组织党员参加纪念全民族抗战爆发80周年卢沟桥醒狮杯越野跑、区统战成员名家纪念笔会、统战成员大讲堂活动。9月5日，民革丰台区工委向赵登禹学校捐赠《大刀向鬼子头上砍去——赵登禹传》音频版光盘，以更好地传承抗战精神、弘扬英雄事迹。张俊峰、藺熠、皮乐为、郭嘉四位党员荣获民革中央参政议政工作全国先进个人，受表彰比例占全北京市民革受民革中央表彰总数的一半。

（康冬花）

【出席代表大会】 年内，按照民革中央和民革北京市委制定的相关办法，区工委选举产生张鲁燕、藺熠、张俊峰、康伟、孙斌、张兆旗、张少勇、王奕戈、刘海燕、项泉慧、黄威、张楠等12名代表出席北京市第十三次代表大会。王奕譎、张兆旗出席民革中央十三大代表大会。代表们认真履行职责，积极参加会议，充分展示了丰台民革的风采。

（康冬花）

【开展宣传教育培训活动】 年内，举办宣传、信息、参政议政工作培训班，举办新党员和党员骨干暑期培训班。“三八”妇女节期间，以提升新时代女党员新素质为主题，策划了民革女党员着旗袍走进红桥文化创意中心活动。各支部创新活动形式，特色突出，一支部夯实与方庄街道长期共建基础，用“学习＋文化”的形式，丰富支部生活，激发党员参与热情；二支部注重发挥党员的专业优势，与工委联合开展国学、环保、安全等讲座；三支部心系党员健康，帮助党员就医指导、用药安全服务、开展趣味运动等活动；四支部与赵登禹学校开展共建，发挥支部艺术家优势，辅导学生艺术创作；五支部重视青年党员培养，凸显骨干力量；六支部注重属地资源挖掘，关注辖区养老事业发展；七支部发挥科技人才与专委会组合优势，创新履行职责新模式，促进党员之间交流。参加民革市委、市社院、区社院组织的学习培训，共500多人次。

（康冬花）

【学习十九大精神凝聚思想共识】 年内，按照民革市委要求，制定学习计划，在十九大召开之际，组织党员观看砥砺奋进五年成果展，到人民日报社参观学习，收看大会实况转播；班子成员学习交流谈体会，支部举办专题座谈研讨会。为进一步学懂弄通十九大报告内容，组织党员参观佛教寺院，了解统一战线工作中政党、民族、宗教之间和谐发展的关系，增强生活在多民族中的荣誉感。学习和实践活动的开展，增强了党员的历史观、民族观、国家观、文化观。

（康冬花）

【参政议政】 年内，将调研工作与区政协协商课题和区统战部促进党派大调研工作相结合，先后确立“关于推动河西地区经济发展”和“大红门地区疏解腾退空间再利用”两个调研课题，最后转化成为区政协会议大会发言稿和党派提案。15名区政协委员就丰台区经济社会发展问题提交个人提案14篇，5名人大代表提交建议案 9 篇。在区政协十届二次会议上张俊峰、蔺熠、庞忠、张楠分别被评为优秀委员和信息员，在区人大十六届四次会议上曹长青被评为优秀人大代表。

（康冬花）

【党派提案得到高度评价】 年内，十届一次区政协全会提交的“关于丰台区疏解非首都功能腾退空间利用和强化安全工作的提案”，区委、区政府高度重视，为此制定出台了《丰台区商品交易市场调整疏解分类指导意见》，同时针对疏解过程中可能出现的安全问题，采取了加强制度落实、建立应急预案、强化宣传教育等一系列措施，促进了疏解工作的稳步推进。“关于培育健康养老产业发展的建议”得到区发改委、卫计委、民政局、老龄委多部门联合认真办理，答复会上民政局副局长邵宝卫说：“丰台民革2005年、2006年、2014年、2017年多次提出关于养老事业发展的提案，大大推动了我区养老事业及健康产业的发展，使丰台区养老机构专业化、社区居家养老服务水平走在全市前列。”区政协副主席冯晓光作为督办主席，对两个提案给予高度认可，认为民革“关于在疏解非首都功能过程中强化安全工作的建议”提的及时、专业，为全区疏解非首都功能工作中保障安全工作提出了可操作性建议，为构建社会安全大网络，打造“平安丰台”献真知，出实招。

（康冬花）

【联合调研出效果】 年内，与民革市委专委会赴陕西省开展历史文化街区和公共文化服务体系建设调研，以丰富“大红门地区疏解腾退空间再利用”提案建议内涵；与佟麟阁将军家属和教育专家到佟麟阁中学联合开展调研，感受“担当教育”的校园文化建设氛围，协助邀请宋哲元将军的外孙、美国哥伦比亚大学教授唐德良，到佟麟阁学校作“为祖国命运而担当”的报告；与支部联合，到支部党员所在企业进行调研，调研企业的科技发展、疏解外迁、援疆扶持等情况。通过调研，佟麟阁将军像得到重新修复；开阔了党员视野，整合了党员资源，加强了党员业务交流，探索出基层支部参政议政工作新模式。

（康冬花）

【信息报送工作全市领先】 年内，民革丰台区工委以929分总成绩连续三年荣获信息工作全市排名第一。其中，副主任张俊峰的2

篇信息被蔡奇书记批示，委员孟涛的1篇获副市长批示，郝黎、李百花、李杉杉、张楠、房春浩撰写的信息被北京市政协和统战部采纳。

（康冬花）

【开展社会服务活动】 重阳节期间，区工委副主委张楠和老龄委主任刘海燕与各支部一同看望80岁以上老党员，带去组织的关心，送去民革中央主席万鄂湘署名的生日贺卡。春节期间，老龄委专委会联合支部走访慰问重病老党员12人。植树节期间，在五支部两位党员的大力支持下，组织50多名党员，赴河北省保定市定兴“万亩造林”项目处参加义务植树活动。在世界地球日当天，七支部联合社会服务专委会，组织民革党员参加“绿色出行守护蓝天2017新能源汽车展示体验基地系列活动”，到南海子麋鹿苑体验环保生活方式，践行低碳生活。五支部党员怀着敬仰之情，关爱贵州原国民革命军第5汽车兵团抗战老兵牟银奎前辈，寄去慰问信和慰问金，老人十分感动。为了让大家了解区工委副主任、区政协常委张少勇的事迹，8月24日，《团结报》登载了《用音乐治疗心灵》的报道，报道了张少勇的事迹。张少勇，受区统战部和区工委的委托，自2015年起，连续3年，每周二到丰台街道残联“温馨家园”辅导14名“特殊学生”练习大合唱，据张少勇讲，他们都是智障人员，学点东西非常困难，我教他们不是单纯的为了唱歌，而是用音乐辅助治疗的方法，让他们每一个人、每一个家庭多一些快乐！

（康冬花）

【开展基层民革组织间的合作】 7月4日，在京津冀协同发展大背景下，在中国人民抗日战争爆发80周年前夕，丰台民革与保定民革开展联合活动，以抗战将领命名学校为载体，共同推进抗战文化、爱国主义精神的传承发扬，推动两地民革组织互学、互鉴、互帮和互动，挖掘两地文化资源，就中华民族优秀传统文化的交流与合作达成合作意向书。开展涉台青少年教育和交流，推动祖国统一工作的开展。围绕京津冀协同发展和雄安新区建设，开展联合调研活动，充分发挥民革参政议政作用。

（康冬花）

【两岸青年畅谈铸就中华文化新时代】 十九大召开之后，区工委联合区委统战部共同举办《学习十九大精神——两岸青年畅谈铸就中华文化新时代》座谈会。特别邀请北京大学国际关系学台湾籍博士生张立齐，北京台企协会丰台分会会员、北京永达理保险经纪有限公司经理许哲荣参加座谈，两岸六位青年围绕十九大主题进行发言，分享对会议报告内涵的理解；围绕“文化是一个国家、一个民族的灵魂，文化兴国兴邦”等内容进行研讨交流，充分展现了“两岸一家亲”的融合氛围。

（康冬花）

民盟丰台区工委

【概　况】 2017年，民盟丰台区工委团结带领广大盟员，认真学习贯彻中共十九大、民盟十二大精神，全面落实年度工作计划，参政议政、思想宣传、组织发展、自身建设及社会服务等各项工作取得了新进展。区工委在区政协十届一次全会上提交《关于加快推进丰台区旅游业转型升级的建议》党派提案，由区政协领导亲自督办，承办部门积极落实，有效支撑了丰台区相关决策，年终被评为区政协2017年度优秀党派提案。在区政协十届一次全会上，民盟籍政协委员提交个人提案15件。在区政协十届二次全会上，区工委再次荣获“优秀提案集体”称号。高广颖、张昌斌获评“优秀委员”；张可朋、赵欣、赵颖慧、高旭、曾凡荣等获评“优秀提案委员”。

（李亚一）

【课题调研结硕果】 年内，区工委参政议政工作始终围绕中心、服务大局、关注民生，将区域经济社会发展重大问题选为重点调研方向。在充分调研论证的基础上，形成《关于推动丰台区军民融合创新发展的建议》、《关于完善打击食药违法犯罪行刑协助联动机制，构建丰台区食药行刑联动网络平台的建议》两份党派提案；与民进合作完成《关于丰台区花乡在非首都功能疏解中腾退空间有效利用》调研报告；《关于推动丰台区军民融合创新发展的建议》收入丰台区2017年度统一战线调研报告集，统一报送市委统战部。张昌斌、曾凡荣、陆亚筠、贾严等积极参与调研报告撰写，赵颖慧、黄珊、周勇波、李方圆、徐诗涵、张可朋、王进等一批青年骨干盟员积极参与报告修改工作。民盟籍政协委员积极参加区政协各研究室开展课题调研活动，充分展现了民盟智慧和民盟力量。

（李亚一）

【参与区政协调研】 年内，组织区工委一批骨干盟员就《北京市 2017年政府工作报告》、《中共北京市丰台区第十三次代表大会报告》、《丰台区 2017 年政府工作报告》等重要文件草案提出修改完善意见。贾严、李方圆等参与区政协开展《丰台区非首都功能疏解中腾退空间的有效利用》调研工作，贾严主笔，李方圆、赵颖慧等参与报告修改工作，圆满完成区政协第二调研组分报告撰写工作。

（李亚一）

【社情民意信息】 2017年，继续坚持信息工作方向不动摇，做到方针不变、力度不减，坚持“数量质量并重、更加注重质量”的原则，通过信息工作这个抓手进一步提升民盟组织的凝聚力和战斗力，推动科学发展，促进社会和谐，为区域经济社会发展积极建言献策。根据《社情民意信息管理办法》，进一步优化、固化区工委的工作流程，信息管理工作更加规范。在年初举行的 2016年度总结表彰会上，对上年度先进集体和先进个人进行了表彰，对2017年信息工作进行了部署，并发布《民盟丰台2016年参政议政建言集》，成为区工委重要文献和学习交流材料，在广大盟员中引起积极反响。坚持每季度开展信息工作定量定性分析（其中1季度进行上年度信息分析），并将分析报告刊登在《丰台盟讯》上，受到各支部和广大盟员的充分肯定。信息工作的重心继续向基层支部下移，13个支部及区工委办公室全年共报送信息132篇，编辑形成《民盟丰台 2017年参政议政建言集》，全面录入、分类集成盟员报送的社情民意信息，成为广大盟员交流互鉴的重要载体，社情民意信息质量、组织管理能力和社会影响力进一步提升。科技支部、经济支部、首都医科大学支部、首都经济贸易大学（西区）支部、教育四支部等5个支部被授予民盟丰台区工委2017年度社情民意信息工作先进集体，徐诗涵等20名同志被授予民盟丰台区工委2017年度社情民意信息工作先进个人。在区政协十届二次全会上，高旭、赵颖慧荣获“优秀信息委员”。赵颖慧报送的《疏解联手招商，以发展促疏解》信息得到区主要领导批示，所提建议得到部署落实。张昌斌《关于雾霾治理的建议》、徐诗涵《关于民生工程百姓之安居建设项目的建议》由盟市委报送市政协并获得采纳。

（李亚一）

【增强盟员责任感】 年内，高度重视“思想建盟”，将做好政治交接融入日常盟务工作。组织盟员深入学习中共十九大精神、民盟十二大精神，结合全面抗战80周年、民盟中央和民盟北京市委组织换届等重大活动开展“坚持和发展中国特色社会主义学习实践活动”。4月12日，组织盟员参加中共丰台区委统战部举办的“丰台区统战成员大讲堂”活动，冯涓涓代表民盟就《中国民主同盟简史》作专题演讲，通过回顾民盟历史和先贤，增强了身为盟员的自豪感和责任意识。

（李亚一）

【举办暑期学习班】 8月19日至20日，举办了民盟区工委暑期学习班。会上邀请了民盟北京市委秘书长严为传达“民盟北京市第十二次代表大会”精神，介绍民盟北京市委过去五年的工作成就、经验体会，通报了未来五年的工作构想；区委统战部副部长王晓轶就丰台区经济和社会发展情况进行了通报，传达中共北京市第十二次党代会精神、中共丰台区委十二届四次全会精神，部署统战领域下半年重点工作任务。

（李亚一）

【提升盟员履行职责能力】 年内，加强学习型基层组织建设，提升盟员履行职责能力。先后组织盟员参加丰台社院统战理论知识培训、赴延安干部学院进行爱国主义教育培训、全面抗战80周年纪念活动、民盟北京市委暑期班、民盟市委“内强素质，外树形象——提升自身能力”专题讲座等活动，继承党盟合作优良传统。举办学习中共十九大精神座谈会，组织广大盟员投稿，近50名盟员的文章刊登在民盟北京市委官方网站、《丰台盟讯》中，为丰富北京盟史资料做出了贡献。统战理论研究会、法治建设研究会的研究力量、研究力度进一步加强。通过邀请丰台区十九大宣讲团专家作专题辅导，提升了会员的理论素养。两个研究会开展的“关于完善打击食药违法犯罪行刑协助联动机制”的调研成果成功转化为政协提案。章冠雄、曾凡荣、李亚一等撰写的理论研究文章被民盟市委采纳，收录《民盟市委2017年统战理论文集》。

（李亚一）

【发挥《丰台盟讯》宣传阵地作用】 年内，充分发挥《丰台盟讯》的思想引领、舆论推动、精神鼓励、文化支撑作用，反映民盟基层组织活动特色突出、内容充实、信息量大，建言立论文章越来越多，在《丰台盟讯》“思想交流专栏”、“中共十九大专栏”刊登盟员学习体会；加大对信息工作的宣传力度，为盟员交流信息搭建平台，积极维护民盟丰台信息品牌形象；注重全方位宣传丰台盟务工作，积极向《北京盟讯》投稿，区工委及各支部每次开展活动后，均以简报形式及时在盟市委网站上发布，2017年盟市委网站共刊登丰台区活动报道37篇。

（李亚一）

【建立新媒体工作交流群】 年内，有效利用新型媒体，加强盟员互动交流。“丰台民盟”QQ 群和“丰台民盟”微信群成员持续增加，截止年底，QQ 群共有盟员109名，微信群共有盟员212名。广大盟员通过实时信息共享与交流沟通，积极弘扬主旋律、传播正能量。区工委现已开设“丰台盟员”、“工委班子”、“工委委员”、“支部主任”、“支部委员”、“《丰台盟讯》编委会”、“民盟籍政协委员、人大代表”、“青委会班子”、“青委会成员”、“法治建设研究会”、“统战理论研究会”、“专项调研课题”等若干微信群，针对相关决策事项进行实时沟通，提高工作效率。

（李亚一）

【成立青年工作委员会】 8月19日，“民盟丰台区青年工作委员会”举行成立大会，民盟北京市委秘书长严为、中共丰台区委统战部副部长王晓轶等领导到会祝贺，并对这一新生事物给予充分肯定。11月23日，民盟丰台区青年工作委员会在丰台科技园区举办“走进科技园区，触动前沿科技”主题活动，广大青年盟员加深了对国情、市情、区情的理解，拓展了知情明政的渠道。

（李亚一）

【组织社会公益活动】 年内，结合自身优势，以各种形式开展社会服务工作，努力为区域社会发展办实事、办好事。9月24日，医务一支部连续第三年在基督教堂丰台堂开展义诊活动，组织妇产科、骨科、外科、内科、营养科、口腔科、康复科专家进行义诊服务，接受义诊人数150余人，深受广大群众欢迎。12月3日，“守护天使，为宝贝安全成长赋能——臻美公益沙龙”在丰台区乐赢科技中心举办。臻美儿童阅读馆馆长、资深管理培训师赵文文女士，围绕“家长的角色、儿童安全自我保护方法、营造家庭安全学习氛围”等内容展开讲解。该项活动的开展有效推动了社会各界对幼儿群体的关注和关爱，扩大了丰台民盟的社会影响力。

（李亚一）

【配合民盟市委完成组织换届】 7月，民盟北京市第十二次代表大会召开，丰台区8名盟员代表参加大会，严谨的政治纪律、组织纪律受到盟市委的好评。年内一批盟员被推荐任职，李有毅被推举担任第十三届全国政协委员，张振军当选第十二届民盟中央委员，王蓉蓉当选第十二届民盟中央委员、民盟中央监督委员会委员；李有毅、张雪梅当选北京市第十五届人大代表，张振军当选民盟北京市第十二届市委常委、北京市欧美同学会第一届理事会常务理事，史卫东当选民盟北京市第十二届市委委员，在新一届盟市委各专委会中，张振军、张昌斌担任科技委副主任，张雪梅当选法制委副主任，高广颖担任社会委副主任，张升允担任统战理论研究会指导委员会委员，梁大庄担任老龄委副主任，赵欢担任企业家联谊会副会长，胡家辉担任书画家联谊会理事，充分展现了丰台民盟的力量，影响力进一步扩大。

（李亚一）

【盟员组织发展】 年内，落实“人才强盟”战略，扎实做好组织发展工作，同时抓好代表性人士、参政议政人才、盟务骨干人才队伍建设。共发展新盟员30名，发展率7.6%，创历史新高，新盟员的年龄、职称和学历结构更加优化。截止年底，丰台区盟员总数444人，年轻化优势凸显，新入盟盟员平均年龄37.7岁，为民盟组织的可持续发展奠定了基础。重视通过参加集体学习提升参政议政能力，选派中青年骨干盟员参加民盟市委、北京社院、区委统战部举办的各类培训班、论坛、讲座活动。

（李亚一）

【民盟中国歌剧舞剧院支部划转丰台民盟】 文化部直属的国家级艺术院团——中国歌剧舞剧院坐落在丰台。12月，在民盟北京市委、民盟西城区委的大力支持下，中国歌剧舞剧院支部从民盟西城区委整建制划转到丰台区，22名盟员艺术家加入民盟丰台大家庭，为民盟丰台增添了新鲜血液、增加了艺术元素。

（李亚一）

【盟员风采】 6月，梁大庄、黄禾被丰台人民法院授予2016年度优秀陪审员称号。7月，张振军当选国际宇航科学院通讯院士。9月，张雪梅受聘为丰台区人大常委会法律顾问。受北京市人力社保局委托，高广颖完成《2017年北京市城乡居民医疗保险制度的整合风险评估报告》，确保了该项制度的顺利实施。2014—2017年，张燕生在担任北京市人力社保局特邀监督员期间，出色履行职责，获得北京市人力社保局通报表扬。在医疗卫生领域，一批盟员走上领导岗位，温瀚英担任丰台区疾控中心副主任，梁旭峰、王立威担任丰台医院院长助理，史文华担任丰台医院物资器械处主任，王海军、张文分别担任丰台医院胸外科、泌尿外科主任。张贵祥担任中共北京市委组织部、市委统战部、市委改革办共同组建的“百人党外专家团”成员。李有毅、张红英、田玉风、李朝晖等作为北京市特级教师，热心帮助青年教师迅速成长。李方圆积极捐资助学，帮助安徽工业大学贫困学生完成学业，同时受民盟北京市委委派，参加民盟中央组织的“重走同心路 共叙肝胆情”2017年民盟教育基地城市定向赛，获得三等奖。

（李亚一）

民建丰台区工委

【概　况】 2017年，民建丰台区工委认真学习习近平总书记系列讲话，坚持不懈对会员进行民主建国会优良传统教育，会员素质进一步提升，组织活力进一步增强，履职作用有效发挥。全年发展新会员50人，平均年龄39.8岁，均为大专以上学历，其中硕士研究生学历以上14人。截止年底，民建丰台区工委设有支部16个，会员628名，其中全国政协委员1人，北京市人大代表2人、政协委员1人，丰台区人大常委2人、代表10人，区政协常委3人、委员22人，公有经济114人，新阶层人士249人，政府机关工作人员57人，大专以上学历587人，中高级职称237人。安钟岩、姚新、畅广平等会员分别获全国五一劳动奖章、全国巾帼建功标兵、首都五一劳动奖章、行业先进个人等称号。

（陈永玲）

【组织活动】 年内，开展多项组织活动。11月，综合二支部邀请中央党校党史部副主任李庆刚教授为大家解读中共十九大报告精神；综合五支部举行主题为“形成最大公约数，画出最大同心圆”的学习中共十九大精神专题会议；东铁匠营支部牵头，与和义街道党总支联合举办，学习贯彻落实中共十九大精神专题座谈研讨会；科技支部召开支委扩大会，座谈学习中共十九大精神，带动支部全体会员学习并落实到工作中。通过重温“五一口号”、学习民主建国会第十一次大会精神，对会员进行民主建国会优良传统教育。4月8日，邀请民建中央宣传部部长张皎为会员作题为“不忘合作初心，继续携手前进”的主题报告。4月29日，综合二支部借助微信平台开展 “五一口号”的学习活动。9月16日，在紫玉饭店举办学习主委高云龙在民建北京市委第十一次代表大会上所作的《始终不忘初心，遵从时代使命》的讲话精神研讨会。

（陈永玲）

【召开党派提案答复会】 8月25日，召开关于丰台区政协十届一次会议的第4号党派提案“打造河西特色小镇 助推城乡协调发展”及第5号党派提案“关于推进丰台区公共法律服务体系创新示范区”的提案办理答复会。会上相关承办单位负责人通报了丰台区河西地区基本特征、突出优势、发展现状，并针对提案提出的意见建议，围绕研究特色小镇功能定位、培育特色元素发展壮大、补齐公共服务设施短板，介绍了下一步工作安排。区司法局负责人就法律服务管理创新，创建丰台区公共法律服务平台，推动“法治丰台”建设等内容作了详细介绍。

（陈永玲）

【社情民意信息】 年内，继续加强社情民意信息收集、整理、报送工作。由工委副主委朱克明带队，重组了信息专委会，修订了信息工作办法等制度文件。针对社情民意信息的选题、撰写、报送等内容，采取聘请专家讲座、召开工作会议等方式，多次组织会员进行培训。全年共报送信息43篇，其中《关于加强老旧小区腾退后空间管理的几点建议》等八篇被民建市委采用。

（陈永玲）

【社会服务】 年内，组织各专委会、各支部开展多项社会服务活动，引领会员为国出力、回报社会。2月16日，由民建丰台区工委社服专委会和北京住宅房地产业商会共同举办的“平谷区农副产品项目对接洽谈会”在北京市工商联大厦召开。3月5日，民建丰台区工委文化委、民建丰台工委综合六支部、东铁匠营支部、文化支部的部分会员，以学雷锋为契机，联合举办“学雷锋、见行动、走进幸福里养老中心慰问”活动。5月19日，民建丰台区社会服务专委会、北京市女企业家协会、北京市朝阳区妇女儿童公益慈善促进会，联合为唐县高昌镇山阳小学捐赠教学设施。5月24日，综合二支部为北京SOS国际儿童村的孩子们捐助每人一双“爱心”旅游鞋，并参与“北京SOS为爱而歌”小合唱队活动。

（陈永玲）

【空巢老人暖心行动】 年内，开展“关爱空巢老人暖心行动”，对马家堡街道的四位老人进行“一对一”“多对一”的帮扶。有别于往年法律咨询、不定期上门服务等项目，各支部的服务项目更加具体并有针对性，文化支部开展与老人一起观看文艺演出活动。

（陈永玲）

民进丰台区工委

【概　况】 2017年，民进丰台区工委发展新会员5名，全区15个支部共有会员383人，其中男性159名，占42%；女性224名，占58%；退休166名，占49%；教育界成员252名，占75%；新闻出版22名，占6%；其他66名，占19%。高级职称人员约占三分之一。其他会员界别分布于新闻出版、科技、经济、法律、医务、文化艺术、政府机关等。参政议政积极有效。

（李朝晖）

【参政议政】 年内，撰写高质量提案、议案5件，社情民意信息30余条，其中《人工智能普法》议案获得民进市委领导的高度重视并收录到文集中，《丰台教育师资调研》、《关于丰台区抓住机遇，加快发展文化产业的建议》、《关于提升丰台河西地区水务基础设施建设水平》、《花乡疏解调研报告》等提案议案得到各级领导的重视。工委会员参加区政协一、二、三、四室专委会调研活动，提出许多积极建议。

（李朝晖）

【提案答复】 9月5日，民进丰台区工委提案答复会在党派楼会议室召开。参会的有丰台区政协、统战部、司法局、教委等相关部门负责人共15人。大家就《关于建立学校法律顾问制度、推进我区依法治校工作》给予了答复。工委有8位会员参加了答复会，他们对提案办理报告谈了自己的看法，提出了中肯的意见和建议。主委徐朝辉代表民进对参与提案答复的各级领导表示感谢，对答复报告表示满意。

（李朝晖）

【思想建设】 年内，多次召开工委扩大会，通报本区经济发展情况、党风廉政建设情况和2017年两会精神，并发放相关学习辅导材料。11月10至11日，在门头沟龙泉宾馆组织召开学习贯彻十九大精神工作会，工委委员、支部主任、中青年骨干、参政议政积极分子参加了会议，会后大家都撰写并上交了学习体会。

（李朝晖）

【暑期培训班】 7月20日至21日，举办民进丰台区工委2017暑期培训班。工委主委徐朝辉，副主委孙鲁燕、杨中春、李宏卫，区工委委员涂英丽、傅国辉、刘志刚、刘亚强，以及区工委办公室李朝晖，部分支部主任、骨干会员和新会员代表等30余人参加。邀请了丰台区教委、中共丰台区委统战部领导参加培训。培训由主委徐朝辉主持。丰台区教委领导介绍了丰台区教育工作情况，对大家关注的中高考改革和招生政策进行了解读。民进北京市委前副主委胡军做了题为《漫谈教育》的报告。副主委孙鲁燕结合会员撰写的信息稿件和民进市委提供的信息报送模板，针对区工委信息宣传工作的范围、内容，从专业的角度进行了指导。区工委委员、区工委办公室主任涂英丽围绕组织发展工作发言。主委徐朝辉通报了民进市委第十二次代表大会的情况，区工委徐朝辉、邓莉丽当选为中国民主促进会北京市第十五届委员会委员；杨中春、张锦当选北京市出席民进全国第十二次代表大会代表。

（李朝晖）

【举办专题支部活动】 3月7日，在嘉安律师楼举办“保护妇女合法权益” 庆三八节讲座活动，共30余人参加。9月9日，举办庆祝教师节喜迎十九大活动，参加活动的会员50余人。

（李朝晖）

【服务社会】 2月11日，组织部分会员自发捐款购买慰问品看望卢沟桥乡社会福利中心的老人，带去汤圆、水果、糕点和围巾，并献上精彩的文艺节目。6月3日，组织会员自愿捐款去河北涞水南北庄小学给孩子们过六一儿童节，为孩子们带去了演奏级口琴40把和口琴课程教材，并建立音乐老师长期辅导的课程安排。10月11日至12日，组织部分委员赴河北丰宁县敬老院慰问老人，并带去米面油等慰问品，并到丰宁五道营中心小学看望师生，为孩子们送去全新的书本及文具。

（李朝晖）

农工民主党丰台区工委

【概　况】 2017年，农工民主党丰台区工委在农工党北京市委、中共丰台区委的领导下，在中共丰台区委统战部的指导帮助下，秉承“不忘合作初心，继续携手前进”的理念，围绕丰台区委、区政府的中心工作，认真学习贯彻中共十九大精神，履行参政党职能，较好地完成年度工作任务。

（李青森）

【党员思想队伍建设】 年内，采取学习、交流、培训的方式加强党员思想队伍建设。3月29日，参加区政协和区委统战部举办的培训班。4月12日，参加区统战部举办的首届统战成员大讲堂活动，六支部刘明琪代表丰台农工党工委作了《黄琪翔与抗战》演讲。6月8日至12日，区工委4名党员参加在延安市委党校举办的爱国主义教育学习班。7月7日至10日，区工委13名党员参加中国农工民主党北京市第十三次代表大会。8月31日至9月30日，经农工党中央选派、中共中央统战部安排，主委韩秀娟参加了中央社会主义学院第三十八期民主党派干部进修班。11月11日至12日，在昌平举办“不忘合作初心，继续携手前进”专题教育活动，与会人员学习了中共十九大报告、中国特色社会主义参政党建设等内容，并邀请中国社会主义学院经济学教研室主任郭伦德教授作专题辅导报告；组织党员参观砥砺奋进的五年大型成就展，撰写十九大报告学习体会。

（李青森）

【政协提案】 年内，区工委主要领导、专家学者参加高层协商会、议政会4次；政协委员提交提案13件；工委向区政协提交党派团体提案1件，获得区政协优秀团体提案表彰，提交大会发言1篇。其中电力医院支部与西苑医院支部合作的《北京市“医养结合”养老模式现状及问题分析》的调研报告转化为市委提案，获得市委优秀提案表彰。电力支部《积极发挥北京市社区卫生服务机构在“医养结合”养老模式中的作用》调研报告获得2016年度北京市民主党派参政议政优秀调研成果一等奖，并选为市政协十二届五次大会发言稿。

（李青森）

【开展专项调研活动】 年内，区工委各基层支部和党员专家开展调研活动数十次，完成调研报告4篇。完成丰台区非首都功能疏解腾退空间有效利用的调研。9月27日，在北京助康护理院开展“居家养老课题组”调研活动。11月22日，在北京商务会馆举办《完善居家养老服务体系的探索与思考》调研报告会，并对右安门街道养老照料中心进行实地考察。

（李青森）

【信息报送】 年内，及时收集并反馈信息，为政府决策提供参考。上报市委工作简讯6篇，十九大学习体会2篇，党员风采1篇。上报市委的6篇信息中，有4篇被采纳，分别是孟超的《关于建立废旧电池单独回收系统的意见》、王计辰的《关于合同制护士同工同酬》和《目前丰台区残联鉴定工作由丰台医院和南苑医院骨科承担》、张怀华的《改进儿科医疗服务》。

（李青淼）

【健康服务义诊活动】 5月12日，电力支部高玉红、钱嘉晖、李泽慧、张红洁等参加北京电力医院组织的“5·12护士节”大型专科护士义诊活动。6月10日，在马家堡社区卫生服务中心举办“2017（第十届）中国环境与健康宣传周”义诊活动。9月9日至15日，电力医院配合北京市卫计委开展“服务百姓、健康行动”义诊活动，电力支部多名党员参加了活动。9月，电力医院支部赴山西夏县革命老区参加“共铸中国情”义诊活动。10月，四支部参加全国肝胆病咨询义诊活动河南站的义诊。11月19日，在德鑫嘉园社区举办第二十九届中国“国际科学与和平周”义诊活动。义诊活动的开展，提高了居民的健康意识、防病意识、治疗知识，做到疾病早发现、早预防、早治疗，保持一个良好的身体状态，同时也是贯彻落实中共十九大精神打造“健康中国”的有益实践。

（李青淼）

【参与市委“精准健康扶贫”活动】 年内，响应市委“农工情·健康京郊行定点帮扶活动”的号召，参加丰台医院与房山区十渡卫生院对口支援活动。4月，参加农工党北京市委在云南曲靖市开展的脱贫攻坚帮扶活动，协调爱尔眼科集团三年内向曲靖捐赠不少于3000台白内障手术，年内已实施1000余台，并在会泽县范围内对眼疾人群开展医疗健康“爱心牵手•光明助困”活动。6月，参加农工党北京市委组织的对贵州毕节市大方县扶贫督导工作，协调爱尔眼科集团三年内向当地捐赠3000台白内障手术。9月20日，区工委委员李俊参加农工党北京市委支持宁夏石嘴山市产业发展座谈会，并代表爱尔眼科集团向参会的市级领导表达了与当地政府建立合作意向——适时在石嘴山市兴建爱尔眼科医院。10月27日至11月3日，工委委员李俊和党员董培玲主任医师，参加爱尔眼科医院对青海海北藏族自治州的精准扶贫，活动帮扶海北州地区50例白内障患者重见光明，并无偿捐赠价值近10万元的墨镜、老花镜、冲锋衣等生活物品。

（李青淼）

【成立农工党区工委青年工作委员会】 12月16日，农工党丰台区工委青年工作委员会成立。年内，农工党丰台工委新发展及转入党员14人，其中博士1人、硕士6人、本科6人、专科1人。

（李青淼）

九三学社丰台区工委

【概　况】 2017年，九三学社丰台区工委在社市委和中共丰台区委的正确领导下，在区委统战部的具体指导帮助下，全面贯彻落实中共十九大、社十一大、中共北京市第十二次代表大会精神，深刻把握习近平新时代中国特色社会主义思想，认真履行职能，抓基础、抓亮点，圆满完成年度工作任务。开展十九大精神学习活动，听辅导报告，谈感想，谈学习体会。参加区统战人士大讲堂活动。参加区政协和社市委组织的参政议政学习培训班。向“九三智汇丰台”公众号推送稿件21篇，“九三学社丰台区青委会”公众号推送稿件16篇，8篇新闻稿被社市委采用。参观砥砺奋进的五年大型成就展览，感受伟大祖国的成就。多数委员社员担任领导职务，市政协委员、市人大代表各1名，22名成员担任区政协委员、区人大代表，社中央委员1名，社市委常委2名，5位社员在社市委专门委员会中担任副主任、4位担任委员，2位社员在社市委工作委员会担任副主任，2

位社员担任委员。

（刘　颖　郑成保）

【参政议政】 年内，九三学社丰台区工委获得政协优秀提案单位，工委范围内的多名政协委员、人大代表受到表彰：优秀政协委员郎大鹏，优秀提案委员温建东，优秀人大代表彭红梅。安静主笔的《腾退空间再利用问题》党派提案获政协优秀提案奖。权燕子主笔的《民族节日体现民族团结》在党派提案中得到回应并落实；吴新苗主笔的“文化丰台建设”在大会上发言；李洁带队调研疏解腾退空间利用问题，并组织撰写“立足丰台，打造丰台文化金名片”党派提案；刘颖带队调研丰台区集群教育问题，组织撰写“进一步完善丰台教育集群治理模式的建议”党派提案；11月，刘颖、郎大鹏参与多项丰台区财政专项事前绩效评估。全年上报社市委信息65篇，在社市委排名第5位（与朝阳并列第5），社市委采用39篇，采用率60%；社中央、市委统战部采用3篇（贾满生的《戏曲文化传承不单只有京剧》；姚志贤的《关于推进健康中国建设，让残疾人享有基本康复服务的建议》；金辉的《建议尽快出台措施严控垃圾制肥用于食物链农产品种植》），高端采用率5%。

（刘　颖　郑成保）

【组织建设】 年内，发展新社员25人，转入7人，社员总数345人。支社13个：首都医科大学、东方医院、中国康复研究中心、丰台医卫、首都经济贸易大学（西区）、丰台金融、冶金自动化研究院、丰台科技园区、北京矿冶研究总院、丰台文化艺术、学苑出版社、北京市交通委员会、丰台综合。就发展新成员，重点解决思想入社问题，切实保证社员政治立场坚定，思想始终同党中央保持一致。所有党派成员都要在把握政治能力上下功夫，忠于党中央，听中央指挥。坚定实施“人才强社”战略，坚持组织发展与参政议政人才队伍建设相结合，注重质量、保持特色、稳中求进、着眼长远，注重吸收高层人才入社，优化社员结构。完善后备干部队伍建设，组织后备干部参加相关培训。

（刘　颖　郑成保）

【成立九三学社丰台区工委青委会】 1月7日，在冠京酒店召开“九三学社丰台区工委青委会”成立大会。九三学社中央副主席、北京市政协副主席、社市委主委马大龙，市区有关领导，各支社主委、委员以及特邀嘉宾，共100余人参加大会。大会以丰台区青委会的宗旨“参与•成长”为主题，通过视频向大家回顾了丰台青委会的缘起、孕育和诞生过程。区工委主任刘颖宣读成立青委会的决定。社中央副主席马大龙和丰台区区委常委李岚部长共同为青委会揭牌。区工委副主任张云贵宣布首届青委会执行委员会及领导班子名单，并通过多媒体展示执委和领导班子的风采。并进行授旗仪式。

（刘　颖　郑成保）

【税制改革理论实操知识培训】 4月6日，九三学社丰台区工委、丰台区工商联、丰台区党外知识分子联谊会共同举办税制改革理论与实操知识培训班，90余名企业财务、管理人员参加了培训。主委刘颖就税收热点问题作政策分析，鑫税广通税务师事务所和中崇信会计师事务所的财税、管理专业人士讲解了增值税会计处理和企业内控的实操。

（刘　颖　郑成保）

【九三微跑团丰台分团成立】 3月25日，九三微跑团丰台区分团正式成立。九三微跑团是“九三人”的健身、交流平台和公益平台，它以公益为宗旨，张扬跑步的魅力，彰显“九三人”的情怀。5月10日，九三微跑团丰台分团起跑活动暨北京市丰台区第二届“万步有约”职业人群健走激励大奖赛在园博园开幕。此次活动由九三学社丰台区工委、丰台区慢性病综合防控示范区办公室、区卫计委、区体育局及团区委联合主办。丰台九三区工委及各支社的16名九三人和各街乡镇共350名竞赛队员参加了开幕式。

（刘　颖　郑成保）

【向四川青川支社捐赠图书】 年内，应九三学社四川省广元市青川支社“共建九广合作图书阅览室”的请求，为丰富边远山区儿童精神文化生活，进一步深化“九广合作”，九三学社北京市委号召广大社员为青川县捐赠图书，积极参与“九广合作”，丰台区工委积极动员所属基层组织和广大社员，伸出援助之手，为山区孩子献爱心，共捐赠图书近500种、7200余册，价值约16万元。

（刘　颖　郑成保）

【“九三学社先贤”书画展】 4月26日，由九三学社北京市委员会、首都经济贸易大学联合主办，首都经济贸易大学文化与传播学院承办，九三学社中央书画院、北京九三书画院、九三学社丰台区工委、九三学社首都经贸大学（西区）支社、九三学社首都经贸大学（东区）支社共同协办的“九三学社先贤”书画展暨九三学社、首都经济贸易大学文化共建签约仪式在首都经贸大学举行。九三学社北京市委主委马大龙，社市委秘书长刘永泰，社市委常委程留恩，社丰台区工委主任、首都经济贸易大学（西区）支社主委刘颖，社中央书画院副秘书长王文英，北京九三书画院副院长范贻光、海国林、方放，首都经贸大学校长、社市委委员付志峰，首都经贸大学党委书记冯培，以及市区支社的有关成员参加了签约仪式。

（刘　颖　郑成保）

致公党丰台区工委

【概　况】 2017年，在致公党北京市委和中共丰台区委的领导下，在中共丰台区委统战部的指导帮助下，认真学习贯彻中共十九大精神，深入开展“不忘合作初心，继续携手前进”专题教育活动，围绕丰台区经济社会发展战略布局，加强自身建设，积极履行参政议政职能。号召党员结合本职工作特点，明确参政议政的方向和重点，努力提高参政议政的能力和水平。全年发展新党员5名，共有党员94人，具有“侨、海”关系的党员约占79%，具有中高级以上职称的党员约占93%，分布于科技、经济、法律、医药卫生、文化艺术、教育及政府机关等。

（王　峻）

【召开手机微信网络工委扩大会】 1月3日，首次召开手机微信网络工委扩大会，副主委曹莹、王诗雪和秘书长王峻通过主会场的音视频互动，同手机微信终端的区工委主委王艳霞、副主委陈妍及其它委员、支部干部共22人召开了一次成功的工委扩大会。会议议程：提名并审议通过致公党新一届市委委员候选人名单；确定召开2016年度区工委总结会的日期与议程；春节前走访慰问老党员事宜；各支部推选表彰2016年度先进党员；各支部制定2017年度工作计划。

（王　峻）

【开展社会服务活动】 1月15日，在南四环公益西桥“一品滇香”饭店，以传承中华民族传统文化为主题，聘请专业老师现场演示编制技艺，将中国特有的民间手工编结艺术传递给党员们。4月10日，第三支部组织党员及香港港大同学会小学、丰台区东高地二小的师生100余人，开展航天知识科普活动，参观了钱学森航天科学院，聆听了中国运载火箭技术研究院设计师孔尚萍教授的航天知识讲座，并在专家指导下，现场体验了航天科技成果及载人飞船模拟发射；学生们还亲手制作小火箭放飞蓝天。7月7日，在中国中医药大学博物馆，组织以“庆香港回归20周年，弘扬中华民族传统文化”为主题的祖国内地和香港两地师生文化交流活动。活动内容：以互动的学习方式开展中医药知识讲座，学生们亲手用中草药配制香囊；参观中医药展览和中医发展史展览。7月9日，在花乡草桥欣园社区，四支部党员同中国狮子会北京同德服务队，共同为草桥欣园社区老年人举办“健康早知道-慢病筛查”社会服务活动。10月18日，第一支部党员、明德画院院长周书江，代表支部和山东省临邑县临盘街道办事处共同主办“喜迎十九大”书画交流笔会，中国书法家协会会员、中国美术家协会会员慕安亮等十几位艺术家参加活动。

（王　峻）

【参加致公党市委第九次代表大会】 3月31日，召开工委扩大会议，通过民主选举，产生致公党北京市第九届代表大会代表4人：王艳霞、王诗雪、曹莹、王峻。6月28日至7月1日，四位代表参加致公党北京市委第九次代表大会，主委王艳霞当选市委九届委员、市委常委，副主委王诗雪当选市委九届委员。

（王　峻）

【年度政协提案答复会】 8月9日，区工委年度政协提案《关于提升丰台区体育服务发展水平的建议》答复会，在区民主党派楼三层会议室召开。区政协副主席徐朝辉作为提案督办领导到会，区委办、区委统战部、区政府办、体育局、发改委、区政协、区委办督查室等相关部门领导出席。参加答复会的区工委党员有：王诗雪、陈妍、王峻、王艳玲、魏长胜、刘瑛、叶曲、宋煜。提案答复会由区委办副主任主持，丰台区体育局、区发改委相关领导分别介绍了提案的办理和落实情况。区工委参会党员就提升丰台区体育服务发展水平，落实体育服务产业发展政策，助推丰台区经济稳定增长提出了意见和建议。徐朝辉对工委的党派提案给予高度肯定，称选题精准，具有全局性和前瞻性。

（王　峻）

【举办调研课题研讨会】 9月8日至10日，在王佐镇国际美高美饭店召开年度调研课题研讨会。参加研讨会的有工委党员和入党积极分子。入党积极分子介绍了自己的本职工作，畅谈了争取早日加入致公党的初心和决心，并同党员们一道对区工委年度调研课题的开展进行了讨论。

（王　峻）

【参加致公党中央社会服务工作全国会议】 9月28日，区工委秘书长王峻在友谊宾馆代表区工委参加致公党中央社会服务工作全国会议，并在会上荣获致公党全国社会服务先进个人。

（王　峻）

【同致公党昌平区工委联合举办主题活动】 11月24日至26日，同致公党昌平区工委，在昌平区军都大酒店举行联合主题活动。邀请了首都经济贸易大学城市经济与公共管理学院徐正讲师，以“继续携手前进，决胜全面小康”为题，从中共十九大会议召开的背景、习近平总书记十九大会议报告内容、民主协商与社会治理专题汇报、不忘初心继续携手前进四个方面解读了中共十九大会议精神。

（王　峻）

人民团体

丰台区总工会

【概　况】 2017年，丰台区总工会在区委和市总的坚强领导下，在区政府的大力支持下，在全区各级工会组织的共同努力下，深入学习贯彻习近平新时代中国特色社会主义思想，以深化工会改革为动力，锐意进取、真抓实干，积极拓展服务职能、转变工作作风、打造工会特色品牌，全面深入履行工会权益保障、助推创新、素质建设、帮扶助困、民主管理、志愿服务等各项职能。

（解瑞强）

【基层组织建设】 年内，全区基层工会组织1872家，涵盖单位10123家，工会会员19.5万人，其中全区新建百人以上企业15家，社区（村）联合工会新增会员7080人，累计新增工会组织707家，新增会员10100人。办理“京卡”18.6万张，办卡率为95%，持京卡会员参与工会活动刷京卡12.4万人次，刷卡率达到66%。

（解瑞强）

【劳模工作管理】 年内，共培养、选树全国“五一”劳动奖章1名，全国工人先锋号2个，首都劳动奖状3个，首都劳动奖章12名，北京市工人先锋号5个。开展劳模管理和服务工作，组织150名劳模进行体检，创建劳模工作室5个，累计补助资金25万元。“两节”期间为全区400余名劳动模范、先进工作者发放慰问金46.85万元。

（解瑞强）

【工资集体协商】 年内，积极推动工资集体协商和集体合同签订工作，全区5328家建会企业中，签订集体合同和工资专项合同建制率分别达到92.6%和86.2%。参加市级餐饮行业第四轮工资集体协商，动员并指导各街乡园开展餐饮二次协商，参加企业达80余家。进一步树立百人示范企业典型，确定44家百人以上企业作为本年度典型示范企业进行重点培育。

（解瑞强）

【厂务公开民主管理】 年内，结合区情加强区级厂务公开协调机构办公室建设。夯实基础健全完善职代会制度建设，推进职工董事职工监事制度落实，全区共有5991家单位建立了职代会制度，建制率为96.74%。

（解瑞强）

【困难帮扶】 年内，制订丰台专项基金试行办法及细则，针对不同原因致困人群，实施多项保障措施，扩大救助范围，发放各类慰问金、慰问品193万余元。于春节、“两会”职守、夏季防汛、十九大安保期间开展一线职工慰问工作，累计发放慰问物资200万余元。

（解瑞强）

【就业援助】 年内，组织20余家企业参加“春风行动”专场招聘会、“民营企业招聘”专场招聘会活动，共提供岗位800个。设计印制4000份工会特色就业宣传手册，依托职工服务中心、工会服务站、职介中心、社保所和各类招聘会为平台，将就业优惠政策、工会知识送到服务对象手中。对困难职工家庭和困难职工认定条件边缘家庭的就业、转移就业、技能培训意向等情况的摸底统计，收回意向表67份，推动各级工会建立健全困难职工联系机制和跟踪走访机制。

（解瑞强）

【互助保障】 年内，拓展互助保障工作的覆盖面，参加六项职工互助保障活动，年内新增会员4793人，新增和续保10.03万份，投续保金额518.73万元，受理理赔1426人次，成功赔付254万余元。连续6年获评全总中国职工保险互助会职工互助保障工作考核优秀单位。

（解瑞强）

【社会服务工作】 年内，持续开展“月月有活动”系列服务，投入经费370万余元，开展包括“两节”送东北有机大米、观影、美发、品蛋糕、金秋摘枣等多项服务，覆盖职工7.2万人次，为全区持京卡会员提供免费逛公园、优惠逛博物馆等多项活动，全年购买门票投入资金约15万元，覆盖职工约2.2万人次。面向工会会员提供购买社会组织服务，利用市级经费购买8个项目，区级经费购买11个项目，服务职工约1.6万人次。全年购买各类职工服务项目总计455.8万元。

（解瑞强）

【劳动争议调解】 年内，通过快速服务通道为困难职工办理维权事项52件，免费代书法律文书13件。区劳动争议调解中心受理区劳动仲裁委劳动争议案件2670件，占全区仲裁委受理案件53%，其中调解成功案件履行金额278万元，职工满意度100%。

（解瑞强）

【职工服务体系建设】 年内，全区22个街道、乡镇（园区）工会服务站全部实行错时上下班制度。着力打造“五个职工之家”，即打造“创新之家”、“协调之家”、“绿色之家”、“开放之家”、“共享之家”，完成26家企业职工之家的达标验收工作。2017年共荣获北京市模范职工之家4家、北京市模范职工小家3家、北京市优秀工会工作者14人。

（解瑞强）

【职工素质建设】 年内，落实丰台区在职职工职业发展助推计划实施方案，对符合资助条件的职工按照市总资助比例1：1配比资金予以资助，全区共申报助推人员129人，助推金额共计12.64万元，广泛组织多种形式的岗位练兵、技能大赛活动。对全区81名基层工会干部开展了为期两周的脱产培训，对丰台区160名专职社会工作者分批开展脱产培训。开展“身边的北京大工匠”寻访学习活动，全区11家单位推荐工匠13名。选派6家单位参加全总举办的“2017国际创新创业博览会”，组织200名职工参加全总的“大国工匠与国家创新发展论坛”，丰台区总工会获评“年度双创示范奖、突出贡献奖”。

（解瑞强）

【情系女职工】 年内，打造“三个品牌，八项活动”，开展包括剪纸、花艺、刺绣等内容的“炫彩生活，匠心制造”丰台区女职工DIY创意制作年主题活动，全区各级工会组织开展课程100余讲，惠及女职工5000余人次。推进以“母婴关爱室”为载体的女职工阵地建设，投入30余万元为180家“母婴关爱室”配备物资。在6家基层单位开展职工子女暑期托管服务，解决了双职工家庭假期孩子无人照看的后顾之忧。多层面慰问基层一线及窗口女职工，投入经费88万元。

（解瑞强）

【强化阵地建设】 年内，加强对基层工会资金支持，继续做强职工书屋阵地建设，获评全国总工会职工书屋示范点1家、北京市职工书屋示范点7家。丰台工人俱乐部向职工提供多种形式文体类、教育类等特色服务，日均惠及职工2000余人次。

（解瑞强）

【职工文体活动】 年内，开展以“中国梦，劳动创造幸福”为主题的丰台区职工第34届“五月的鲜花”职工汇演活动，本届活动41家单位报名，全区各行业职工积极参与，同时发挥“五月的鲜花”活动品牌效应，选送参加市总工会第十一届文化艺术节的8个节目在奖项上均获佳绩，获评北京市总工会2017年度文化示范单位。建立了区职工摄影学会，会员人数达到了200余人。开展“丰采杯”系列区级体育赛事，覆盖篮球、羽毛球、桥牌、钓鱼、跳绳、健步走等多个项目。参加市级各类体育赛事，获评2017年度北京市职工体育工作优秀组织奖。

（解瑞强）

【构建宣传矩阵】 年内，推进工会微信圈建设，打造丰台工会“四环微信圈”。利用丰台区总工会微信公众号推送信息150余篇，被全国总工会评为2017年全国最具影响力百家工会新媒体之一。与《劳动午报》联手，组织100名职工参加“把微笑带回家，为最美劳动者点赞”活动。积极开展“八小时约定”主题教育活动演讲比赛，推荐4名选手参加市总比赛，北京汽车博物馆选手获三等奖。

（解瑞强）

【推广特色职工志愿服务】 年内，组建84个基层首都职工志愿服务大队，职工志愿者达3.6万余人，志愿者人数占会员总数的18%。划拨专项资金310万元，为志愿者制作配发上岗专用蓝色马甲。以争创首都文明示范区、高考日、“十九大”安保等活动和重要时段为契机，开展“清洁家园 美化丰台”、“爱心伴考”等多项工会特色志愿服务，使“蓝马甲”在丰台大街小巷形成了一道靓丽的风景线。丰台区总工会职工志愿服务总队获评北京市特色职工志愿服务总队称号。

（解瑞强）

【加强经审管理】 年内，按照《北京市工会预算管理办法》的规定编制并上报丰台区总工会本级预算。严格根据市总基层工会经费使用的相关规定审批基层预算。在全市区县中率先启用工会财务集中管控和审计管理系统，实现了对基层单位工会经费收缴、管理、使用的实时监控。

（解瑞强）

【专职队伍建设】 年内，进一步加强专职工会社会工作者的日常管理，启用考勤管理云平台。拓宽专职工会社会工作者晋升空间，全年新招录专职工会社会工作者14名，新聘副站长4人。

（解瑞强）

共青团北京市丰台区委员会

【概　况】 共青团北京市丰台区委员会（以下简称“丰台团区委”）是负责团员青年教育、管理和服务的群众性团体。2017年，丰台团区委全面学习宣传贯彻党的十九大精神，严格抓好区第十二次党代会精神贯彻落实，紧紧围绕“服务中心大局，服务青年成长成才、推进共青团改革”一个核心，两条主线，圆满完成各项工作。结合丰台区共青团工作的实际情况，对报告中重点领域和与青年相关的论述深入讨论。通过视频直播与交流研讨相结合的方式，切实强化学习效果。下发《丰台团区委关于丰台共青团学习宣传贯彻党的十九大精神的通知》，动员组织基层团组织、团员青年观看十九大开幕式直播，迅速在共青团系统掀起学习宣传贯彻党的十九大精神的热潮。组织党员学习“砥砺奋进的五年”大型成就展。系统参观党的十八大以来，以习近平同志为核心的党中央团结带领全党全国各族人民取得的辉煌成就，全面提升党员自豪感和责任感。丰台团区委下发《2017年度丰台共青团“两节”送温暖活动方案》，开展两节走访慰问；开展青少年防艾宣传、宪法宣传、反邪教宣传教育活动。

（崔雅文）

【市青联委员代表到丰台调研】 1月10日，北京市青联委员代表团由市青联主席郭文杰带队，成员是来自不同界别的市住建委副主任邹劲松、京剧表演艺术家姜亦珊、双创街股份董事长苗英伟、北京四十四中学党总支书记杨凌波等30余名委员组成。区委副书记钟百利参加了调研，并鼓励大家为丰台区发展建设建言献策、贡献力量。委员代表分别就丽泽金融商务区周边教育资源、文创项目引进、投资政策等方面展开交流。

（崔雅文）

【星光自护活动】 1月17日，丰台团区委下发《关于开展2017年“青春自护•平安春节”青少年自护教育活动的通知》，启动寒假春节期间星光自护活动。

（崔雅文）

【启动“青春导师计划”】 1月19日，丰台青联品牌项目“青春导师计划”在北京十二中启动第三季课程。区青联主席乔学慧，区青联副主席田昊，北京十二中副校长阮守华出席活动。部分丰台青联委员作为特邀导师走进高中课堂，分享专业选择、求职技巧、人生规划等方面的经验，并与同学们互动交流，为十二中的学生带来了精彩的期末大课。

（崔雅文）

【用网络直播助力创文】 1月21日，丰台团区委直播园博万人徒步，助力首都文明区创建再掀热潮。此次直播全程共计2个小时，实现在线观看数万人次，展现了“万人徒步喜迎新春”的良好氛围。直播通过青年网络文明志愿者，推介丰台区体育、文化、旅游资源，号召丰台青年参与到首都文明示范区创建中来。

（崔雅文）

【学习总书记讲话 做合格共青团员】 3月，开展“学习总书记讲话 做合格共青团员”教育实践活动。将教育实践落实到每名团员身上，鼓励各级团干部“走出去找青年”“走出去讲团课”“走出去看问题”。积极推进团干部讲团课活动。全年团区委机关累计参与讲团课人次为12人，讲授团课场次13次，比例达到100%，全区各级团组织累计开展团课239场次，覆盖团员人数近万人。

（崔雅文）

【唱响“学雷锋日”志愿服务活动】 3月4日，“文明丰台 志愿同行”——丰台区学雷锋志愿服务月暨文明示范区创建推进大会。大会上，丰台团区委发布了《丰台区青年志愿服务工作白皮书》，对后园博时代丰台青年志愿服务工作总体情况和成功经验进行了介绍和总结。志愿者代表、志愿服务队伍的真情讲述，以及12家小Ｖ蜂志愿服务分团的风采展示，共同展现了小Ｖ蜂志愿服务团不断壮大的发展历程。中央民族歌舞团女高音歌唱家刘媛媛、北京电视台知名节目主持人罗旭、知名公益人士王永、北师大四附中团委书记杨娜4名明星志愿者和300余名丰台“小Ｖ蜂”共同拍摄完成的快闪视频将活动推向高潮。明星偶像与普通青年共同奏响“文明丰台 志愿同行”的青春最强音！活动过程中，丰台团区委通过网络直播全程宣传报道，两天共有57.9万人观看，49.3万人点赞。

（崔雅文）

【创文宣传志愿服务】 3月24日至25日，“Ｖ蜂行动”开展创建首都文明示范区文明宣传志愿服务。组织志愿者在区内20个主要路口进行文明交通的宣传引导，对共享单车进行整理和码放；上岗首日，组织志愿者100余人，贡献志愿服务时长200小时，码放自行车512辆次，开展指路、引导等志愿服务近千次。4月2日至4月5日，团区委清明节期间持续开展“Ｖ蜂行动”创建首都文明示范区文明宣传志愿服务。上岗三天，共计组织志愿者140人次，贡献志愿服务时长516小时，码放自行车1200余辆，开展指路、引导等志愿服务1300余次，以志愿服务为争创首都文明示范区助力。

（崔雅文）

【开展主题团日活动】 4月，丰台团区委开展“不忘初心跟党走”丰台共青团网络主题团日活动。团员青年们以个人或集体为单位，佩戴团徽，拍摄并报送照片或视频参与活动，充分宣传和展示丰台好山好水好青年形象，累计参与团员人数1100余人。

（崔雅文）

【开展主题征文活动】 4月，丰台团区委在全区范围内广泛开展“我的青春我的梦—学习总书记讲话 做合格共青团员”主题征文活动。累计征集优秀文章80余篇，向团市委择优上报5篇。

（崔雅文）

【举办植树护绿活动】 为了积极响应团市委关于强化团员青年绿色文明、生态环境和可持续发展意识的号召，同时倡导青年人在丰台区争创首都文明示范区的关键时刻贡献青春力量。4月8日，由丰台团区委主办，丰台社区青年汇承办的“爱绿护绿 保护蓝天——共创文明示范区，共享幸福新丰台”新青年城市体验营植树活动隆重举办，活动吸引了300多名青年的报名参与。在专业人员的指导下，顺利完成了扶苗、培土、浇灌一系列工作，共计栽种了近200棵树苗。

（崔雅文）

【举办京津冀风筝节交流活动】 4月20日至21日，经丰台团区委严格选拔，来自中建二局的60名小Ｖ蜂志愿服务分团青年志愿者参加了北京国际风筝节暨京津冀风筝节交流活动服务保障工作。志愿者完成了开幕式引导、赛事服务保障、语言交流翻译、竞赛助理等工作，贡献服务时长共计244小时，为来自30个国家和地区以及国内10支代表队共500余名风筝爱好者提供志愿服务。

（崔雅文）

【开展丰台区公务员调研】 4月21日，丰台区委组织部、丰台区人力社保局、丰台团区委联合启动丰台区公务员调研工作。调研面向丰台区全体公务员（包含参公事业编人员），发放调查问卷2707份，抽样比达到51%。此次调研将通过抽样调查、深度访谈、数据分析的工作方法，全面系统了解丰台区青年公务员结构特征、现实诉求、思想动态、生活状况、职业满意度。调研成果将为相关部门在公务员队伍建设、培养和管理方面提供参考。

（崔雅文）

【举行入团仪式】 4月27日，由共青团北京市委员会主办，丰台区教工委、丰台团区委、丰台区教委承办的“不忘初心跟党走”新团员入团仪式在北京市第十二中学南站校区举行。来自北京市的500名新团员宣誓加入了中国共青团。团中央书记处第一书记秦宜智出席并作寄语，全国各地团组织同步组织各地中学生团员和初一、初二学生收看了本次入团仪式的现场直播。各二级团组织均在五四前后组织团员以重温入团誓词等方式举办集中入团仪式。

（崔雅文）

【开展共青团员先锋岗（队）创建示范活动】 5月，开展“不忘初心紧跟党走 青春建功团员先行”共青团员先锋岗（队）创建示范活动。活动由团市委组织举办丰台团区委承办，号召团员岗位建功，动员各级团组织积极参与，择优上报市级创建单位5家。积极挖掘选树青年先进典型，传递青春正能量。

（崔雅文）

【召开青年座谈会】 5月3日，丰台团区委召开“丰台发展与青年使命”座谈会，邀请驻区企业、驻区高校、“两新”组织等区内社会各界优秀青年代表参与座谈，共话丰台发展。

（崔雅文）

【小Ｖ蜂志愿服务站】 5月5日，汽车博物馆团委与北京汽车集团财务有限公司团委共同成立“小Ｖ蜂志愿服务站”，通过整合社会资源，创新服务模式，使志愿服务覆盖更为广泛。

（崔雅文）

【“创业导师行动”实地考察】 5月12日，组织团区委“创业导师行动”项目中50名创业孵化平台负责人和创业青年走进中关村创业大街，先后来到国内首家众筹咖啡馆——3W 咖啡、可可豆创新孵化平台、创业会客厅等创业企业和孵化机构，实地考察企业发展方向及其创新特色，深入交流探讨以成长培训和投融资服务为核心的孵化平台成功案例。以实地考察的方式搭建起创业创新的交流合作平台。

（崔雅文）

【丰台社区青年汇徒步活动】 为创新青年文体活动形式，不断把健身活动引向深入，让广大青年既享受体育运动的乐趣，又营造一种文明健康的生活方式。5月21日，丰台社区青年汇区级活动在北京园博园举办，400余名青年参与“毅”路有你——丰台社区青年汇徒步活动。通过徒步活动为低碳生活、绿色环保做出贡献。

（崔雅文）

【团干部训练营】 6月，开展“爱分享 共成长”团干部训练营活动。通过集体交流、事迹展演、拓展活动等方式，进一步提升团干部政治素养、激发工作热情，近百名团青代表参与其中。

（崔雅文）

【联合举办庆“六一”主题活动】 为给孩子们度过一个与众不同的“六一”儿童节。6

月1日，丰台团区委联合马家堡时代风帆楼宇党委、丰台社区青年汇在凯德mall购物中心共同举办了“童心童乐·不一样的儿童节”主题活动。活动中不仅有小朋友和家长共同表演的精彩节目，现场还进行了“争当小小V蜂志愿者”的招募活动，通过在志愿条幅上按手印和共同描绘“小V蜂”T恤的环节，让小朋友们切身感受到小V蜂的魅力。活动结束前，团区委还为参加活动的小朋友赠送了节日礼物。

（崔雅文）

【举办系列禁毒宣传活动】 6月6日，丰台团区委组织禁毒志愿者观看禁毒话剧。6月13日、6月26日，开展入校禁毒宣传（阳春小学、蓝天丰苑学校、首都经济贸易大学）。7月15日，组织青少年参与“‘蓝精灵’禁毒宣传小教员”夏令营活动。

（崔雅文）

【拓展助老志愿服务领域】 为提高老年人防范金融诈骗意识，让更多老年人享受上门服务的便捷。丰台团区委充分发挥挂职团干部作用，积极拓展“小V蜂”志愿服务领域。6月26日，由丰台团区委联合北京农商银行在卢沟桥街道岳各庄社区正式启动“V蜂在行动 凤凰助养老”志愿服务项目。志愿者全部由经验丰富的金融工作人员组成，通过对社区居民讲解防范诈骗技巧、人民币鉴伪知识，宣传养老助残卡办理及使用方法，对老年群体进行现场的金融服务和咨询，让居民真正受惠。在4个月的时间里，“小V蜂”们共深入社区开展专业金融志愿服务活动15次，1000个家庭直接受益。金融志愿服务项目的开展，提高辖区老年人的防诈骗意识，营造良好的社会氛围。

（崔雅文）

【组织青年代表参加抗战纪念活动】 7月7日，丰台团区委组织各界优秀青年代表100余名参加纪念全民族抗战爆发80周年纪念活动。上午10时，纪念仪式在庄严的国歌声中正式开始，各界青年代表庄严宣誓，“牢记历史，珍爱和平；勿忘国耻，圆梦中华”并向抗战英烈献花，参观“全民抗战 伟大壮举——纪念全民族抗战爆发80周年专题展览”。为保证活动顺利进行，小V蜂志愿服务团的18名青年志愿者在10个岗位上提供了文明引导、秩序维护等志愿服务。

（崔雅文）

【举行青联助学募捐仪式】 7月19日，2017年丰台青联助学金募集仪式暨丰台青联荟酉社成立仪式隆重举行。团市委统战部部长，市青联秘书长林宇，丰台团区委副书记、区青联副主席杨勇、王嘉、田昊及50余名委员代表，委员单位代表出席仪式。丰台青联委员自发组织成立艺术类社团组织——荟酉社，并以此为契机，现场进行义卖，拍卖所得全部捐赠给青联助学金。

（崔雅文）

【京冀蒙暑期夏令营】 7月24日至28日，丰台团区委、丰台区青联举办“丰台社区青年汇2017年京冀蒙暑期夏令营”活动。来自内蒙古自治区林西县、河北省馆陶县的33名师生在北京愉快地度过了5天的夏令营生活。5天的夏令营生活让孩子们感受了首都北京文化古都风貌，培养了创新意识和动手能力，增强了爱国主义情感。8月13日，丰台团区委组织青少年参与“北京青少年未来能源车挑战”夏令营。

（崔雅文）

【暑期成长营地】 为响应社区暑期儿童监管需求、服务社区青年居民，促进社区儿童全面、健康发展，从而进一步促进家庭和谐、社区融合。7月17日，丰台团区委联合马家堡街道时代风帆楼宇开展“儿童暑期成长营地”项目开营，期间，团区委整合各方资源，为青少年提供专业化、全方位的课程，提升孩子的综合素质和学习能力。课程内容围绕思想引导、儿童自护、课业辅导、兴趣培养、创新教育、身心成长等六大板块开展，由丰台区社区青年汇督导和专职社工担任班主任老师及志愿者，运用专业的青少年社会工作方法，为小营员们提供个性化辅导。营地还引入多家机构的经典品牌课程，配以专业化、科学化的营地管理模式，使参加成长营的青少年真正有所收获。营地共吸引时代风帆楼宇、附近社区24名小学生参与。

（崔雅文）

【认领斑马线】 礼让一小步，文明一大步。为了启发市民的礼让意识，让“礼让守序”成为北京人的新时尚，为建设国际一流的和谐家居之都创造良好的人文环境。丰台团区委、丰台社区青年汇积极参与“礼在北京让出文明”暨认领斑马线活动。8月5日，由丰台团区委副书记田昊带队，团区委社区部、青年汇运营中心工作人员和部分青年汇社工分别来到丰台区太平桥路口、建银路口、八里河路口、北大街路口、洋桥路口5个主要交通路口开展文明引导服务。上岗首日，共招募志愿者19人，贡献志愿服务时长38小时，开展指路、文明引导等志愿服务500余次。

（崔雅文）

【征兵宣传】 8月13日，为庆祝中国人民解放军建军90周年，做好2017年征兵宣传工作。团区委依托46家社区青年汇组织近500名各行业各领域青年观看《建军大业》，营造2017年征兵工作的良好氛围，激发广大适龄青年关心支持国防建设、踊跃报名参军的热情。为创新宣传手段，利用“丰青 online”微信公众号发布征兵政策，通过舆论引导、法规宣讲、政策宣传等多种方式增强广大青年对国家征兵政策的了解，提升适龄青年参军报国的光荣感和使命感。

（崔雅文）

【开展体验营活动】 9月，开展2017年度丰台共青团系统青少年工作者体验营活动。组织近80名团干部及社区青年汇社工通过实地参观大庄科乡红色基地、徒步行走和宣誓活动，让团干部们体验原汁原味的革命精神，增强仪式感和荣誉感。

（崔雅文）

【铁人三项赛事志愿服务】 9月9日至11日，在2017北京国际铁人三项赛志愿服务中，丰台团区委通过组织化动员加社会化招募的方式，组织近600名志愿者完成7个大组、58个服务岗位的志愿服务工作。

（崔雅文）

【京港中学生交流】 9月17日至21日，“携手共成长”2017京港中学生伙伴行动在丰台圆满结束。130名香港保良局姚连生中学师生，应丰台青联邀请，来京开展了为期五天的交流学习活动。

（崔雅文）

【京蒙帮扶】 9月26日至28日，丰台团区委赴内蒙古赤峰市林西县开展对口帮扶。此次活动由丰台团区委副书记、区青联副主席田昊同志带队，会同区青联委员、相关企业负责人、电子商务讲师等一行17人走进林西，为对口帮扶地区送去温暖。此行围绕“京蒙牵手”助学行动、青年人才支持行动、调研生态扶贫项目等主题开展了丰富的精准对接活动。林西县人民政府副县长赵延宏、团县委书记李凤杰等出席。

（崔雅文）

【京冀对口帮扶】 10月12日至13日，丰台团区委、丰台区青年联合会赴河北省保定市涞源县开展对口帮扶工作。丰台团区委副书记、区青联副主席杨勇、田昊带队，区青联委员、相关企业负责人等一行走进涞源，为对口帮扶地区送去温暖。此行围绕“京冀牵手”助学行动、青年人才支持行动、调研生态扶贫项目等主题开展了丰富的精准对接。涞源县县委常委、副县长张卫，团县委书记李建华参加。

（崔雅文）

【丰台青年联合会五届七次常委会（扩大）会议召开】 11月1日上午，丰台青年联合会召开五届七次常委会（扩大）会议。区青联副主席、常委、界别组长及委员代表共计70余人参加会议。会议审议了《北京市丰台区青年联合会组织通则（草案）》，通过了《丰台青联往届委员联谊会工作办法（试行）》。为做好丰台青联第六届委员会换届工作，常委会对工作报告、委员组成方案及推荐办法进行了讨论。

（崔雅文）

【保护水环境V蜂在行动】 11月12日，丰台团区委开展丰台青年志愿服务暨节水护水青年行动主题推动日活动，组织37家丰台小V蜂志愿服务分团（站）志愿者、丰台社区青年汇会员、“志愿服务进社区”试点单位近500名志愿者开展河岸垃圾清理志愿服务，累计贡献服务时长600个小时。

（崔雅文）

【组织羽毛球友谊赛】 3月7日，丰台团区委统战部组织青联委员13人，与南苑街道共同举办羽毛球友谊赛。参赛队员精诚团结、奋力拼搏，展示出奋发向上的精神风貌。比赛增进了青联委员与街道的联系，搭建起沟通交流平台。 11月18日，丰台区第六届统战系统羽毛球赛在北京乐羽时代羽毛球馆举行，各战线共14支球队参加比赛。丰台区青年联合会羽毛球队勇夺团体第二名的优秀成绩。

（崔雅文）

【团干部直接联系青年】 12月，深入推进“1+100”团干部直接联系青年工作。团干部绑定青年之友比例达到97%，全年累计联系青年13878人，线上、线下活动发布近2000次，基层感悟、精华分享录入800余次，持续推进“共青云”和“青年之家”建设。将团组织、团员进行网上录入，实现动态管理。做到网上有台帐、工作有影像、查询有记录。

（崔雅文）

【召开丰台区青联第六届委员会推荐工作培训部署会】 12月8日召开，结合《关于丰台区青年联合会第六届委员会委员提名人选名额分配的说明》，对六届青联委员推荐工作进行部署，并对推荐工作提出相关要求。各推荐单位、会员单位的主管领导及具体工作负责人参加会议。

（崔雅文）

【组织“北平以北”观景活动】 12月17日，为纪念“一二·九”运动82周年，弘扬爱国主义精神，了解中国发展历程，增强广大青年荣誉感、责任感，激励更多有志青年投身于区域建设和发展。丰台团区委依托46家社区青年汇，组织近500名各行各业青年，参加“铭记奋战历程 弘扬爱国精神”——《北平以北》观影活动。

（崔雅文）

【组织爱心冬衣捐赠活动】 12月19日，丰台区2017“温暖衣冬”冬衣捐赠活动启动。同日举办丰台青联专场捐赠活动。北京团市委统战部部长、市青联秘书长林宇，北京市青少年发展基金会秘书长钱蓉晖，丰台团区委书记、区青联主席杨勇，以及30位爱心委员参加活动，专场累计捐赠冬衣近1185件。委员们将点滴爱心汇成公益善举，用实际行动彰显青联担当；丰台团区委依托辖区46家社区青年汇，在全区范围内广泛开展宣传动员，在社会各界群众的大力支持下，至29日累计接收社会各界爱心衣物2200件，在寒冷的冬天，为最需要的人送去温暖。

（崔雅文）

丰台区妇女联合会

【概　况】 2017年，在区委区政府的坚强领导和市妇联的正确指导下，丰台区各级妇女组织全面贯彻党的十八届六中全会、党的十九大精神，深入学习习近平总书记系列重要讲话精神和治国理政新思路新战略，认真落实中央和市委党的群团工作会议精神，围绕《北京市妇联改革方案》及区党代会的工作要求和总体部署，不断推动全区妇女组织工作的改革创新，动员引导妇女组织和广大妇女积极投身到经济和社会建设中来，为丰台区崛起贡献力量。在以女性集中的窗口行业为主的机关、企事业单位、非公经济组织和社会组织中开展争创全国巾帼文明岗、全国巾帼建功标兵活动，南苑村王春梅荣获全国巾帼建功标兵称号，丰台区国家税务局第二税务所、丰台区妇幼保健院妇女保健科荣获全国巾帼文明岗称号。

（李　震）

【开展系列巾帼志愿者活动】 年内，以巾帼志愿服务为载体，引领巾帼志愿者开展“学雷锋精神　巾帼齐行动”系列活动。全区21个街乡镇1万余名巾帼志愿者纷纷走上街头、深入社区，开展了丰富多彩的志愿活动。动员和组织广大巾帼志愿者参与社会安保工作，为确保辖区的安全稳定，在全国“两会”、一带一路会议、十九大会议期间，组织巾帼志愿者在辖区内开展站岗执勤、治安巡逻活动，共计发动巾帼志愿者30000余人。依托基层妇联组织建立丰台区广场舞志愿服务团。全区现有巾帼志愿服务团队835支，广场舞志愿服务团277支。

（李　震）

【最美家庭评选】 年内，与区委宣传部等有关部门联合开展2017寻找“丰台最美家庭”活动，全区各级妇联组织立即行动，广大家庭积极响应，在全区掀起了争创最美家庭的新热潮，不断挖掘出在孝老爱亲、热心公益、节能环保、廉洁文明等方面表现突出、事迹感人、身边群众认可度高的家庭，经过家庭自荐、层层推荐、网上公示等环节，一大批优秀典型家庭在活动中脱颖而出，最终田萌家庭、王小茹家庭等100户家庭获得“丰台最美家庭”的称号。其中丰台区推荐的李爱莲家庭、李宏权家庭等26户家庭获得“首都最美家庭”称号，于业华家庭获得“全国最美家庭”称号。

（李　震）

【抓契机举办各类妇女群众主题活动】 年内，为推动首都文明示范区创建工作，激扬巾帼之志、凝聚巾帼之力、彰显巾帼之美，在“三八”节期间以“文明丰台　炫丽女性”为主题，开展妇女健身舞集中展示活动，全区40支代表队近2000名女性踊跃报名参加。以“妇女之家”为阵地开展“巾帼心向党，喜迎十九大”征文演讲活动，广泛发动妇女群众参与，共收到征文百余篇。结合“5.15”国际家庭日，举办“最美的风景献给最美的家庭”2017年“丰台最美家庭”揭晓暨游园活动。组织妇女干部、最美家庭代表等参观2017“和合家风”文化主题展，通过学习参观使妇女群众受到了深刻的教育，体会到良好家风的重要性，增进了对传统家训家风的理解。

（李　震）

【为广大妇女维权排忧解难】 年内，为加强打击家庭暴力行为力度，与公检法司联合出台了《关于落实<中华人民共和国反家庭暴力法>的实施意见》。为进一步加快推进全区婚姻家庭纠纷多元化解机制建设，对2013年7月成立的丰台区家庭矛盾调解团领导小组进行调整优化，并邀请区民政局加入。信访统计显示，截止11月底，区妇联共接待来信来访来电89件，90人次，其中涉及婚姻家庭财产权益案件共68件次，占信访总数的76.4%；在婚姻家庭类案件中，涉及家庭暴力案件占23.5%。

（李　震）

【组织开展“三八维权周”活动】 年内，在“三八维权周”活动期间，区妇联联合区司法局、区卫计委、区残联、区禁毒办及慧海天合律师事务所，联合举办了以“建设法治中国首善区·巾帼在行动”为主题的“三八”法律知识讲座和维权宣传活动。结合争创首都文明示范区工作，开展了“从家庭做起　做文明家风的传承人”宣传活动。发放“共展巾帼新风采、共创文明示范区——致全区妇女的倡议书”。在丰台街道永善社区、东铁营街道蒲黄榆第一社区开展了以“崇尚科学、关爱家庭，珍惜生命、反对邪教”为主题的反邪教知识宣传教育讲座2场。在新村街道三环三社区、东高地街道三角地一社区、王佐镇怪村开展老年维权法治宣传讲座3场。在南苑街道阳光星苑社区、新村街道明春苑社区开展了“喜迎十九大做讲法治守秩序的好市民”主题宣传活动。举办为期六天的区“家庭矛盾调解团巾帼亲情服务队素质提升暨心理疏导技能培训班”，100名家庭矛盾调解团巾帼亲情服务队队员参加了培训。

（李　震）

【整合资源搭建妇女创业就业平台】 年内，区妇女儿童服务中心正式挂牌，并在全区21个街、乡（镇）重点开展了插花、剪纸、衍纸画等各类培训73期，2550余人次参加；举办巾帼家政培训7期，参加培训人数300人。与区人力社保局、区总工会联合举办以“促进就业增收，助力精准扶贫”为主题的春风行动专场招聘会，提供320个就业岗位。申报2018年“北京农村妇女创新创业发展项目”8个，申请扶持资金共计110万元，比上年增加20万元；组织妇字号基地负责人前往乌兰察布市参加妇女儿童产业博览会开幕式；承办对口支援内蒙古妇女手工技能班，50名来自乌兰察布市、呼和浩特市、赤峰市的内蒙古姐妹参加培训。

（李　震）

【稳步推进“十三五”妇女儿童发展规划任务】 年内，召开“十三五”时期妇女儿童发展规划推进会、“十三五”妇女儿童规划统计专题培训会，推动妇女儿童规划稳步落实。与区卫计委及妇幼保健院、区民政局及婚姻登记处领导到房山区针对一站式婚登婚检服务模式开展座谈交流和调研活动，合力提高丰台区婚检率。积极推进“儿童之家”品牌深入到社区（村），要求各乡镇（街道）中五分之一的社区（村）建立“儿童之家”。全区26%的社区（村）创建儿童之家95家，儿童之家建设初见成效。

（李　震）

【为贫困妇女送温暖】 年内，为充分体现党和政府对贫困妇女儿童的关怀，解决困难妇女儿童的生活问题，区妇联在元旦、春节期间，对全区19个街道（乡镇）200名患重大疾病符合救助条件的妇女进行一次性救助，每名妇女发放一次性慰问金1000元，共计20万元。争取市妇联资金3.2万元，为2名农村两癌患者和12名老妇救会主任送去慰问金和节日慰问品。“三八”节期间，为鼓励奋战在工作一线的妇女职工，区妇联走访慰问了区法院、南站管委会张润秋工作组、区工商分局等8家单位近2000名各行各业妇女职工，送去了妇联娘家人的温暖关爱。

（李　震）

【关注关爱儿童群体】 年内，为进一步倡扬儿童优先、尊重儿童、保护儿童的良好风尚，营造全社会齐抓共管的关爱保护氛围，重点关注困境儿童、留守儿童等群体。儿童节期间，区妇联领导班子成员，分别慰问了西罗园等11所幼儿园，给孩子们送去了玩具和学习用具等儿童节礼物。儿童节期间全区各级妇联开展各类欢庆活动400余场，近2万名儿童及其家长参加了儿童节活动。

（李　震）

【加强组织建设推动改革创新】 年内，认真研究学习全国、市妇联改革方案，结合区妇联工作实际，制定《丰台区妇联改革方案》。指导乡镇（街道）进行换届选举工作。乡镇（街道）妇联执委会组成人员数量与质量大幅度提高，乡镇设执委20名以上，街道设执委30名以上，全部增设了兼职副主席2-3名。新一届执委包含各企事业单位、非公企业和社会组织中的优秀妇女人才及各类女骨干、女能人、女带头人、女先进典型，并保持半数以上执委为体制外人员。指导和支持女企业家联谊会开展社会活动，女企业家联谊会全年共为贫困中小学及养老机构捐助52万余元。

（李　震）

丰台区工商业联合会

【概　况】 2017年，工商联在区委、区政府的坚强领导和市工商联指导下，以党的十八大系列全会精神为引领，深入学习贯彻十九大会议精神、习近平总书记系列重要讲话及区第十二次党代会精神，坚持党建引领，深入开展理想信念教育实践活动，紧扣“两个健康”工作主题，加强思想建设、组织建设和队伍建设，以“五好工商联”、“四好商会”建设为目标，紧紧围绕区委、区政府中心工作，以疏解非首都功能、推动京津冀协同发展为主线，充分发挥工商联的职能作用，圆满完成各项工作，被全国工商联评为县级“五好工商联”。

（赵来福）

【加强党建政治引领】 年内，为建设一支听党话、跟党走的非公经济代表人士队伍，工商联充分发挥党建的政治引领作用，深入贯彻中央统战工作会议和中央16号文件精神，继续开展以“守法诚信、坚定信念”为重点的理想信念教育实践活动，积极参与京津冀协同发展、非首都功能疏解整治促提升等重点工作。组织企业家代表赴延安进行爱国主义教育，倡导诚信经营理念，引导非公企业讲信誉、树形象。邀请区内外诚信守法企业典型现身说法，邀请专家学者举办守法诚信专题讲座，联合有关单位开展普法宣传活动。对优秀的民营企业和企业家，通过宣传表彰，强化典型示范，提振非公有制企业转型升级健康发展的信心。

（赵来福）

【履职建言取得新进步】 年内，积极履行工商联参政议政职能，建言献策，为区委区政府决策提供参考依据。联合区社院完成《服务中小企业健康发展的调查与思考》、以丰台康助护养院为例完成《社会组织在居家养老中作用的调查》，联合民建区工委完成区政协《非首都功能疏解中腾退空间的有效利用》等调研课题。其中《服务中小企业健康发展的调查与思考》荣获市委统战部调研成果二等奖。

（赵来福）

【基层商会建设】 年内，按照北京市工商联关于在各区建立基层商会的总体要求，在前期动员部署、调查摸底、认真筹备的基础上，上半年相继成立了方庄、大红门、太平桥3个街道试点基层商会，在总结经验的基础上，下半年在全区各街道、乡（镇）全面铺开。基层商会的建立，既适应了形势的发展，延伸了工商联（商会）基层组织工作网络，又为本地区非公企业和非公经济人士搭建了一个联谊交流、抱团发展的有效载体。

（赵来福）

【成立五大行业委员会】 4月21日，工商联（商会）召开行业委员会成立大会，根据行业领域分别成立了科技、文体教卫、现代服务、综合服务、建筑房地产等5个行业委员会，为各行业开展调查研究、行业自律，行业发展，对外交流发挥了作用。

（赵来福）

【非公党建】 年内，发展党员16名，预备党员转正15名，接转组织关系63人次，成立非公企业党支部4家，设立基层党支部示范点2家。加强非公党建信息管理，摸清并掌握会员单位党组织建立情况，创新组建方式，试推区域性、行业性党组织，不断扩大党组织覆盖面。推进基层党建示范点建设，规范“一规两册”的使用，强化党组织政治功能和服务功能。

（赵来福）

【非公经济人才培养基地成立】 5月18日，工商联与首都经济贸易大学，举行了“丰台区非公经济人才培养基地”签约与揭牌仪式。该基地主要为丰台非公有制企业中高层管理人员提供教育、培训，为在校大学生提供实习岗位和就业帮助，并承担非公有制经济健康发展相关课题研究。

（赵来福）

【搭建服务平台】 年内，围绕“主动服务、源头服务、靠前服务”宗旨，通过整合资源，搭建了三个服务平台。搭建了政企沟通平台。聘请区委、区政府41个职能部门负责人担任特邀执委；搭建了法律服务平台。通过开展各类活动引导民营企业依法经营、依法治企、依法维权；搭建了金融服务平台。针对中小企业发展需求提供专业化金融服务，助推企业健康发展。

（赵来福）

【对口帮扶】 年内，按照区委、区政府工作要求，丰台区工商联（商会）与涞源县工商联签订了《对接协议》，并引导企业家履行社会责任，组织开展对口帮扶，扶贫济困。以“疏解整治促提升”为契机，组织企业家3次赴河北涞源县开展结对帮扶工作，促成多个项目合作落地。

（赵来福）

【会员发展取得新成效】 年内，发展行业中有一定代表性，个人综合素质较好的会员企业160家，吸纳的新会员企业全部符合首都功能定位，其中行业领域领军人物和政治素养高的非公经济年轻一代达到65人，占比43.3%。

（赵来福）

【携手高校举办招聘会】 5月23日，区工商联携手石景山工商联与中国矿业大学联合举办大学生实习双选会，两区50余家企业，中国矿业大学34个专业1500余名学生参加了双选会。

（赵来福）

丰台区归国华侨联合会

【概　况】 2017年，丰台区侨联不忘初心、牢记使命，坚持为侨服务宗旨，围绕中心、服务大局，广泛团结动员归侨、侨眷和海外侨胞，充分发挥侨的独特资源与优势，拓展海外联谊，弘扬传承中华文化，认真为侨服务，依法维护侨益，热心公益事业，不断加强自身建设，为丰台首都中心城区建设贡献了侨界力量。

（王文悦）

【组织区侨联委员参观调研】 2月14日，区委统战部副部长王晓轶、区侨联主席洪鑫会同区侨联第六届委员一行19人赴怡海集团调研。参观怡海幼儿园国际部、怡海小学、怡海老年大学和北京八中怡海分校，随后与区侨联第六届委员会名誉主席、怡海集团董事会主席王琳达和工作人员就如何发挥好侨界资源与区域经济社会发展服务方面进行交流座谈。

（王文悦）

【举办各类主题系列活动】 5月底，区侨联组织各基层侨联开展以“侨心向党心，喜迎十九大”为主题的系列活动，包含座谈会、书画笔会、采风摄影、征文等14项活动内容，参与人数1288人，征集各类作品196件，报送作品人数71人。9月15日，在区文化馆举办归侨侨眷优秀书画、摄影、征文作品展。10月18日，区侨联组织机关全体工作人员、区侨联委员、基层侨联和归侨侨眷观看党的十九大召开盛况。11月2日，区侨联召开第六届委员会第二次全委会，学习宣传贯彻党的十九大精神。区侨联组织基层侨联充分利用各种宣传形式和手段，采取群众喜闻乐见的形式，开展归侨、侨眷学习党的十九大精神活动，在侨界掀起学习宣传贯彻党的十九大精神的热潮。

（王文悦）

【看望港澳学生】 5月27日，六一前夕，区侨联联合区委统战部赴怡海花园看望在北京八中怡海分校、北京第二实验小学怡海分校和怡海幼儿园就读的港澳学生并进行座谈，详细了解学生们的学习和生活情况，询问是否有困难需要帮助解决，并向学生们赠送爱心书包。

（王文悦）

【承办“亲情中华”走进北京丰台——华裔青少年国学、冬奥体验之旅夏令营】 7月8日至21日，区侨联承办 “亲情中华”走进北京丰台——华裔青少年国学、冬奥体验之旅夏令营。35名来自美国的营员在北京和张家口市开展为期14天文化学习、体验等活动。学习语言和国学，体验和感受中华民族传统非物质文化遗产，与区中小学进行文化体育交流，游览名胜古迹，参观国家博物馆并与雕塑艺术大师李一夫进行交流，参观2022年冬奥场馆建设指挥部感受奥运精神。北京青年报对夏令营活动进行2次专题报道，丰台有线电视对夏令营活动进行新闻报道。海外领队老师和营员对本次夏令营组织形式、学习内容、后勤保障等方面给予高度评价，营员家长赠送了感谢锦旗。

（王文悦）

【服务侨企】 7月27日，贯彻落实国家“一带一路”战略，支持西部地区经济建设和技术发展，区侨联组织区属侨界企业代表参加北京市侨界企业家代表团“新侨汇一带一路西部行——银川之旅”活动，对银川市进行商务考察，重点在大数据、沼气新能源、污水污泥处理等行业与银川市相关部门进行交流和洽谈。11月15日，组织区属新侨企业参加“新侨汇”京津冀一体化创新发展培训。

（王文悦）

【与重庆市忠县侨联缔结友好侨联】 8月8日，区侨联接待重庆市忠县侨联8人调研考察团，双方就侨务工作经验、群团改革等方面进行深入探讨，签署“缔结友好关系协议书”，结成友好侨联，今后双方在信息互通、资源共享、引资引智、联谊联络等方面开展长期交流与合作，共同推动侨联工作不断创新发展，共创侨联事业新辉煌。

（王文悦）

【维护侨益】 年内，接待来电、来访20余次，区侨联协调区住建委、区教委、区侨办、区房管局房改办、区国土局不动产登记中心等相关单位，协调解决归侨侨眷住房拆迁、承租房屋房改售房等问题。

（王文悦）

【召开丰台区归国留学人员座谈会】 8月31日，区侨联召开丰台区归国留学人员座谈会，讲解北京市留学人员基本情况以及在服务留学人员方面的相关政策，就归国留学人员在工作和生活中面临的困难及解决建议进行交流座谈。

（王文悦）

【承办第八届首都新侨乡文化节合唱专场活动】 9月15日，区侨联举办“喜迎党的十九大，亲情中华侨韵北京”为主题的“第八届首都新侨乡文化节”丰台合唱专场暨闭幕式，来自西城区、朝阳区、丰台区、石景山区，清华大学、北京大学医学部、中国政法大学，北京日本归侨和燕山石化侨联9支队伍400余人参加合唱比赛，500余人观看了比赛。

（王文悦）

【完成“归国留学人员统战工作现状分析与对策研究”课题研究】 年内，区侨联始终把如何更好地为新侨人才创业发展服务作为重中之重，3月立项“归国留学人员统战工作现状分析与对策研究”课题，充分调研，设计调查问卷，历时六个月撰写完成《对做好丰台区归国留学人员工作的调查研究与思考》调研报告，获得北京市侨联课题研究二等奖。

（王文悦）

【组织公益活动】 10月24日，区侨联联合中国老年医学学会医疗照护分会赴北京康助护养院和怡海社区开展“敬老爱老，医疗照护助健康”公益活动，就老年医疗照护进行讲授并赠送相关书籍。11月23日，区侨联带领方庄侨联老年模特队慰问丰台区椿萱茂（青塔）老年公寓，展现了在党的带领下，在十九大精神鼓舞下，丰台区归侨侨眷积极向上、跨越年龄的生活态度和精神风貌。

（王文悦）

【组织参加文体活动】 年内，坚持开展丰台区侨联合唱团活动，组织参观砥砺奋进五年大型成就展，参加区统战系统羽毛球比赛，充分展示侨界奋发向上的精神风貌，团结更广泛侨界群众，凝聚人心。

（王文悦）

【真情关怀归侨侨眷】 年内，组织区属老归侨30余人，参观丰台园博园。坚持开展为空巢归侨侨眷老人志愿服务活动，加强辖区“侨界关爱空巢老人志愿者队伍”力量和素质，提升志愿者服务能力。组织社区工作人员、志愿者定期到空巢归侨侨眷老人家里志愿服务。11月2日，联合市侨联华侨服务中心慰问云岗10名空巢老人并送去慰问品。

（王文悦）

【出版《丰台侨讯》】 年内，区侨联共完成4期《丰台侨讯》的编辑、印刷和配发工作，其中第3期为十九大精神学习专刊，及时向侨界群众传达中央和北京市精神，了解侨联工作和侨界动态，既宣传了十九大精神，又展现了丰台侨界学习十九大精神的热潮。

（王文悦）

【春节走访慰问】 春节前夕，区侨联对辖区83名困侨、老归侨、侨界空巢老人和侨界代表人士开展走访慰问活动。

（王文悦）

丰台区红十字会

【概　况】 2017年，区红十字会深入学习贯彻党的十八大和十九大精神，深入贯彻“五大”发展理念，巩固“两学一做”教育成果，把握首都“四个中心”和国际一流和谐宜居之都新定位，服务保障首都核心功能；围绕“疏功能、转方式、治环境、补短板、促协同”新要求，结合区委区政府的中心工作，充分发挥红十字在关注民生构建和谐社会建设中的独特优势，积极发挥党和政府在人道领域联系群众的桥梁和纽带作用，不断提升红十字的影响力。全年，共募集社会捐款200余万元；举办急救员培训班18期，600余人取得急救员证；开展科普宣传、普及讲座、技能培训等活动，总受益人数5万余人。

（李宏善）

【宣传传播红十字会精神】 年内，以宣传新修订的红十字会法为契机，加大宣传力度。启动“5·8”世界红十字日和“博爱文化月”活动，明确宣传活动主题，组织街乡镇红十字会开展富有社区特色的宣传活动，制作红十字宣传标语400条，向居民发放新修订的红十字会法和红十字知识读本1万本。通过网站微信号宣传红十字会开展的各项工作29篇，被北京市红十字会采纳转发的16篇。并通过社区宣传海报、宣传标语和宣传栏营造红十字精神的宣传氛围。

（李宏善）

【开启博爱募捐筹资活动】 年内，为了更好地做好劝募宣传工作，提高募捐工作的社会影响力，对主管工作的专干进行了募捐工作的动员、培训和指导，启动“博爱在京城，传承在丰台”募捐品牌捐款活动。在全区范围内积极倡导各界社会爱心企业和爱心人士踊跃参加 “博爱在丰台”红十字募捐救助活动。同时，制作了募捐知识折页、拉杆笔、零钱筒等11余万元宣传品2万余份，起到以宣传带动筹资。通过广泛宣传和深入发动，五月的“红十字博爱文化月”期间掀起宣传和募捐的高潮。全年共募捐社会捐款200余万元。

（李宏善）

【开展人道救助活动】“元旦、春节”之际，区红十字会开展了“人道献真情、博爱暖京城”人道救助活动，向全区736个因病致困家庭发放救助金和慰问物资近191万元。红十字博爱月期间，举办“博爱系环卫、清凉满绿荫”慰问活动，为全区17个环卫所配发急救箱，为5500名一线环卫工人配发急救包。为响应国家精准扶贫的号召，改善贫困地区群众生活，以区政府对口支援地区为重点，分别为内蒙古林西县、河北省涞源县和青海省玉树州治多县红十字会支援棉衣、棉被、帐篷、担架、应急手电、家庭救助箱等价值30余万元应急救灾物资。

（李宏善）

【开展应急救护培训】年内，区红十字会结合创建首都文明示范区工作需要，大力营造“人人学急救，急救为人人”的社会氛围，不断提升丰台区应急意识和应急能力建设。发放急救知识宣传品1万余份，举办急救员培训班18期，600人次取得急救员证。开展科普宣传、普及讲座、技能培训总计77场次，总受益人数5万余人。

（李宏善）

【造血干细胞志愿者招募】年内，在开展的“人道点亮心灵 博爱续航生命”造血干细胞志愿者招募工作的基础上，区红十字会实施重要举措，加大集中普及宣传力度；有针对性的实施重点的点对面的现场招募；继续开展与首都经贸大学红十字会的合作，特别是携手首都经济贸易大学，开展3期大型造血干细胞志愿者招募活动，全区共招募造血干细胞血样采集志愿者102名。

（李宏善）

【开展红十字精神青少年交流活动】年内，借助丰台区教育集群的策略，将红十字精神理念与教育集群策略相结合，并将其融入“生命健康教育”课程体系，形成系统推进、持续发展的态势，进一步推动精神文明建设和发展，举办红十字青少年工作研讨会，全区100余所学校的校红十字会秘书长、专兼职老师百余人参加了交流研讨会，会上对2015-2016年工作进行了全面总结，同时，对2016年度红十字青少年工作在市、区两级获奖情况进行通报表彰。举办了红十字青少年工作培训班，对《红十字基本知识》和《探索人道法》项目工作进行了讲解和交流。加强和其它省市红十字青少年的交流，参加了与绵竹市红十字青少年和京津冀红十字青少年交流营活动，使“丰台模式”红十字青少年工作更具影响力。

（李宏善）

【救援志愿服务站建设】年内，按照市红十字会的工作要求，丰台区积极推进志愿服务站的建设。现已建成紧急救援志愿服务站17个，其中区红十字会自主申请建成9家，邮政系统申请建成4家，其他渠道申请建成6家。为了做好这项工作，区红会通过建立负责人微信群，加强了与服务站的沟通联系；在前期培训的基础上增加举办了16学时的课程学习；除了市红会为各单位配备的急救和教学设备外，又为每个服务站统一制作了宣传展板，配备了2500份宣传品和红外线测温仪、折叠担架和轮椅等15万元的辅助急救设备；通过定期走访，加强对建站单位的跟踪管理，积极支持建站单位开展项目的拓展工作。

（李宏善）

【应急救援演练】5月24日，为进一步检验应急预案、锻炼应急队伍、磨合应急机制，区红会在园博园联合区水务局、新兴际华公司等单位联合开展水上综合应急演练活动。与国仁救援队合作，基本完成丰台区应急救援队的筹备建设，办理登记备案手续。投入资金5万元增加和更新了应急装备和备灾物资。

（李宏善）

丰台区科学技术协会

【概 况】 2017年，区科协紧紧围绕区委区政府的工作部署，立足新形势下科协组织加强“四服务”的职责定位，积极参与区域科技创新建设，大力推动区域公民科学素质提高，努力搭建科技工作者发挥作用的工作平台，在科普益民惠农项目建设、青少年科技活动等工作取得了长足进步。从资金方面加大益民惠农项目建设，区科协通过“科普益民惠农”项目建设和“五进”活动，不断加大基层科普设施建设，今年总计投入449万元为社区村、科普场馆、科技示范校等37个单位新增科普设施，投入经费比2016年增加24.7%，进一步促进科普服务均等化，不断满足广大人民群众日益增长的科普需求。其中，6个街道辖区内的9个社区共获得市级项目奖补资金90万元，6名科普优秀宣传员受市级表彰。在北京市第37届青少年科技创新大赛中，我区推荐参赛项目111件，获一等奖6项，二等奖21项，三等奖41项，获奖率达61%；在推荐参加全国创新大赛的项目中，东高地三小实践项目获全国一等奖，东高地科技馆创新项目获全国三等奖，王英老师获全国一等奖。在北京市第17届青少年机器人竞赛中，我区推荐参赛的15支队伍全部获奖。区科协因此分别荣获第37届北京市青少年科技创新大赛优秀组织奖和第17届北京青少年机器人竞赛“组织单位奖”。加强青少年后备人才的选拔推荐和培养，从十二中、丰台二中推荐了13名优秀学生进入北京市重点实验室，参加北京市青少年科技后备人才计划。

（丁洪波）

【送科技下乡】 1月16日至20日，开展送科技下乡活动，先后到南苑乡新宫村、长辛店镇金球国际文化交流中心、花乡黄土岗社区、卢沟桥乡六里桥村和王佐镇魏各庄村开展科普惠农服务活动。区科协特别订购了《中国自然之美生态图鉴》《爱问百科：来自美国的十万个为什么（套装全7册）》《别莱利曼趣味科学作品全集》（全新修订版 全套共11册）等价值4000元的科普图书赠送到五个村的村委会。向到场村民发放了防雾霾口罩、《丰台区全民科学素质行动专刊》《减灾防灾科学帮你忙》、科普扑克、防雾霾口罩、环保购物袋等科普材料和科普用品30000多件。

（丁洪波）

【微信公众号“科普·丰台”开通】 3月，精心打造的微信公众号“科普·丰台”开通后，标志着我区以科普网站、科普微信、科普书刊、科普多媒体视窗、科普宣传栏、科普图书室、科普活动室“七位一体”的科普宣传平台已初步建成，打造出新时期信息化、多元化、立体化的科普工作阵地。运用这些科普阵地以视频、音频、文字、图片等各种形式传播科学知识、宣传优秀科技者、为区域经济发展建言献策等，营造良好的科普舆论氛围。

（丁洪波）

【参加第17届北京青少年机器人竞赛】 3月17日至19日由丰台区选拔出的15支代表队参加了北京市科学技术协会主办的第十七届北京青少年机器人竞赛。15支队伍全部获奖，其中获得一等奖的共有4支队伍，占总获奖比例的26.67%；获二等奖共有3支队伍，占总获奖比例的20%；获三等奖的共有8支队伍，占53.33%。另有4支队伍纷获赞助厂商专项奖，丽泽中学获优秀学校专项奖，丽泽中学王世红老师被评为北京市优秀机器人教练员，丰台区科协获得组织单位奖。

（丁洪波）

【参加第37届北京市青少年科技创新大赛】 3月23日至26日，丰台区科协组织15名师生到位于怀柔区中国科学院大学，参加进入北京市第37届青少年科技创新大赛终评环节，这是丰台区历年来入围终评作品最多的一次。其中，中学生科技创新成果入围终评作品共有6件，全部获得市赛二等奖；两位老师进入终评，东高地青少年科技馆的王英老师摘得2项专项奖并获得北京市十佳科技辅导员荣誉称号，董瑶老师获得2项专项奖和北京市优秀科技辅导员荣誉称号。在全区师生的科技成果获得肯定的同时，丰台区科协组织的创新大赛区赛获得北京市科协授予的优秀组织单位奖。

（丁洪波）

【科普之春进乡镇】 3月底4月初，区科协开展“科普之春”系列活动，分别邀请了市农科院2名专家，深入王佐镇和长辛店镇，为广大村民举办花卉和大枣种植技术的专题讲座，并进行田间指导。区科协按照群众需求，在通过举办专家讲座、农技培训的同时，还开展送科普图书等活动，积极做到科技下乡的常态化，将科普工作作为助推科技服务农业、全面推进公众素质教育、提高创建文明示范城区软实力的重要途径。

（丁洪波）

【开展全区性科普活动】 3月，区科协按照“全区性科普活动大于等于6次”测评标准，把创建工作纳入日常科普工作中。面向全区公众，举办科技下乡、科普之夏、全国科普日等大型科普宣传活动；面向青少年，组织科技创新大赛、机器人竞赛各项科教活动；面向社区居民，开展百万家庭数字技能大赛等活动；面向全区医疗卫生系统开展优秀青年科技工作者的论文征集活动。认真收集整理活动记录和资料，系统总结工作成效，确保在科协本级这个实地考察点不丢分。突出重点，扎实开展科普工作。抓好青少年科技教育；开展科技下乡活动；唱响“科普之春”旋律；打造科普新阵地。并且对照创建指标体系，不断在科普队伍、科普设施、科普投入、科普宣传、科普活动等各个方面取得新的突破，全面提升丰台区的科普能力和公众科学素质，为下一次的创建首都文明示范区工作打好基础。

（丁洪波）

【开展第二十三届北京优秀青年工程师评选】 4月，根据北京市科协和北京市人力资源和社会保障局的通知精神，结合评选标准，在全区开展北京优秀青年工程师评选表彰活动，旨在大力推进大众创业、万众创新，在全社会弘扬尊重劳动、尊重知识、尊重人才、尊重创造的风尚，塑造北京青年工程师的新形象，促使大批青年科技人才脱颖而出，并激励、教育和引导首都青年科技工作者进一步解放思想、开拓创新，真抓实干、勇于担当，在建设世界科技强国中建功立业，为推动首都创新驱动发展和全国科技创新中心建设贡献力量。

（丁洪波）

【开展科普与项目培训活动】 5月23日至24日，区科协组织举办2017年科普与项目培训。各街乡（镇）、社区（村）负责科协工作的科普骨干400余人参加培训。培训就开展2018年科普益民惠农项目申报工作进行相关说明。《科技日报》主任编辑、《科技文摘报》总编辑、中国科普作家协会常务副秘书长尹传红就基层科普建设和科普工作的开展方法进行授课，结合生动的实例，对基层科普项目建设的有效性、正确性和趣味性进行解读。中国科普研究所科学素质研究室原主任、研究员翟立源老师，对益民惠农项目的申报与建设的实际操作进行了耐心细致的指导。最后，北京科技报社记者白竟楠对区科协微信公众号“科普丰台”进行了项目推介，利用新的传播途径扩大科普受众人群覆盖面，进而提高全区公民科学素养。

（丁洪波）

【举办科普之夏主场活动】 6月27日，以“创新引领·共享发展”主题的2017年科普之夏主场活动在丰台花园举行。活动主场分为3大展区、4个版块，共计40个展位，通过集中科普展览、宣传展板、实物模型、现场演示、互动体验、娱乐游戏等方式，展示区属单位、科研院所、企业、学会、社区居民等各层次主体科技创新的成果和亮点。3大展区分别依湖靠门设置，汇聚人气。主协办单位充分运用各自资源共同搭建起综合科普展览、咨询义诊、科技产品展示、互动体验四大板块，纷纷向现场的科技爱好者展示科技带来的巨大变化。综合科普展览板块汇集了区属相关委办局，结合工作职能，为群众发放宣传材料，宣讲国家政策、普及科学知识。咨询义诊区重点开展健康义诊服务，免费为居民群众测血压、把脉，提供健康咨询，普及科学保健常识。科技产品展示板块集中展示了一批新技术、新成就、新产品，有未来之语、海洋科学、生态小瓶、跳舞小人制作、微型空气净化器、3D 打印煎饼、新型灭火毯展示、科学种养多肉植物等，让现场观众亲身体验智慧生活的便利。互动体验板块开设了脑波之战、健康站进驻体验、科普答题、航模互动体验、平衡车互动体验、微跑小蛙、创造力实验室等，以参与趣味科普活动形式激发青少年对科学的兴趣。与往届科普之夏活动相比，2017年丰台区科普之夏以“科技创新生活方式”和“体验科技乐趣”为亮点，把“一老一少”作为重点科普对象，结合中老年人和青少年的特点设置了大量贴近生活的科普知识、科学答题、科技产品体验等具体项目，涉及生命科学、新材料、信息技术、智能制造、军事创新5大领域的科技专项成果，充分展现出科技成果的创造力。观众可现场体验新技术新产品，尽情享受科技所带来的便利。活动现场，发放科普材料和科普用品5000份，科普场馆基地门票2250张。

（丁洪波）

【举办科普日活动】 9月19日，以“创新驱动发展、科学破除愚昧”为主题的2017年全国科普日丰台区主场活动在南苑公园举行。活动现场分为5个展区，共有20余家科普机构、40项科普项目参展。科普互动体验区，围绕前沿科技最新成果，向公众展示高新科技最新成就。展区内，微景观生态瓶、麋鹿苑摄影展、花卉科学种养、微型空气净化器、液氮薯片组建起的“科学创意园”，为公众的生活增添科技色彩；未来之语、脑波之战、健康站进驻体验、创造力实验室和水果钢琴构建出的“智能新世界”和“科学游乐园”；不仅让青少年乐在其中、流连忘返，还可以酣畅淋漓地进行科技 PK 大战。“科学探索馆”中的 VR 眼镜体验、空气炮制作，激发起青少年对科学的浓厚兴趣；“科学 E 起来”，邀请公众关注丰台科协微信公众号，进入科普有奖答题，通过对试题的讲解，普及科学知识。“科学表演秀”为爱科学的朋友们准备了精彩的魔术火盆、魔法变色水、大象牙膏等科学实验互动表演，此外，委办局街道科普咨询区、医药咨询义诊区、科普基地展示区、科学知识互动区也各具特色，旨在大力弘扬科学精神、大力普及传播发展理念、大力倡导创新创造创业、大力促进公众理解高新科技。在全国科普日期间，区科协广泛动员街乡镇科协、区属学协会、科研院所、科普教育基地以及社会单位等各方面围绕科普日主题开展科普活动。集中动员组织学会、企事业、学校、科技社团、社会机构深入社区、农村、校园、集市、工地等开展多形式、广覆盖的科普宣传联合行动，向辖区公众宣传创新驱动发展成就，全面普及科学知识，破除愚昧言行，激发蕴藏在广大公众中的创新智慧和创造能力。在十九大召开前夕，丰台区科协力争通过全国科普日系列活动的开展，大力宣传科学技术在推动人类社会发展中的作用，破除愚昧思想，提升公众对科技创新成果的认知度，营造讲科学、爱科学、学科学、用科学的浓厚氛围，激发全区创新热情和创造活力，促进全民科学素质跨越提升，厚植创新驱动发展的良好沃土，以优异成绩迎接党的十九大胜利召开。活动期间参与活动群众2000余人，发放科普宣传材料和科普宣传品25000多份。

（丁洪波）

【举办青年学术论文评比活动】 10月，区科协联合部分单位举办2017年丰台区青年学术论文评比活动，在全区卫生系统范围内，征集了75篇医学学术论文，共有30篇论文分获一二三等奖，并择优推荐参加北京市青年优秀科技论文评选。组织街乡（镇）负责科协工作的同志和社区（村）的科普骨干400余人开展科普与项目培训，加强基层科普人才队伍建设。

（丁洪波）

【丰台区科学技术协会第八次代表大会召开】 11月30日，丰台区科学技术协会第八次代表大会隆重召开。268名代表共赴丰台科技界盛会。他们当中，有为科技事业无私奉献、奋斗不息的专家学者；有顽强拼搏、锐意创新，在经济建设、社会发展和科技进步中贡献卓越的中青年科技骨干；有来自丰台科技园区的创业者；有关心支持科协工作的各级领导，以及致力于科协事业发展的基层科协及所属团体的同志；有长期以来支持丰台区建设的中央及市属单位、科研院所、高等院校的科技专家。来自基层科技工作者的代表比例达87.04%，其中，新经济组织、新型研发机构等的代表人物比例达5.9%；来自基层一线的委员比例达67.61%；12名主席和副主席当中，也有9名来自驻区科研院所、高校、医院和高新技术企业，大大减少了领导干部占比，这是科协系统推进深化改革的生动实践。大会审议通过了《丰台区科协七届委员会工作报告》和《丰台区科学技术协会管理办法（修改草案）》，选举产生了丰台区科协新一届领导机构。十二届全国政协委员、中国科学院院士、中国航天科技集团公司第一研究院长征三号甲系列运载火箭总设计师姜杰当选丰台区科协第八届委员会主席。中共北京市丰台区委书记汪先永，北京市科协党组书记、常务副主席马林出席开幕式并讲话。出席开幕式的还有区委副书记钟百利，区委常委、组织部部长张巨明，区委常委、区纪委书记李正斌，副区长周新春以及丰台区委、区政府有关部门，友邻区科协负责人以及丰台科技界的代表。中国航天科技集团科技委主任、中国科学院院士、丰台区科协第七届委员会主席包为民在会上作工作报告。汪先永指出：北京作为首都，在建设世界科技强国的征程中，作用特殊、地位重要。面向未来，首都的发展就是创新发展。丰台作为首都中心城区，分布着丰富的科技创新资源，汇聚了大量的科研院所和科研人才，是全市第二大智力密集区，在推动科技创新发展上一定可以大有作为。他要求区科协充分发挥科协团体优势，为促进科学决策作出新贡献；充分发挥科普主力军作用，为提升全民科学素质作出新贡献；充分发挥桥梁纽带作用，为建设科技工作者之家作出新贡献。他强调：全区各级党组织要进一步加强改进科协领导，关心、支持本单位科协工作，努力创造有利于科协事业良好发展的工作环境。各级科协组织要进一步增强政治意识、大局意识、核心意识、看齐意识，自觉接受党的领导，把党的工作贯彻到科协工作各个环节，确保科协工作始终与党和国家事业同步前进，始终与全区各项工作同频共振。马林在讲话中，对丰台区科协今后的工作提出五点建议：强化思想政治引领，引导广大科技工作者听党话跟党走；强化使命责任意识，在服务创新驱动发展上建功立业；广泛开展科普活动，进一步提升公民科学素质；创新服务机制体制，精心打造科技工作者的精神家园；积极推进学会改革，切实提高学会自身建设水平。

（丁洪波）

丰台区文学艺术界联合会

【概　况】 2017年，区文联在区委区政府正确领导下，在市文联指导下，认真学习贯彻党的十九大精神和习近平新时代中国特色社会主义思想，牢固树立“四个意识”，不断增强“四个自信”。以习近平总书记系列讲话精神，特别是习总书记在全国第十次文代会上的重要讲话和在文艺工作座谈会上的重要讲话为指导，坚决贯彻党中央的重大决策部署和北京市、丰台区文化发展的工作部署，自觉肩负推动社会主义文化繁荣兴盛的历史使命。以推进“两学一做”学习教育常态化制度化为平台，以践行社会主义核心价值体系为目标，以“纪念全民族抗战爆发80周年”主题活动为内容，结合丰台发展重大事件，团结和带领广大文艺工作者，广泛深入开展理论研讨、作品创作和展示，全年送文化下乡10余次，举办书画摄影展览10次、演出活动3场次，开展各类征集赛事5次，组织创作了700余件各门类优秀文艺作品。

（孟　芳）

【组织文化下乡】 1月，组织所属协会艺术家，走进南苑乡、长辛店镇、花乡、卢沟桥乡、王佐镇，为村民写春联、送字画1500余幅，拍摄赠送100幅全家福照片。

（孟　芳）

【举办会员作品展】 1月15日，区美术家协会主办“名家画鸡•喜迎丁酉新春精品画展”，展出会员画鸡作品100余幅。11月8日至12日，“不忘初心 团结奋进”丰台区美术家协会会员优秀作品展集中展示会员新创作品100幅。

（孟　芳）

【举办首都摄影家进校园活动】 1月20日，联合市文联、市摄影家协会、区教委共同开展的“校园之光——首都摄影家走进校园”活动在丰台区北京舞蹈学院附属小学启动。10余名首都知名摄影家将集中创作的反映浓郁校园文化的60多幅摄影作品，现场赠送给师生代表。

（孟　芳）

【组织剧目创作】 3月至7月，组织创作团队，深入长辛店采风调研，并邀请专家进行数次剧本研讨和修改，完成原创话剧《火神庙口》的剧本创作。

（孟　芳）

【征集“纪念全民族抗战爆发80周年”文学艺术作品】 4月至6月，联合北京作家协会，征集纪念全民族抗战爆发80周年诗词楹联。征文以“抗战烽火从这里燎原”为主题，以全民族抗战爆发地——卢沟桥为中心创作点，围绕“烽火燎原、同仇敌忾、英雄本色、警钟长鸣、和平万岁”五方面内容，共征集到楹联作品1200多副，古体诗歌1100多首，现代诗歌220首，儿童歌谣120多首。4月至6月，举办“童心绘就和平梦”儿童画创作征集评选。与中国人民抗日战争纪念馆、卢沟桥文化旅游区办事处共同主办，以“孩子心中的世界和平”为主体内容，征集到多省市中小学生创作的绘画作品2645件。创作作品评选设“优胜奖”、“红蕾奖”和“创意潜力奖”，共计180幅作品获奖。

（孟　芳）

【举办“纪念全民族抗战爆发80周年”系列主题展览】 7月9日至16日，纪念全民族抗战爆发80周年主题美术展览拉开系列展览帷幕，80幅原创优秀美术作品在卢沟桥宛平城内街甲82号展厅展出。7月11日至16日，在中国人民抗日战争纪念馆举办“童心绘就和平梦”儿童画展。展出获奖的80幅优秀儿童画作品。7月18日至24日，“抗战烽火从这里燎原”书法展览展出100幅高水平原创书法作品。7月26日至8月1日，“抗战烽火从这里燎原”摄影展览展出丰台摄影协会会员拍摄的83幅（组）优秀摄影作品。该系列展览作为丰台区“铭记历史 不忘初心”

红色主题党日活动的重要环节，吸引万余名观众参观。

（孟　芳）

【开展民俗文化普查】 6月至7月，协调各相关单位提供智力支持和组织保障，并借助北京民间艺术家协会的专业力量，充分调研丰台民俗文化事象特点，开展了为期40天的民俗文化普查。区文联与市文联共同合作编写《中国民俗文化志•北京•丰台区卷》，《丰台区民俗文化志》计划2018年出版。

（孟　芳）

【开展原创音乐作品推送】 6月至7月，举办“我心中的歌”——丰台区原创歌曲评选，并通过各级各类网络渠道推送23首精品原创歌曲在丰台广泛传播。

（孟　芳）

【开展曲艺作品创作展示】 6月至11月，结合丰台在首都文明示范区创建过程中涌现出的典型人物和典型经验，联合区文明办，组织12个不同形式的原创曲艺作品。12月22日，在区文化馆举办“新时代　新丰台”——欢声笑语赞丰台2017年曲艺原创作品专场演出，300余名观众观看演出。

（孟　芳）

【召开四届六次理事会】 8月2日，丰台区文联第四届理事会第六次会议选举张小龙同志为丰台区文联主席。

（孟　芳）

【原创节目获奖】 12月，区文联选送的舞蹈节目《牙拍舞》荣获北京市区（局）、产（行）业文联原创优秀文艺节目展演一等奖。原创戏歌《永定上河图》、快板书《航天颂》分获三等奖和优秀奖。

（孟　芳）

【原创文艺作品制作】 年内，编辑制作《卢沟月》专刊第35至38期，“抗战烽火从这里燎原”美术、书法、摄影系列作品集，《“抗战烽火从这里燎原”诗词楹联优秀作品集》，《“不忘初心　团结奋进——丰台　大兴　宝坻书画巡展作品集》，《2017丰台区美术家协会会员优秀作品集》，以及《2017年戏曲文化周摄影作品集》。

（孟　芳）

【开展培训讲座】 年内，邀请中国琴会理事、国家一级演奏家张蔚君为音乐爱好者进行民族音乐知识讲座。区作家协会副主席石顺义为歌词爱好者讲解《有关歌词创作的十点体会》。

（孟　芳）

【开展艺术交流与合作】 年内，与北京大兴、天津宝坻区文联联合开展“不忘初心　团结奋进”——丰台　大兴　宝坻书画作品巡展。展出210幅讴歌党、讴歌祖国、讴歌人民，描绘中国形象、讲述中国故事，扎根人民生活创作的优秀书画作品。组织文艺代表团赴黑龙江北大荒进行文化交流。期间，与书画、摄影、戏剧爱好者进行4次艺术交流，与文艺爱好者共同进行1场演出。组织摄影家参与“北京国际摄影周卢沟桥分会场”活动。参与指导丰台区少年宫“春天送你一首歌”诗歌朗诵会。

（孟　芳）

政权 政协

北京市丰台区人民代表大会常务委员会

【概 况】 2017年，区第十六届人大常委会共组织召开人民代表大会2次；召开常委会10次，听取和审议专项工作报告27项；依法做出决议、决定16项；依法任免新一届国家机关工作人员155人次，组织宪法宣誓148人次；召开主任会议17次，研究议题36项，听取专项工作报告5项；配合立法调研8项；开展执法检查3项、专题询问1项、实地视察检查、座谈研讨70余次；接待群众来信来访112件次，完成调研报告12篇，编发人大信息62期。

（张理霖）

重 要 会 议

【区第十六届人大第二次会议】 4月17日至19日，区第十六届人民代表大会第二次会议在北京双拥大厦召开。应到代表340人，因病因事请假36人，实到代表304人。会议审议了北京市丰台区第十六届人民代表大会常务委员会关于五年工作的意见，选举产生丰台区监察委员会主任。

（张理霖）

【区第十六届人大第三次会议】 11月21日至23日，区第十六届人民代表大会第三次会议在东方美高美酒店召开。应到代表340人，因病因事请假38人，实到代表302人。会议选举产生北京市第十五届人民代表大会代表。

（张理霖）

【常委会第二次会议】 1月11日召开。会议共三项议程：补选1名市人大代表；审议并通过《北京市丰台区第十六届人民代表大会常务委员会任命国家机关工作人员法律知识考评领导小组名单》；决定人事任免事项。

（张理霖）

【常委会第三次会议】 3月28日召开。会议共七项议程：决定人事任免事项；审议并通过区十六届人大常委会2017年工作要点；审议并通过区十六届人大常委会五年工作意见；听取和审议区人大常委会关于2017年代表建议、批评和意见办理工作的意见；审议并通过《北京市丰台区第十六届人民代表大会常务委员会主任、副主任、委员工作分工》；审议并通过《北京市丰台区第十六届人民代表大会常务委员会代表资格审查委员会主任委员、副主任委员、委员名单》；研究区十六届人大二次会议有关事项。

（张理霖）

【常委会第四次会议】 4月14日召开。会议进行一项议程：审议并通过《北京市丰台区第十六届人民代表大会常务委员会代表资格审查委员会关于个别代表的代表资格的报告》。

（张理霖）

【常委会第五次会议】 4月18日召开。会议进行一项议程：决定人事任免事项。

（张理霖）

【常委会第六次会议】 5月24日召开。会议共进行五项议程：决定人事任免事项；审议并通过《北京市丰台区人民代表大会常务委员会关于接受董明月辞去北京市丰台区第十六届人民代表大会常务委员会委员职务请求的决定》；听取区政府关于落实环境督查情况的报告；研究讨论关于加强和改进人大工作的意见；审议并通过常委会若干制度。

（张理霖）

【常委会第七次会议】 7月27日召开。会议共进行六项议程：决定人事任免事项；听取和审议区政府关于2017年国民经济和社会发展计划上半年执行情况的报告，初步审查2017年国民经济和社会发展计划上半年执行情况；听取和审议区政府关于2016年决算草案的报告，审查和批准丰台区2016年决算；听取和审议区政府关于2017年预算上半年执行情况的报告；听取和审议区政府关于2016年本级预算执行情况和其他财政收支审计工作报告；听取和审议区政府关于2017年地方政府债务限额及区级预算调整方案的报告。

（张理霖）

【常委会第八次会议】 9月26日召开。会议共进行五项议程：决定人事任免事项；听取和审议《北京市丰台区预算审查监督办法（草案）》；听取和审议区人民检察院关于推进落实司法体制改革工作情况的报告；审议并通过《北京市丰台区第十六届人民代表大会常务委员会代表资格审查委员会关于个别代表的代表资格的报告》；审议并通过《北京市丰台区人民代表大会常务委员会关于补选丰台区第十六届人民代表大会代表的决定》。

（张理霖）

【常委会第九次会议】 11月2日召开。会议共进行四项议程：审议并通过北京市丰台区人民大表大会常务委员会关于召开丰台区第十六届人民大表大会第三次会议的决定；审议并通过《北京市丰台区第十六届人民代表大会常务委员会代表资格审查委员会关于个别代表的代表资格的报告》；审议并通过北京市丰台区第十六届人民代表大会第三次会议议程；审议并通过北京市丰台区第十六届人民代表大会第三次会议主席团和秘书长名单。

（张理霖）

【常委会第十次会议】 12月25日召开。会议共进行九项议程：决定人事任免事项；听取和审议区政府关于“以争创首都文明示范区为契机，推进城乡环境建设”议案办理情况的报告；听取和审议区政府关于区十六届人大一次会议代表建议、批评和意见办理情况的报告；听取和审议区人大常委会关于区十六届人大一次会议代表建议、批评和意见督办情况的报告；听取和审议区政府关于2017年国民经济和社会发展计划执行情况与2018年国民经济和社会发展计划草案的报告，初步审查丰台区2018年国民经济和社会发展计划草案；听取和审议区政府关于2017年预算执行情况与2018年预算草案的报告，初步审查丰台区2018年预算草案；听取区政府关于2016年预算执行情况和其他财政收支审计工作报告提出问题整改情况的报告；审议并通过《北京市丰台区第十六届人民代表大会常务委员会代表资格审查委员会关于个别代表的代表资格的报告》；决定召开区第十六届人大四次会议有关事项。

（张理霖）

【主任会第五次会议】 2月28日召开。会议共进行三项议程：听取区政府关于行政区划调整的报告；研究通过《北京市丰台区人民代表大会常务委员会聘用法律顾问制度》；研究通过《丰台区人大常委会机关委室主任例会制度》。

（张理霖）

【主任会第九次会议】 4月25日召开。会议听取区人大常委会执法检查组关于检查《北京市生活垃圾管理条例》实施情况的报告。

（张理霖）

【主任会第十次会议】 5月5日召开。会议听取区政府2017年为群众拟办实事的报告。

（张理霖）

【主任会第十二次会议】 6月27日召开。会议听取区法院关于执行工作情况的报告。

（张理霖）

【主任会第十五次会议】 9月19日召开，会议共进行九项议程：研究决定区第十六届人大常委会第八次会议的建议议题和开会时间；听取区政府关于贯彻落实区第十六届人大一次会议关于法治宣传教育第七个五年规划决议情况的报告；研究并通过《丰台区人大代表对口监督小组工作制度（试行）》；研究并通过新修订的《丰台区人大常委会规范性文件备案审查工作规程》；研究决定区十六届人大常委会第七次会议关于丰台区2016年本级预算执行和其他财政收支的审计工作、2016年决算（草案）和2017年预算上半年执行情况的审议意见书；研究决定区十六届人大常委会第七次会议关于丰台区2017年国民经济和社会发展计划上半年执行情况的报告的审议意见书；听取区政府落实丰台区第十五届人大常委会第二十八次会议对“北京市丰台区2015年本级预算执行和其他财政收支情况的审计工作、2015年区级决算和2016年预算上半年执行情况”的审议意见的报告；听取区政府落实丰台区第十五届人大常委会第二十八次会议对“北京市丰台区2016年国民经济和社会发展计划上半年执行情况的报告”的审议意见的报告；听取区政府落实丰台区第十五届人大常委会第二十八次会议对“区政府关于缓解交通拥堵工作情况的报告”的审议意见的报告。

（张理霖）

重要活动

【议案督办】 年内，常委会围绕区十六届人大一次会议确立的“以争创首都文明示范区为契机，推进城乡环境建设”的议案，坚持“统筹安排、规范程序，突出重点、务求实效”的原则，听取和审议区政府议案办理情况报告，提出建立完善环境治理机制、加强基础设施建设、提高城乡环境治理水平、全民共建共治等四个方面的建议。通过开展专项调研、座谈交流、征询意见等形式，广泛征求议案领衔代表、委员、街乡基层群众意见建议76条，区政府及相关部门积极采纳。在议案督办过程中，常委会总结2016年议案办理工作经验，改进议案督办方式。4月至9月，按照议案督办方案，组织开展一系列督办活动：以文件形式向区政府交办大会议案并提出具体办理要求，组织议案办理专题汇报会，与各专委会一道开展5次专项现场调研座谈活动，人大常委会各位领导、各室主任、驻会专职委员、相关专委会委员、议案领衔代表和市区代表102人次参加上述调研活动。

（张理霖）

【督办代表建议】 年内，代表共提出建议213件，其中区第十六届人大第一次会议期间，有129位代表提出建议191件（直接以建议形式提出188件，议案转建议处理3件），闭会期间提出建议22件。代表建议涉及内容广泛，关注的热点主要集中在非首都功能疏解与环境整治、地区道路建设与改造、河道治理与保护、交通设施完善与拥堵疏解、教育资源优化与质量提升、文化卫生体育设施建设与完善、养老设施建设与运营服务、产城融合发展政策与实现路径等方面。按照建议内容和有关单位职能，代表建议交区委研究办理2件，交区政府研究办理211件，共涉及区主办单位37个、会办单位17个。 建议交办后，代表联络室及时向区人大各街道工委、乡镇人大、代表联组及代表通报了建议交办情况。在建议办理过程中，区各承办单位重视代表建议办理工作，根据建议办理办法，召开办公会进行集体研究、统筹协调建议办理工作；针对不同类别的建议，不断探索和改进办理工作；密切与代表联系，注重情况沟通与交流。经过各承办单位和工作人员的努力，213件建议除闭会期间1件建议未到办理期限还在办理中外，其余212件建议已按期办理并答复代表。经向建议领衔代表征询办理意见，表示同意的200件，占94.3%；基本同意的12件，占5.7%；不同意的0件。

（张理霖）

【开展立法调研】 年内，按照市人大的要求，积极主动参与立法调研活动，围绕《中华人民共和国人民法院组织法》、《中华人民共和国人民检察院组织法》、《中华人民共和国农村土地承包法》以及《北京市烟花爆竹安全管理规定》、《北京市旅游条例》的修订和《中华人民共和国公共图书馆法》、《北京市机动车停车条例》制定工作，与职权划分单位有效对接，采取书面征询意见、上下联动等方式，组织市、区、乡（镇）三级人大代表和群众160人次开展调研座谈和研讨交流，为国家和本市立法提出意见建议近300条，使各项立法更有针对性，更富实效性。

（张理霖）

【加强法律监督】 年内，以保障宪法和法律在本区的贯彻实施作为重要职责，监督“一府两院”全面推进依法治区，建设法治政府，深化司法体制改革。重点对《北京市全民健身条例》、《北京市控制吸烟条例》、《北京市生活垃圾管理条例》等法律法规进行执法检查。检查注重突出问题导向，对照重点条款逐条详查，有针对性地提出建议60余条，督促职权划分单位整改落实。加强对司法体制改革的监督，听取区人民法院关于执行工作情况的报告，建议要创新执行工作方式，着力提高执行到位率，确保“基本解决执行难”目标如期实现。听取和审议区人民检察院关于推进落实司法体制改革工作情况的报告，提出推动改革任务均衡发展，提升检察监督工作实效等意见建议。关注基层法庭建设，督促政府职能部门加强协调，落实责任。实地视察联合律师楼人民调解室、法律援助工作站建设情况，鼓励律师发挥法律专业优势，化解社会矛盾，服务区域发展。

（张理霖）

【加强工作监督】 年内，围绕区域改革发展关键问题，强化监督力度，延伸监督触角，增强监督实效。把“疏解整治促提升”专项行动作为重点监督内容，贯穿全年工作始终，全年共组织调研、视察、座谈20次，参加代表120人次，提出有针对性的意见建议150余条，有效促进了“疏解整治促提升”专项行动的扎实推进。围绕区“十三五”规划的实施，深入科技园区和不同类型经济组织研究探讨均衡发展、产城融合、功能区建设等相关问题，提出加快构建“高精尖”经济结构，提升重点功能区聚集程度等意见建议。听取和审议2017年国民经济和社会发展计划执行情况与2018年国民经济和社会发展计划草案的报告，提出推动新旧动能转换、提升区域整体发展质量等方面的意见建议，一年来，共组织视察、调研、座谈30次，实现人大监督对区域经济平稳有序发展的保障作用。深化财政预算改革监督，修订并审议通过《丰台区预算审查监督办法》；听取2016年审计工作和审计整改情况报告，审查和批准2016年决算，听取和审议2017年预算执行情况报告，审查2018年预算草案。

（张理霖）

【推动监察体制改革】 年内，落实全国人大常委会《关于在北京市、山西省、浙江省开展国家监察体制改革试点工作的决定》和北京市深化监察体制改革的要求，组织召开区十六届人大二次会议，依法选举产生区监察委员会主任；召开常委会，依法任命监察委员会副主任和委员。召开专题座谈会，就试点工作的开展情况及需要解决的问题进行研讨。承担市人大理论研究会课题，就如何加强地方人大对监察委的监督工作进行研究，形成调研报告。

（张理霖）

【加强代表工作】 年内，把联系群众作为代表履职的着力点，实现人大代表与广大群众的良性互动。建立代表活动小组制度，全体人大代表根据自身意愿、专业特长分别加入到五个专门委员会，组成23个活动小组，依法参与区域改革发展各项事业的工作中。建立对口监督工作机制，组建19个对口监督小组，依法实施对口监督。建立人大代表报告履职情况办法、评选优秀代表、优秀议案和建议办法等制度，从岗位、履职、社会贡献三个方面对代表进行综合评价，评选出2017年度优秀履职代表34名、优秀议案和建议23件。加强代表履职培训，举办以筑牢履职基础为主题的新一届代表履职学习班，采取集中培训与分团培训、专家授课与连任代表介绍履职经验、以会代训与分散自学相结合等形式，提高代表的政治素质、思想理论水平和履行职责能力。保障北京市人大代表依法履行职责。组织召开区十六届人大三次会议，依法选举产生新一届市人大代表，组织市人大丰台团代表按时出席有关会议，参加市人大代表学习班和闭会期间的各项活动。

（张理霖）

【促进民主决策】 年内，常委会落实中央《关于健全人大讨论决定重大事项制度、各级政府重大决策出台前向本级人大报告的实施意见》。与区政府研究向人大常委会报告工作的具体制度和衔接程序，履行讨论决定重大事项的职能。区十六届人大一次会议就开展第七个五年法治宣传教育工作做出决议。听取区政府贯彻落实决议情况的报告，提出强化普法责任落实，试行“法宣先行”模式等意见建议。听取2017年地方政府债务限额及预算调整方案报告，对地方政府债务限额及区级预算调整方案进行审查并做出决议。听取区政府关于丰台区行政区划调整方案的报告，提出科学划清街乡镇管理界线、加强城市精细化管理等建议。听取区政府关于2017年为群众拟办实事的报告，提出加大宣传力度、提升知晓率等建议。全年共讨论决定重大事项4项，从制度上保证了决策的科学化、民主化。

（张理霖）

【健全制度】 年内，围绕“强基础、促监督”的工作内容，按照“突出重点、精准作为、探索创新、表率担当”的要求，建章立制35项，其中新建制度30项。健全完善常委会议事规则，细化常委会机关工作流程。加强决策支持体系建设，建立法律和预算监督专家顾问制度及配套措施，形成科学合理的制度规范和工作规程，促进人大工作规范化。

（张理霖）

【自身建设】 年内，注重加强基础建设，高标准、严要求，提升人大工作水平。注重加强“学习研究型、务实担当型、探索创新型”三型机关建设，认真学习宣传贯彻习近平新时代中国特色社会主义思想，用党的理论创新成果武装头脑、指导实践、推动工作。学习人民代表大会制度理论和宪法法律，深化对人民代表大会本质特征和内在优势的认识，增强做好人大工作的责任感和使命感，提升履职尽责的能力和水平。加强机关干部队伍建设，规范选人用人工作流程。打造人大信息、宣传、调研有字有影有声的立体平台和信息化工作网络，成为推动和展示人大改革创新的重要窗口。

（张理霖）

【提升街乡镇人大工作水平】年内，落实《中共全国人大常委会党组关于加强县乡人大工作和建设的若干意见》要求，加强对人大街工委的领导，修订完善人大街工委通则等制度；分片召开人大街工委主任座谈会，就加强人大街工委建设、搭建代表履职平台等方面提出要求；人大各街工委积极配合常委会做好各项议题的前期工作，在拓展监督职能，规范工作程序等方面进行了积极探索和实践。支持乡镇人大依法有效行使职权，推动乡镇人大主席专职化；深入乡镇开展城乡一体化建设情况调研，召开乡镇人大工作座谈会，就建立完善制度、丰富监督方式等进行具体指导；乡镇人大注重创新监督方式，对政府职能科室进行工作评议，促进乡镇政府依法行政，改进工作作风。一年来，各街工委、代表联组、乡镇人大积极履行职责，共组织视察检查、调研座谈150次。

（张理霖）

北京市丰台区人民政府

【概　况】 2017年，在市委、市政府和中共丰台区委的领导下，在区人大及其常委会的监督支持下，学习贯彻党的十九大精神，以习近平新时代中国特色社会主义思想为指引，主动适应经济发展新常态，坚持稳中求进工作总基调，践行新发展理念，落实京津冀协同发展战略，牢牢把握首都城市战略定位，紧紧依靠人民群众，全面履行政府职责，攻坚克难，开拓创新，较好地完成区十六届人大一次会议确定的目标任务，全区经济社会发展取得新的成绩。

坚持疏解整治促提升，区域面貌呈现新变化。抓住疏解非首都功能这个“牛鼻子”，开展疏解整治促提升专项行动。疏解区域性批发市场30家、长途客运站2家，大红门地区45家市场完成调整疏解。疏解一般制造业企业52家、区域性仓储物流基地7家。拆除违法建设360万平方米，整治“开墙打洞”5010处，清理占道经营2.13万起，清理整治无证无照经营5871户，治理“散乱污”企业2432家，治理京铁家园等地下空间264处，整治群租房2761处。坚持“留白增绿”，不断加大基础设施、配套服务设施建设力度，完成平原造林1000亩，彩叶树种造林500亩，城市绿化20公顷，新增文化休闲场所175处，新建规范便民网点127个。

强化创新引领，经济发展质量稳步提升。2017年实现地区生产总值1400亿元，增长6.5%；一般公共预算收入完成113.1亿元，增长8.1%；社会消费品零售额实现1134.4亿元，增长5.5%；完成全社会固定资产投资980亿元；居民人均可支配收入增长9%，高于经济增速；城镇登记失业率保持在2%以内；万元地区生产总值能耗下降3.8%；细颗粒物年均浓度为62微克/立方米，同比下降21.5%。对标国际一流，构建“高精尖”经济结构。第三产业增加值比重达80%左右，科技、金融、商务、信息等服务业对地区生产总值增长贡献率达60%。企业占市场主体比重达73%，同比提高4.3个百分点。上市企业达23家。国家级高新技术企业保有量超过1200家，增幅超过30%。技术合同总额达701.7亿元，同比增长10%。专利申请量同比增长21%。丰台科技园区围绕“高精尖”产业定位，着力发展主导产业，培育特色产业，效益和竞争力不断提升，总收入4800亿元，同比增长9%，其中轨道交通、航天科技、新材料及应用技术产业占比达59.8%，1-11月地均产出202亿元、人均产出255.3万元，位居中关村示范区前列。丽泽金融商务区被确定为北京市服务业扩大开放综合试点示范园区，新引进中铁京津投资基金等18家新兴金融机构，累计引进金融机构393家，全年税收增幅超过41%。持续优化营商环境，深化“放管服”改革，取消和调整非行政许可审批事项71项，出台《丰台区社会信用体系建设实施方案》《关于加强政务服务体系建设的实施意见》。创新工商登记准入服务举措，在全市率先实现“即时核准，一日取照”。实施商标品牌战略，新增有效注册商标1.95万件，同比增长21.5%。全区进出口总额突破1000亿元。设立“中小企业创新创业投资子基金”，解决企业融资难题。

加强精细化管理，城市治理体系不断优化。对标《北京城市总体规划（2016年-2035年）》，编制区域空间战略规划。完成《南中轴地区概念性规划研究及永外地区-大红门地区-南苑森林湿地公园地区详细规划设计方案任务书》编制。开展城市总体规划与土地利用规划“两图合一”工作。启动城市街道设计导则编制。深化城市管理体制改革，组建城市管理委员会，完成城市管理执法重心下移，加大基层综合执法力度。落实“街巷长制”和“小巷管家”，构建有效的城市运行管理体系。持续治理“大城市病”，抓好中央和市级环保督察反馈意见整改。严格落实清洁空气行动计划，建成覆盖21个街乡镇的大气污染监测预警体系，完成3078蒸吨燃气（油）锅炉低氮改造，淘汰老旧机动车6.2万辆，完成“煤改电”1.4万户，全区基本实现无煤化。完成交通疏堵改造工程10项，新增停车位7200个，交通状况进一步好转。聚焦水环境治理，全面实施“河长制”，建立“当班河长”模式，完成丰草河等7条27公里黑臭水体治理，水质监测考核断面全部达标。完善打击盗采和非法加工砂石行为工作机制。升级改造公厕133座。建筑垃圾资源化处理厂实现开工，餐厨厨余垃圾处理厂建成试运行。严格落实安全生产责任制，开展安全隐患整治专项行动，抓好市级安全生产督察反馈意见整改，完成1座公安现役消防站、4座小型消防站建设，加强防汛等应急值守工作，城市运行平稳有序。完成2000家餐饮企业“阳光餐饮”建设，重点食品、药品抽检合格率分别为98.7%、99.8%。畅通信访渠道，初信初访办结率96%。推进“雪亮工程”，新增公共区域监控3412个，整合社会单位监控6.9万个，刑事类、秩序类警情同比降幅超过20%，群众安全感进一步提高。完成党的十九大、“一带一路”高峰论坛、全民族抗战爆发80周年纪念活动的服务保障工作。

着力补齐短板，城乡统筹扎实推进。加快基础设施建设，在建轨道交通90公里，改扩建道路20条，开工建设河西第三水厂。改造配电自动化站室186座，新增配电自动化线路156条，配网自动化实现全覆盖。深化河东地区城市化统筹试点工作，南苑乡、卢沟桥乡统筹实施方案获批；花乡纳入全市第四批城市化试点。长辛店镇统筹利用集体产业用地试点工作方案已确定。保障区域发展用地需求，完成国有建设用地供应98公顷，落实集体建设用地36公顷建设租赁住房。持续加强土地资源管控，腾退违法用地98公顷。推进花乡、长辛店镇、宛平城地区乡镇级集体经济产权制度改革。进一步规范农村产权交易管理，全年产权交易项目成交13宗，合同金额22.54亿元，农村产权交易资产类成交金额连续三年排名全市第一。启动新一轮经济薄弱村精准帮扶计划。

推进社会事业，民生福祉持续改善。全年27件重要民生实事全部完成。城镇新增就业3.71万人，城镇登记失业人员实现就业1.72万人，农村劳动力规范就业4074人。城乡居民养老保险续保率97%。保障房新开工10583套，竣工12445套。长辛店老镇等棚户区改造完成搬迁8646户。开展老旧小区综合整治，加装电梯280部、智能代步器105部。深化教育领域综合改革，继续实施“集团+集群”发展模式，新增学前及中小学学位

6720个，5所幼儿园晋级市级示范园，人大附中丰台学校投入使用，义务教育阶段优质学位74%。开展医药分开综合改革，覆盖全区352家医疗机构，分级诊疗格局初步形成。完成家庭医生服务签约近80万人。全面推进居家和社区养老服务改革试点，以养老服务“连心通”工程为载体，构建覆盖空巢独居老人的精准养老服务工作体系，23个社区养老服务驿站投入使用。为5894户困难家庭淘汰不合格燃气灶具，加装安全辅助设施。新建4个市级“一刻钟便民服务圈”示范点、10个市级社区规范化建设示范点，实现便民早餐等8项基本便民服务社区全覆盖，群众获得感提升。加强精神文明建设，创建首都文明示范区，群众综合素质和区域文明程度进一步提升。推动首都公共文化服务示范区建设，改造提升基层公共文化设施46处，新建全民健身专项场地168处。举办“2017中国戏曲文化周”、北京国际铁人三项赛等文化体育活动，开展“我的丰台·我的家”系列文化惠民活动800余场次，群众精神文化生活日益丰富。成立社会组织联合会，加强社会组织培育管理，扶持60项社会组织服务项目，鼓励社会组织参与社会治理。认真做好民族宗教、外事侨务、对台、档案、保密、地方志、残疾人事业发展等工作，充分发挥工会、共青团、妇联、文联、红十字会、科协等人民团体作用。双拥共建持续深化。投入资金4578万元，对口帮扶青海治多、河北涞源、内蒙古林西开展精准脱贫工作。

落实全面从严治党责任，政府自身建设进一步加强。深入学习贯彻党的十九大精神，扎实推进“两学一做”学习教育常态化制度化建设，抓好“两贯彻一落实”，严格落实党风廉政建设责任制，驰而不息整治“四风”问题，严控“三公”经费规模，政风行风持续改善。全面加强审计监督，对5个乡镇和1个地区开展农村专项审计调查，进一步规范“三资”管理。自觉接受区人大及其常委会的法律监督、工作监督和区政协的民主监督，办复市区两级人大代表和政协委员的建议、提案411件。加快政府信息化建设，政务大数据汇聚平台和街乡镇统筹采集系统建成运行。组织“政务开放日”活动，全年公开政府信息1.6万条，保障群众的知情权、参与权、表达权和监督权。

（廉　政）

重要活动

【区长冀岩检查“两会”保障工作】 3月3日，区长冀岩一行首先前往中国肉类食品综合研究中心，在检测中心实地察看食品安全检测流程和方法，并在监控中心通过视频系统察看研究中心的安全生产责任制落实情况。随后在西罗园海户里北社区，听取街道、社区落实“两会”保障相关汇报，慰问一线值守人员及志愿者，对创新共享单车管理，解决群众出行难题的做法给予肯定，下一步希望完善管理办法，在其他街道推广，解决群众出行“最后一公里”难题。最后在北京南站实地察看进出站大厅安保、安检及南站联勤指挥部视频巡控情况，并听取视频警务建设汇报。冀岩区长代表区委区政府对各部门的辛勤付出表示感谢，要求提高敏感意识和责任意识，注重食品安全问题，切实保障市民安全。李春滨、王新元、连宇一同调研。

（廉　政）

【开展开墙打洞专项整治调研】 5月8日，区长冀岩带队先后前往近园路、太平桥西路中华书局、马连道南街、芳群园，方庄物美大卖场等地，对环境整治、“开墙打洞”治理、拆违控违、社会面保障、食品安全等工作进行调研检查。冀岩指出，一是拆违工作不能影响到居民生活，要以拆除违法建设、整治“开墙打洞”为抓手，着力改善社区秩序、环境和绿化，以社区为单位推进，逐一改造为零违建的便民社区。拆除后的区域要做好绿化美化，及时清理建筑垃圾，根据社区具体需求，做好基础设施、便民设施的建设。二是中华书局下属伯鸿书店提升周边的文明程度、知识水平，可以联合挖掘莲花池、卢沟桥、宛平城、长辛店等丰台历史文化，做好文化共建。三是要切实发挥好“街长制”作用，进一步规范牌匾、“门前三包”等秩序，将辖区环境进一步提升，着力解决停车难题，做好精细化管理，打造精品街、样板街。四是要切实落实好食品安全责任制，加大对“一带一路”论坛食品供应商的抽检力度，安排专人进行驻场监管，对食品药品进行全过程监督，全力保障论坛活动期间食品药品安全。周新春、连宇陪同调研。

（廉　政）

【检查高考组织情况】 6月7日，区长冀岩一行首先来到招生考试中心，通过电子巡查系统对全区各考点门口秩序、考生入场、试卷分发等进行巡视。随后前往首师大附属丽泽中学进行巡视，实地察看首师大附属丽泽中学考点情况。冀岩区长强调，公安、城管、卫计委等部门要扎实做好服务工作，维护考场周边秩序，严禁过往车辆鸣笛，全力为高考保驾护航。同时，要切实做到人文关怀，关心考生身心健康，让考生心情愉快地参加考试，发挥出应有水平，考出优异成绩。张婕、王百玲、连宇一同调研。

（廉　政）

【区长冀岩检查防汛工作】 6月22日，区长冀岩带队前往王佐镇后甫营村，实地察看地质灾害隐患点，并布置强降雨天气应对工作。随后前往南岗洼蓄水池，实地察看南岗洼积水点治理工程有关情况。最后前往云岗大气监测子站。冀岩区长强调，一是完善汛期各项应急预案，做好防汛抢险物资准备，加强人员防汛演练，确保遇到险情能及时处理。二是对重点积水点，派专人盯守，提前部署、布控，突出重点防范。三是加强应急值守，进一步明确任务、划清责任。李春滨、连宇一同调研。

（廉　政）

【调研北方世贸轻纺城有关工作】 8月28日，区长冀岩一行首先到达北方世贸轻纺城西门，实地察看市场有关情况，与市场方代表进行接触，并听取下一步工作方案汇报。冀岩区长要求，一是要有大局意识。大红门地区的非首都功能疏解工作是京津冀协同发展的重要标志，要发挥央企的带头作用，必须保证完成任务。二是要处理好几个关系。妥善处理产权方和市场方、产权方和商户、市场方和商户之间的关系，保护好商户的利益，支持帮助商户解决被疏解后的困难，确保已疏解的商户不反弹。三是摸清底数，拿出方案。要统一规划，把工作做细、做实，摸清每一个商户的情况，按照时间节点月底前拿出实施方案。肖辉利、高峰、连宇一同调研。

（廉　政）

【调研戏曲文化周筹备工作】 9月27日，区长冀岩带队前往北京园博园察看北京戏曲文化周彩排情况，并现场调度开幕式筹备工作。冀岩指出，开幕式是戏曲文化周最精彩的一部分，彩排后要听取现场专家的意见，进一步提升整体规格，音乐、花车、人物表演要衔接的更加紧密，戏曲表演和现场大屏幕要互相呼应，照顾到现场每一位观众突出戏曲元素，呈现高档次的表演水平。狄涛、王新元、连宇一同调研。

（廉　政）

【区长冀岩带队检查十九大安保维稳工作】 11月18日，区长冀岩一行实地察看西局地铁站周边环境及维稳安保工作情况，了解地铁站“人物同检”有关情况。冀岩区长强调，一是采取积极措施，提升安检质量，确保运营安全。二是统筹协调各方力量，与各有关部门主动对接，建立沟通联系机制。地上地下，站内站外，目标一致，相互沟通，全力配合。连宇一同调研。

（廉　政）

【检查重污染天气应对措施落实情况】 10月27日，区长冀岩一行先后检查二七车辆厂职工宿舍楼一期工地、长辛店金隅地块工地扬尘管控情况和二七车辆厂停限产措施落实情况。冀岩要求：一是企业要严格按照要求在空气重污染期间停工、停产。二是施工工地要做好监理工作，在保证安全的同时，保证工程品质。三是要应用净化处理措施，保证除尘雾炮等设备随时可以正常运转。李春滨、连宇一同检查。

（廉 政）

【安全隐患清理整治工作检查】 11月28日，区长冀岩一行以“四不两直”的方式，到看丹何家园8号突击检查火灾隐患清理整治情况。冀岩要求，一是挂账的安全隐患要严格按照消防的安全标准进行清理整治，绝不能留任何隐患。二是开展清理整治工作时，要注意做好防护措施，在保护自身安全的同时，注意做好周边群众的安全，防止拆除隐患过程中发生意外事故。三是做工作要先消除隐患，做好群众工作，再拆除违建。四是开展清理整治工作过程中，要注意做好环境保护工作，洒水降尘，苫盖建筑垃圾。五是要明确责任主体。对于企业是责任主体的，要督促企业承担起主体责任。对于没有主体的，政府要承担起责任，确保安全隐患全部清除。

（廉 政）

【区长冀岩带队赴北京市非紧急救助服务中心接听12345热线】 12月19日，冀岩区长一行首先来到一层综合受理调度大厅观看“听民意 解民忧”特别系列报道专题片，和2017年丰台区热线受理、群众回复满意度等情况，并听取丰台区第三季区领导接听电话诉求办理情况和各电视台对活动后续报道反馈意见。随后前往坐席接听群众来电，两小时共接听115个群众来电，接听来电后立即召开群众反映问题的督办落实工作会，梳理群众反映的问题，其中，城市环境建设、冬季供暖等问题是群众反映最多、最关心的。冀岩表示，一是感谢12345平台多年来对丰台的支持和帮助，让政府倾听群众声音，了解群众需求，解决老百姓身边的问题。二是今年以来，通过加大环境整治力度和疏解整治促提升专项行动，实现了对城市精细化管理，切实提高了群众满意度。三是对群众今天提出的问题，各部门要分类领走，能现场解决的就现场解决，近期解决不了的，要列出时间表，多部门共同研究解决。李春滨、张鑫、连宇一同调研。

（廉 政）

【粮食和食品安全专项检查】 12月21日，区长冀岩带队到达新发地市场，前往粮油交易厅及禽蛋交易厅，实地察看市场经营情况，现场了解农产品安全管理制度落实情况。随后前往北京艾森绿宝油脂有限公司，实地察看了该公司油脂生产车间及企业经营情况。冀岩区长强调，一是要强化批发市场环节监管，做好市场安保、消防工作。二是严把粮油、蔬菜产地准入关，建立销地与产地的信息共享大数据平台。三是要依靠检测、抽检等技术手段和日常监督检查等手段，保障市民舌尖上的安全。连宇一同检查。

（廉 政）

法 制 工 作

【概 况】 2017年，丰台区政府法制办公室抓好行政规范性文件合法性审查工作，审核文件200余份，提出修改意见500余条。由区政府制定的行政规范性文件7件，向市政府法制办备案7件，向区人大备案4件。向区政府备案的行政规范性文件18件。法律顾问参与区政府涉法事项处理260余件，主要涉及合同协议审核、涉法事项研讨、行政规范性文件审核等方面，出具法律意见书300余份。审理行政复议案件258件，审结217件。在市政府代理复议案件19件。调解终止结案44件。

（蒲昕宇）

【服务环境保障】 年内，出具《关于非法开采砂石问题刑事法律责任分析和相关行政执法部门职责梳理》《关于非法使用童工相关法律问题研究》等多篇法律意见；针对“大红门疏解”“开墙打洞”等问题研提法律意见，集中破解一批难点问题，为环境保护工作提供有效法律支撑。

（蒲昕宇）

【执法指导和法律服务】 年内，在行政处罚、行政强制、行政许可等方面，对区卫计委、人保局、住建委、水务局、城管局、质监局、园林局、水务局、文化委、卢沟桥乡政府、南苑乡政府、王佐镇政府等行政执法机关，进行行政执法指导和法制培训20余次。

（蒲昕宇）

【规范性文件合法性审查】 年内，加强行政规范性文件合法性审查，审核《丰台区关于进一步规范农村集体经济组织产权交易的实施意见》《丰台区空气重污染应急预案（2017修订）（征求意见稿）》《北京市丰台区开展居家和社区养老服务改革试点工作方案（审议稿）》等文件100件，并研提合法性审查意见。

（蒲昕宇）

【政府合同协议审查】 年内，审核《丰台区电子政务内网中心机房建设项目合同书》《丰台区人民政府与阳光七星投资集团有限公司合作框架协议》《丰台区与北京文化产权交易中心有限公司项目合作协议书》等各类合同50余份，提出修改意见300余条。

（蒲昕宇）

【法律服务】 年内，建立健全律师服务指派机制、法律服务质量评价机制和考核机制，在日常工作中加强对政府法律服务工作的管理和考核。为需求单位办理法律服务申请260余件；审核合同600余件；代理需求单位参加行政复议、行政诉讼等100余件；提供培训4次；审核执法检查案卷40余件；同时参与行政调解、长辛店棚户区改造等重点工作调研。为全区大量重点工程、重点项目、重点工作提供法律服务。

（蒲昕宇）

【强化行政复议】 年内，审理行政复议案件258件，审结217件，审结率84.1%，在市政府代理复议案件19件。加大案件调解和纠错力度，调解终止结案44件，占20.3%；撤销和确认违法及责令履责14件，占6.5%。加大行政复议委员会非常任委员参与案件研究力度，提出法律意见200余条。

（蒲昕宇）

【规范性文件备案和清理】 年内，组织开展行政规范性文件备案检查工作。3月至4月，对全区66个单位在2016年1月1日至2016年12月31日期间，各单位以本单位名义制发的现行有效的行政规范性文件开展行政规范性文件备案检查工作。经查，在66个单位中，全年未对外发布过行政规范性文件的单位有46个。其余20个单位中，有15个单位存在应报送备案而未报送的行政规范性文件28件，其他5个单位无漏备情况。对66个单位制发的行政规范性文件开展行政规范性文件清理工作，区政府各部门保留的行政规范性文件277件，废止的行政规范性文件154件，修改的行政规范性文件5件。

（蒲昕宇）

【行政执法人员资格管理】 年内，组织开展行政执法资格考试2次，375人参加考试；全区30个行政执法单位的313名行政执法人员取得行政执法资格证件。

（蒲昕宇）

【法规规章征求意见】 年内，反馈《北京市机动车停车管理条例（草案稿）》《北京市农业机械安全监督管理办法（草案送审稿）》《北京市行政机关归集和使用公共信用信息管理办法（草案送审稿）》等法规规章征求意见17件，提出修改意见30余条。

（蒲昕宇）

【推进依法行政】 年内，研究制定《丰台区2017年推进法治政府建设工作要点》《2017年度丰台区依法行政考评细则》《丰台区2017年法治政府建设情况的报告》，明确全区推进依法行政工作的整体部署及年度考核指标。

（蒲昕宇）

【依法行政培训】 年内，在区政府常务会前组织学习《北京市少数民族权益保障条例》《民法总则》《消防安全责任实施办法》《公共文化服务保障法》4次。举办依法行政专题研讨班2期，受训人数700余人，其中处级领导干部300余人次。

（蒲昕宇）

【重大行政决策案例评审】 年内，在全市各区政府中首次召开重大行政决策案例评审会，并纳入全区依法行政培训。从全区各委办局、街乡镇报送的50余个重大决策真实案例中选取涉及制定重要文件、开展重点工作、建设重点工程、疏解整治促提升的5类典型案例，采取参评单位现场汇报、专家评委现场点评，学员观摩学习的公开新模式，邀请全区各委办局、街乡镇法制工作主管领导和相关重点村的书记和董事长参加，实现区乡村三级教学全覆盖。

（蒲昕宇）

国有资产管理工作

【概　况】 2017年，丰台区国资委履行出资人职责，落实区委区政府的重大决策部署和重点工作任务，着眼保值增值，深化国资国企改革，继续疏解非首都功能，提升国资监管水平。全区51户国有及国有控股和集体企业账面资产总额727.77亿元；负债总额608.36亿元；所有者权益总额119.41亿元。企业平均资产负债率83.59%，同比增长8.58个百分点。全年实现营业总收入42.09亿元，同比增长47%；盈亏相抵后实现利润总额3.1亿元。上缴各项税费总额2.73亿元。国有资本保值增值率101.77%，实现国有资本保值增值任务。

（李鑫雅）

【开展企业疏解整治行动】 年内，制定《丰台区国资系统2017年度贯彻落实疏解安全十大专项行动实施方案》，部署企业开展彩钢板整治行动，拆除彩钢板房103处14488平方米。完成列入整治台账“开墙打洞”的整治工作。

（李鑫雅）

【推进业态升级】 年内，开展可利用土地产权梳理与腾退后开发利用课题调查研究，完成20宗地块的产权状况梳理和改造利用可行性研究报告。完成监控数据系统的二次升级开发，加强对商业资产的动态管理，扩展动态监测及管理功能。执行产业疏解指导意见，规范商业资产使用符合区功能定位、行业需求和服务民生。修订无证商业网点权属证明办理流程，从源头上严控商业资产发展业态。

（李鑫雅）

【精细改革方案】年内，聚焦改革，按照“一企一策”的原则，制定精准的改革方案。围绕企业重组后内部融合问题进行专题调研。从组织机构整合、片区化管理两个角度推进，完成3个党支部的合并，同步推进公司总部集中办公。明确党的领导在公司治理结构中的法定地位，完成区属一级企业将党建工作总体要求纳入公司章程工作。

（李鑫雅）

【国企公车改革】 年内，继续推进国有企业公务用车制度改革，经过“五上五下”的审核修改过程，完成8个主管国企系统的公务用车工作，涉改企业公务用车510辆，取消111辆，车辆取消率21.76%，采取内部转岗的形式分流司勤人员19人。对保留的320辆一般公务用车、79辆业务保障用车，实行标识化管理。

（李鑫雅）

【重点项目工程建设】 年内，继续推动两家脱钩企业的接收工作，承办第二十五届北京种子大会。以建设“精品保障房”为目标，实现长馨园保障房项目3.27万平方米的开工建设。完成中央民族大学新校址土地一级开发工作，实现六圈路、京良路东段、柳村路南段3条主干路建设，四合庄三号路主体完工，康庄北路西半段完工，在水务建设上实现新的突破。开展区内7所学校内设工程项目建设。3处便民商业综合体、便民菜站已完成升级改造并投入使用。丽泽金融商务区土地上市及二级项目建设进入新阶段，完成D02、D07/08地块出让，成交地价款78.9亿元。南区13条次干支路施工有序推进，地铁14号线东管头站、菜户营站主体结构完工。

（李鑫雅）

【融资担保】 年内，新增重点工程担保52亿元，首期发行20亿元中期票据，融资2.5亿，新增委托贷款26.1亿元。获得融资授信49.5亿元，实现放款17亿元，用于支撑区重大项目建设。

（李鑫雅）

【国资预算收支】 年内，完成3332.4万元上缴入库工作。加强预算执行管理，将支出进度细化到“周”，提高预、决算编报质量。分两批开展预算资金支出，其中资本性支出2400万元，费用性及其他支出932.4万元，用于增加企业注册资本金，解决历史遗留问题及改革发展工作。

（李鑫雅）

【实物资产处置】 年内，建立产权登记季报制度，加强对产权登记进行动态监管加强数据分析。对股权转让、各类车辆出售等转让行为，按照评估确认价值、媒体公开、挂牌竞价的程序，全部进入北京产权交易所实物资产处置平台操作。在北交所挂牌竞价过程中，实物资产的转让价格平均增值38%；股权转让以高于评估值31万元的交易价格成交。

（李鑫雅）

【财务监督】 年内，对监管企业实行全方面财务监测，对80家国有及国有控股（集体）企业实行财务数据月度快报工作。完成92家国有及国有控股（集体）企业2016年度财务决算工作及全区国有企业经济运行分析报告。

（李鑫雅）

【安全保障】 年内，组织安全生产培训及消防疏散灭火演练活动。执行安全互查，开展专项行动46次，检查活动8轮。拆除违法建设46处8600平方米。做好各环节安全监控和管理，投入620万元支持企业安全设施升级、视频监控设施建设，提升安全管控能力。

（李鑫雅）

【国资主题论坛】 年内，以国资委主办、企业承办的形式，举办“融入丽泽、疏解整治促提升、科技创安、集团财务管控、党建促发展”主题论坛活动5次。通过主题论坛活动走进企业，增强企业的开放度与融合度，探讨改进优化基层国资监管的措施和路径，探索疏解和业态升级的方法和模式，为国有资产保值增值奠定基础。

（李鑫雅）

【规范人才选拔】 年内，指导区属企业选调中青年优秀人才进入党务工作者队伍，优化队伍结构。推荐监管企业负责人候选对象2人，主持工作候选对象2名。

（李鑫雅）

【党建创新】 年内，在丰开科技孵化器打造集楼宇党建、流动党员之家、青年人才创业培养基地于一体的“丰台之家党员驿站”创新品牌项目。实现53家国有独资、控股企业党的工作全覆盖、全监控，对软弱涣散党支部，督促整改。以落实“一规一表一册一网”为重点，选取15个基层党支部开展党支部规范化建设试点。

（李鑫雅）

【廉政建设】 年内，制定《关于落实党风廉政建设责任制党委主体责任的实施办法》《落实党风廉政建设主体责任清单》《关于落实意识形态工作责任制的管理办法》，坚持抓早抓小，使红脸出汗成为常态，对1名企业负责人违反八项规定问题进行通报。综合运用“四种形态”，配合区纪委查处信访线索10余件，立案1件，开展提醒谈话和谈话函询等6人次。

（李鑫雅）

民族宗教工作

【概　况】 2017年，民族宗教工作以提升民族宗教工作为主线，加强和创新民族宗教事务管理，维护民族宗教领域和谐稳定。区内有51个少数民族7.2万人（第六次人口普查数据），人口较多的少数民族为满族、回族。宗教场所有8个，其中天主教堂2个，基督教堂2个，清真寺3个，道观1个。

（李思颖）

【提案建议办理】 年内，办理丰台区第十届政协一次会议提案第17号、第18号、第19号、第36号、第37号、第38号、第169号件，办理丰台区人大十六届一次会议建议第163号、第164号件。

（李思颖）

【元宵节清真食品展卖会】 元宵节期间，区民宗办在长辛店大街清真寺西广场主办丰台区清真食品展卖会，区伊协、长辛店街道办事处协办。展卖会现场设立8个展台，特色民族小吃及清真糕点食品均由具有丰台区清真食品生产经营资质的生产厂家，以及具有传统老字号的少数民族经营者提供。1500多名具有清真饮食习惯的少数民族群众和当地居民参与活动。

（李思颖）

【专题培训】 5月，区民宗办举办民族宗教干部专题培训班。就全区民族宗教工作的形势和任务及如何做好宗教聚会点管理工作开展专题辅导，各街乡镇民族宗教干部50余人参加培训。12月，区民宗办与市民委在北京社会主义学院共同举办为期3天的“丰台区民族宗教干部专题培训班”。培训内容主要围绕学习党的十九大精神及新修订《宗教事务条例》，对《条例》修订的必要性、重要性、基本原则、突出亮点、精神实质、主要内容及下一步宣传重点进行讲授，并对十九大报告中涉及民族宗教的内容进行解读。全区街道乡镇宗教工作负责人及重点社区基督教聚会点管理负责人100余人参加培训。

（李思颖）

【教产落政协调会】 年内，区政协、区政府及区民宗办多次就基督教、清真寺教产落政相关事宜进行现场调研并组织召开协调推进会，就腾退方案达成共识。

（李思颖）

【大王庙道教活动场所授牌】 10月26日，北京丰台宛平城大王庙举办道教宗教活动场所颁证仪式，区民宗办向大王庙颁发场所证书并授牌。

（李思颖）

【宗教中国化论坛】 11月10日，区民宗办举办宗教中国化方向论坛，四大宗教负责人及宗教界人士代表针对本教特点及如何推动全国宗教中国化，与中国社会主义社会相适应进行发言。丰台区宗教活动场所负责人和宗教界人士代表120人参加论坛。

（李思颖）

【发放民族经济扶持资金】 年内，区民宗办利用市级民族经济扶持资金开展民族经济（清真企业）扶持资金申报审查工作和资金发放工作，全年发放扶持资金125万元，扶持丰台区清真餐饮企业6家。

（李思颖）

外事港澳侨务工作

【概　况】 2017年，丰台区外侨办围绕北京国际交往中心建设和丰台区经济社会发展大局，统筹区域外事资源，开展外事活动。全年，接待党宾、国宾、友好团组24批382人次，涵盖政府交流、地方合作、经贸、文化、体育、人文等诸多领域。办理因公出国（境）团组61批188人次，其中党政干部团组19批27人，教育系统团组36批138人次。

（叶　芳）

【匈牙利代表团访问丰台区】 3月14日，匈牙利驻华大使馆文化参赞、匈牙利文化交流中心主任宋妮雅女士一行访问丰台区。达成青少年文化艺术交流合作的意向，共同推动中匈青少年间的文化交流与合作。

（叶　芳）

【比利时布兰肯堡市青少年代表团访问丰台区】 4月3日至12日，比利时布兰肯堡市副市长达芙妮女士及青少年代表团一行14人对丰台区进行友好访问。青少年代表团与航天中学的师生们进行为期10天的民宿交流活动。

（叶　芳）

【北京国际风筝节】 4月20日，2017年北京国际风筝节暨京津冀风筝交流活动在园博园正式开幕。以“放飞希望，放飞梦想”为主题，有来自美国、俄罗斯、英国、德国、南非、马来西亚等国家的24支国外队伍和来自京津冀、山西、南京等16支国内代表队前来参加，其中港澳台地区6支队伍。300名在京国际友人及“一带一路”国家留学生代表，参与风筝制作和放飞活动。风筝节以北京传统风筝文化体育项目为媒介，搭建起“风筝会友、发展友谊”的国际交流平台。

（叶　芳）

【国际青年发展协会到丰台区考察】 5月14日，国际青年发展协会代表团一行13人到园博园考察。区长冀岩、副区长张婕、区政协副主席连宇出席活动。协会表示希望与丰台区加强交流合作，以园博园为基地，共同打造青少年交流活动平台。双方还就建立沟通协调机制等进行交流。

（叶　芳）

【2017 The Color Run 彩色跑】 6月17日，2017 The Color Run 彩色跑北京站在园博园开跑，来自世界各地的3万余名彩色跑爱好者在奔跑中展示健康快乐、青春活力。

（叶　芳）

【英国访问团访问和义街道社区儿童早期发展中心】 7月5日，英国安妮公主一行访问和义街道社区儿童早期发展中心。和义街道社区儿童早期发展中心是由国际儿童慈善机构——救助儿童会中国项目北京办公室支持建立，旨在探索为城市社区儿童尤其是低收入家庭子女提供高质量的早期发展服务。公主一行与有关人员进行座谈，观摩一堂亲子游戏课。

（叶　芳）

【中日青少年友好夏令营】 7月12日至17日，配合市友协工作，组派由北京市芳星园中学和中国教育科学研究院丰台实验学校师生组成的青少年代表团代表北京市赴日访问，参加“北京-东京中日青少年友好夏令营”活动，在日期间与葛饰区新宿中学的300名同学进行戏剧、棒球等文化体育交流。

（叶　芳）

【少年宫代表团赴日交流】 7月13至18日，丰台区少年宫代表团一行26人赴葛饰区进行友好交流，与葛饰区清和小学的师生们进行文化艺术项目交流。

（叶　芳）

【参加爱丁堡国际艺术节表演】 7月16日至17日，由北京十二中金帆民乐团、舞蹈团、丰台少年宫“小星星”艺术团、赵登禹学校京剧团120人组成的丰台区青少年代表团赴英国参加爱丁堡国际艺术节开幕巡游表演，并举办专场演出，在世界舞台上展现中国魅力。中国驻爱丁堡总领事潘新春先生，爱丁堡艺术节组委会主席朱莉娅女士，爱丁堡爵士与蓝调音乐节制作人罗杰先生，苏格兰华人社团联合总会会长李罗安先生，以及部分苏格兰政府和爱丁堡市政府官员、当地华人华侨代表现场观看演出，对丰台区青少年的表演给予高度评价，并邀请代表团再次赴爱丁堡参加国际艺术节活动。

（叶　芳）

【参加“中日城市初中生乒乓球友谊赛”】 8月3日至8日，参加全国友协活动，与日本东京都葛饰区共同组队参加“中日友好交流城市初中生乒乓球友谊比赛大会”，获得优秀奖，两区的小队员和老师们在几天的同吃同住同练同赛中增进了解，加深友谊。

（叶　芳）

【韩国代表团访问丰台区】 8月9日至13日，韩国首尔市江东区青少年代表团一行17人来到丰台区，与丰台二中的同学们进行民宿交流，加深相互间的了解，增进友谊。

（叶　芳）

【丰台区代表团赴科隆市参加庆祝活动】 8月24日至29日，组派丰台区优秀的表演团队一行34人赴德国参加“北京市与科隆市缔结友好城市关系三十周年”庆祝活动，完成各项演出任务。丰台区王佐镇的国家级非物质文化遗产项目“怪村太平鼓”、丰台少年宫的民乐演奏、民族舞蹈和武术等表演都赢得现场观众的欢迎和赞誉。

（叶　芳）

【第五届“千森杯”国际自盟公路越野职业一级赛】 9月3日，第五届“千森杯”国际自盟公路越野职业一级赛在北宫国家森林公园开赛。比赛吸引大批国际顶级自行车运动员前来参赛，比赛分为男子精英组与女子精英组两个组别，经组委会仔细筛选，20个国家的94名精英选手参赛，来自比利时的选手分获男子、女子精英组冠军。

（叶　芳）

【2017北京国际铁人三项赛】 9月10日，2017北京国际铁人三项赛在丰台园博园举办，来自42个国家的2076名中外运动员参赛。经过激烈角逐，最终来自南非的选手获得奥运距离比赛男子职业组冠军；女子职业组方面，来自加拿大的选手夺得冠军。

（叶　芳）

【美国西柯维纳市代表团访问丰台区】 9月10日，美国西柯维纳市市长一行3人到丰台区访问。区委副书记钟百利会见代表团一行，并陪同代表团就丰台区历史文化传承、科技创新发展、生态环境建设等进行参观考察。双方就签署两区友好交流备忘录，推动友好交流与合作达成初步意向。

（叶　芳）

【签署合作备忘录】 9月20日至22日，副区长张婕率政府代表团出访，与英国国家物理实验室、英国诺丁汉大学、西班牙Graphenea公司分别就打造北京汽车博物馆国际合作平台，发展战略性新兴产业石墨烯关键技术签署合作备忘录。是继丰台区2014年实施战略性新兴产业国际合作以来的又一进步。

（叶　芳）

【丰台区代表团赴法国参加第二届中法文化论坛】 9月24日至27日，汽车博物馆代表团一行赴法国里昂参加第二届中法文化论坛。汽博馆馆长杨蕊以车为媒，讲好中国故事，将汽车博物馆的思想理念、管理方法与法国的博物馆进行分享，在世界舞台传播中国声音，推动中法文化交流互鉴。

（叶　芳）

【丰台区航天中学代表团赴布兰肯堡市民宿交流】 9月28日至10月6日，丰台区航天中学代表团一行13人赴布兰肯堡市进行民宿交流回访，进一步巩固友谊。

（叶　芳）

【中国-中东欧国家文化艺术嘉年华】 9月29日至10月6日，2017“中国-中东欧国家文化艺术嘉年华”活动在丰台区举办。来自保加利亚、拉脱维亚、捷克、斯洛文尼亚、波黑等11个国家的14个演出团体200人带来极具中东欧特色的民族歌舞、儿童剧、木偶剧、滑稽戏、现代舞、爵士乐等艺术形式，进行表演30场。同期，园博园还汇聚中东欧各国的历史文化、民间艺术、民俗美食和非物质文化遗产的展览展示及互动体验活动。“中国-中东欧国家文化艺术嘉年华”是2017年“中国-中东欧国家文化季”的有机组成部分，也是“文化季”系列活动中参与国家最多，规模最大的一次文化盛事，亦是2016年“中国-中东欧国家艺术合作论坛”的重要成果。

（叶　芳）

【参加“欢乐欧洲儿童节”活动】 10月2日至9日，丰台区少年宫代表团赴塞尔维亚参加第48届“欢乐欧洲儿童节”活动。带去具有东方神韵的精彩文艺节目。代表团到贝尔格莱德儿童中心与当地青少年进行中国传统手工项目交流和文艺交流。交流活动让越来越多的塞尔维亚青少年对中国产生浓厚的兴趣。

（叶　芳）

【美国纽约代表团访问丰台区】 10月20日，美国纽约布鲁克林区区长一行访问丰台区。区长冀岩会见代表团一行。冀岩向代表团介绍丰台区经济社会发展情况，对方介绍布鲁克林区的基本情况和特点。双方表示今后将进一步增进了解、加强交流、开展合作。

（叶　芳）

【承办“2017德中丝路老爷车拉力赛收车仪式”】 11月1日，由全国对外友协和德中友好协会联合主办的“2017德中丝路老爷车拉力赛收车仪式”在汽博中心举办。20多位车手驾乘11辆老爷车和2辆摩托车依次经过“凯旋门”。拉力赛于9月14日在德国科隆启程，车手们行驶13000多公里后，抵达北京。举办拉力赛重走丝绸之路，是响应国家“一带一路”倡议的重要体现，是中德两国人民友好关系的见证，进一步促进中德汽车文化交流。

（叶　芳）

【丰台区与美国西柯维纳市签署友好交流备忘录】 11月9日至13日，应美国西柯维纳市市长邀请，区委副书记钟百利率政府代表团对西柯维纳市进行友好访问。期间，共同签署两区友好交流备忘录，将推动两地在教育、文化、商贸、青少年等领域的交流合作。西柯维纳市是丰台区在北美洲地区的第一个国际友好区。

（叶　芳）

【岛根县大东町战没者遗族会代表团访问丰台区】 11月30日，配合中国友谊促进会接待以日本岛根县云南市副市长藤井勤为团长的岛根县大东町战没者遗族会代表团一行11人来区访问。区外侨办、区教委有关负责人与代表团进行座谈，双方就牢记历史、面向未来、共促中日和平友好达成共识，共同推动两地青少年友好交流。

（叶　芳）

【“加拿大萨斯喀彻温投资论坛”举办】 12月6日，在丰台科技园区，与加拿大萨斯喀彻温省联合举办“加拿大萨斯喀彻温投资论坛”。来自科技园区企业的60人参加论坛。以论坛为契机，促进双方在清洁能源、农业、矿业、旅游业等多领域的交流与合作。

（叶　芳）

【外事人才培训】 10月12日至13日，与北京市外办联合举办“丰台区2017年外事人才培训班”，课程内容涉及国际形势与北京国际交往中心建设、礼宾礼仪、公共外交等，91家单位的120人参加培训。

（叶　芳）

【推进侨务依法行政】 年内，落实侨务依法行政工作。以“公正、方便、热情”的原则做好依法行政工作。开具华侨、港澳同胞和外籍华人学生来京上中小学批准书64份、办理华侨子女协调照顾入学3件。

（叶　芳）

【打造为侨服务阵地】　年内，在重点街道社区成立“侨之家”活动阵地，将社区关怀、居家养老、便民服务、社会综合治理、帮扶救助、文娱活动等项目与“侨之家”平台结合起来，凝心聚力，实现双向服务。在党的十九大召开之际，联合方庄地区办事处开展“侨心向党心　共抒爱国情”— 侨界喜迎十九大的文艺汇演活动；支持大红门街道开展“侨心向党心　畅谈新时代”归侨侨眷联谊会，推动社区为侨服务工作向前发展。

（叶　芳）

档案工作

【概　况】　2017年，区档案局编制完成《丰台区“十三五”时期档案事业发展规划》任务分解方案并下发各立档单位；完成平安金融中心、张家坟村棚户区改造和环境整治项目、张郭庄村棚户区改造和环境整治项目等8个项目档案登记工作；举办以“档案——我们共同的记忆”为主题的“国际档案日”暨北京市第九届“档案馆日”活动；组织前往外埠档案馆及其市内优秀档案馆开展实地调研，形成调研报告；与市档案局签订《区档案馆设施设备配置研究》科研课题项目合同书，制定科研课题进度计划表，起草课题研究报告。

（张　璐）

【领导调研】　7月12日，北京市档案局到丰台区档案局（馆）进行调研，听取局（馆）“十三五”规划任务分解 、“档案馆新馆建设”等重点工作汇报，介绍丰台档案局（馆）在基础业务培训、馆藏婚登档案数字化副本运用机制建设、“十三五”规划任务分解以及档案馆日主题展览等亮点工作。座谈交流后，赴丰台区卢沟桥桥头，观看丰台区局（馆）为纪念全民族抗战爆发80周年而特别推出的主题展——《“铭记历史、勿忘国耻”——全民族抗战爆发八十周年京津冀部分史料展》。

（张　璐）

【档案安全检查】　9月21日，北京市档案局到丰台区档案局（馆）实地检查档案安全工作。检查的主要内容包括思想认识、规章制度、档案实体、工程流程、工程场所、档案信息管理和相关工作等几大方面。检查方式为查阅佐证材料、实地检查档案馆重点部位的设施设备配备情况。检查结果合格，北京市档案局以书面形式给予反馈，提出4个方面的建议和改进措施。

（张　璐）

【档案法制培训】　9月，在《中华人民共和国档案法》（以下简称《档案法》）颁布30周年之际，举办为期1天的档案法律法规知识培训。培训由北京联合大学应用文理学院档案系副教授对《档案法》《档案法实施办法》的主要内容进行重点解读；区档案局法律顾问重点列举档案工作中常见的违法行为，并针对如何有效的进行风险防范做细致的分析和讲解。区属立档单位主管档案工作的科室负责人、专兼职档案人员160余人参加培训。

（张　璐）

【档案法制宣传】　年内，在国际档案日期间向社会提供档案法律咨询，在“12・4”宪法日期间，向全区制发通知，并利用丰台有线从11月27日至12月18日每天6次滚动播放档案法制宣传动漫，扩大档案法制宣传受众面，提高区域档案法律意识。

（张　璐）

【档案执法检查】　年内，开展“双随机”执法检查。随机抽取执法人员组成检查组，对从全区各立档单位中随机抽取的30个单位依法依规开展档案执法检查，反馈检查结果，提出具体整改措施和要求，其中有10个单位存在档案安全隐患或案卷质量问题，并在档案局（馆）网站公开执法检查通报。

（张　璐）

【档案业务培训】 年内，组织为期5天的2017年全区新上岗档案人员培训班，有100名基层初任档案工作人员参加培训。学员通过5天8门课的学习和考试，对档案工作有了认识，解决了档案工作遇到的很多疑问。

（张　璐）

【档案业务指导】 年内，对区直机关工委、区司法局、科技园区、区文委、区体育局、产城融合、园博园管理中心、东高地街道、区卫计委等70余家单位进行个性化档案指导，并对民政局、王佐镇等涉农单位进行指导，抽查新农村档案建设工作。主动上门指导基层档案工作人员120余人次，日常讲课培训100余人次，通过电话、网上平台解答归档工作中的疑难问题400余人次。

（张　璐）

【档案征集接收】 年内，接收区文明办“小手拉大手 共创文明示范区”百米文明手绘长卷进馆，接收文联捐赠的书法、美术、摄影作品集4册；6月12日在区政府3号楼313会议室举行郭景兴捐赠仪式，并进行郭景兴口述史采录工作，郭老讲述了自己从亡国奴到抗战馆副馆长，守护一座桥、成就中国梦的励志人生，录制时长2时4分，容量5.28G。全年征集报摘67册、图书66册、地图7幅、实物34件、资料4册/套，期刊53册。

（张　璐）

【档案安全体系建设】 年内，根据《北京市档案局关于开展档案行业公共安全视频监控建设联网应用工作的通知》（京档字[2017]9号）和《关于印发<丰台区公共安全视频监控建设联网应用标准>的通知》要求，投入12.98万元完成馆库内外安全视频监控改造升级工作。完成馆库消防预警系统、电器及消防器材检测更新，实现全年馆库无安全事故。对包含文书档案数字化副本、照片档案数字化副本、声像档案音视频副本、档案机读目录等全部馆藏数字化内容进行备份，综合备份容量约为220T。

（张　璐）

【档案利用服务】 年内，推进电子档案和档案数字化副本的利用，提高查阅接待服务质量，全年接待利用者5087人次，出具证明3468份，各类影像8840页，复印696页，调阅案卷404卷，电话咨询1000余人次。完成编史修志、工作查考等馆藏档案361次的利用查询工作。

（张　璐）

【档案信息化建设】 年内，完成1949年至2000年婚姻登记档案数字化 TIFF 影像899597幅、电子目录200645条数据的移交工作，实现婚姻登记档案数据共享。投入经费，对馆藏数字化副本数据725万页、电子目录数据100万条进行摸底统计，并完成数据整理工作。

（张　璐）

【档案鉴定开放】 年内，完成1984年馆藏档案的开放鉴定工作，延期开放审定及上报工作，涉及72个全宗24992件档案，其中开放10373件，上报市局审定拟延期开放的14619件，开放率41.50%。完成由区文物所聘请的专家对馆藏可移动文物的评估定级工作，定级4个类别63件/套藏品，其中三级文物28件/套，一般文物34件/套，不予定级文物1件。

（张　璐）

【北京市第九届档案馆日】 6月5日至9日举办“国际档案日”暨北京市第九届“档案馆日”活动，围绕“档案——我们共同的记忆”活动主题，开展“主题展览”“档案开放”“档案咨询”“档案征集”等活动；活动期间，参与500多人次，发放档案宣传资料6种600余份，丰台有线电视、《丰台报》等媒体对活动进行专题报道。

（张　璐）

【推出抗战主题展】 年内，为纪念全民族抗战爆发80周年，推出《“铭记历史、勿忘国耻”——全民族抗战爆发八十周年京津冀部分史料展》。展览使用从档案中查证所得史料及照片120余张。区委组织部、区委宣传部将该展览列入推进全区“两学一做”常态化制度化，暨“纪念全民族抗战爆发80周年主题党日活动”学习教育活动场所之一。

（张 璐）

【举办戏曲主题展】 2017年中国戏曲文化周，推出《国剧传承 尽显风采——丰台区档案馆馆藏京剧史料展》。是丰台区首次举办的集图、文、视频、音频于一体的大型专题京剧史料展，区委副书记、区长冀岩，区委常委、区委宣传部部长狄涛，区政协副主席连宇参观展览。丰台区委宣传部微信发布平台、千龙网、北京传媒移动电视等媒体进行专题报道。

（张 璐）

【档案馆舍建设】 年内，完成土地预审手续，区综合文化中心项目取得《北京市规划和国土资源管理委员会建设项目用地预审意见》（市规划国土预[2017]10号）

（张 璐）

地方志工作

【概 况】 2017年，丰台区地方志工作认真贯彻落实北京市地方志事业发展规划以及工作任务部署，在第二轮区志和年鉴编纂工作中，始终坚持以马列主义、毛泽东思想、邓小平理论、“三个代表”重要思想、科学发展观和习近平新时代中国特色社会主义思想为指导，贯彻落实党的十九大精神，落实北京市年度督查落实预案，完成二轮修志初审修改稿的复审和评议任务，完成《北京丰台年鉴》2017年卷的编辑出版工作，并全面启动《丰台区地名志》编纂工作。

（孙红妹）

【为《北京年鉴》报送丰台区情概况】 年内，根据市地方志办公室《北京年鉴》编写规范和要求，由专人负责通过征集相关单位的工作总结和统计年报，按照综述大概况的撰写体例，完成《北京年鉴》丰台区情部分的撰写，其内容包括国民经济和社会发展、城乡建设、市容市政建设管理、文化、教育、化育、卫生、民政、社会保障等，通过征求相关单位的意见和报送主管区长审阅，经反复核实和修改，形成区情稿6000字，刊登在《北京年鉴》区情专栏。

（孙红妹）

【年鉴编纂业务培训】 3月23日，利用1天的时间，分批次组织了全区年鉴供稿单位撰稿人员培训会。会上总结了上年的年鉴工作，从书写规范的角度讲解年鉴稿中存在的突出的问题，并对2017年年鉴工作进行部署，要求4月底完成2017年年鉴稿材料上报工作，同时向各单位发放《北京丰台年鉴2016》一书。128个单位130余人参加培训。

（孙红妹）

【召开区志资料补充工作协调会】 5月5日，区志资料补充工作协调会在区政府东301会议室召开。区地方志办公室主任刘怀广简要介绍第二轮《北京市丰台区志》（1991—2010）的编纂情况，《北京市丰台区志》（1991—2010）于2016年10月经北京市地方志办公室专家评议通过初审，评审中在对初审稿充分肯定的基础上，提出一些问题和不足，其中主要问题是资料不足问题，需要相关单位的大力支持和配合，以确保做好资料的补充收集工作，并对要求补充资料对应的相关部门和内容进行逐一的讲解。张鑫副区长强调指出：修志工作是一项记载历史传承文化的一件大事，也是记录和展现各部门成绩的最好的载体，我们要把握这个契机，认真抓好落实，不放松不懈怠。二轮修志所承载的历史正适逢改革开放，各项事业蓬勃发展时期，也是各个单位和机构历经变迁几经更迭的改革时期，虽然工作有难度，而且确实是一项非常繁琐的工作，有的行业需要深度挖掘档案资料，但是我们要充分发挥主观能动性，特别是一些驻区单位必要的时候，通过我们的政府部门去协调解决。他最后说：修志工作责任重大，我们要本着对历史负责对党和政府负责的态度，真抓实干地完成好这次的资料补充工作。他要求各单位提交的数据和资料要翔实准确，要经过主要领导审核签字，以保证资料的准确严谨。区政协办、区委组织部、区台办等15家相关单位的主管领导和具体负责人参加会议。

（孙红妹）

【《北京市丰台区志》（1991—2010）稿通过复审】 12月13日，《北京市丰台区志》（1991—2010）复审会议在丰台区政府1号楼1210会议室召开。会议由丰台区地方志编纂委员会常务副主任、副区长张鑫主持。北京市地方志办公室副主任张恒彬，区县指导处朱磊、丰台区地方志编纂委员会领导及成员、丰台区地方志办公室主任刘怀广，区志编辑部主编、副主编等50余人参加会议。会上，首先由丰台区志主编李庆荣简要汇报《北京市丰台区志》（1991—2010）复审稿的形成过程。随后区地方志编委会领导及成员提出审读意见，区人大办、区保密局、区发改委、区统计局结合本单位工作实际及志书内容在志稿的政治观点、体例、时代地域特色、突出行业特点以及保密观等方面分别进行发言。北京市地方志办公室副主任张恒彬代表市志办感谢丰台区委区政府对地方志工作的大力支持，同时也对参与修志的全体人员表示由衷的感谢和敬意，并对《北京市丰台区志》（1991—2010）提出复审建议和意见。副区长张鑫在征求了全体与会人员的意见后，宣布《北京市丰台区志》（1991—2010）复审通过。并代表丰台区志编纂委员会提出具体要求：“区志复审稿正式通过了编委会的复审。这是我区二轮修志继去年完成初审后取得的又一阶段性成果，标志着区志向最终形成终审稿迈出关键一步。我们要再接再厉，以严谨、细致、扎实的作风，继续做好下一步复审稿的修改工作，要虚心听取和认真吸纳各方意见，深入研究并制定出切实可行的修改方案。地方志的编修工作不是一个部门的事，它关系到全区各个单位各行业的历史与现状的记录，如何体现以史为鉴传承子孙，就在于我们如何记录历史为后世为后人提供文献资料至关重要。希望各单位立足工作实际和自身优势，积极支持和保障地方志工作，加强地方志资料开发利用，共同推动我区地方志事业繁荣发展。”

（孙红妹）

【召开《北京市丰台区志》（1991—2010）复审稿评议会】《北京市丰台区志》（1991—2010）通过了区地方志编纂委员会复审后，为保证志书的编纂质量，为丰台区打造一部精品志书，根据区志三审制度要求，区地方志办公室于12月22日召开了复审评议会。会议邀请北京市地方志编纂委员会有关专家和领导针对区志复审稿进行评议。《北京志》副主编王铁鹏、顾兖州和市地方志办公室区县志指导处的有关负责人对区志复审稿针对篇目框架设置、概述、图片和规范等方面提出了意见和建议。会议一致认为，《北京市丰台区志》（1991—2010）复审稿政治观点正确、体例完备、结构合理、内容翔实，基本达到了《地方志书质量规定》。

（孙红妹）

【编辑出版《北京丰台年鉴》2017卷】 年内，按照年度任务布置要求，区地方志办公室下发年鉴编写要求工作通知，并要求各单位在4月底前报送2017年年鉴稿，每个责任编辑将上报的年鉴稿件进行编辑修改，对数据、图表、机构负责人名单、文件附录等加以核实补充。执行主编再按照体例、书写规范的要求，对各编辑修改的年鉴稿进行审改和对全书的统稿，形成年鉴定稿，并报送出版社校审核定。经过年鉴稿的三校制度的校改，年鉴编辑部最后编制正文索引以及报送主管区长审批。年底前正式完成印刷出版。全书正文90万字，图片32页95张，汇集了本年度丰台区各项事业、行业发生的重大事件、新情况和重要的文献信息，同时也为各级领导提供可资参考的重要依据。

（孙红妹）

【制定丰台区地方志年度工作督查落实方案】 年内，根据市志办京志办【2016】35号文件“关于将《北京市地方志事业发展规划纲要（2016—2020年）任务分工方案》纳入督查考核”的要求，区地方志办制定了《丰台区地方志年度督查落实预案》并报送主管副区长审批。任务分19项内容包括二轮修志、年鉴的编辑出版、方志馆规划建设、资料征集保管利用、地名普查成果转化、乡镇（街道）、村（社区）志编纂、信息化建设以及组织机构、工作体制“一纳入八到位”等。区地方志办公室根据年度工作任务计划，按时限要求，逐一贯彻落实。

（孙红妹）

【编制《丰台区地方志事业发展规划纲要》（2017—2020）】 年内，依据《北京市地方志事业发展规划纲要（2016—2020年）》，制定了《北京市丰台区地方志事业发展规划纲要（2017—2020年）》。规划从指导思想、基本原则、总体目标、主要任务等几个方面全面描述丰台区未来四年地方志事业的发展要求，在重点完成二轮修志任务的同时，要加强资料的整理开发利用，顺应时代的要求，加强信息化网络化建设，更大发挥存史资政育人的功能。

（孙红妹）

【全面启动《北京市丰台区地名志》编纂工作】 6月始，根据北京市地方志办公室统一部署，协调区规划分局、民政局等单位，牵头研究制定编纂工作方案，组建编纂委员会和编辑部，由主管区领导主持召开区地名志编纂工作动员部署会议，明确职责分工、编纂任务和具体要求，确保地名志工作落实和推进。根据市志办编纂工作进度要求，结合丰台区实际，召开编辑部工作会8次，动员、部署和推进会4次，专题培训2次。为推动此项工作的顺利进行，学习国典和市地名志的做法，制定下发编纂工作方案和《丰台区地名志工作培训手册》，以确保编纂工作有规范有要求。

（孙红妹）

机关事务管理工作

【概　况】 2017年，丰台区机关事务管理处认真做好丰台区委、区人大、区政府、区政协、区纪检委及所辖7个办公区的后勤管理和服务保障工作。主要负责机关财务，固定资产，物资设备，环境秩序，会务收发，安全保卫，机要通讯，公务用车，就餐服务，医疗保健，办公用品的采购、管理和发放，办公设施设备的配备、采购和报废，办公用房的规划建设和改造调配。交通机要科更名为机要通信管理科并加挂丰台区公务车辆综合管理中心的牌子，负责建立全区公务用车综合管理平台并制定车辆管理办法；负责公务用车和行政执法部门行政执法车辆的统筹管理、集中调度、资产及档案管理、运行经费管理以及使用的规范化管理和安全纪律监督；负责公务用车司勤人员日常教育和管理工作；负责区属单位机要文件的收发、传递交换工作；负责机关电话通讯设备的使用管理、安装、维修、过户移机等服务工作。

（梁秋彤）

【党建活动】 年内，机关党委、团支部组织开展“五四”青年节培训活动；组织全体党员参观晋察冀边区革命纪念馆进京展览和纪念全民族抗战爆发80周年主题创作展；全体党员到京西第一党支部重温入党誓词和参观红色展览等活动。9月，在区直机关文艺汇演中，群口快板《说说咱们的机关事务管理处》获二等奖；10月，分批组织干部党员，到石景山区反腐倡廉教育基地参观学习。

（梁秋彤）

【开展文体活动】 年内，联合工会、妇委会、团支部、老干部等组织开展各项活动，利用业余时间成立羽毛球队和足球队。实现资源共享，提升全处干部职工文化素养，丰富机关干部的精神文化生活。组织全处在职40名复转军人，参观“铭记光辉历史 开创强军伟业”建军90周年主题展览。抽调4名同志参加机关工委组织的“五月鲜花”歌咏比赛，获得二等奖。参加丰台区第十一届全民健身体育节8公里接力赛，取得机关委办局代表队第三名。

（梁秋彤）

【区纪委区监委办公区升级改造】 年内，按照《北京市丰台区深化监察体制改革试点实施方案》的要求，区纪委区监委在原卢沟桥乡政府办公区原址的基础上，升级改造新办公区。6月，机关事务管理处协助区纪委进行主楼及东西配楼装修改造、改扩建谈话室、弱电系统改造、消防改造、室外改造工程。11月，完成区纪委区监委改造工程和后续交接工作。

（梁秋彤）

【独立核算改革】 1月1日，根据丰台区财政局《关于对机关事务管理处财务统管单位独立设立账户的通知》（丰财行〔2016〕1211号）规定，机关事务管理处财务科对29家财务统管单位进行分户独立核算工作。为中共北京市丰台区委办公室、北京市丰台区人民政府办公室、中共北京市丰台区委组织部、中共北京市丰台区委政法委员会、中共北京市丰台区委宣传部等29家财务统管单位各开设预算单位银行基本账户及财政集中授权支付零余额账户58户；开设各财务统管单位独立核算财务帐套29个；设立财务分组专管出纳岗位3名；完成对各财务统管单位住房公积金、住房补贴、社会保险、统发工资及个人所得税申报等的后续移交工作。机关事务管理处财务科负责对29家财务统管单位统一进行财务核算管理。

（梁秋彤）

【公务车辆综合管理平台】 8月，区公务车辆管理平台信息化建设项目正式启动，进行公开招投标工作，12月底正式投入测试运行。平台系统开发网络化申请用车、调度派遣、实时定位、信息共享、轨迹查询、油耗监控、电子围栏、报警提醒、经费总控、核算报表等功能，实现公务用车信息大数据智能化管理。党政机关保留的439辆公务车辆全部纳入平台统筹管理，其中定向化保障用车12辆，调研用车30辆，应急用车174辆，老干部用车92辆，行政综合执法用车131辆，统一安装GPS车载终端设备和行车记录仪；完成党政机关取消车辆的处置和保留公务车辆的标识化粘贴工作；对131辆行政执法车辆外观进行统一喷涂标识；完成党政机关439辆统管车辆资产权属转隶、调拨过户、手续变更等工作。

（梁秋彤）

【餐饮服务保障】 1月，机关事务管理处膳食科制定方案，完成区“两会”及党代会和各级督导、巡视工作的餐饮服务保障任务。在中央环保督查工作中，安排专人为督导组靠前服务，提供送餐夜宵45天300余份。通过对10个城区的调研学习，了解各区机关食堂的管理模式、就餐人数、伙食补贴标准等，汲取市政府及各城区管理经验，增加菜食种类，提高菜食质量，并增加酸奶、水果品种及冷热饮。

（梁秋彤）

【服务管理体制改革】 下半年，会议及入室服务员管理体制改革，服务人员由通过物业公司招聘、管理、服务，改为由单位自聘，服务科直接管理。8月25日正式完成改制，高学历、党员服务员的引入大幅提升服务人员的整体素质；增招男服务员满足不同会议接待的要求；高素质服务人员的引进，确保会议、入室服务工作的保密性，通过各种途径的理论学习和技能培训，提升服务细节，规范服务标准。

（梁秋彤）

政协北京市丰台区委员会

【概　况】 2017年，以习近平新时代中国特色社会主义思想为指导，坚持党对人民政协工作的领导，认真贯彻落实中共中央大政方针、市委和区委决策部署，坚持团结和民主两大主题，团结和依靠各界委员，认真履行政治协商、民主监督、参政议政职能，围绕中心、服务大局，主动作为、锐意进取，切实发挥政协作为协商民主重要渠道和专门协商机构作用，为促进丰台区改革发展稳定贡献了智慧和力量。全年共召开常务委员会议4次、主席会议8次，立案（合并）提案207件。

（孙　鹤）

常务委员会会议

【第一次会议】 3月16日召开。审议并通过政协北京市丰台区第十届委员会常务委员会2017年工作要点；关于开展界别活动的办法；主席、副主席、秘书长联系常委，常委联系委员安排；通报丰台区政协2017年协商工作计划。主席刘宇主持会议。

（孙　鹤）

【第二次会议】 5月24日召开。审议并通过关于加强学习提升履行职责能力的实施意见、专门委员会工作通则、专项监督小组工作意见、关于进一步提高提案质量的意见、关于各委室联系界别的分工、关于专门委员会聘请特邀人士的暂行办法。主席刘宇主持会议。

（孙　鹤）

【第三次会议】 10月31日召开。传达学习党的“十九大”会议精神；审议并通过丰台区政协贯彻落实《关于进一步加强政协协商民主建设的实施意见》的实施办法、提案委员会副主任调整事宜。主席刘宇主持会议。

（孙　鹤）

【第四次会议】 12月21日召开。审议并通过政协北京市丰台区第十届委员会常务委员会工作报告、关于提案工作情况的报告、提案工作条例修订情况和十届二次全会有关事项；通报2017年提案办理情况、表彰决定及大会发言题目。主席刘宇主持会议。

（孙　鹤）

专门委员会工作

【学习委员会】 年内，组织开展暑期学习班与“政协讲坛”，学习统一战线和人民政协方针、政策和理论；举办题为《加强意识形态工作，提升意识形态话语权》的专题辅导报告会；建立健全学习信息平台，为委员精选精编学习资料2期；完成印制委员履职手册、制作通讯录；制定实施《政协北京市丰台区委员会关于各委室联系界别的分工》、《政协北京市丰台区委员会关于专门委员会聘请特邀人士的暂行办法》等制度和办法；编发《委员风采》15期，宣传委员为区域发展献计献策出力的优秀事迹；参与区政府考评评议工作，列席全区基层党建述职评议考核会议；参加市政协举办的“五一口号”健步走、“醒狮杯”越野跑活动。

（孙　鹤）

【教文卫体委员会】 组织开展专项调研，形成《加强丰台食品安全监管，保障百姓舌尖上的安全——丰台区政协季度协商议题调研报告》；召开季度协商恳谈会，提出推进地校合作共治、发挥行业协会作用、加大食品安全知识宣传、加强基层执法队伍建设及构建食品安全质量体系等意见建议；促成丰台区政府与北京工商大学的合作，聘任北京工商大学校长孙宝国为丰台区食品安全工作特聘专家；举办“政协讲坛”，邀请专家作《我国医疗卫生体制改革发展历程与趋势》专题报告；对2017年义务教育阶段小学就近入学、初中派位入学计算机分配和高考、中考、夏季高中会考等考试进行现场和巡视监督；组织部分委员赴丰台区5个乡镇参加文化、科技、卫生“三下乡”活动；实地考察卢沟桥和宛平城，围绕卢沟桥文化旅游区文化体系建设展开研讨，提出意见建议；参加首届“金驼”微影视节闭幕式暨颁奖典礼，助力大学生创业活动；到丰台区儿童福利院开展“情系福利院，真情送爱心”活动，到南苑街道诚苑社区开展“走基层、送健康”义诊咨询活动，到中国戏曲学院调研考察；参加“实施医养融合，完善居家养老服务”季度协商议题调研组的调研、考察、座谈、协商等活动。

（孙　鹤）

【文史资料委员会】 就2017年工作中重点事项与区委党史办、区文化委、区图书馆等部门进行对口协商。在丰台政协网站设置“丰台往事”文史资料专栏，以纪念抗日战争全面爆发80周年为主题编发20期抗战史料，内容涉及丰台抗战历史人物、事件等。在走访相关人员、对史料进行编辑整理的基础上，积极参与市政协《蒙古族百年实录》征编工作，最终确定《巴•那顺乌日图：用情与爱拥抱文化》、《牛年兵乱》、《辽宁省阜新蒙古族自治县大板镇衙门村发展情况》等三篇推荐史料。结合“关于加强文物监督员队伍建设的建议”重点提案办理，调研考察北京汽车博物馆、丰台城市规划展示馆、卢沟桥乡史规划馆、大葆台汉墓，了解丰台区文物保护工作情况，有针对性地提出意见建议。

（孙　鹤）

【经济科技委员会】 完成“推进新发地批发市场改造升级”专题调研，形成《关于推进新发地批发市场改造升级的调研报告》。召开“扩大政府与社会资本合作，深化政府购买服务力度”专题季度协商恳谈会。组织开展“爱丰台基层行”活动，送政策到企业，了解企业发展情况和企业发展的服务需求，对企业发展中的问题进行认真研讨，就相关政策进行解读，对企业发展提出建议。组织委员到华电集团新能源技术开发公司进行交流活动。围绕“疏解提升，共谋发展”的主题，组织召开区政协第十八届企业家联谊会暨政企对接会。携手区财政局、科技园区管委会、国家级赛欧科技企业孵化中心等相关单位，围绕促进丰台区科技进步与经济发展主题，开展对扶持中小企业健康发展的财政民主监督工作。举办《政协讲坛》，邀请经科委委员郎大鹏作题为“以中共十九大精神为统领，创新和完善财政宏观调控”的专题讲座。

（孙　鹤）

【社会法制委员会】 完成市政协“加大统筹力度，疏解中心城区人口”专项监督活动调研任务。完成“加快我区社会组织孵化和培育、助推多元共治格局的构建”调研工作。围绕“实施医养融合完善居家养老服务”专题召开季度协商恳谈会。积极推进法治民主监督工作，调整区政协法治民主监督小组成员，完善法治民主监督工作简则。组织区政协法治民主监督小组成员先后到区司法局、法制办就“开展人民调解和法律援助工作情况”、“如何积极发挥法制建设在我区大气污染治理工作中的作用”等专题进行法治民主监督调研座谈。举办丰台区政协

2017年法治基层行老年维权法律、养老政策服务专场活动。

（孙　鹤）

【民族宗教和港澳台侨委员会】 协调推进解决长辛店基督教教产问题。主动参与由区民宗办主办、区教委和长辛店街道共同开展的考察、选址、沟通、协商工作；联合区委统战部、区台办完成 “台海形势报告”会；开展“委员之家”活动，加强委员联谊，组织委员先后到北京龙泉寺、白云观和中国道教协会考察，感受宗教文化；举办“政协讲坛”活动，邀请专家就社会组织的相关问题进行专题讲座；开展委员走访，先后对10位委员进行走访慰问，走进委员所在单位、企业中，与委员近距离、深度交流。

（孙　鹤）

【城乡建设和管理委员会】 组织部分委员到房山区北京基金小镇进行参观考察，实地考察参观长沟湿地公园及北京基金小镇策划、规划、建设、招商、融资等情况。配合市容环境民主监督小组成员对丰台区供暖低氮燃烧环保改造工作进行专项监督。召开“改善交通微循环，缓解交通拥堵”季度协商恳谈会，就改善微循环、慢行系统改造、停车管理等提出意见和建议。与区委统战部联合开展“丰台区非首都功能疏解中腾退空间有效利用”课题调研，重点对南苑乡、花乡、卢沟桥乡、长辛店镇进行实地调研，并赴海淀区东升镇双泉堡地区学习交流腾退空间有效利用工作经验。

（孙　鹤）

【提案委员会】 到提案承办部门就重点提案和办理情况进行走访座谈；征集提案线索，组织委员走进相关委办局开展知情明政活动，发放《优秀提案汇编》；协调16个承办部门、40多名政协委员，对正在落实过程中的提案开展“回头看”活动；组织委员走进区发展改革委、卫计委、教委开展办前协商；全年共组织提案协商活动27次，涉及部门25个；组织承办部门对委员的提案进行评议，协调委员对办理质量进行评价；与《丰台报》、丰台有线电视台合作开展专题宣传报道，利用《政协视窗》专栏专访4名提案委员，在《丰台报》开辟2个专栏，刊登8篇优秀提案；在《人民政协报》上刊登“问题导向，协商在前，注重质量，精准建言”的文章；在全市提案工作经验交流会上介绍经验交流体会，扩大了提案工作的影响力。

（孙　鹤）

重要活动

【北京市政协副主席李长友到丰台调研】 3月9日，北京市政协副主席李长友一行到丰台区调研并召开座谈会。主席刘宇就认真履行政治协商、民主监督、参政议政职能，全面贯彻北京市第四次政协工作会议精神，扎实推进政协协商民主建设，重点加强自身建设等工作进行了汇报。副主席冯晓光、秘书长赵冬辰出席。

（孙　鹤）

【外省市同仁到丰台考察交流】 5月9日，贵州省兴义市人民政府副市长青松、市政协副主席田进领一行到丰台考察交流义务教育均衡发展工作。6月29日，辽宁省瓦房店市政协副主席蒋国英一行到丰台考察新发地市场。

（孙　鹤）

【迎接北京市医疗服务体系调研组调研】 8月23日，市政协“优化完善医疗服务体系，有效实施分级诊疗”调研组到丰台调研并召开座谈会。副区长张鑫就丰台区关于“深入落实医疗改革，努力构建分级诊疗制度”的情况作了介绍。市政协副主席李士祥出席并讲话。市政协教文卫体委员会主任王守法主持座谈会。区委书记汪先永，区长冀岩，区政协主席刘宇、副主席冯晓光、秘书长赵冬辰陪同调研并出席座谈会。

（孙　鹤）

【召开政协讲坛专题报告会】 11月23日，召开《政协讲坛》专题报告会，邀请区政协委员、首都经济贸易大学经济学博士、副教授、财政系主任郎大鹏作“以中共十九大精神为统领，创新和完善财政宏观调控”为主题的报告。赵冬辰主持报告会。

（孙　鹤）

政法　军事

政　法

【概　况】 2017年，区委政法委在区委区政府的正确领导下，认真学习贯彻落实十九大会议精神和习近平总书记系列重要讲话精神，按照中央、市委、市委政法委、区委区政府的要求，以党建为统领，紧紧围绕“两件大事”中心任务，以区域安全稳定和疏解整治促提升专项行动为主线，牢固树立“四个意识”，深入推进法治丰台建设、平安丰台建设、过硬政法队伍建设，各项工作取得阶段性成效，为区域持续发展作出了应有的贡献。

（梁　超）

【圆满完成重大活动安保维稳任务】 年内，坚持维稳第一责任，全力做好“一带一路”国际合作高峰论坛和党的十九大维稳安保“两件大事”，以及全国“两会”、建军90周年、全民族抗战爆发80周年等重大会议活动、重要节假日、敏感时期政治安全和社会稳定工作。实现全委动员、全员参与、全体督查的模式，深入全区街道乡镇和重点区域，强化对重点人员、地区、部位管控，实现了中央提出的“五个坚决防止”和市委提出的“大事不出，小事也不出”的工作目标。

（梁　超）

【妥善处置和化解突出矛盾问题】 年内，强化对重点群体动态掌控，建立智能单兵群体事件指挥系统，妥善处置群体访200余批次2万余人次，有效化解群体矛盾34件，平稳处置了商住房、涉军访、善心汇、马家堡嘉园一里煤库、京温市场、岳家楼等一批群体性聚集上访问题。尤其在处置“善心汇”群体事件中的有效作法，成为经典案例，得到市委、市委政法委和区委的充分肯定，相关领导相继批示，总结成果，固化经验。

（梁　超）

【推进重大决策社会稳定风险评估】 年内，紧紧围绕征地拆迁、环境保护、产业结构调整、企业改制、民生保障等重点领域，全面推进“应评尽评”，完成评估110项，其中涉及重大项目类105项，政策措施类13项。

（梁　超）

【召开政法委员会全体（扩大）会议】 3月28日，区委政法委召开2017年中共丰台区委政法委员会全体（扩大）会议，研讨2017年政法工作面临的形势、困难及解决办法。区委常委、政法委书记高峰、区委常委、副区长、区委政法委副书记吴继东、副区长、丰台公安分局局长、政法委副书记王新元、区法院院长张雯、区检察院检察长叶文胜及全体委员参加会议，区委政法委机关领导班子列席会议。

（梁　超）

【支持司法机关落实各项司法改革任务】 年内，配合完成监察体制改革试点工作，组织召开检察院座谈会，做好反贪、反渎和职务犯罪预防等部门职责机构人员转隶工作，确保工作衔接有序。推进检察机关提起公益诉讼试点工作，进一步加强对行政权力的监督。配合区法院成立专审简易民商事纠纷的速裁庭，推进案件繁简分流。与丰台公安分局、区检察院建立证据提示反馈机制，提升证据采集的有效性，全年退补侦查案件有效下降。积极对接相关部门，加强环境污染、生态破坏等环境违法行为的行刑衔接力度，构建我区环保法制化治理体系。

（梁　超）

【提升服务区域发展法治保障力度】 年内，出台《关于充分发挥政法职能作用为“疏解整治促提升”专项行动提供法治保障的意见》，从法治层面切实保障专项行动顺利进行。牵头召开专题公检法联席会5次、协调会37次，重点研究案件31件。

（梁　超）

【稳步推进区法学会建设】 年内，区法学会作为全市唯一一家试点单位，及时落实人员编制，成立区法学会党组，组建“丰台区法学会秘书处”，法学会机关正式挂牌，实现“机构建起来、人员配起来，牌子挂起来、经费保障起来、工作开展起来、作用发挥出来”的目标，圆满完成了试点任务。

（梁　超）

公　安

【概　况】 2017年，丰台分局以党的十九大精神和习近平总书记系列重要讲话精神为引领，坚持以人民为中心的发展理念，牢记“四句话、十六字”总要求，坚持“四个第一”理念，坚持“万无一失、一失万无”标准，坚持“细致、精致、极致”作风，聚焦整体防控，突出以面保点，深化改革创新，强化科技支撑，圆满完成了党的十九大、“一带一路”国际合作高峰论坛等一系列重大安保维稳任务，确保了全区社会大局持续稳定。全局刑拘3755人，治拘7818人，同比分别上升6.2%、14.8%；破获现案4319起，同比提升7.2%；命案破案率连续7年保持100%；八类危害严重案件破案率达81.2%；“两抢一盗”破案率同比上升7.5%；缴获毒品量同比提升36.1%。全年接报110刑事类、秩序类警情同比分别下降20.1%、26.8%。全区50处“6+N”治安重点地区、25处拥堵点位面貌明显改善。派出所“两队一室”、“7×24小时”警务模式全面实施，80个社区实现了零发案。创新消防“四捆绑、四联动”工作机制，清剿各类安全隐患53806处，火灾起数、伤亡人数同比分别下降34.6%和20.0%。人民群众安全感满意度达到95.2%。统筹全国“两会”、“一带一路”国际合作高峰论坛以及党的十九大等重大活动安保维稳工作，对68项重点工作、358项具体任务进行项目化管理、账单式推进，确保了系列重大安保有序有效有力向前推进。深化“局领导、专项办、职能部门”三级督导体系，累计检查督导270次，下发《指令单》《督办单》159件，确保责任措施落实到位。严格落实“七控”机制，坚决守住“绝不能发生规模聚集”的底线。深入踏勘研究，对40项基础数据开展滚动摸排，全方位严密警卫措施，全年投入警力9421人次，圆满完成371次警卫任务。

（李战文）

【及时处置信访事件】 年内，全方位搜集掌握、研判核查涉访维稳信息2317件，全部落实“四个第一时间”要求，及时查获扬言滋事人员395人。全年妥善处置群体访及群体性事件708批次、35420人次。久敬庄接济服务中心分流劝返涉访人员120104人次，确保了绝对安全。

（李战文）

【防恐反恐确保一方平安】 年内，以反恐办实体化运行为牵引，在各街乡镇成立反恐怖工作领导小组并建立反恐处突小分队。制定方案预案56件，开展培训、演练活动12次，开展明察暗访、对抗式检查72次，累计检查重点目标、单位600余家次。对320件涉恐线索严格落实“一条不漏、一刻不误、一查到底”，刑拘13人。开展易制爆危险品、管制刀具、“低慢小”航空器等专项整治，收缴枪支、枪状物870支、子弹4346发。检查行业场所2.4万余次，取缔黑开场所117家，推动全区物流寄递单位、门店100%安装视频监控，确保“三个100%”管理制度落实。

（李战文）

【快速破获各类重大刑侦经侦案件】 年内，快侦快破各类重大敏感案件和个人极端案件，年内14起命案现案全部侦破。核查涉枪涉爆线索494条，破案50起，刑拘65人。办结市局、分局督办案件178件，破获入室盗窃、涉车盗窃案件数均位居全市三甲；建立“主动防范、夯实基础、以防代打”的经侦工作模式，破案655起，刑拘345人，经济犯罪发案同比下降11.7%。专项牵动，联合执法，破获环食药领域犯罪案件111起，刑拘165人。打击处理“三非”外国人155人，同比上升50.5%。

（李战文）

【开展“疏解整治促提升”专项行动】 年内，与大排查大清理大整治专项行动有机结合，对流动人口聚居地区、治安复杂地区不间断开展“地毯式”清查整治，累计检查出租房屋、中小旅店、娱乐场所5.4万家次，关停1200余家，协同拆除违法建设57.2万平方米。将“雪亮工程”与大视频警务同步推进，筹划新建监控探头1800余个，整合视频资源3900路，推进三、四级视频平台资源共享联动。健全大数据分析研判、预警查控机制，预警预防线索2600余条，查获一级临控以及在逃人员2826人。以派出所“两队一室”、社区警务室7×24小时值守和“零发案”社区创建为抓手，实地入户走访检查出租房屋13.6万户，审查流动人口64.9万人，推广安装智能门禁、视频监控等各类安防设施8700余套，处理违规房主4035人。规范侦审一体化办案流程，大力推进执法办案规范化、信息化，积极拓展“办案中心+”职能，实现执法过程全流程监督。办案中心规范办理案件3440起，审查各类违法犯罪嫌疑人5589人，实现了案件办理“零差错”和执法安全“零事故”。

（李战文）

【抓党建正廉风】 年内，完善“党委理论中心组、党（总）支部、党小组”三级学习模式，实现“两学一做”教育常态化制度化。积极推进“党员活动室”建设，组建21支青年突击队，切实发挥党支部战斗堡垒作用和党员先锋模范作用。自主开展“入脑入心学讲话、见微见细促养成”纪律作风主题教育活动，坚持“三会一课”制度，严格“六大纪律”执行，运用监督执纪“四种形态”，持之以恒整治“四风”问题。强化领导干部战时跟进考察，执纪问责4起6人次，行政告诫、行政处分、党纪处分16人。规范悬挂“四句话、十六字”总要求标牌，改造建成健身房、图书室，开展系列文体活动，拍摄微视频10余部，营造出忠诚、学习、廉政、健康、和谐的警营文化氛围，涌现出赵志岩、刘艳庆、巴德实等一批先进典型。表彰表扬先进单位751个次、民警321人次，对134名民警记功、嘉奖。依托“丰台警事”“最美丰警线”等平台，在人民网、北京电视台等主流媒体，宣传公安改革以及先进典型500余篇。

（李战文）

【推动全局公务用枪管理】 年内，丰台分局按照公务用枪数字化改造项目建设实施工作安排，组织开展配枪部门、配枪人员、公务用枪、枪库（室）柜和检查、安全教育、培训考核、保养等各类信息的录入核对工作，完成了智能枪弹柜与《全国枪支管理信息系统3.0版》连接工作，为分局运行全国枪支管理信息系统，实现枪支动态化管理奠定了基础。全年检查配枪部门260余家次，发现整改各类问题30余个，下发检查情况通报15期。确保了重大安保及节日期间分局公务用枪管理使用绝对安全。

（李战文　崔　莹）

【部署完成重大安保勤务任务】 年内，丰台分局认真研究、缜密部署，实现了统筹协调科学化、勤务组织规范化、警力调配合理化的工作目标，圆满完成了全国两会、高峰论坛、国庆黄金周、十九大等重大安保任务。全年，累计为上述重点勤务调配警力5.8万余人次，根据警情级别累计调动街面巡逻车组8300余辆次，流转各类情况550余件。

（李战文　崔　莹）

【成功处置“善心汇”聚集事件】 7月24日凌晨4时起，9000余名“善心汇”人员在丰台区大红门地区聚集。丰台分局在市局党委和区委、区政府总体部署指挥下，坚持发现在早、控制在先、处置在小，及时将聚集人员引流封控至大红门福海公园内，迅速控制了事态，平稳分流，成功化解了该群体到政治中心区规模聚集的风险。此次分局共出动警力2000余人，市局支援警力和武警5800余人。对83名聚众扰序、寻衅滋事的犯罪嫌疑人依法审查处理，其中，刑拘48人，治拘4人，2人移交专案组。

（李战文　陈　钢）

【规范警用装备佩带管理】 年内，丰台分局按照公正执法护平安专项活动规范警用装备佩带工作部署，以查漏补缺，规范管理，培训督导，整改问责为工作主线，以“系统牵头、垂直指导、全面覆盖”的形式，开展全局规范警用装备佩带管理工作。基层实战单位分别制定自查整改工作方案，共发现问题24件，均已整改完毕。开展“三个一”标兵评比、“学有规定，做有榜样”、“以案释法”工作，挖掘各实战单位工作闪光点，做好创先争优表彰推树工作。

（李战文　崔　莹）

【加强公共关系建设】 年内，丰台分局警察公共关系科不断加大正面宣传力度。市属媒体及网站刊发报道160余篇；丰台警事微博平台发布信息2114篇、微信平台发布217篇、今日头条等客户端平台发布信息89篇，累计阅读量3000余万次。其中，民警赵志岩飞身解救轻生男子以视频形式发布现场录像，单篇播放量200余万次，被央视新闻、北京电视台等多家媒体转发报道，成为当月正面宣传网络热点。

（李战文　王　鹏）

【落实轨道交通“人物同检”勤务】 年内，丰台分局贯彻落实关于轨道交通“人物同检”勤务工作，按照“科学布控、统筹指挥、协调联动”的原则，在现有社会面控制力量投入的基础上，切实做好十九大期间轨道交通“人物同检”勤务工作，以两个高峰时段为控制时段，进一步加大轨道交通站点周边巡控震慑力度，切实做好巡控震慑、秩序维护、处突备勤工作，确保辖区轨道交通站点周边治安秩序良好。全年分局地上地下一体化工作共出动警力2.5万余人次，辅警1.3万余人次，巡逻车1.8万余车次，警犬1300余次，盘查核录11万余人次，开展地铁周边专项清理整治260余次，清理无照游商460余人，刑事拘留11人，治安拘留430人。

（李战文　崔　莹）

【维护民警执法权益】 年内，丰台分局充分发挥分局维权办的作用，把执法维权作为爱警工作的重要内容，积极开展维护民警执法权益工作，分局维权委各部门协同配合，通过增加单警装备的资金投入，加强执法培训、有效指导一线民警开展执法工作，使分局民警受侵害情况呈明显下降趋势。全年共查处侵犯民警执法权益案件84件，同比上升75%。涉及被侵害民警109人，共处理嫌疑人

104人，其中刑事拘留86人，行政拘留15人，批评教育2人，送精神病院1人。

（李战文）

【加强基层民警执法培训】 年内，丰台分局推行法律要求与实战应用相结合的培训模式，针对执法办案中存在的具有普遍性、规律性、突出性的执法问题，以及易发生问题的薄弱环节，结合实战案例，组织开展贴近实战、贴近基层的执法培训。今年以来，通过法律讲座、案例讲评、旁听庭审等多种形式开展二级培训80余次，参训民警4000余人次。

（李战文　陈　峰）

【开展“两入两见”纪律作风主题教育】 年内，丰台分局在全局范围内自主开展了名为“入脑入心学讲话、见微见细促养成”纪律作风主题教育活动。为取得“入脑入心”的教育效果，分局从“见微见细”处认真谋划，在阶段划分上，坚持逐步递进原则，在内容选定上，坚持与时俱进原则，在教育主体上，坚持广泛参与原则，在组织实施上，坚持合力推动原则。通过教育活动，从点滴细节为全体民警亮明了纪律红线，树立了道德高线，筑牢了思想防线，确立了行为底线。活动期间，共讲授专题党课224次，开展交流讨论168场 。

（李战文　徐　刚）

【打击整治网络违法“日租房”成效显著】 年内，丰台分局按照“从严从紧、收紧地皮、寸土必保、隐患清零”的工作要求，开展打击整治网络违法“日租房”专项工作。梳理汇总网上违法经营“日租房”线索74条，与法制、人口和治安部门会商，合成作战，组织辖区派出所进行规模化清理整治，取缔、关停61家日租、短租旅馆和群租房（专项工作开展以来，全区清理此类房屋119家，占比为51.3%），行政拘留9人（全市处置38起，占比为23.7%），警告、罚款处罚40余人，成效显著。

（李战文　曹洪英）

【开展“四捆绑四联动”消防工作法】 年内，丰台分局开展四项捆绑联动举措，充分整合群防群治力量、网格化组织和社会防灭火资源，加强应急联动和协同作战能力，有效形成联勤联动新格局。全年共接警出动5003起，其中，火警出动2947起，抢险救援892起，社会救助1156起，出动车辆1.1万余车次、人员6.1万人次。“四捆绑四联动”即：消防专员与派出所所长捆绑联动机制、辖区警务室与微型消防站捆绑联动机制、网格民警与高层建筑楼长、经理人捆绑联动机制、消防支队与群防群治力量捆绑联动机制。

（李战文）

【扎实推进高层建筑综合治理】 年内，丰台分局消防支队联合区政府相关部门成立实体化专班，抽调公安消防、住建委等部门专家骨干，成立2个专项调研组，对13栋高层建筑样本开展全面调研，为推进高层建筑综合治理提供了科学分析；逐级落实职责任务，对全区21个街乡镇逐村逐院逐栋开展摸排，上账全区高层建筑2284栋；落实66栋消防设施瘫痪高层住宅、198栋外保温易燃可燃高层建筑管理单位责任，加快公共维修资金启用程序，推进消防隐患整改，有效提升了高层建筑火灾防控水平。

（李战文）

【出入境管理推出6项便民措施】 年内，丰台分局在出入境管理工作中，推出6项便民措施，分别是投入使用新版一次性告知单，让群众对自己办理的业务所需材料一目了然，提高了办事效率；派出所安装自助打表机，减少了填表时间，省去打印照片的环节；扫描仪“变”复印机，为需要复印证件的申请人减少大约5分钟的等候时间；自创“一图教你办出入境证件”，绘制卡通易懂的图案，再配以通俗的文字；出入境证件费用下调，出入境证件价格均下调约20%；开通微信支付功能，仅需扫描二维码即可缴费。

（李战文）

【坚持“一办到底”工作机制】 年内，丰台分局根据侦审一体化、执法规范化工作要求，制定了《案审部门前置到办案中心对案件进行指导的工作意见》，要求法制案审部门从捆绑作战模式转变为全程审核监督模式。落实首办民警责任制，明确案件问责机制，首办民警即为主办民警，从受理案件一直到案件起诉均由主办民警负主责，真正实现了“一办到底”工作机制。全年逮捕1299人，同比上升3.3%；起诉2541人，同比上升4.1%；强制戒毒215人，同比上升3.9%；收容教育140人，同比上升42.9%。

（李战文　陈　峰）

【率先推进反恐实体化建设】 年内，丰台分局在全市率先推进反恐实体化建设工作，制定出台了《关于推进丰台区反恐怖工作和机构实体化运行的实施意见》，进一步完善反恐防恐工作组织架构，明确责任分工。各街乡镇比照区反恐办模式，成立本单位反恐怖工作领导小组，并在属地派出所设立办公室。各街乡镇建立反恐处突小分队，切实将反恐工作向基层组织延伸，有效提高了基层单位反恐防恐实战能力水平，该工作机制在市反恐办以专刊形式在全市进行经验推广。

（李战文　袁　丁）

【强化花乡二手车市场整治】 年内，丰台分局针对花乡二手车市场周边关注群体管控难、二手车非法交易等反恐防恐隐患成立工作专班，建立常态化清整与根源性治理工作机制。分局累计核录关注群体1405人，清理游商331人次，劝离车辆6700余辆次，拖车457辆，处罚机动车143辆，整改消防隐患5处。

（李战文　夏彬彬）

【开展“断粮行动”打击违法专项行动】 3月起，丰台分局针对汽油安全隐患，以全区82家加油站为重心，严打严查摩托车、出租车无牌无证、使用虚假证件加油等违法犯罪行为，依法拘留548人。在三个波次的打击“克隆”出租车专项行动中，核查出租车7249辆，核录人员10483人，刑拘49人，治拘1人，扣押克隆车14辆。

（李战文）

【缉枪治爆专项行动全市排名第一】 5月至11月，丰台分局在全市开展的缉枪治爆专项行动中排名第一。分局治安支队充分发挥牵动作用，加强与各职能部门和派出所联动协调，通过周推进、月小结、季度督导的形式，全面推进专项工作。期间，共排查各类场所1407处，发现并整改各类问题隐患74处；发放各类宣传材料18万份、悬挂横幅1786条；摸排涉危从业人员604人，涉危违法犯罪人员50人；收缴枪支52支、仿真枪544支、枪状物76套、各类子弹4293发、管制刀具150把，拘留以上处理72人（刑拘57人、治拘15人）。

（李战文　李　竞）

【推行“两队一室”警务运行模式】 7月，丰台分局正式推行派出所“两队一室”警务运行模式。紧密结合区情特点，组织各职能部门和派出所倒排工期，将33个派出所划分出7大片区。以“松绑减负、提质增效”为目标，进一步规范落实对派出所的指导、培训、保障、监督、考核等工作。采取职能部门系统考核和政府群众打分的方式，评选出了5个先进派出所、10支优秀社区警务队、20名优秀网格民警及10个示范达标社区警务室。

（李战文　周　筠）

【加强辖区社会面重点单位视频资源管理】 7月，丰台分局为实现对全区社会面重点单位视频资源的有效管理，分局视频警务大队会同治安支队、内保大队等部门，共同组织开展了社会面视频资源管理专项行动。组织各派出所完成了对全区社会面视频资源摸排统计工作，对全区3026家共计6.9万路图像资源进行登记，并建立四级视频平台管理台账；完成全区870家宾馆、旅店和135家快递点智能摄像机安装联网和56家四级视频平台第一批重点推进场所视频系统建设，全面提升了三级平台对辖区重点单位的监管和指挥能力。

（李战文　于　博）

【开展“铲非”专项行动】 10月7日至十九大结束，丰台分局在全区范围内开展以打击“三非”为主的“铲非”专项行动即打击辖区内“三非”境外人员专项行动。三非包括：非法入境、非法就业、非法居留的境外人员。专项行动开展以来，全局共查处“三非”外国人30起，其中处罚“三非”外国人18人（拘留2人），同比去年6人上升183%；聘用或介绍外国人非法就业12起，同比上年2起上升500%；罚款25.5万元，同比上年7万元上升214%；办理“违住”案件51起，同比上年7起上升542%；核录境外人员2718人次。

（李战文）

【社区警务信息化建设】 10月16日，丰台分局为进一步推进社区警务信息化建设，开通了“社区基本情况”、“实有人口走访”、“安全隐患管理”、“可疑车辆排查”等6个应用系统工作模块，为完善安保基础数据、服务安保实战提供了有力支撑。分局为709名派出所民警开通应用权限，累计采集基础数据4909条，实现了“即时采集、信息共享、实时比对、动态考核”的应用效果。为流管员配发了307台“流动人口和出租房屋信息录用移动终端”，增强流管员动态采集，实时录入的工作效率。

（李战文　周　筠）

【综合实战技能大比武得佳绩】 12月，丰台分局在市局反恐怖和特警总队组织开展的综合体技能、射击和狙击等科目警务实战技能考核中，分局反恐怖和特巡警支队派出6名队员，取得综合体技能单科目团体第一名；狙击单科目团体第三名；狙击个人第二名；综合体技能个人第三名、第四名的优异成绩。

（李战文　袁　丁）

检　察

【概　况】 2017年，丰台区人民检察院（以下简称检察院）严格履行检察职能，切实维护社会公平正义。严格检察监督，全年监督公安机关立案14件14人，监督撤案34件35人；通过“两法衔接”平台发现违法线索52件，向行政执法机关发出检察建议移送函17件；同步审查法院一审刑事裁判，提出抗诉6件；加大线索摸排，受理行政诉讼监督案件7件，实现司法改革以来零的突破。严密司法审查，审查提请批准逮捕刑事犯罪案件1312件1679人，批准逮捕1048件1306人；审查提请批准延长侦查羁押期限案件45件177人；开展羁押必要性审查58件58人，向办案单位发出变更强制措施建议22份。严肃国家追诉，办理审查起诉案件1991件2506人，提起公诉1696件2078人。严防冤假错案发生，完善不捕不诉工作机制，全年不批准逮捕259件363人，不起诉301件387人。推行不起诉公开审查，成立全市首家不起诉公开审查工作室。

（张　倩）

【做好转隶期间案件收尾和线索清理移交】 年内，检察院划转56名政法专项编制（含转隶人员39人）到区监察委。整理筛查出有价值线索52件，经审查后移交区监察委23件。建立健全转隶后检察机关内部案件接收、案件流转等工作机制，健全落实与区监察委联络协调、工作例会等制度，理顺内外部关系，强化工作对接。7月，检察院依法受理审查丰台区首例监察委移送案件，并对涉嫌受贿罪的犯罪嫌疑人作出逮捕决定。年内共办理区监察委移送的职务犯罪案件4件4人。

（张　倩）

【深化推进司法责任制改革】 年内，按照市检察院部署两次组织员额检察官遴选，选配10余名检察官充实到办案一线。完善改革配套制度机制，按照“抓两大放两小”原则，即重大疑难复杂案件和可能影响其他执法司法机关判决、裁定、决定的诉讼监督案件，这两类案件仍由检察长（副检察长）、检察委员会决定；一般案件的处理决定权，以及所有案件的非终局性事项、事务性工作决定权均可以授予检察官，出台本院《重大、疑难、复杂刑事案件认定标准（试行）》。制定《领导干部办案工作规定》，加强对领导干部办案数量、质量的考核；制定并落实《丰台区人民检察院检察官、检察辅助人员业绩考核实施细则》，科学评价其工作实绩和德才表现，促进依法、规范履职。

（许　璐）

【创新认罪认罚从宽案件办理工作制度机制】 年内，检察院落实《认罪认罚试点实施细则》，探索认罪认罚从宽案件办理“一网、三室、四措施”丰台模式，“一网”即与区公安分局、区法院、区司法局搭建认罪认罚从宽办案信息共享网络平台，“三室”即公检法司办案共享平台与认罪认罚工作室、值班律师工作室以及刑事和解工作室，“四措施”即与区法院会签《维护被害人权益工作意见（试行）》、与区法院会签《认罪认罚从宽案件明确量刑建议工作办法》、与区公、法、司会签《刑事案件控辩审量刑协商备忘录》、检察院轻罪案件检察部制订本院《相对不起诉工作办法》。6月，检察院认罪认罚从宽制度改革相关配套设施就位，值班律师工作室启用，刑事和解工作室、认罪认罚工作室挂牌运行。健全完善控辩审三方量刑协商、检察官提出量刑建议、被害人权益保障、与不起诉案件衔接等制度机制。年内共办理认罪认罚从宽案件726件786人，认罪认罚量刑建议采纳率达85%以上。

（许　璐）

【服务保障“疏解整治促提升”】 年内，严厉打击与疏解非首都功能相背离各类犯罪，起诉严重影响专项行动开展和社会稳定的刑事犯罪案件47件63人；出台检察院《服务保障“疏解整治促提升”专项行动重点任务责任分工的意见》；推行涉京津冀协同发展案件优先办理。赴河北开展附条件不起诉帮教，探索京津冀一体化未成年人案件检察工作。贯彻落实北京城市总体规划部署，结合区位特点提出落实市检察院“一横一纵多项”新格局的工作思路和具体措施，区委书记批示肯定。与中铁电气化局等区内企业开展法治交流座谈，收集意见建议，服务辖区企业发展和单位廉洁建设。

（许　璐）

【检察环节风险防控成效显著】 年内，检察院提前做好预案，妥善应对处置“e租宝”“善心汇”等案件相关人员集体访，坚持释法说理、防控风险，避免案件在检察环节被激化。9月，出台《北京市丰台区人民检察院关于进一步加强检务接待工作的意见》，提高检察环节矛盾纠纷化解效果，切实维护区域安全稳定。拓展法律援助范围，全年帮助一般刑事案件犯罪嫌疑人、被害人申请法律援助60件；受理各类信访线索434件，受理群众和单位控告线索85条，接受举报20件、案件申诉129件。

（张　倩）

【会签开展公益诉讼沟通协作文件】 为贯彻落实最高检察院关于深入开展公益诉讼试点工作电视电话会议精神和全市检察机关公益诉讼试点推进会精神，扎实推进丰台区公益诉讼，加强对行政权的监督，强化对国家和社会公共利益的保护，1月13日，检察院与区法院、区公安分局、区监察局、区环保局、区住建委、区市政市容委、区水务局、区园林绿化局、区法制办、区国土分局、区工商分局、区食药监局、区城管局等区属十三家司法和行政单位会签《公益诉讼工作沟通协作办法（试行）》。主要内容是：规范公益诉讼线索发现和移送程序；建立民事公益诉讼联合调查机制；固化信息沟通联络制度。

（许　璐）

【叶文胜检察长在区人大常委会上进行宪法宣誓】 3月28日，检察长叶文胜在丰台区第十六届人大常委会第三次会议上进行庄严的宪法宣誓，以宣誓的方式回望初心，将宪法作为引领行动的指南，对党和国家事业、对人民群众作出庄严承诺。宪法是国家的根本法，是治国安邦的总章程，具有最高的法律地位、法律权威、法律效力。2015年7月1日第十二届全国人大常委会第十五次会议通过的《全国人大常委会关于实行宪法宣誓制度的决定》正式确立了中华人民共和国的宪法宣誓制度，体现了中国共产党依法治国、依宪执政的坚定信念。通过举行宪法宣誓仪式，严格践行宪法宣誓制度，有利于彰显宪法权威，增强公职人员宪法观念，激励公职人员忠于和维护宪法，也有利于在全社会开展普法教育，增强群众的宪法意识，营造尊重宪法、宪法至上的良好社会氛围。

（许　璐）

【保护知识产权工作成绩突出】 4月，检察院金融犯罪检察部审查办理的5件案例入选2016年度北京市检察机关知识产权刑事犯罪案例，此次评选检察院为全市16个区县检察院中入选案例最多的单位。具体包括张某某销售假冒注册商标的商品案，白某某假冒注册商标案，胡某某假冒注册商标案，朱某某、曹某某销售假冒注册商标的商品案，唐某某销售假冒注册商标的商品案。其中，张某某销售假冒注册商标的商品案系该年度典型案例中量刑最重、罚金刑最高的案件。本案涉及民众认知度较高的阿迪达斯、耐克等品牌，查扣假冒商品14000余件。检察院在办理案件时，积极引导公安机关侦查取证，准确认定涉案金额195万余元。及时调取相关证言，有力驳斥被告人虚假供述，使得法院全部认可检察机关的指控，对被告人判处有期徒刑，并处100万元罚金。检察机关有效引导侦查，准确、快速办结案件，从被抓获到判决，仅仅用3个月时间，体现了办案质量与效率并重的特点。检察院不断加强知识产权刑事司法保护、严厉打击侵权行为、服务北京科技创新中心建设的做法，实现了法律效果、社会效果的有机统一。

（许　璐）

【通力协作打击家庭暴力行为】 4月，为进一步加强公、检、法、司、妇之间打击暴力行为中的通力协作，有效预防和制止家庭暴力，保护家庭成员的合法权益，促进丰台区家庭和谐、社会稳定，检察院会同区妇联、区法院、区公安分局、区司法局联合签署《关于落实〈中华人民共和国反家庭暴力法〉的实施意见》，促进区域家庭和谐。其主要内容是：明晰反家庭暴力中各方责任。规定了丰台区公、检、法、司、妇联在家庭暴力案件中各自承担的责任，明确检察机关应当依法及时办理涉及家庭暴力的案件；细致规范检察机关处理批捕、公诉案件，做好立案监督。检察机关对于区公安分局提请批准逮捕、移送起诉的涉及家庭暴力案件，应当及时审查，作出批准逮捕或不批准逮捕、起诉或不起诉的决定。检察机关认为犯罪事实已经查清，证据确实、充分，依法应当受到刑事处罚的，应当做出起诉决定，向区法院提起公诉。检察机关认为区公安分局应当立案侦查而不立案侦查的家庭暴力案件，或者受害人认为区公安分局应当立案侦查而不立案侦查，而向区检察院提出控告的家庭暴力案件，区检察院应当认真审查，认为符合立案条件的，应当要求区公安分局说明不予立案的理由。区检察院审查后认为不予立案的理由不能成立的，应当通知区公安分局依法立案，区公安分局应予立案；建立信息沟通联络制度。要求检察机关与区法院、区公安分局建立沟通协作机制，完善家庭暴力台账，设立家庭暴力案件联络员，对案件进展和关键节点进行统计。该文件同时规定，对于案情疑难复杂的，可书面报告区委政法委，会同其他单位或部门共同研究、推动案件进一步开展。

（许　璐）

【涉罪未成年人观护帮教基地企业税收优惠】 年内，为充分发挥附条件不起诉监督考察对未成年人的教育矫治作用，鼓励各观护帮教基地合作单位的积极性，支持该爱心事业长效长足发展，检察院密切关注并支持观护帮教基地工作。2017年丰台区第十六届人大代表在区两会上提交“关于对涉罪未成年人观护帮教基地企业给予税收优惠的建议”的提案。5月8日，为落实该提案，检察院会同区政府办、区国税局、区地税局等部门及检察院挂牌的观护企事业2家代表单位召开联络会。会上，检察院就代表提案的相关背景进行了介绍，尤其就观护帮教基地的性质及在开展未成年人观护帮教服务、帮助未成年人预防犯罪、顺利回归社会所起的作用向参会单位代表进行了详细解读，税务部门代表向观护基地企业可能牵涉的一些税收方面法律政策进行了详细介绍，表示将在法律法规范围内为观护帮教基地的爱心企业提供优惠政策，对于涉罪未成年人观护帮教工作中的民办非企业单位可以申请认定非营利组织免税资格，符合要求的收入可以作为不征税收享受企业所得税；对于涉罪未成年人观护帮教基地企业符合促进就业企业所得税税收优惠政策、安置残疾人企业所得税优惠政策，可以享受税收优惠；区国税局可对涉罪未成年人观护帮教基地企业优化纳税服务、提供一对一纳税辅导，减少企业涉税风险；针对丰台区检察院提供的观护帮教企业的抄送名单，税务部门对涉及企业的纳税信用等级评定可开辟绿色通道，优先评定。检察院成为全市首家落实该税收优惠政策的区县检察院。

（许　璐）

【会签执行社区矫正人员财产刑、附带民事赔偿文件】 6月8日，检察院与区法院、区司法局召开《执行社区矫正人员财产刑、附带民事赔偿案件的意见（试行）》签字仪式。这是检察院深入贯彻落实财产刑执行专项检察“回头看”活动，促进财产刑执行及检察监督工作全面深入开展的重要举措。《意见》的出台有利于实现检察机关对财产刑执行的检察监督工作走向制度化、规范化、程序化，促进刑事执行检察部门深耕监督主业，努力提高检察监督工作实效和水平，同时推动财产刑执行检察实现常态化。

（张　倩）

【移送全市首例消费民事公益诉讼案件】 6月20日，检察院向北京市检察院第四分院移送起诉罗某某、卢某某侵害消费者权益类民事公益诉讼案。12月25日，北京市检察院第四分院提起民事公益诉讼，北京市第四中级人民法院正式受理。该案是北京市检察机关开展公益诉讼试点工作以来全市首例食药类消费民事公益诉讼案件。检察院在履行公益诉讼检察职责中发现，罗某某、卢某某在位于北京市丰台区的暂住地内，通过网店向消费者销售减肥胶囊，经鉴定掺有酚酞或双氯芬酸钠有毒有害成分，销售金额约为人民币15万元。经调查，罗某某、卢某某销售有毒有害食品的行为违反了《中华人民共和国食品安全法》第七十四条、第七十五条等规定；二人销售有毒有害食品的对象涉及人数众多，危及不特定消费者人身健康安全，损害社会公共利益，罗某某、卢某某应当依法承担相应的民事责任。这是检察院充分发挥检察职能，积极开展公益诉讼试点工作，维护社会公共利益的重要体现。

（许　璐）

【加强未成年人关爱保护】 6月，为进一步贯彻《国务院关于加强农村留守儿童关爱保护工作的意见》和《北京市人民政府关于加强困境儿童和留守儿童保障工作的实施意见》，检察院与区民政、综治、法院、教委、公安、财政、卫计委会签《丰台区留守儿童和困境儿童“合力监护、相伴成长”关爱保护专项行动实施方案》。方案明确提出，要将辖区内所有儿童纳入到关爱保护伞中，营造丰台区家庭、学校、政府、社会齐抓共管、关爱留守、困境儿童的良好氛围。通过拉网式排查、跟踪式管理、市区街居四级网报等高效工作方法，在监护、维权、信息统计三个着力点上夯实对留守、困难儿童的保护工作。强化落实“监护、临时监护、控辍保学、户口登记、侵权保护、强制报告”六个方面的工作责任，统合八个机关工作职能，共同构建全方位的儿童保护体系。9月26日，检察院召开“预防校园欺凌”专题新闻发布会，团区委、司法局、中鼎社会工作事务所以及新华社、检察日报、正义网的媒体记者共同参加了专题新闻发布会活动。会上，检察院未成年人案件检察部负责人以列举校园欺凌类典型案例的方式向与会代表介绍了未检部门办理和预防校园欺凌工作的情况，并播放了检察院自主制作的微动画《对校园欺凌说 NO》，通过生动活泼的讲述方式与守护校园安宁的“检小丰”卡通动漫形象，让与会代表和新闻媒体对校园欺凌现象有了零距离的了解。与会嘉宾和新闻媒体均表示，净化未成年人成长环境需要全社会的合力，将为检察机关开展校园专项治理活动提供全方位的报道，守护校园正义，还孩子们一片净土、蓝天，并将对近年来检察机关法律监督工作中的创新成果给予宣传支持。

（许　璐）

【首次在羁押场所内举行不起诉公开听证】 9月27日，检察院就崔某某危险驾驶案在丰台看守所举行不起诉公开听证。这是检察院首次在羁押场所内举行的不起诉公开听证。会上，案件承办人充分听取了在押犯罪嫌疑人以及辩护人、案件侦查人员、特约监督员、纪检监督员等多方人员的不同意见。会后，承办人在全面审查事实证据的基础上，参考听证意见，最终依法对该案件作出不起诉决定，释放犯罪嫌疑人崔某某，取得了良好的法律效果和社会效果。不起诉公开听证是指检察院对案件提出拟作不起诉处理的意见后，通过举行公开听证向公众说明不起诉的理由，并听取各方意见，进而对事实和证据作出科学、合理的判断。不起诉公开听证是不起诉案件公开审查的具体体现，让司法在阳光下运行，保障了司法的公开、公平、公正，使人民群众在每一个案件中都感受到公平正义。而针对羁押场所内的犯罪嫌疑人举行不起诉公开听证，使得不起诉公开听证的适用范围从被取保候审的犯罪嫌疑人扩展到在押的犯罪嫌疑人，这是检察院完善不起诉公开听证制度的积极探索，进一步实现了不起诉听证制度的全面覆盖，也使得犯罪嫌疑人的合法权益得到了更完善的保护。

（许　璐）

【提起公诉的丰台区首例污染环境罪案件获依法判决】 9月，检察院依法受理区公安分局移送的杨某某涉嫌污染环境一案。11月，检察院以涉嫌污染环境罪对杨某某提起公诉。12月，区法院依法公开审理此案，支持检察院指控，并依法判决。该案是丰台区首例污染环境罪案件，是检察院发挥检察职能，服务区域生态环境建设的重要体现。经审查发现，自2013年起，被告人杨某某在北京市丰台区大红门西后街3号设立染坊，将生产作业过程中产生的废颜料（HW12染料、涂料废物），直接倒入室内下水道。2017年5月16日、8月4日，区环境保护局环境监察执法人员巡查时发现上述行为，分别对被告人杨某某处以罚款人民币3万元的行政处罚并责令其停止违法行为、限期改正。同年9月6日，被告人杨某某在继续从事上述污染环境的行为时，被民警查获。经认定，被告人某某所排污水属于有毒物质。12月29日，区法院认定被告人杨某某构成污染环境罪，当庭判处杨某某有期徒刑一年，并处罚金人民币2万元。

（许 璐）

【完成第四届特约监督员聘任】 12月22日，为进一步落实人大代表联络工作，按照《北京市人民检察院特约监督员工作规定》，检察院召开第四届特约监督员聘任大会，共聘任39名特约监督员。市检察院副检察长甄贞、区人大副主任王百玲参加本次大会，检察院党组成员、检察长叶文胜出席会议。甄贞代表市检察院向新聘任的特约监督员致以祝贺，并对检察院下一阶段的特约监督员工作提出要求。特约监督员是检察院聘请的对检察工作进行监督、提出意见和建议的人员，特约监督员制度是健全检察权运行的外部监督制约机制、规范司法行为、促进司法公正的重要举措。检察院按照市检察院的部署和要求先后聘任了四届特约监督员，特约监督员制度在健全监督机制、拓宽监督范围、丰富监督形式等三方面成效显著。特约监督员积极参与案件不起诉听证、参观展览、交流座谈、公众开放日等活动，积极反馈社会各界对检察工作的意见建议，有力促进了检察院各项工作的发展，提升了检察工作的社会公信力和亲和力，在检察机关和人民群众之间发挥了重要的桥梁纽带作用。

（许 璐）

审 判

【概 况】 2017年，丰台法院围绕“业务立本、提升司法保障水平；改革固基、提升长远发展动力；管理强院、提升整体工作效能；服务到位、提升司法为民能力”四大重点，抓住“团队化、规范化、信息化、专业化”四个关键，扎实履行审判职责，以优异成绩迎接党的十九大胜利召开。区法院新收案件50，708件，同比上升19.0%，首次突破5万件；审结案件51738件，同比上升10.8%；结案率89.9%，同比上升1.7个百分点；未结案5799件，同比下降15.1%；63件三年以上未结案全部清理完毕，初步扭转了边清边积的被动局面，做到了收案、结案、结案率、审判质量、法官人均结案上升，未结案下降，审判态势实现“五升一降一归零”。社会满意度测评全区政法系统第一，审判管理经验在全市法院转发。依法履行审判职责，依法妥善审结了一批备受社会关注、影响社会安全稳定、关乎人民群众切身利益的重大案件，全力保障人民群众的安全感、幸福感。主动服务保障“疏解整治促提升”专项行动，全面深化矛盾纠纷多元化解机制，全力提升司法为民工作水平，在共治共建中增强人民群众获得感。坚定不移推进司法体制改革，深入推进司法责任制、案件繁简分流、以审判为中心的刑事诉讼制度改革、智慧法院建设，努力满足人民群众对公平正义的新期待。全年，获得全国和市级荣誉112项，其中“全国法院案件繁简分流机制改革示范法院”等国家级荣誉20项；被评为“第十届北京市先进法院”“首都文明单位标兵”“北京市法院学术讨论会组织工作先进奖”；长辛店法庭被评为“北京市法院十佳人民法庭”，卢沟桥法庭被评为“北京市法院人民法庭单项工作突出贡献奖”；刑二庭被评为“北京市法院先进集体”；民三庭被评为“北京市青年文明号”；速裁庭被评为“北京市三八红旗集体”“北京市政法系统先进基层党组织”；执行局被市高级法院特别授记“集体三等功”一次。

（毕凯丽）

【依法惩治犯罪保障人权】 年内，丰台法院严惩严重暴力、严重危害社会治安、社会管理秩序犯罪，审结非法拘禁致人死亡、故意伤害、“两抢一盗”、“黄赌毒”等案件744

件，对68名被告人判处五年以上有期徒刑，妥善审结全市首例组织外籍人员偷越国（边）境案，有效增强人民群众安全感。严惩非法集资等涉众型经济犯罪，依法审结备受关注的“e 租宝”地推公司非法吸收公众存款案、涉500余名中老年人的非法吸收公众存款案、曹雪静组织领导传销活动案等，涉及投资人3500余人，涉案金额226亿元。严惩电信网络犯罪，依法审理40人的特大团伙电信网络诈骗案，对侵犯公民个人信息等群众深恶痛绝的犯罪保持高压态势。严惩贪污贿赂犯罪，大力支持国家监察体制改革试点工作，妥善审结首例由区监察委调查终结的案件，确保职务犯罪审判工作平稳过渡。认真开展认罪认罚从宽制度试点工作，对认罪认罚的被告人，特别是轻罪、初犯、偶犯的，依法从宽、从简、从快处理。全年对551名被告人适用缓刑，免予刑事处罚5人。全年审结刑事案件1741件，同比下降9.1%；对2081人判处刑罚，同比上升1.9%。

（毕凯丽）

【依法审理民事案件】 年内，丰台法院充分发挥民事审判权利保障功能，准确理解和适用新颁布的《民法总则》，审结婚姻家庭、析产继承案件3566件，对涉拆迁利益的纠纷加大依职权调查的力度，在加强实地勘验、深入街乡（镇）村了解涉案房屋情况等基础上，明确权属、平衡好各方利益。审结机动车交通事故责任纠纷1441件，积极引导保险公司进入法庭，加大调解，努力使受害人得到现实救济。审结劳动争议案件1272件，4053万元的劳动报酬得到保护。年底前，为49名外地务工人员一次性追回劳动报酬65万余元。与区武装部、军事法院等建立沟通协调机制，依法妥善审理因军队停止有偿服务政策引发的民事案件29件，近三分之一的案件半年内审结，维护好军地双方合法权益。全年共审结民事案件27，842件，同比上升7.5%。

（毕凯丽）

【充分发挥商事审判规范市场秩序的功能】 年内，丰台法院依法坚持“房子是用来住的，不是用来炒的”，对以炒房为目的随意毁约行为，依法追究违约责任，涉及虚假诉讼的，加大罚款、拘留等强制措施的适用，并在全市率先对涉房虚假诉讼行为追刑。按照“尽可能多兼并重组，少破产清算”的要求，妥善处理破产清算案件，促成20家企业继续经营，淘汰2家落后产能企业。服务保障“一带一路”建设，成立涉外案件专业审判团队，妥善审理涉欧美、东南亚等国家和地区的14件国际贸易纠纷。助力营造有活力、法治化的市场环境，依法审理公司类、P2P 等金融类案件850件，多次向互联网金融公司发送司法建议，通过微信公众号、广播电台等向公众提示投资风险，劝导理性投资。全年共审结商事案件7259件，同比上升23.7%。审结房屋买卖合同案件1232件，

（毕凯丽）

【充分发挥知识产权审判支持鼓励社会创新的功能】 年内，有效服务首都“科技创新中心”和“文化中心”建设，依法审结涉西门子、卡帕、纽巴伦等商标侵权及不正当竞争纠纷案。适用技术调查官及专家辅助人制度，推动涉计算机软件侵权纠纷高效解决。以市场价值为引导，明确不同侵权情节的赔偿标准，让侵权者付出代价。审结的“特普丽壁纸著作权纠纷案”入选北京法院十大知识产权创新案例。全年共审结知识产权案件1396件，同比上升20.8%。

（毕凯丽）

【监督支持行政机关依法行政】 全年共审结行政案件521件，同比上升20.6%，服判息诉率54.26%，同比上升14个百分点，一审改判发回重审率0.08%，同比下降0.06个百分点，协调撤诉率达21.39%，立案变更率、生效案件改判发回重审率和再审审查率均为0，法官年人均结案数126.25件、法定（正常）审限内结案率100%，裁判文书上网率99.2%。

推动行政机关负责人出庭应诉，全年30家行政机关负责人出庭诉讼，同比上升150%，51名行政机关负责人出庭诉讼，同比上升88.89%。积极利用多元调解平台、联络协调行政机关，在法律政策允许的范围内平衡各方利益，全年实质性化解促进环境整治、棚户区改造、社会保障等涉民生行政案件108件，同比增长33.3%。建立区域重大工程项目研判参与机制，围绕丰台区“棚户区改造”“河道整治”“人防工程整治”等区域项目，主动对接区政府办、区水务局、区民防局等相关单位，开展座谈11次，化解涉疏解整治促提升案件267件，涉案金额5千多万元。依法审理敏感复杂行政案件，审结全市首例涉国Ⅰ国Ⅱ环保政策行政处罚案，妥善处理关注度高的西城区百万庄拆迁安置项目85人群体性纠纷，获上级法院认可。

（毕凯丽）

【严惩拒不执行生效裁判犯罪行为】 丰台法院全年执行结案12，944件，同比上升13.1%。对1人追究刑事责任，将8人移送公安机关。开展线上线下相结合的“三屏一网”专项打击活动，在人流集中的北京西站大屏幕、恒泰广场广告屏、失信被执行人居住地基层组织公告屏及“今日头条”等移动网络媒体，滚动发布悬赏公告7个、公布失信被执行人信息6.1万人次，涉及金额9120万元，形成“一处失信、无处可藏、处处受限”的震慑局面。全年执行案件自动履行率26.6%，同比上升2.9个百分点。最高人民法院“基本解决执行难”第二巡查组在北京法院进行专项巡查时，对区法院执行工作给予肯定。做强做大执行指挥中心，实现对执行案件全流程可视化实时监管。加大网络查控力度，依法查询被执行人财产44，000次，在线冻结11，000次，在线划扣1500余万元，财产查控周期缩短近20天。大力推进司法网络拍卖，引入银行贷款业务提高房产变现率，全年在淘宝网、京东网组织拍卖171次，成交标的87个5.1亿元，网拍率位居全市基层法院首位。

（毕凯丽）

【全力服务保障“疏解整治促提升”专项行动】 年内，成立丰台区法学会法院法学研究会，加入京津冀协同发展法律研究会，就违章建筑“以租代售”等问题开展专题研讨。实地走访南苑、大红门等重点地区，对接大红门疏解工作办公室，与街乡（镇）基层调解委员会建立联动机制，提高服务保障的针对性、实效性。全年以专题座谈、司法建议、审判白皮书等形式，向相关单位提出意见建议54次。全年审结涉疏解整治刑事案件47件63人，化解涉疏解整治民商事等案件1436件，涉案金额4.3亿元。

（毕凯丽）

【诉前化解疏解整治案件成效明显】 年内，丰台法院在诉前和立案阶段委托调解涉疏解整治民商事案件554件，占涉疏解整治案件总数的44.9%；成功化解455件，成功率82%。通过10批次65天的专项调解活动，将涉及392名承租人、484套房屋的大红门地区嘉园一里煤库违建房群体性纠纷妥善化解在诉前，即时清退租金、定金等共计2.6亿元。“一揽子”吸附化解的百余名个体工商户起诉方博苑群体性纠纷案、在线调解的交通事故损害赔偿案被评为“北京法院多元调解十大典型性案例”。

（毕凯丽）

【全面深化矛盾纠纷多元化解机制】 年内，建成集6家调解组织、51名人民调解员、27名专业调解员、60名律师调解员“一轴多翼”一体化平台，并实现全年平台免费化解案件7983件，其中91.5%，82.4%的案件实现当日调解、当日履行。建立“多元调解+速裁”工作机制，依托以保促调、鉴定前置、调解先行、一步到庭等“三五五”工作模式，使人民群众享受到“有速度又有温度”的司法服务。全年速裁庭共审结案件10，260

件，以4.8%的员额法官审结了全院同期33.7%的民商事案件，日均结案51.3件，平均审理周期21天，7日内结案比52.8%，当庭给付率28%，服判息诉率98.9%。“速递公正、裁暖人心”的基层司法实践受到群众欢迎，丰台法院成为“全国案件繁简分流机制改革示范法院”。

（毕凯丽）

【深入推进司法责任制】 年内，构建新型审判团队，在民商事审判中，以员额法官为中心，组建四类53个审判团队，通过案件直分团队、人力直配团队、任务直下团队、常态研究在团队，激发团队效能，提高审判质效。团队组建以来，审结民商事案件20，970件，同比上升14.2%，召开法官会议492次，解决审判疑难问题556个，服判息诉率91.3%。规范院庭长行权，坚持“入额必办案”，全年院长结案384件、庭长结案10，647件，占全院结案总数的21.3%。制定院庭长权力清单，强调院庭长对案件审判节点的全流程监管和对重大敏感案件的“三同步”管理，院庭长对个案的裁判意见，通过法官会议、审判委员会以“一人一票”的形式体现。规范审判权运行，率先建立随机分案工作机制，促进法官承办案件数量均衡、难度均衡。建立阻断建议、案件纠查、过问案件留痕等监督机制，确保对法官“放权不放任”。

（毕凯丽）

【深入推进以审判为中心的刑事诉讼制度改革】 年内，与区公安分局、区检察院建立证据提示反馈机制，提升证据采集的有效性，全年退补侦查的案件下降23.1%。完善证人出庭作证机制，全年证人出庭同比上升51%，实现刑事律师辩护全覆盖，确保控辩双方力量均等。创新刑事裁判文书样式，做到简单案件文书制作提速，复杂案件文书说理充分。全年刑事案件当庭宣判率达69.1%。

（毕凯丽）

【建立全市首个公检法司信息化共享办公平台】 年内，针对认罪认罚案件存在的社区矫正审前调查耗时长、赃证物移转衔接滞后等问题，联合区公安局、检察院、司法局自主研发“丰台区公检法司信息化共享办公平台”，包罗案件全部诉讼流转过程和衔接环节，实现了四机关认罪认罚案件的信息共享，提高程序衔接效率。全年依托该平台，认罪认罚速裁程序案件办案周期缩短至4个工作日，程序变更率下降近15%。

（毕凯丽）

【打造“七月丰法”党建工作品牌】 年内，该项目被区直机关工委评为党建创新项目，并获专项拨款支持。着力打造“三课一室”党建品牌，长辛店法庭获评“北京市法院十佳人民法庭”称号。先后开展“法治初心”审判团队成立誓师大会、“感动丰法”等10余项涉及全院各层级的系列活动，1247人次参加。以审判团队为单元，建立50个党小组，全年涌现出21个“标杆团队”。联合区诉前人民调解委员会成立全市首个人民调解员党小组，并组织开展“党旗在心中 调解争上游”活动，推动调解工作取得实效。在全国法院首例万吨粮食异地执行案中，成立京豫执行临时党支部，召开以“严守党的纪律，严明党的规矩”为主题的支部大会，组织9次支委会、6次支部活动，切实以党的十九大精神为指引，带领50名干警攻坚克难，奋战34天圆满完成任务。与卢沟桥文化旅游区办事处建立长期党建共建关系，组织开展“诗香丰法 颂唱宛平”诗词品读会、“学习贯彻十九大精神”主题党日等活动。打造“智慧党建”“微党课”，该项目被市高院评为“北京市法院基层党建创新规范化项目”。

（毕凯丽）

【严防司法腐败强化监督警示教育】 年初第一个工作日就召开以全面从严治党为主题的全体党员大会，释放对司法腐败零容忍、不手软的强烈信号。全年39次专题研究党风廉政建设和反腐败工作，同36名中层正职逐一进行履职谈话，开展了党建自查、巡查和专项检查工作，将责任传导到位。制定全市基层法院首个《提醒谈话和诫勉谈话实施办法》《对审判团队运行的监督规则》等，签订个性化廉政责任书，打造从严监管、惩戒处罚、警示教育三大平台，将责任压实到位。用足用好监督执纪“四种形态”，对信访集中的干警及时进行提醒谈话，用严的纪律管住队伍。

（毕凯丽）

【主动接受人大和各界监督】 年内，主动加强代表联络工作，邀请人大代表参加新闻发布会、工作推进会、见证重大案件执行、观摩庭审等各类活动17场141人次。主动接受政协民主监督，聘请9名政协委员担任特邀监督员，2件委员提案及时办结。主动接受检察监督，认真办理刑事抗诉案件，高度重视检察建议，并就审判执行监督等工作加强交流。主动接受社会监督，建立纪检监察与信访部门联合接访机制，前移发现问题的关口。进一步完善司法公开，裁判文书上网15，452份，公开审判流程信息、执行信息13万余项，努力做到依法可以公开的全部公开。

（毕凯丽）

【制定出台《商事审判工作规范》】 年内，丰台法院制定出台了《商事审判工作规范》，将审判程序规范与实体内容相结合，包括“1提纲2指南3模板 N 要点”四大核心内容。其中“1提纲”是指庭审提纲，包括商事审判中涉及的普通程序、简易程序、小额诉讼及公示催告四大审判程序的庭审提纲。“2指南”是指《法官工作指南》和《书记员工作指南》，《法官工作指南》以法官从收案到庭前准备、程序转换、案卷归档所经历的13个工作流程为基础，详细规定了其中涉及的主体审查、管辖确定、财产保全、回避申请及调查取证等23个具体环节和针对性的处理措施。《书记员工作指南》以书记员从立卷、送达、开庭、文书校对、归档所需完成的9大流程事项为基础，规定了各流程项下的具体工作内容和工作标准。“3模板”是指“笔录”、“程序”、“文书”三大类模板；“N 要点”是指在买卖、委托、运输、保险、承揽、公司等六类常见商事案件中形成的89个裁判要点。该规范旨在为商事审判干警提供实用简洁、明确统一的办案指引和行为标准，让无经验者可直接操作、使用者可直接复制，力求提升审判效率、规范司法行为、统一裁判标准。

（毕凯丽）

【召开六场新闻通报会】 年内，围绕人身安全保护令、“三五五速裁工作模式”、“7日调解室”运行一周年情况、知识产权庭成立十周年、商事案件简案简办工作机制、“防范和制裁虚假诉讼 推进诚信建设”召开六场新闻通报会。人民法院报、新华社、法制日报、中央人民广播电台、正义网等二十多家中央及地方各级媒体进行了深入报道，全面展现我院审执工作的新成果、队伍建设的新面貌以及司法改革的新进展。

（毕凯丽）

【成功执结一起涉北京西站1500平方米地下空间腾退案】 7月7日凌晨，区法院64名干警妥善执结一起涉北京西站1500平方米地下空间疏解腾退案。区人大常委会委员、法制办公室主任巴恩来带领6名市、区人大代表参与见证本次夜执行动。该案系一起租赁合同纠纷。被执行人租用了申请执行人位于北京西站西厅环廊1500平方米的地下空间开设旅馆，房间达111间，环境长期脏乱差。合同到期后，被执行人占用该场地不予归还，也拒不履行生效判决确定的腾退房屋义务。因涉案场地位于北京西站负一层，客流量大，安全隐患大，极易引发群体性和突发性事件，给北京西站疏解整治工作带来极大的阻碍和牵制。该案被评为北京法院为“疏解整治促提升”专项行动提供司法保障优秀案例。

（毕凯丽）

【与多所高校签署战略合作共建协议】 年内，区法院先后与北京工商大学法学院、北京航空航天大学法学院、中国人民大学法学院签署战略合作共建协议，通过设立必修课“司法的课程”、引入实习生助理等方式，依托各自资源，培养法律适用能力强、实践经验丰富的法律专业人才。

（毕凯丽）

【构建六大特色培训平台】 年内，以党建为引领，以培养“五优法官”为目标，立足“丰法业务课堂”“丰法大讲堂”“丰法青年说”“丰法沙龙”“优秀法官丰法行”“丰法公开课”六大平台开展了多层次、多种类、多形式的系列教育培训活动，以实现提升法官业务能力、涵养干警情操、拓宽干警知识视野的目标。全年共围绕民法总则学习、案件质量评查、新闻舆论应对、刑事裁判文书改革等主题开展9期活动，先后有1000余人次的干警参加，包括部分人民调解员、陪审员。

（毕凯丽）

【构建打击虚假诉讼工作机制】 年内，区法院出台《关于防范和制裁虚假诉讼的意见（试行）》，创建立审执工作“一条线”，预防与制裁“两同步”，与群众检举、公检司机关、外部惩戒力量“三对接”工作机制。探索建立虚假诉讼失信人名单制度，逐步开展与现有相关信息平台和社会信用体系接轨工作，加大制裁力度。对律师、鉴定机构、鉴定人等参与虚假诉讼的，主动及时与司法局、律师协会等管理部门对接，发送司法建议，建议给予相应的处罚。区法院利用该机制成功审结北京市首例虚假诉讼罪案。

（毕凯丽）

【依法公开开庭审理 e 租宝“地推公司”非法吸收公众存款案】 8月24日，区法院依法公开开庭审理被告人李政等人非法吸收公众存款罪一案（即e租宝“地推公司”非法吸收公众存款案）。公诉机关指控，被告人李政等人系“e 租宝”地推公司负责人，其公司违反国家金融管理法律规定，变相吸收公众存款，数额巨大、情节严重，涉嫌犯非法吸收公众存款罪。区法院受理本案后，指定审判经验丰富、业务能力强的法官会同人民陪审员组成合议庭审理此案，庭审中，审判长有效掌控庭审节奏，引导控辩双方围绕争议焦点有序举证质证、进行辩论，整个庭审过程规范、流畅。

（毕凯丽）

【最高法院到区法院调研指导司法改革工作】 9月1日，最高法院司改办主任胡仕浩一行4人到区法院调研。胡仕浩听取了该院“多元调解+速裁”、审判团队建设及以审判为中心的刑事诉讼制度改革等司法改革工作情况，并围绕院庭长行权、审判团队建设、随机分案、公检法司信息共享办公平台建设、刑事裁判文书改革等工作，同与会人员进行了充分交流。胡仕浩高度肯定了丰台法院司法改革取得的成效，并就进一步推进司法改革工作提出三点要求：要充分发挥“多元调解+速裁”在基层矛盾纠纷化解中的重要作用，促进矛盾纠纷及时、高效化解；注重整体布局，全面谋划、统筹推进制度机制配套设计；加强信息化建设，力争用小的改革举措产生大的改革效益。

（毕凯丽）

【举办“丰台区法学会法院法学研究会”成立活动暨首次专题研讨会】 丰台区成为首都中心城区后，承载的京津冀协同发展、疏解整治、环境治理等任务越来越重，区法院党组围绕如何更好地服务区域发展深入思考、认真调研、专题研究，在区委政法委和区法学会的有力指导下，决定成立丰台区法学会法院法学研究会。该研究会将坚持问题导向，凝聚多方力量，重点围绕全市的政策性、导向性工作，区域核心工作，基层亟需性工作以及行政执法中的难点问题开展研讨，努力为解决涉区域发展的类型化、复杂化问题提供可复制、可推广的法治思路和办法，切实增强服务区域发展的精准度和实效性。9月15日下午，区法院举办“丰台区法学会法院法学研究会”成立活动暨“以租代售”专题研讨会，重点对“以租代售”行为的法律定性、涉案主体的责任划定、如何依法打击、有效预防等议题进行了研讨，并达成一致意见：要站在各自职能角度，积极履职，做好监管工作；要在明确法律关系、区分各方主体责任的前提下，在法治轨道内解决问题；要结合案件群体性、维稳信访压力大等特点，注重通过多元调解、综合治理等手段，平复矛盾、化解纠纷，实现法律效果和社会效果的统一。区委常委、政法委书记、区法学会会长高峰，区司法局、区法制办、市法学会联络部、二中院、区公安分局、检察院等部门代表应邀出席。

（毕凯丽）

【搭建完成电子卷宗随案同步生成平台】 10月12日，最高法院信息中心主任许建峰一行4人到区法院调研，强调该院装备、技术、管理到位，打通了电子卷宗随案生成工作的路径，形成了“一总多点”的“集中+分散”的工作模式，具有较高的借鉴意义。丰台法院仅用6天的时间，率先搭建完成电子卷宗随案同步生成平台，确保扫描设备覆盖全部员额法官、审判团队、外派立案点，做到设备保障到位，416，050页电子卷宗同案生成，为实现“全业务网上办理”“全流程依法公开”“全方位智能服务”奠定扎实的数据基础。

（毕凯丽）

【推出“一二三四五”信访工作法】 年内，区法院紧紧围绕十九大等重要时间节点，以“一个理念、两项机制、三大系列、四级稳控、五个安全”的“一二三四五”工作法开展信访工作，全年共化解各类信访矛盾纠纷2059件，初信初访案件化解率达95.2%，办理政法民声热线1506件，在全市法院首次推出三大系列信访工作法，受到最高法院督导组的点名表扬，市委市政府主办杂志《北京信访》连续两次介绍区法院信访工作经验，并作为全市唯一一家基层法院执笔完成市委关于重大活动敏感节点维稳工作的重点调研课题，切实为党的十九大召开营造了和谐稳定的社会环境。

（毕凯丽）

【实现全市首例重大案件律师辩护庭审全覆盖】 10月20日，区法院顺利完成全市首例重大案件律师辩护全覆盖庭审工作。该案是一起特大网络团伙诈骗案件，涉案被告人达40人，案情重大复杂、社会影响大。为落实最高法院、司法部联合发布的《关于开展刑事案件律师辩护全覆盖试点工作的办法》，充分发挥律师在刑事案件审判中的辩护作用，承办法官在庭前逐一核实被告人有无自行委托辩护人，并为没有委托辩护人的被告人指派法律援助律师，共通知法律援助机构指派辩护人15人。庭审中，合议庭积极引导控辩双方举证、质证，围绕犯罪金额认定这一争议焦点充分展开法庭辩论，并核查被告人是否具有自首、立功等从轻、减轻处罚的情节，为律师辩护全覆盖工作积累了初步经验。

（毕凯丽）

【区领导一行到区法院调研人民法庭建设情况】 10月24日，区人大常委会主任李昌安、区委政法委书记高峰及区发改委、住建委、国土、规划、房管、各人民法庭所在街乡镇负责人等一行17人，到区法院专题调研人民法庭建设情况，听取了该院七个人民法庭目前办公场所情况、法庭建设情况以及面临的方庄、右安门法庭选址不能落实等实际困难。李昌安主任对此提出五点要求：一是推动法庭建设纳入区域总体布局，在法庭选址、新建和发展上做好长远计划。二是以首善标准推进人民法庭建设，使法庭与丰台区的首都中心城区功能定位相适应。三是抓住疏解整治的有利时机，加快程序推进，将法庭建设前期工作专项专办。四是区委政法委要积极协调相关部门，促进人民法庭建设工作快速推进。五是将法庭建设列入区人大主任督办事项，跟进各责任主体的推进落实情况，确保如期完成法庭建设规划。

（毕凯丽）

【组建孵化器式审判团队】 年内，根据法官审判经验、业务专长、管理能力等特点，组建19个“孵化器”式审判团队。即由1名资深法官带领1—2名审判经验相对较少的法官，与若干法官助理、审判辅助人员组成审判团队。“以法官为中心，通过团队内常态化、组织化、自觉化的协作配合与业务交流，发挥团队培育作用；“以‘平权’‘引领’为基点，团队内员额法官权责平等，团队负责人重点负责协调办案进度、召集法官会议、组织业务培训、统筹辅助性工作等，案件从立案庭直接分到员额法官，团队负责人把控结案总量和进度，灵活调度个体“变量”，法官评价与团队工作完成直接挂钩；“以机制为保障，建立裁判文书互评、重大复杂案件评议、长期未结案件均衡调配机制，明确团队内重大疑难复杂案件均由团队负责人直接负责，实质参与案件的“审、议、决、责”；制定案件指标类、团队事务类和审判管理类三类表格供团队成员对照实施，团队负责人定期提醒、检查，作为考核评价基础，激发‘孵化’功能”；“以“四化”为牵引，通过推动团队“专业化”、类案审理“规范化”、法官能力提升“均衡化”、审判事务“集约化”，培育“孵化”成果。该工作经验成功入选最高法院《人民法院司法改革案例选编（二）》。

（毕凯丽）

司法行政

【概　况】 2017年，丰台区司法局设置10个职能科（室），即办公室、法制科、法制宣传教育科、基层工作科、法律援助工作指导科、公证工作管理科、律师工作管理科、社区矫正和安置帮教工作指导科、行政财务科、政工科。下设3个事业单位，即丰台区法律援助中心（加挂“148”法律服务牌子）、北京市丰台区阳光中途之家和北京市首佳公证处。辖区内现有16个街道司法所、5个乡镇司法所。现有律所172家，律师1051人，与2016年同期相比新增律师事务所15家，新增执业律师44名。全年受理法律援助案件共计916件，其中民事589件，刑事327件，解答咨询6423人次。全年通过人民调解共化解民间纠纷8906件，成功7546件，涉及金额近2.4亿，涉及当事人18983人。

（裴莹莹）

【确立党建暨党风廉政建设督导员制度】 2月27日，司法局确立党建暨党风廉政建设督导员制度。该制度的确立旨在切实落实好市委、区委从严治党主体责任和党员领导干部抓好党建工作“一岗双责”各项要求，全面推动党建和党风廉政建设工作，助推队伍建设和业务工作发展，5名副调研员承担起督导员职责，对党建和党风廉政建设工作实施具体督导。

（裴莹莹）

【区律协成立“两个中心”处理维权和投诉】 3月8日，区律师协会“维护律师执业权利中心”和“投诉受理查处中心”正式揭牌，专门处理本区律师的维权申请和对律师的投诉查处。

（裴莹莹）

【召开“疏解整治促提升”法治宣传教育“引航”行动座谈会】 3月23日，司法局召开丰台区“疏解整治促提升”法治宣传教育“引航”行动座谈会，区市政市容委等12个委办局、和义街道等5个街乡镇代表参会。会议讨论并通过了《丰台区疏解整治促提升法治宣传教育“引航”行动方案》，同时对疏解法治宣传工作进行了明确具体的分工，责任到单位。

（裴莹莹）

【法援心系“红领巾”法治竞答进校园活动】 6月6日，司法局联合区教委，在丰台区师范学校附属小学，与在校师生共同举办了“2017年丰台区未成年人法律援助专项维权服务”活动。现场以法治题目竞答的形式向未成年人进行了法律保护专场宣传。

（裴莹莹）

【与清园监狱签订法律援助合作协议】 6月6日，区司法局与北京市监狱管理局清河分局清园监狱举行法律援助合作协议签订仪式。签字仪式结束后，法律援助律师开展了普法讲座，并在活动现场对服刑人员开展一对一法律咨询。

（裴莹莹）

【联合推动社区服刑人员财产刑、附带民事赔偿执行】 6月9日，区司法局、区检察院、区法院共同制定签署了《北京市丰台区人民法院、北京市丰台区人民检察院、北京市丰台区司法局关于执行社区服刑人员财产刑、附带民事赔偿案件的意见（试行）》，明确了工作对象、执法流程、职责分工、协作配合等具体事项，建立长效机制联手推动社区服刑人员财产刑、附带民事赔偿执行。

（裴莹莹）

【第七届司法行政开放日活动】 6月10日，司法局在联合律师楼开展了以“司法行政在身边”为主题的第七届司法行政开放日活动。通过领导微发布、文艺微演出、展板微介绍、现场微讲解、服务微体验等九个“微”活动环节，向群众展示丰台区司法局工作职能和丰硕成果。

（裴莹莹）

【丰台区人民调解工作获荣誉】 6月27日，全国人民调解工作会议在京召开。丰台区新发地农产品批发市场人民调解委员会荣获“全国模范人民调解委员会”称号，丰台区西罗园街道人民调解委员会驻洋桥派出所调解工作室调解员吕凤藻荣获“全国模范人民调解员”称号。

（裴莹莹）

【举行丰台区普法大本营暨“以案释法”宣讲启动仪式】 7月11日，丰台区普法大本营暨“以案释法”宣讲启动仪式在联合律师楼举行。“普法大本营”是丰台区贯彻落实“谁执法谁普法”普法责任制打造的全新普法阵地。该阵地汇聚全区63家普法责任制单位形成普法联盟，建有青少年法治宣传教育基地、模拟法庭、普法茶室、人民调解室和法律援助工作站。同时，融合了“互联网+”手段，打造了丰台区法治宣传线上矩阵和数字法律图书馆。

（裴莹莹）

【中华全国律师协会调研区律师事务所党建工作】 8月1日，中华全国律师协会会长王俊峰一行到丰台区律师事务所调研党建工作。王俊峰指出丰台区律所党建工作有内涵、有特色、有实效，鼓励律所进一步围绕自身发展探索律师党建工作新方法和新思路，特别注意在律所发挥党组织先锋作用、融入地方基层司法行政工作上下功夫。

（裴莹莹）

【区人大常委会调研“七五”普法工作情况】 8月1日，区人大常委会副主任王振华和法制委员会委员到区司法局调研“七五”普法工作开展情况。调研会上，司法局汇报了贯彻落实“七五”普法决议的执行情况。参会的区人大常委会各位委员分别对本局“七五”普法工作给予高度肯定，并从不同侧面提出了相关建议。

（裴莹莹）

【成立全市首家区级律协人民调解委员会】 8月18日，在“丰台区律师参与多元调解、电子送达及网上预约立案工作推进会”上，“北京市丰台区律师协会人民调解委员会”正式揭牌。成立律协调委会、完善律师参与调解机制，为本区人民调解和诉调对接工作注入新活力。

（裴莹莹）

【举办纪念《公证法》颁布十二周年系列宣传活动】 8月28日，区司法局以纪念《公证法》颁布十二周年为契机，举办了“四个一”公证法宣传活动，即开展一次公证人员承诺、举办一场公证谜语竞猜、开展一场面对面公证服务、进行一次公证需求及满意度调查。

（裴莹莹）

【丰台区成立首家民办非企业法律援助机构】 9月29日，丰台区利君法律援助中心揭牌仪式在北京谦君律师事务所举行。该中心为本区正式获批成立的第一家民办非企业法律援助机构。

（裴莹莹）

【刑事案件辩护全覆盖试点工作启动】 10月12日，区司法局召开专题座谈会，与区人民法院就推进刑事案件辩护全覆盖过程中各环节的沟通和衔接达成共识并作为正式试点工作启动。

（裴莹莹）

【建立党员志愿服务基地】 10月28日，区司法局机关党委联合幸福里养老服务中心共同建立党员志愿服务基地，并举行了揭牌仪式。基地的建立旨在扎实推进本局“两学一做”教育活动，促进党员干部增强奉献意识、责任意识和服务意识，推动共产党员志愿服务常态化与制度化。

（裴莹莹）

【组织老年人法援维权服务活动】 10月31日，区司法局联合区老龄办在卢沟桥社会福利中心开展了一场“法援护航夕阳红”法律援助维权宣传活动。活动主要包括相关政策法规讲解、老年人常见法律问题讲座、法律知识有奖问答、现场咨询解答等环节。共计100余位老人参加，接待咨询30余人次，现场发放宣传材料1000余份。

（裴莹莹）

【开展老年人公证知识讲座】 11月15日，丰台区公证机构北京市首佳公证处在幸福里养老中心举办老年人维权公证知识讲座，为老年人讲解涉及遗嘱、继承、委托等老年人关注的公证服务和公证知识。

（裴莹莹）

【举行丰台区智能普法机器人新闻发布会】 11月17日，丰台区智能普法机器人—“丰小宣”新闻发布会在北京国家数字出版基地举行。“丰小宣”普法机器人是由区法宣办、区司法局联合律师事务所共同研发的依托互联网、大数据、云计算、人工智能为一体的智能化法律专业机器人，主要面向丰台区的广大群众，提供法律咨询和法律服务。

（裴莹莹）

【举办“青春船长进校园 共筑法治中国梦”暨丰台区“以案释法”主题活动】 11月21日，“青春船长进校园 共筑法治中国梦”暨丰台区“以案释法”主题活动在北京市第十八中学举行。本次活动由丰台区法宣办联合区教委、团区委、方庄地区工委和办事处共同举办。活动现场以法治小品、儿童剧的方式教育中小学生树立法治信仰，践行法治理念。区公安分局、区法院、区检察院的宣讲人员通过“以案释法”进行了禁毒、校园欺凌等主题的宣讲，北京市“青春船长”代表田雨慧带领与会全体人员进行了宪法宣誓。

（裴莹莹）

【举办“12·4”国家宪法日主题宣传活动】 12月4日，区司法局在中国人民抗日战争纪念馆组织开展“学习贯彻十九大精神 维护宪法权威”主题宣传活动。“12·4”国家宪法日期间，丰台区积极落实普法责任制，契合各地区工作实际和群众的法治需求，开展多种形式的宣传活动共计76场，在全区营造了全民学习宪法的浓厚氛围。

（裴莹莹）

案例举要

【全国法院首例万吨粮食异地执行案】 2013年4月，京粮大仓公司向怀远盛禾公司购买玉米，因怀远盛禾公司未履行合同义务，京粮大仓公司向区法院提起诉讼。区法院依法判决怀远盛禾公司退还货款并支付违约金共计3600余万元。审理过程中，区法院依京粮大仓公司申请，查封了存储于河南省新密市国家粮食储备库的15800吨小麦。判决生效后，因怀远盛禾公司拒不履行判决义务，京粮大仓公司申请强制执行。因粮食安全事关国计民生，且涉案小麦数量巨大、易腐烂变质，受到高度关注。2017年11月，区法院50名余干警前往河南省，在河南省委政法委、河南省高院、新密市委政法委、新密法院等单位的支持配合下，开展粮食交付工作。经过34天的连续奋战，6辆重型运粮车出车573车次，出粮10629.55吨，圆满完成执行任务。最高人民法院周强院长向第十三届全国人民代表大会第一次会议作报告，在报告“攻坚克难，基本解决执行难取得重大进展”时，专门肯定了此案，来区法院调研时强调该案应当纳入中国法院博物馆。

该案系全国法院首例万吨粮食异地执行案，是充分展现“全国法院一盘棋”合力破解执行难的生动实践，是践行“用两到三年解决执行难”庄严承诺的具体体现，是践行法治理念，用法治思维分析问题、解决问题的具体体现，具有较高的实践和指导意义。

（毕凯丽）

【全市首例组织他人偷越国（边）境案】 2013年9月，被告人吕超、李顺智共同出资成立了北京神州美星商务咨询有限公司，吕超担任法定代表人。2014年底至2015年7月中旬，两被告人在北京市丰台区紫熙台小区内，以神州美星商务咨询有限公司的名义主要开展通过网络介绍菲律宾籍、印度尼西亚籍的女子给中国境内居民提供家政服务的业务。两被告人在明知国家法律禁止外国人持商务签证、旅游签证入境务工的情况下，通过他人介绍及 QQ 群结识境外人员 DAVID、RICHIE、NIKEN，由两人分别在菲律宾、印度尼西亚招募、安排菲律宾籍、印度尼西亚籍女子以虚构的旅游事由、伪造商务邀请函的方式骗取中国签证。被告人将招募条件（如年龄、经验等条件）告知 RICHIE 或 DAVID（菲律宾）、NIKEN（印度尼西亚），而后 RICHIE 或 DAVID 根据条件在菲律宾招募来华务工人员，NIKEN 在印度尼西亚招募来华务工人员。菲律宾籍人员被招募后通过俞文华帮助办理商务签证（M），由 RICHIE 或 DAVID 购买机票，经由马来西亚吉隆坡转机，由马来西亚的 JOLY LIU 安排住宿并购买来华机票；印度尼西亚籍人员被招募后由 NIKEN 办理旅游签证（L）、购买来华机票。二被告人将机票、酒店住宿及办理签证等费用通过银行转账方式分别转到相关人员的账户上。由 RICHIE 或 DAVID 办理的来华务工的菲律宾籍人员十几人，由 NIKEN 办理的来华务工的印度尼西亚籍人员六、七人。外籍人员抵京后由吕超、李顺智二人去首都机场接机，从机场将外籍人员接至二人租住的丰台区紫熙台小区阅园一区8号楼的809、902、2308三套公寓中，并通过扣留外籍人员的护照、不准外籍人员出门等方式限制外籍人员的自由。二被告人通过网络发布信息、寻找雇主、安排雇主与外籍人员面试，介绍外籍人员前往雇主家中从事家政服务工作，介绍成功并经查实的有两起，介绍成功后以中介费、签证费、代扣工资等名义向雇主收取约23 000元、44 000元不等的费用。截至2015年7月，吕超、李顺智已为邵丽匀、郭妍等中国居民成功介绍外籍人员提供家政服务，并采取上述方式先后策划组织了六名印度尼西亚籍女性、八名菲律宾籍女性非法进入中国境内准备在京从事家政服务工作。后该案由区检察院提起公诉。区法院经审理认为：被告人吕超、李顺智无视国法，多次组织他人偷越国（边）境且人数众多，二被告人的行为均已构成组织他人偷越国（边）境罪，应予处罚。鉴于被告人吕超到案后能如实供述主要犯罪事实，认罪态度较好，故对其予以从轻处罚。被告人李顺智认罪态度较好，故对其酌予从轻处罚。2017年10月27日，区法院以组织他人偷越国（边）境罪判处被告人吕超有期徒刑七年，并处罚金人民币一万元；被告人李顺智有期徒刑七年，并处罚金人民币一万元。此案系北京市首例非法组织外籍人员来京务工的案件并受到北京市政法委的关注。网络直播、法治进行时、北京新闻、北京时间、法制晚报整版、北京晚报、新京报整版、北京晨报、法制与生活等多家权威媒体对本案进行了后续报道。

（毕凯丽）

【全市首例虚假诉讼罪案】 2016年9月21日，被告人曹连江到区法院立案起诉其子曹磊，要求将妻子齐凤霞（已去世）名下的本市丰台区大成里蔚园3号楼1层106号房屋全部归其所有，案由为法定继承纠纷。2016年9月28日上午，被告人曹连江与一名年轻男子来到区法院出庭应诉，该年轻男子持有名为“曹磊”的身份证，在法庭核实当事人身份以及开庭审理时，该年轻男子均自称是曹磊本人。被告人曹连江明知该男子不是其子曹磊但未提出异议，认可被告答辩内容，与冒充曹磊的男子就齐凤霞遗产问题达成调解协议，致使法院因此当庭做出（2016）京0106民初20444号民事调解书。经鉴定，被告人曹连江作为该案原告提交给法院的证据材料中关于“齐淑明死亡时间和子女情况”的派出所证明系伪造。被告人曹连江伪造证明材料，在明知原审被告并非曹磊本人的情况下进行虚假诉讼，造成原审遗漏当事人、实体处理错误，致使原审原告曹连江与原审被告曹磊法定继承纠纷一案提起再审，案件进入再审程序。被告人曹连江于2017年5月3日被北京市公安局丰台分局刑事侦查支队抓获。区法院经审理认为，被告人曹连江的虚假诉讼行为不仅侵犯了其他继承人的合法权益，亦造成原审案件实体处理错误，提起再审，严重损害司法秩序和司法公信力，造成不良社会影响。遂判处被告人曹连江犯虚假诉讼罪，判处有期徒刑九个月，并处罚金人民币五千元。曹连江案作为北京市首例以虚假诉讼罪定罪处罚的案件，不但对于本罪的解释与适用具有指导意义，亦引起诸多媒体关注报道，具有较大的普法教育意义。

（毕凯丽）

【全市首例涉国Ⅰ、国Ⅱ排放车辆行政案】 2017年2月21日，原告张军晖驾驶车牌号为京 NN6459的黑色奥迪牌小客车在本市丰台区西罗园路南口北由北向南处（属五环路以内区域道路）行驶，被安装在上述地点的交通技术监控设备记录，该行为违反京环发[2016]29号《关于对国Ⅰ及国Ⅱ排放标准轻型汽油车采取交通管理措施的通告》（以下简称《通告》）中关于国Ⅰ及国Ⅱ排放标准轻型汽油车工作日禁止在本市五环路（不含）以内区域道路行驶的规定。2017年3月6日，北京市公安局公安交通管理局丰台交通支队丰北大队（以下简称丰北大队）对张军晖作出京公交决字[2017]第110602-1809580250号《公安交通管理简易程序处罚决定书》（以下简称被诉处罚决定书），根据《北京市实施<中华人民共和国道路交通安全法>办法》第九十一条第（四）项的规定，决定给予张军晖罚款100元的处罚。张军晖不服该处罚决定，于2017年3月20日向北京市丰台区法院提起诉讼，请求依法撤销被诉处罚决定书，审查《通告》的合法性，并由被告退还行政处罚罚款。区法院经审理认为，本案中，《通告》系北京市环境保护局会同北京市交通委员会、北京市公安局公安交通管理局联合制定，并经北京市人民政府批准后实施，制定主体、内容和程序均符合《北京市大气污染防治条例》第七十二条和第七十八条的规定，可以作为认定被诉处罚决定书合法的依据。丰北大队为佐证涉案车辆属于国Ⅱ排放标准，向本院提交了《关于北京市环保局对京 NN6459号小客车环保标识进行确认的情况说明》。在该说明中，作为机动车法定登记机构的车辆管理所，依据环保部门的数据确认涉案车辆为国Ⅱ排放标准。在此情况下，丰北大队认定涉案车辆属于国Ⅱ排放标准，并无不当。张军晖提交证据不足以证明涉案车辆系其主张的排放标准。丰北大队作出被诉处罚决定书前，向张军晖作出《处理机动车违法记录告知书》，依法保障了张军晖陈述和申辩的权利。丰北大队依据《北京市实施<中华人民共和国道路交通安全法>办法》第九十一条第（四）项规定，对张军晖作出罚款100元的处罚，法律适用亦无不当。综上，被诉处罚决定书认定事实清楚，适用法律正确，程序合法，处罚适当。张军晖的诉讼请求没有事实根据和法律依据，本院不予支持。2017年7月12日，区法院依法判决驳回原告张军晖的诉讼请求。一审宣判后，张军晖提起上诉，2017年9月8日，北京市第二中级人民法院作出终审判决，驳回张军晖的上诉，维持一审判决。此案是北京市首例涉国Ⅰ、国Ⅱ排放车辆引发的行政诉讼案件，原告请求一并审查规范性文件，涉案事项牵涉面广，社会及媒体关注度高，具有极强的政策性、敏感性，市委市政府对此案高度重视，将该案列为重大敏感案件。本案的审理对同类案件具有示范意义。

（毕凯丽）

【隆康实业开发公司破产案】 北京隆康实业开发公司（以下简称隆康公司）是于1988年3月24日经北京市工商行政管理局丰台分局核准设立的全民所有制公司，其全资出资人为中国铁道出版社，系财政部二级子公司。该公司主要经营范围为销售百货、五金、包装托运等。截至2014年12月31日，隆康公司资产总额为14 487.23元，负债总额为720 628.93元，所有者权益-706 141.70元，公司资产已不足以清偿全部债务。截至2014年12月31日，隆康公司已停止经营多年，资不抵债，且不能清偿到期债务，是典型的“僵尸企业”。2015年11月，经隆康公司申请，北京市丰台区人民法院（以下简称区法院）依法受理了该公司破产清算一案。区法院受理后，依法指定北京市金杜律师事务所为该案破产管理人，破产管理人接管破产企业后，制定了完善的管理制度，包括财务制度、人员管理制度、保密制度等。后因破产企业剩余资产仅剩一千余元，不足以清偿破产费用，破产管理人申请终结破产程序，债权人同意终结。区法院经审查，管理人的申请符合法律规定，依照《中华人民共和国企业破产法》第四十三条第四款、第一百零七条的规定，于2016年3月裁定宣告隆康公司破产，同时，裁定终结隆康公司的破产程序。后，管理人为该公司及时办理了注销手续。自受理破产清算案件到终结破产程序仅用时4个月。本案是人民法院充分发挥司法能动作用，及时、快捷、稳妥处置“僵尸企业”的典型案例。在职工已妥善安置，无重整、和解必要性和可能性的前提下，法院指导管理人通过严谨细致的工作程序，依法保护了税务部门以及其他债权人的利益，清理了财政部下属国有性质“僵尸企业”，取得了良好的法律效果、经济效果和社会效果。

（毕凯丽）

【《文溯阁四库全书提要》著作权权属、侵权纠纷案】 1935年辽海书社出版的《钦定文溯阁四库全书提要》（以下简称辽海版《提要》）未署名著作权人，原告董大一主张系其父董众辑录整理，董众逝世后，金毓黻把董众撰写的《文溯阁四库全书提要》稿等全部拿走。2014年，被告中华书局有限公司（以下简称中华书局）出版《文溯阁四库全书提要》（以下简称涉案图书，共六册），署名"金毓黻等 编"，前五册内容为辽海版《提要》，第六册内容为1938年国立奉天图书馆出版的《文溯阁四库全书要略及索引》（以下简称《要略及索引》）。董大一要求确认涉案图书前五册的作者为董众、中华书局停止出版发行涉案图书、赔偿董大一经济损失及合理开支共计1万元并在《人民日报》、《中国知识产权报》发表赔礼道歉的声明，声明内容需将《文溯阁四库全书提要》出版说明中与事实不符的部分予以纠正。中华书局则认为涉案图书是一部古籍，不是受著作权法保护的作品，涉案图书上"金毓黻 等编"不是著作权法意义上的署名，只是古籍出版的一个惯例，董大一没有证据证明其父亲董众为辽海版《提要》的作者，辽海版《提要》一书《解题》部分和1999年中国公共图书馆古籍文献珍本汇刊•史部《金毓黻手定本文溯阁四库全书提要》（以下简称《手定本提要》）均有金毓黻署名，涉案图书署"金毓黻 等编"是合法的。丰台区法院经审理认为，辽海版《提要》是否为著作权法意义上的作品是判断涉案图书著作权归属的前提。《文溯阁四库全书》系清朝乾隆皇帝主持，纪昀等官员、学者收集、整理、编撰完成的七阁丛书之一。辽海版《提要》系将《文溯阁四库全书》"每篇提要辑出"、"爰悉依原本抄出付印"，并未对《文溯阁四库全书》中全部提要的内容进行选择或删减，其编排亦未体现独创性，不构成著作权法意义上的汇编作品。故辑录者对辽海版《提要》并不享有著作权。董大一的全部诉讼请求于法无据，故依法驳回董大一的全部诉讼请求。此外，中华书局在涉案图书封面及版权页记载"金毓黻等 编"可能使相关读者对涉案图书著作权人产生误解，应在以后的出版过程中加以注意、尽量避免。一审宣判后，双方均未上诉，一审判决已生效。本案涉及古籍作品抄录的著作权判断问题。古籍抄录对于古籍保护和文化传播具有十分重要的意义，但并不必然导致著作权法对抄录成果进行保护。未加选择地抄录古籍作品中的部分内容，因抄录产生的成果并未体现抄录者具有个性化的选择、判断，劳动成果达不到"独创性"要求，并非著作权法意义上的"作品"，必然无法通过著作权法进行保护。

（毕凯丽）

社会治安综合治理

【概　况】 2017年，丰台区综治系统认真贯彻党的十八大、十八届三中、四中、五中、六中全会和市委政法工作会议、首都综治委全会精神，以党的十九大和"一带一路"高峰合作论坛"两件大事"安保工作为重点，以落实综治领导责任制为龙头，努力提升群众安全感和满意度，"平安丰台"建设取得扎实成效；解决老旧小区改造中单元门和门禁系统维修问题，组织区政府办、区综治办、区公安分局、区房管局、区社会办、区财政局召开协商会；推动《丰台区关于党的十九大期间地铁"人物同检"服务保障工作方案》的落实，争取333.5万元的后勤保障资金，组织治安志愿者参与"人物同检"工作，加强沟通协调，且未出现管理上的断档和脱节。圆满完成了"一带一路"高峰合作论坛、市十二次党代会、党的十九大等重点时期社会面防控任务，有力维护了全区社会安全稳定。

（李亚春）

【召开区综治委第一次全体（扩大）会议】 3月28日，召开丰台区综治委2017年第一次全体（扩大）会议。区综治委主任、副主任、综治委成员单位主要领导、各街乡镇综治委主任、综治办主任参加了会议。丰台公安分局通报2016年全区社会治安形势，区统计局通报2016年全区群众安全感调查情况，区综治办主要领导就提交全会审议的《2017年丰台区社会治安综合治理工作要点（审议稿）》作说明，与会同志对《2017年丰台区社会治安综合治理工作要点（审议稿）》进行审议，区领导与街乡镇、成员单位代表签订《2017年度丰台区社会治安综合治理责任书》，区委常委、政法委书记、综治委主任高峰作了重要讲话。

（李亚春）

【针对“信访产业链”问题开展“断链行动”专项整治】 年内，认真落实市委、区委领导批示精神，针对长辛店镇张家坟吕村、王佐镇王庄村、右安门街道东庄地区外地进京上访人员聚集地产业链问题以及分散藏匿的情况，成立了专项整治工作领导小组，区综治办牵头组织公安、综治、维稳、信访等部门，共计出动执法力量1463人次，清查中小旅店169家、出租房屋2824间、盘查1146名人员，取得扎实成效。

（李亚春）

【圆满完成党的十九大安保维稳任务】 年初开始就做好十九大安保维稳工作的统筹谋划部署、督促检查落实，相关部门制定了一系列专项工作方案，发动群防群治力量进行精准防控，党的十九大期间，在全区启动社会面一级超常防控等级，平均日发动群防群治力量79000余人，在全区2584个重点防控点位日夜开展巡逻。召开了“十九大期间群防群治工作专项部署会”，全区各街道乡镇、社区村200余人参加。区综治办、公安分局牵头，组织相关委办局，成立7个区级专项督导组，对群防群治工作持续开展督导检查，对发现的问题及时督促整改，确保了党的十九大期间全区社会面安全稳定。

（李亚春）

【加强城乡结合部地区综合整治】 年内，以12个市级挂账重点村为重点，坚持一村一策，分类整治。区综治办牵头组织相关执法部门，共检查单位1890家，发现安全隐患3338件，责令停产停业或关闭取缔224家，取缔无证无照经营548户，督改火灾隐患3463件。新增治安力量103人，新增各类安防设施250处，为每个村投入150万元建设“两站三室”。共拆除关停整治集体土地上出租大院154处，疏解流动人口19259人。

（李亚春）

【加强违法群租房专项治理】 年内，将违法群租房治理纳入区委督查项目，在全区组织开展“无违法群租房小区、楼栋创建活动”，推广出租房屋契约化管理、智慧门禁安装等管理措施。健全完善违法群租房举报奖励机制，通过属地自查、行业自律、群众举报、媒体监督等措施，做到发现一处治理一处。全年全区共治理违法群租房2430处，疏解流动人口13752人。

（李亚春）

【加强出租大院专项整治】 年内，主动借势借力，与大气污染治理、出租大院无煤化治理等工作紧密结合，进一步消除出租大院安全隐患，共拆除、关停、整治292处，疏解人口16796人。

（李亚春）

【开展重点、乱点地区的综合整治】 年内，按照区领导的要求，针对京铁家园地下空间、方庄地区芳城园一区地下空间、丰管路22号（原卢沟桥法院）、五里店等重点地区存在的治安、消防等安全隐患进行治理，取得了明显成效。

（李亚春）

【有效提升群众安全感】 针对丰台区群众安全感排名靠后的问题，按照区委主要领导批示精神，区综治办多次召集街乡镇及相关部门进行专题研究，深入分析和查找原因。10月9日，组织召开“全区群防群治工作大会暨提升群众安全感工作部署会”，对照首都综治办通报，逐一分析梳理影响群众安全感的突出问题，研究部署解决对策，并要求街道乡镇和职能部门加强配合联动，形成整体合力。2017年丰台区群众安全感指数为95.5%，达到调查以来的最好成绩。

（李亚春）

【加大综治宣传发动的力度】 年内，以贯彻落实首都综治办关于“综治先进评选表彰及宣传活动”的要求为契机，加强平安建设宣传动员，组织开展形式多样的主题宣传活动。专门组织制作“平安丰台”系列动漫宣传片、微电影，在丰台有线滚动播放。将先进集体和先进个人事迹在《丰台报》、公检法内部刊物刊登，制作宣传展板408块在全区巡展。抓好全国综治先进人物网络投票的宣传动员活动，丰台区全国先进候选人共得推荐票73565票，在全市20名候选人中位居前三。举办以综治好人好事为主题的“平安.印象”征文演讲比赛，并通过腾讯视频等新媒体广泛宣传。

（李亚春）

【推进“雪亮工程”建设】 年内，区综治办牵头，区公安分局具体负责，强化视频联网共享，全面完成区公安分局二级图像管理平台以及33个公安派出所三级平台的高清系统改建工作，完成了与区城指中心图像平台的数据共享，在全区公共区域建设视频监控摄像头3412个，整合联网社会单位视频图像资源7000余路、6.9万个监控摄像头，区公安分局专门成立视频警务大队，通过视频巡检及时发现可疑情况，特别是在处置7.24“善心汇”非法聚集事件中发挥了重要作用。区综治办会同区公安分局，认真做好中央补助资金项目的申报工作；督促指导区公安分局，提高市级补助资金的使用效能。投入400万元，加强社区综治中心视频监控室系统建设。围绕“三网融合”总体要求，加强综治部门与经信委、城指中心沟通联动，积极推进全区综治信息化三级平台建设。

（李亚春）

【重点地区和突出问题专项整治】 年内，持续做好三级挂账治安重点地区整治，强化全面排查、综合挂账、动态监测、督导考评等措施；完善二手车市场周边点位盯守布控与部门联合巡查模式，加大日常管控力度；着力开展重点领域治安突出问题专项整治，巩固医院“号贩子”、“票贩子”等涉医问题治理效果；深入开展防范打击电信网络诈骗专项整治，妥善解决群众反映强烈的突出治安问题。

（李亚春）

【马家堡街道市级重点挂牌督办整治】 年内，按照首都综治委、市委组织部、市人力社保局《关于对社会治安问题突出的街道（乡镇）重点挂牌督办整治的工作办法》，结合丰台区实际，确定马家堡街道为2017年度市级重点挂牌督办整治单位。区综治办协调区财政局安排300万专项工作经费，每两月牵头召开一次联席会，强调属地和职能部门“双负责”，加强责任落实。通过共同努力，辖区刑事案件、治安案件、城管热线举报数分别比去年同期下降20%以上，经过第三方暗访和市级部门明察，马家堡街道顺利摘牌。

（李亚春）

【铁路护路联防】 年内，以政府购买服务的方式组建180人的专职护路联防队伍，建立区护路办抓总、属地街乡镇分片监管、各巡防队伍具体负责的护路联防工作机制。完成玉泉营地区京沪高铁桥下安全隐患问题整治，清空9个高铁桥下出租大院，拆除违法建设3647平米。以高铁沿线为重点，投入633万元推进铁路护路视频监控工程。

（李亚春）

【深化群防群治队伍建设】 年内，修订完善了《丰台区治安志愿者队伍建设和管理办法》，对信息员及时奖励，提高了群防群治队伍的积极性。将社会单位力量纳入治安志愿者队伍，扩大治安志愿者队伍规模。加强治安志愿者实名注册、星级评定、公益反哺机制建设，“丰台劝导队”成为首都群防群治队伍的亮丽品牌之一。结合十九大安保维稳工作，加大群防群治队伍教育培训力度，组织开展巡防队员比武练兵、知识竞赛等活动，提升了实战能力。

（李亚春）

【推进基层综治中心规范化建设】 年内，按照首都综治办要求，认真抓好卢沟桥街道、花乡、宛平地区、丰西路社区、丰益花园社区、郭庄子村、赵辛店村7个试点建设，顺利通过北京市检查验收。根据全市统一部署，组织申报第二批试点街乡镇、社区村综治中心，并从组织设置、工作职能、运行机制、信息化建设等各方面抓好规范化建设，实现了60%街乡镇、社区村综治中心规范化运行。

（李亚春）

【完善矛盾纠纷多元化解机制】 年内，贯彻落实市委市政府办公厅《关于完善矛盾纠纷多元化解机制的实施意见》，区综治办会同司法局、法院、法制办、信访办等部门共同起草了《丰台区关于完善矛盾纠纷多元化解机制的实施意见》，经区委常委会审议通过并以两办文件形式下发全区，为整合诉调资源，从源头化解矛盾纠纷打下了基础。为抓好意见落实，区综治办与首都经贸大学合作成立课题组，围绕诉调对接工作进行专门调研，形成了《北京市丰台区“诉调对接”的实效研究》的调研报告。在2017年度首都综治调研课题评比中，获一等奖。

（李亚春）

【推进社会心理服务体系联系点建设】 年内，按照中央综治办《关于建立“社会心理服务体系建设”联系点的通知》要求，丰台区作为全国12个联系点之一。为推动丰台区社会心理服务体系联系点建设，成立了丰台区社会心理服务体系建设工作领导小组，研究制定了《丰台区关于推进社会心理服务体系联系点建设工作的实施方案》，对相关部门及各街道乡镇心理服务体系建设现状进行调查摸底，采取“试点先行——典型带动——逐步推广”的工作模式，结合基层综治中心规范化建设，以两级示范点建设为依托，点面结合推动社区、村综治中心建立心理咨询室、心理服务站，引导和鼓励社会组织开展心理服务。

（李亚春）

【推进反恐、禁毒实体化】 年内，制定下发《推进丰台区禁毒工作和机构实体化运行的实施意见》和《丰台区反恐怖工作实体化建设工作意见》，深入推进反恐、禁毒实体化工作，成立区、街乡镇两级层面的领导小组，落实了“机构建起来、牌子挂起来、工作开展起来”的要求。开展了2017年禁毒、反恐专项督查工作和2017年全国青少年禁毒知识竞赛。

（李亚春）

交通管理

【概　况】 2017年，丰台交通支队（以下简称支队）全力开展综合执法整治行动，重点治理共接各类警情275815起，回访262024起，群众满意率100%；各级领导上路指挥15330人次，发布指挥调度指令 11万余次；利用电视监控系统直接累计发现各类警情8396起，其中发现事故3864起、故障车1024辆、货车1346辆、摩的240起、违法停车876起；环路发现违法货车1046辆次；利用科技手段静态违章抓拍系统进行非现场执法14000笔。

（崔　妍）

【治理拥堵显成效】 年内，抓好疏堵缓堵中心工作。紧盯“36”处堵点乱点治理主线，破解致堵症结，创建示范亮点工程。按照市、区缓堵行动计划，支队围绕 “36+N”治理台账，开展综合执法整治行动96次，实施区域单停单行、可变车道、路口车道调整等优化渠化措施33项。年底前，所有堵点、乱点已全部治理销账完毕，并创建了“首经贸区域、刘家窑桥区、五里店南路”等一批典型亮点工程。针对首经贸地区，在治理过程中强化属地责任，突出多警共治，属地街道、学校、道路建设方等出资出力，完善设施，施划停车泊位，交通、治安、城管等部门形成共治，根治周边乱停乱行乱象；针对刘家窑桥区，采取人车分离，行人立体过街方式较少交叉，挖掘桥下空间，按照车辆行驶轨迹偏移车道位置并施划左转导行线，同步对配时进行优化调整。针对五里店南路，采取双行单停模式并同步加强违章停车综合治理等措施均取得了突出效果；推进“N”类堵点堵道延伸治理落地生根，以点带面，畅通全区路网循环。支队在成功治理36处挂账堵点乱点的基础上，缓堵工作中充分发挥典型亮点的示范引领作用，推进了环路静态停车治理、政府疏堵工程改造、打通微循环道路等系列堵道的延伸治理。积极筹措治理三环辅路全线17.8公里静态停车秩序，坚持“基础先行、统筹推进、从紧从严”的治理思路和“边基础、边整治、转常态”治理措施，先后新增完善4.5公里的机非护栏，施划禁停标线约34.3公里，并成立了六组3级实名制整治小组，与公安分局巡逻警务站民警相配合，坚持日常执法与集中拖车相结合，强化节假日管理力度和常态执法管控不放松，全面提升三环路静态停车秩序；疏堵结合缓解科丰桥和铁匠营路交通拥堵。通过铲除桥区东北侧百强大道双向200平方米的主辅路隔离带，改移电线杆，增加了路口车道数，并边整治、边完善护栏、标志和标线，有效提高了科丰桥区的通行能力。针对铁匠营路无法按规划实施，演变为“马路停车场”问题，与住建委、交通委和属地政府共同施力，组织相关部门采取“边拖车，边处罚，边完善设施”的工作方法，打通了区域微循环道路。三是深化多警共治，落实属地责任，打造居住区停车示范区。围绕居住区周边停车难、出行难问题，协调属地办事处出资出力的基础上，开展西马场路、近园路综合治理，取得了一定的成效。累计设置中央护栏约2.5公里，施划停车泊位330余个，禁停标线1.2公里，治理后的交通通行环境得到了居民的高度称赞。针对西马场路道路两侧斜停、路中央停双排车问题，采取政府引领，部门协调参与，多警共治参与综合治理，清理占道停车，同步完善标线，设置中央护栏并施划停车泊位，确保了停车规范，行车通畅的管理标准。针对近园路两侧小区林立，道路两侧违章停放车辆，通行秩序混乱的现状。针对近园路重新调整标线，设置为双行单停，偏移中央分道线，一侧施划禁停标线并配套禁停标志，另一侧施划停车泊位并安装中央护栏，通行秩序得到明显改观。

（崔　妍）

【提升交通设施供给能力】 年内，加快道路基础设施建设进度。加快推进六圈路、柳村路南段等4条主干道及槐房北路、康庄北路等12条次干道建设，所有道路建设计划均纳入区政府督办平台，按进度逐月实施；全力开展拥堵节点疏堵改造。在完成科丰桥北、刘家窑桥等8处疏堵改造的基础上，8月重点围绕新天坛医院周边现状道路实施拥堵节点改造、科技设施提升、交通设施更新等工作，实施后将极大地提升新天坛医院周边的交通通行环境；提高公共交通服务水平。全年共新开通30条公交线路、优化调整60条公交线路，完善宋家庄等区域的公交微循环，同时加强对共享单车的协调管理，在出行需求较大的区域，施划共享单车停车区1700余处的基础上，多次约谈共享单车运维单位负责人，不断规范停放秩序。区政府就缓堵工作全年共投入资金累计5480万元，实施疏堵工程23项，完善了36条道路的交通科技设施水平，打造老旧停车示范居住区12个。

（崔　妍）

【净化区域交通秩序环境】 年内，支队围绕“疏解整治促提升”、“三整顿、两提升”专项行动，强力开展路面交通秩序整治工作，为圆满完成各项重大安保工作和群众顺畅出行创造良好的交通秩序环境。主要做法是：结合路面“防控战”战役部署，围绕中心区、繁华商业区、交通枢纽，持续保持常态化执法打击，特别是进一步突出对涉牌、酒驾、闯红灯、闯禁行等重点违法的严格查处，充分发挥“以面保点”作用，形成强力震慑；围绕“一控两防”、“蓝天保卫”攻坚战、“防事故、保安全”冬季会战等行动，全面开展货车专项治理。在成立3支专项整治战斗组，围绕京开、京港澳、环路等高速环路开展点对点整治基础上，与区市政市容委建立了渣土运输车准入联合审查机制，并实行动态管理，与区城管执法局、区环保局建立了联合执法机制，内部点线面上强化管控，外部成立联合执法“绿工组”，全面强化货车源头、根源治理；围绕“一口两线”专项整治工作，采取领导干部带头承包、率先垂范参与路面执法管控，坚决执行“逐级落实责任、严格督导考评”的工作要求，促进民警执法观念转变，持续完善基础设施、实现动态台账治理、宣管结合等系列组合拳促进治理效果事半功倍，并重点在“规范化、标准化、精细化上下功夫”全力推动“一口两线”综合整治取得阶段性成效；突出区域静态执法，积极营造严管氛围。以三环辅路全线为主线，围绕全区13条停车秩序严管大街，按照“先基础，后整治，转常态”的管理机制，先后在8条道路累计施划禁停标线3.8万余米，新增禁停标志65面，在6条道路安装违停自动抓拍监控13套，通过落实实名制承包、严密巡控网络、定点维护疏导、科技执法与现场执法相结合，严格执法处罚、增加记分查处及强化拖车应用等措施，最大限度净化了静态停车环境。全年支队共现场处罚各类违法35.1万余笔，其中货车违法6.8万余笔、涉牌3255笔、改装车7363笔、酒后驾车2013笔；处罚违法停车50.4万余笔，其中拖车处罚4249笔；处罚非机动车行人3.5万余笔；刑事拘留违法人员228人，行政拘留违法人员434人。

（崔　妍）

【严格施工监管】 年内，支队共核准许可道路施工项目225起，其中，局审批104起，支队审批121起。为保证施工进度和交通安全畅通，把因施工对社会交通的影响降低到最小限度，支队加大对施工现场及周边道路交通的疏导维护力度，对上岗人员进行了专业的培训，并与施工单位建立了“三个制度”：即施工单位主要领导的定期例会制度、所属驾驶员及工作人员的轮训制度和施工单位安全工作的内查和外查制度。

（崔　妍）

【严格安监执法】 年内，持续开展重点单位走访检查工作。对存在交通安全隐患且经下发《责令限期整改通知书》后逾期未改正的300家单位，采取《禁止机动车上路行驶措施》。组织住区185家专业运输单位召开专业客运、专业货运严重违法公开处理大会，给予72家单位挂黄牌警告1个月的处罚，并对72家发生闯红灯等严重违法的单位给予全区通报。

（崔　妍）

【道路交通事故发生率有所上升】 年内，全区共发生道路交通事故260起，伤248人，死亡事故69起，死亡72人（2016年同期共发生道路交通事故253起，伤248人，死亡事故64起，死亡66人），事故起数同比上升了2.8%，伤人数持平，死亡事故起数上升了7.8%，亡人数上升了9.1%。全年实际亡人事故93起，死亡96人（2016年实际亡人事故87起，死亡89人），同比死亡事故起数与亡人数分别上升了6.9%和7.9%。

（崔　妍）

【逃逸事故侦办】 年内，共上网立案逃逸事故40起，其中亡人逃逸事故7起，侦破7起；伤人逃逸事故26起，已破22起，处罚完毕17起；财产损失逃逸案件7起，已破7起，处罚完毕6起。

（崔　妍）

【新闻宣传报道及时跟进】 年内，支队在日常交通管理工作及阶段性重点工作中邀请媒体深入一线，随警作战，及时跟进报道，深度报道交通管理部门加强交通秩序管理、打击震慑违法行为、宣传文明出行、抵制社会交通陋习等工作。全年联合《北京日报》、《法制进行时》、《红绿灯》、北京广播电台FM103.9、千龙网等多家媒体刊播队伍形象类、执法类、秩序类、交通安全宣传类、便民服务类等新闻311条，实现了多渠道，多方位的新闻宣传全面覆盖。

（崔　妍）

【执法大厅对外服务】 年内，共处罚各类非现场违法行为2524857起，处理超过规定时速50%以上违法行为一般程序 749起（扣留驾驶证749个，吊销驾驶证16个），接待被套牌案件1100 起，套牌立案735起（其中涉嫌套牌116起，被套牌案件619起），结案 64起；各大队移交饮酒后驾驶机动车暂扣驾驶证963个；接待各类疑难问题12000余起。补录非现场违法数据3606353笔，审核非现场违法数据2528987笔。办理客车通行证137张、货车通行证694张，班车证1233张，办理剧毒化学品运输证5张。

（崔　妍）

【车管站对外窗口服务】 年内，车管站窗口办理驾驶证28962件，外埠进京证6352件，临时号牌87956件，残摩200件，进京证9353件，免检19170件，互联网面签业务39件，总工作量152032件，日平均接待群众800人，接听咨询电话200个。为体现百姓利益至上的工作指导思想，全年车管站对老年人和行动不便的残疾人提供“爱心上门服务”办理残疾车证5件，帮助65岁以上老人填写表格、复印材料170件。同时针对当前车管业务不断更新，个别群众不理解、不听解释的现象，为缓解群众激动情绪，由值班民警接待群众400多人次，化解矛盾50余起。

（崔　妍）

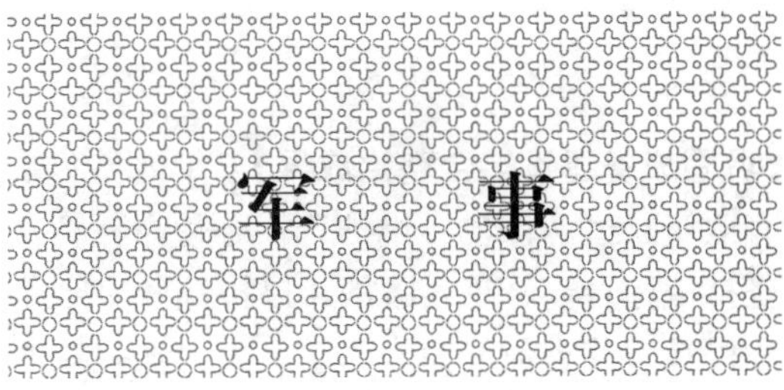

军　事

人民武装

【概　况】 2017年，是党、国家和军队建设发展史上极不平凡的一年，是卫戍区转型重塑、开新图强极为重要的一年，也是区武装部落实编制，重整行装再出发的起步之年。全年按照卫戍区党委“举旗铸魂、聚焦打赢、依法治理、强基固本、创新推动、坚强核心”的思路抓建设谋发展，坚持用习近平新时代中国特色社会主义思想铸魂育人。党委中心组按照“四个一”“八有”思路，及时为全体官兵职工购买了十八届六中全会和党的十九大精神系列读本。广泛开展“读原著、学原文、悟原理”活动，严格落实政治理论学习“五步法”，采取随机学、定时学、专题学、与上级同步学等方式，系统学习贯彻习主席系列重要讲话和党的十九大精神，真正做到学思践悟、知行合一。扎实开展“维护核心、听从指挥”主题教育和“学强军思想、讲强军故事、干强军事业”

群众性实践活动，努力打牢“三个维护”的坚实思想政治基础，进一步强化“四个意识”，坚定“四个自信”，自觉做到思想上坚定追随、政治上绝对忠诚，情感上真挚热爱、行动上紧紧跟上。全面彻底肃清郭徐流毒影响，深入开展“两个清理”活动，共清理书籍、杂志、相册和电子版文件30余件。每名干部都签订了承诺书，写出了学习体会，积极向组织说明情况，专项清理活动取得了较好效果。投资11万元，给国防动员单位和所属乡镇街道、高校武装部订阅了军事类报刊杂志，为民兵政治教育打下坚实基础。

（石海峰）

【巩固战备建设综合整治成果】 年内，着眼有效履行“两保卫一维护”核心使命任务，坚持战建合一、练兵备战，以提高防空维稳和民兵参战支前能力为牵引，大力加强核心军事能力建设。结合营房库室基础设施建设的现状，按照利于战备、立足长远、节约实用的原则，3月，投资30余万元对战备器材库战备物资、作战室和值班室进行了改造，对办公设施等方面进行了统一规范。战备库室和个人战备物资器材按标准要求落实到位，进一步提升战备综合能力建设水平。开展军事设施保护工作。配合上级军保部门，对国家大项工程航空摄影工作中涉及驻区军事设施保护区域提出了避让需求。

（石海峰）

【加强干部队伍能力培养】 1月，组织58名专武干部集中进行业务集训，通过专家讲授、法规宣讲、参观见学、军事训练、讨论交流、理论考核等方法，进一步提高基层专武干部的能力素质。

（石海峰）

【开展民兵队伍整顿】 2月和12月，分别对所属乡镇街道武装部进行了两个波段的调研，全面掌握基层武装部建设的基本情况。按照卫戍区部署要求，着眼首都防卫作战和遂行多样化任务的需要，整合规范了全区民兵3种队伍、13个类别，共51个分队，调整了民兵分布布局，有效精简了基干民兵的编组规模，扩大了应急力量编组规模，重点编实配强了6500名基干民兵。在“两会”、“一带一路”“十九大”等重要敏感时期，共担负辖区二、三、四环路段76座桥梁共83个哨位的安保执勤任务，共出动民兵13866人次，上下联动、精心筹划、严密组织，处置突发情况12起，有效维护了首都社会面治安秩序稳定，充分展示了丰台民兵的良好形象。

（石海峰）

【多措并举开展兵役登记】 5月，兵役登记率达到了100%。6月，多次与区领导到驻区高校进行征兵调研，并协调区相关委办局研究制定丰台区关于改进和完善征兵政策的实施办法。投资15万元，印刷了征兵宣传挂图、三折页，制做了征兵宣传用品，连续三年组织开展大学生走军营活动。完成了205名男兵，7名女兵的征集任务。

（石海峰）

【军民融合作用明显】 年内，按照“军民融合协调部”这一职能新要求，结合丰台区驻区部队实际，积极构建军民融合工作对接机制。为解决随军家属就业难题，联合区民政局协调相关单位开展专项招聘会，接收了5名随军家属安排到教育和卫生单位，21名随军家属进入社区工作者岗位。积极协调教委照顾军人子女入学。为140名现役军人子女办理了小学或初中入学手续，部队满意率达99%。

（石海峰）

【军警部队全面停止有偿服务】 年内，协调区领导和政府相关职能部门、社会法律团体和驻区部队13家单位，建立停偿工作协调机制，同时聘请法律援助律师利用每周五“法律援助日”到武装部合署办公，为驻区部队停偿工作提供法律支持。7月12日，北京市把丰台区作为北京地区部队停止有偿服务房地产租赁行业试点单位，到10月试点工作结束，全区85个项目已关停收回39个，司法诉讼项目24个，签订关停协议5个，剩余17个正在强势推进，终止收回和置换移交两类项目处置方式试点任务基本完成。在处理这些棘手难题时，军地同心依法依规推进，没有出现一起上访闹事，没有出现一起违规违纪问题，受到了北京市和卫戍区领导的高度肯定。另外，积极配合地方和部队开展政治审查工作，全年共完成73名高中毕业生报考军队院校和25名参加重大军事活动人员的政审工作。

（石海峰）

【筑牢安全管理防线】 年内，认真贯彻“依法治军、从严治军”要求，常态化开展“学法规、用法规、守法规”活动和法治军营创建活动，全面提升人武部正规化建设标准。4月，投资2.8万余元，对30处重点部位监控设施进行了更新，解决了营区内外监控设备损坏严重、线路老化的问题。5月，投资4.9万余元在营门口安装车辆电动道闸及人员出入门禁系统。通过“四委”联动机制，坚持落实每季安全形势分析、每月安全教育、每月隐患排查等制度，突出对机要保密室、文印室、消防设施、装备仓库等5类重点要害部位以及重要时节、重点人员的安全防范。采取常态化安全巡查、“打勾式”安全检查等措施，加强对武器弹药、人员车辆、涉密载体、对外交往等方面的督导检查，认真抓好“田明建案件警示日”、“驾驶员警示日”等教育活动，不断提高人员管理、车辆驾驶、安全保密等重点目标的管理标准，及时整改消除安全隐患30余处。办公车辆连续四年实现无违章抄告。武装部连续3年被卫戍区评为“安全管理达标单位”，保持36年实现“双无”。

（石海峰）

【后勤保障工作规范】 年内，坚决贯彻落实军委、陆军和卫戍区制定出台的系列财经规章制度。坚持党委理财，抓好年度预算，严格按照预算开支。5月，迎接了陆军明察暗访组财务抽查。投入26万元对家属院环境设施进行完美善整修。协调区委和区政府职能部门落实了职工交通补贴。投资42万元对家属楼自来水进行了线路和分户改造。严把采购、伙食调剂、饭菜质量和食堂卫生“四个关口”，对厨师进行招聘上岗，清运生活垃圾，疏通下水管道和化粪池，投资12万元维修了办公楼脱落墙体，平整了营院操场，定期检查维修水电设施，竭力解除大家后顾之忧。

（石海峰）

【抓党建引领全局】 年内，深入学习领会党的十八届六中全会和党的十九大精神，制定贯彻《准则》《条例》的具体措施，高质量召开党委民主生活会，严肃开展批评与自我批评，管党治党的基础不断夯实。卫戍区后勤部姚副部长参加了武装部党委民主生活会，并给予高度评价。突出“三个维护”，持续深入抓好肃清郭徐流毒影响，对照“六查六看”，组织党委机关“两个清理”回头查，进一步查纠问题、革除积痹，纯洁思想、纯洁队伍。党委班子在向党看齐、把握大局、敢抓敢管、开拓创新、廉洁自律上更加自觉。在维护核心、听党指挥，肃清流毒、正本清源，敢于担当、拥护改革的政治信念上更加坚定。武装部新一届党委班子组建以来，专题召开党委会，集中学习《民主集中制》和《党委会议事规则》，进一步查纠问题、纯洁思想、结清队伍，“四个一线”作用明显增强，武装部政治生态持续向上向好。

（石海峰）

消防安全工作

【概　况】 2017年，丰台公安消防支队（以下简称消防支队）深入贯彻落实各级领导的重要批示、指示精神，紧密结合党的十九大、“一带一路”国际合作高峰论坛等重大安保，坚持一手抓现实斗争、一手抓基层基础，一手抓业务、一手抓队伍，确保了党的十九大、“一带一路”国际合作高峰论坛、“两节”、“两会”、国庆、中秋、十八届七中全会、十九届一中全会、中国戏曲文化周、卢沟晓月中秋文化节等重要节日、重要活动消防安全万无一失，实现了消防安全形势总体平稳和队伍内部安全稳定。特别是在党的十九大和“一带一路”国际合作高峰论坛消防安保工作中，支队各组织发动区综治、安监、社工等部门1万余人、公安警种及派出所1500余人参与防控工作，消防机构63人参与网格化防控工作，群防群治力量近10万人全程参与消防安保，从全国抽调10名警力增援丰台助力安保决战。在重点保卫期间和敏感时期，进一步强化前置备勤工作，按照“一总四分一京西一防火”防火灭火全面结合的灭火救援指挥体系，启动前沿指挥部，并落实集中备勤制度。截至11月16日，全区消防部队共接警出动5003起，其中，火警出动2947起，抢险救援892起，社会救助1156起，出动车辆10251车次、人员61506人次。

（王　蕊）

【完成各项重大保卫任务】 年内，在执勤战备期间，消防支队将执勤点增加至41个，执勤力量增加至52部车、291人，并延长执勤时间。配合总队抽调方庄和西客站特勤中队各30名政治过硬、业务能力强的骨干，组建专业力量，参与安保核心区核生化侦检工作。协调部署挖掘机8台，铲车11台，洒水车160台参与社会面应急工作，其中3部挖掘机、10部洒水车到中队原地备勤，随警出动。全区868座社区、重点单位微型消防站，3186名微型消防站队员在岗在位。625名官兵、28名文职、75名专职消防员昼夜奋战、顽强拼搏。三分之二警力下沉到一线24小时驻在，充实基层执勤力量。驻在干部对前置备勤车组进行“一送一接”工作即每天早上送官兵出征前开展一次思想动员、一次安全警示、一次装备检查，每天晚上接官兵归队时开展一次谈心谈话、一句话鼓励和一次归纳小结，并为官兵送上热水热饭。与基层官兵一起投入到消防安保工作中，全体官兵付出了艰苦卓绝的努力，战胜了巨大挑战，经受住了严峻考验，圆满完成了党的十九大和“一带一路”国际合作高峰论坛等重大消防安保任务。

（王　蕊）

【充分发挥消防职能作用】 年内，消防支队将夏季消防检查、高层建筑综合治理、电气火灾防控、市委市政府“疏解整治促提升”、“一带一路”国际合作高峰论坛消防安保、党的十九大消防安保、彩钢板专项整治、挂账重大火灾隐患整改等15项工作打捆运作，用足法律手段，持续保持对火灾隐患滚动排查整治的高压态势。总结形成了高庄120号院重大安全隐患整治工作模式，并借助此模式，连续打掉京铁家园地下空间、久敬庄57号、京开五金市场、青塔综合市场、三兴汽车、克莱斯克服装厂、恒安卫士保安公司等一批隐患顽疾。班子成员分片包干分别约谈辖区各街乡镇负责人，切实推动消防安全责任。同时，向区武装部、乡镇政府、委办局发工作联系函，共同开展消防工作。全年全区共发生火灾222起，直接财产损失2851509元人民币，过火面积1441.3平方米，死亡5人，受伤1人。支队共检查单位22518家，发现火灾隐患29418处，督促整改火灾隐患28975处，查封763家，三停111家，罚款1069.8万元，拘留67人。结合支队三个大队的成立，支队加强对派出所的业务指导工作，开展派出所业务指导437次。派出所共检查单位38965家，发现并督促整改火灾隐患11103处，罚款61.3万元。

（王　蕊）

【加强消防设施和人员队伍建设】 年内，消防支队牢牢把握市政府第133次常务会议审议通过《关于提升本市消防综合应急救援能力工作方案》的历史机遇，自我加压，强化担当。主管副区长周新春每周了解进度，每月召开调度会，梳理项目进展情况，研究解决疑难问题，推动各项工作取得明显成效。支队共涉及任务账单中的6大项15小项，经过努力，4个队站建设任务被列入2017年政府折子工程，为6.3万60岁以上老年人配备消防报警器和消防安全大培训2项工作被列入2017年政府为民办实事工程。年内，完成4座小型消防站建设任务，并在“一带一路”及“党的十九大”重大政治活动安保过程中发挥作用。完成西客站中队抗震节能综合改造。建成消防水鹤装置6个，开工建设4个。建成消防水池3个，开工建设2个、取水码头2个。招聘第一批政府专职（合同制）消防员和消防文员。安装6.3万个独立感烟报警器、电气火灾监控系统。物联网系统安装202家单位。

（王　蕊）

【警务实战训练科学化】 年内，消防支队深入开展执勤岗位练兵活动，按岗位、兵龄分层次开展训练和考核，推动全员练兵制度落实。坚持问题导向，着眼队伍建设中的短板性问题，科学制定训练计划，重点增加并丰富了整建制班组训练科目和各实战类科目的训练时间和内容。严格落实“321”考核机制，依据考核成绩排名，按照标准实施奖惩，确保实战化训练工作落到实处。在训练硬件设施的配置和完善上加大投入力度，先后完成了大红门中队训练塔改造、西罗园中队训练塔建设、方庄中队石油化工训练设施设计制作以及体育训练器材专项采购等项目落实，有效的提升了硬件设施的配置水平。

（王　蕊）

【大力开展实战调研演练】 年内，消防支队针对大型综合体、人员密集场所、交通枢纽、高层建筑等重点区域，大力开展调研演练，在演练中通过随机设置科目内容，切实提升队伍的灭火救援水平。全年，累计开展支队级调研演练31次，中队级调研演练1850余次。在中乐六星酒店开展了高层专项演练；在地铁角门西站开展了地铁专项演练；在地铁西局站开展了反恐处突专项演练；在永旺梦乐城、槐房万达广场开展超大综合体实战演练，全面检验了消防支队指挥体系、警力部署、装备配备、通信保障等各项应急处置工作能力。

（王　蕊）

【推动辖区微型消防站建设管理】 年内，消防支队注重微型消防站力量建设，以所属13个消防中队为依托，对辖区527个微型消防站定期开展培训和应急拉动，通过集中授课和实地拉练的形式，全面提升微型消防站人员的业务理论素养和初期控火能力。将微型消防站纳入接处警，严格落实随警出动机制，充分发挥其灭早、灭小、灭初期的作用。建立微型消防站拉动整改指令单，支队司令部将拉动检查中存在问题的微型站指令防火处督导整改，明确整改时限，整改完毕后再次检查，直至达到“三知四会一联通”标准。组织开展强化部队教育管理监督“百日安全专项行动”、“严法纪、守底线、保安全”主题活动，深入贯彻落实战时队伍严管严控“七项刚性措施”，紧盯“人、车、酒”等重点环节，深入开展队伍思想分析摸排，拉列重点环节、不放心点位等负面清单，持续开展领导干部每日“三必问”和人员在位每日“三清查”工作，严深细实做好“一人一事”思想转化工作，全面落实部队精细化管控措施。

（王　蕊）

【坚持精细管理以确保部队安全稳定】 年内，消防支队推出“一二三四五战时思想政治工作法”，创新微党课、战地日记、政治生日、爱警家园等14项举措，教育引导全体官兵将“忠诚至上、国家至上、安全至上”理念贯穿消防安保全过程；累计组建33个战地党小组、24个党员先锋岗、26支青年突击队，将党建工作融入安保一线；召开战时表彰会5次，印发表彰通报28期，通报表彰268人次，评选36名“安保之星”，极大地激发了官兵的战斗热情，在总队战时思想政治工作量化排名中名列前列，得到了各级领导高度肯定。支队围绕十九大精神宣贯，“维护核心、听从指挥”主题教育和“两学一做”学习教育常态化、制度化，组织党委中心组理论学习17次，讲授专题党课8次，党委议教6次，举办培训班2期。先后组织开展“扬帆远航，再创辉煌”元旦联欢会、春季登山比赛、“扬五四红旗，宣青春誓言”主题团日等一系列精品警营文化活动，官兵战斗士气不断高昂，政治生命线地位得到有效巩固。

（王　蕊）

【创新消防工作开展四捆绑四联动工作法】 年内，消防支队坚持以面保点，创新四项捆绑联动举措，充分整合群防群治力量、网格化组织和社会防灭火资源，加强应急联动和协同作战能力，有效形成联勤联动“四个创新”新格局即：创新消防专员与派出所所长捆绑的联动机制，助推迅速清剿隐患。支队结合前期印发的《消防专员工作方案》，多次走访分局、召开会议，按照“一所一警”的工作原则，派遣26名监督员进驻33个派出所，与派出所首次联合行动即在5小时内查封完毕葛村西里西区北侧2100平方米违规住人彩钢板建筑，清退违规租住人员145人；创新辖区警务室与微型消防站捆绑的联动机制。要求辖区警务室民警督促全区531个微型消防站落实人防、物防、技防措施，确保3186名专职消防队员24小时在岗在位，建立辖区消防中队、监督员、警务室、微型站“四联动”的工作模式；创新网格民警与高层建筑楼长、经理人捆绑的联动机制。支队在建立4081个网格民警和高层建筑管理人对应台账的基础上，进一步推动消防水桶上街、格警不间断巡控、居民一封信发放等工作责任落实，结合公安派出所“321工作法”及“三步两并”工作措施；创新消防支队与群防群治力量捆绑的联动机制。通过以上措施，保证了十九大期间火灾率同比下降了百分之七十。

（王　蕊）

民防工作

【概　况】 2017年，丰台区民防工作在区委、区政府和武装部的领导下，在市民防局的指导下，坚持以习总书记两次视察北京重要讲话和对首都安全的系列重要指示精神为指导，全面落实中央深化人民防空改革发展重大决策部署和第七次全国人民防空会议精神，以十三五规划任务和党建工作为统领，以加强作风建设为抓手，以落实人防训练大纲为牵引，着力完善指挥通信基础建设，大力开展人防工程清理整治和安全管理，进一步加强民防法制建设，不断扩大防空防灾宣传教育覆盖面。按时完成了全区21个街乡镇人民防空袭方案的修订任务，进一步完善了市、区、街乡镇三级人民防空袭方案预案体系。人防工程综合整治超额完成任务，战时防空、平时服务、应急救援的能力不断增强，努力构建一个强大巩固的现代人民防空体系。

（许晓宁）

【区防空防灾指挥中心建设完工】 年内，区防空防灾指挥中心工程内部装修完毕，人防指挥自动化，功能完备、技术先进、稳定可靠、安全保密的战时指挥工程即将竣工验收。开展人防指挥所“电子沙盘”的论证，为2018年建设打下良好基础。

（许晓宁）

【参加京津冀人防无线通信协同训练演练】 年内，与京津冀有关区县进行了短波联络和卫星训练，圆满完成了由市民防局组织的“京津冀人防跨区联合支援通信演练”任务。

（许晓宁）

【信息化项目实现落地】 年内，完成了2018年信息化项目10处高点监控系统和7处街乡镇人防指挥所建设的申报，并向市局争取了建设资金。开展了区民防图像信息管理平台建设，政府采购设备全部到位；公共安全视频监控网络等级保护及电子政务外网视频会议系统建设方案完成财政评审工作；诺德大厦至“531工程”的通信光纤、区人防警报控制分中心和广电中心高点监控系统三个项目，已投入正常运行。完成了固定和移动短波通信网络升级改造任务。

（许晓宁）

【警报设备更新和试鸣演练】 年内，对全区102台警报器进行了二次全面加电和测试检修，更换控制终端70套、后备电源43套，新建警报器4台。与丰台街道共同承办了北京市防空警报试鸣暨全民国防教育日防空防灾宣传教育主题活动。王佐镇开展了警报器试鸣疏散演练。在河西四个街镇的大力支持下，圆满完成了区防空警报试鸣任务。

（许晓宁）

【应急通信保障有力】 年内，健全完善民防舆情应急处置、通信保障方案预案。完成了春节、“两会”、“五一”和“一带一路”、“善心汇”维稳、市党代会、十九大召开等重要节日和重大活动期间，执行“人物同检”地铁站应急值守等应急通信保障任务。全年共完成市区视频会议联调保障108次，参加全天候应急值守128人次。

（许晓宁）

【通信设备管理有序】 年内，建立临时指挥所、指挥车常态化维护保养制度，强化了通信设备专业化维护水平。制定了指挥车维护保养计划，对车载6通信设备定期检修，保证通信装备随时遂行各项任务。

（许晓宁）

【训练演练形成常态】 年内，坚持通信保障训练常态化，每月两次组织应急救援队培训和应急指挥通信人员培训。重大节日、重大活动保障前夕，专门组织节日值守人员进行指挥通信车的操作技术培训。全年组织开展了为期6天的指挥车的驻训，专业技术水平得到提高。

（许晓宁）

【清理整治地下空间】 年内，在各街乡的共同努力下，全年关停区管人防工程157处，超额完成187%，同时关停京铁家园、新华街小区、方庄地区地下空间人防工程54处，共涉及人口9300余人，是成效最为显著的一年。

（许晓宁）

【安全管理平稳可控】 年内，全面开展大排查大清理大整治专项行动。全年累计检查人防工程4656处，出动检查人员13968人次，发现并消除安全隐患657余处，实现人防工程安全生产无事故。市安全生产督察组反馈意见全部整改完毕。

（许晓宁）

【防汛工作安全度汛】 年内，开展防汛检查，明确维修计划，严控维修资金。全年维修人防工程70处，面积11.5万平方米，提高了人防工程防护战备效能。成立3支抢险队伍，进行了防汛演练。汛期备勤值班11次，550人次；雨中安全隐患排查2次，出动人员83人次，查检人防工程385处。

（许晓宁）

【人防工程公益化】 年内，完成了南苑乡、东铁匠营、右安门街道、长辛店镇、南苑街道五个街乡7处人防工程的公益化利用。主动征求了各街乡镇、各委办局利用人防工程意向，为人防工程的有利推进使用打下基础。

（许晓宁）

【提升全员业务素质】 年内，依据《人民防空训练与考核大纲》，结合丰台区民防形势与现状，制定了《2017年丰台区民防局训练实施计划》，坚持每月组织全体人员进行训练，全方位提升了全局人员基本素质。落实局党组中心组学法制度，组织全局持续学习民防法律法规，组织全区民防系统干部进行依法培训。进一步强化执法人员对执法程序合法性的认识，提升法制意识。

（许晓宁）

【加强志愿者民防知识培训】 年内，对全区654名志愿者进行了两期培训。联合区教委举办了的民防专（兼）职教师培训，对全区网格员进行了人防工程相关知识培训，志愿者整体水平有了很大提高。

（许晓宁）

【行政许可更加严格】 年内，共完成竣工验收备案人防工程57处，累计建筑面积25.96万平方米；批准70处人防工程平时利用；完成人防工程改造行政许可11处。

（许晓宁）

【矛盾纠纷排查机制运行良好】 年内，健全了“来电来访登记”、“群众来信”、“网上投诉”、“政风在线”、“信访件办理”、“矛盾纠纷台帐”等登记制度，全年共受理信访办转来群众来信1件、96005工单1179件、信访系统15件、政风在线6件、市民防局转来信件5件、群众来电反映情况53起，办结率达100%。

（许晓宁）

【“双公示”“双随机”工作有序开展】 年内，加大“放管服”力度，梳理权力清单，调整“公共服务事项”。全年行政处罚6起，收缴罚金4.4万元；行政审批138件，公示率达100%。完成行政处罚立案66起，A类执法岗执法检查录入2131人次，A类执法岗位人员年人均检查次数超额完成。

（许晓宁）

【行政执法引入新机制】 年内，在全市民防系统中，首次在行政处罚过程中引入工程技术鉴定机制；对在人防工程内“排污”行为进行行政处罚；在处理复杂的违法案件中引入法律意见书；采用行政调解、人民调解方式完成了15处租金未到期及遗留工程的关停工作；首次对单位工程的违法行为实施了行政处罚。

（许晓宁）

【突出重点时日的宣传】 年内，在“国际民防日”、“5.12防灾减灾日”、“全民国防教育日”、“新中国人民防空创立日”等纪念日期间组织系列宣传活动，走进学校、社区，开展主题宣传及疏散演练，受教学生和群众达3000余名。录制了《人防为民》《建设民防长城》专题片，在丰台有线、优酷等各大网络视频平台和民防时空网站播出。

（许晓宁）

【多渠道开展宣传】 年内，发挥宣教基地作用，全年共接待集体参观9次，安全培训15次，参加人数千余人，在重要时间节点开展宣教活动20余次。《民防时空》摄制组拍摄民防宣传视频20余部，分别在丰台区民防局网站、微博、微信及丰台有线、优酷、土豆、爱奇艺，搜狐等各大网络视频平台和民防时空网站播出。防空防灾信息网站发布宣传消息及工作动态537条；丰台民防安全卫士微博更新发布1926条。地下空间整治情况在丰台有线播放3次、宣传活动报道7次。

（许晓宁）

【开展民防“五进入”活动】 年内，联合丰台街道举办了第二届《中国梦·民防情》主题演讲活动；走进右安门街道翠林一里社区，举办了《多彩翠林 共同参与 携手民防 扬帆起航》消夏晚会；“平安生活讲师团”在丰台街道、右安门街道社区开展民防公共安全知识讲课84堂，受众居民5000余名；携手丰台消防支队举办了“关注中小学生暑期安全”主题活动；与区教委联合举办《第三届中学生民防及公共安全知识竞赛》，圆满完成13个街道20个社区防空和防灾减灾社区建设，在全市民防系统做了典型发言。

（许晓宁）

【干部队伍结构进一步优化】 年内，对4个科级实职岗位、1个虚职岗位进行了选拔，选强配齐了科级干部。招录和选调两名年轻干部充实到公务员队伍，填补了民防局公务员公开招录和选调的空白，优化了公务员队伍的结构。分两批对事业单位空缺职位进行公开招聘，7名具有本科以上学历的专业技术人员充实到队伍中，干部队伍更加知识化、年轻化、专业化。

（许晓宁）

【管理制度逐步完善】年内，重新修订了《丰台区民防局公务用车管理办法》、《丰台区民防局小型工程项目施工单位和小型服务项目服务商选定及监督管理办法》、《丰台区民防局综合考核管理办法（试行）》及《丰台区民防局加班（值班）调休管理规定》、《民防局食堂就餐管理规定》等多项内部管理制度，坚持“每月四检查一讲评”制度，有力的推进了作风建设常态化、长效化。

（许晓宁）

农村经济和农业

农村工作

【概　况】 2017年，实现农林牧渔业总产值2.1亿元，比上年增长22.2%。其中，农业产值8840万元，增长10.3%；林业产值9797万元，增长45.5%。其中，花卉产值1101.3万元，同比下降32.4%；蔬菜产量2926吨，同比下降39.8%。全年实现集体经济总收入146.9亿元，同比增长21.6%。其中，实现主营业务收入120.1亿元，同比增长18.6%。实现利润3.8亿元，同比下降54.4%。应交税费9.6亿元，同比增加0.9亿元，增长10.2%。农民人均所得为29673元，比上年同期增加3056元，增长11.5%。全年玉米种植面积898亩，蔬菜种植面积1729亩。全区有8家无公害认证企业，认证面积1245亩，认证产品76个；有6家市优级标准化蔬菜生产基地。年内13个农业观光园接待265.1万人次，比上年增长54.2%；实现总收入1.6亿元，增长73.4%。

（刘艳艳）

【落实政策性农业保险】 年内，长辛店镇、花乡、王佐镇的8家单位对其设施及产品进行投保，分别由中华联合财产保险股份有限公司和中国人民财产保险股份有限公司承保。保费合计443509.3元。区财政承担保费的20%，88701.86元（人保17894.44元，中华联合财产保险70807.42元）。

（刘艳艳）

【无公害认证与标准化建设】 年内，区无公害种植业申报企业3家，产品19个，其中首次认证1家，产品5个、扩项认证2家，产品14个。

（刘艳艳）

【加强依法行政和农业执法】 年内，推进“双随机一公开”量化监管模式，全年共出动执法人员1756人次，检查各类被监管单位878个次；处理群众举报18起，举报回复率100%；查办各类案件94起，案件查办数量较上年同期增长213%，罚没款近5.76万元。

（刘艳艳）

【推进农村棚改工作】 年内，完成看丹、榆树庄、张家坟、张郭庄等村棚户区改造和环境整治搬迁6381户。加快重点村土地上市，截至年底已完成115.78万平米土地入市准备，其中槐新组团九期、八期、周庄子一期、西局三期4个项目已实现入市供地交易45.38万平米，大红门一期项目15.58万平米由政府收储。

（刘艳艳）

【农转非工作】 年内，全区累计农转非总人数1991人。其中：长辛店村征地转非366人；河东新宫村整建制转非53人，菜户营村整建制1051人；全区大中专学生转非107人；投靠亲属197人；本市农民城镇购房转非22人；其他195人。

（刘艳艳）

【推进集体产业疏解和转型升级】 年内，印发《丰台区农村集体产权市场及仓储物流设施疏解资金补助办法（暂行）》和《丰台区区属长途客运场站疏解资金补助办法（暂行）》。农村集体市场完成疏解15处，涉及总面积59.93万平方米，其中拆除关停7处，总面积28.12万平方米。仓储物流疏解6处，涉及面积8.22万平方米，其中拆除关停3处，面积共计5.78万平方米。

（刘艳艳）

【美丽乡村建设】 年内，完成长辛店村、辛庄村、魏各庄村、佃起村4个村庄美丽乡村创建和市级验收工作。开展新一轮美丽乡村建设筹备工作，编订《丰台区“疏解整治促提升推进美丽乡村建设”专项行动（2017-2020年）实施意见》和“2017-2018年工作实施方案”。

（刘艳艳）

【智慧乡村建设】 年内，丰台区第二批5个智慧乡村建设项目完成建设并通过市级验收，分别是：卢沟桥乡视频会议系统建设和视频监控系统、王佐镇政务视频会议系统、南苑槐房村“智慧槐房”、南苑村小镇农场电商、花乡草桥村“智慧社区”等5个项目。

（刘艳艳）

【“减煤换煤、清洁空气”行动】 年内，完成26个村委会和村民公共活动场所、552平方米籽种农业设施以及826户散户的“煤改清洁能源”任务。解决农村地区“煤改电”试点工作历史遗留问题，完成“煤改电”试点村蓄能式电采暖用户增购空气源热泵和户内线统一标准升级改造工作。

（刘艳艳）

【加强新型农民培养】 年内，全区共培养新型农民4072人，其中引导性培训1627人，职业技能培训1136人，特种作业和特种设备培训651人，中层管理人员培训658人，超额完成年度培训任务。

（刘艳艳）

农村经济管理

【概　况】2017年，农村集体经济实现总收入146.9亿元，比上年同期增加26亿元，增长21.6%。其中：实现主营业务收入120.1亿元，同比增长18.6%。年内，全区农村集体经济产业结构继续调整。在三大产业中，第一、二、三产业分别实现收入0.8亿元、17亿元、102.3亿元，第二产业因建筑业受市场影响，工程量减少，收入减少4亿元，第三产业在服务业的拉动下，收入增加23亿多元。第一、二、三产业实现收入占主营业务收入的比重分别为0.7%、14.1%、85.2%，与上年相比，第一产业和第二产业所占比重分别下降了0.7和7个百分点，第三产业所占比重上升7.7个百分点。全区农村集体经济经营效益转差，利润下降幅度较大，实现利润3.8亿元，比上年同期减少近4.6亿元，下降54.4%。从各乡镇情况来看，长辛店镇利润亏损有所减少，增长6%，王佐镇和宛平城地区利润实现扭亏为盈，分别增加1314万元、2514万元，增幅都比较大，王佐镇利润增长的主要原因是镇级企业水利管理服务站因工程量增加主营收入增加6668万元，利润增加1414万元，宛平城地区因永合庄村垃圾填埋收入增加，收入和利润均有较大幅度增长。其他乡镇的利润均出现不同幅度的下降。农村集体应交税费为9.6亿元，比上年同期增加0.9亿元，增长10.2%，其中应交增值税近3.2亿元，增长103%。全年农村经济第一、二、三产业分别完成税金0.04亿元、0.6亿元、9亿元，分别占税金总额的比重为0.5%、6.1%、93.4%。与上年同期相比，一产基本持平，二产所占比重下降了4个百分点，三产所占比重上升了4个百分点，第三产业的纳税主体地位进一步提升。全区农民人均所得为29673元，比上年同期增加3056元，增长11.5%。年度农民人均从集体所得为22175元，比上年同期增加2095元，增长10.4%，占农民人均所得的75%，与上年持平，从集体所得仍是农民收入的主渠道。农民收入构成中，报酬性收入是农民收入的主要来源，为17766元，比上年同期增加912元，增长5.4%，占农民人均所得的59.9%；财产性收入为8801元，占农民人均所得的29.6%；家庭经营净收入和转移性净收入所占比重较小，分别占4.1%和6.4%。全区90%的村人均所得超过两万元。全年农村70个集体经济组织人均所得均在1.5万元以上，其中人均所得在全区平均水平29673元以上的村有31个，人均超过20000元的村有63个，比上年增加10个，占全区的90%；农民人均所得超过60000元的村有6个，比上年增加3个。

（葛伯祥）

【农村集体资产运营】年内，农村集体资产总额1560亿元，比上年增加276亿元，同比增长21.5%。其中：乡级集体资产总额105亿元，增长5.5%，占全区农村资产的6.7%；村级集体资产总额为1455亿元，同比增长22.9%，占全区农村资产的93.3%，所占比重同比提高1.1个百分点。年内农村集体所有者权益为391亿元，同比增长10.2%。其中：乡级集体所有者权益为34.4亿元，同比下降7.4%；村级集体所有者权益为356.5亿元，同比增长12.3%。近94%以上的村集体资产总额达亿元以上。全年农村集体资产总额在亿元以上的村有66个，比上年增加1个，占全区70个集体经济组织的94.3%；资产总额超过10亿元的村有38个，比上年增加1个；资产总额在亿元以下的村有4个。64%以上的村集体所有者权益在亿元以上。全区农村集体所有者权益在亿元以上的村有45个，比上年增加3个，占全区70个集体经济组织的64.3%，其中所有者权益在10亿元以上的村有13个，比上年增加3个。

（葛伯祥）

【农村劳动力就业】年内，农村劳动力总数为77650人，比上年减少2369人。至年底，农村劳动力就业人数为72215人，就业率为93%，与上年基本持平。未就业劳动力为5435人，失业率为7%。就业劳动力中，在本地就业的有52343人，占就业劳动力的72.5%，集体安置仍是农村劳动力就业的主要途径。第一、二、三产业的劳动力人数分别为4955人、5141人、62119人，占就业劳动力总数的比重分别为6.9%、7.1%、86%，第三产业就业比重比上年提高2个百分点，第三产业吸纳劳动力能力进一步增强，是劳动力实现就业的主要渠道。

（葛伯祥）

【农村产权交易】 年内，推进完成11宗新申请产权交易项目，签约合同总金额6.22亿元。其中，竞价项目1宗，为花乡郭公庄村幸福家园便民超市项目，该项目溢价率11.2%，合同期内溢价总额约300万元。

（葛伯祥）

气象与服务

【概　况】 2017年，推动预警信息发布平台建设，利用传真、互联网、短信平台、“丰台气象”微博、QQ 群、丰台气象灾害防御微信群、丰台防汛工作微信群、钉钉等社交平台，提高气象信息发布效率及覆盖面，拓展预警信息发布群体，新开通“丰台气象”官方微信公众号投入试运行阶段。气象灾害预警短信及传真已覆盖到丰台区所有专项指挥部、37个委办局及21个街乡镇主要负责人、负责气象灾害防御工作的主管领导及应急联动科室负责人。年内发布《36小时天气预报》370期、《天气快报》8期、《天气情况》30期、《旬月天气预报》49期、《气象信息专报》5期、《天气专报》366期、《环境气象快报》21期、《气候预测》3期、《重要天气报告》25期、《雨情信息》283期等决策气象服务材料，发布预警信息111期，短信发布预报预警224万人次，通过“丰台气象”政务微博发布预报预警信息900余条。

（汤稚音）

【大型活动气象服务保障】 年内，完成2017年北京戏曲文化周、北京国际风筝节、园博园“彩色跑”、“醒狮杯”越野跑、2017年北京国际铁人三项赛、“卢沟晓月”中秋赏月、北京市全民族抗战爆发80周年等多项重大活动的气象服务保障工作，累积提供重大活动专项气象服务材料60余期、现场气象服务5次、服务短信1000余条。

（汤稚音）

【气候评价】 本年度年平均气温14.5℃，比常年平均值（12.7℃）偏高1.8℃。年极端最高气温39.1℃（8月4日），年极端最低气温-10.1℃（1月24日）。1月至9月、12月平均气温比常年偏高，其中1月至5月、9月比常年明显偏高（分别偏高2.6℃、2.9℃、2.9℃、3.1℃、2.9℃、2.3℃），10月和11月平均气温接近常年平均值。全年极端最高气温大于等于35℃的天数为24天（常年8.7天）。全年降水量650.5毫米，比常年（537.4毫米）偏多21%，接近上年平均值（675.1毫米）。1月、5月、7月、9月降水比常年同期偏少，其中4月微量降水，11月和12月无降水，2月、3月、6月、8月、10月降水比常年同期偏多，其中10月明显偏多（偏多229%）。主汛期6月至8月降水量524.2毫米，比常年同期（383.8毫米）偏多37%。今年本站降水日数（日降水量大于等于0.1毫米的日数）59天，日最大降水量59.6毫米（7月4日）。

（王桂枝）

【灾害性天气】 年内，发生的气象灾害主要有短时暴雨、雷电、大风、冰雹等。其中短时暴雨灾害36起，损失约238万元；雷电灾害2起，损失约5万元；冰雹灾害2起，损失1.5万元；大风灾害16起，损失141万元。

（王桂枝）

【气象灾害防御体系】 年内，丰台区气象灾害防御中心启动突发事件预警信息发布平台建设，向区财政局和区经信委申报《丰台区突发事件预警信息发布平台》项目获得批复。更新气象灾害应急联系人，实现全区21个街道（乡镇）气象灾害防御工作领导机构覆盖率100%、369个社区（村）气象灾害防御责任人覆盖率100%、村落实气象灾害预警信息接收和传播职责覆盖率100%。

（汤稚音）

【依法行政和社会管理】 年内，开展执法检查141次，其中防雷安全执法检查109次，施放气球安全执法检查30次，气象信息发布和传播执法2次。牵头组织开展西南片区联合执法行动3次。对现场执法检查过程中发现的违规现象办理行政处罚案件5件，其中4件使用无资质单位施放系留气球、1件不安装雷电防护装置的违法行为进行行政处罚。办理3件易燃易爆场所的防雷装置设计审核行政许可、172件施放气球活动行政许可，完成2件新建建设工程避免危害气象探测环境行政许可的初审工作，每项许可均在法定时限和承诺时限前办结，许可办理结果及时在网上予以公示。

（汤稚音）

【气象科普与法制宣传】 年内，以气象科普知识、气象法律法规、气象防灾减灾常识为重点宣传内容，通过“3·23”世界气象日和“5·12”全国防灾减灾日、科技宣传周、“全国科普日”组织开展“观云识天摄影大赛”、“气象开放日”等主题活动及现场宣传，在电视台节目、报刊、微博、微信、今日头条等公共媒体开展气象知识和气象法律法规的宣传与解读，在执法过程中发放宣传材料，向街道赠送科普材料等主要途径开展气象科普和法制宣传。推进气象防灾减灾科普知识“进社区”、“进学校”、“进广场”等，建立社区气象防灾减灾科普宣传体系，开展三次社区科普宣传，更新79块社区科普宣传栏；与长安新城小学、十二中附属实验小学签订共建意向书，开展科普校园行活动，在十二中附小校园科普气象站建立两周一次的常态化科普讲堂；在云西路社区、城乡广场、小屯公园等开展气象防灾减灾科普宣传；组织相关企业开展施放气球事故模拟应急演练，提高全社会气象法制意识、防灾减灾意识和自救互救能力。

（汤稚音）

工　业

区属工业

丰台区经济和信息化委员会

【概　况】 2017年，丰台区154家规模以上工业企业实现工业总产值308.69亿元，同比上升2.1%，完成年度任务。实现工业销售产值312亿元，同比增长1.3%，其中实现内销产值302.56亿元，同比增长0.6%；实现出口交货值9.45亿元，同比增长29.1%。制造业实现留区税收10.70亿元，同比增长10.2%，占全区税收总额的10.5%。年内丰台区工业总产值在全市居第11位，增速居第13位。工业总产值居前3位的分别是亦庄开发区（3328.31亿元）、顺义区（2169.03亿元）和海淀区（2057.77亿元）。增速排在前3位的分别是怀柔区（28.2%）、昌平区（21.6%）和亦庄开发区（19.6%）。现代制造业企业和高技术产业共实现工业总产值43.07亿元，占工业总产值的比重78.7%，其中现代制造业企业实现工业总产值162.24亿元，同比下降0.8%；高技术产业实现工业总产值80.82亿元，同比增长1.8%。中关村丰台园实现工业总产值237.19亿元，同比增长4.6%，占丰台区的76.8%。其中，实现工业销售产值238.88亿元，同比增长4.4%，占丰台区的76.6%；实现出口交货值8.96亿元，同比增长32.1%，占丰台区的94.8%。六大产业产值呈现“三升三降”。“三升”包括生物医药产业、基础与新材料产业和装备产业，其中生物医药产业实现产值23.84亿元，同比增长14.19%；基础与新材料产业实现产值85.39亿元，同比增长11.53%；装备产业实现产值62.82亿元，同比增长3.68%。“三降”包括汽车与交通设备产业、电子信息产业和都市产业，其中汽车与交通设备产业实现产值77.16亿元，同比下降6.2%；电子信息产业实现产值34.33亿元，同比下降4.8%；都市产业实现产值24.76亿元，同比下降2.87%。

（王　雪）

【严格产业准入】 年内，建立工作机制，制定《丰台区工业和科研用地项目供地联审工作规则》，对新增工业和科研用地项目进行联合审查，促进符合首都功能的产业落户丰台。落实市区有关新增产业的禁止和限制目录相关规定，控制不宜发展的产业增量。共备案13个工业和软件信息服务业投资项目，均不在禁限目录范围内。

（王　雪）

【支持企业技术中心建设和技改建设】 年内，兑现2016年认定的9家国家级、市级企业技术中心奖励资金，共涉及资金450万元。引导首航机械、航星机器制造等开展技术改造，以信息化的辅助手段，实现生产现场信息的集成应用，加快发展智能制造，推动传统产业转型升级。

（王　雪）

【持续推进特色产业发展】 年内，丰台区高精尖产业研究，明确丰台区高精尖产业发展思路、产业布局及发展路径，推动建立符合丰台区发展的高精尖产业体系。开展丰台区工业和软件信息服务业运行效益研究，整理工业和软件信息服务业中所涉行业分类，分析其发展趋势，建立丰台区工业和软件信息服务业重点企业经济运行指标库，并结合国家和北京市的相关政策，对丰台区工业和软件信息服务业提出政策建议。

（王　雪）

【一般制造业疏解和“散乱污”企业治理】 年内，完成 52 家一般制造业企业疏解工作，占全年任务量的 153%，涉及土地面积约 38.4 万平方米，建筑面积约 18.5 万平方米；整治完成 328 家环保部上账的“散乱污”企业，涉及土地面积约 68.7 万平方米。9 月份新摸排上账“散乱污”企业 2104 家，并在 11 月底前全部完成治理工作。12 月 1 日起新增“散乱污”企业实现“动态清零”。

（王　雪）

【解决中小企业融资难问题】 年内，为解决中小企业“融资难、融资贵”问题，制发《丰台区中小企业“助保贷”工作规则》，进一步增强“助保贷”业务操作流程的规范化和制度化。符合“助保贷”准入要求企业有17家，授信金额1.9亿元，实现贴息121.8万元。创新直接融资，筹备设立首期规模2亿元。市区政府参股的“中小企业创新创业投资引导基金”，拟合作基金管理机构已完成市经信委和母基金管理机构的尽职调查工作。

（王　雪）

【组织企业项目申报】 年内，组织九州通、瀚海润泽、路演天下申报并获批北京市2017年度第一批中小企业发展专项资金服务体系建设项目资金支持，共计105万元；推荐恒冠国际等3家企业的3个项目申报2017年度第二批中小企业发展专项资金公共服务平台延续性建设项目，获得资金支持200万元；完成2017年丰台区中小企业专项资金评审工作，支持11个项目，涉及资金1611.8万元。

（王　雪）

【平台基地建设】 年内，完成“专精特新”企业创新创业示范基地的创建、认定工作，国数基地、人才大厦通过创建评审，金伟凯、国信优易等4家基地通过认定；完成中小企业创新创业公共服务平台认定申报工作，认定企联众创、瀚海润泽等9家平台；完成“专精特新”企业的认定申报工作，认定值得买、拜西欧斯等13家企业；完成2014年度“专精特新”企业复核工作，东方通、航天军创等22家企业通过复核。推荐医药行业协会等7家单位申报第一批北京市中小企业公共服务示范平台认定；推荐赛欧科园等6家单位申报第一批北京市小型微型企业创业创新示范基地认定。

（王　雪）

【推进全区信息化基础设施建设】 年内，加快丰台区电子政务外网提升工程建设，三期工程建设基本完成，实现一个核心环、一个接入环、一条接入链的网络连接。全力保障丰台区政务云数据中心安全集约服务，全年实现32家委办局业务应用系统入云，为41个业务系统提供安全云服务。

（王　雪）

【推进全区信息化资源整合】 年内，以“1+6+N”的模式搭建丰台区政务大数据汇聚平台，推进数据共享交换，建设统一的街乡镇统筹采集平台。实现丰台区法人单位20余万条信息资源库落地。通过课题研究、整合资源、搭建应用等方式，使数据“活起来”、“用起来”、“聚起来”。

（王　雪）

【制定全区信息化相关标准规范】 年内，统一“两个标准”，制定《丰台区街乡镇城市指挥中心建设标准》及《丰台区公共安全视频监控建设标准》。理顺“三个流程”，制定《丰台区政务网站迁移工作流程》、《丰台区基站建设及投诉处理工作流程》和《丰台区信息化项目评审流程》。制定“一个规范”，编制形成《丰台区入云信息系统安全管理规范》。编制“三个方案”，编制《丰台区社会信用体系联合奖惩制度的实施方案》、《2017年丰台区电子政务网络安全检查工作方案》和《丰台区2017年软件正版化工作实施方案》。探索“两个办法”，编制《数据共享交换管理办法》及《丰台区统一政务数据中心云平台管理办法》。

（王　雪）

【信息化项目评审】 年内，对110个追加信息化项目开展日常评审，涉及资金3.3亿元。集中评审2018年350个项目，涉及资金1.9亿元。开设卫生专场评审，共评审项目204个，涉及资金0.7亿元。

（王　雪）

【网络与信息安全保障】 年内，开展“一带一路”、十九大重点时节安保工作，成立临时指挥部办公室，启动全区重要网站24小时应急值守机制。联合市区部门针对丰台区网站和系统开展日常安全监测工作，发现各类问题107件。开展应急事件处置工作，实现丰台区政府机关勒索病毒零感染。开展丰台区2017年全区机关及其直属事业单位信息安全大检查工作。编制《行政执法检查记录单》和《现场处罚决定书》，首次启动丰台区委行政执法工作，全年共检查33家单位。

（王　雪）

【软件正版化】 年内，迎接市检查组对丰台区阶段性检查验收工作，开展全区正版软件统一购置及部署工作，一次性为全区659家单位解决了正版办公软件缺口。编制印发《丰台区2017年软件正版化工作方案》，软件正版化覆盖范围原有党政机关99家，扩充至109家，并向卫生计生系统及国资系统延伸，囊括26家卫生医疗机构及11家国有企业；开展全覆盖现场检查工作，共检查单位200家次。

（王　雪）

【安全生产三级标准化建设】 年内，完成工业企业三级安全生产标准化建设31家，超额完成创建任务。

（王　雪）

驻区工业

首都航天机械有限公司

【概　况】 2017年，“首都航天机械公司”变更为“首都航天机械有限公司”（以下简称公司）。成功发射天舟一号货运飞船、北斗三号导航系统组网卫星、阿尔及利亚一号通信卫星，遥二十九火箭首次复飞。首个直径9.5m筒段研制成功。荣获“长征五号运载火箭首次飞行任务”突出贡献单位、首届《中国航天报》新闻宣传组织贡献先进单位，公司子公司天津航天长征火箭制造有限公司荣获全国“五一”劳动奖状，公司成为全国第一批50家贯标示范企业，连续14年荣获“中国机械500强”。首次获得中国博士后科学基金研究资助。公司员工高凤林荣获第六届敬业奉献类全国道德模范，两名员工获得2016年政府特殊津贴。

（魏晓欣）

【长征三号乙遥三十九火箭发射成功】 1月5日23时18分，长征三号乙遥三十九运载火箭发射的通信技术试验卫星二号获得圆满成功，为2017年宇航发射赢得开门红。本次发射任务是长征三号乙运载火箭第38次发射，是长征三号甲系列运载火箭第78次发射。

（魏晓欣）

【两名员工获2016年政府特殊津贴】 2月，公司23车间朱艳杰、24车间肖文丰荣获2016

年政府特殊津贴。截至年底，公司共有8名在职员工享受政府特殊津贴。政府特殊津贴制度是经党中央、国务院批准建立的，对于促进航天高层次和高技能人才队伍建设，营造有利于人才成长的良好环境，激励高层次人才、高技能人才积极投身航天事业，起到重要的推进作用。

（魏晓欣）

【为支教青年志愿者举行出征仪式】 2月23日，为赴甘肃省甘南藏族自治州夏河县九甲小学支教青年志愿者王铮举行出征仪式。王铮是公司第二位被院选派到九甲小学进行支教的青年志愿者，主要负责音乐课的教学工作，为期五个月。出征仪式上，公司青年代表们与王铮进行了深度交流；副书记石立强为志愿者赠送了支教物品；书记李军寄语志愿者：在支教期间要服从组织安排，明确个人目标，为公司乃至祖国的航天事业增光添彩，不辜负单位领导及同事们的期望，最终收获一次精彩的支教经历。

（魏晓欣）

【荣获首届新闻宣传组织贡献先进单位】 3月30日，在2017年《中国航天报》新闻工作会上，首届《中国航天报》新闻宣传组织贡献先进单位名单新鲜出炉，其中航天科技集团、科工集团公司共有10家二级、三级单位获此殊荣，公司名列其中并在会上作为获奖单位代表发言。

（魏晓欣）

【通过北京市清洁生产审核评估】 3月30日，北京市环境保护局、发展和改革委员会、经济和信息化委员会联合组织专家对公司清洁生产工作进行现场评估。评估组认为，公司对清洁生产审核高度重视，在用生产工艺技术设备符合国家和北京市相关产业政策，遵守环境保护法律法规，废水、废气处理设施运行正常，危险废物处理处置符合国家和地方有关规定，污染物实现达标排放，一致同意公司通过本轮清洁生产审核评估。同时，针对评估报告提出6条修改意见，并对生产现状提出2条改进建议。

（魏晓欣）

【张志芬一行到院调研】 3月24日，二〇基地司令张志芬一行到火箭院调研指导工作，院长李洪、院长助理刘宇陪同。张志芬一行首先参观了公司总装事业部现场，就宇航型号总装测试相关问题与陪同人员进行交流。随后召开座谈会，围绕军民融合航天发射中心建设、基于二〇基地打造世界一流商业发射中心、基地能力提升等话题进行了交流，达成多项共识。

（魏晓欣）

【舱外航天服复核复算检查指导】 3月29日，以刘竹生院士为组长，翟志刚、刘伯明、刘旺三位航天员及多位专家组成的专家组一行到公司进行舱外航天服躯干结构产品初样研制阶段复核复算的审查。专家组听取了公司《空间站舱外航天服躯干结构等产品初样研制情况》的报告，并到航天服躯干结构装配现场查看了产品的生产情况。审查过程中，专家组对首件初样阶段舱外服主要技术指标要求满足情况、风险分析与控制、强制检验点的控制、数据包络情况和相关试验验证的充分性等项目进行了充分的了解和交流。专家组在肯定了公司开展的多项工艺攻关项目研究的同时，对后续工艺技术状态、生产状态、产品质量控制措施等的固化提出了具体建议，并从技术上对焊接变形的控制、残余应力的消除等给出指导性的意见。航天员翟志刚表示，经过这次审查，对航天服躯干结构的质量充满了信心！空间站舱外航天服是航天员出舱活动的基本保障系统，躯干结构是舱外航天服的关键部件，系统结构极为紧凑、复杂，可靠性要求高。

（魏晓欣）

【国务院副总理马凯视察公司天津厂区】 4月11日，中共中央政治局委员、国务院副总理马凯视察公司天津厂区，并出席长征五号运载火箭首次飞行任务突出贡献代表座谈会。国务院副秘书长丁学东，工信部副部长陈肇雄，国防科工局党组副书记、副局长张克俭，天津市副市长何树山，海南省副省长李国梁，战略支援部队副司令员李尚福，集团公司董事长雷凡培、总经理吴燕生，院长李洪、副院长唐一华等领导陪同。马凯一行首先到总装测试现场，详细了解长征五号遥三火箭总装情况，遥二火箭出厂测试情况及后续工作安排。随后，出席了长征五号运载火箭首次飞行任务突出贡献代表座谈会。全体参会人员观看了长征五号运载火箭首次飞行任务总结暨后续任务安排视频片，长征五号总指挥王珏等6名突出贡献者汇报了长征五号首次飞行任务中所做的工作以及心得体会。马凯作出重要指示，充分肯定长征五号首飞取得的显著成绩，切实肩负起建设航天强国的历史使命，全力做好后续各项工作任务。为此提出五点具体要求：始终坚持质量至上；始终坚持大力协同；始终坚持改革创新；始终坚持人才主导；始终坚持航天精神。会上，马凯副总理代表党中央、国务院向在长征五号首次飞行任务中做出突出贡献的单位和个人致以衷心的感谢，向11年来奋战在研制建设一线的同志们致以崇高的敬意，向中国航天事业广大科技工作者和干部职工致以诚挚的问候。

（魏晓欣）

【实践十三号卫星成功发射】 4月12日19时04分，长征三号乙遥四十三运载火箭成功将实践十三号卫星送入超地球同步转移轨道。本次任务是长征三号乙运载火箭第39次发射，是长征三号甲系列运载火箭第79次发射。实践十三号卫星突破了电推进、大功率电源控制器、Ka 频段通信载荷等制约中国航天技术跨越发展的“瓶颈”技术，并将探索星地双向高速激光通信技术及应用。

（魏晓欣）

【天舟一号成功发射】 4月20日晚19时41分，新一代中型运载火箭——长征七号遥二火箭从海南文昌航天发射中心点火起飞，成功发射天舟一号货运飞船。长征七号遥二火箭此次执行天舟一号货运飞船的发射任务，是长征七号火箭在2016年首飞之后，首次执行空间实验室任务。天舟一号与天宫二号空间实验室完成交会对接，实施推进剂在轨补加，突破和掌握了推进剂在轨补加等关键技术。

（魏晓欣）

【公司荣获全国“五一”劳动奖状】 4月27日，庆祝“五一”国际劳动节暨全国五一劳动奖和全国工人先锋号表彰大会在北京人民大会堂召开。中华全国总工会授予公司子公司天津航天长征火箭制造有限公司（以下简称“天津火箭公司”）“全国五一劳动奖状”荣誉，公司副总经理兼天津火箭公司总经理陶钢出席表彰大会，并代表全国获奖单位在大会上发言。“全国五一劳动奖状”是中华全国总工会授予企事业单位的最高荣誉，旨在表彰为我国经济建设、政治建设、文化建设、社会建设及生态建设和党的建设做出突出贡献的先进单位。2017年共有99个先进集体荣获全国五一劳动奖状，这是公司所属单位第二次获此殊荣。

（魏晓欣）

【总装制造党建共建签约仪式】 5月4日，正值中国自主研发的大型客机 C919首飞前夕，公司与上海飞机制造有限公司（简称上飞公司）、上海卫星装备研究所、中车唐山机车车辆有限公司在上飞公司浦东制造基地共同举行“火箭 卫星 高铁 飞机”总装制造党建共建签约仪式。仪式上四家单位党委主要负责人现场签订共建协议，要求共建单位成立由党委书记任组长的“共建领导小组”，进行党委层面、总装车间层面和高技能人才队伍层面的共建。依托交流互访、精益论坛、专题讲座、技术比武等形式加深交流并促进学习，实现“造大国重器、育大国工匠、树大国名片、传大国精神”的共同目标。

（魏晓欣）

【荣获“首次飞行任务”突出贡献单位】 5月7日，公司接到通知，国家人力资源社会保障部等五部门联合发文，表彰参加长征五号运载火箭首次飞行任务的单位和个人。公司荣获“长征五号运载火箭首次飞行任务突出贡献单位”荣誉称号，公司11名员工荣获“长征五号运载火箭首次飞行任务突出贡献者”荣誉称号。作为中国运载火箭升级换代的里程碑工程，长征五号创新难点多、技术跨度大、复杂程度高，代表了中国运载火箭科技创新的最高水平。长征五号遥一火箭发射任务的圆满完成，是中国由航天大国迈向航天强国的重要标志。在任务实施过程中，公司自力更生、勇于探索、大力协同、攻坚克难，突破了一批重大关键技术，取得了一批重大科技成果，为长征五号的成功首飞做出了突出贡献。

（魏晓欣）

【首个直径9.5m 筒段研制成功】 5月11日，公司采用搅拌摩擦焊工艺技术，顺利完成首个2219铝合金直径9.5m 筒段最后一条长2m、厚18mm 的纵缝焊接。首个直径9.5m 筒段的成功研制，标志着公司顺利突破了超大规格壁板滚弯成形、超大规格弧形壁板装卡、大深网格数控机械铣切成形技术、2219铝合金中厚板材搅拌头研制技术和超大规格筒段装配焊接等一系列技术难题，公司超大型贮箱筒段结构件研制技术能力达到了世界先进水平。

（魏晓欣）

【荣获全国精益管理项目发表赛一等奖】 6月21日至23日，第五次全国精益管理项目发表赛在西宁进行，公司的《提高某飞行器结构件批生产效率》获得一等奖。公司是本次发表赛中唯一获得一等奖的航天企业单位，同时也是第二次荣获全国精益管理项目发表赛一等奖。此次发表赛由中国质量协会举办，来自烟草、航空、航天、汽车等多个行业的75个项目团队参加。公司《提高某飞行器结构件批生产效率》项目，通过深入分析产品生产过程，运用价值流图等精益管理工具查找改善机会，对批生产过程进行优化，取得了显著的效率提升。

（魏晓欣）

【“高三第五批”建设项目通过验收】 7月26日，公司“十二五”“高新三期工程”和型号装备生产能力建设项目（第五批）（简称“高三第五批”），顺利通过航天科技集团公司会同北京市国防科工办和天津市国防科工办组织成立的验收委员会的验收。该项目批复建设周期36个月，2014年4月开始实施，2016年11月建设完成，2016年12月以零审减、零问题通过竣工财务决算审计，2017年3月提交项目竣工验收申请。通过该项目建设，公司新增了机加、焊接、铸造、总装信息化、铁路运输等21台（套）工艺设备，补充完善了生产条件，提高了生产能力，保障了型号批量生产任务的顺利完成，实现了项目批复的建设目标，并取得了较好的建设效果。

（魏晓欣）

【唐登杰一行来院调研指导】 8月16日，工业和信息化部副部长、党组副书记，国防科工局局长唐登杰一行来一院调研指导工作。唐登杰一行调研参观了公司机加车间、发动机焊接车间、贮箱焊接车间、大火箭发动机总装现场、总装事业部，听取了公司生产线建设情况、高凤林技能大师工作室、火箭贮箱焊接制造、大火箭发动机运行原理及长征二号丙火箭、长三甲系列火箭的基本情况介绍，了解了公司的历史发展及生产现状。对一院取得的成就给予高度评价，同时对一院未来的发展寄予很高的期望。

（魏晓欣）

【公司成为全国第一批“贯标示范企业”】 8月26日，工业和信息化部在2017中国两化融合大会暨2017全国两化融合管理体系贯标工作推进大会上举行2017年两化融合管理体系贯标示范企业（以下简称“贯标示范企业”）授牌仪式，公司成为全国第一批50家贯标示范企业之一。公司副总经理丁鹏飞被评为杰出管理者代表，是中国航天唯一一位获得该荣誉的人员。丁鹏飞代表公司参加授牌仪式，并作为贯标示范企业代表，围绕公司贯标经验，介绍了重点打造并形成的信息化环境下新型能力，助力航天企业战略落地的贯标典型案例。

（魏晓欣）

【连续14年荣获“中国机械500强”】 8月22日，2017年（第十五届）中国机械500强发布会在北京召开，公司连续第14次荣获“中国机械500强”荣誉称号，排名第195位，较2016年提升了4位，继2016年，公司再次进入“中国机械500强”前200名，年度排名稳步上升。此次会议还发布了“2017年中国机械500大”，公司排名第240位。

（魏晓欣）

【与英国焊接所签订长期合作备忘录】 9月19日，在龙爪树宾馆与英国焊接所（TWI）举行战略合作签约仪式。2011年公司申请加入英国 TWI，享受相应的会员权利及义务。签约结束后，公司与 TWI 表示继续推动双方技术合作，在焊接技术、失效机制、防护技术、增材技术等方面开展合作，提升公司相关技术水平。

（魏晓欣）

【遥二十九火箭首次复飞】 9月29日12时21分，长征二号丙遥二十九运载火箭在西昌卫星发射中心圆满完成发射任务。此次发射的火箭是2015年新研制的一箭三星状态的首次飞行，也是长征二号丙火箭时隔13年再次返回西昌执行发射任务。遥二十九火箭是近期现役运载火箭首次复飞，为全型号恢复发射奠定了坚实的基础。

（魏晓欣）

【成功发射北斗三号导航系统组网卫星】 11月5日19时45分，长征三号乙遥四十六/远征一号遥四火箭在西昌卫星发射中心点火升空，采用一箭双星直接入轨方式成功发射中国北斗三号导航系统第一、二颗组网卫星，标志着北斗三号工程首战告捷，拉开了中国北斗三号导航系统全球组网工程的序幕。本次发射任务是长征三号乙运载火箭第41次发射，是长征三号甲系列运载火箭第81次发射，是远征一号上面级第4次执行发射任务，是远征一号上面级双星状态产品第2次发射，是上面级系列产品的第6次发射。

（魏晓欣）

【高凤林荣获全国道德模范奖】 11月9日，中国文明网发布第六届全国道德模范及提名奖获得者名单，公司员工高凤林荣获第六届敬业奉献类全国道德模范。自1980年进入公司以来，高凤林焊接过的发动机占中国火箭发射总数的近四成。先后参与完成中国主力运载火箭长三甲系列火箭、新一代运载火箭长征五号火箭氢氧发动机的研制；积极开展技术创新，攻克多项难题。先后荣获“中央国家机关十杰青年”、“全国十大能工巧匠”、中国高技能人才“十大楷模”、全国“五一”劳动奖章、“全国劳动模范”等多项荣誉称号。

（魏晓欣）

【首次获得中国博士后科学基金研究资助】 11月28日，中国博士后科学基金会公布第62批中国博士后科学基金面上资助获资助人员名单，公司博士后工作站在站博士后申泱获得该项基金二等资助。工艺研发中心博士后申泱以航空航天型号研制为背景，针对钛合金、高温合金等材料难加工问题，采用电火花电弧复合加工为技术手段，申请了“干式电火花电弧复合铣削加工技术及理论研究”项目。公司指派专家对项目申报给予指导，最终成功获得中国博士后科学基金面上资助。本次博士后科学基金资助的取得标志着公司博士后的培养水平达到了新的阶段，为后续博士后进站工作积累了宝贵的经验。

（魏晓欣）

【三号精密测量现场荣获全国五星级现场】 12月5日至6日，由中国质量协会举办的2017年全国现场管理星级评价暨全国质量信得过班组经验交流大会在福建省厦门市举行，公司三号精密测量现场被评为全国五星级现场，成为公司第一个获评全国五星级的现场。通过星级现场的评审，公司不仅在各项基础管理工作水平和自身服务意识上有所提升，同时也激发了全体员工不断推进技术和管理创新，为后续探索更具特色且富有成效的现场管理新方法、新经验奠定了基础。

（魏晓欣）

【荣获北京市人民政府质量管理奖】 12月6日，第二届北京市人民政府质量管理奖（以下简称“市政府质量管理奖”）颁奖仪式在北京市政府举行，公司总经理马惠廷作为公司代表上台领奖并作为获奖组织代表进行发言。公司自2016年11月正式启动市政府质量管理奖申报工作，历经13个月，先后通过组织申报、资格审查、系统筛选、资料评审、现场评审、审查评议、社会公示、批准表彰等环节，最终荣获本届市政府质量管理奖，是航天系统在京单位首家获得该奖的企业。此次获奖获得市政府一次性奖励性经费200万元，进一步提升了公司的知名度，有助于拓展市场，提升经营效益。

（魏晓欣）

【成功发射阿尔及利亚卫星】 12月11日0时40分，长征三号乙遥四十运载火箭在西昌卫星发射中心，成功发射阿尔及利亚一号通信卫星。阿尔及利亚一号通信卫星，是该国的第一颗通信卫星。本次发射任务是长征三号乙运载火箭第42次发射，是长征三号甲系列运载火箭第82次发射，也是长征系列火箭的第258次发射。

（魏晓欣）

【探月工程三期研制保障条件建设项目通过验收】 12月12日，公司探月工程三期研制保障条件建设项目通过由中国航天科技集团公司和天津市国防科工办组成的验收委员会进行的项目现场竣工验收。项目建设新建了408号高压供气站，改造了201号厂房内供气管路系统，新增了数控四轴卷板机、振动消除应力系统、镁合金热成形设备、电磁铆接设备、壁板厚度快速测量系统、槽液快速自动检测设备、十字变位机系统、螺栓力矩拧紧系统等工艺设备8台（套），满足了探月工程三期运载火箭箭体减重的技术要求，保障了探月工程三期运载火箭研制任务的进行。

（魏晓欣）

【完成公司改制及名称变更】 12月19日，公司在北京市工商行政管理局丰台分局完成了变更登记手续，标志着公司改制工作完成。名称由“首都航天机械公司”变更为“首都航天机械有限公司”，注册资本为33907.617565万元，公司住所、法定代表人、经营范围均不变。按照相关要求，7月10日公司改制工作正式启动，经过改制方案制定、公司章程修订、公司党委会及党政联席会决策、职工代表大会决议、工商更名登记等程序，公司改制工作完成，由全民所有制改制为一人（公司法人）有限责任公司，并由总经理负责制转变为由股东、执行董事、监事和经理层组成的法人治理形式。

（魏晓欣）

【长征二号丙遥三十四火箭发射成功】 12月26日凌晨3时44分，长征二号丙遥三十四火箭发射遥感三十号03组卫星取得圆满成功，此次发射是继9月长征二号丙火箭执行现役运载首次复飞以来连续第四次发射，是长征二号丙火箭第60次发射，是第48次宇航发射，也是一院2017年宇航发射任务的收官之战。

（魏晓欣）

中车北京二七车辆有限公司

【概　况】 2017年，二七车辆公司在册员工2391人，其中教授级高级工程师20人、副高级专业技术职称126人、中级专业技术职称193人、高级技师资格99人、技师资格186人。本部（不含子公司）固定资产原值58394.24万元，各类机械动力设备1511台。公司设有行政部室19个、党群部门6个、生产车间4个、分公司1个、一级全资子公司1个、一级控股子公司2个、二级控股子公司1个。公司生产用地630204.86平方米，房屋建筑193450平方米。全年实现新造货车销售4704辆（国铁3800辆、自备车904辆），实现检修货车销售1442辆。全年实现营业收入26.8亿元，归属母公司净利润10107万元。

（刘　浩）

【规划发展】 年内，与中车置业公司共同研究提出《二七车辆公司土地划分方案》、土地开发建议、转型升级项目落地实施的规划布局，以及与启迪控股沟通合作的可行性，编制了《京西南科技创新生态城概念性方案》。根据中车领导及相关部门领导的意见和建议，制定了以科技成果孵化为发展主线，在创新成果与电商中心的产品销售之间搭建一座一站式全过程服务平台，在产业生态城与目标城市制造基地之间搭建一座沟通的桥梁。建设物流科技中心、电商中心、服务中心、产业孵化中心、京外制造中心、汽贸城六大业务板块，实现场地租赁、制造服务、代理销售、产权交易、京外代理、系统结算六大收入，打造集创新、投资、物流、制造、服务五大业务领域的“1266”北京二七车辆产业生态城的转型升级发展目标。根据中车货车业务重组工作要求，组织相关部门梳理公司本部及参控股子公司的既有产业、资源配置、土地和人员情况，分析了产能压减后盈亏平衡，按照协商解除劳动合同、待岗、内部退养人员的三种安置途径，测算了人力资源需求和人员安置费用，根据公司实际情况，对关停制造业后固定资产、存货、债权债务等进行估算。

（刘　浩）

【改革改制】 为落实中车集团和中车股份有限公司组织召开的二七机车和二七车辆公司股权调整工作启动会精神，以避免同业竞争为原则，从“明确转让、保留业务范围和股权受让方”、“二七车辆内部审批程序”、“配合审计、评估、法律尽职调查工作实施”三方面制定了工作计划，并成立了领导小组和工作小组。2017年底完成北京诺安舟应急缓降机械装置有限公司（简称诺安舟公司）的注销工作。6月，诺安舟公司注销工作方案经二七车辆公司总经理办公会审议通过，诺安舟公司召开股东会，成立清算工作小组，签订清算协议，启动诺安舟公司清算工作；8月底，完成清算信息登报公示以及员工安置工作；10月底，完成诺安舟公司资产审计评估，并在集团备案；11月底，完成债权、债务及资产的处置工作；12月21日，北京市工商行政管理局丰台分局下发《诺安舟公司注销核准通知书》，诺安舟公司完成注销工作。4月至10月，对丰华实公司人事、财务等方面存在的问题和风险进行了梳理整改，为压减工作做准备；11月底，制定了丰华实公司注销工作计划，明确了人员安置、债权、债务及资产处置等工作方案。

（刘　浩）

【经营管理】 年内，面对铁路需求显著回升的状态，以“降成本、增效益、保生产、促转型”为主要任务，紧扣经营主线，坚持管理体系设计，坚持“目标统一、行动一致、责任清晰、落实有据”为工作原则，通过“1+11”项主要项目，从节支降本、力保生产、增加利润、深化转型四个方面拓宽公司全年的经营工作路径，围绕“1+11”核心目标从8个方面分解了16项经营工作项目，确保了年度经营目标的顺利完成。坚持周汇报、月检查的工作机制，每周安排行政例会专题汇报，把握控制进度、及时发现问题，并形成“问题清单”进行闭环管理。围绕战略目标，以建设“可平移、可复制、可输出”的精益管理体系为目标，召开提质增效动员与精益管理启动会。建设“1+5”的模块化组织构架，形成由总经理挂帅督导的精益管理体系构建“1”的引领作用，由财务副总经理作为精益管理推进方案落实的主抓领导，以“精益价值模块”为侧重点，深入开展成本管控、两金压降、精益工作考评等相关工作。

（刘　浩）

【生产运营】 年内，生产安全和质量安全是企业经营的两条红线，不可逾越。不断强化红线意识，树立“100－1＝0”的安全理念，强化安全生产责任落实。加强动力站房、变配电系统、受限空间等危险场所的安全管控，开展动火、登高、临时用电、危险化学品储存使用、长大物料吊装转运等危险作业专项治理，确保取得实效。关注生产变化，尤其是加班作业、联合作业、劳务人员作业，从变化入手，及时进行危险源的辨识与评价，制订有针对性的安全措施并确保措施的落实，预防事故的发生。完善SQ6产品完整交车管理，加强对完整交车的监督指导，对相关指标实施情况进行监控、统计分析并动态调整，保证产品质量的有效控制。深入开展质量问题回头看活动，加强质量问题责任落实。深化对公司造修车辆的质量跟踪，及时获取在运用中发生的行车设备故障或事故信息，做到快速响应，妥善处理。

（刘　浩）

【科技创新】 年内，积极应对铁路改革，做好与铁总、特货等大客户的勾通协作工作。完成《适应电商物流快运集装箱运输装备关键技术研究》、《提高SQ6型运输汽车专用车技术性能研究》、《适应物联网的铁路货车“平台+”技术平台研究》和《铁路平车地板技术研究》等诸多货运技术前沿科技项目。完成关节式双层汽车运输专用车组产品试制及相关型式试验，通过了铁总试用评审。完成NA1型运输重型卡车专用车产品试制、车体静强度试验及车辆冲击试验。

（刘　浩）

【科技荣誉】 年内，公司研制的SQ7型汽车-普货双层两用车荣获中国中车科学技术一等奖，《冷藏集装箱运输装备技术研究》获得2017年度中国中车股份有限公司科学技术三等奖，《SQ7 型运输汽车-普货两用车批产工艺研究》获得2017年度中国中车股份有限公司科学技术三等奖。

（刘　浩）

【市场营销】 年内，新造车完工数量和销售数量均创历史新高，为公司各项指标收官和制造业收尾画上圆满句号。签订新造车订单4217辆，比上年增长2150辆，增长率104.02%；实现销售新造车4732辆，比上年增长2715辆，增长率134.61%。

（刘　浩）

【基建与技改】 年内，职工住宅项目（一期）B01-A、B06地块建筑工程规划许可证获得北京市规划委员会批复，建设规模分别为44679.7平方米和17390.58平方米，环境影响报告表获得北京市环境保护局批复。B01-B地块，宿舍区锅炉安装调试完成，实现正常供暖。B06地块、B01-A 地块主体结构完成。供电移交项目完成分离移交协议的签署，丰台区已完成供电方案的设计，正在进行可行性研究报告的编制，以报集团公司审批。

（刘　浩）

【人力资源管理】 年内，围绕中车“融合”、“变革”、“升级”三大主题，借助中车人力资源余缺调剂平台，3月向四方股份公司输送车辆钳工31名。加强国际化人才队伍的开发培养，通过选送外出培训方式储备一支适合企业国际化发展的人才队伍。选派参加核心管理人才国际化培训1人、核心管理人才专业培训1人、精益研发体系培训3人、优秀领导力培训6人、德国精益研修1人。6月，组织首次职称外语考试，报名参加考试66人，根据总部《关于公布2017 年度中车职称外语合格标准》，结合考试情况确定：高级及以上合格人员8名，中级合格人员48名，通过率85%。规范职称评审工作，完善量化评审标准，通过人力资源信息系统完成中级职称评审55人，初级职称评审34人，推荐高级以上职称38人参加集团评审。

（刘　浩）

【企业文化建设】 年内，认真宣传贯彻党的十九大精神，为公司发展提供思想支撑。推出《抢时间、提效益、打好生产攻坚战》、《全力冲刺公司生产经营新高地》系列报道，对准基层，鼓干劲、激斗志、扬风采、转观念、保稳定。建设制度文化，固化文化建设成果。通过重新规范、梳理规章制度，让文化内化于心外化于行。通过先进典型引路，营造健康向上的文化氛围。

（刘　浩）

【党群工作】 年内，开展以“建功‘十三五’，建设新中车”为主题的“节支降本，提质增效，保经营目标”劳动竞赛活动。落实职权，构建和谐关系，深化厂务公开民主管理。发挥集体协商作用，签订集体合同专项协议。关心劳模，重视劳模身心健康。关爱员工，开展“六送三关注”活动，丰富员工文化活动，提高员工身心健康。开展“不忘初心跟党走，立足岗位建新功”青年思想政治教育工作。开展“两学一做”学习教育实践活动，夯实“三会两制一课”制度。发挥青年员工突击队作用，为生产任务完成贡献力量。开展文体活动，团结凝聚青年，提升青年活力，释放青年激情。

（刘　浩）

【北京丰华实机械有限公司】 公司为中外合资企业，主要从事铁路车辆配件的生产和服务。公司具备年生产转 K2型转向架交叉杆组成6万辆份、L-B 型组合式制动梁3万辆份、120防护罩2万辆份的能力。2017年底公司在册职工33人。全年生产主要完成 SQ6大侧墙组焊639辆份、小侧墙组焊1689辆份，地板1682辆份，小侧墙板1689辆份，侧柱1689辆份，档板1050辆份；K6交叉杆4883辆份；交叉杆扣板2200件；120防护罩3600辆份；NX70A 侧墙1000辆份；L-B 制动梁10.5辆份。12月13日，公司第四届董事会第六次会议决议：同意公司清算工作计划；停止制造业务人员安置方案；对在册农民工2008年1月1日前未缴纳养老、失业保险的给予补偿。

（刘　浩）

【北京隆长泰工程机械有限公司】 公司是中国铁路机车车辆配件、轴承辅件、金属冲压件等机电产品的制造基地之一，占地面积约7000平方米，房屋建筑面积约8000平方米，是国内生产铁路货车轴承辅件的主要厂家之一。一直以来，由于受铁路货车市场整体低迷、货车配件价格不断降低等影响，公司销售收入下降，为此公司董事会43次会议决定，停止隆长泰公司机加工业务。2017年初，完成安置后共有人员二名，其中总经理一名、员工一名；共有机床、刀架及检测设备82件，办公及电器设备65件。

（刘　浩）

【北京隆轩橡塑有限公司】 属二七车辆公司间接控股子公司，是经铁道部认证的铁路车辆配件生产单位，主要产品有：铁路货车、客车轴承用工程塑料（塑钢）保持架、塑钢隔圈，注塑工艺心盘磨耗盘和旁承磨耗板，铁路货车过球试验用球，轴承防护件及铁路货车制动配件防护件，风电和工程机械轴承隔球器（隔离块）等。全年生产352226型保持架143万件，353130B 保持架67万件，353130B 大修保持架38万件，客车保持架4.3万件，353130B 隔圈81.4万件，风电隔球器169万件，新产品地铁保持架1190件。全年销售收入17616万元，净利润1752万元，比计划1500万元提高16.8%。高速动车组轴承保持架产品研发成果显著，轴向橡胶垫研发工作取得突破，轨道交通保持架产品研发有效推进。

（刘　浩）

【北京二七储运公司】 为二七车辆公司全资子公司。公司主要以仓储、运输、配送、装卸、采购为主营业务，兼营其它商业储存、配送、运输业务，注册资金1850万元，现有员工120余人。公司拥有仓库面积34000平方米，硬件设施配置齐全。2017年公司完成销售收入3370万元，实现利润205万元，完成物料配送任务10.1万趟次，物料收发作业频次7.1万余次，出入库吞吐量60.44万吨，完成经营目标，未发生重大工伤事故，未发生因物资供应不及时影响生产投诉现象。为响应非首都功能疏解政策，2017年底二七储运公司根据董事会决议，出台了《北京二七储动公司停止货车造修业服务人员安置方案》，共有30人响应安置方案并予以妥善安置。

（刘　浩）

中车北京二七机车有限公司

【概　况】 中车北京二七机车有限公司（以下简称二七机车公司）隶属于中国中车股份有限公司，现属于中国中车股份有限公司一级子公司。公司主要经营项目：制造、加工铁路及城市轨道交通运输设备、电子设备、机械电器设备；开发、设计、制造、修理、销售铁路及城市轨道交通运输设备、电子设备、机械电器设备；技术咨询、技术服务、技术进出口、代理进出口、货物出口、供暖服务；仓储服务；施工总承包；专业承包；劳务分包；机械设备租赁等。2017年公司拥有机械动力设备1830台（套），占地面积约44.3万平方米，厂房建筑面积约13.4万平方米。另在房山区窦店镇购得土地约38.6万平方米，正在进行建设。注册资本135000万元，从业人员2320人。现有硕士以上学历136人，本科668人。公司行政下设11个部室、6个中心、9个事业部、4个子公司。党群系统设有7个职能部室。公司产品出口20多个国家和地区，遍布全国18个路局、100多家路外工矿企业，矿山车辆领域正在形成从50吨到400吨的产品系列，是世界上唯一同时拥有整车集成和交流传动核心技术的矿车制造商。公司先后通过IRIS体系认证、ISO9001：2000质量管理体系认证、ISO10012测量管理体系认证、ISO14001环境管理体系认证、OHSAS18001职业健康安全管理体系认证和EN15085焊接体系认证，获得中国钢结构协会颁发的中国钢结构制造一级企业资质。DF7G-E型机车通过欧盟标准认证。公司具备新造电力机车100台，新造内燃机车100台，修理内燃机车80台，大型养路机械60标准节的生产能力。主要产品：HXD3、HXD3C型7200KW电力机车、DF7系列内燃机车、GK1E和GK31E型内燃机车、铁路大型养路机械LZC-800型路基处理车、GMC96B型钢轨打磨车、多功能作业车、BS-1200型边坡清筛车等。年内，营业收入51006万元，净利润-47437万元，完成股份公司调整后的经营指标。

（胡跃平）

【科技文化创新园项目建规划】 年内，科技文化创新园项目：按照北京市对老厂区工业遗存保护要求，以及中车公司的业务转型发展要求，在实施老厂区保护利用的基础上，开展文创产业业务，打造中车二七1897科技文化创新城。规划二七科技园主要以工业遗存保护利用与科技文化产业集群交融发展为主线，打造双创产业区、科技研发区、文化产业区、人才公租房和商务配套区等四大产业功能区。明确园区未来业务发展方向为轨道交通产业、文化创意产业、高科技产业、生态旅游产业等；公司未来发展方向是打造机车工业博览会、全国轨道交通交易平台、工业展示中心；文化创意产业领域吸引文化艺术、新媒体、设计服务类企业；高科技产业领域吸引信息服务、大数据、人工智能类企业；生态旅游产业领域发展文化体验、火车主题游览、红色旅游、生态休闲旅游类产业等。根据园区搬迁实际及整体规划方案，划定启动区和样板区。与青旅文化公司签订了合作框架协议和启动区租赁合同，共同开发中车二七1897科技文化创新城。启动区现已基本完成腾退工作，在青旅文化公司的协助下进行厂区整体规划设计和启动区设计等，开始方案细化、景观设计和厂房建筑内外修缮等工作。

（胡跃平）

【窦店产业园项目建设】 年内，该项目开工面积约18万平方米。其中调试联合厂房、组装联合厂房、零部件加工厂房、钢结构厂房、涂装加工联合厂房、备料厂房等厂房完成封闭，所有辅房正在装修中，室外管网工程完成90%。

（胡跃平）

【产业园项目建设】 年内，该项目到位资金3.55亿元，全部为银行贷款；实际完成投资3.55亿元，其中建筑工程费3.22亿元，其他费用0.33亿元。项目累计完成投资13.29亿元，其中土建工程投资5.30亿元，土地使用权投资6.43亿元，其他项目投资1.56亿元。

（胡跃平）

【公司改革转型】 年内，中车公司下发《关于推动中车北京二七机车有限公司业务重组工作的指导意见》，要求公司业务转型“按照北京市对老厂区工业遗存保护的要求，二七机车公司在实施老厂区保护利用的基础上，开展文创产业业务，按照合作开发、分步实施的原则打造中车二七1897科技文化创新城”，为此公司成立由董事长和总经理领导的深化改革工作领导小组和由主管副总经理牵头的工作小组。制定相关制度、管理办法、方案、通知等共计28项。根据中车公司关于公司产业转移和股权转让的要求，召开董事会决议通过股权转让立项事项，开展公司及下属子公司资产审计、评估事宜。与集团公司相关部门沟通，明确业务转让的实施路径，成立产业疏解工作领导组和由公司副总经理担任组长的各业务专项工作组。就承接业务范围、资产、资料、人员、售后等方面与业务承接单位接洽，陆续与各承接单位签订业务转让承接框架协议。

（胡跃平）

【业务重组转移】 年内，按照中车公司下发二七机车公司业务重组工作指导意见，与各业务转移承接单位签订协议转让合同，完成各业务板块技术资料、设备工装等相关资产的转移及股权转让。根据中车公司业务重组计划总体安排，运作矿山设备租赁和工程总承包业务及不落轮镟床销售业务、二七康库得公司曲轴镦锻业务整体进入集团公司。

（胡跃平）

【人力资源管理】 年内，中车 HCM 人力资源信息系统全面上线运行。规范劳动合同管理，续签劳动合同183人。为节约人力成本，雇佣劳务用工246人。内部员工调配817人次，签约应届毕业生34人。为101人办理离职及档案移交手续（其中清理不在岗15人、旷工解除9人）。借调至四方股份公司钳工24人。开展培训323班次7218人次，“双师工作室”培训252人次。薛礼亮电焊工技师工作室被评为丰台区首席技师工作室，薛礼亮被评为丰台区首席技师，刘纬被评为丰台区首席员工。研究制定人员疏解安置方案，为完成人员疏解指标任务，保障人员正常有序疏解做准备，与业务承接单位沟通划定所需人员范围，最大限度保障中车人才不流失；二七文创园区提供就业岗位与创业平台，吸纳并安置剩余员工。

（胡跃平）

【质量管理】年内，IRIS标准被ISO/TS 22163替代，2018年的换证审核应依据新标准才能保持证书的连续性。成立标准推行工作领导小组。进行为期三天的ISO/TS 22163标准内审员培训，34名员工取得ISO/TS 22163内审员证书资格。形成了《ISO/TS 22163标准文件识别清单》，制定了IRIS体系文件修订工作计划表。下发《质量损失管理办法》，明确公司质量损失的归集范围、类别、原因及相应代码，明确了工作职责和管理要求。按照中车股份公司下达的公司年度质量损失控制指标进行分解，制定相关保证措施。以全面质量管理理论中的六个（人机料法环测）影响产品质量的因素为考虑点，确定六部分内容，分别是人力资源、资产管理、物流管理、工艺管理、质量管理、生产单位进行审核。公司质量保证能力评价结果符合《铁路机车车辆产品造修企业质量保证能力审核评价办法（试行）》的相关要求，公司现阶段的质量保证能力能满足产品质量稳定性的要求。下发《质量安全大检查推进计划》、《关于组织开展质量安全专项检查活动的通知》，组织设计、工艺等部门联合北京（二七）机车监造项目部共同开展机车车辆产品源头质量安全专项检查，对《质量安全大检查推进计划》的实施情况进行监控。组织两次为期一个月的以质量或质量安全为主题的专题活动。成立“质量月”活动领导小组，负责“质量月”活动的各项工作。编制大修机车质量提升年活动实施计划检查表，确定了18个重要质量攻关项点，制定有针对性的措施，并安排专人跟进质量攻关项点的有效推进与落实情况。开展外购件入厂检验工作和重要、安全关键件的监造复核工作。

（胡跃平）

【科技创新】 年内，完成GMC16A型钢轨打磨列车（宽轨型）设计96头短编组打磨列车方案设计。完成机车车体钢结构静强度试验台项目符合国家质量检测检验中心的相关标准。为宁波地铁项目设计的GCY450（330）重型轨道车、接触网作业车完成设计输出评审。参与TB/T 2745-2017动力装置用柴油机认证试验、TB/T 2381-2017内燃机车线路运行试验、TB/T 2054-2017铁路机车漏雨试验方法、TB/T3474.1-2017机车车辆螺纹连接软管第1部分波纹金属软管等7项行业标准的制修订。完成深圳地铁、昆明地铁轨检车的研制。3000马力节能环保型调车机车铁总科技管理部会同运输局设计方案评审。HSM型钢轨铣磨车通过中车专家组科技成果鉴定，达到国际先进水平。申请专利15项，其中发明专利11项。出口古巴调车机车、普速铁路三平台接触网检修作业车、96头短编组钢轨打磨列车样机、甲醇-柴油双燃料大功率发动机关键技术研究及基于MTU16V4000双燃料发动机样机开发4项科研课题，列为中车公司年度科研计划重点课题。向铁总申报科研课题2项（XM-1500MBG型钢轨铣磨车研制、96头短编组钢轨打磨列车样机研制）。完成GMC96B型钢轨打磨列车，BS1200型边坡清筛机行政许可的申报工作。

（胡跃平）

【市场营销】年内，对销售系统进行了调整，撤销原主要以区域划分的9个部门，整合重组为主要以业务板块划分的6个部门：国铁业务部、大客户部、城轨业务部、海外业务部、售后服务部、市场发展部。路外新造内燃机车7台（其中中铁四院集团南宁勘察设计院1台DF7G新造内燃机车，安庆石化1台DF7G新造内燃机车，签订宁波港1台DF7C新造内燃机车，签订平煤集团4台DF7G新造内燃机车），出口越南新造内燃机车1台，修理内燃机车21台，BS-1200型边坡清筛机1列，GMC16A型钢轨打磨列车3列，配件收入13308万元，矿山工程总承包业务9443万元，曲轴锻造业务3365万元，其它业务收入

1051万元。派出售后服务人员431人次（含其他相关单位），累计出差天数4592天，处理各类问题224项，产生三包损失费约638万元，售后服务客户满意度98%。

（胡跃平）

【基本建设和技术改造】 年内，房山高端装备制造园项目：获得中车股份公司《关于中国北车北京轨道交通装备产业园建设项目（一期工程）土建工程及配套设施建设的批复》，批复总投资214980万元，包括6座生产厂房、铁路线及场站工程、辅助配套设施等。批复长客股份公司提出的二期轨道客车立项、可研、初步设计。开工面积18万平方米，规划设计的6座厂房均已完成整体封闭，雨水收集池、道路及室外综合管网等附属工程部分竣工。铁路线开始施工。产业园项目：累计完成投资132851.82万元，其中土建工程投资52933.49万元，土地使用权投资64323.81万元，其他项目投资15594.52万元。完成产业园项目土地使用权证名称变更、调试及组装厂房消防设计备案，以及长客二七合资公司注册资本增资，法人、董事、监事调整，营业执照变更等工作。科技城项目：启动了科技城项目的开发工作，对青旅公司提交的拆改方案及施工图纸进行审核，移交44台报废设备以配合青旅公司利用废旧设备进行文化创意工作的开展。

（胡跃平）

北京京丰燃气发电有限责任公司

【概　况】 2017年，认真贯彻落实集团公司年度工作会议精神，积极应对竞争激烈、形势复杂的电力市场，坚定信心，团结奋斗，积极争取各项有利经营政策，确保了经济效益稳步增长，完成集团公司下达的年度考核指标和本公司的各项生产经营任务。全年未发生人身伤亡事故、有人员责任的重大设备和重大火灾事故，安全生产实现“十无”，生产经营保持良好态势。

（胡岩毅）

【荣获构建和谐劳动关系先进单位】 年内，经北京市协调劳动关系三方会议严格评选，京丰公司荣获北京市构建和谐劳动关系先进单位。此次评选活动旨在表彰为促进首都经济社会和谐发展和构建和谐劳动关系做出突出贡献的优秀企业。荣誉的获得，不仅是对公司长期以来倡导的“公司与员工共同和谐发展”工作的肯定，也是对公司工会在创建和谐劳动关系、促进公司发展方面工作的肯定。

（胡岩毅）

【荣获两项国家专利】 2月28日，京丰公司喜获国家知识产权局颁发的燃机进气装置防冰除湿系统专利证书，为此防冰除湿系统的知识产权保护有了法律依据，提高了该系统的技术含量。防冰除湿系统的研究工作是在原系统基础上通过进气防冰除湿系统基础研究、方案比选分析、系统性能试验开展的，完成了燃机进气装置防冰除湿系统的开发以及控制策略研究的优化，目的是有效防止极端天气下燃气轮机进气滤网产生冰堵、湿堵等安全问题。该系统的投入运营使京丰燃气成功抵御雾霾及高湿天气的侵袭，投入后滤网压差下降效果明显，有效改善了极端天气时进气系统的应对能力。该项技术改造是国内首次在大型燃气——蒸汽联合循环机组上进行的，提高了燃气设备的可靠性，为集团公司燃机电厂进气防冰除湿系统改造提供了示范指导作用，对提升集团公司在燃机进气系统研究领域的技术水平和行业地位起到积极的推动作用。

（胡岩毅）

【两项管理创新成果获奖】 年内，京丰公司《城市燃气电厂检修管理的保障体系建设》和《燃气电厂班组建设转型实践》两项成果获得第三十二届北京市企业管理现代化创新成果二等奖。这也是公司连续两年在创新成果评审中获奖。42家在京央企、市属国有企以及各类型企业共报送参加评审的管理创新成果443项。

（胡岩毅）

【荣获全国电力行业QC小组活动优秀企业】 年内，在中国水利电力质量管理协会召开的2017年全国电力行业QC小组活动优秀成果交流表彰会上，京丰公司被评为2017年全国电力行业QC小组活动优秀企业。公司参赛的两个QC小组，经水电质量协会专家初审、复审后，入围现场发布，其研究成果《起重缓降器的研制》《定期自动加油装置的研制》分别获得一等奖和三等奖。QC小组活动的开展，增强了全体员工的质量意识，提高了企业整体形象，培养了一批质量管理及创新人才，对公司综合管理水平的提升起到推动作用。

（胡岩毅）

北京三兴汽车有限公司

【概　况】 2017年，北京三兴汽车有限公司认真贯彻落实“十三五”规划，以“协同创新中心、产品展示中心、外部协同制造平台建设”为主线，加快“强二进三”转型升级步伐，克服经济下行、军改等带来的不利影响，较好地完成年度经营目标，全年实现营业收入2.18亿元。雷弹输转车完成定型并小批量生产装备部队，成功用于俗称“航母奶妈”的901大型综合补给舰上。MV3中型高机动项目，历经四年，从概念样机展示开始，到项目立项、投标准备、成功中标、样机研制，完成各项复杂的定型试验，2017年9月满足军方设计定型，这是军改以来陆军车辆装备完成的首个定型项目。在完成2吨军用挂车东部战区比测试验的基础上，展开1至3吨系列样车的研发，为招标比测做准备。20000L项目进入投标准备阶段。

（陈　静）

【领导调研】 5月3日，北京市政协副主席闫仲秋、市政协科技委员会主任申建军带领的首都军民融合创新发展调研组，到公司调研深化首都军民融合创新发展情况。调研组对公司在军民融合方面做出的贡献表示赞许。

（陈　静）

【新品研发】 3月23日，第14届中国国际房车露营展览会在北京开幕，北京三兴汽车有限公司研发生产的BSX5043XLJ、BSX5044Xlj、HFC5049XLJKHV三型自行式房车和BSX9020xlj拖挂式房车一起精彩亮相，引起强烈反响。

（陈　静）

【中外交流】 6月1日，缅甸驻华大使帝林翁（Thit Linn Ohn）到公司考察，公司总经理陈宏志、常务副总经理冯岗等领导参加接待并进行了座谈交流。大使一行观看了新兴际华集团宣传片，参观了展场和展厅，对公司的产品性能进行了详细的了解，同时希望通过考察交流能够持续开展友好合作，推动双方共同发展。

（陈　静）

【救援灾区】 8月8日，四川九寨沟地震发生后，公司充分发挥在应急救援领域的行业优势、专业优势和装备优势，根据前方需求，组织医疗救援车、会议方舱、炊事方舱、运净水车、运加油车、运兵车等救灾装备和20人组成的救援队支援灾区，救援行动取得良好的社会效果，得到当地政府和灾区群众的充分认可和广泛赞誉。8月28日至30日，央视经济半小时栏目组针对支援灾区行动到公司进行了专题采访，并在“经济半小时”栏目时段中播出。

（陈　静）

【装备受阅】 7月30日，庆祝中国人民解放军建军90周年大阅兵在朱日和训练基地举行，一大批新式装备震撼亮相。北京三兴汽车有限公司生产的整体自装卸运加油车列阵沙场，以战斗姿态接受党和人民的检阅。

此次受阅的整体自装卸运加油车由2006A 整体自装卸车和运加油单元组成，是中国军队重要的战术机动油料保障装备，主要装备于油料保障部队，开设野战加油站，用于对战术部队的油料保障，也可卸载在后勤配置地域，快速开设不同规模的战术野战油库。整体自装卸运加油车，机动能力强，展开、撤收快捷，可以分散配置，大大提高加油站的野战生存能力；也可在较短时间内构成野战条件下的油料保障基地，丰富了油料保障手段。整体自装卸运加油车作为主要野战油料装备，对提高我军野战油料装备保障能力具有重要意义。

（陈　静）

【科技创新】 年内，公司投入研发经费2438万元，共完成26项新产品研发工作，其中研发的武警越野/普通净水车、大通房车、拖挂房车、防爆转运车、北奔出口整体自装卸车、预警方舱整体自装卸平台、卫生方舱整体自装卸平台、2000L 运油挂车均实现收入，中高机3个型号已经签订首批生产合同；整体自装卸运加油车（新泵站）荣获军队科技进步二等奖；《微波成像生命探测仪研制与产业化应用示范》、《高原高寒地区应急供油方舱研发与应用示范》等2项为国家科技部重大科技专项，《高机动应急救援车专用底盘悬挂系统及快换行走系统研制与产业化》为北京市科委支持项目。全年累计申请专利48项，其中发明专利13项、获得授权专利15项。参与了 GJB576《加注车通用技术条件》等三项国用军车标准修订。公司科技研发队伍得到了锤炼，科技研发实力得到提升。

（陈　静）

【举办装备展览】 11月，组织轻高机装备及军民融合装备展，历时半个月，接待100多个参观单位，累计参观人数超千人，大大提升了公司的品牌与知名度。国务院国资委主任、党委副书记肖亚庆，国家安监总局副局长孙华山等到现场参观并调研，对公司在军民融合发展中所做出的贡献给予肯定。

（陈　静）

【荣获“北京市模范职工之家”称号】 9月，北京市总工会、北京市人力资源和社会保障局联合授予北京三兴汽车有限公司“北京市模范职工之家”荣誉称号。北京三兴汽车有限公司工会积极践行中国特色社会主义工会发展道路，认真贯彻落实北京市总工会“1+15”文件要求，以不断加强和创新职工之家建设为载体，深化企业民主管理、开展创新创效活动、关心爱护职工、营造和谐文化等方面不断努力，不断提升服务职工的能力，让职工真正感受到工会是职工之家。

（陈　静）

北京市赛欧工贸有限公司

【概　况】 2017年，北京市赛欧工贸有限公司（以下简称赛欧公司）加强市场调研，强化创新意识，探索社区服务新模式，以提升经济效益。拓展孵化器经营方式，加快孵化器品牌建设。抓好人才队伍建设，提高职工队伍的整体素质。构建和谐企业，丰富职工文化生活，维护企业和谐稳定。全年完成营业收入12076.82万元，同比增长-3.30%；上缴国家税金2698.16万元，同比增长11.47%；实现综合经济效益7837.74万元，同比增长8.43%。截至年底，全系统共有在职职工159人，退休退职人员1856人。下属五个基层单位，机关设置五部一室。

（李丹丹）

【荣获区级殊荣】 1月16日，赛欧孵化中心受邀参加丰台区科委主办的2016-2017丰台区孵化器联盟年会。赛欧孵化中心作为丰台区老牌的国家级孵化器、国家小型微型企业创新创业示范基地，年会上荣获“丰台区科技企业孵化器”、“丰台区众创空间”和“2016年度创新成就奖”三项殊荣。

（李丹丹）

【赛欧芳古园樱桃阵社区中心开业】 2月14日，赛欧公司与九樱天下合作项目-赛欧芳古园樱桃阵社区中心正式开业，标志着赛欧公司积极响应政府“居家-社区养老”号召，尝试开拓新的经营模式。

（李丹丹）

【迎接参观考察和领导调研】 1月9日，北京供销电子商务有限公司相关人员到赛欧公司调研交流，了解樱桃阵社区养老项目的发展情况，双方就社区养老基础服务等进行了探讨和交流。2月17日，市社副主任刘祝平、张守海一行到赛欧公司调研，就赛欧芳古园樱桃阵项目的市场前景、经营模式、养老项目、政策扶植及经营分润等具体情况进行了探讨和分析。2月24日，市社企业服务中心和北京百花蜂业科技发展股份有限公司相关领导到赛欧公司调研交流赛欧芳古园樱桃阵项目，并就会员机制和养老报销体系做了深入的探讨与交流。3月2日，北京世欣博瑞投资管理有限公司班子成员一行到赛欧公司考察交流赛欧芳古园樱桃阵及孵化器项目，并就双方的区域性、行业性、共通性进行了探讨，就双方的未来发展趋势、转型规划方向、合作赢利点等内容进行了交流讨论。3月10日，团市委企业工作部副部长时萍一行5人莅临赛欧孵化中心参观考察，双方就创新型孵化器的改革与发展进行了深入交流。4月7日，上海市宝山区供销合作总社主任王心雄一行5人到赛欧孵化中心参观调研，了解赛欧公司体制转型、创办孵化器和开展社区服务等内容，就赛欧孵化器在服务企业、整合资源、搭建平台方面进行了探讨和交流。5月19日，全国供销合作总社党组成员、理事会副主任杨汭一行，在北京市供销合作总社党委书记、理事长高守良陪同下，到赛欧公司调研创新型孵化器相关工作，了解丰台区供销社改革史、赛欧公司发展历程、赛欧孵化器的运营模式、孵化服务体系和从传统型孵化器向创新型孵化器的转型蜕变过程，对赛欧公司创新型孵化器工作给予肯定。6月13日，山东省临沂市“三引一促”学习班一行60人到赛欧孵化中心参观交流，了解赛欧孵化中心的发展历程、股权投资基金、外拓意愿和孵化服务体系等内容。

（李丹丹）

【举办企业登记注册与年报培训】 3月29日，丰台园园区工商所所长于娟娟到赛欧 T3众创空间，为赛欧50余家新入孵企业讲解商事制度改革的登记注册政策和企业信用信息管理及年报，并现场答疑解惑，获得入孵企业的一致好评。

（李丹丹）

【举办知识产权宣传活动】 4月，为增强企业知识产权保护意识，赛欧知识产权工作站开展了为期一个月的北京“12330”知识产权保护宣传月活动。活动的主题为“企业商海乘风破浪，知识产权保驾护航”，旨在向400家在孵企业宣传知识产权保护意识，提高赛欧知识产权工作站为企业服务的能力。

（李丹丹）

【举办京合赛欧股权投资基金对接会】 4月19日，为推动赛欧孵化中心的股权投资服务，邀请了23家企业创始人，作为京合赛欧股权投资基金的首轮推荐，参加了“企业创业创新展风采、赛欧孵化服务亮新风 ”的基金与企业对接会。

（李丹丹）

【启迪京合赛欧股权投资基金实质性启动】 5月15日，启迪京合赛欧股权投资基金在5F咖啡厅召开首次项目投资决策委员会会议，对来自冷链物流、文化创意、智能硬件等领域的五个路演项目进行了点评，针对每个项目的行业特点、客户群体和盈利模式等，给出了相应的意见和建议。

（李丹丹）

【开展防洪抢险应急救援演练】 按照2017年《安全生产工作计划》要求，6月22日赛欧物业分公司开展了防洪抢险应急救援演练活动，增强了员工防汛意识，提高了各部门应急抢险能力，确保公司在遇到连续特大暴雨时，能够快速、有效、有序的实施防洪抢险救援工作。

（李丹丹）

【"创青春"创新创业大赛工作推进会】 7月20日，由团市委等八家委办局共同主办的"创新、创业、创优、创未来"主题"创青春"首都青年创新创业大赛工作推进会在赛欧孵化中心5F咖啡厅召开。团市委企业工作部、北京市青年宫、丰台团区委、大兴团区委、开发区团工委和16家孵化机构负责人参加会议。会上，团市委企业工作部部长杜新峰介绍了大赛的目的和意义，对报名参赛、站点推荐项目等方面提出要求。会议还听取了市青年宫、各团区委、各孵化机构关于参赛项目征集和赛前准备的情况汇报。

（李丹丹）

【参加京津冀协同发展论坛】 为贯彻落实"京津冀协同发展"战略目标，充分发挥外拓创新资源对接领域的行业带动作用，8月28日至30日，参加了由河北省商务厅、北京市商务委、天津市商务委和唐山市人民政府共同主办的首届京津冀服务外包协同发展论坛活动。

（李丹丹）

【"中以"创赛对接活动季启动】 9月7日，由中国科学技术交流中心、以色列创新署、北京特拉维夫创新中心、北京赛欧科园科技孵化中心有限公司、中以常州创新园联合举办的首届中以创业大赛赛欧对接活动季在赛欧孵化中心正式启动，中国科学技术交流中心网络平台处、市科委国际科技合作处相关负责人出席了活动，赛欧孵化中心经理连玮佳介绍了本园区开展对以合作的规划设想。

（李丹丹）

【"人工智能与大健康"投融资对接会】 9月8日，联合京信供销基金、北京创业投资协会、允中创业等多家机构在5F咖啡厅举办"人工智能与大健康"投融资对接会。对接会推出的路演企业包括三家赛欧入孵企业和一家外部企业，共有七家投资机构和三家专注于该领域的创业企业听取了路演，各方就商业模式、行业热点、团队背景以及估值依据等内容进行了深度沟通交流。

（李丹丹）

【参加丰竹杯青年创新创业大赛】 9月15日，赛欧孵化中心作为"丰台区优秀创业服务机构"，受邀参加由北京市人力社保局主办、丰台区人力社保局承办的"丰竹杯"青年创新创业大赛，其中赛欧孵化中心推荐的"麦片版权大数据服务平台"项目获得一等奖，"火秀运动app"项目获得三等奖。

（李丹丹）

【"安全整治"专项行动督导部署工作会】 11月24日，召开"安全隐患大排查大清理大整治"专项行动督导部署工作会。党委书记陈思勇就顺义区"11·10"和大兴区"11·18"火灾事故教训，以及市社针对这两起火灾事故提出的工作要求进行了说明，要求大家认清形势，紧密结合"疏解整治促提升"开展工作，全方位、不留死角开展安全隐患大排查大清理大整治专项行动。

（李丹丹）

商贸 服务业

商业贸易

【概　况】 2017年，丰台区商务委员会以调结构、稳增长、补短板、惠民生为主线，着眼于功能疏解、品质提升、消费增长、外向开放、行业规范，各项工作取得较好进展。全年实现社会消费品零售额1135.2亿元，总量居全市第三位，同比增长5.6%。从规模来看，限额以上实现855.5亿元，增长4.6%；限额以下实现279.7亿元，增长8.6%。

（牛格非）

【制定产业政策】 制定出台了《丰台区农村集体产权市场及仓储物流设施疏解资金补助办法》（暂行），加速推进农村集体产权市场及仓储物流设施疏解。制定《丰台区加快蔬菜零售网络建设工作方案》，推动蔬菜零售网络建设，方便居民生活。

（张会利）

【调整疏解相关市场和企业】 年内，完成市场调整疏解30家，涉及建筑面积41万平方米；调整疏解仓储物流企业7家，涉及占地面积14.14万平方米。

（张会利　牛格非）

【生活服务业品质提升】 年内，新建或规范便民服务网点127家，其中便利店（超市）17家、家政1家、美容美发6家、蔬菜零售50家、早餐24家、末端配送29家。生活性服务业网点连锁化率提升8.2个百分点，达到37.2%，8项基本便民服务社区覆盖率100%，群众获得感不断增强。构建区、街乡镇、社区村三级促进生活性服务业品质提升工作体系，开展便民商业服务网点调查，建立基本便民服务网点台账，制作丰台区便民商业服务网点导引图，并上线运行。开展丰台区生活性服务业标准宣传贯彻工作，组织6次标准宣传贯彻大会，涉及11个行业653家企业1511人次。召开丰台区生活服务业创新发展推进会，营造发展氛围。

（李　蕊）

【大型商业项目建设】 年内，花乡奥特莱斯、时代 life 购物中心、西铁营万达等3家大型综合商业点新开业，总面积23万平方米。新开业商业点均为购物中心，进一步提升了丰台区商业品质，优化了区域商业结构。

（张会利）

【开展各类主题的促消活动】 年内，开展北京城里过大年促销、“第三届迎新春过大年互联网+美食节”、第二届六合夜市在丰台、中国京菜走进社区、第八届丰台购物嘉年华等品牌促消费活动，培育消费新热点，引领时尚消费生活方式。

（李　蕊）

【电子商务基地建设】 年内，推进国家电子商务示范基地建设，开展电子商务产业发展情况调研。培育云谷电商等电子商务特色楼宇，值得买在消费决策平台中稳居市场份额第一，涌现出仁和药房网等一批拉动增长的电子商务企业，全年网上零售额64.1亿元，同比增长915.1%。组织区内20余家企业参加第五届京交会电商大会，宣传“e+城市生活乐园”发展理念，展示“互联网+都市生活”发展特色。

（杨　磊）

【粮食安全监管】 年内，认真落实粮食安全区长责任制，建立起基本覆盖的粮油应急供应网络及顺畅高效的粮食应急供给机制，建立粮食应急供应网点79个，4950万元粮食风险基金足额及时到位。粮食流通管理水平明显提升，加强粮食市场信息监测，粮油品牌建设成效显著，基本实现粮油经营布局全区覆盖。粮食消费市场秩序安全平稳，建立粮食消费市场联合监管制度，健全粮食质量安全保障体系。

（李　蕊）

【行业管理】 年内，完成30家典当、33家拍卖企业年审材料上报。新增拍卖企业12家，变更10家，注销1家；典当企业变更8家，注销1家，接受相关咨询600余人次。完成加油站年检初审上报70家、加油站暂停歇业上报3家、证书变更3家。完善对蔬菜等生活必需品市场供应及价格监测，增加零售终端供应量，启动联合保供行动，落实产销合作协议，保障市场供应。开展肉菜追溯体系建设，全年完成494家，累计完成700余家，实现重点商超、餐饮、菜市场“来源可追溯、去向可查证、责任可追究”。

（李　蕊）

【行业执法检查】 年内，对828家企业进行商务安全生产检查，出动执法人员4968人次，发现问题240余起，均已现场整改，约谈50家。开展商业预付卡、家政服务、促销、美容美发、食盐等专项执法，检查1460家，90家简易处罚，8家一般处罚。组织双打联合检查6次，上报双打信息66篇。市级网站采用24篇，全国简报采用4篇。

（李　蕊　李学兵）

北京丰贸投资经营管理有限公司

【概　况】 2017年，公司完成利润2652.86万元，较上年同期1854.73万元增长43%；上交各项税费3634.12万元，较上年同期2413万元增长51%；上缴国有资本金收益212.74万元，较上年同期201.53万元增长5.56%。

（冯　巍）

【老旧网点设施改造】 年内，关停地下空间1800余平方米，提升经营业态约10000平方米。投入资金约760万元，完成 62处资产维修、5处商业网点的整治改造。拆除兴隆中街后院老旧库房180平方米、东大街6号历史老旧网点90平方米，空地改为市政绿地花坛，美化了网点周边环境。

（冯　巍）

【便民综合体投入使用】 年内，万柳园“丰贸便民服务综合体”、北大地“便民商业街”、云岗北区22号楼“便民综合体”提升改造工作完成并投入使用。

（冯　巍）

【整治“开墙打洞”专项行动】 年内，共封堵开墙打洞房屋15间，恢复云岗北区22号楼底商、云岗南区西里15号商业用房原有面貌。

（冯　巍）

【安全生产管理】 6月1日，安全生产部成立。制定《安全生产管理工作制度》《安全隐患排查及治理管理办法》等5项制度，开展消防演练2次。开展安全检查、保障、专项行动10余次，公司领导带队检查25次。发现安全隐患并完成整改验收50余处。全年共拆除彩钢板建筑1.8万平方米，涉及网点170余处。

（冯　巍）

【创新资产安全运营管理模式】 年内，将盛丰顺业公司、兴源天成机关和丰贸机关所辖资产安全管理工作下移至相关分公司，分配的资产面积占公司经营性资产总面积50%。

（冯　巍）

【推进基层单位及党组织融入合并】 年内，将汇航分公司工商登记和税务登记注销，并入南苑鸿业分公司，对人员、资产负债和所有者权益进行合并。将盛丰顺业、兴源天成、原丰贸机关合并为丰贸机关党支部，完成丰贸机关党支部换届选举工作。

（冯　巍）

【资产管理】 年内，更新《房屋租赁合同》《房屋租赁安全责任书》《承诺书》相关文本。对所属网点初步探索按面积、位置进行分类和评级。严格按照合同管理流程洽谈、签订合同1003份，全年收缴租金1.309亿元，收缴率99.44%。完成公车改革，交由北京产权交易所拍卖12辆，依规办理报废12辆。

（冯　巍）

【签订拆迁项目合同】 年内，大红门地铁8号线拆迁项目与拆迁主体签订了《非住宅搬迁补偿协议书》，涉及面积701平方米；东铁营棚户区改造和环境整治项目与拆迁公司签订了《国有非住宅搬迁补偿协议》，涉及面积约4.45万平方米。

（冯　巍）

【关心职工生活】 年内，调整完成盛丰顺业、兴源天成公司职工的薪酬结构，实现企业职工薪酬结构统一。组织全员职工进行健康体检，参加体检人数330人。加强食品卫生管理，听取职工意见，改善伙食。对困难职工进行帮扶。

（冯　巍）

丰台区国有资本经营管理中心

【概　况】 丰台区国有资本经营管理中心（以下简称“国资中心”）成立于2010年6月，是根据丰政发〔2010〕15号批复同意注册的全民所有制企业，是继北京市及朝阳区、海淀区、顺义区三个区县先期试点之后又一家经市政府批准组建的投融资平台，注册资金81.4亿元人民币，主要从事融资担保、投资、资产管理三项业务；下设四部一室，下属二级企业12家。中心于2015年3月成立党支部，2016年5月成立工会。中心主体信用评级为AA+，是区内唯一一家有主体信用评级且评级最高的国有非上市公开企业。自成立以来，中心发行了20亿企业债、30亿中票、15亿短融，设立了12亿元棚改基金，累计融资80多亿，累计支持棚改及旧村改造、园区建设、非首都功能疏解等区重点工程项目200多亿，累计为区重点工程项目融资提供400多亿元担保，围绕区委区政府重点工作较好地发挥了金融服务平台作用。

（国　帅）

【以“公推直选”方式完成支部换届】 3月，国资中心党支部届满，国资委党委要求换届采取“公推直选”方式，为此国次中心党支部高度重视，着眼于扩大党内民主、保障党员权利，努力把政治素质好、大局意识强、思想解放、有开拓创新精神、群众公信度和满意度高的党员干部选进国资中心支部班子。按照选举工作基本原则，经过在中心及合署办公的二级企业党员群众范围内学习动员、制定选举方案、公开推荐、征求意见、上级审批等环节，7月召开党员大会，选举产生新一届党支部委员会。这是区国资委监管企业首个以“公推直选”形式的支部班子，有力印证了区国资中心党支部是个团结的集体，充分体现了党管干部和群众公认的原则。

（国　帅）

【逐级抓廉政建设】 年内，结合区纪委驻国资委纪检监察组关于开展警示教育活动的要求，中心把廉政教育学习与党支部学习、部室学习相结合，引导党员干部深刻把握党的十八大以来关于反腐倡廉建设的新思想、新部署和新要求，提高党员干部廉洁自律意识。同时，加强对二级企业监管，在诚信佳担保公司设立监察室。通过直接委派监察专员，负责对该公司全体工作人员的廉洁从业及公司决策、管理、资金使用、人事任免等方面的监督，列席经理办公会，可根据监察工作需要选择参加其他重要会议以及接受信访、举报问题，并负责调查、解决、答复等，实现对该公司合规经营及人员廉洁从业进行监督。

（国 帅）

【利用新媒体树立企业形象】 年内，设立电子显示屏、宣传栏、灯箱加强对内对外宣传。建立中心官方网站，用于对外发布消息，在新媒体宣传领域实现“零的突破”。组织党员群众进行公益活动，营造团结向上的良好氛围和社会形象。

（国 帅）

【关注政策及时融资】 年内，及时了解金融政策，在中票监管政策发生变化、可新增28亿元发行额度后，立即与债券承销机构研究发行方案，同时向区政府、财政局及国资中心出资企业了解资金需求，顺利完成28亿元中票注册工作，并首期发行20亿元用于支持辖区内相关重大项目。此次中票发行，时间短，发行量大，取得较好的市场效应和社会效应，体现了资本市场对丰台区政府以及国资中心的信用认可。

（国 帅）

【支持辖区重点工程项目建设】 年内，为卢沟桥乡发放委托贷款5.6亿元，用于支持小瓦窑村旧村改造项目以及六里桥村市政服务中心安置房项目；为南苑乡发放委托贷款20亿元，用于支持大红门村旧村改造项目以及大红门地区市场疏解及部分园区拆迁；为区属国有企业发放委托贷款0.5亿元，用于开展生产经营活动。凭借AA+的信用评级，为槐房村新宫村城乡一体化旧村改造项目提供26亿元的融资担保，为大红门村非首都功能疏解项目提供26亿元融资担保。认真做好保后管理工作，对将到期还款的项目做好沟通监督，确保安全解除担保责任，全年按期解除担保责任146亿元。

（国 帅）

【看丹棚改基金平稳存续成功退出】 2016年，国资中心成功发行12亿元看丹棚改基金，经过一年的运作，于2017年4月20日顺利退出。看丹棚改基金的成功发行与顺利退出，不但缓解了区财政资金压力，而且创新了丰台区金融服务疏解工作的新途径，为债权基金的实操积累了经验，锻炼了队伍，为用基金解决未来辖区内棚改项目资金问题打下了坚实基础。

（国 帅）

丰鑫源物资集团公司

【概 况】 2017年，丰鑫源物资集团公司（以下简称集团公司）超额完成区国资委下达的各类指标，实现国有资产保值增值，实现利润438.04万元，同比增长35.22%；总资产报酬率6.44%，同比增长39.09%；成本费用利润率67.07%，同比增长40.14%。

（王璐思）

【在建养老项目进展情况】 年内，杜家坎南路22号养老院规划设计方案和相关手续经区规划分局等部门审批完毕，待北京市规土委将土地变性完成后动工建设。初步确定，引进战略投资者北京万科企业有限公司，合作经营这一养老项目，引进投资额预计1.6亿元左右。园博养老院作为丰鑫源集团公司直接参与经营的项目，将建成丰台区及北京西部高品质的养老综合体，实现本公司转型发展的目标。同时也为区域国有企业摆脱传统单一出租经营模式，实现企业创新发展起到示范引领作用。

（王璐思）

【规划布局医疗机构项目】 年内，经集团公司多年不懈努力，卢沟桥8号院闲置绿地被盘活，变为可建设用地，取得了土地使用证，规划性质变为医疗用地，为下一步开发建设奠定了基础。与拟选定的中民医疗投资公司、新华医疗等两家医疗投资机构进行了深入洽谈，拟将卢沟桥8号院项目与华山医院整体布局，提升医院级别，三方正在研究具体方案。园博养老项目和卢沟桥8号院医疗项目整体布局的实施，集团公司逐步形成以医养为主的新的经营格局。

（王璐思）

【开展拆违整治行动】 年内，依据《丰台区彩钢板房隐患整治行动方案》安排及规定，集团公司共拆除彩钢板2433平方米。五里店270号院的出租房屋全部关停，并积极配合所属辖区开展拆违工作。全年拆除违法建设314平方米，拆掉房顶和门窗958平方米。

（王璐思）

【解决用水问题】 年内，大井东里1号院和华山医院自备井供水改为自来水管网供水，困扰多年的用水难问题得到解决。下一步着力解决五里店7号院居民和惠昌、运输公司自备井供水改为自来水管网供水问题，《供水规划方案》已批准，施工设计已完成，施工合同已签订。供水问题的解决，也为集团公司今后的运作开发创造了条件，打好了基础。

（王璐思）

【财务监督管理】 年内，主要采取“一图三表”的管理方式加强对财务的监督管理，通过出租房产的平面图与合同明细表、房租收入明细表、损益表之间的勾稽关系，对企业的经营合同及租金收取情况进行监督检查。通过查看图表间的变化，了解各种因素给企业经营工作带来的影响，以便及时应对，保证经营任务的完成。

（王璐思）

【利用经审契机加强企业管理】 年内，集团公司积极配合区审计局开展的审计工作。审计过程中，区审计局对集团公司近些年来在国有资产保值增值方面所做的工作给予肯定，对本公司开展的“一图三表”、“重点工作流程图”等工作，作为经验交流进行推广。对审计局提出的不足，立行立改，并以此为契机进一步完善了各项规章制度，以建立长效机制，理顺了基础管理工作，达到以审计促工作提升的目的，以确保集团公司的规范、持续、稳定、健康发展。

（王璐思）

【党的组织建设】 落实“三会一课”制度，推行使用“一规两册”，使“两学一做”学习教育常态化。落实党日活动，通过开展踏访红色印记、聆听红色演讲、观看红色话剧、党员奉献爱心等系列活动，增强党员的责任意识。坚持讲党课，形成学习风气，激发组织活力。抓人才队伍建设，注重在优秀青年中发展党员，优化党员队伍结构。

（王璐思）

【关怀职工生活】 年内，续签了集体合同工资专项协议书，为职工调整增加了工资，使职工收入随着企业效益的增长而增加，共享企业改革发展成果。看望住院职工及职工家属，送去企业的温暖和关怀。关心职工身体健康，组织职工进行健康体检。为在职职工交纳住院保险，减轻职工经济负担。

（王璐思）

北京市丰台区烟草专卖局（公司）

【概　况】 2017年，丰台烟草专卖局（公司）（以下简称丰台烟草）共销售卷烟8.53万箱，基本保持稳定。实现销售收入23.49亿元，同比增长0.78%。实现利税6.24亿元，同比持平。单箱销售额32216元，同比增长2.91%。

（杨丽君　张铁玲）

【北京南站街区小组成立】 2月27日，丰台烟草第一个街区小组——北京南站街区小组正式成立，成为街区小组工作试点对象。

（杨丽君　张铁玲）

【加大对零售客户的市场监管】 2月24日，

召开重点零售客户座谈会，传达国家局、市局关于“天价烟”治理工作的文件精神，辖区116名零售客户代表参加会议。6月5日，针对易发生非法经营行为的客户加强管理，与新发地、岳各庄两个重点市场内的零售客户沟通交流，并签订《卷烟零售户守法经营承诺书》。

（杨丽君　张铁玲）

【互动交流促进合作】 1月10日，与湖南中烟召开座谈会，深化工作协同机制，提升品牌培育实效。9月21日，携手云南中烟开展品牌规划座谈会，共同探讨品牌的创新与合作等相关事宜。10月26日，携手四川中烟召开新品推介会，加强客户经验分享和参与互动，打造工商零“一家亲”的和谐氛围。

（杨丽君　张铁玲）

【烟草促销】 7月24日，开展“网格1+1”互助学习促营销活动，以相邻两个小网格为一个区域，由两名客户经理共同管理，促进团队合作。8月28日，邀请辖区部分潜力客户召开营销座谈会，促进客户从店面设计、经营技巧、诚信经营等方面加强交流。

（杨丽君）

【三地联合破获“1·01”网络案】 1月1日，丰台、东城和大兴区局联合主办，在公安部门的大力配合下，成功破获“1·01”网络案件，这是北京市2017年打网办案第一案。此案由各区局根据属地管辖原则分别立案，共查获违法卷烟139.6万支，总案值113.45万元，抓获涉案人员10人，刑拘5人（其中1人因持有伪造发票罪被刑拘），捣毁窝点6个，查扣涉案车辆5台。

（杨丽君　闫　卡）

【整顿卷烟市场秩序】 1月5日，召开专题会议，部署“蓝盾二号”专项行动，进一步规范节假日期间辖区内卷烟市场秩序，严厉打击卷烟非法流通等违法行为。4月5日，联合公安部门统一行动，在冠京隆市场及其周边库房内查抄卷烟囤积窝点6个，当场查获违法卷烟玉溪（软）、爱喜（绿）、顺红梅等共计25个品种、35万余支，涉案金额14.78万元。6月30日，与辖区工商部门密切配合，联合开展打击销售违法违规卷烟集中行动，并当场查获违规卷烟 Marlboro（ice blast 硬蓝黑8mg）、520（SUPREME SLIMS 硬白绿7mg）等22个品种，共计3.26万支卷烟，案值3.4万元。

（杨丽君　闫　卡）

【破获“4·06”销售真品卷烟网络案】 4月6日，在公安部门的大力配合下，联合朝阳、西城、东城烟草专卖局，成功破获“4·06”销售真品卷烟网络案件，打掉了以嫌疑人周某为首的非法经营高档真品卷烟团伙。此案共查获违法卷烟141.82万支，案值104.87万元；抓捕涉案人员7人，刑拘5人；捣毁涉案窝点19个。

（杨丽君　闫　卡）

【破获“4·20”销售假冒卷烟网络案】 4月20日，在市局专卖处稽查总队的统一指挥协调下，丰台区烟草专卖局联合朝阳、东城、平谷、石景山区局在公安部门的积极配合下，成功破获“4·20”销售假冒卷烟网络案件，共查获违法卷烟182万支，涉案金额194万元，捣毁窝点6个，查扣车辆2台，抓获涉案人员6人，刑拘3人。按照市局批示，该网络案件认定为市标网络案件。

（杨丽君　闫　卡）

【破获“8·21”特大假烟案】 8月21日，联合区公安部门在辖区内查获南京（炫赫门）、中华（软）等假冒伪劣卷烟共计43个品种125.44万支，涉案金额232.32万元，当场抓获涉案人员5人，捣毁窝点3个，查获涉案车辆2台，电动车1辆。

（杨丽君　闫　卡）

【法制宣传教育活动】 3月15日，以“3·15”国际消费者权益保护日为契机，联合辖区工商部门、消费者协会，在大型商超内开展主题为“放心消费，乐在丰台”的消费者权益日法制宣传活动。5月15日，在丰台区新华街社区开展主题为“与民同行、为您守护”的“5·15”打击和防范经济犯罪宣传日活动，摆放宣传展板，发放法制宣传材料300余份。6月29日，以“6·29”烟草专卖法颁布日为契机，开展烟草法制宣传活动，贯彻落实行业“七五”普法宣传教育，推动普法和依法治理工作上水平。12月4日，丰台烟草联合辖区工商局、食药局、司法局、街道综治办、安全办，以“12·4”法制宣传日为契机，围绕“学习贯彻党的十九大精神 维护宪法权威”这一主题开展普法宣传系列活动。

（杨丽君　赵　璠）

【税务登记号变更】 4月，丰台烟草完成税务登记号变更工作，税务登记号由15位升至18位，并同时办理了发票增量业务，保证票量充足，降低了客户纳税风险。

（杨丽君　刘　璐）

【健全完善财务管理制度】 年内，制定并修改了财务管理制度，制定了《货款结算管理办法》、修订了《财务支出管理规定》，进一步规范了货款结算和会计核算工作。

（杨丽君　刘　璐）

【组织学习教育培训】 5月18日，组织全员开展“网络安全法”知识培训。此次培训旨在全面了解掌握《中华人民共和国网络安全法》法规内容，提高全员相关法律法规意识和网络安全意识。12月21日，丰台烟草开展为期3天的封闭式培训，全体执法人员集思广益，结合社会宏观形势和自身发展要求，紧密围绕“两加强、一持续、一提升”的专卖工作思路，找准努力方向，以最佳状态迎接2018年全面工作。全年完成内部各项培训36次，累计参培人数1323人次。全员完成在线学习8219课时，人均网络学习74学时。

（赵　璠　闫　卡）

【经济合同汇总整理】 1月，细化经济合同移交、登记、使用管理程序，完善合同主要内容、付款信息以及相关审批流程文件信息，完成经济合同汇总整理工作。

（杨丽君）

【制定采购项目监督办法】 3月，制定了《采购项目监督办法（试行）》，成立采购活动监督小组，完善监督部门工作职责及监督内容，强化意识，落实责任，捋顺采购流程，健全采购方式运作机制，确保采购监管、制度执行落实到位。

（杨丽君）

【安全管理】 2月15日，组织召开2017年安全管理工作部署会，学习2017年“两会”期间安全专项管理目标，并签订驾驶员安全责任书。对安全职责进行逐级分解，落实到岗、具体到人，全体干部职工按层级完成2017年度安全管理目标责任书签订工作。5月19日，组织开展消防知识培训会暨应急消防逃生演练，全体干部职工共计110余人参加培训。12月6日，组织安全员召开专题会，学习区局（公司）《安全员岗位安全规范》，并从安全知识和管理技能、安全基础管理、现场安全管理、安全目标管理四方面部署年末安全工作。

（杨丽君）

外经外贸

【利用外资】 年内，全区新设外商投资企业27家，比上年同期增长17.4%。新增合同外资3677万美元，同比下降93.3%；实际外资10263万美元，同比下降1.5%。

（张　萍）

【对外贸易】 年内，全区进出口总额实现1037.7亿元人民币，同比增长26.6%，其中进口总额788.8亿元人民币，同比增长25.7%；出口总额248.9亿元人民币，同比增长 29.6%。

（张　萍）

【外向型经济扶持】 积极落实国家及北京市外贸稳增长措施，协助55家外贸企业获得出口奖励874万元，188个国际市场开拓项目获得补助资金548万元，1家外贸企业获得技术出口贴息资金110万元。不断壮大外贸企业规模，新增外贸经营权企业266家。

（张　萍）

【服务业扩大开放】 年内，制定了丰台区落实北京市深化服务业扩大开放综合试点任务清单。丽泽金融商务区和北京华语联合出版有限责任公司入选首批北京市服务业扩大开放综合试点示范点，首都商务新区、城市候机楼、外商在国数基地投资音像制品制作项目入围重点培育项目。

（张　萍）

投资促进

【概　况】 2017年，全区投资促进工作以引进“高精尖”项目为抓手，点线面结合，稳中求进，各项工作取得一定实效。全年新引进符合产业发展方向的“高精尖”企业、规模企业263家，同比增长14%，注册资本合计473亿元。其中，金融、高新技术、文化创意、商务服务等重点产业257家，占比98%，同比增长17%。在北京市投资促进局对全市16区综合考核中，荣获2017年北京市项目促进工作综合考核优秀单位；在单项考核中，荣获2017年北京市项目促进工作重大项目促进考核优秀单位。

（秦　凡）

【拓展招商渠道】 年内，与中国国际商会、中国机电产品进出口商会、英中贸易协会、欧盟中小企业中心、仲量联行、瀚海国际等国内外机构进行走访对接，拓展国际化招商渠道。与央企投资协会、银行业协会、中国光电学会、国调基金、数字货币研究所、中车集团、中铁建、国家电投等国内机构企业建立联系，拓展以央企改革、新兴金融、高新技术为重点的“高精尖”产业招商渠道。与福建、安徽、浙江、山东等地在京17家企业商会进行座谈交流，走访洽商会长企业30余家，建立长期合作关系。

（秦　凡）

【推介活动】 年内，参加京港会、京洽会、厦洽会等大型招商活动，着力推介丰台区投资环境及政策，积极对接行业龙头等优质企业。依托北京市投资促进局在意大利、以色列举办丰台区专场推介活动，突出区域发展优势和高端产业集聚基础，全面推介区域营商环境。

（秦　凡）

【招商服务】 年内，区投资促进局在区政务服务大厅设立专门窗口，完善重点企业绿色通道机制。组织全区招商人员赴市规划馆等地学习新总规，提升全区招商队伍专业化水平。建立“丽泽企业办公区”，为引进的科技金融等重点企业免费提供一站式服务。加强对重点税源和异地纳税企业的走访服务，采用“菜单式”服务新模式，逐一解答对接，促成光大永明人寿公司北京分公司等优质企业迁入丰台区。举办“丰台区国际化人才”高峰论坛，并在硅谷挂牌成立丰台区国际化人才投资促进美国工作站，面向全球高端人才精准推介丰台投资环境、政策与服务。

（秦　凡）

【楼宇招商】 年内，丰台区新一届商务楼宇联盟成员单位首次工作会议在石榴中心召开，会上，局长杨善华向轮值主席单位及常任理事单位进行了授牌。完成《丰台区楼宇经济评价与品质提升研究》调研报告，深入分析楼宇经济发展现状，从机制、平台、政策等多个方面提出工作建议。举办商务英语训练营、走进商圈讲故事、法律大讲堂等系列活动10余次，积极营销丰台区域品牌，促进企业品质及竞争力。

（秦　凡）

【举办投资促进专家顾问团系列活动】 年内，借助丰台区投资促进专家顾问团资源优势，结合丰台区重点发展产业和优势产业，发挥专家的产业促进和招商引资带动作用，以“智能硬件”、“大数据”“聚焦全球创新资源 引领产业高端发展”等为专题举办6场论坛活动，与会专家以“自身领域最新产业动态和投资机遇”为主题开展研讨交流，促进区域资源与高端产业的有效对接。

（秦　凡）

【北京智能硬件双创平台在丰台启动】 3月21日，北京智能硬件双创平台（网络工坊）启动仪式在丰台汽车博物馆新闻发布厅举办，标志着由工业和信息化部软件与集成电路促进中心同丰台区政府联合建设的全国第一家智能硬件双创平台（网络工坊）项目正式启动，工信部软件与集成电路促进中心主任、赛迪研究院院长卢山，工信部电子信息司副司长彭红兵，丰台区副区长杨振涛，区长助理赵文等领导参加了活动。“网络工坊”的启动将为智能硬件中小企业及创客团队提供软硬件等全产业链技术支持与服务，有力推动丰台区抓住机遇，快速形成智能硬件产业资本、技术以及人才的聚集，引领丰台智能硬件产业的高端集聚发展。

（秦　凡）

【举办“营商环境软实力进阶”培训班】 8月29日至30日，区委组织部、区投资促进局在首都经济贸易大学博学楼学术报告厅共同举办丰台区“营商环境软实力进阶”培训班，丰台区各委办局、乡镇、农村集体经济组织、区属重点企业的负责人，以及商务楼宇、集中办公区、孵化器、众创空间运营商近200人参加。首经贸副校长杨开忠、劳经学院书记王明会、院长冯喜良、丰台区区长助理张晓亮、区投资促进局局长杨善华、区委组织部副部长曲峰，以及市投资促进局研发处副处长林博应邀参加培训开班动员。此次培训是首次与驻区高校首都经济贸易大学合作办学，充分发挥了高校的智力资源和教学规范性等方面的优势，特别聘请了市级部门的相关负责人、首经贸大学的资深教授、科研机构的专家、丰台区投资促进专家顾问，围绕“营商环境软实力构建、投资促进理论与实务、京津冀协同发展、科技企业成长、媒体舆论宣传、领导艺术”等内容进行授课，旨在进一步提升丰台区投资促进工作人员的理论水平和综合能力，增强招商工作人员对于市情区情、产业发展及营商软实力的深入理解和应用，切实增强区域营商环境的软实力。

（秦　凡）

【第九届投资北京洽谈会】 9月5日，第九届投资北京洽谈会在北京歌华开元大酒店召开，副区长周新春出席。来自跨国公司、大型民企、高成长性创新型企业、外国和外省市驻京商会等700余名中外知名企业家参加会议。丰台区携“峯邑178•企业公园”亮相本次京洽会重大项目签约仪式并成功签约，签约金额5亿元。区投资促进局领导及工作人员在专场政策咨询和项目洽谈活动中，接洽参会企业机构合作意向及咨询服务。

（秦　凡）

【2017驻京中外知名企业丰台行活动】 11月6日，2017驻京中外知名企业丰台行暨国际高精尖人才高峰论坛在北京世纪莲花酒店举行，市投资促进局副局长苏宏、丰台区副区长周新春等领导出席活动并致辞。在活动中，借助LinkedIn全球大数据打造的招才引智平台正式亮相，“千人计划”专家智库正

式成立，针对丰台航天科技、轨道交通、电子信息、互联网等产业发展特色，聘请国家“千人计划”专家作为丰台发展顾问并颁发了聘书。同时，受邀专家还参加了“千人专家助力丰台产业发展”圆桌论坛，为丰台高精尖产业发展和国际化人才环境构建等工作建言献策。论坛上，专家与区相关部门就自己所研究领域项目落地丰台达成初步合作意向。活动由北京市委组织部、北京市投资促进局指导，丰台区委组织部、丰台区投资促进局主办，LinkedIn 中国、竹海科技承办，围绕“慧聚丰台、开创未来”的主题，加快落实十九大加快建设创新型国家的战略部署、北京“四个中心”的战略定位。

（秦　凡）

【北京·香港经济合作研讨洽谈会】 11月28日至29日，第二十一届北京·香港经济合作研讨洽谈会在香港会议展览中心召开，本次京港会丰台区共推出27个“高精尖”重大招商项目。丰台区相关负责人出席此次开幕活动，通过现场展览展示、咨询洽谈等形式展示北京丰台发展全貌及合作新商机。在重大项目签约仪式上，丰台区与工银国际投资管理有限公司成功进行项目签约，签约金额45亿元。

（秦　凡）

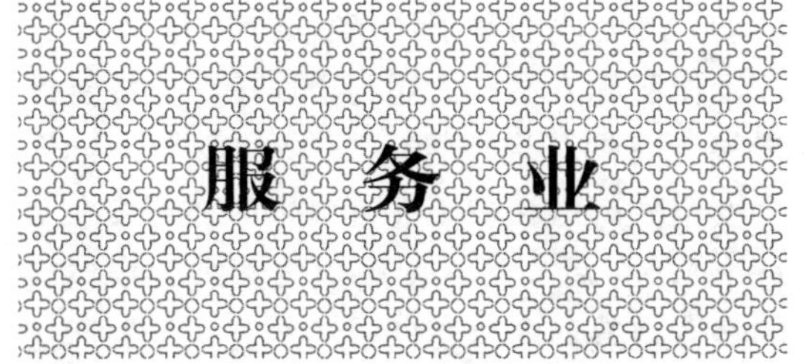

服务业

丰台区修理公司

【概　况】 2017年，丰台区修理公司（以下简称公司）在区委区政府、区国资委的领导下，认真学习宣传贯彻党的十九大精神，以习近平新时代中国特色社会主义思想为引领，提高政治站位，狠抓工作落实，圆满完成年度任务，在企业经营管理、疏解整治促提升、安全维稳、党的建设等方面都取得一定成效。

（孙　靖）

【推进“两学一做”学习教育常态化】 年内，公司党委坚持以政治建设为统领，坚决贯彻执行上级决策部署不走样，结合公司实际，研究制定《关于推进公司系统“两学一做”学习教育常态化制度化的实施方案》，认真开展党内政治生活。严格落实理论中心组学习、“三会一课”、“一规两册”制度，以集中学习、主题宣讲的方式，组织广大党员干部职工学习贯彻党的十九大精神。建立健全党建活动阵地，指导4个基层党支部开展换届选举工作，进一步规范基层党组织建设和党支部基础工作。

（孙　靖）

【完善制度】 年内，公司党委根据《中国共产党章程》《新形势下党内政治生活的若干准则》，以及上级党组织的有关要求，结合公司实际，重新修订完善《公司党委议事规则》《关于加强和完善“三重一大”决策制度的实施办法》，进一步加强了制度建设。按照市委组织部、市国资委《关于将党建工作总体要求纳入企业章程的通知》精神，对公司一级和二级企业章程进行修改，增加了党建方面的内容，切实把党的领导融入公司治理各环节，为企业健康发展把关领航。

（孙　靖）

【资产经营管理】 年内，全面贯彻落实区委、区政府和区国资委的工作部署，以《2017年度经营业绩考核目标责任书》为依据，努力提升企业经营业态，狠抓全年工作任务的落实。做好公司网点租金及有关费用催收催缴工作，加强对基层企业生产经营的监管，及时掌握公司系统整体经营状况。对到期经营网点进一步完善合同，按照市场价格调整租金，努力提高效益水平，实现企业资产保值增值。

（孙　靖）

【开展环境专项整治行动】 年内，认真梳理环境整治改造项目，加强环境治理工作，明确环境整治工作目标、任务及要求，按照各自职能职责统筹协调，落实责任。强化监督，挂账的项目做到该整治要彻底整治，该关停要不打折扣的关停；严禁燃煤，以及“小茶炉”、“小锅炉”的使用；建立长效机制，防止问题反弹。截止年底，拆除违章建筑305.6平方米，拆除彩钢板建筑1019平方米，更换新型材料1140平方米，确保环境专项整治任务按时完成。

（孙　靖）

【财务监管】 年内，加强内部财务监督，严格按照新企业会计准则做好财务工作。针对年终决算审计、工资专项审计、主要领导经济责任审计中提出的各项整改建议，查找制度漏洞，做到有效整改，实现财务体系健康运行。

（孙　靖）

【抓安全管理确保企业稳定】 年内，强化安全稳定主体责任，认真学习贯彻有关法律法规，坚决落实《丰台区开展“疏解整治促提升”专项行动2017 年实施方案》和《丰台区国资系统2017 年度贯彻落实疏解安全十大专项行动实施方案》的工作部署，制定疏解安全十大专项行动的具体措施办法，加强日常检查和安全管控，及时发现存在的问题。召开安全稳定专题会16次、组织安全生产大检查14次。加强安全生产教育培训，组织安全生产知识学习培训3次，安全生产知识答卷1次。做好信访工作，加强舆情沟通，妥善解决矛盾纠纷，消除不稳定因素，企业全年安全稳定。

（孙　靖）

【党风廉政建设常抓不懈】 认真落实区纪委区监委的总体部署，以及区纪委区监委驻区国资委纪检监察组、区国资委纪委的工作要求，做好纪检监察工作。建立健全监督机制，逐层逐级签订党风廉政建设责任书14份和保证书11份。开展“为官不为”、“为官乱为”专项治理和严肃查处群众身边不正之风和腐败问题专项整治工作，坚持抓早抓小，落实谈心谈话，注重教育提醒，防患于未然。认真贯彻落实中央八项规定，保持勤俭廉洁。

（孙　靖）

北京市京都公司

【概　况】 2017年，京都公司坚持在主营业务项目上下功夫，克服困难，保持住企业利润正增长，截止12月底，经营收入385万元，实现利润73万元，超额完成预期工作目标。

（李　芳）

【改造升级太平桥市场】 年内，按照市场管理的规范要求，对太平桥市场进行全面升级改造，市场环境卫生、安全、防火等方面都有很大改善，保证了市场的平稳运行。

（李　芳）

【严格财务管理】 年内，加强财务计划管理，及时把应收的款项收入到账，对成本支出严格控制，尽力增收节支。按要求完成税收和各类财务报表。

（李　芳）

【安全管理】 年内，按照安全管理不同季节、活动、时间段的要求，结合公司实际制定各项工作实施方案；公司与下属单位、经营商户签订《烟花炮竹管理安全责任书》，同五个安全生产点和职工签订《生产经营安全责任书》，与两家餐饮使用煤气管道、煤气罐的经营点签订安全责任书；对公司下属职工进行安全知识培训并考核。

（李　芳）

丰台区餐饮住宿服务行业协会

【概　况】 2017年，在丰台区商务委员会的正确指导下，在市区各有关部门的大力支持下，经全体会员企业的共同努力，协会自身建设不断完善，综合业务水平得到提高。积极配合区政府各有关部门开展法规宣传、调查研究，组织会员企业开展专业培训、业务交流，搭建服务平台，充分发挥了桥梁纽带作用，圆满完成年度工作任务。

（晁金秋）

【第三届迎新春过大年美食节】 1月15日至2月16日，组织开展“第三届迎新春过大年互联网+美食节”活动，全区近百家餐饮企业参加。美食节期间举办了“美食节开幕式”、“慰问地区环卫中心员工”、“2017互联网餐饮高峰论坛”、“美食节闭幕式”等系列活动。本次活动加强了线上活动力度，与支付宝口碑、百度糯米深度合作，打造线上联合促销平台，并针对新春年饭、年货与线下各餐饮门店开展同期、全面销售活动。活动的开展带动区域线上消费2.2亿元，各门店均实现客流量的同比增长；覆盖丰台区餐饮门店316家，会员单位120家，覆盖消费人次180万人次，同比增长6.1%；移动支付比例从过去的占总消费金额的7.5%提升到12.6%。

（晁金秋）

【2017第二届高雄特色周】 4月29日至5月3日，2017年第二届“高雄特色周——六合夜市在丰台”活动在万丰小吃举行。活动以“品美食、赏文化、促交流、共发展”为主题，设有18个小吃展位和10个伴手礼展位，活动展售历时5天，总客流1.69万人，实现总销售额87.35万元，3家六合夜市商户签约落户万丰小吃。活动范围分小吃展示、伴手礼展示、文化展演、交流互动、文化参访等五部分。活动的开展，拉近了两岸民众距离，促进了两岸民众的深度了解，带动了京台文化、经济融合发展。

（晁金秋）

【组织“五大行业”新标准宣传培训】 年内，为进一步提高行业规范化水平，6、7、8三个月组织丰台区餐饮、美容美发、沐浴、洗染、摄影五大业态的企业进行新标准的宣传贯彻和培训，按照报名企业数量和报名人数，共组织专业培训六场，涉及参加培训企业373家、参加培训人员557人次，基本覆盖地区相关行业。

（晁金秋）

【首届“万丰晓月杯”烹饪服务技能大赛】 10月25日，携手卢沟桥地区总工会举办卢沟桥地区首届“万丰晓月杯”烹饪服务技能大赛（决赛）。本次大赛设两个比赛工种，即中餐宴会服务和中式热菜烹饪，以“展示服务技能，彰显工匠风采”为主题，每个比赛工种分别评选出了前三名。

（晁金秋）

丰台区维修服务行业协会

【概　况】 丰台区维修服务行业协会（以下简称协会）成立于1992年，其业务主管部门是丰台区商务委员会。会员单位主要由从事家用电器、电子产品、计算机及办公设备、空调制冷设备、通讯终端设备、开修锁具等商品的安装、维修和售后服务工作的企业和个体经营者组成。协会第六届会长兼法人代表由本区民营企业家——北京奥顺通锁具科技开发有限责任公司经理刘纯仁担任，协会理事会由7名成员组成。2017年，共有会员单位53家，其中有限责任公司28家，占总数的53%；个体经营者25家，占总数的47%。从业人员216人。

（梁生荣）

【协会换届】 年内，召开了第六届会员代表大会，选举产生新一届理事会、监事会，理事会、监事会分别选举产生新一届会长、副会长、秘书长、监事长。

（梁生荣）

【社会组织评估】 年内，完成由区民政局组织实施的社会组织评估工作，经区民政局和第三方专业机构评估、区社会组织评审委员会认定，本协会被评为4A 级社会组织，有效期至2021年12月。

（梁生荣）

【制定锁具行业规范】 年内，制定了《开修锁服务规范》（试行），共十一章四十八条。组织推广行业自律，对参加社区维修服务的30名锁具修理工进行培训，颁发职业资格证书和胸卡，实现锁具修理服务上门全覆盖。全年会员单位未发生消费者投诉问题。

（梁生荣）

【技术培训交流】 年内，组织会员单位的中高级修理工进行培训，参加培训人员33名；组织中央空调故障与维修技术讲座一次、锁具修理工职业道德和法规培训3期、锁具维修技术交流4次。技术交流与培训活动的开展，提高了维修人员的技术水平和职业道德，增强了法制观念。

（梁生荣）

【举办“行业标准规范化”培训班】 为落实商务部《家电维修管理办法》，提高丰台区维修服务行业规范化水平和维修服务品质，6月29日，在社区学院举办了贯彻北京市家电维修服务行业标准规范培训班，从事经营家电制冷维修服务的各会员单位法人代表、经理和技术人员共57人参加了培训。

（梁生荣）

【社区维修服务】 年内，协会开展上门维修服务18000人次，维修各类物品17930件，免费为孤寡老人、特困群体维修服务36户，投诉率为万分之一。基本做到“一刻钟”内到位上门维修，特殊情况经预约按时上门维修。

（梁生荣）

【开展公益活动】 年内，组织会员单位开展义务维修咨询日活动4次，开展“3·15”义务维修咨询日公益活动，发放宣传材料1000份，为社区居民免工时费义务维修100户。向社区居民宣传门锁安全防盗知识，受益人群900余户，受到街道办事处和辖区居民的好评。

（梁生荣）

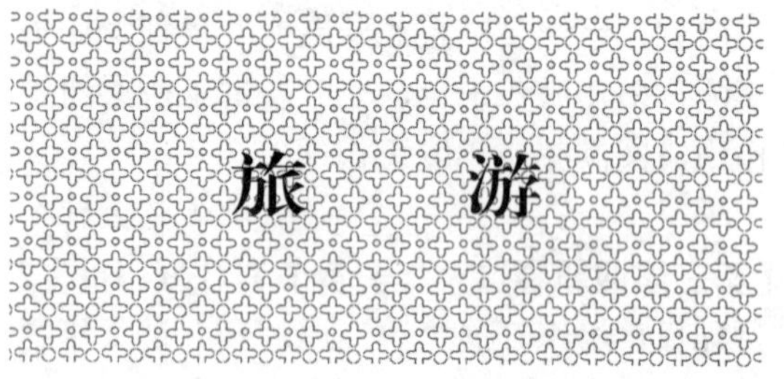

旅游

【概　况】 2017年，丰台区旅游委围绕年度工作任务，主动作为，扎实工作，旅游产业保持平稳健康发展。接待游客2210万人，同比增长7.8%；实现营业收入196亿元，同比增长8%。有旅游企业1372家（北京市旅游委、北京市统计局公布数据），包括住宿业697家（其中星级饭店26家：5星级2家、4星级10家、3星级11家、2星级5家），旅行社402家，A 级旅游景区12家，旅游新业态4家。假日期间旅游市场秩序良好，未发生重大旅游安全事故、旅游突发事件和重大投诉案例。

（陶早斌　齐洪志）

【编制《宛平城红色旅游区规划》】 年内，完成了《宛平城红色旅游区规划》编制工作。《规划》对宛平城红色旅游区发展背景、基础条件进行了全面系统分析，并结合现状梳理出旅游发展中需要解决的问题瓶颈和解决路径，提出总体定位和目标战略等，对宛平城红色旅游区的发展将起到指导作用。

（陶早斌）

【园博园周边旅游规划课题研究】 年内，完成了《北京园博园周边旅游配套设施规划和设计》、《永定河生态旅游发展带的规划可行性研究》和《北宫南路——大灰厂路——长青路绿色环廊的规划可行性研究》三个课题研究项目，为园博园周边及永定河生态旅游发展带旅游规划设计提供指导。

（陶早斌）

【申报2017年旅游产业资金项目】 年内，组织辖区内符合条件的旅游企业积极申报北京市旅游委2017年旅游产业资金。2017年申报的旅游项目包括北京佃起村拓天中医药养生休闲农庄、北京园博园设施提升改造项目、北京汽车博物馆文化旅游创新应用项目。北京园博园设施提升改造项目进入最终评审。

（陶早斌）

【2017到丰台过大年旅游节庆活动】 1月20日，推出以“乐游丰台过大年”为主题的“2017到北京丰台过大年”旅游节庆活动，活动延续至2月20日。活动期间，全区十家旅游企事业单位联合推出涵盖冰雪、温泉、养生、亲子、游园、美食、民俗等元素的旅游活动和产品。

（施宇龙）

【2017踏青赏花季旅游节庆活动】 3月31日，推出以“走，到丰台踏青赏花”为主题的“2017丰台旅游踏青赏花季”旅游节庆活动，活动经过“清明”、“五一”两个假期，延续至5月15日。活动期间，全区13家旅游企事业单位联合推出涵盖踏青、赏花、亲子、游园等元素的春季旅游活动和产品。

（施宇龙）

【2017消夏旅游季节庆活动】 7月14日，推出以“暑假去哪儿？当然丰台”为主题的“2017丰台旅游消夏季”旅游节庆活动，活动延续至8月31日。活动期间，全区10家旅游企事业单位联合推出涵盖登山、游园、戏水、亲子等元素的夏季旅游活动和产品。

（施宇龙）

【2017金秋旅游季节庆活动】 9月22日，推出以“金秋旅游 欢聚丰台”为主题的“2017丰台金秋旅游季”旅游节庆活动，活动延续至11月5日。活动期间，全区12家旅游企事业单位联合推出涵盖戏曲、赏月、美食、采摘、游园等元素的秋季旅游活动和产品。

（施宇龙）

【2017冬季欢乐游节庆活动】 12月28日，推出以“戏冰雪 泡温泉 乐游丰台”为主题的“2017丰台冬季欢乐游”旅游节庆活动，活动延续至2018年1月23日。活动期间，活动成员单位联合推出涵盖温泉、冰雪、美食、亲子等元素的冬季旅游活动和产品。

（施宇龙）

【北京国际铁人三项赛旅游宣传推介】 9月7日，丰台区旅游委党组书记、主任王萍在北京国际铁人三项赛欢迎晚宴上登台，就丰台旅游特色资源和产品向1000余位中外来宾进行主旨宣讲推介。

（施宇龙）

【新媒体宣传运作推广】 年内，在“发现新丰台”微信、微博、今日头条等平台上共发送图文消息3750篇，阅读量达5849013次，粉丝量469527。单条稿件信息最高阅读量高达161万人次，获得“今日头条”全国政务类公众号信息阅读量周冠军。在人民日报和新浪微博主办的2017年度人民日报·政务指数微博影响力榜中，荣获北京十大旅游局微博第三名。

（施宇龙）

【“周末去哪儿”电视节目制作和播出】 年内，完成共计52期丰台旅游专题电视节目“周末去哪儿”的拍摄制作工作，并在全市公交电视上线播出。

（施宇龙）

【旅游宣传品走进丰台各酒店】 年内，印制了丰台旅游指南、图游丰台、系列宣传折页等宣传品10万余份，在全区12家星级及特色酒店进行投放。

（施宇龙）

【高铁电视媒体宣传推广】 8月1日起，在北京铁路局京沪高铁、京广高铁电视上轮番播出丰台旅游宣传片——“这里是北京丰台”，对丰台旅游进行宣传和推广，每日播放频次2546次，受众6335000人次。

（施宇龙）

【参加2017旅游博览会】 6月16日，携手河北省涞源县白石山景区，参加由北京市旅游发展委员会主办的2017北京国际旅游博览会。10月27日，参加由北京市旅游发展委员会主办的第六届北京国际旅游商品及旅游装备博览会。11月17日，参加由国家旅游局主办的2017中国国际旅游交易会。

（施宇龙）

【旅游咨询服务逐步完善】 年内，全区提供旅游咨询服务13.2万人次，其中电话咨询8.7万次，咨询站、咨询活动接待游客咨询4.5万人次，发放各类旅游咨询材料6.7万份，旅游纪念品2.4万余份。旅游咨询服务方式由节庆假日现场咨询活动向在线咨询、社区服务、文明出行宣讲等方式转变。优化咨询服务站，提升接待能力，梳理保留4家区内精品旅游咨询站。

（孙 权）

【人才项目助推产业发展】 年内，引进旅游人才和团队，出台《丰台区“十三五”期间旅游产业人才发展工作报告》，摸清丰台旅游人才基数，对人才的管理、引进、培养、交流提出具体举措。引进旅游专家智库，研发世界房车大会旅游配套服务产品，搭建房车大会期间旅游公共服务信息平台，宣传推广房车露营旅游线路落地。

（孙 权）

【旅游咨询进社区活动】 年内，开展2017年丰台旅游咨询进社区系列活动。采用举办讲座以及现场旅游咨询相结合的方式，在30个社区为居民普及旅游法及旅游出行的相关事项，解答居民在旅游出行中的困惑；向居民发放普及宣传资料及纪念品，并提供旅游咨询服务。活动期间，共举办讲座30场，参与人数7200余人次，接受咨询11200余人次，发放宣传资料42000余份，受到社区居民的普遍欢迎。

（孙 权）

【妥善处理《市长电话要情》反映问题】 对游客反应的旅游秩序突出问题，及时协调、处理、回复。8月21日晚，接到辽宁省51人老年团被甩团投诉后，及时组织工作人员到现场与公安部门一起解决游客与旅行社之间的纠纷，并向市旅游委汇报进行勾通。通过国家旅游局与辽宁旅游部门协调，经多方努力，历经10余个小时解决了旅游纠纷，保证了游客的安全。

（齐洪志）

【复核丰台区旅游开放单位】 年内，按照北京市旅游委的要求，经复核，辖区内中国戏曲学院、中国评剧大剧院、中华（北京）航天博物馆、北京市交通运行监测调度中心、汽车博物馆4家单位纳入北京地区旅游开放单位，在旅游开放日对外接受预约参观。

（陶早斌）

【丰台区旅游景区（点）综合情况】 年内，丰台区域内共有旅游星级饭店26家；旅游区（点）12家，其中4A 级7个、3A 级2个、2A 级3个，具体为世界公园（4A）、南宫旅游景区（4A）、北宫国家森林公园（4A）、世界花卉大观园（4A）、中人民抗日战争纪念馆（4A）、北京汽车博物馆（4A）、北京园博园管理中心（4A）、中人民抗日战争纪念雕塑园（3A）、青龙湖公园（3A）、万芳亭公园（2A）、莲花池公园（2A）、丰台花园（2A）。

（齐洪志）

【四家旅游新业态通过北京市旅游委评定】 年内，按照乡村旅游国际驿站、乡村酒店、休闲农庄、养生山吧、生态渔家、山水人家、采摘篱园、民族风范8种类型特色业态评定标准，丰台区共有4家旅游新业态通过北京市旅游委复核，分别是南宫乡村酒店、长辛店绿野田园采摘篱园、豪特湾度假村养生山吧、紫谷伊甸园休闲农庄。

（陶早斌）

世界公园

【概　况】 2017年，全面提升世界公园（以下简称公园）风景区管理服务水平，精心打造高品质游园环境。围绕公园确定的大政方针，加强对演艺功能及企业文化的宣传，全力打造“文化主题公园演艺区”，突出世界公园的文化特色。全年共接待游客58万人次，综合收入5900万元。

（李　岩）

【精心打造文化主题公园演艺区】 年内，精心打造新版迎宾花车盛装游行表演团队，以“一带一路”建设为契机，促进各国人心相通、文化相通，推出“世界一家——丝路风情”大型环球民俗歌舞演出及花车巡游表演，宣传公园的企业文化，提高公司的知名度。重新编排世界公园园歌“世界一家”，大型舞蹈“楼兰古韵”，受到游客好评。尝试引进不同的表演团队，邀请众多知名艺人前来助演。

（李　岩）

【基础设施维修改造】 年内，对破旧隐患的景点设施进行维修改造，对悉尼桥、斯特凡教堂整体打磨并粉刷一新。更换风化老旧的马路牙，金门桥至西码头加装不锈钢护栏。

（李　岩）

【园林绿化管理维护】 年内，更换衰败草坪，调整园内宿根植物位置，使公园绿地整齐划一。利用景观水浇灌绿地，节约养护成本。恢复荷兰景区郁金香栽植，对造型植物精细化修剪，使其特色鲜明。

（李　岩）

【维护职工利益】 年内，提高退休返聘人员工资待遇，出台了《北京世界公园关于退休返聘人员工资待遇调整的决定》。关心职工健康，完善修订《北京世界公园职工健康体检管理制度》，组织职工进行健康体检，参加体检人数330人。维护职工利益，为农户职工补缴社会保险，根据京人社保发【2017】63号《关于开展2016年度稳岗补贴申报工作的通知》，给职工增加失业保险，并足额缴纳失业保险费。加强食品卫生管理，改善职工伙食，加大对困难职工的帮扶。

（李　岩）

【安全管理】 年内，开展“关注消防、平安你我”为主题的“119”消防安全宣传月活动，发放《冬季防火安全提示》70余份、《消防安全知识手册》90本。向公园职工、相关方、游客宣传消防安全知识。拆除职工之家、大象馆易燃泡沫彩钢板建筑，消除火灾安全隐患。加强公园微型消防站、防恐防爆应急队伍的演练，结合实际制定《世界公园“党的十九大”会议期间十大消防安全管控措施》，实现不冒烟、不起火的工作目标，保证了公园的安全。全年未发生一起不安全事故，确保了一方平安。

（李　岩）

【加强对公园的宣传】 年内，与丰台旅游委、市社会大课堂、景区联盟等公众号达成建立互转互用资源共享平台，与中央人民广播电台——交通广播电台“网络直播合作”。举行清明踏青中外友人学做风筝活动。针对花车巡游、园内郁金香绽放，推出“多彩视觉盛宴”系列活动。配合“一带一路”峰会推出“踏起丝路风情的舞步”及大型历史穿越舞台剧的宣传报道。参加天津旅交会，加大国庆、中秋节期间的宣传，在中国旅游报、劳动午报、千龙网、光明日报、中国图片等报刊网站进行宣传报道。

（李　岩）

园博园

【概　况】 2017年，北京园博园管理中心在区委、区政府的领导下，深入学习贯彻党的十九大精神，以适应全区经济社会发展新常态，树立新的发展理念，坚持稳中求进的工作思路，较好地完成了年度工作任务。全年累计接待游客近100万人次，同比增长约10个百分点，实现经营收入2209万元。

（李　媛）

【抓党建促正风】 严格落实全面从严治党主体责任，形成一级抓一级、层层抓落实的党建工作格局。制定“N+X”个性化责任清单，落实管党治党责任，签订责任书30份，自律保证书14份。学习“十九”大精神，以及习近平总书记的系列讲话，提高全体人员的理论素养和政治觉悟。开展“诵读抗战家书”等主题党日活动4次，开展“党员风采展”、“党员公开亮承诺”活动，组织“红色讲堂”特色活动2期，提高党员干部立足岗位干事业的热情。年内，发展新党员1名，完成3名预备党员转正工作，按时缴纳党费18257元。

（李　媛）

【党风廉政建设】 年内，从夯实主体责任、抓好廉政教育、落实“四种形态”等方面加强党风廉政建设。召开季度形势分析会4次，收集廉政工作台帐12 次，抓好“一岗双责”、风险防控、监督问责的日常落实。修订《中心落实主体责任记实手册》，开展手册使用记录监督检查2次，形成覆盖领导班子、中层干部落实责任的完整链条。开展“严守纪律规矩”等主题党课3次、“对标新时代新要求、做合格共产党员”廉政党课1次，参观反腐倡廉警示教育基地1次。落实中央八项规定精神，开展“节前提醒”教育，严防“四风”反弹。制定“一图三表”，开展谈心谈话60余人次，任前廉政谈话4人次，促进咬耳扯袖、红脸出汗常态化。开展“为官不为”、“为官乱为”、“查处侵害群众利益不正之风”的专项治理，着力提高干部队伍的为民意识，进一步增强干部职工的主动服务意识。落实“三重一大”决策机制，执行“末位表态”制度，规范“一把手”的决策权力。深入查找廉政建设风险点，加强对工程建设、外包服务项目采购的监督检查力度，加强预算管理绩效评价等问题整改，对权力运行实施动态防控。

（李　媛）

【优化公园综合服务环境】 对照4A 级景区新标准，以“抓学习、建制度、促规范”为主线，加强对一线工作人员的业务培训，不断提升服务意识、工作能力和管理水平，促进精准化、精细化、规范化管理。推出公益和科普讲解服务，免费为游客讲解园林景观和重点展园特色，为学生团体提供科普知识讲解，介绍园博园生态科技运用及生态修复建设的成就。及时更新园区基础知识和园内活动信息，加强业务培训，接听热线质量明显提升。将“12345”、“96005”转办的投诉、建议进行分类汇总，主要领导带头研究，形成分析报告，及时反馈投诉热点问题，加大整改力度，游客投诉同比有明显下降。转变工作作风，强化主动服务意识，中心领导多次召开协调会解决企业展园的实际困难，组织以安全生产、食品安全、工商法规为主题的培训，为各驻园企业创造良好的经营环境。全年累计接待游客近100万人次，同比增长约10个百分点，实现经营收入2209万元。接受现场咨询1.7万余人次，寻找走失人员113人次，归还和寻找遗失物品182人次，提供租赁物品322人次，广播时长4300多小时。年内，园博园被区旅游委推荐参评2017年首都文明风景旅游区，被北京市公园绿地协会选为常务理事单位，被市园林绿化局评为北京市园林绿化科普教育基地。

（李　媛）

【基础性建设管理】 年内，明确工作职责，提高服务质量，打造高效的服务型物业保障团队，构建职责清、工作明、有奖惩的管理机制。注重日常维修检查和巡查防控，及时发现问题、解决问题、预警隐患。实行专项维修施工单位招投标入围机制，设立准入门槛，分类招标，营造质优、价廉的比拼氛围。引入第三方监理单位，履行四控三管一协调的专项职责。以提升服务为抓手，通过部门联合，加强园区施工管理，出台《北京园博园园区工程开工建设申请流程说明》，提供从入园报备、有限空间作业、用火作业等审批相关工作一站式服务和要求，最终收取竣工图纸保存留档。通过部门联动初审、主管领导审核、物业监管和企业自管的有效机制，明确了施工审批流程，强化了施工管理安全责任落实。

（李　媛）

【景观设施维修改造】 年内，完成锅炉低氮改造、永定塔外立面粉饰油漆、文昌阁断崖围栏维修、水处理站设备维修等中大型维修62 项，其他小型维修2520项，完成全园用水排查及管线整改。加强绿地日常养护管理工作，稳步推进基础景观建设。时令花卉布置突出“一轴两区四点”，累计栽植、更换和养护时令花卉面积近2万平方米，用花量160万盆（株）。公共展园区域补植观花乔灌木、彩叶树种及地被10种近万株，在杭州园、济南园、重庆园、株洲园栽植荷花300棵、千屈菜1000株。完成紫薇园周边绿化景观提升，栽植15个品种牡丹4000平方米。组织实施展园维修项目15项，对城市展园古建油漆、水池、水循环系统、园路、铺装进行保护性修缮。配合戏曲文化周活动，对福建园实施夜景照明提升项目，安装洗墙灯、射灯600余套，安装各色灯带3000余米。

（李　媛）

【环境卫生整治】 严格执行《北京园博园环境卫生检查考核办法》，对外包团队进行检查、监督、验收和考核。全年开展各项卫生检查100余次，检查和整改问题300余处，投入保洁人员37218人次，保洁车辆4098台次，环境卫生保障工作顺畅高效平稳。

（李　媛）

【开展宣传活动】 年内，园博园承接各类活动37项，其中政府类活动28场、商业类活动9场，活动直接参与人数30余万人；国庆节中国戏曲文化周活动，吸引游客近20万人，同比2016年国庆节客流量增长36%。在十九大召开前后，开展十九大线上线下宣传活动，悬挂宣传标语、展播宣传画，开展5期线上答题活动和“对党说句心里话——学习十九大一句话感言”征集活动。在博览园分会第二届年会期间，为各园博园、世博园之间搭建相互学习借鉴的平台和载体。完成形象宣传片拍摄制作，丰富了宣传媒介，拓宽了宣传途径。在官方微信发布信息523条，开展线上活动271期。截至年底，微信粉丝2万余人，比上年增长57%。官方微博发布信息651条，单条最高阅读量近2万，同时保持与微博粉丝的不间断的交流和沟通。“一带一路”高峰论坛和十九大活动期间，选派政治素质硬、业务能力强、技术能力佳的骨干人员加强网站的日常运用维修和巡检工作，保障政务网站和信息化系统、设施良好。邀请20余家媒体对园博园主题景观、特色活动进行采访报道，媒体曝光率较2016年提高47%，其中北京日报、北京晚报、北京晨报等刊登信息17篇；CCTV13共同关注、北京卫视、北京新闻等电视媒体采访报道13次；门户网站登载、转发量比例为1：17，一篇信息至少有17个网站进行了转发，完成年初既定目标。（以上外宣数据不包含中国戏曲文化周活动期间的外宣数据）。与北京电视台新闻频道《天气晚高峰》栏目和 FM99.6中国高速公路交通广播进行合作，在黄金时间段通过语音播报、图片动态显示推广景区。

（李　媛）

科技·高新技术产业

科技工作

【概　况】2017年，全区高新技术企业保有量1093家，年增速13.0%。年度全区技术合同交易额达704.6亿元，年增长9.1%。全年全区科技资金9729.7033万元，“丰台区科技三项费”专项资金3110万元，科普经费522万。年内新增北京市企业技术中心9个，北京市工程实验室4个，全区共有国家级重点实验室、工程中心、国家企业技术中心19个，市级工程实验室、工程研究中心、重点实验室、研发机构等128家。孵化器和众创空间快速发展，年度认定的16家区级科技企业孵化器中5家被认定为国家级孵化器、4家家被认定为市级孵化器，19家区级众创空间中3家被认定为国家级众创空间、12家被认定为北京市级众创空间。实施知识产权强区行动，开展专利提质增量服务计划，引进23家知识产权服务机构落户丰台，服务企业发明专利的挖掘和申请，年度全区专利申请11297件，比上年同期增长12.95%；授权6071件，比上年同期增长13.6%；有效发明专利拥有量8226件，比上年同期增长28.89%；PCT 申请量68件，比上年同期增长23.64%；每万人发明专利拥有量37.4件（按照2017年9月219.92万人计），比上年同期增长42.75%。

（赵　军）

【举办区军民融合创新创业论坛】 年内，丰台区主办的军民融合创新创业论坛在北京中关村国家自主创新示范区展示中心举办。本次论坛以“围绕加快建立军民融合创新体系，培育先行先试的创新示范载体，拓展军民融合发展新空间，探索军民融合发展新路子和营造创建国家军民融合创新示范区的良好氛围”为主题，主要聚焦在如何推动军民创新资源深度融合落地，服务于北京市创新创业工作，促进北京全国科创中心建设。

（赵　军）

【科技资金有效投入】 年内，“丰台区中小企业创新基金”2971万元，“丰台区科技创新孵化专项资金”1325.09万元，其中科技企业孵化器安排资金465.49万元。众创空间安排资金859.6万元。专利专项资金2000万元，支持专利申请和授权奖励1891件，专利大户9家519.7万元，征集专利转化项目42项，专利授权奖励1204件，有效发明专利首次超过100件奖励8家。

（赵　军）

【获四项国家科技进步奖】 年内，国家科技奖励大会，有42个项目获国家自然科学奖，66个项目获国家技术发明奖，171个项目获国家科学技术进步奖，其中特等奖2项、一等奖20项、二等奖149项。丰台区有4个项目获国家科技进步奖，其中一等奖1项，二等奖3项。

（赵　军）

【获中国军民两用技术创新应用大赛银奖】 年内，由航天凯恩化工科技有限公司承担的丰台区科技三项费项目“危化品泄漏应急处理装置”在首届中国军民两用技术创新应用大赛中荣获银奖。工业和信息化部副部长辛国斌、中央军委装备发展部副部长王力、全国工商联副主席黄荣、国防科工局总工程师龙红山，集团公司经济合作部副部长张越等有关部门领导出席颁奖仪式并参观优秀项目展览。

（赵　军）

【获2016年度北京市科学技术奖】 4月26日，举行2016年度北京市科学技术奖励大会。中共中央政治局委员、北京市委书记郭金龙，北京市委副书记、市长蔡奇等领导出席会议。2016年共180项科技成果获北京市科学技术奖，包括一等奖27项，二等奖60项，三等奖93项。此次丰台区有14家单位参与的16个项目获奖，包括一等奖3项，二等奖4项，三等奖9项。其中，北京国电富通科技发展有限责任公司的“高效节能环保双套管粉体输送技术的研究与应用”项目、中国人民解放军第三〇二医院主持研究的“冷冻消融肝癌的技术创新、安全性、疗效和预后因素研究”、首都医科大学附属北京佑安医院主持研究的“中国 HIV 感染者免疫特征研究”获得一等奖。

（赵　军）

【为创新创业提供资金支持】 年内，开拓专利质押贷款担保、引导社会资本搭建专利投资基金，为企业解决融资难的问题。完成专利质押融资2项。其中，北京先通国际医药科技股份有限公司通过专利质押，获得华夏银行中关村支行500万元的贷款；北京世纪佰特节能技术有限公司获得200万元贷款。

（赵　军）

【丰台区科技周】 5月23日，举办丰台区科技周活动，主题为“科技强国　创新圆梦”，由区科委、区委宣传部、区科协共同主办，区卫计委、区食品药品监管局、区环保局、地震局、区气象局、区红十字会、北京汽车博物馆协办。主会场活动设在北京市汽车博物馆，分会场设在丰台区石榴中心，举办为期四天的智能装备展示。

（赵　军）

【推动重大科技成果落地】 年内，丰台区科技开发中心加快推进星火大厦创新型加速器建设，与天鼎联创密封技术有限公司（以下简称天鼎联创）于长辛店签订实验园项目合作协议。共同建设“三个中心，一个基地”，推动丰台区“高精尖”产业的发展。天鼎联创5月进驻长辛店实验园，基础设施改造工程基本完工，重点实验设备入驻实验园并开展部分实验项目。

（赵　军）

【2017年夏季学生科普体验周活动】 7月13日至19日，丰台区科技馆携手长辛店街道装技所社区、北京城市系统工程研究中心、北京食品科学研究院、北京巨国科技有限公司、科普产品国家地方联合工程研究所、松小屋工业设计（北京）有限公司等科普资源单位及区教委、首师大附属丽泽中学，共同举办的2017年丰台区第四届夏季学生科普体验周活动在区科技馆拉开序幕，围绕“创新•体验•成长—中国梦•科学梦•青春梦”主题，通过系列科普活动，旨在激发学生的创造力，培养学生的创新精神，感受科技创新魅力，在科普体验中收获成长。本次活动内容丰富、形式多样、互动性强、注重实效，涉及了14个展区20项活动，有科普互动展览、机器人总动员、如何科学地打发奶油、松小屋工坊、防灾减灾设备设施展示、科普资源工作站、DIY 益智玩具拼装、科技小制作、军事科普体验、数字科技馆、利用食用油制作肥皂、认知能力测评与训练游戏体验、天象厅放映等。如打发奶油的过程看似

简单，不同材料、工具和方法的选择会决定奶油打发的成败，所以每一个学生“创造”的奶油都是融入自己想法独一无二的作品。

（赵 军）

【科普工作】 年内，全区投入科普经费400多万元，开办6期《科普讲堂》、编辑出版了4期《科技丰台》，发放科普读物59000余册、科普年画近1000份、防霾口罩800个。调动北京汽车博物馆等13家科普教育基地、6个街道社区、16个学校参与科普工作。

（赵 军）

【获全国创新方法大赛一等奖】 年内，北京航天雷特机电工程有限公司的《舒适型软质防弹防刺服》项目获得中国科学技术协会在天津举办的第二届全国企业创新方法大赛总决赛一等奖。来自全国31个赛区1150个项目参加大赛。

（赵 军）

中关村科技园区丰台园

【概 况】2017年，丰台园实现总收入5104亿元，同比增长15.9%，实现留区税收33亿元，同比增长10%。全年新引进 “高精尖”企业、规模企业85家，其中科技创新类企业68家，主要涵盖轨道交通、军民融合、节能环保、新一代信息技术等。国家高端制造业（轨道交通装备）标准化试点完成了标准综合体研究及报告编写，7家重点企业主导或参与修订标准总计73项，其中已立项41项，已发布32项。“中关村国家军民融合创新示范区”已通过市委市政府上报至国家相关部委及军工单位，正在等待批复。中英合作建设的石墨烯国际标准检测和公共服务平台完成石墨烯电性能和非接触式检测平台调试和方法验证，完成结构表征检测室、热性能检测室仪器设备的引进调试。年内，实现固定资产投资65亿元，实现开复工面积190万平方米。完成东区二期全部道路的翻新和绿化景观提升工作，48号地块通过市级联审会。

（魏立亮）

【国家信息中心大数据创新创业基地新址启用】 1月24日，国家信息中心大数据创新创业基地新址启用仪式暨大数据研究中心揭牌仪式在丰台园举行。国家信息中心、国家发展改革委、丰台区政府等单位有关负责人及相关企业的代表等100余人参加。基地2016年4月8日成立，是国家信息中心授权国信优易数据有限公司建设运营的国内首个将数据、大数据技术与双创相结合的特色基地，是大数据资源聚集地和大数据应用服务示范基地，由国家信息中心、丰台区政府联合打造。国信优易公司作为北京基地运营方，以打造大数据产业基地、聚集大数据领域企业、建立丰台区大数据生态圈为重点工作。

（魏立亮）

【首款石墨烯锂离子五号充电电池发布】 2月21日，由北京碳世纪科技有限公司主办的石墨烯锂离子5号充电电池烯储霸王产品发布会在丰台园举行。中关村石墨烯产业联盟等单位有个负责人及媒体代表等参加。烯储霸王是碳世纪公司研发的国内首款石墨烯锂离子五号充电电池，是石墨烯改性的钛酸锂负极锂电池，采用磷酸铁锂做为电池正极、石墨烯包覆的钛酸锂材料做负极，每节电池额定电压1.9伏，循环寿命3万次，工作温度零下40度到65度。

（魏立亮）

【4家企业被认定为2017年北京市工程实验室】 年内，丰台园4家企业被市发展改革委认定为市级工程实验室，分别为：国信优易

数据有限公司——政务大数据流通与增值服务关键技术北京市工程实验室、北京真视通科技股份有限公司——云视频会议系统关键技术北京市工程实验室、交控科技股份有限公司——区域轨道交通列控技术与应用北京市工程实验室、海丰通航科技有限公司——通用航空智能保障技术北京市工程实验室。

（魏立亮）

【新增4家北京市企业技术中心】 年内，丰台园4家企业被市经济信息化委认定为北京市企业技术中心，分别为：北京全路通信信号研究设计院集团有限公司、北京华远意通热力科技股份有限公司、北京鼎兴达信息科技股份有限公司、富盛科技股份有限公司。

（李　琳）

【新增1家院士专家工作站】 6月，北京数维翔图高新技术股份有限公司建立院士专家工作站，与中国工程院院士刘先林就“无人机技术应用”课题签订合作协议。数维翔图开发出一系列DM系列无人机及DM系列航摄仪，均通过相关部门科技认证，取得11项专利。

（魏立亮）

【新引进“高精尖”及规模企业】 年内，丰台园引进“高精尖”及规模企业85家，引进企业涉及科技创新、文化创意、金融投资等领域，其中科技创新类企业68家，占80%；金融投资类企业12家，占14%；文化创意类企业5家，占6%。科技创新类企业主要涵盖轨道交通、军民融合、节能环保、新一代信息技术等。

（魏立亮）

【获第十九届中国专利优秀奖】 12月11日，国家知识产权局印发《关于第十九届中国专利奖授奖的决定》（国知发管字〔2017〕77号），公布第十九届中国专利奖获奖项目名单。其中，丰台园北京锦鸿希电信息技术股份有限公司的列车在途安全状态监测方法、设备和系统（ZL201210266164.X）、易图通科技（北京）有限公司的真三维导航中变道诱导的方法和装置（ZL201310136215.1）2件发明专利获第十九届中国专利优秀奖。

（李　琳）

【元六鸿远公司实验室获CNAS认可】 2月13日，北京元六鸿远电子科技股份有限公司实验室荣获中国合格评定国家认可委员会（CNAS）认可。实验室向CNAS申请的37个检测项目（涉及方法标准15个）全部获认可，涵盖多层瓷介电容器相关的全部检测试验方法（射线照相、霉菌项目除外）。获得CNAS认可后，实验室的管理和检测能力将同时获国际实验室合作组织（ILAC）全球45个国家的55个认可机构的认可和116个成员的承认。

（魏立亮）

【入选市级两化融合试点企业】 3月30日，市经济信息化委公布2017年北京市市级两化融合管理体系贯标试点企业名单，70家企业入选。其中，丰台园的北京太空板业股份有限公司、北京动力源科技股份有限公司、北京三兴汽车有限公司及北京博明信德科技有限公司4家企业入选。

（魏立亮）

【获2017年度市科技奖】 11月20日，市政府印发《关于2017年度北京市科学技术奖励的决定》（京政发〔2017〕31号），丰台园9家企业获奖。其中，北京中机联供非晶科技股份有限公司参与完成的“国产非晶带材在电力系统中的应用开发及工程化”项目获一等奖；北京当升材料科技股份有限公司陈彦彬等完成的“新型高能量密度动力锂电池正极镍钴锰酸锂的产品技术开发与应用”、北京赛佰特科技有限公司参与完成的“机器人多核异构实时嵌入式操作系统研发、验证及应用”项目获二等奖；北京海鑫科金高科技股份有限公司刘晓春等完成的“智能化现场勘查平台的研发与应用”项目、北京朗森基科技发展有限公司等单位石斌等完成的“超宽带雷达探测仪的研发与应用”项目、中国建筑一局（集团）有限公司参与完成的“大型电子厂房高效施工关键技术研究与应用”项目、北京全路通信信号研究设计院集团有限公司参与完成的“城市轨道交通建设安全监控应急指挥中心研究及应用”项目、华电重工股份有限公司周铁梁等完成的“新一代四卷筒抓斗卸船机研发及应用”项目、北京盛大华源科技有限公司参与完成的“木质复合材料抑烟低毒表面阻燃技术研发及应用”项目获三等奖。

（李　琳）

【举办首都科技条件平台创新券政策宣讲会】 5月5日，由丰台园管委会、丰台区科委主办的首都科技条件平台百家重点实验室进千家企业—宣讲及资源对接会在京举行。首都科技条件平台丰台工作站及首都科技创新券推荐机构、园区企业的代表80余人参加。相关专家讲解首都科技创新券相关政策及申报流程，介绍各研发服务基地的科技资源，并与企业进行交流及科技需求对接。

（魏立亮）

【企业全生命周期服务平台启动】 5月15日，金基企服—企业全生命周期服务平台启动发布会在京举行。来自商会协会、众创孵化园、中小微企业的代表等近100人参加。会议伊始，北京金基企服信息技术有限公司发布助企代、助餐代与楼宇企业级解决方案三大产品。其中，助企代通过对企业的大数据分析，构建企业全景式画像，根据企业画像找准其需求，为不同发展阶段的企业提供不同的服务；助餐代是助力餐饮企业快速成长，根据财务的良性数据与运营现状，为健康餐饮企业提供金融解决方案；楼宇企业级解决方案是专门面向楼宇运营商推出的产品，探索互联网时代下的楼宇经济商业新模式，打造全新的办公楼宇生态链，为企业提供全方位的多层次成长配套服务。

（魏立亮）

【海峡两岸环保产业和金融资本发展论坛】 5月，由环创空间（北京）环境科技有限公司、海峡两岸经济合作（环保产业）促进联盟筹备组主办的海峡两岸环保产业和金融资本发展论坛暨环创空间战略合作签约仪式在环创空间公司举办。中国绿色发展联盟、中国生物多样性保护与绿色发展基金会等环保、金融行业机构的代表等100余人参加。与会代表就如何更好发挥各自企业优势资源推进中国环保产业与资本、金融有效互动模式和机制等方面进行沟通和交流。海峡两岸经济合作（环保产业）促进联盟筹备会启动。联盟的成立旨在借助“一带一路”的产业政策，加强海峡两岸环保产业的融合互通。环创空间公司与台湾李唐资本签署战略合作协议，双方将共促环保产业发展。

（魏立亮）

【“京津冀”专利转化和创新创业国际论坛】 5月19日，由丰台园管委会、丰台区科委、丰台区知识产权局主办的2017“京津冀”专利转化和创新创业国际论坛暨中—芬绿色节能项目对接会在丰台区园博园举行。市知识产权局、市科委、中关村管委会等单位有关负责人及芬兰瓦萨市政府相关人员和来自京津冀绿色节能环保企业、知识产权服务机构、产业联盟、行业协会的代表等200余人参加。丰台区科委与芬兰阿尔托大学高层管理教育学院签署全方位合作协议，双方将“以点带面”，合力推动高端企业人才培训，以“高端人才”为抓手推动科技成果转化和国际交流合作。北京能为科技股份有限公司与芬兰峰荟财智有限公司签约，共建合资公司以推动芬兰绿色节能创新成果转化落地。

（魏立亮）

【入选中关村金种子企业】 年内，丰台园北京金史密斯科技有限公司、北京济全生物科技有限公司、北京魔力象限科技有限公司、中创三优（北京）科技有限公司、财神嘉道（北京）信息科技有限公司、北京汇力智能科技有限公司6家企业入选2017年中关村金种子企业，涉及新一代信息技术、生物医药、节能环保、新能源汽车领域。

（魏立亮）

【“卒中医护”项目启动】 6月6日，“卒中医护”项目启动会在京举行。“卒中医护”项目是首都医科大学宣武医院神经内科和北京鑫丰南格科技股份有限公司共同建立信息化的数据服务平台，旨在打造医院、社区、家庭三方共同管理的慢病跟踪防治管理体系和质量控制体系，为患者提供更好更体贴的医疗和护理康复服务。服务模式建立后，平台将依托宣武医院专科医联体体系，推广到近1000家医联体医院，实现专科分级诊疗，三级防控体系。

（魏立亮）

【两个项目获中国好技术称号】 6月29日，在2016年度中国好技术、中国生产力促进奖颁奖大会暨东营创投峰会上，北京中科宇杰节电设备有限公司的“智能控制节电系统”和北斗航天卫星应用科技集团有限公司的“北斗信息化授时表”两个项目获中国好技术称号。“智能控制节电系统”拥有八大节电系统，主要以无缝式嵌入和智能化为核心，特别针对用能单位设备的特点，在完全不影响用能单位设备正常运行和改变设备运营参数的前提下，达到节电的目的，实现用能设备和节电系统的无缝衔接。“北斗信息化授时表”基于北斗二代卫星导航系统精准授时，授时精度达纳秒级别，配装各类传感器可作为具备北斗卫星多项功能的综合化信息平台，实现现代智慧城市的信息化、数字化和网络化的功能。

（魏立亮）

【丰台园企业获3项市级立项】 7月，市科委公布获2017年度北京市高新技术成果转化项目、2017年度北京市科技服务业促进专项、2017年度北京市科技型中小企业促进专项立项项目名单。其中，丰台园北京元六鸿远电子科技股份有限公司的高介型多层片式瓷介电容器转化项目、中铁电气化局集团有限公司的高速铁路电气化接触网腕臂及吊弦数控预配平台转化项目等11个项目获2017年度北京市高新技术成果转化项目立项；北京航天益来电子科技有限公司、北京智农天地网络技术有限公司等4家企业获2017年度北京市科技服务业促进专项立项；通号工程局集团北京研究设计实验中心有限公司的高速铁路“通信、信号、电力和电气化”技术检测平台、北京碳世纪科技有限公司的基于石墨烯的发动机润滑油节能改进剂“碳威”等9个项目获2017年度北京市科技型中小企业促进专项立项。

（魏立亮）

【中国通号集团参与承建北京地铁S1线】 12月30日，北京首条磁悬浮轨道交通地铁S1线开通试运营。S1线信号系统采用中国铁路通信信号集团公司拥有完全自主知识产权的中低速磁悬浮轨道交通列车运行控制系统（MATC）。系统可满足列车在大中型城市市内、近距离城市间和旅游景区运行，时速为100～120千米的交通连接。中国通号集团旗下北京全路通信信号研究设计院集团有限公司担任工程总承包，北京通号国铁城市轨道技术有限公司提供系统技术服务。

（魏立亮）

【“创融云巢”双创协同创新平台启动】 9月20日，由丰台园管委会、丰台区发展改革委、丰台区科委等单位主办的“创融云巢”双创协同创新平台启动仪式暨“创世界•融未来”创新创业论坛在丰首科创融孵化器举办。来自科技部、中国科协、国家行政学院等单位有关负责人及相关企业的代表100余人参加。“创融云巢”是由北京首科创融科技孵化器有限公司打造的一个全新的，低成本、便利化、全要素、开放式的双创协同创新平台，将提供全方位综合服务，包括：创业培训、投融资对接、商业模式构建、团队融合、政策申请、工商注册、法律财务、媒体资讯等；将打造孵化服务链条，包括：创业苗圃、孵化器、加速器、产业园；将覆盖企业发展各阶段，包括：创意创想、种子期、初创期、成长期、产业化。启动仪式上，沈艳婷介绍了“创融云巢”的实施路径，具体为“12345”发展战略。首科创融孵化器公司与北京大学团委签订战略合作协议，双方将推动北京大学的科技创新成果加速转化落地，实现产业化。

（魏立亮）

【金泰众和公司获军民两用技术创新应用大赛银奖】 9月，在第二届中国军民两用技术创新应用大赛上，北京金泰众和科技有限责任公司的抗量子无线电保密通信系统获技术创新类银奖。系统能够为两个用户或多个用户之间提供一条基于现有无线电通信的绝对安全的信息“高速公路”，将所有的非法用户隔绝于外，为信息敏感领域提供绝对安全的端对端保密通信，特别适用于分布在陆、海、空、天领域中的车辆、舰船、飞机、卫星等机动平台，为机动平台之间、机动平台与固定指挥控制中心之间提供安全的通信信道解决方案。

（魏立亮）

【加拿大萨斯喀彻温省投资论坛】 12月6日，加拿大萨斯喀彻温省政府经济部应丰台区政府邀请在丰台园举办投资论坛，期望借加拿大总理特鲁多访华之机推动丰台区与萨斯喀彻温省的沟通、交流与合作。丰台园管委会、丰台区投促局等单位有关负责人及园区企业的代表60余人参加。

（魏立亮）

【航天雷特公司项目获全国创新方法大赛一等奖】 12月9日，在第二届全国企业创新方法大赛上，北京航天雷特机电工程有限公司的“舒适型软质防弹防刺服”项目获大赛一等奖。项目解决无纬布不能防刺的难题，使产品同时具备防弹防刺功能，产品具有重量轻、舒适性好、可任意弯折180度的优点。项目制订企业标准1项，申请国家发明专利1件，发表专业技术论文4篇，开发新产品3项。

（魏立亮）

【3家企业获批设立博士后科研工作站企业分站】 12月，市人力社保局印发《关于批准20个单位增设博士后科研工作站分站的通知》（京人社专家发【2017】267号），丰台园3家企业入选，分别是：北京百博时代科技有限公司、北京动力源科技股份有限公司、北京双登慧峰聚能科技有限公司。截至年底，丰台园博士后科研工作站企业分站共有17家，引进博士后45名。

（魏立亮）

【获第十九届中国专利优秀奖】 12月11日，由北京锦鸿希电信息技术股份有限公司贾利民等发明的列车在途安全状态监测方法、设备和系统（ZL201210266164.X）获第十九届中国专利优秀奖。发明提供的监测方法首先获取列车运行状态的在途检测参数，并根据在途检测参数获得在途运行状态信息，获取的数据可发送给地面监控中心，以供监控中心的管理人员根据数据了解列车的状态，以便管理人员采取相应的措施，一旦发现处于运行状态的列车出现严重故障，可及时提示列车的司机、维修人员或安全管理人员等，以根据故障情况采取应对措施，提高列车运行的安全性。

（魏立亮）

【北京IBI获北京12330优秀工作站称号】 年内，中关村科技园区丰台园科技创业服务中心（北京IBI）北京12330工作站因通过举办知识产权政策宣讲及实务培训、开展企业走访及调研、提供重点企业一对一指导等工作，为企业提供优质专业的知识产权专项服务，被北京市保护知识产权举报投诉服务中心

（北京12330）授予2017年度优秀工作站称号。全年科创中心工作站为企业提供法律咨询、举报投诉、维权援助等服务，接受知识产权咨询60余件，服务企业100余家；在“4•26世界知识产权日”期间，举办“旁听商标侵权案件巡回审判”活动；举办两期创业训练营，为大学生及初创企业开展知识产权基础知识培训；在“一带一路”沿线国家孵化器规划建设与管理国际培训班期间，为外国学员讲授“中国大学科技创新与知识产权”；在全国双创周北京会场展览上，介绍知识产权专项服务。作为国家级、市级众创空间，设立“12330知识产权保护公益图书角”，举办北京12330的首期知识产权图书分享活动。

（魏立亮）

【8家院士专家工作站被评为优秀工作站】 年内，中关村示范区内中国建筑材料科学研究总院院士专家工作站、北京海鑫科金高科技股份有限公司院士专家工作站、中国电力工程顾问集团有限公司院士专家工作站、北京全路通信信号研究设计院集团有限公司院士专家工作站、北京市农林科学院玉米研究中心院士专家工作站入选2017年全国示范院士专家工作站；8家院士专家工作站被评为2017 年北京市优秀院士专家工作站，包括5家2017年全国示范院士专家工作站和神华集团有限责任公司院士专家工作站、中国电子工程设计院有限公司院士专家工作站、悦康药业集团有限公司院士专家工作站。

（魏立亮）

冶金自动化研究设计院

【概　况】 2017年，申报获得四项国家重点研发计划项目，完成863智能电网课题、863超大容量电力电子项目、02专项、国际科技合作与交流专项项目、ETO 课题、京唐支撑计划项目、支撑计划高速磁浮交通工程化集成系统研究项目等7个国家科技计划项目课题的验收。完成物质流与能量流协同调配示范工程初步设计方案，发表与本项目相关的SCI/EI/核心期刊论文36 篇，申请专利/软件著作权14 项，提交标准/规范1 项。全年共申请专利52项（其中发明专利38项），获得软件著作权15项。

（孔　菲）

【科研工作】 年内，研制的变频装备在国内首次实现驱动20MW/6.9kV 大型同步电机加减速、恒速的稳定运行。研制20MVA 大功率电力电子变换装备，申请发明专利4项，通过科技部组织的项目验收。新型高压场控型可关断晶闸管器件的研制与应用解决国产ETO 器件应用的电路参数设计、模块结构设计、变频系统结构设计、制造及试验等关键技术问题。首次在国内研制成功基于国产ETO 器件的 ANPC 结构变流系统，变流系统稳定运行。极端环境下机器人应用技术研究已经形成高温取样、喷印、拆捆、捞渣、扒渣、贴标签、打包等九大类机器人应用技术，相关成果登载在《国资工作交流（第五十一期）》并获得北京市新技术产品证书。

（孔　菲）

【学术交流】 年内，参与孙优贤院士领导的《中国自动化产业发展报告》编写工作，组织专家分析钢铁和有色金属行业冶金自动化产业的市场情况、技术现状和发展趋势；承担《中国钢铁企业智能制造发展状况与需求》的研究，提出钢铁企业智能制造成熟度模型，为行业智能制造的水平评估、关键路径选择等重要问题提供支持；参与中国金属学会组织编写的《冶金工程技术学科发展方向预测及技术路线图（2025-2050）》，组织行业专家承担其中二级学科“冶金自动化学科方向预测及技术路线图”的编写工作。

（孔 菲）

【工程业务】 年内，盛阳不锈钢热轧精调项目完成大部分技术方案的测试及投用，提高成品带钢的厚度、宽度、温度等指标。津西钢板桩自动化控制系统成功打通控制工艺，满足客户要求。友联热轧项目顺利发货。

（孔 菲）

【新业务拓展】 年内，推进唐山凯源实业有限公司镍铁项目工程三电系统、印尼苏拉威西岛 MSS（RKEF）高镍镍铁项目三电系统、常州东方特钢2*120t 转炉三电及炼钢生产管理系统、玻利维亚乌尤尼35万吨/年钾盐制造厂项目 DCS 系统等工程项目的稳步实施。

（孔 菲）

北京汽车博物馆

【概 况】 2017年，北京汽车博物馆（丰台区规划展览馆）全年开放运行316天，实现全年重大消防事故及安全事故为零，场馆及展览设备设施安全稳定运行的目标。继续夯实汽车文化、教育、传播3大体系，举办专题展览3项，开展各类科普活动30项726场次，组织承接文化交流活动30场，全年累计服务社会人群74万人次。全年新征集藏品697件，其中模型类5件，票牌类8件，其它类23件，文献类661件（含影音资料），涵盖反映中国汽车发展历程中的重要见证物，展现中国汽车工业的时代变迁。启动1966年产红旗 CA770轿车和1986年产上海加长轿车的修复工作。年内为74辆车辆类藏品进行美容护理与技术保养。

（李永明）

【举办“车@城@人”专题展览】 年内，举办“车@城@人”专题展览，分为@京之人、@京之车、@京之礼三个篇章。讲述了车、城、人之间的故事，用车的视角，去看历史、看科技、看人文、看城市变迁、看社会进步，倡导“人-车-生活-社会”和谐与美好。展览现场设置“九门走九车”、京车合影、车字拓印等互动体验活动。本次展览最大的创新之处在于以半开放的形式，通过“@”这一现代符号贯穿整个展览，并以“手指行动”@所有人参与，征集“我与北京城”的老照片、老物件、小故事……衍生出观众对下一次展览的探究，凸显展览与观众的互动，展览与观众的融合。展览贯穿全年，是北京汽车博物馆首次举办时间跨度长和展览内容跨度大的系列展览。

（李永明）

【举办“房车@城@人”专题展览】 年内，以房车文化为主题举办“房车@城@人”专题展览，按照房车功能特色划分为五个展区：帐篷房车区、拖挂式房车区、自行式房车区、商旅式房车区和特种房车区。通过不同搭配的场景展示，展示露营房车，展现人与车、与自然相处的和谐画面。展览免费向社会公众开放，让公众近距离了解房车文化的演变和发展。同时配套策划城市文化广场项目，汇集小小赛车手、音乐汇、科普课程、文化沙龙及餐饮服务等多个专区，开展多元文化相融合的文化活动，打造全新的汽车文化体验，让观众尽情领略房车文化与城市生活、自然风光的交融，将自然与生活和谐对接。

（李永明）

【举办“金戈铁马话军车”专题展览】 年内，为庆祝中国人民解放军建军90周年，北京汽车博物馆策划推出军车专题展览。通过藏品实车、图文展板、军车模型再现中国军车诞生与发展的历史，展示90年中国军队砥砺奋进、坚定信念、顽强进取的精神。展览内容注重“小切口，深挖掘”，以时间长轴为骨架，串起中国军车发展史上具有典型意义的经典车型，通过扫描二维码听讲解的方式，为观众讲述中国军车的故事。展览以“开学第一课”的形式，开展爱国主义教育活动，让学生了解汽车历史、了解中国汽车行业创业史，激发他们的爱国情怀和科技创新梦想，受到中小学校的高度评价以及社会媒体的关注。

（李永明）

【“车@城@人——聆听博物馆之音”诗歌朗诵会】 年内，围绕“5.18国际博物馆日”的主题“让文物活起来”，北京汽车博物馆以厚重的北京历史文化为依托，通过跨界组合的方式，邀请陈铎等著名艺术家，联合博物馆界、文艺界、科技界、教育界等各领域人士齐聚汽车博物馆，用诗歌朗诵会的形式弘扬中华优秀传统文化。朗诵会共分为“永定河边月”“飞驰的旋律”“梦想的道路”等五个篇章，包含了朗诵+舞蹈、朗诵+古琴演奏、合诵+访谈等颇具艺术创新的综合表演形式。通过朗诵会讲好中国故事、传播中国声音，让文物以多元的形式活起来，多维度的展现给社会大众，倡导车、城、人的和谐发展。

（李永明）

【京津冀新能源汽车科普及体验基地】 年内，新能源汽车展示体验项目升级为京津冀新能源汽车科普及体验基地，开展“绿色出行 守护蓝天”新能源汽车展示体验系列活动，全年共举行试乘试驾和科普课堂活动30场，共1541组家庭参与活动，把节能环保理念和绿色出行的理念带入千家万户；5月全国科技周北京汽车博物馆分会场开展智能汽车展示体验、绿色能源创新教育课程等丰富多彩的科普体验活动，近五千名观众参与科普活动；首届北京市新能源汽车推广月在北京汽车博物馆启动，近万市民参与推广活动。

（李永明）

【对外交流】 9月24日至27日，北京汽车博物馆代表团一行赴法国里昂参加第二届中法文化论坛。中法博物馆界嘉宾就“博物馆在地区吸引力中的角色”的主题进行研讨，北京汽车博物馆馆长杨蕊做了题为“以车为媒，提升博物馆地区吸引力”的发言，以车为载体，从博物馆承载的多元文化融合的角度，讲述中法两国的创造与友谊，城与城的对话与合作，人与人的沟通与交流；从博物馆服务标准化的角度，讲述如何为观众提供“家一样的温暖”，让博物馆的服务更有温度。杨蕊馆长通过以车为媒，讲好中国故事，将博物馆的思想理念、管理方法与法国的博物馆进行分享，在世界舞台传播中国声音。

（李永明）

【搭建汽车教育体系，促进科学普及】 年内，自主开发1套博物馆学习教材、24种卡通学习单，60余门博物馆课程，形成了博物馆课程、探究活动、学习单等线上线下相结合教育服务产品。面向不同受众提供教育服务，形成“雷锋——一个汽车兵的故事”、“开学第一课”等教育项目品牌。汽博馆成为2017年度全国科技活动周暨北京科技周全市唯一的专题性分会场，“石墨烯光致电推动演示装置柜”展项参加庆祝香港回归20周年科技展、“未来工程师”教育项目亮相2017上海国际车展国际汽车关键技术论坛。汇聚社会资源联合开展的 Greenpower 创新教育项目、河北工程大学-北京汽车博物馆方程式车队、中国青少年汽车模型科技创意大赛等教育项目。

（李永明）

【提升文化传播影响力】 年内，通过新媒体“一点资讯”和“今日头条”建立合作，与“热搜公众号”进行合作，覆盖汽车、旅游、科普等行业，扩大宣传传播范围。将汽博馆纳入《中国大百科全书》搜索条码。雷锋活动成为丰台区学雷锋志愿服务活动的一个重要组成部分，在中央电视台等多家媒体播出。现场直播时实时关注受众19万人次；乐视视频网站首页推广，140万传播受众，获得了良好的社会反响。全年通过官网发布信息229篇，微信发布356条，微博发布576条，摄影摄像240次，拍摄制作时长为10分钟的《汽博馆路演宣传片》。突出“直播”概念，强化“视频”效果，实现腾讯、爱奇艺、一直播等网络直播宣传。

（李永明）

【创新文创产品】 年内，文创产品开发以北京汽车博物馆文化资源和科普资源为载体，挖掘藏品背后的历史故事，按照实现商店特许商品销售、与社会资源合作开发专属商品、与相关品牌合作开发商品的三步走策略，稳定“1+1+N”的开发模式，实现文创产品新突破。制作北京汽车博物馆 LOGO 防伪标识，逐步对商店销售商品进行审核备案并授权销售。根据北京汽车博物馆 VI 视觉识别系统进行文创产品包装的开发和制作，开发包装盒、包装袋及印章、纸胶带、环保布袋等5款包装产品，应用于交流和日常售卖当中。开发了“古代车马文化”“车型演变”等10个系列共84种文创产品，涉及服饰类、办公用品类、文具类、生活用品类、车载用品类、纪念品类及食品类共七大类商品。所设计开发的衍生产品于9月起陆续在第二届中法文化论坛、第六届北京国际旅游商品及旅游装备博览会、京津冀中小博物馆文化创意展、首届“一带一路”科普场馆发展研讨会上登台亮相，获得社会各界好评。

（李永明）

综合经济管理

发展改革综合管理

【概　况】 2017年，制定《2017年“疏解整治促提升”专项行动方案》，全年市级量化考核的13项任务全部完成，重点区域大红门45家市场调整疏解任务顺利完成。全年常住人口218.6万人，下降3.06%，超额完成年初市级下达的人口调控目标。编制《丰台区2018-2020年“疏解整治促提升”专项行动方案》，系统谋划未来几年疏解、整治、提升工作。研究制定《丰台区2017年经济社会重点经济指标任务分解方案》、《关于加强一季度开门红工作的意见》，按季度召开经济形势运行情况座谈会，分析区域经济社会发展主要指标、主导产业发展情况。全年实现地区生产总值1425.8亿元，同比增长6.5%。一般公共预算收入113.1亿元，同比增长8.1%；社会消费品零售额1135.2亿元，同比增长5.6%；全社会固定资产投资983.5亿元，同比增长2.4%。万元地区生产总值能耗下降4.31%。第三产业增加值比重80.1%。全年争取中央和市级资金支持6.1亿元，安排区级政府资金21.1亿元，确保75个重点项目顺利实施。完成2016年度企业政策兑现，涉及企业129家，资金10451.6万元。报送价格监测数据1235条次。建成变电站8座，实施“煤改电”1.4万户，压减燃煤10.3万吨，全年万元GDP能耗下降4.31%。上解及直接拨付结对地区资金约1.1亿元，协助受援地区争取市级帮扶资金8736万元，落实帮扶项目23个。

（崔倩倩）

【投融资项目】年内，编制完成《丰台区2017年固定资产投资计划》，累计精准调度项目126项，协调落地投资规模超过400亿元。全年争取中央和市级资金支持6.1亿元，安排区级政府资金21.1亿元，确保了75个重点项目顺利实施。推进投融资体制改革，鼓励社会资本参与污水治理、棚户区改造等项目建设，配合做好河西再生水厂二期、建筑垃圾资源化处理厂等项目采用PPP模式建设。

（崔倩倩）

【优化营商环境】年内，落实市委市政府《关于率先行动改革优化营商环境实施方案》及有关政策清单，梳理区责任事项22条，查找全区营商环境“痛点”、“堵点”、“难点”问题。完成区公共资源交易平台物理场所整合，实现交易数据与市级平台的系统对接上传。使用北京市投资项目在线审批监管平台办理项目审批事项，全部实现企业投资备案网上申报、在线办理，全年共在线备案项目61件。完成2016年度企业政策兑现，涉及企业129家，资金10451.6万元；统筹2017年经济发展专项资金使用，完成各专项资金项目审核，涉及企业93家，资金12592.12万元。争取国家及市级政策支持，4家企业新认定北京市工程实验室，1家企业获国家服务业引导资金支持。全年为驻区企业争取资金共4735万元。

（崔倩倩）

【推进“放管服”改革】 年内，做好市级下放行政审批事项的承接工作，确认事项11类23项、权力清单23项，明确办理依据、具体规范性要件等工作流程。全面使用北京市投资项目在线审批监管平台，共办理立项审批177件，其中审批类63件（权限内33件，权限外30件）、核准类114件（权限内35件，权限外79件）；企业投资备案123件（含在线备案项目61件）；前期工作函22件。严格贯彻执行市区新增产业禁限目录，全年涉及禁限目录范围的立项咨询32次。规范政府投资项目长效管理机制，开展市区政府投资项目稽察6次，涉及64个项目。举办丰台区2017年固定资产投资建设项目管理培训班，对74个单位260余人进行前期工作培训。全年办理前期工作函22件，纳入市级绿通项目35件。

（崔倩倩）

【价格管理】 年内，丰台区开展医药分开综合改革的规范医疗服务价格工作，制定《丰台区医药分开综合改革价格督察方案》和《丰台区医药分开综合改革价格督察应急工作预案》，强化医药分开综合改革政策宣传，参与专场培训2次，对丰台医院进行跟踪监测，报送医药分开综合改革数据40余条次。加强监测数据的研究和分析，共报送价格监测数据1235条次，撰写各类信息54篇，被丰台信息、丰台政务采用24篇。统计核实2016年度全区行政事业性收费情况，共计收费134956.1367万元。加强经营性收费的指导和协调，规范收费行为，完成49个民办教育机构的民办学校非学历教育收费标准备案手续。

（陈志辉）

【电力行政管理】 年内，制定落实《2017年安全生产重点工作任务》、《2017年丰台区电力迎峰度夏运行保障方案》和《丰台区电力行业十九大保障工作方案》等文件，开展电力安全生产大检查工作和电力行业领域安全隐患大排查大清理大整治专项行动，累计实施电力行业安全生产检查72次，协调区供电公司与有关部门及街乡镇密切配合，协助推进“散乱污”企业清退和违建拆除工作14次。完成一带一路、迎峰度夏、十九大会议等重大活动期间的电力保障工作。

（崔倩倩）

【节能环保工作】 年内，制定印发《“十三五”时期节能指标分解方案》。建成变电站8座，实施“煤改电”1.4万户，压减燃煤10.3万吨，完成任务量的147%。从源头控制新增能耗，完成权限内固定资产投资项目节能报告审查8件。安排节能发展专项资金2986万元，重点支持区节能监测服务平台提升工程建设。开展年度重点用能单位能源利用状况报告报送工作，完成率100%。57家重点排放单位履约率和51家一般排放单位碳排放报告率100%。组织召开年度清洁生产工作推进会，9家单位通过市级审核，完成任务128%。完成2.9兆瓦光伏发电项目以及1054个公用充电设施项目备案工作。全年万元 GDP 能耗下降4.31%，超额完成年度目标任务。

（崔倩倩）

【对口支援与合作】 年内，建立对口支援合作地区互访协商机制，实现党政代表团互访17次。上解及直接拨付帮扶地区资金约1.1亿元。与河北省涞源县、内蒙古林西县开展精准扶贫对口帮扶工作，区教委、区卫计委、区人力社保局及区工商联分别与涞源县签订帮扶协议，开展学校、医院一对一帮扶，组织职业技能培训、义诊及招聘会等活动，搭建劳务对接合作平台，引导10余家企业到结对地区开展帮扶工作，卢沟桥乡、东铁匠营街道分别与对口地区在乡镇层面深化结对帮扶的工作，助力32247贫困人口脱贫。做好援青、援藏、援疆对口支援工作，与青海省治多县签订结对协议，花乡与治多县加吉博洛镇签署结对协议。继续推进南水北调对口协作工作。加快推进“中关村科技园区丰台园沈北分园”合作共建工作。9月，荣获北京市对口支援工作组织奖。

（崔倩倩）

疏解工作

【概 况】2017年，通过“疏解整治促提升”专项行动解决一批多年想解决而没能解决的难题，取得一批标志性成果。卢沟桥乡、花乡、宛平城地区总收入实现不同程度增长，南苑乡、长辛店镇、王佐镇总收入同比下降。卢沟桥乡由于万泉寺村销售村民回迁楼以及部分村新增企业实现收入58.3亿元，增长速度在各乡镇居首，增幅98.1%。花乡由于新发地村、草桥村租金增加以及看丹村因拆迁营业外收入增加等原因，总收入同比增加近2亿元，增长5.3%。南苑乡总收入减少2.8亿元，下降7.5%，主要原因是果园村因对外合作房产项目结束、疏解及村企业老京华建筑公司工程量减少，全村总收入减少5亿元。另外非首都功能疏解对南苑乡其他村影响也比较大，疏解拆迁出租大院减少收入近亿元。王佐镇总收入减少2亿元，下降15.9%，主要原因是南宫村房地产公司受宏观调控，市场大环境影响，销售收入减少近4亿元。坚持功能疏解带动人口调控，全区常住人口218.6万人，下降6.9万人，常住人口持续减少。

（孟凡静）

【非首都功能疏解成果】 年内，疏解提升市场和物流中心36家，实现京温服装批发市场等市场疏解，完成大红门地区45家区域性批发市场疏解提升工作；关停丽泽长途客运站；疏解一般制造业企业52家，整治“散乱污”企业375家。

（孟凡静）

【城市居住空间综合整治】 年内，清理整治普通地下室151处；人防工程113处。清理整治违法群租房2761处。清理整治直管公房251户。

（孟凡静）

【环境综合整治】 年内，联合工商、食药、市政、公安、城管等多部门共同执法，通过取缔、转型、替代、疏解等方式整治“开墙打洞”和无证无照经营单位。治理“开墙打洞”违法行为5010处，是上年度的1.65倍；拆除违法建设352万平方米，是上年度的1.76倍。

（孟凡静）

【改善人居环境】 年内，完成棚户区改造8646户，老旧小区综合整治试点加快推进。腾退空间使用与改善民生和人居环境紧密结合，拆迁地上建设宛平苑街心公园等一批“留白增绿”项目，将零散土地用于停车场、菜篮子供给设施及公共活动中心建设，新建和规范提升蔬菜零售等7类基本便民商业网点127个，群众获得感提升。

（孟凡静）

安全生产监督管理

【概 况】 2017年，全区发生安全生产死亡事故78起、亡81人。与上年同期（79起、亡84人）相比，事故起数减少1起，下降1.3%；亡人数减少3人，下降3.6%。其中道路交通死亡事故共发生68起、亡71人，与上年同期（64起、66人）相比，增加4起、5人，分别上升6.3%和7.6%。非生产经营性火灾（居民）死亡事故4起、亡4人。与上年同期相比，死亡事故起数持平，亡人数减少1人。生产安全死亡事故6起、死亡6人。含北京西站1起，死亡1人，生产安全事故与上年同期（11起、13人）相比，起数减少5起，下降45.5%；人数减少7人，下降53.8%。全年检查生产经营单位1764架次，下达文书923份，立案108起，行政处罚67.9万元。办理各类举报投诉74件，其中“12350”直接交办30件，内部受理44件，全部办结回复。组织粉尘、有限空间、职业卫生、乡镇村安全监管干部、属地安全检查员、烟花爆竹等专项业务培训10余次，近3000人参加。为两会、世界种子大会、抗战胜利日纪念活动、“卢沟晓月”文化节、园博园“十一”游园会及APEC会议提供安全生产保障。全年投入市级区级专项资金388万余元为5894户城乡困难居民家庭淘汰不合格燃气灶具、安装燃气安全辅助设备和独立式感烟火灾探测报警装置。

（李　颖）

【安全隐患整治十大专项行动】 年内，区政府对全区重点隐患点进行排查和梳理的基础上，由安监、消防、交通、食药等8个部门牵头开展“安全隐患整治十大专项行动”，共完成2处涉氨冷库的改造任务。10家涉爆粉尘企业，4家外迁退出、1家停业，5家已按标准完成整改；上账的38处重大消防隐患，整改完成29处；彩钢板建筑上账243.69万平方米、5501处，拆除账内彩钢板93.51万平方米、2279处，拆除率41.42%；市级挂账的6处城镇燃气占压隐患已全部整改完毕

（李　颖）

【完成安责险任务】 年内，全市下达丰台区的安责险投保总任务为完成地区生产经营单位总量的6%，即785家（生产经营单位基数13084家）。全年共完成1600家，投保率为12.2%，超额完成任务。

（李　颖）

【危险化学品行政许可】 年内，核发危险化学品经营许可证46家。加油站首次申请、延期申请及变更申请换证22家，工业气体经营单位延期换证及首次申请4家，票据经营单位首次申请，变更申请加延期申请换证17家，油库延期申请2家。不予批准1家。注销危险化学品经营许可证12家，易制毒备案证明注销1家。完成危险化学品生产经营单位事故应急预案备案32家，危险化学品重大危险源备案2家，第二、三类非药品类易制毒化学品经营备案3项。危险化学品改建项目安全条件、设备设施审查4家，加油站改造备案19家，其中组织专家现场审核19次。

（陈　伟）

【经营单位执法检查】 年内，检查危险化学品经营单位162家次，下达整改指令书20份、强制措施决定书1份，行政处罚13起，罚款13万元。查处举报投诉案件50起（其中“96005”举报投诉34起，“12350”举报投诉15起，其他举报1起）。

（陈　勇）

【烟花爆竹零售网点管理】 年内，全区设立58个烟花爆竹销售网点，同比减少41.41%。1月20日，安全管理人员300人在北京圣地苑宾馆烟花爆竹销售网点从业人员安全培训。2月3日至12日，累计出动各级检查人员371人次、158车次，检查烟花爆竹零售网点704家次，对58个烟花爆竹零售网点多轮全覆盖进行了检查。未发生烟花爆竹安全事故。全区烟花爆竹零售网点烟花爆竹订货数为13350箱，累计销售10127箱，与上年同期销售的16897箱相比，下降40.07%。为56个烟花爆竹零售网点（共设置58家烟花爆竹零售网点，有2家零售网点没有赎回产品）申请并发放赎回吐珠类、升空类产品补贴，共补贴资金3568508元。

（陈　勇）

【黑车整治联合执法】 3月至4月，区安全生产监督管理局配合打击黑车工作小组组织的联合执法行动，负责对加油站实施安全检查，联合公安部门对违规为非法运营车辆或

无证无牌两轮、三轮车提供加油服务的加油站进行查处，追究加油站负责人的责任。共出动36人次，18车次、检查18家单位、查处并监督整改18条隐患。

（牛玉杰）

【“城乡结合部暨散乱污”整治】 年内，将12家加油站作为“散乱污”台账进行专项整治，截至6月30日，进行15周专项检查，共检查生产经营单位81家次，查处隐患189处，出动216人次，整改销账11家，一家停业，提前完成全年整治任务。

（牛玉杰）

【专职安全员检查】 年内，组织丰台区街乡镇（园区）专职安全员共检查生产经营单位63693家次，发现隐患45883处，下达《安全生产责令改正通知书》15026份。

（任满生）

【职业卫生执法检查】 年内，对辖区内71家生产经营单位进行执法检查，下达执法文书71份，排查整改安全隐患51项，对3家违反职业卫生法律法规的企业实施行政处罚，罚款11万元。

（郭卫平）

【安全生产月宣传咨询日活动】 6月16日上午，丰台安全生产监督管理局在莲花池公园举办以“全面落实企业安全生产主体责任”为主题的安全生产月咨询日活动。丰台区周新春副区长、市安全监管局多化龙调研员、及住建委、商务委、食药监局、质监局、交通支队、消防支队等30余家安委会成员单位、北京燃气集团、北京液化气公司的下属分公司、3家保险机构、以及驻区重点单位和社区干部代表500余人参加此次活动。各单位通过发放各类宣传品、摆放展板、实物展示、器械演示、灭火演练等方式向群众、企业职工等宣传安全生产的法律法规、应急逃生等知识。活动现场大型电子显示屏持续滚动播放典型事故案例，进行警示教育。北京液化气公司、北京燃气集团下属公司安排60余名业务人员同一时间入户为176户家庭的燃气灶具进行巡检，共发现和整改20余处燃气安全隐患，遏制了燃气事故的发生，受到居民欢迎。

（李 颖）

【“双百工程”宣传活动】 年内，区安全生产监督管理局、各属地和重点部门的处级安监干部与600家企业负责人对话谈心；25名专家为400家企业进行隐患排查治理服务，帮助企业进行危险源辨识和排查隐患1242项，提出有效防护措施和合理化建议1242项，对441名安全员进行专业知识培训。

（李 颖）

【安全生产标准化建设】 年内，区安全生产监督管理局按照安全生产标准化达标内容达标验收1297家，占总任务1200家的108.1%。其中三级标准化共达标验收241家，占全年任务200家的120.5%；小微企业标准化共验收1056家，占全年任务1000家的105.6%，超额完成任务。

（李 颖）

【小微企业标准化工作】 年内，丰区安全生产监督管理局超额创建小微企业1056家，完成率为105.6 %；抽查企业101家，完成率为101.0%，合格率100%。

（张舒静）

统计工作

【概　况】 2017年，实现地区生产总值14275390万元，比上年增长6.5%；完成全社会固定资产投资983.5亿元，增长2.4%；实现社会消费品零售额1135.2亿元，增长5.6%；居民人均可支配收入55871元，增长9.2%。

年内完成16.3万住户和350家涉农经营单位的清查摸底和登记工作。完成丰台统计基础数据库主体建设，加载十年原始数据，统计报表5万余张，数据总量10GB，建立规范统一的数据管理与共享系统，实现指标数据的时序化、定制化等多种查询方式。全年对外咨询提供统计数据9.4万笔。

（赵国红）

【人口动态监测】 年内，建立专项行动周报、数据信息会商、人口变化反馈核查等一系列行之有效的制度机制，全年编发专项行动周报43期、人口数据手册5期。市级移动通信人口监测平台在全区得到广泛应用，实现人口监测数据可视化、可查询、可共享。利用百度定位技术监测人口流向和重点整治区域，及时反映人口变动趋势和疏解工作进展情况。完成年度人口抽样调查，为实现全区人口调控目标提供数据支撑。

（赵国红）

【统计年报工作】 年内，逐级做好各专业统计年报的动员、准备、培训和布置等各项工作。以服务企业为导向，不断整合、简化培训资料，制作分专业的填报手册。利用视频、微信和QQ等信息化手段，提高工作效率。全年召开年报集中布置会22场，参培率超过90%。

（赵国红）

【依法统计工作】 年内，编印《统计执法人员工作手册》，全年执法检查单位277家，行政处罚216起，其中查处迟报193家，比上年增长1.7倍。加强对部门统计工作的监督指导，结合区域发展需要，修订部门统计报表制度，对部分单位开展统计巡查，推动部门统计日趋规范化。

（赵国红）

【统计服务】 年内，编发统计分析242篇，其中17篇得到区领导批示。编印《砥砺奋进的五年—丰台经济社会发展统计资料》，展现党的十八大以来全区改革发展成果，发布《2016年丰台保定协同发展监测报告》，为功能疏解与协同发展提供统计支撑。主动服务社会公众，优化“两微一网”平台功能，提供个性化信息服务，全年统计门户网公开信息475条，升级改版统计官方微博，全年发布信息935条，其中原创类25%。开发统计微信公众号，打造为区领导提供决策、为各部门提供数据参考、为企业提供统计指导的多功能服务平台，全年推送信息87期。

（赵国红）

【全程办事代理】 年内，推行全程办事代理——统计登记工作，区政府企业服务大厅统计窗口全年共接待受理咨询办事人员24266人次，其中接待各类咨询17305人次，受理审批6961件，新增统计登记单位734家，即办率100%，无行政投诉事件发生。

（赵国红）

工商行政管理工作

【概　况】 2017年，落实商事制度改革，优化准入环境，“五证合一、一照一码”持续进行；无证无照经营整治被纳入年度区政府折子工程，通过采取“查存量、清虚数、劝自律、封空间”四步工作法，按照三有六无标准整治“开墙打洞”；推进网络市场线上下线一体化监管，编制《网络交易监管日常检查事项清单》，从数据交互、双向惩戒等方面与第三方平台开展联动监管；制定《商品交易市场重点商品商标规范管理制度》，针对酒类等重点行业和网络售假问题，持续开展双打工作；强化广告市场导向监管，组织实施《丰台区整治虚假违法广告联席会议广告突发事件应急处理工作制度》，开展互联网、医疗等重点领域虚假违法广告整治；加强合同监管，完成北京市工商局委托的《北京市家具买卖合同》和《北京市家居定做合同》修订工作；推动北京消费投诉APP顺利上线，强化案件办理。年内“丰台芍药”代表北京市参加第八届世界地理标志大会，丰台区消协被评为2016—2017年度全国消协组织先进集体。全年全区各类市场主体243844户，其中企业178769户，个体工商户65075户。

（孙 焱）

【e注册服务大厅】 年内，建立全市首家e注册服务大厅，实施自助取照服务。整合登记注册分中心，提升服务效能，科技园区分中心和六里桥分中心已经成立并运行，承接与分局登记服务大厅同样的业务，申请人可以选择就近分中心进行业务办理。将机关登记注册大厅的4个登记受理窗口扩展为10个，申请人的预约时间由原来的10个工作日缩短到3个工作日内。申请材料齐全当天即可取得营业执照，提升办照效率。

（刘 莉）

【十九大市场秩序保障工作】 年内，成立党的十九大市场秩序保障工作领导小组，十九大保障期间，组织和参与各类执法行2500余次，出动执法人员4800余人次。

（刘 莉）

【疏解整治】 年内，建立疏解清虚防回流新机制，与大红门疏解办联合制发《疏解主体快速退出机制》和《疏解主体防回流机制》，快速清理市场内虚数；组织大红门地区新世纪时尚创意基地市场、大红门服装商贸城等9家市场召开座谈会，交流市场转型升级过程中的问题和难点；制定针对大红门地区的专项方案，5月全面启动专项整治，整治工作4个月，检查商户6215户次，规范1465户商户的经营行为。

（刘 莉）

【创建户外广告点位监管图】 8月30日，依靠科技手段制作户外广告点位监管图，根据监管图的详细标注信息便于开展行政指导，细化行政指导的时限、频率和次数，提示经营者严格按照法律法规要求进行相关广告活动，该监管图对丰台区户外广告重点监管区域的单立柱、牌匾、灯箱、LED屏、锥桶等在地图中进行详细位置标注，并将各点位广告对应的设施位置、中标单位、使用单位、广告规格、审批编号、联系人和联系方式、广告实时发布内容等信息进行详细统计登记，同时对各点位的户外广告进行拍照记录。

（刘 莉）

【推进规范化合同文本工作】 年内，邀请首都经贸大学法学院合作完成《建材买卖合同（整体衣柜）》和《皮鞋、皮具、皮护理服务收（取）凭单》两个丰台区区域性文本；完成北京市工商局委托的《北京市家具买卖合同》修订和《北京市家居定做合同》修订工作两个示范文本；对已经发布的《红木家具买卖合同》、《建材买卖合同（淋浴房）》、《建材买卖合同（木地板）》和《门窗定制合同》的区域性推荐合同文本进行市场使用情况的深度调研，提升文本使用效用。

（刘 莉）

【北京消费投诉APP上线】 年内，助力“北京消费投诉”APP顺利上线。组织全区规模较大的30家绿通企业召开绿通成员单位推进会，介绍“北京消费投诉”APP的使用规则，并对各功能模块进行培训；利用丰台区放心消费创建活动，将“北京消费投诉”APP二维码加入其中进行宣传推广，打造“公交车＋候车点”立体宣传新模式，通过将印有“北京消费投诉”APP二维码标识的宣传海报张贴在公交车的消费教育宣传栏及候车点的宣传栏中，消费者可以在乘坐公交车及候车时直接扫描二维码标识进行投诉；以“消费导航”模块为载体，加强信息披露，重点向绿通单位介绍“北京消费投诉”APP中“消费导航”模块，其作为信息披露平台，定期公示问题企业，以督促企业诚信经营。建立微信群，实现业务问题实时沟通。组织参会企业负责人共同创建微信工作群，利用现代化通讯手段，实现业务问题咨询、实时解答、信息共享等功能，全方位的保障“北京消费投诉”APP的推广应用。

（刘　莉）

质量技术监督工作

【概　况】 2017年，完成163家企业545个标准的备案工作。抓好国家级标准化试点项目建设工作，开通绿色通道，加大对试点单位的指导力度，推进中关村丰台科技园国家高端装备制造业标准化试点工作和北京方庄社区互联网+健康服务国家标准化试点项目建设。落实市、区两级标准化奖励政策，推动辖区标准化建设，组织6家企业申报2017年北京市技术标准制（修）订补助项目。完成2016年丰台区企业创制标准奖励政策兑现工作，10家企业获得奖励510万元。推进养老机构标准化体系建设，对辖区内养老机构开展服务质量专项检查，有针对性的指导、引导养老机构建立完善的标准体系。全年行政许可受理1293件，开工告知1540家，代码证注销509家，解答群众咨询4331人次。年内检验电梯17267部，起重机588台，锅炉内检405台，锅炉外检801台，检验压力容器335台。检定计量器具88751台件。

（荆元伟）

【计量监督管理】 年内，督促指导辖区内96家检验检测机构填报检验检测服务业统计数据。开展压力表专项监督检查工作，抽查压力表经营商户30家，检查压力表150块。维护辖区计量秩序，开展大型集贸市场、商场超市、餐饮、加油、眼镜制配等民生领域专项执法检查，共计检查企业44家次，抽查计量器具台件1348台件，抽查定量包装及预包装商品77批次。开展检验检测机构全面质量监管专项整治监督执法工作，对与人民群众生产生活相关的11家检验检测机构进行检查，核验质量体系文件11份，检查检验报告220份，检查工作计量器具537台件。推进粮食安全区长责任制监督考核工作，对辖区15家涉粮企业进行强检计量器具告知和监督检查工作。开展加油站计量专项监督检查工作，检查84家加油站，检查在用加油枪1096支。推进加油站改造防暴验收工作，组织42家加油站负责人召开防爆验收及相关许可资质审查部署会。

（荆元伟）

【特种设备安全监察】 年内，完成“一带一路”国际合作高峰论坛、党的十九大等重大活动期间的特种设备服务保障任务。组织开展液化石油气专项治理行动，对北京市液化石油气公司云岗储备厂、北京市液化石油气公司南郊分公司等2家气瓶充装单位和北京北燃液化石油气有限公司三鳞气瓶检验分公司进行安全检查。开展超期未检特种设备专项整治工作，排查特种设备1300余台。做好客运索道、大型游乐设施安全隐患排查和治理工作，督促辖区内11家大型游乐设施和1家客运索道使用单位全面开展安全自查，及时消除发现的安全隐患。

（荆元伟）

【产品质量专项执法】 年内，全面推进“质检利剑”、“双打”等执法活动，以空气净化器、电饭煲等10类消费品和电动自行车、汽车儿童安全座椅、儿童仿真饰品等为重点，共计开展消费品日常监督检查90家次，出动人员183人次。

（荆元伟）

【落实清洁空气行动计划】 年内，燃煤监督检查累计26家次，至10月，辖区煤炭生产企业已关停全部生产线。配合相关部门开展锅炉低氮燃烧技术改造，完成343台改造锅炉的检验工作。加强对辖区机动车检测机构检查，组织辖区7家机动车检测机构每月上报计量器具检定和资质认定自查情况，每季度对机动车检测机构进行专项执法检查，检查机动车安检机构28家次，抽查检验报告560份，抽查工作计量器具295台件。加强对建筑涂料和胶黏剂生产企业的监管，对3家获得《中国国家强制性产品认证证书》防火涂料生产企业进行排查，3家企业均未开展生产。

（荆元伟）

【法制工作】 年内，推进“双随机一公开”工作，强化事中事后综合执法监督，规范执法行为，组织开展“双随机一公开”抽查1034家次。全年受理办结投诉举报995起，投诉举报办结回复率100%。年度发生行政复议案件1起，申请人主动撤销1起。年内未发生行政诉讼案件。

（荆元伟）

财政　税务　审计

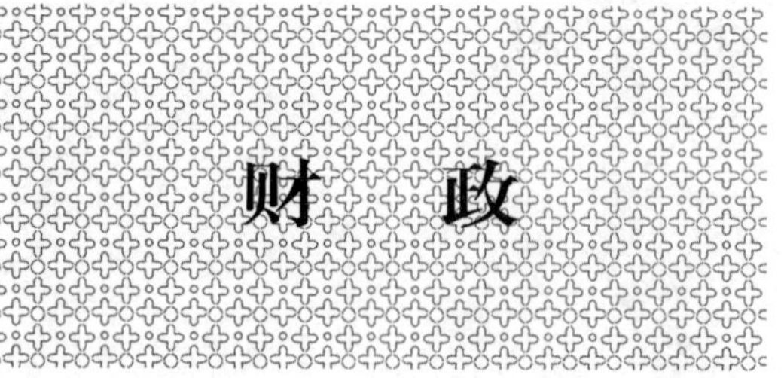

财　政

【概　况】 2017年，区级一般公共预算收入113.1亿元，同比增长8.1%；市一般转移支付收入71.3亿元，上年结余收入6.1亿元，政府债券转贷收入10.2亿元、调入预算稳定调节基金9.5亿元，调入资金9.7亿元，收入合计219.9亿元。区级一般公共预算支出173.3亿元，上解支出9.7亿元，使用债券资金安排的支出10.2亿元，安排预算稳定调节基金10.6亿元，年末结转16.1亿元，支出合计219.9亿元。本级区级一般公共预算收支平衡。

（马宁宁）

【政府性基金预算】 年内，区级政府性基金预算收入185.1亿元，上年结余收入6.9亿元，地方债券转贷收入100亿元，调入资金0.1亿元，收入合计292.1亿元。区级政府性基金预算支出135.3亿元，债务还本支出100亿元，上解支出6亿元，年末结转45.8亿元，调出资金5亿元，支出合计292.1亿元。区级政府性基金预算收支平衡。

（马宁宁）

【国有资本经营预算】 年内，区级国有资本经营预算收入0.5亿元，其中利润收入0.5亿元。国有资本经营预算总支出0.5亿元，资本性支出0.4亿元，费用性支出0.1亿元。区级国有资本经营预算收支平衡。

（马宁宁）

【社会保障基金预算】 年内，区级社会保障基金预算总收入5.6亿元，其中：新型农村合作医疗基金预算收入2亿元，城乡居民基本养老保险基金预算收入3.6亿元；上年结余收入10.9亿元，收入合计16.5亿元。区级社会保险基金预算支出5.4亿元，其中：新型农村合作医疗基金预算支出1.9亿元，城乡居民养老保险基金预算支出3.5亿元；年终结余11.1亿元，支出合计16.5亿元。区级社会保险基金预算收支平衡。

（马宁宁）

【节约经费支出】 年内，“三公”经费同比预算缩减41.5%。完成评审项目490个，送审金额25亿元，审定金额20.7亿元，节约财政资金3.3亿元。

（马宁宁）

【改革创新】 年内，对全区330家预算单位12个月的集中支付资金进行动态监控，监控单位占100%，共监控资金量238亿元，无严重违纪违规情况。全年开展事后绩效评价项目22个，涉及资金1.2亿元，开展2018年事前绩效评估项目34个，涉及金额1.5亿元。组织开展全区94家单位的《2018年-2019年政府购买服务指导性目录》编制。全年政府采购立项12140个，共计37.3亿元，较上年增长14.5亿元，同比提升63.7%。完成324家事业单位车改方案和数据的测算和审批，推进各单位车辆封存、司勤人员安置、取消车辆加油卡及ETC注销、保留车辆标识化管理、封存车辆处置等工作，保证全区事业单位车改工作稳妥进行。

（马宁宁）

【综合管理】 年内，操作国库现金管理4期共150亿元，取得利息收入5902.4万元。完善资产管理系统，完成376家行政事业单位2016年度的行政事业单位资产报告工作，资产总额319亿元。完成事业单位及其所办企业303户的产权登记工作。梳理区属行政事业单位出租房屋797处，涉及从业或居住人口9667人，年收取租金1.1亿元。完成区属112家预算单位内控指导和检查，组织354家行政事业单位开展内控自我评价，完成2016年度内部控制报告填报工作，全区内控制度覆盖率提高到83%。成立企业服务办公室，建立重点税源企业走访服务机制。全年开展组织培训12次，完成对一级预算单位培训任务。

（马宁宁）

【信息化建设】 年内，持续推进财政管理信息“一体化”建设，增加党建、国库支付电子化实拨等3个模块，全面简化政府采购审批流程、优化调整年中预算审核业务流程和2018年预算执行业务流程，向区人大、区审计开放了财政业务系统查询权限，与区监察委完成了政府采购数据联网。

（马宁宁）

丰台区综合投资公司

【概　况】 2017年，资产总额61.52亿元，所有者权益32.13亿元，负债总额29.39亿元，资产负债率48%，完成经营收入1.16亿元，实现利润总额1412.29万元，上缴税收7126万元。公司直接对外投资15家企业，实现投资收益1478万元，比上年增长22%。年内完成正阳小区、郭公庄幸福家园小区3个锅炉房，8台锅炉改造工作。完成太平桥东里甲一号院彩钢板拆除工作。筹措资金2.5亿元专项用于北方世贸轻纺城疏解工作。

（许　赜）

【土地一级开发】 年内，完成中央民族大学新校址土地一级开发工作，8月取得中央民族大学新校址用地划拨的批复。地铁九号线郭公庄车辆段土地一级开发项目整体进行实施方案调整，由原来的64亿元调整为113亿元。

（许　赜）

【基础设施建设】 年内.市政道路梅市口Ⅱ期取得稳评批复、环评批复；实现六圈路、京良路东段、柳村路南段 3 条主干路建设，完成 3条主干路腾退任务 60%以上，腾退面积40万平方米；四合庄三号路主体完工，康庄北路西半段完工，保障天坛医院运营后的基本交通。水务建设完成市级积水点京港澳南岗洼治理工程；实现丰草河（暗涵-西三环段）等4项中小河道治理工程、丽泽桥积水治理工程等3项积水点治理工程开工建设；完成九子河截污管线工程等3项聚焦攻坚项目拆迁工作。垃圾循环经济园建设湿解堆肥、餐厨厨余处理厂项目基本完工，通过筛分车间、填埋场、渗沥液厂年处理垃圾200万吨。

（许　赜）

【代建工程】 年内，启动丰台第二中学原有实验楼、综合楼教学楼的改造加固工程施工，完成新建地下食堂、文体综合楼工程主体结构施工。长辛店铁路中学改扩建工程于2月正式开工，总建筑面积1.9万平方米。年底，1号、2号教学楼及综合楼主体结构施工完成。北京十中槐树岭校区一期食堂及宿舍楼工程、二期自有土地上的学生食堂、宿舍和文体楼的主体结构已经全部完成，项目新征土地拆迁工作已启动。

（许　赜）

【物业管理】　年内，与北京丽泽金都置业有限公司签订《北京丽泽金融商务区北区 A02定向安置房小区前期物业服务合同》，实现1144户业主的回迁入住工作和小区环境改善工作；承接区国地税物业管理服务、餐饮服务业务，签订两年期合作合同。加强老旧小区改造升级，完成正阳小区4处暖气管线抢修工程，多处老旧污水管线的改造工程。改善小区内部基础设施硬件，郭公庄幸福家园小区新建电动车、自行车存车棚，安装共有充电设施130个。

（许　赜）

国家税收

【概　况】2017年，完成税收收入249.55亿元，同比增加68.94亿元，增长38.17%。其中，中央级146.63亿元，地方级102.92亿元，区级50.77亿元，组织收入占全区一般公共预算收入44.88%。全年依法审理重大税务案件14件，重大税务案件审理委员会审结10件，涉及查补税款3292.07万元、滞纳金27.74万元，罚款135.48万元；退还税款12.01万元，滞纳金42.44万元。

（李明泽）

【优化税收营商环境】　年内，整合国地税服务资源，共建丰台区国税地税联合办税服务厅，4月1日正式对外办公，实现纳税人“进一家门，办两家事”。完善“丰台微税通”微信公众号功能，引导纳税人网上办税、提高导税效率，全年推送消息249期，1245条内容，累计阅读量180.65万次，累计阅读人数107.72万人次。

（李明泽）

【打虚打骗】　年内，风控部门识别问题企业20486户次，风险命中率93.15%，查补入库、加收滞纳金共计8.64亿元。稽查局查处涉票违法企业489户，查处非法取得发票11019份，涉及金额13.2亿元，查补入库1.2亿元。成立税警联合办公室，抓获犯罪嫌疑人32人，其中刑拘13人。丰台区虚开增值税普通发票风险降98.86%。

（李明泽）

【服务地方经济】　年内，参与“大红门”区域性批发市场、京铁家园地下空间、京开五金等全区各项疏解行动，累计出动执法人员168人次，协助完成各项疏解任务。开通大企业绿色通道，为“走出去”企业提供税收双边协定辅导，精准服务“一带一路”战略。全面落实改善民生、小微企业、高新技术企业等减免税政策，全年减免税款26.26亿元，增长68.23%，办理出口退税1.51亿元。

（李明泽）

地方税收

【概　况】　2017年，累计完成各项税费收入174.71亿元，同比增收28.58亿元，增长19.56%；累计完成中央级收入58.38亿元，同比增收10.18亿元，增长21.13%；累计完成一般公共预算收入113.97亿元，同比增收18.13亿元，增长18.92%；累计完成区级收入52.44亿元，同比增收13.07亿元，增长33.18%。全年累计正常登记户178155户，按登记注册类型划分，其中内资企业144543户，港澳台和外资企业963户，个体工商户31114户，其他1535户；按照行业类型划分，其中信息传输、计算机服务和软件业1023户，金融业3498户，房地产2901户，租赁和商务服务业28837户，文化、体育和娱乐业7666户。

（尹佳奇）

【助力非首都功能疏解】 年内，成立大红门疏解工作领导小组，以税收手段支持“疏解整治促提升”。开辟“绿色通道”，现场为大红门地区疏解市场内商户办理注销登记2449户。对京开五金建材批发市场内847家整体搬迁至河北高碑店的商户进行政策培训，开通专门办理窗口。加强对疏解企业房产税、城镇土地使用税等地方税源风险管理，累计查补税款650余万元。参加京铁家园、方庄社区地下空间清理整治专项工作。加强与区国税局、工商局的协作，及时清理“僵尸”企业，加速不符合首都经济结构的市场商户退出。

（尹佳奇）

【优化税收营商环境】 年内，落实税收优惠政策，开展“1＋4＋6项”减税政策宣传落实工作，联合区金融办、工商联、行业协会等部门筛选政策对口企业，精准辅导，全程帮扶。全年季度预缴享受企业所得税小型微利优惠政策企业7502户，减免税额共计4291.81万元。季度预缴享受企业所得税高新技术优惠政策企业79户，减免税额共计12494.60万元。

（尹佳奇）

【征收管理】 年内，推进税源分类分级管理，加强欠税管理，对多次催缴仍未入库的6户欠税企业开展局级约谈，共计补缴税款128万元。提升大企业税收管理层级，建立对话和定期走访机制，联合区国税局打造涉税诉求“绿色通道”。加强国际税收管理，约谈、督促在京某著名足球俱乐部负责人履行个人所得税代扣代缴义务，补缴税款及滞纳金281.81万元。与区国税局交换非正常户信息6万余条次，采集区工商局、投促局、丽泽办等多家单位数据11万余条次。

（尹佳奇）

【税政管理】 年内，开展土地增值税项目清算审核，入库税款2.99亿元。加强耕地占用税征管工作，入库税额2570万元，同比增长达208.15%。通过开展房土税、印花税、车船税等税种核查，全年查补税款及滞纳金合计920万元。

（尹佳奇）

【纳税服务】 年内，全面落实免填单服务，实现金税三期系统82种表证单书免填单服务，办税服务厅全年共受理免填单事项6000余件。新增1处24小时自助办税服务点。推行“丰台微税通”服务平台，实现微信取号、大厅等候人数查询等功能，减少办税等候时间。加强纳税投诉管理，投诉数量同比下降20%。推进“银税互动”，以纳税人纳税信用等级为主要参考依据，累计向企业发放30笔贷款共计2.08亿元。加强纳税人学堂建设，联合区国税局开展多次内部外部培训，受众覆盖率90%以上。

（尹佳奇）

【检查稽查】 年内，组织开展调查核实工作，对辖区内11家“三定三限”房地产开发企业以及建筑业高风险纳税人开展专项检查。加强涉税检举工作，承办检举案件144件，结案103件，共查补税滞罚合计58.09万元。组织开展积案清理，清理以前年度积案9件。全年共立案17件，完成检查案件41件，调查核实27件，查补税滞罚合计597.93万元，入库合计716.89万元。

（尹佳奇）

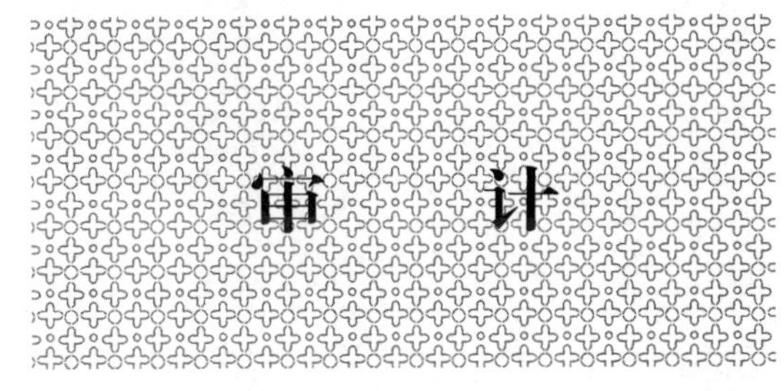

审 计

【概　况】 2017年，丰台区审计机关完成审计项目65个，查出主要问题金额414391万元，其中违规金额367万元、损失浪费金额1万元、管理不规范金额414023万元；损益（收支）不实17万元；审计处理处罚金额4624万元，其中应上缴财政1152万元、应缴纳其他资金2884万元、应调账处理金额588万元；审计发现非金额计量问题98个；审计促进整改落实有关问题资金6166万元，其中增收节支1323万元、已调账处理金额485万元、审计促进拨付资金到位900万元、审计后挽回（避免）损失378万元；提交审计报告和专项审计调查报告57篇；移送司法机关、纪检监察机关和有关部门处理事项1件，涉及1人，金额63万元；提交审计信息86篇，被批示、采用72篇；提出审计建议198条，被采纳182条；向社会公告审计结果14篇。

（张　华）

【经济责任审计】 年内，开展领导干部经济责任审计35项，发布《丰台区党政主要领导干部离任交接经济责任事项核查办法》，实现经济责任精细化审计。落实《丰台区经济责任审计整改工作办法》和《丰台区经济责任审计责任追究办法（试行）》，强化责任追究和问题整改，向区纪委移送案件线索1件。

（张　华）

【专项审计调查】 年内，对丰台区5个乡镇1个地区办事处开展农村专项审计调查，审计重点涵盖乡及村“三套班子”履职的规范性、集体经济组织管理规范性以及城乡一体化发展的可持续性等相关情况，促进集体资产保值增值。

（张　华）

【其他专项审计】 年内，开展丰台区自然资源资产审计调查和领导干部自然资源资产离任审计，揭示资源环境领域存在的突出问题；开展丰台区计划生育生殖健康技术服务中心二期工程等结算审计，揭示工程监管不到位、资金使用违反规定和使用效益不高等问题；开展中学财务收支审计，反映学校在财务管理、合同管理和项目专项管理方面存在的问题，促进教育资金使用安全、合规。

（张　华）

【内审监督与指导】 年内，组织区属单位内审人员参加“新常态下的内部审计”、“经济责任审计”业务培训并完成对西罗园办事处等3家单位的内审培训；完成对2018年度《中国内部审计》刊物的征订工作；组织完成并收集内部审计理论研讨论文8篇，报市内部审计协会参加全市评选。

（张　华）

金　融

金融服务

【概　况】 2017年，丰台区金融业实现留区税收8.91亿元，占全区留区税收的8.74%。丽泽金融商务区（以下简称“丽泽”）企业实现留区税收4.8亿元，同比增长10.2%。丽泽共引进企业18家，注册资本金规模近128亿元，其中亿元以上企业7家。入驻企业包括百亿元规模的通用碧水源环保产业基金、助力京冀协同发展的中铁京津投资公司助力国家金融战略发展的橄榄木投资公司等。全年丽泽共入驻各类企业479家，注册资本金规模超过2800亿元，其中注册资本亿元以上机构197家。入驻企业包括中国证券金融股份有限公司、银行业信贷资产登记流转中心有限公司、中华联合保险控股股份有限公司、长城国融投资管理有限公司等金融机构。年内有小额贷款公司9家，注册资本合计13.9亿元。

（黄婷婷）

【重点项目融资】 年内，确定南苑村、辛庄村等项目的融资方案，获批贷款223.8亿元，包括南苑村114亿元、辛庄村62亿元、桥南38.6亿元和卢沟桥安置房9.2亿元。

（黄婷婷）

【服务中小企业】 年内，新增上市企业1家，累计23家；新增新三板挂牌企业12家，累计80家。有38家企业在“新三板”实现股权融资，融资额总计超过26.51亿元。为2016年新三板挂牌企业兑现企业发展支持资金，全年共兑现27家企业，金额总计1620万元。

（黄婷婷）

【金融安全宣传】 6月，在全区范围内开展以“远离非法集资，拒绝高利诱惑”为主题的防范非法集资宣传月活动，制作并向全区387个社区、行政村发放印有宣传标语的布袋、海报、抽绳包等宣传品近6万份。邀请金融机构讲师在大红门、卢沟桥、长辛店等12个街乡镇举办14场防范非法集资专题讲座，受众800余人。全年完成49起市打非办转来的北京市非紧急救助中心（12345）收到的群众来信转办单。

（黄婷婷）

北京丽泽金融商务区

【概　况】 丽泽金融商务区地处北京西二、三环路之间，于2008年11月启动国际方案征集工作，2010年1月经市政府专题会议审议通过规划综合方案，2012年12月由原市规划委批复控制性详细规划和城市设计导则，规划研究范围总用地8.09平方公里，其中核心区总用地2.81平方公里，用地功能包括商务办公、多功能混合以及配套居住等。2017年，开复工面积300万平方米，实现结构封顶165万平方米，晋商联合大厦、新青海大厦、长城资产等3个项目，共计建筑规模44万平方米。南区3条主干路全线和13条次干支路部分路段实现通车，棋盘式路网格局初步显现。商务区累计引进企业479家。

（邵　虎）

【项目建设】 年内，北京丽泽金融商务区南区D07/08地块完成出让，竞拍总价43.4亿元；9月26日，丽泽SOHO项目完成主体结构封顶；11月14日，北京丽泽金融商务区南区D-02地块成功挂牌出让。截至年底，丽泽已供应土地17宗，其中，国家审计署已经入驻，13个项目实现开工建设，开复工面积300万平方米，其中结构封顶面积165万平方米。晋商联合大厦、新青海大厦、长城资产等3个项目，共计建筑规模44万平方米，即将投入使用；内蒙古汇能、中机、中华保险、首创、SOHO等7个项目进入装修阶段。

（邵　虎）

【市政基础设施建设】 年内，丽泽南区3条主干路已建成通车，13条次干支路累计完成铺油6.5公里，北区三路居路已进场施工。地铁14号线东管头站、菜户营站已主体结构完工。丽泽地下交通环廊南区共64个仓段，已完成结构封顶57个仓段。2月28日，丰台规划分局核发丽泽金融商务区北区骆驼湾东路道路建设用地规划许可证，丽泽金融商务区北区全部14条道路建设用地规划许可证全部办理完成。

（邵　虎）

【招商引资】 年内，丽泽累计引进企业479家，累计注册资本金2800亿元，其中金融类企业393家（含：379家新兴金融机构、13家传统金融机构、1家全国性金融行业协会），占比82%，注册资本金亿元以上企业196家。9月，丽泽入选北京市服务业扩大开放综合试点示范园区。11月29日，2017京港洽谈会，工银国际45亿签约丽泽，打造金融商务综合体项目。

（邵　虎）

【智慧丽泽建设】 年内，加快智慧丽泽建设，打造智慧园区。丽泽金融商务区多能互补集成优化示范工程入选国家能源局首批多能互补集成优化示范工程。丽泽金融商务区与中国铁塔公司签订战略合作协议，就推进现代信息产业的发展和应用及北京丽泽金融商务区的室内外移动通信基础及信息化设施规划、建设等方面开展合作。9月，丽泽金融商务区参展2017智慧城市博览会。

（邵　虎）

【加强城市管理】 年内，拆除违法建设约20000平方米、疏解人口400余人，完成18处“开墙打洞”点位整治工作；3月9日，联合多部门加强对菜户营西街非法“鸽子市”长效管控，累计查处劝退摊贩300余户。

（邵　虎）

中国工商银行股份有限公司北京丰台支行

【概　况】2017年，中国工商银行股份有限公司北京丰台支行实现拨备前利润14亿元，本外币存款余额779.5亿元，本外币贷款余额184.1亿元，不良贷款率0.03%，保持了良好的资产质量。扎实推进以网点竞争力提升为核心的渠道转型，下辖物理网点27家，自助银行5家，投产智能设备96台，布放附行式现金类设备163台，在8家试点网点推行存折自动取款机，为141万个人客户和1.3万对公客户提供安全、便捷、全面的金融服务。

（孙　倩）

【加快经营转型】 年内，提高实体经济服务能力的同时实现融资业务的转型升级。深耕军队、财政等重点领域客户，通过专业服务和产品创新稳固客户关系，实现“双赢”目标。加快零售金融业务转型发展步伐，深入整合资源，大力发展互联网金融业务，通过线上线下一体化提升获客、活客效果，全方位发掘零售业务增长潜力。

（孙　倩）

【发挥人才优势】 年内，推动重点条线队伍建设，加强梯队培养，实现各岗位人员的有序流动，用人才活力激发创新活力。优化员工职业晋升规则，加快青年骨干人才成长，全年各类形式晋升人员321人。加强企业文化建设，稳步提高员工的薪酬福利保障水平，认真落实员工关爱和慰问工作，增强员工的家园感和团队的凝聚力。

（孙　倩）

【强化风险防控】 年内，通过强化信贷全过程风险管理，实现法人贷款零不良、个人贷款不良额下降，抓重点领域和关键环节的风险监测和督导排查，密切关注员工思想行为动态，做好保密管理、信访维稳和突发事件应急处置，始终保持“零容忍”的案防高压态势，持续巩固稳健运营的良好态势。

（孙　倩）

【提升客户体验】 年内，以改善客户服务体验为核心，压实管理责任，强化考核传导，完善管理机制，持续提升服务水平。通过开展专项竞赛、服务培训及专项治理工作，着力解决服务效率、服务温度、服务专业性等焦点问题，做好消费者权益保护宣教工作，服务管理基础更加扎实，服务口碑进一步提升。

（孙　倩）

中国银行股份有限公司北京丰台支行

【概　况】 2017年，中国银行股份有限公司北京丰台支行助力高新技术企业开拓国际市场，向中小企业客户介绍丰台支行“走出去”政策与服务，先后组织20余家客户参加丰台支行与英国、陕西咸阳、韩国、新西兰、秘鲁等对接活动，并适时跟进对接需求，协助推进海外合作。3月，丰台支行推荐2家客户参加中菲合作现场会，成功实现签约。年内，继续与互联网企业客户“去哪儿网”开展合作的同时，与携程旅行、北京梦想蜂等多家互联网企业达成线上线下合作协议。

（李碧晗）

【特色服务文化】 年内，辖属支行营业部获评银行业文明规范服务“五星级网点”。通过服务培训、竞赛、技能测评以及规章制度等手段，强化员工服务意识，提升客户服务团队执行力，打造支行特色优质服务文化。

（李碧晗）

【风险内控管理】 年内，召开风险管控会四次，操作风险会一次，开展“内控任我行”、反洗钱竞赛等多项活动，完成消保十大主题活动，全年开展外宣活动共计16次，直接参与人数超过200人次。

（李碧晗）

中国农业银行股份有限公司北京丰台支行

【概　况】 2017年，中国农业银行股份有限公司北京丰台支行有在岗职工416人，内设8个职能部门，下设对外营业机构21家。全年本外币全口径存款余额556.6亿元，本外币各项存款较年初增长108.7亿元，实现营业收入8.5亿元，净利润4.5亿元，中间业务收入1.5亿元。年内，丰台支行扭转以往“重负债业务、轻资产业务”、“重传统业务、轻新兴业务”的经营思路，把提质增效作为总抓手，紧盯质量效益目标，坚持资产业务与负债业务、重点项目与网点营销、传统业务与新兴产品两手抓两手都要硬，加快创新发展、转型发展、稳健发展。

（高　扬）

【创新转型】 年内，成功营销南苑村棚户区改造项目落地，配合财政局进行国库业务电子化改革。全面推行客户认领和客户“清单式”管理，通过对资产负债与中间业务组合营销、本外币业务联动营销、公司与个人业务交叉营销，有序推进支付结算、票据贴现、对公理财、债券承销、银商通、银医通等业务，提升与对公客户的多元化业务合作和服务满意度。推进即远期结售汇、外币跨境收付款、跨境人民币、贷款、理财、贸易融资、信用证、保函等业务，实现国际业务专业化、产品多元化、流程规范化。

（高　扬）

【强化双基管理】 年内，围绕“向风险宣战、向案件宣战”的工作要求，做好“三线两点一网格”（“三线”指党建线、纪检线、运营线，“两点”指内控审计点和风险管理点，“一网格”指员工行为管理网格化责任体系）管理模式推广，抓细抓实员工合规教育、信用风险防控、运营基础管理等领域的基础工作，持续提升“双基”管理水平。以信贷“三化三无”的创建全过程为抓手，对重点贷款客户实行精细化管理。支行21家网点均在“三化三铁”（“三化”是指劳动组合科学化、业务操作规范化、基础管理制度化；“三铁”是指铁账本、铁算盘、铁规章。）创建工作中达到良好及以上等级，2家被评为“三铁”网点。

（高　扬）

中国建设银行股份有限公司北京丰台支行

【概　况】 2017年，中国建设银行股份有限公司北京丰台支行实现本外币账面利润11.31亿元；本外币全口径存款时点余额556.39亿元；本外币各项贷款时点余额545.84亿元；五级分类不良贷款余额0.2亿元，不良率0.04%。

（程新云）

【基层党建成效显著】 年内，丰台支行坚持党建统领，制定“4321”党建工作计划，全行开展“党团引领 红色建功”劳动竞赛，充分发挥党员模范带头作用和支部战斗堡垒作用。强化党建责任考核，全面落实“一岗双责”，全面推进从严治党治行。年度支行党委主体责任考核排名分行第二，纪委监督责任排名分行第四。

（程新云）

【发展新兴业务】 年内，成功中标某单位26亿元中期票据主承销资格，实现发行20亿元，获得某公司超短期债券融资主承销资格50亿元。与总分行及海外子行开展战略协同，出口买方信贷、内保外贷业务实现单户投放额15亿元。对公中间业务收入获突破，实现计划完成率122%。

（程新云）

北京农商银行丰台支行

【概　况】2017年，北京农商银行丰台支行围绕“结构调整、巩固基础、提高质效”的经营方针，深化分支机构改革、提升网点经营能力，创新业务转型发展，实现各项业务的稳健发展。全年实现全口径存款292.9亿元，一般贷款日均余额173.21亿元。下辖1家营业部、26家营业网点。丰台支行营业部获评银行业协会“五星级网点”。年内支持区政府重点建设项目22.3亿元、支持各乡村集体经济50.5亿元。

（鄢　郦）

【服务三农】 年内，全面启动看丹村、榆树庄村拆迁代发工作，在南苑乡棚户区改造项目中支持银团贷款20亿元，支行成为棚改项目合作银行。

（鄢　郦）

【服务民政】年内，支行持续开展民政代发、军休代发业务，全年累计代发资金6.95亿元、30.76万人次，为退休军人养老金统发开立存折5400余户。

（鄢　郦）

【服务市民】 年内，支行组织全辖27家网点组织营业厅内宣传224次、进社区宣传112次、进企业和市场宣传28次、进学校宣传5次，参与宣传员工4480余人次，受众客户8万余人。

（鄢　郦）

城乡建设和管理

规划管理

【概　况】 2017年，编制完成《丰台区“两图合一”现状校核》、《丰台区“两图合一”规划用地布局研究》、《丰台区“两线三区”控制线体系划定研究》，对丰台区现状建设用地、市级初步划定的城市开发边界、生态控制线等市级“两图合一”成果进行校核，形成丰台区规划用地布局方案，划定集中建设区、生态控制区、限制建设区。年内核发保障房规划设计方案审查意见2项，总建筑面积约67.88万平方米；建设工程规划许可证11项，总建筑面积约38.31万平方米；完成各类保障性住房验收12项，验收建筑面积约94.3万平方米。全年核发建筑工程类规划许可148件，其中：建设项目规划条件32件，总用地面积约488.4公顷，其中建设用地约306.4公顷。建设项目选址意见书12件，总用地面积约112.6公顷，其中建设用地约73.7公顷。建设用地规划许可证18件，总用地面积约251.3公顷，其中建设用地约113.8公顷。建设工程规划许可证86件，建筑规模约448.1万平方米。年内办理规划监督件94件，建筑规模约634.6万平方米。其中，规划验线9件，建筑规模约16.6万平方米。规划验收85件，建筑规模约618万平方米。

（路春秀）

【推进城乡一体化】 年内，研究确定榆树庄村、南苑村、张郭庄村等7个棚改项目的规划调整方案，做好岳各庄村等棚改项目的规划调整方案工作；核发榆树庄村、南苑村、太子峪村、张郭庄村等棚改项目的土地储备前期整理规划条件以及相关回迁安置房项目的选址意见书。核发东铁匠营、卢沟桥、丰台桥南、张仪村棚户区改造安置房项目的《建设用地规划许可证》，涉及总用地面积约24.67万公顷，建设规模约59.77万平方米。

（路春秀）

【绿隔地区规划】 年内，推进小屯、西局等重点村部分用地及张仪村、卢沟桥村、小屯村等绿隔产业项目规划调整工作；核发白盆窑村、大瓦窑村等绿隔产业项目的相关规划手续；协调市规划国土委，加快核发周庄子一期、西局三期、大红门一期、槐新二期、石榴庄三期、白盆窑南地块、小瓦窑一期等8个项目的供地规划条件，涉及总用地面积约54公顷，地上总建筑规模约140万平方米；办理第一、二批10个集体土地租赁住房项目的乡村建设规划条件，涉及总用地规模约38.45公顷；核发分钟寺、纪家庙、东河沿村回迁安置房项目的《建设用地规划许可证》，涉及总用地面积约26.64万公顷；核发榆树庄村、造甲村、东河沿村、小井村、高立庄村回迁安置房项目及小屯村绿隔产业项目《规划意见复函》，涉及总建筑规模129.41万平方米；核发石榴庄村绿隔产业项目及周庄子村回迁安置房项目的《建设工程规划许可证》，涉及总建筑规模39.89万平方米。完成西铁匠营绿隔产业用房项目规划验收，建筑规模约12.4万平方米。

（路春秀）

【公共服务设施规划研究和审批】 年内，推进口腔医院选址、丰台医院两址合一、丰台中西医结合医院等项目的规划研究工作；完成北京十一学校中堂学校、北京市第十二中学丽泽校区高中分校、北京大学附属小学丰台分校改扩建、丽泽消防站等项目的规划选址意见书；核发丰台附属实验学校、十一学校中堂实验学校等4项的《建设用地规划许可证》，涉及总用地面积6.74万公顷；核发马家堡消防指挥中心及特勤消防站、教育学院丰台实验学校、十中晓月苑校区等5项的《规划意见复函》，涉及总建筑规模9.95万平方米；核发丰台区石榴庄村基础教育、医疗卫生用地项目、花乡樊家村教育养老医疗用地、十中晓月苑等12项《建设工程规划许可证》，涉及总建筑规模16.91万平方米。

（路春秀）

【市政工程类规划许可】 年内，核发市政工程类规划许可183件，其中：建设项目规划条件（市政）43件，总用地面积约7.2公顷，建设用地约7.2公顷，线性规模约6.7万米。建设项目选址意见书（市政）14件，总用地面积约82.4公顷，其中建设用地约54.9公顷。建设用地规划许可证（市政）25件，总用地面积约58.6公顷，其中建设用地约48.9公顷。建设工程规划许可证（市政）101件，其中建筑规模约2.8万平方米，线性规模约10.6万米。

（路春秀）

【重点功能区及专项规划研究】 年内，组织市规划院编制完成《南中轴地区概念性规划研究及永外-大红门-南苑森林湿地公园详细规划设计任务书》；开展卢沟桥文化旅游区发展建设概念方案征集，编制完成《卢沟桥文化旅游区发展建设概念方案》。核发丽泽金融商务区南区 E-05、06地块、D-12地块、北区 A02地块“三定三限三结合”定向安置房等项目、丰台科技园区东三期1516-28A 地块、28B 地块、36地块、47地块、51地块等项目的规划条件。推行区责任建筑师制度，全程参与区城市建筑整体风貌研究及各分项城市设计，参与完成10次、30个项目的专家审查工作。完成《北京市丰台区南中轴区域城市设计（第一阶段）》地区历史、地段环境研究，确定京南中轴门户，重塑古苑新译的研究目标。

（路春秀）

【重点工程进展】 年内，北京铁路枢纽丰台站改建工程正式开工。工程地处西南三环与西南五环之间，建设主体为北京铁路局，总用地面积约150.44公顷，总建筑规模约75.7万平方米。

（路春秀）

【建筑物、道路名称命名】 年内，全区道路命名9项。鑫迎路、鑫润路、为民街、二通路、四顷地街、榴花路、榴谊街、金榴街、恒谊西路。道路命名范围起止点调整1项，高立庄路（止点西延）。建筑物名称核准14项。西铁国际大厦、金茂世纪中心、元熙华府、北京中铁大厦、西铁家苑、西铁锦苑、天悦名苑、中都科技大厦、侨禧名苑、邻秀翠澜家园、金茂城苑、合顺新园、合顺家园、欧泰大厦。

（路春秀）

【查处违法建设】 年内，配合区城管部门、街乡镇认定违法建设1366项，总建筑面积约86.55万平方米。对经巡查或举报等方式发现的不属于规划部门查处的违法建设线索进行移交，共涉及移交线索89件，总建筑面积约53.29万平方米。全年对15项违法建设正式立案查处，制作行政处罚案卷，涉及处罚建筑面积约27.7万平方米，罚款542.06万元。

（路春秀）

住房和城乡建设

【概　况】 2017年，房地产业实现财政收入24.86亿元，建筑业实现财政收入9.63亿元，两者合计34.49亿元，分别占丰台区财政收入比重为24.4%、9.4%、33.8%，分别同比增长19.4%、12.6%、17.4%。全区建筑工程累计开复工531项，面积2762.04万平方米，同比上年增长5.27%。其中住宅1729.07万平方米，公建878.23万平方米，装修154.74万平方米。竣工备案项目82项，建筑面积413.35万平方米，同比上年增加58.2%。全年办理施工总包发包交易88项、监理服务交易59项，投资额约226.23亿元，完成全区首个房建项目施工设计一体化招标工作。年内核发施工许可证88项，补办施工许可复函21项，办理《施工登记意见书》15项。

（高欣欣　雷海正）

【完成棚户区改造任务】 年内，棚户区改造和环境整治工作共完成搬迁8646户（其中看丹村969户、榆树庄2107户、张家坟1745户、张郭庄2573户、东铁营784户、岳各庄229户、大康鞋城151户，万泉寺村88户），完成年度搬迁任务的172.92%，拆除房屋面积约107.87万平方米，涉及人口5.8万人，其中流动人口约4万人。搬迁总户数和超额完成的户数均位居全市第一。通过政府购买服务、市场化等方式实现融资365亿元，额度居全市第一。

（鲁飞雄　刘　建）

【推进重大项目建设】 年内，组织召开重大项目调度会22次，议题184个。重大项目按计划完成率为74.5%，同比增长8.5%。其中，天坛医院迁建工程已竣工验收并试运行；人大附中小学部已于9月正式投入使用，中学区室内装修工程完成90%。中央民族大学新校区已正式开工。

（刘克清　于丽萍）

【发展轨道交通】 年内，地铁8号线三期在丰台区境内7座车站及区间主体已全部完工；14号线节点工程丽泽商务区站已实现丽泽路断路及施工单位进场；16号线除丰台火车站车站外，其余全部进场施工，大部分车站实现封顶，正在开展榆树庄停车场的腾退工作；19号线一期和地铁房山线北延各站点均已实现施工单位进场，工程顺利推进；地铁新机场线草桥站及以南区间全部开工。

（杨　宽）

【完善城市路网】 年内，康庄北路、四合庄三号路、槐房三号路、槐房北路、范家庄北路实现主体完工已通车。羊坊2号路、高立庄中街、长辛店北十五路、芦井路A段基本实现完工。六圈路、京良路东段、柳村路南段等三条主干路完成总拆迁量的60%。宋家庄路、西局南街等8条次干路建设进展顺利。西局南街、京开东路等次干路实现开工建设。

（黄　闻）

【推进保障房建设】 年内，实现保障房开工7201套，约52.7万平方米，完成全年开工任务6000套的120%。其中包括王佐镇魏各庄村A01、A02公建混合住宅用地自住房、槐新A组团公租房、B组团公租房、花乡樊家村危改6号地公租房、6号地回迁房等项目；竣工12445套，约87.8万平方米，包括樊家村危改9号地、西局旧村改造配建限价房、青塔南里危改小区、中奥嘉园经适房、小屯馨城等项目，完成全年竣工任务6000套的207%，竣工完成率全市第一。

（孙　旭）

【规范公共服务配套设施交用监管】 年内，审核10个项目建设方案，总建筑面积244.96万平方米。无偿接收配套设施15处10432.06

平方米，包括幼儿园1处，社区卫生服务站5处、社区居委会3处、社区服务中心2处、文体活动室（站）3处，配套商业1处。

（周 岩）

【落实清洁空气行动计划】 年内，检查工地5880项次，督办工地环境问题1620余个。推行远程视频监控系统、扬尘在线监测系统、塔吊高空喷雾降尘系统等抑制扬尘新技术新设备，工地扬尘控制达标率95%。检查搅拌站182站次，关停并拆除长辛店镇一处无资质搅拌站。

（张卫东 齐根彦）

【信访工作】 年内，累计收到信访件410件，接待来访人员40批236人次。经多方协调，促成青塔东里小区2号楼、4号楼102户居民全部搬迁上楼。围绕征地拆迁，全年清理滞留户48户，涉及4个项目，面积4066.11平方米。清理完成2个滞留项目，分别为莲花池二期环境整治项目和宛平城及周边环境整治项目。全年检查建筑施工总承包企业196家、分包企业508家，涉及工人32380人次。解决工程款纠纷、民工工资纠纷等突发群体性事件14起。

（贾 岚 李军武）

【规范工程质量监管】 年内，累计检查建筑及市政工程878项，对36起违法违规行为进行简易处罚，下发简易行政处罚决定书72份，立案处罚7起，处罚金额共计30.43万元。推进工程实体抽样检测工作，进行抽样检测761组。推动19个项目开展小业主开放日制度，在竣工备案的保障性住房工程中100%落实，为居民的顺利入住提供保障。

（杨宝文）

【安全生产工作】 年内，评审出绿色安全样板工地、绿色安全工地共39个。开展日常安全检查1776项次，排查各类安全生产隐患1921条。全年检查在建工地、拆迁工地、混凝土搅拌站1944项次，完成各项安全保障任务。加强安全教育，开展安全知识竞赛、安全生产宣传服务咨询日等“安全生产月”活动78次，体验式安全教育覆盖率在规模工地100%。

（张卫东 陈学平）

【提升行业监督水平】 年内，办理房地产开发企业资质核定148件，推进74个房地产开发项目的动态监管，连续四年被市住建委评为“北京市房地产开发企业资质审批工作标兵单位。建筑企业资质不断优化，办理建筑业企业资质审批466家，受理建造师业务2084人次、安全生产许可证业务123家、三类人员续期3400人。与上年同期对比，资质增项增长49家，同比增长68%；资质升级增长19家，同比增长271%。全年检查在施工程总包项目65项，分包项目290项，约谈单位62家，责令整改62家。完成建筑节能设计备案294项和建筑节能专项验收备案282项。完成太阳能热水系统建筑应用面积72万平方米。新建建筑全面执行绿色建筑一星级标准，区内绿色建筑二星级及以上标准累计约174万平方米。

（高欣欣 张 晨）

市政市容建设与管理

【概 况】 2017年，承办市区决策督查86项（包括区折子13项、区实事5项、市折子8项、市实事7项、水污染防治任务5项、土污染防治任务3项、秋冬季大气污染防治12项、清洁空气行动计划12项、中央环保督察整改任务6项、北京市环保督察（丰台）信访举报案件整改任务3项、区政府党组民主生活会整改任务4项、推进生活垃圾处理年度工作目标责任书4项、实施年度缓解交通疏堵行动计划目标责任书4项。全年共办理各类区政府专项督查件308件。承担区委专项督查21件，内容涉及环境卫生、停车管理、公交环境污染、建筑垃圾、餐厨垃圾、开墙打洞、广告牌匾、道路破损、环卫设施、居民供暖、交通设施、路灯安装等12类问题。完成对街道、乡镇的环境考核和检查，继续实施重点大街、背街小巷、老旧平房区及公交、地铁站点周边等区域环境综合整治。承办人大建议、政协提案71件，涉及公共交通、停车管理、道路设施、环卫设施、环境整治、行业管理、垃圾分类、市容卫生、景观设施九个方面，已全部按时办理完毕。

（李洪英）

【疏解整治工作】 年内，完成丽泽长途客运站、木樨园才华长途客运站疏解退出工作。7月31日关停丽泽长途汽车客运站，每年将减少丽泽桥地区交通流量200万人次，缓解西三环沿线的交通压力。12月7日起，木樨园才华长途客运站终止运营服务，每年将减少木樨园地区出行量230万人次。推进“开墙打洞”专项治理，全年关停封闭5010家。开展24条精品示范大街环境整治，年内丰台区确定创建24条精品示范大街工作，完成项目施工招投标工作并组织进场施工。

（李洪英）

【日常运行保障】 年内，完成19个小区的老旧供热管网改造工作，涉及供热面积约232.3万平方米，改造管线123公里，涉及居民用户约1.2万户。拆除更换8处、8194平方米的彩钢板房，完成剩余6处城镇燃气管道占压隐患的工作目标，确保全区上账城镇燃气管道占压隐患44处任务的全部完成。全年检查锅炉房112家，排查消除隐患60处。投资1.2亿元，对道路、桥梁以及井盖等病害及时进行处理，保证道路桥梁通行的安全。配备消防器材40余处、查处违规动用明火5起、开展消防演练12次。完善全区道路交通防汛、地下管线防汛、城口防汛3个专项分指挥部的组织领导体系，对榆树庄桥下、丰管路等20个汛点进行了防汛应急保障工作，累计响应区防汛办发布的雷电蓝色预警16次、雷电黄色预警12次，投入各类车辆及机械设备近300台次、人员 400余人次。全年组织集中除害行动2次，对中小餐饮、农贸市场、长途客运站、宾馆饭店、社会单位等近百余家单位开展大规模灭蟑螂专业消杀作业。

（李洪英）

【环境建设】 年内，完成22处背街小巷环境整治，粉饰建筑外立面1.1万平方米，整修破损路面4.8万平方米，绿化补建1450平方米，架空线梳理3491延米，规范广告牌匾855块。提升北宫森林公园周边道路、停车场环境。解决北宫森林公园周边途经沿线路面破损、绿化档次低、公共服务设施缺失等环境品质问题，完成绿化1.4万平方米，清洗粉饰和改造建筑立面9060平方米，清运渣土垃圾1564立方米，拆除、新建和修复围墙5581平方米，整修道路4.7万平方米。完成铁路沿线垃圾循环经济产业园段的环境整治。整修道路8463平方米，清运垃圾渣土4115立方米，覆盖种植土4.8万平方米，绿化5445平方米，新建围墙4200平方米，外立面粉刷3235平方米，新建排水沟450延米。清理建筑物天际线专项行动，全年拆除违规户外广告牌匾标识3795块、电子显示屏208块、规范提质853块。

（李洪英）

【市容卫生管理】 年内，对辖区内1246万平方米车行道开展机械化清扫、保洁作业，区属城市道路清扫保洁新工艺率90%，丰台花园子站和云岗子站周边道路清扫保洁新工艺率100%；日均再生水使用量4700吨。检查门前及其他责任区4682处。完成年度日常核查建筑垃圾运输企业准运许可审办1265台次、定期评估建筑垃圾运输企业53家、渣土运输车辆433台。查处建筑垃圾运输过程中各类违法违规行为，进行道路执法200余次，累计检查考评施工工地335项次，联合约谈严重违规企业25次，涉及单位88家，涉及违规车辆133台，处罚尾气排放不达标的企业15家23台车辆。

（李洪英）

【环卫设施改造】 年内，完成57座公厕大修改造和76座公厕防水工作。在农村地区新改扩建垃圾中转站5座，其中1座已交付使用，其余4座全部完成招投标。启动垃圾分类示范区创建工作，实现餐厨垃圾、再生资源、其他垃圾、有害垃圾、装修垃圾的规范管理。确定东高地街道、右安门街道永乐社区等20个社区作为垃圾分类示范区。组织开展大中型垃圾分类主题宣传活动30余场，制定6条厨余垃圾收运路线，实现厨余垃圾规范化收运13000余吨。全区1300余家餐饮单位实现餐厨垃圾规范化收运，日均收运餐厨垃圾70余吨。21个街乡镇、园区管委会1300余家餐饮单位实现餐厨垃圾规范化收运，日均收运餐厨垃圾70余吨。全年共处理粪便40余万吨，实现辖区内4座处理设施全年安全无事故。

（李洪英）

【道路交通管理】 年内，编制光彩路、草桥东路等11条道路大修计划，所有工程于10月底前全面完工，总面积12.1万平方米。其中，铺油面积9万平方米，铺砖面积3.1万平方米，施工机械台班累计4200个。完成六圈路、京良路东段、柳村路南段3条主干路腾退任务60%以上。为避免天坛医院投入使用后导致樊羊路的交通拥堵，增设各类交通标志248块，施划道路交通标线4734平方米，对樊羊路、科兴路、芳菲路和康辛路4条道路的慢行系统进行改造，其中非机动车道彩色铺装5451平方米，步道翻建10673平方米，步道阻车球596个，中央隔离护栏768米，机非护栏2101米，人非护栏2691米。年内增加智能交通设施设备，新建路口1处，信号灯挪移路口1处，闯红灯抓拍4处路口共11套设备，电视监控5处路口共5台设备，微波交通流量检测3处路口共11套设备，闯单行1处路口1套设备，违法停车监控共17套，停车诱导二级显示屏6块，三级显示屏3块，全点阵显示屏1块。完成石榴庄路等9条已实施架空线入地道路的撤线拔杆工作及20条道路通信管道铺设工作，完成成寿寺路等9条已实施架空线入地道路的撤线拔杆工作。完成京开路等24条道路撤线拔杆和37条道路通信管道铺设工作。对20条宛平街巷胡同、1.7公里街巷胡同架空线进行综合治理。完成578条的道路养护任务，修复破损路面28.1万平方米。掘路恢复75条，11.63万平方米。加强对附属设施养护管理，共疏通雨污水管线6.84万米，清淤泥约202吨。清掏雨污水井、篦子和雨水口7240座，更换井盖、雨水篦子90套，新建、整修检查井、篦子72座。对草桥和莲怡园地区共计25公里道路进行慢行系统改造，修建步道811平方米、新标自行车地标45个、新标人行横道线2071平方米，彩铺面积7407平方米，完成新建标线23415米，新建隔离护栏1500米，新建标志牌49个。

（李洪英）

【交通疏堵及停车管理】 年内，完成人民村路等10项疏堵工程。在二、三、四环的公交站、地铁站等共享单车出行需求较大的区域，施划“丰台 共享单车”停车区4363组，总停车能力7.8万辆。推进立体停车设施建设，方庄芳城园二区、丰台正阳市场等停车设施已投入使用。完成违章车辆清拖社会化服务招标，完成清拖违章停车4000辆。完成莲怡园和草桥地区的自行车道和步道整治任务。新开通5条公交线路、优化调整8条公交线路。

（李洪英）

水 务

【概　况】 2017年，完成水务固定资产投资7.38亿元。配合北京市完成15眼地下水监测井建设任务。完成对21个街乡镇用水单位6个考核段的分解调整和管理，全年收取水资源费近700万元。对全区2487户市政管网用户下达指标2818万立方米，完成用水总量控制在1.9754亿立方米以内和单位地区生产总值水耗下降3%的市级目标。全年为全区老旧居民小区换装节水整体马桶2700套，组织“世界水日”、“中国水周”、城市节水宣传周、节水宣传“进学校、进医院”等节水宣传活动，完成50个节水型单位、11个节水型社区的创建工作。全年完成24眼自备井置换。年内实施小清河北支沟、九子河、佃起河、丰草河等4条河道部分河段疏浚工程，完成瓦窑西支沟和槐房支沟2条生态清洁小流域建设，实施20处积水点的治理修复。年度汛期发出预警信息7470条，布控大型抢险单元和车辆2200余台次，备勤人员3万余人次。

（朱曦妍）

【水政执法】 年内，立案143起，发出限期责令改正通知书143份，行政处罚决定书115份，结案141起，其中不予处罚22起，简易程序2起，移送法院强制执行3起，发出行政处罚罚款454.27万元，收缴443万元。全年核查疑似水土保持违法项目133处。

（朱曦妍）

【河长制工作】 年内，制定印发《丰台区进一步全面推进河长制工作方案》。全年召开河长制工作会议6次，开展专题培训1次。及时完善河长制工作体系，成立河长制工作办公室，落实相关编制，完成442名全区四级河长设置。各级河长巡河6251次（其中，区级河长巡河51次）。编制了《区管中小河道管护范围划定方案》，印制《丰台区河长巡查记录本》，编写4期《河长制工作信息简报》。完成160块公示牌设立。

（朱曦妍）

【供水排水管理】 年内，处理各类供排水事件610件次，现场应急处置261次，应急供水978车次。加强各类污水处理站的运行管理，处理污水1700余万立方米。建设辛庄应急供水工程，具备通水条件。南水北调河西支线工程配合完成了征地拆迁协议签署、资金拨付和腾退施工用地等工作。

（朱曦妍）

【断面考核与黑臭水体治理】 年内，加强水生态治理，采取提高水体自净能力、截断污水来源和增加再生水补水量等措施，实现永定河平原段园博园、马草河马家堡桥等6个监测断面达标。完成7条市级黑臭水体治理，实施4条区级黑臭水体治理。

（朱曦妍）

供 电

【概　况】 2017年，丰台公司负责84.59万客户的供电服务工作，共负责110千瓦变电站32 座，主变76台，容量 3750 兆伏安；35千瓦变电站 1 座，主变 2 台，容量 40兆伏安；110千瓦线路79条，长度272.16公里；35千瓦线路2条，长度17.9k 公里；10千瓦架空线路211条，长度1731.579公里；10千瓦电缆线路647条，长度3135.41公里。实现全年安全生产无事故目标，累计安全生产长周期

4116天。全年完成售电量 82.78亿千瓦时，同比增长 4.22%；完成业扩报装接电容量92.12万千伏安。供电可靠率 99.9592 %，电压合格率 99.999 %。最大负荷 193.1万千瓦，同比增长7.12%。年内获全国文明单位，首都单位文明标兵，国家电网公司文明单位，国网北京市电力公司十九大供电保障突出贡献单位等荣誉称号。

（李 放）

【电网运行与保障】 年内，连续奋战30天，日均投入587人，保障通往人民大会堂等特级重要用户的输电通道“生命线”20条，实现“四个零”保电目标。全年完成“一带一路”高峰论坛等重要政治保电任务49项，保障天数230天。编制迎峰度夏应急保障预案83份，组织开展应急演练13次，实施解重载工程7项，平稳应对193.1万千瓦的历史最大负荷和155.7万千瓦的冬季最大负荷考验。联动政府部门开展环境整治，清理易漂浮物257处，拆除彩钢板9万余平方米，有效保障输电线路运行安全。全年累计消缺974处，配网故障率继2016年降低30%的基础上，再度降低44.3%。

（李 放）

【电能替代工作】 年内，完成18个街乡镇1.4万户“煤改电”任务，近两年累计完成4万余户“煤改电”。有序推进1640户“清煤降氮”工作，实现全区“无煤化”。建成10项31条公交线路外电源工程，完成270台充电桩及居民小区充电设施建设任务。

（李 放）

【电网规划与建设】 年内，规划落地220千伏、110千伏层面变电站站址17座，完成“十三五”规划站址落地总任务的65.4%。“北宫、大灰厂、长辛店、北湖等4座变电站顺利投产，其余3座变电站将陆续竣工投产。完成站室改造186座、线路改造156条，接入自动化终端5003台，实现全域配电自动化100%全覆盖。

（李 放）

【用电服务】 年内，应用“掌上电力”APP报装功能实现线上受理3294户。签订契约项目9项全部按期送电，全年完成接电容量92.29万千伏安。成立“三供一业”供电分离移交专项工作小组，开通企业报装绿色通道，完成全部81家单位框架协议签订及方案编制任务，完成改造10976户。主动服务区域大型客户，创新创建“丰台电力管家”微信公众号，打造重要用户便捷报修专用通道。

（李 放）

建 筑 业

丰台区城市建设综合开发公司

【概 况】 2017年，完成投资总额6914万元，实现开复工面积7.2万平方米，其中新开工面积3.6万平方米。完成生产经营结算收入2.5亿元。服务管理经营收入9467万元，其中物业公司收入5550万元，丰开孵化收入2732万元，拆迁公司收入205万元，泰达正业收入980万元。实现上缴税金1758万元。实现利润1485万元。全年投入349万元完善安全生产基础设施，建设完成13个微型消防站，更新办公楼及附属楼数字高清监控摄像机32台。发现安全隐患问题122处，整改完成率100%。整治完成13处挂账“彩钢板建筑”的限期拆除及3处普通地下室规范使用。

（吴春民 李文丽）

【重点开发建设项目】 年内，长馨园保障房项目修建南二路临时道路，完成通水通电、污水拆改、场地平整工作。完成了 C6地块土方平衡、边坡支护、南八路护坡、地基打桩等工作，实现3#、4#、6#楼开工建设

3.6万平方米。完成该项目供电线路电力沟道、管井及开闭站的土建工程。申请项目立项重新核准，完成项目建设用地范围内的土地动态维护、土地预审重新办理。完成16#楼底商的初始登记，完成14#、16#、17#、18#、20#住宅楼及部分市政管线的工程结算审核。

（吴春民　李文丽）

【市政务服务中心拆迁安置房项目】 年内，与市公安局签订补偿协议，落实拆迁居民逾期周转费问题。办理六里桥家园土地和房产手续，完成房屋初始登记工作，剩余房源移交天创伟业投资公司。完成配套公园路灯、绿化、安防等设施建设。完成安置房项目大市政备案工作、主楼结算审核工作，并委托第三方审计。该项目按照规划设计要求已全部建成交付使用。

（吴春民　李文丽）

【富锦家园市政工程】 年内，召开关于六圈一号路道路移交事宜协调会，助力交通工程方案审批通过。完成大市政雨污水的移交工作，六圈一号路两侧绿化及小区围墙施工，形成封闭管理。针对居民提出的道路坍塌问题，委托第三方进行地下物探。

（吴春民　李文丽）

【环境治理】 年内，落实市区环保督查工作任务，施工现场配备PM2.5检测仪、水雾炮机和洒水车；“绿网”覆盖5万平米裸露土方；要求施工单位专人负责落实各项防扬尘措施；按政策淘汰公务用车7辆；推广新能源汽车使用，新增3个公用充电桩，引入3家共享汽车企业，多举措强化环境治理。

（吴春民　李文丽）

【北京丰台城建物业管理有限公司】 年内，长馨园项目部缴费大厅增设便民服务角，配备“茶水盘”、“糖果盘”，6#、7#、10#楼前改造出200个车位；望园项目部开展绿地志愿者活动，安装“伴生活”门禁系统；富锦嘉园小区安装快递柜、道闸系统。投入48万元对6台锅炉一次水循环泵及配套电控系统进行更新改造；改造望园项目部监控设备，更新摄像头103个；改造宝丰大厦生活水泵；更新嘉园一里11#楼电梯；更新管线750余米。投资1900万元完成角门、望园两个供热厂6台20吨燃气锅炉整体更新改造，达到排放标准。

（吴春民　李文丽）

【丰开望园科技孵化中心】 年内，与多家金融机构签定战略合作伙伴关系协议，取得北京郭林家常菜食品有限公司望园大厦5、6层的房屋经营权。增加经营面积2000平方米。升级改造停车场，优化人员结构，减少和分流现有工作人员，总计节约成本42.56万元。加装34个电动汽车充电车位，出租率90%。

（吴春民　李文丽）

【北京市丰开拆迁服务有限公司】 年内，长馨园项目腾退签订1户重点户宅基地腾退协议书；对长辛店镇的镇产房屋2562平方米进行腾退，为九子河东路及南二路的施工打下基础。六里桥城乡一体化项目与1户强拆遗留户签订拆迁协议。拆迁公司年结算收入205万元。

（吴春民　李文丽）

【北京泰达正业科技发展中心】 7月，完成无偿划转工作。9月20日至23日，承办第二十五届北京种子大会。本次大会注册企业1200余家，新增企业250家。共有641家企业参会，实现营业收入980万元。引入种业高峰论坛、种业嘉年华等主题活动，将北京种子大会打造成为国际化品牌会展。

（吴春民　李文丽）

国土资源管理

【概　况】 2017年，完成土地预审项目50件，总用地面积406.83公顷，涉及农用地36.28公顷，其中耕地15.88公顷。建设用地364.25公顷，未利用地6.3公顷，其中住宅用地14宗。公共管理与公共服务用地11宗，交通运输用地6宗，绿隔产业用地10宗，商服用地4宗，水域及水利设施用地4宗，特殊用地1宗。全年完成13个项目的征地结案工作，完成结案面积288公顷。受理征（占）地10宗，总用地面积86公顷。严格农转用审批程序，严格执行土地利用总体规划，分别与丰台区3个乡、镇人民政府、1个国有农场及15个村委会签订耕地保护目标管理责任书，确保全区6600亩耕地保有量的实现。完成三个土地535.12亩综合整治项目的新增耕地验收工作。年内编制完成《北京市丰台区2017年度国有建设用地供应计划建议方案》和项目表，本年度共有55宗用地办理供地手续，土地供应143.32公顷。

（柳丰燕）

【土地资源概况】 丰台区位于北京市的西南部，呈东西向分布，东西长35.4公里，南北宽14.9公里。下辖16个街道（地区）办事处及5个乡镇。全区土地总面积305.5平方公里，其中耕地20.5平方公里，占总量6.7%；园地7.3平方公里，占总量2.4%；林地41.8平方公里，占总量13.7%；其它农用地5.3平方公里，占总量1.7%；建设用地221.8平方公里，占总量72.6%；未利用地8.8平方公里，占总量2.9%。

（闫　鑫）

【矿产资源概况】 丰台区主要矿产包括地热、矿泉水、冶金用白云岩、制灰用灰岩、水泥配料用页岩。年内，没有新增矿产地和新查明重要矿产资源储量。开发利用的矿种有矿泉水资源及地热资源2种，已开发利用矿产地22处。其中矿泉水2处，地热20处。

（李向成）

【矿产资源管理】 年内，开展地热资源和矿泉水资源开发利用管理工作，对全区17家矿产资源开发利用单位利用情况进行调查和年检，其中有地热采矿权的14家，地热探矿权的2家，矿泉水1家。

（李向成）

【行政许可与服务事项】 年内，受理行政审批事项92件，同比增长4.5%；办结行政审批事项92件，同比增长19.5%。受理信息公开311件，完成答复311件，答复率100%。

（卢旭阳）

【信访工作】 年内，受理信访398件次，同比下降42%（其中，来访72批次/116人，重复访25批次/6人，集体访5批次/187人次，网上信访289件次，来信7件次），及时受理和按期答复率均100%，群众满意率持续提高。

（卢旭阳）

【利用集体土地建设租赁住房】 年内，按照《北京市人民政府关于下达2017年利用集体土地建设租赁住房供地任务的通知》（京政字[2017]6号）的要求，12月29日前完成10个集体土地建设租赁住房项目的供地任务，总用地面积38.45公顷，总建筑规模68.02万平方米。分别为：南苑乡成寿寺村项目、南苑乡果园村项目、花乡葆台村项目、花乡草桥村项目、卢沟桥乡郭庄子小屯村项目、卢沟桥乡张仪村项目、卢沟桥乡东管头村项目、卢沟桥乡西局村租赁住房项目一、卢沟桥乡西局村租赁住房项目二、长辛店镇张郭庄村项目。

（刘玄烨）

【土地批后监管】 年内，对全区139宗、约650.88公顷土地开发利用情况开展226次调查，其中市级出让土地128宗、约507.48公顷；市级划拨土地11宗、约143.4公顷。出具督促开、竣工相关文书11份，提醒用地单位按时开、竣工，要求重点项目定期报送情况说明。

（王　琳）

【闲置土地查处】 年内，开展全区14宗、22.87公顷闲置土地查处工作，逐宗分析情况，提出处置意见，制定整改措施，督促用地单位推进落实。

（王　琳）

【划拨供应】 年内，区政府批准13个项目按划拨方式供应建设用地，总用地面积108.59公顷，其中建设用地面积74.68公顷，代征道路26.00公顷，代征绿化6.58公顷，代征城市公共用地0.60公顷，代征河道0.72公顷；办理划拨决定书34件，划拨宗地面积71.84公顷，建筑规模240.13万平方米。

（杨燕群）

【保障性住房用地供应】年内，编制完成《丰台区2017年度保障性安居工程用地供应计划》，全年累计完成保障性安居工程新增落实用地约59.87公顷，超额完成年度计划指标；累计提供保障性安居工程规模约108万平方米，其中，公租房约4.1万平方米，棚户区改造定向安置房94.3万平方米，一级开发定向安置房约9.6万平方米。

（刘世波）

【土地储备开发】 年内，土地储备开发项目完成开发面积约92.71公顷，完成比例75%；实现供地总面积约112.66公顷，完成比例为76%。累计实现投资约138.04亿元，其中，企业投资约133.96亿元，约占投资总额的97%。

（刘世波）

【不动产登记】 年内，办理各类登记业务109935件，同比下降8%。其中，新房14650件，同比增长15%；存量房买卖20827件，同比下降34%；抵押登记33908件；解除抵押19034件，同比下降22%；其他业务21516件，同比增长30%。共发放权利证书54928件、证明32306件。收缴土地出让金5.26亿元，不动产登记费1347万元。

（王振东）

【不动产档案管理】 年内，受理信息查询7.3万卷次，实现10.7万卷档案数字化；完成年度丰台区非京籍儿童入学不动产登记信息审核1404条；接收原房屋土地登记档案1.2万卷、土地调查档案2.4万卷、登记档案数字化成果120GB；电子检索表录入土地登记卡4446张，整理土地协执500件，实现房屋、土地查封统一便捷查询。

（王振东）

【打击非法盗采】 年内，加大打击非法盗采矿产资源力度，对易发生偷挖盗采地区定期组织开展巡查和检查，从源头上加强监管，开展巡查检查10余次。及时处理群众举报，办理举报线索35起，全部按时办结答复。

（李向成）

【变更调查】 年内，国土部2017年度土地变更调查涉及丰台区图斑364个，占地面积1888.6亩（占耕地826.1亩）。其中新增建设用地图斑88个，占地面积263.6亩（占耕地面积80.1亩）；存量建设用地4个，占地面积6.1亩；PJ 图斑12个，占地面积54.1亩；新增沟渠图斑5个，占地面积13.5亩（占耕地面积2.2亩）；新增坑塘图斑2个，占地面积7.7亩；新增农村道路图斑8个，占地面积24.7亩（占耕地面积7.7亩）；新增设施农用地图斑6个，占地面积10.8亩（占耕地面积0.2亩）；临时用地图斑25个，占地面积149.5亩（占耕地面积93.5亩）；维持原地类图斑214个，占地面积1358.6亩（占耕地面积642.4亩）。

（高　伟）

【国土资源执法】 年内，国土部2017年度卫片执法检查工作涉及丰台区图斑344个，分割图斑后图斑个数为350个，占地面积1849.2亩（占耕地面积839.06亩）。包括合法用地图斑18个，占地面积65.8亩（占耕地面积6.63亩）；其他用地图斑155个，占地面积1113.6亩（占耕地面积573.47亩）；违法用地图斑177个，占地面积669.8亩（占耕地面积258.96亩），其中重点工程图斑16个，占地面积63.1亩（占耕地面积40.83亩）；一户一宅图斑1个，占地面积0.82亩（占耕地面积0.82亩）；公共公益图斑20个，占地面积96.6亩（占耕地面积12.31亩）；一般违法用地图斑140个，面积509.3亩（占耕地面积205亩），其中107个一般违法图斑于12月31日前拆除到位。

（高　伟）

房屋管理

【概　况】 2017年，丰台区新建商品房网签4939套（不含保障房数值，下同），同比减少54.52%；网签面积72.8万平方米，同比减少31.42%。全区存量房网签16176套，同比下降49.75%；其中住宅成交14219套，同比下降49.57%；成交均价29580元/平方米，同比上涨12.67%，涨幅回落3.43%。外省个人在丰台区购买存量房3234套，占区购房总数的20%，较上年下滑2.91%。新增公租房申请家庭4473户。共发放租金补贴约3760万元，惠及家庭28529户。在普通地下室综合整治中，治理151处普通地下室。

（王立雪）

【老旧小区综合整治改造】 年内，完成1个老旧小区、6栋楼、3.5万平方米的节能改造；完成抗震加固3栋楼、6747.2万平方米；完成加装电梯 280 部、智能代步器 105 部；完成公共区域环境综合整治1个小区，共涉及4个街道（地区）办事处，约500余户。

（赵希凯　王立雪）

【保障性住房管理】 年内，开展保障房选房5次，涉及房源共计782套。完善保障房后期管理，对保障房项目进行了6轮巡查，清退廉租房家庭25套，约谈经适房涉嫌违规家庭58户。开展自住型商品房选房1次，涉及房源共计464套。

（刘桂军　王立雪）

【普通地下空间综合整治】 年内，各职能部门和属地共开展普通地下空间日常检查2813次，专项检查534次，现场整改812处，约谈普通地下室产权单位和管理单位277次，清退散租住人普通地下室151处，经营场所备案199家，规范使用249处普通地下室（包括经营场所备案、散租清退、自行车库和机动车库规范使用）。

（高　洁　王立雪）

【房屋安全管理】 年内，对全区街道、乡（镇）房屋进行安全检查，检查面积7653.93万平方米。其中，直管公房211.38万平方米。自管房单位756个，建筑面积6428.51平方米，其中物业管理单位5140.96平方米。乡镇房屋991.55万平方米，城镇私产平房22.49万平方米。住宅专项维修资金审批完成共计204件，申请单位包括63个物业公司和2个业主委员会，金额近6420万元。经房屋安全鉴定确认，城镇私有平房存在564户、1869.5间、27988.46万平方米老旧危破房屋，委托区房屋经营管理中心在汛期检查抢修。

（沈明进　王立雪）

【物业管理】 年内，完成物业项目新增备案30个、物业项目负责人及物业服务合同变更备案83个、物业服务合同注销35个。

（郭　喆　王立雪）

房屋经营管理

【概　况】 2017年，全区直管公房共计收缴租金2080.75万元，完成计划定收的 115.51%；供暖经营收入3.14亿元，增长5.7%；廉租房租金收缴103.37万元，公租房租金收缴2063.91万元；各物业公司物业费收取1.07亿元。房管中心总产值12.7亿元，净利润

3523.23万元，较上年增长2.1%。共投资1729.58万元用于直管公房修缮及设备大修，其中，完成大修屋面防水1533平方米，楼房中修381幢，52万平方米。完成电梯设备大修项目4项，供水及消防设备大修项目10项。推动直管公房老旧电梯更新改造工作，一期48台电梯更新改造工作已全部完成，惠及住户4159户。

（藏鸿媛）

【南苑棚户区】 年内，一期项目签约4072户，签约率89.69%；三期项目征收已签约2702户，占公示户数的77.27%。全年完成交房550户、已拆除498户。

（藏鸿媛）

【长辛店棚户区】 年内，项目到位资金43亿元。10月28日正式启动签约工作，完成奖励期内签订协议4262户，首月签约率85.88%。选房工作采用以“三天一批次摇号”方式确定选房顺序，摇号过程在公证监督机构、街道办事处、居民监督小组、社区代表等人员全程监督下开展，并通过网络全程直播。

（藏鸿媛）

【防汛工作】 年内，成立11支应急抢险队，队员186人，配备7辆抢险车、36台水泵等抢险物资；共出动查房人员1687人次，查平房2832间，楼房612幢。查出平房漏雨117间，楼房漏雨136处，所发现问题均及时处置。

（藏鸿媛）

【供暖服务】 年内，完成专项工程8类35项。实施育芳园等9处锅炉房整体改造工程，完成新建二七车辆厂张郭庄家属区锅炉房工程，完成32处锅炉房102台燃气锅炉燃烧机低氮改造工程，完成丰台检察院供热并网工程，以及中小修改造项目243项。拓展供热面积总计约45.6万平方米，接管6处锅炉房，以及丰台检察院、西铁营万达广场、丰台二中家属楼等并网项目，进驻亚林西区回迁房、南苑公园懿府商品房供暖工作。管辖内55座锅炉房、1203万平方米供暖面积供热运行稳定，完成2017-2018供暖季供暖服务工作。

（藏鸿媛）

【老旧小区改造】 年内，完成2012-2015年老旧小区改造项目收尾工作，累计完成节能保温项目1190栋、总面积646.95万平方米；抗震加固改造任务共完成65栋楼，约18.89万平方米；室外环境整治共完成202个小区改造任务，完成下水改造4405户；供热计量改造共完成施工29个小区，297栋楼。宛平地区平改坡项目计划实施的30栋楼共10.53万平方米已全部完成改造任务。

（藏鸿媛）

【工程建设】 年内，丰房建筑公司开复工面积共计157.61万平方米。完成2017年丰台区长辛店镇农民住宅节能保温建设项目。承接北京市重点惠民工程——丰台区莲花池西里6号院加梯综合整治工程，惠及居民348户。承担区政府责任书项目丰台花园环保子站改扩建工程。建设完成丰台区长辛店棚户区改造项目签约选房中心及邓庄220千伏输变电站工程。

（藏鸿媛）

【拆迁工作】 年内，加大滞留工程拆迁力度，参加北京市招投标项目，中标13项，含长辛店棚户区改造项目、南苑棚户区三期项目、丽泽商务区北区拆迁项目、张郭庄村棚户区改造项目等跨区县多规模拆迁工程。累积拆迁912户、拆除房屋1070间、拆除面积31594.25平方米。

（藏鸿媛）

【疏解整治】 年内，负责直管公房转租转借清理整治任务176处，涉及人口540人。实际清理直管公房违规转租转借244处，完成全年任务的138.6%；涉及人口719人，完成全年任务的133.1%。

（藏鸿媛）

【房屋测绘及交易】 年内，测绘承揽诺德三期、南苑棚户区改造回迁安置房、长辛店棚户区改造拆迁测绘、怡海花园学校、幼儿园、区政府及文体路改造、莲花池军休所普测、黄土岗宜兰园地下管线等测绘项目。交易中心协助分中心做好直管公房使用权代办过户及文体路38号院房改售房工作，代办完成晓月景园不动产证98件，京丰万家协助各分中心办理使用权房屋过户手续33件。

（藏鸿媛）

【人防工程整顿】 年内，办理完成车库人防工程使用证89处，建筑面积47万平方米，签订车库人防工程经营协议64份，实现收入248.28万元。完成普通人防工程开发利用31处，接收人防工程36处23406平方米。开展安全大检查行动5批次，拆除内部违建、恢复人防功能66处，完成投资251.88万元。与区民防局及属地街乡镇配合，清理整顿人防工程114处，面积72.88万平方米。

（藏鸿媛）

房屋征收与补偿

【概　况】 2017年，承担4条轨道项目和6个棚户区改造项目，4条轨道项目拆迁面积约35万平方米，6个棚改项目占地面积约89.4万平方米，建筑面积约44.1万平方米。其中年内启动的小屯西路棚户区改造项目，于预签约当日达到生效比例，成为北京市首个达到预签约生效比例用时最短的棚改项目，完成签约683户，签约比例达到已启动标段的96.3%，拆除房屋4万平方米。

（张　怡）

【轨道交通建设项目】 年内，轨道交通项目实现轨道施工临时占地25万平方米，完成涉及房屋拆迁7000多平方米。完成地铁16号线丰台段全部7座地下车站、地铁19号线新宫车辆段项目的进场施工；完成地铁房山线北延线全线占地、搬迁工作；实现地铁19号线（一期）丰台段除草桥站外其他3座车站进场施工工作；完成地铁8号线（三期）丰台段6座车站搬迁、占地工作，实现地块进场率95%。

（张　怡）

【宛平城及周边环境整治项目】 6月，完成宛平城及周边环境整治任务，项目共计完成7处非住宅、28宗宅基地的搬迁及拆除工作，拆除房屋14065平方米。

（张　怡）

【棚户区改造项目】 年内，完成蒲黄榆一里、四里危改项目社会风险评估、第二批房屋权属情况公示、征收补偿方案调整、签约大厅建设、信息数据库核对，以及344户（占52.9%）房改售房工作。组织实施分钟寺桥西北侧回迁安置房项目、张仪村路东侧棚户区改造和丰台区桥南棚户区改造项目工作方案制定、人员队伍培训和宣传等各项前期工作。成立分钟寺桥西北侧回迁安置房项目前期认定小组，启动完成该项目495个院落入户摸底调查。成立张仪村路东侧棚户区改造项目指挥部，启动676户住宅入户调查工作和13483平方米非住宅房屋的入户调查测量工作。

（张　怡）

园林绿化

【概　况】 2017年，全区实有林地面积9573.23公顷，林木绿化率39.85%，森林覆盖率27.16%，城市绿化覆盖率（含水面）

46.64%，人均公园绿地面积8.18平方米。年内全区有公园风景区26家公园风景区，其中注册公园24家、森林公园1家、风景名胜区1家，总面积为2529.0562公顷，其中11个收费公园及风景区，其余15个为免费公园（其中5个是郊野公园，3个是绿地式公园）。共有精品公园11个，市级重点公园3个，4A级旅游景区5个。其中24个注册公园：总面积为1054.0562公顷。1个森林公园：北宫国家森林公园（4A 级景区）占地面积200公顷，1个风景名胜区（4A级景区）：千灵山风景区，规划面积1275公顷。全年全区公园风景区共接待游客1407.2152 万人次，同比增长4.3%，其中局属公园共接待游客1005.8778 万人次，同比增长7%；承接办理各类投诉96件；开展大小文化活动106项。年内参加第九届中国花卉博览会获得奖项54个，其中金奖6个、银奖9个，铜奖24个、优秀奖15个，获奖展品种类12个大类。

（窦　洁）

【绿化建设工程】 年内，实施丽泽旺泉公园、沃丹园2个城市休闲公园建设，项目总面积1.61公顷。完成阳光花园、嘉河公园、西四环79号院公园、榴乡路、蒲黄榆路、云岗路、马家堡东路、角门北路、和义万米绿地等9处绿地便民工程10公顷。完成宛平苑公园1.32公顷和时代风帆小微公园0.1237 公顷的环境整治工程。完成平原造林1000亩。其中南苑乡410亩，王佐镇590亩，共栽植各类苗木31124株。完成屋顶绿化16处1.6362公顷，超出年计划36%，打造丰台党校、大瓦窑隆福恒基、宛平开发公司3处精品屋顶花园。完成全区公路河道绿化工程任务总长度10公里，工程地点位于王佐镇和南苑乡，其中：林家坟路1.5公里、佛门沟防火公路1.5公里、后甫营东沟0.5公里、南宫一号路1.5公里，槐房北路东段1.5公里，南苑村路2公里。主要树种银杏、紫微、碧桃等2600余株。完成“十一”和迎十九大、全民族抗战爆发纪念活动等栽摆花卉面积56387平方米、立体花卉10处13组、花箱容器195组，栽摆花卉约716.87万株。完成国际合作高峰论坛重点区域园林绿化景观提升工程项目，改造绿化面积128.28公顷，其中二环路41.09公顷，三环路87.19公顷。

（窦　洁）

【创建工作】 年内，创建7个花园式单位、5个花园式社区。花园式单位：北京千灵绿谷农业发展园有限公司（王佐镇）、空军北京南苑离职干部休养所（南苑街道）、羊坊花园小区（花乡）、园博嘉园小区（长辛店镇）、园博府小区（长辛店镇）、中海苏黎世家小区（新村街道）、北京康助护养院（长辛店街道）。花园式社区：珠光嘉园社区（长辛店街道）、青秀城社区（新村街道）、太平桥南里社区（太平桥街道）、德鑫嘉园社区（南苑乡）、绿洲家园社区（卢沟桥乡）。

（窦　洁）

【林地、绿地养护】 年内，做好804公顷专业绿地的养护和重大活动环境保障工作。加强对乡镇8.8万亩林地养护工作的指导和监督。加大现有239株古树名木的巡查和管理力度。着力完善林木有害生物应急防控体系建设，以绿色防控为导向，全面做好林木有害生物监测、检疫和除治工作，全区未发生林木有害生物灾情。妥善处置区城指中心、96005城市环境热线发来的应急案卷3911件。

（窦　洁）

【行政审批】 年内，对承担的22项行政审批事项中的9项进行优化。全年共办理征占用林地绿地审核、林木和树木伐移、林保、种苗等行政许可事项203项，完成工程项目绿地率审核45件，绿地率复核绿地率审核58件45.1公顷，按时办结率100%。通过严格把关、优化建设方案，减少审批20件，减少占用林地绿地3500平方米，减少伐移树木320株。全年完成9处20.91公顷代征绿地的收缴。包括青龙湖郊野休闲公园项目、石榴庄养老院项目、中奥嘉园经济适用房项目、长辛店辛庄村项目、棚户改造定点安置房项目、晋商联合大厦项目、右安门敬老院项目、中央批发市场剩余用地公共租赁住房项目、高立庄西城区旧城保护定向安置房项目、四合庄中关村科技园区丰台东区三期用地项目。

（窦　洁）

【行政执法】 年内，在全区范围进行绿地林地保护执法检查和非法侵占林地绿地清理排查工作。共处理各类绿化违章137起，森林公安共接处警48起，立行政案件7起，其中办结案件6起，正在调查1起，补种树木1304株，恢复林地1205平方米，共计罚款237746.48元。

（窦　洁）

【森林防火】 年内，开展以“保护绿水青山、森林防火当先”为主题的森林防火大型宣传活动。悬挂森林防火警示横幅200条。在各林地路口及重点林区道路两侧增加了太阳能语音宣传杆20个，清理林下可燃物3500公顷，清理林区散坟周边可燃物4800座，开设防火隔离带13.8万延米，全区没有发生森林火灾。

（窦　洁）

【林木有害生物防控】 年内，出动防控队伍182支（组）、14479人次，出动车辆370台套、7797台次；实施灯光诱杀、信息素诱集等无公害措施预防作业面积15.6万亩次，完成人工地面喷药防治作业面积17.07万亩次，开展夏、秋季两次飞机防治共100架次、作业面积6万亩次，释放天敌昆虫0.95亿头、生物防治面积1.19万亩次；施用仿生物制剂和植物源药剂15.55吨。全年完成产地检疫各类苗木29.2万株；签发《产地检疫合格证》23份；签发《植物检疫要求书》99份、制作检疫许可案卷23卷；复检调入本区苗圃苗木1万株，复检各类工程苗木16批次，未查出检疫性林木有害生物为害，仅发现个别批次苗木携带常发性林木有害生物，并指导施工单位及时采取除治措施。

（窦　洁）

【野生动物资源保护】 年内，开展野生动物普法宣传教育及市场检查10余次，发放宣传品3000份，对5户商户进行批评教育，收缴野生鸟类32只。对西四环南沙窝桥鸟市、菜户营桥西鸭子桥鸟市进行检查10次，收缴野生鸟类80余只，劝导教育群众50余人.打击违法粘鸟10起，收缴粘网25张，对6名违法粘鸟人员进行批评教育，放飞野生鸟类100余只。办理野生动物刑事案件3起，从福建抓获上网追逃嫌疑人1人，抓获其他案件犯罪嫌疑人2名。配合甘肃省定西市森林公安机关调查办理野生动物刑事案件1起，抓获犯罪嫌疑人1人。

（窦　洁）

【环境保护工作】 年内，为做好重大活动空气质量保障工作，日常环境检查累计出动1752批次、出动检察人员5867人次，洒水降尘780余公顷、累计苫盖48余公顷。

（窦　洁）

【全民义务植树活动】 年内，组织完成全国人大和社会各界人士义务植树活动服务保障工作。开展义务植树活动34次，9.2万人参加植树劳动，共植树6.8万余株，新建纪念林1处，养护树木41万株，清扫绿地3.2万平方米。两单位及20名个人出资2万元认建认养6块绿地共700平方米，认养树木150株。

（窦　洁）

环境保护

【概　况】 2017年，成立区水污染综合治理和区土壤污染防治领导小组，加强环境污染

治理区域统筹和责任落实。制定《丰台区2017年清洁空气行动计划实施方案》《丰台区2017年水污染防治工作方案》《丰台区土壤污染防治工作方案》和《2017年丰台区主要污染物总量减排计划》并组织实施。建立覆盖21个街乡镇的空气质量监测预警系统，对区域环境空气质量实施精准管理。全区细颗粒物年均浓度62微克/立方米，同比下降21.5%，位列城六区第三；二氧化硫、氮氧化物、化学需氧量、氨氮排放量同比分别削减91.2%、21%、3.6%、15.4%，区域环境质量持续改善。压实“河长制”责任，组织整治潘家庙地下水监测点位周边环境，规范建设涉水企业排污口，实施跨乡镇界水体断面补偿制度，1个国家考核断面和5个市级考核断面水质全面达标。开展土壤污染状况详查，核实43个农用地详查点位，组织全区167家2015-2016年关停、退出企业原址污染地块筛查。按时办结政协提案7件，满意率100%。年内征收排污费开单户数866家，开单金额5249.63万元，其中扬尘开单户数253家，开单金额3568.75万元。全年受理涉环境问题信访举报4067件（封），按时办结率100%、反馈率100%。

（李　强）

【大气污染防治】 年内，压减燃煤超过9万吨，实施无煤化改造3.4万户，其中煤改电1.4万户，全区基本实现无煤化。淘汰老旧机动车6.2万辆，检查各类机动车91万辆，其中检查重型柴油车7万辆。清理整治环境污染类“散乱污”企业314家，疏解一般制造业企业52家。实施燃气（油）锅炉低氮燃烧改造3078蒸吨。首批核发3家火电行业的排污许可证，完成1家企业有机废气深度治理，实施百项技改6项，完成强制性清洁生产审核企业2家，落实挥发性有机物治理减排项目51个，削减挥发性有机物232.7吨。全区空气质量持续改善，细颗粒物（PM2.5）年均浓度62微克/立方米，同比下降21.5%；二氧化氮、二氧化硫、可吸入颗粒物（PM10）累计浓度分别为49、9、90微克/立方米，同比分别下降7.5%、18.2%、9.1%。

（李　强）

【水污染防治】 4月，印发《丰台区2017年水污染防治工作方案》（丰政办发〔2017〕17 号），组织与区16个部门及21个街乡镇签订目标责任书，并配套出台考评细则。年内，成立区水污染综合治理领导小组，专题调度14次，协同推进水体断面达标、乡镇级集中式饮用水水源地保护、潘家庙地下水监测点位周边环境整治、污染源追根溯源、废水排污口规范化建设、跨乡镇界水体断面生态补偿机制建设等工作。推出“清水丰台”、“丰台水十条”微信群，在丰台花园举办世界水日宣传活动，在全区组织“节水先进家庭”推选，安排中小学学生参观北京节水展馆、南水北调团城湖调节池工程等进行节水主题教育。

（李　强）

【土壤污染防治】 年内，成立区土壤污染防治领导小组，印发《丰台区土壤污染防治工作方案》（丰政发〔2017〕6号）及任务分解并组织实施。制定《丰台区土壤污染状况详查工作方案》（丰环保委办发〔2017〕91号），确认农用地土壤污染状况详查单元9个，确定13家重点企业和43个详查点位。全面禁止使用列入国家名录的高毒、高残留农药，积极推广应用测土配方、绿色防控等技术。完成区级及以上垃圾填埋场防渗处理和渗滤液处理工程，完成39处非正规垃圾填埋场深度治理和非正规垃圾堆放点排查工作。建立全区167家2015-2016年关停、退出企业的疑似污染地块台账，全程监督区域污染地块土壤修复过程，防止土壤污染治理修复二次污染。开展区域危险废物集中利用、处置企业厂区及周边土壤污染状况评估工作。

（李　强）

【辐射环境安全监管】 年内，每季度组织对涉源单位检查1次，每年对射线装置单位检查1次，处罚辐射类环境违法行为6件，罚款

8万元。受理并办结辐射安全许可证申请29件、延续7件、变更24件，完成放射性同位素转让备案216件，计917枚。组织安全生产大检查，发现北京北方技术研究所有限公司部分监控设施故障和柯诺（北京）木业有限公司放射源闲置等问题，依法要求其整改完毕。全年未发生辐射安全责任事故。

（李 强）

【环境监察】 年内，开展双随机执法抽查企业897家次，全部建立“一厂一档”，全年立案处罚715起，拘留4起，移送环境违法犯罪2起，拟罚款3432.4万元。清理整治环境污染类“散乱污”企业314家，立案处罚16家，处罚金额36万元，完成全年任务量的100%；检查砂石厂75家次，处罚砂石厂6家次，处罚金额27万元；检查混凝土搅拌站60家次，处罚14家次，处罚金额44.3万元。组织开展餐饮、汽修、印刷、木制家具制造、常年运行锅炉、化学工业、汽车和机械设备制造行业等大气类，高等院校和科研院所单位实验室、危险废物经营单位和危险废物一吨以上单位等固废类，城镇污水处理厂、垃圾处置单位、排入地表工业企业、饮用水水源保护区等水污染类的专项执法检查。

（李 强）

【机动车尾气排放监管】 年内，执法检查各类机动车91万辆（含重型柴油车7万辆），淘汰老旧车6.2万辆，摸排外埠重型柴油车1543辆；巡查检测场464场次，检查加油站2304座次、储油库48座次、抽测222座次；实施加油站防渗漏改造15家，实施加油站在线监控改造39家。全年查处各类移动污染源1522辆（台），开单金额43万元；查处固定污染源32起，开单金额41万元，处罚量及罚款额同比显著提升。

（李 强）

【行政执法】 年内，修订完善《行政处罚工作程序》《重大行政处罚案件集体审查决定制度》《机动车排放管理行政处罚工作程序》等制度，有效规范行政执法的自由裁量权。全年共适用一般程序立案796起，办理行政处罚案件735件，处罚金额共计3647万元；申请法院强制执行19件，移送区公安分局6件（其中适用行政拘留4件，刑事案件2件）。发出责令限期治理文书10件，责令改正通知书398件；办理结案案件400件；召开重大行政处罚审查委员会各级会议25次。

（李 强）

【环境宣传教育】 年内，持续开展环保“进机关、进学校、进社区、进企业”，组织“6·5”环境日主题宣传和健步走活动，联合区委组织部举办丰台区生态文明与环境保护专题研修班，开展全区180名处级领导干部“提高督察工作能力”宣讲会，安排中小学生参加“我爱地球妈妈”环保演讲比赛，扎实推进“环境保护进社区”等宣传活动，主动发布禁煤通告，印发致全区人民的一封信、宣传册、宣传海报等宣传材料20万份。配合中央电视台、人民日报等主流传媒采访报道丰台区无煤化、加强新发地移动污染源执法监管和组建“环保重案组”等重点工作，集中开展“无煤化”系列宣讲等活动25次，举办“煤改电”电采暖设备展示会，充分调动百姓煤改清洁能源积极性。全年报送各类环保信息283条，刊登156条，丰台报刊登新闻63篇、专刊2篇；发布政务微博1105条、微信102条、政务头条号76条、腾讯新闻141条，累计阅读量150余万次。

（李 强）

【空气重污染应急和重大活动服务保障】 年内，启动空气重污染预警12次，其中橙色预警3次、黄色预警4次、蓝色预警5次。2月15日至3月15日，开展保障全国“两会”空气质量的大气强化执法月行动；4月1日至5月17日，开展“一带一路”国际合作高峰论坛空气质量保障；9月25日至10月17日，开展“十九大”期间空气质量保障。

（李 强）

环境卫生

【概　况】2017年，完成责任范围内1189条、2325.66万平方米道路的清扫保洁及道路两侧建筑物、构筑物及地面张贴喷涂宣传品和散发的非法宣传品的清除工作；机械化清扫保洁作业面积1523.89万平方米，道路洗地作业面积为1523.89万平方米，道路冲刷作业面积1105.47平方米（占道路可冲刷面积的99%）；道路清扫保洁新工艺作业覆盖率达到91%。负责辖区内过街天桥90座，地下通道22座，绿地398.9万平方米。负责242座密闭式清洁站、345座公厕的日常管理。环卫设施全部按照标准要求进行保洁作业，运行正常。全年共清运消纳生活垃圾89.57万吨，清运粪便31.06万吨，全部实施无害化处理。

（贺　祺）

【春节及重大活动保障】 年内，完成重大活动及国家、市、区各级领导调研视察期间环境卫生保障工作68次，完成创建首都文明示范区活动期间、丰台区第十六届人民代表大会第二次第三次会议、“十九大”、全民族抗战爆发 80 周年等重大活动期间环境卫生服务保障工作；2016-2017年度启动降雪预警5次，其中2次开展扫雪铲冰作业，出动各岗位人员约14084人次，出动各类车辆1484台次，完成扫雪铲冰专项作业任务；春节期间共清理烟花爆竹残屑139吨，同比减少32吨；启动重污染天气预警10次，对重污染天气期间120条道路、 36个作业路段展开清扫、保洁、洗地、冲刷作业，启动期间，中心日均增加作业车次396车次，作业人次552人次，增加用水量3000余吨，日均用水量最高8000余吨。

（贺　祺）

【接受各类检查】 年内，接受北京市渣土处道路清扫保洁、小广告清除、机械化作业检查共计645次，合格645次，合格率为100%；密闭式清洁站市级检查55次，合格55次，合格率为100%；公共卫生间市级检查85次，合格85次，合格率为100%。全年环境卫生专业检查考核平均得分为100分，位列城市功能拓展区第一名，完成区政府年初制定的市级环卫专业考核蝉联第一的目标任务。

（贺　祺）

【清洁空气行动计划】 年内，按照丰台区清洁空气行动计划2017年分解措施要求，大力推广“吸、扫、冲、收”清扫保洁新工艺，降低道路尘负荷，辖区内清扫保洁新工艺作业覆盖率已达到90%。深入贯彻落实区政府关于“研究空气监测子站周边环境提升工作会议”的工作精神，对丰台花园子站、云岗子站及三个降尘点周边22条道路开展24小时不间断清扫、保洁、冲刷、清洗多种工艺作业。持续扩大再生水使用规模，在完成市级下达日均用水量4700吨指标基础上，日均用水量5500余吨。

（贺　祺）

【重点工程建设】 年内，完成27座公厕大修改造、翻新工作，更换节能环保水气冲设备，改善公厕内外部卫生环境。完成64处2780.3平方米彩钢夹芯板建筑拆改工作。

（贺　祺）

城市防震

【概　况】 2017年，丰台区地震局处理震情速报事件18次，向区政府上报《地震速报卡》18次。组织周会商及加密会商68次，向区政府上报震情会商会会议精神及贯彻落实情况的报告。年内开展地震监测设施及观测环境保护行政执法检查14次，其中日常巡检12次，春节及两会专项检查2次，未发现危害地震观测环境的行为。组织参与地震宣传活动14场，讲座4场，展出展板2次，出场展板40块，向社会各界发放科普书物、挂图、宣传盘等宣传品12000余份，受众15000人次。全区16个街道、2个镇、3个乡，共有防震减灾助理员409人。扩充应急装备种类和数量，新购置75个应急包和20个救援帽。荣获“2017年度区县地震监测预报先进单位”，压磁应力测项荣获北京市地震前兆观测资料评比优秀奖。

（陈 超）

【地震监测台站概况】 年内，本区建有地震监测台站27个，其中前兆监测台站8个，分综合台、形变台和流体台三大类，强震动监测台站19个。丰台区地震局台为前兆综合台，北京十中台、新村鸿业兴园台、长辛店长馨园台及东铁营顺四条37号院台4个为前兆形变台，丰台区政府南院台、丰台路口社区台及莲花池公园台3个为前兆流体台。监测仪器采用中国地震局地壳应力研究所生产的CZ-1A数字压磁应力仪、DRSW-2型地热水位气象三要素综合观测仪、WYY-1型气温气压雨量综合观测仪及北京赛斯米克地震科技发展中心生产的DXQ-1型大地倾斜仪和郑州晶微电子科技有限公司生产的GS-2000-QT二氧化碳数字化气体监测仪，观测项目主要涉及地下流体和地壳形变两大学科，共有测项27个，目的是获取地震发生前的各种异常变化，通过观测资料对比分析提出地震预报意见。强震动监测台分别为南宫台、航天三院台、青龙湖台、槐树岭台、世界公园台、金家村台、右安门台、大红门台、宛平地区台、南苑乡台、长辛店台、园区公园台、大灰厂台、西罗园台、丽泽台、张仪村台、卢沟桥台、丰体台及南苑台。监测仪器采用中国地震局工程力学研究所生产的GDQJ-1A型固态地震动强度记录仪和外置的SLJ-100型三分向力平衡式加速度计，目的是获取有感地震发生时该地的三分向地震动加速度记录，给出该地地震烈度的估算值，为本市类似场地的工程抗震建设提供基础数据，为震后应急反应提供依据。

（任 静）

【地震前兆资料处理】 年内，地震前兆资料共27个测项，2名监测预报人员每天按时观测报送数据，并进行数据入库监控和分析处理。主要涉及地壳形变、地下流体两大学科及气象三要素、降水量辅助观测，观测方式采用数字化和人工两种方式，数字化观测数据通过网络自动传输至本局前兆数据库保存，人工观测数据以A4纸打印稿形式保存。

（任 静）

【地震活动】 年内，首都圈地震活动共计2381次，M≥1.0级地震700次，M≥3.0级地震11次，其中M≥4.0级地震2次，即1月2日10：10：09河北怀安M4.1级地震及3月24日11：03：27渤海M4.4级地震，地震活动频次及强度均明显低于2016年度同期水平。从空间分布上看，地震活动集中在北京地区西部和东南部，西部六棱山北麓断裂及怀涿盆地西北缘断裂、延矾盆地西北缘断裂附近地震活动呈现集中分布，东南部唐山断裂、卢龙断裂、乐亭断裂附近地震活动频繁、集中。北京地区共发生地震活动209次，0.0≤ML≤0.9级地震154次，1.0≤ML≤1.9级地震51次，2.0≤ML≤2.9级地震4次，昌平、怀柔、顺义为地震多发区域，地震活动和频次比较2016年度同期明显减弱。

（任 静）

【“防灾减灾日”系列宣传活动】 5月4日，会同区民防局、卢沟桥乡在北京银座和谐广场开展宣传活动，通过摆放展板、发放资料、地震应急救援装备展示等形式向群众宣传防震减灾科普知识。5月9日，在南苑街道阳光星苑社区开展“减轻社区灾害风险，提升基层减灾能力”主题活动，组织居民观看《应对震害 有备无患》宣传片，与参加人员进行互动答疑。5月11日，在西罗园学校举办“正确认识地震增强危机意识 努力提高防震减灾能力水平”科普知识讲座。5月12日，组织西罗园学校师生到国家救援训练基地参加“亲临地震现场，感受地震救援”主题公益活动。配合北京市地震局“减轻地震灾害风险 提升校园减灾能力”主题活动，组织长辛店中心小学作为分会场开展地震应急疏散演练。5月24日，联合东高地青少年科技馆开展新馆参观体验活动，组织成寿寺小学学生代表进行心肺复苏、“高空缓降”、“地震来了”VR、模拟灭火等项目体验。

（吴玉琴）

【丰台区科技周宣传活动】 5月23日，参加在北京汽车博物馆主办的以“科技强国 创新圆梦”为主题的2017年丰台区科技周主场活动，通过设置咨询台、发放宣传资料等方式向参与群众宣传防震减灾科普知识。活动共发放《地震科普知识 ABC》、《地震应急避险要决折页》、避震知识挂图及宣传购物袋5000余份。

（吴玉琴）

【安全生产月咨询日活动】 6月16日，参加在莲花池公园举办的安全生产月咨询日活动。通过设置咨询台、发放科普宣传资料等方式向广大群众宣传防震减灾知识。活动共发放《地震应急避险要决折页》、《地震知识百问百答》、宣传笔袋及地震知识小扇子等2000余份。

（吴玉琴）

【唐山大地震40周年系列活动】 7月25日，在和义东里第二社区举办“普及地震知识 学习避震常识”主题讲座。7月26日，组织新村街道怡海花园社区学生及家长代表观看《应对地震灾害——公众自救互救常识》宣传片。7月28日，组织北京市西罗园学校学生代表参加2017年北京市中学生防震减灾科普知识挑战赛决赛，荣获全市第二名。

（吴玉琴）

【全国科普日宣传活动】 9月19日，参加在南苑公园举办的以“创新驱动发展，科学破除愚昧”为主题的2017年丰台区全国科普日主场活动，通过发放宣传资料以及现场解答等方式向参与群众宣传防震减灾科普知识。共发放《地震知识百问百答》、《防震减灾四字经》、《城市防震减灾》、避震知识挂图、宣传扑克及宣传手提袋等1000余份。

（吴玉琴）

【防震减灾科普示范学校】 年内，北京市西罗园学校、长辛店中心小学两所学校通过区级示范学校认定，创建为“北京市防震减灾科普示范学校”。8月10日，带领北京市西罗园学校学生代表队远赴重庆参加张衡杯2017年四直辖市中学生防震减灾知识竞赛获得铜奖。

（吴玉琴）

【组织应急培训】 6月29日至30日，区地震局在怀柔区安全教育体验基地组织一期地震应急救援培训；10月11日至13日组织辖区内21个街道乡镇的防震减灾助理员和社区地震应急志愿者赴凤凰岭国家地震紧急救援训练基地进行为期3天的培训，160余人参与。

（吕　明）

城市管理监察

【概　况】 2017年，丰台区城市管理综合行政执法监察局（以下简称城管执法监察局）

完成市级绩效任务4项、市级折子工程3项，区级绩效任务10项、区级折子工程3项。立案查处各类违法问题3.97万件，同比上升81%；罚款2225.33万元，同比上升54%；实现100%电话回复、定期分析、办结回访，群众回访满意度均在95%以上；获丰台区2017年度政府绩效管理表彰单位，在全市城管系统考核中名列城六区首位。

（方雨濛）

【城市管理体制改革】 年内，制定《搭建丰台区城市管理综合执法平台工作方案》《丰台区城管执法重心下沉实施方案》和《丰台区城管执法队伍双重管理办法》，多次召开座谈会和征求意见建议，不断进行修改、完善，经第18次区政府常务会议研究通过，于11月23日下发执行（丰政发〔2017〕14号）；12月28日，区委、区政府召开城管体制改革工作大会，对各属地实体化综合执法中心进行揭牌。

（方雨濛）

【拆违、控违】 年内，采取“五严”措施，坚持“五必拆”原则，实行上帐销帐管理，加强培训指导、资金支持和例会督办。拆除各类违法建设1291处361万平方米，其中拆除新生违法建设314处9万平方米，拆除既有违法建设977处352万平方米；腾退土地609.8万平方米；在市级以上媒体宣传报道拆违工作430篇。

（方雨濛）

【占道经营整治】 年内，采取“图表式”进度通报措施，立案处罚占道经营违法行为2.13万起，罚款401.2万元，涉及人口4271人，占道经营举报同比下降22.42%。192处挂帐重点点位全部销账。

（方雨濛）

【非法小广告专项整治】 年内，与通信部门协商，采取警示追呼和停机举措，会同公安、住建委等部门建立联合查处机制，重点对山寨指路牌和临窗广告等违法行为，实施集中打击与巡查监管。上报停机4877个，实际停机4573个，立案处罚803起，罚款32.05万元。

（方雨濛）

【环境整治行动】 年内，开展联合执法831次，查扣各类“黑车”1211辆，查处“小广告”行为1190起，查扣小广告1.75万张，拆除违规广告牌匾107块，检查门前三包单位1.25万家次。加大对无照游商、露天烧烤、违规大排档、餐厨垃圾等违法行为的查处力度，检查餐饮企业9195家次，规范餐厨垃圾违法行为417起。

（方雨濛）

【开展“四公开一监督”】 年内，市城管执法协调办向区政府派发城市环境秩序《监管通知单》328件，到期应回复317 件，实际回复317件，反馈率100%，整改率为97.05%。编发通报85期；向属地街乡镇派发《监管通知单》11070件，同比增长181%，协调解决问题12537个，同比增长38%。

（方雨濛）

【治理大气污染】 年内，接收交办案件830件，检查大街1417条次，发现问题318起，向属地街乡镇派发大气污染《监管通知单》1969件，督导检查问题的整改率为100%。查处无照游商行为1.71万起、收缴煤炉大灶430个，查处露天烧烤3382起、收缴炭火烤箱290个，取缔露天餐饮排档682起、罚没桌椅板凳1200件；检查施工工地2100家次，查处196起施工扬尘等问题；设置检查点7个，查处违规运输渣土车辆850台次。

（方雨濛）

【安全监管】 年内，发放燃气安全宣传告知书2300份，对燃气供应企业、餐饮企业进行专项执法检查，检查2067家次，责令改正136起，处罚燃气类违法行为1起，消除用气场所安全隐患115起。开展正规消纳餐厨垃圾法规宣传进校园、进工地、进企业、进社区、进机关活动，重点查处餐厨垃圾收集排放环节和运输消纳环节的违法行为。检查餐饮场所9532家次，处罚11起。市安全生产督察组督导检查期间，接收办理举报件18件，督导检查问题的整改率100%。

（方雨濛）

【信访维稳】 年内，受理热线举报7.9万件、接待来信来访206件，办结人大建议政协提案8件；落实三级回访制度，依法依规处置群众举报，电话回访满意度90%以上。

（方雨濛）

【业务培训】 年内，组织开展全体执法队员冬训，开展初任培训、科级干部培训以及法制、宣传、信访等专项业务培训，累计培训1600人次。

（方雨濛）

网格化城市管理

【概　况】 2017年，丰台区网格化城市管理系统立案、转办案卷147725件，监督员参与处置各类环境问题129093件。社会服务管理系统运行事项212999件，结案率为98.82%。热线服务系统共受理群众咨询和诉求132960件，比上年增长30.76%，办结率为100%。年内推进丰台区城市运行指挥体系建设，研究出台《关于推进丰台区"两级指挥，三级联动"城市运行指挥体系建设的工作方案》。推进区级协调指挥平台建设，整合城管执法热线职能，组建"12345、96310、96005"政府服务热线接线中心，实现全区城市服务管理问题的统一指挥、统一调度。在街道、乡镇推进城市运行指挥中心建设，承接好养老"连心通"等重点工作任务，实现24小时职守。

（孙立明）

【网格化城市管理】 年内，落实环保督查工作任务，对1303件督查件2280个问题逐一进行核实和倒查。加大新生违法建设监督力度，开展专项督查，发现上报疑似违法建设案卷14131件。结合专项整治活动和热线投诉内容重新梳理"脏乱点台帐"104处，进行常态化重点巡查。开展了快递柜、重点整治区域、大面积垃圾、管理薄弱小区、废弃机动车辆、汛前雨水口、蔬菜水果流动摊贩、道路交通设施、露天大排档共9项专普查，共汇总普查数据2318处。

（孙立明）

【热线服务】 年内，做好人民网"地方领导留言板"工作，全年受理网友留言57件，办结回复38件。做好重大活动服务保障，加强风险预警预判和矛盾纠纷排查，完成重点人、信访老户及不稳定因素的专项排查4次，涉及60件问题、47人，重点对"11·18"大兴火灾事故后378件安全隐患案卷进行专项交办。加强热线数据分析与信息服务，围绕"疏解整治促提升"行动、各级环保督查等重点工作，加强对居民小区、交通枢纽、重点道路、背街小巷等重点区域数据统计。发挥微博、微信"互联网+政务服务"优势，微信服务号用户增长至2683人，诉求受理日均超30件，推送案卷动态65期、300余件。

（孙立明）

【完善沟通联系机制】 年内，完善"微循环"沟通联系机制。进一步梳理网格化城市管理工作流程，推动与公服企业沟通机制的常态化、信息化。对网格化城市管理系统排水集团四分公司部件数据进行更新，进一步实现基础部件数据的资源共享。全年报送市协调办微循环统计表8期。其中，城市管理系统处理案卷503件，热线服务系统处理案卷451件。

（孙立明）

交通　邮电

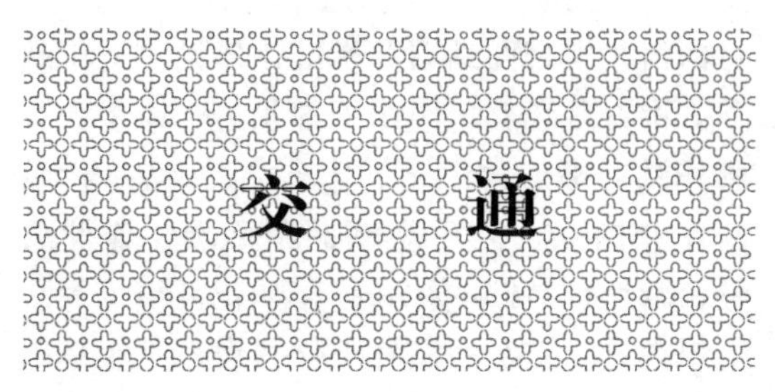

北京南站

【概　况】北京南站，亦可称“南站”，即原永定门火车站，是北京继北京站、北京西站的第三大火车站，位于北京市崇文门永外车站路，现址为北京市丰台区永外大街12号。隶属北京铁路局管辖，现为直属特等站。2017年，春运北京南站发送旅客420.2万人，同比上年382万人增加38.2万人，增幅10%。暑运期间，发送旅客917.8万人，比上年增加89.6万人，同比增长10.82%。两会期间顺利迎接来自上海、天津、江苏、浙江等地“两会”代表、委员，完成“一带一路”高峰论坛和“十一”“中秋”双节的保障工作。做好十九大期间服务保障工作，北京南站共配置安检员559人。

（刘安军）

【安全维稳】年内，发现辖区异常情况207次，形成文字性报告39份。在办公区域安装100余米外围墙防护铁丝网，增设21处高杆路灯，增加2名保安24小时在岗在位，防止各类突发事件发生。

（刘安军）

【综合治理】年内，查扣三轮车25辆，取缔无照经营15起，拆除大型户外广告1处，清理占用便道乱堆物料10起，没收灯箱及各类广告牌匾34个，查处出租汽车各类违章1017起，查扣各类黑车1306辆，拖车32两，贴单8000多张。

（刘安军）

【环境建设】年内，累计投入经费近20万元，更新补充地区垃圾箱100个；累计投入经费10万元，新建、更换绿地围栏230延米，提升市容环境品质；督促属地相关单位加强对节日期间环境卫生的巡查保洁力度，在重点时段、重要区域增加保洁人员及保洁频次，出动环卫作业人员470人次，出动作业车辆37台次，用水量约750吨，组织自查13人次；开展环境卫生大扫除，对地区暴露垃圾进行集中清理整治，属地社会单位累计出动人员94人，清理堆物堆料、垃圾约1.5吨，清理白色污染约30公斤，清除非法张贴小广告18张（处），改善地区环境卫生状况。年内新增24处十九大宣传标语，在春节、“十一”两大节日期间共悬挂灯笼600个；协调园林绿化局和地区有关单位，在重要区域摆放花坛7处，种植各种花卉累计约20万余株；联合丰台区文明办投资10万元，对南站幸福路支路北侧精神文明建设宣传墙进行全部更新，共更换安装38块、312.5平方米，营造和谐的地区环境。

（刘安军）

【交通管理】年内，完善地区交通设施，在

南、北广场新建便道护栏142米，新建桩头标志1套，宣传牌14面，单丁杆15根，禁止停车牌1面，辅助标志1面，新建石质租车球8个，移位护栏27扇，新建便道桩13根。强化共享单车治理，与铁路交通队、北京南站和摩拜单车、ofo 小单车、小蓝单车、酷骑单车等多次召开共享单车会议，规范车辆停放并做好警运任务时段的清理工作。加强出租车调度站管理，及时拨付资金到位，保障正常运行。

（刘安军）

丰台西站

【概　况】 丰台西站位于北京市丰台区西南部，为路网性特等编组站，站场为三级八场、双向纵列式、自动化驼峰。连接京广、丰沙、京原、京哈、京沪、京九、京通、丰双八条铁路干线车流，担负华北、华东、中原、东北、西北等方向的货车中转和货物集散任务，是全路重要的咽喉枢纽、主要的车辆集散地和晋、蒙煤外运的重要通道。配属调车机12台；有货检设备货车超偏载检测装置6台、货车超限检测及装载状态高清数字监视装置21套；机械动力设备13台。固定资产原值14955.48万元。　2017年，丰台西站被中央文明委评为“第五届全国文明单位”；西道口车间被评为集团公司“十三五”企业文化“示范车间”。

（赵　喜）

【生产与经营】 年内，丰台西站日均完成办理出入车22224.3车，其中有调13858.9车、无调8141.6车；中转时间6.35小时；停站时间24.5小时；日均装车2.5车；日均卸车12.2车；全年运输收入793.55万元，货物发送量4.09万吨。截至12月31日，车站实现连续安全生产4473天，实现第十二个安全年。

（赵　喜）

【全国文明单位建设成果】 11月17日，在全国精神文明建设表彰大会上，丰台西站被中央文明委授予代表基层单位四个文明建设综合性成果最高荣誉的“第五届全国文明单位”称号。11月30日，中央电视台、新华社、人民日报和人民铁道报等17家新闻媒体到丰台西站进行集中采访，其中人民铁道报进行专版报道。

（赵　喜）

【标准化建设“三年基础工程”现场会】 12月19日，丰台西站召开标准化建设“三年基础工程”现场会。组织干部职工实地参观五场外勤、减速顶工区、丰台主楼等7个代表性作业岗点，先后观摩调车标准化作业演练、减速顶装卸演练、行车非正常演练等；组织观看《丰台西站标准化建设“三年基础工程”和安全十二周年历程回顾》专题片，召开“三年标准化建设成果汇报暨标准化建设先进车间、科室表彰大会”。

（赵　喜）

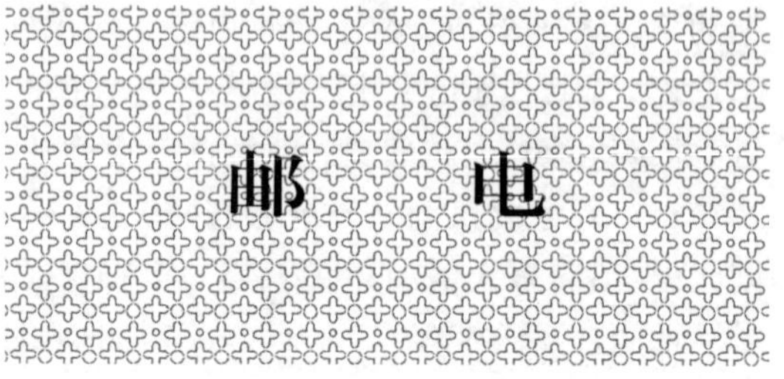

邮　电

中国邮政集团公司
北京市丰台区分公司

【概　况】 中国邮政集团公司北京市丰台区分公司是中国邮政集团公司北京市分公司下属城区分公司，承担北京市丰台区的通信服务任务，服务面积305.53平方公里，服务人口约230万人。丰台区邮政分公司下辖60个服务网点，其中，10个邮政支局、50个邮政所，下设商函分局、集邮公司、发投分局、代理业务分局、电商分销分局，机关设综合办、财务部、人力部、监安部、市场部、党建部、工会、监察室8个职能部室，全公司员工1101人。经办国际和国内函件、普通包裹、快递包裹、特快专递、汇款，报刊订阅和零售、集邮业务和集邮品制作、商业信函制作、邮政贺卡、定制邮资封片、邮送广告、朋友圈广告业务、代理保险、代办电信以及金融类代办业务，邮政短信、代收代缴业务、代售机票业务、自邮一族、邮乐、分销业务等。2017年，丰台区邮政分公司开设东高地等三处邮政惠民生活驿站，完成“一带一路”国际合作高峰论坛、党的十九大等各项重大特殊服务保障任务，被中国邮政集团公司授予“全国邮政用户满意单位”称号。

（步安娜）

【邮政惠民生活驿站开业】 9月，丰台邮政首家便民超市——东高地邮政惠民生活驿站（编号京邮丰001号）开业。邮政惠民生活驿站选用多家大型果蔬供应商提供的优质蔬果，进货渠道安全规范，保证菜品安全新鲜，商品价格透明实惠，用户选购方便快捷。持中国邮政储蓄卡或集邮联名卡的客户办理会员卡可享受打折等优惠。年内，丰台邮政支局和莲香园邮电所两处邮政便民服务驿站相继建成开业。

（步安娜）

【提升邮政投递服务水平】 年内，设立8个包裹投递部，原14个普邮投递部调整为13个，部分投递部实施普商分网。开展基础地址库的精准维护工作，有效提高基础地址库的准确率和覆盖率。为有效缩短快递包裹邮件投送处理时限，提升包裹妥投率，加大人员、车辆、设备的投入，开发包裹代投点，加大智能包裹柜建设力度，加快便民服务站、三农服务站、村邮站资源整合，叠加代投自提服务功能，扩大服务规模，确保在“双11”等业务高峰中快递包裹邮件及时妥投。

（步安娜）

【举办《喜鹊》特种邮票首发仪式】 8月28日，七夕节当天，丰台区邮政分公司与丰台区民政局共同主办的《喜鹊》特种邮票首发仪式在丰台区婚姻登记处举行。北京市邮票公司、丰台区民政局、丰台区邮政分公司等相关单位领导亲临现场。为配合此次《喜鹊》特种邮票的发行，丰台区邮政分公司与丰台区民政局共同发行寓意浪漫的《海誓山盟》爱情卡。首发仪式现场，出席领导为《喜鹊》邮票和《海誓山盟》爱情卡揭幕。4对新人在现场写下海誓山盟爱情誓言。邮政工作人员还为新人们提供加盖《海誓山盟》纪念戳等个性化服务，通过集邮这一特殊的文化形式为新人们记录和见证从此牵手迈入婚姻殿堂的幸福时刻。

（步安娜）

文化　教育

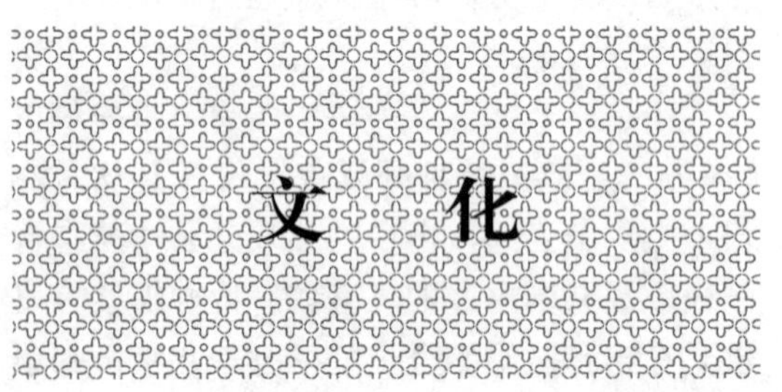

文　化

【概　况】2017年，围绕迎接、宣传、贯彻党的十九大精神主线，加快推动公共文化建设。挖掘南中轴南苑大红门地区及南苑森林湿地公园历史文化内涵，重点建设西山永定河文化带。统筹实施全民艺术普及工程、全民阅读推广工程、优秀文化传承工程、惠民文化演出工程，重点打造“丰台文化大讲堂”、“书香丰台”、“花开丰台”端午游园会、“戏曲进社区（村）”、“周末百姓大舞台”、“文化四进”等品牌活动。年内，全区有各类群众文化团体1100余个，文化志愿者530人，全年开展区级文化活动 1124场次，受众50万余人次。

（李建峰）

【园博园“彩色跑”】 6月17日，在北京园博园举办主题为“快乐运动，绿色出行”的“彩色跑”活动，受众3.4万人，展示奋发向上，繁荣与活力并重的丰台形象。

（李建峰）

【“花开丰台”端午文化游园会】 5月28日至30日，在北京园博园举办“花开丰台”端午文化游园会活动，累计吸引游客3万余人次。本届端午游园会以弘扬民俗文化、非遗文化、服装文化、花卉文化为主题，设置粽享端午、非遗端午、衣韵端午和花靓端午四大版块，为游客打造一场内涵丰富、活动多彩的传统文化互动体验盛会。

（李建峰）

【中国戏曲文化周在园博园举行】 9月29日至10月6日，在园博园举办以“中国梦·中华魂·戏曲情”为主题的中国戏曲文化周活动，包括一系列群众体验、互动参与和活态传承传统文化等方面的活动内容，如地方园唱地方戏演出、园博厅亲子剧场精品展演、非遗互动展示等，吸引20余万人参与。

（李建峰）

【社会化运营试点】 年内，通过政府购买社会服务的方式，引进北演集团运营综合文化活动中心。与北京方略博华文化传媒有限公司合作建设全市一卡通的特色图书室——宛平文化阅读馆。通过成立非营利社会组织，打造了北京首个 PPP 模式的社区文化中心——假日风景社区文化中心。

（李建峰）

【公共文化数字化建设】 年内，依托“智慧丰台”，建成“丰台区公共文化配送平台”（www.whft.gov.cn），集场馆介绍与预约、文化活动信息发布、惠民票务投放、数字资源共享等功能，构建网站、微信、APP 多位一体的服务网络。

（李建峰）

文化创意产业工作

【概　况】 2017年，实现收入463.8亿元，同比增长23%，利润总额33.2亿元，与上年同期相比增长40.4%，从业人员近4.5万。年内开展丰台文化创意产业指标体系研究，在全区开展文创项目固定资产投资以及文化用地存量空间调查，梳理全区文创项目及既有空置空间情况，调研全区19个文创园区、孵化器和280家规模以上文创企业，采集指标数据，初步构建涵盖产业、行业、承载空间、企业四个层面，反映产业支撑基础和发展效率的指标体系，为文创发展提供基础数据。

（李　磊）

【丰台区青年文化创新创业大赛】 4月至5月，区文化创意产业促进中心组织举办2017丰台区文化创新创业大赛。比赛共有84个项目参赛报名，经过6场初赛、3场决赛，最终评选出9个项目，有2个外区项目落户丰台。由丰台区推选进入北京市文投会杯第二届北京市文化创意创新创业大赛的世界多美丽项目荣获“年度创业人气奖”。

（李　磊）

【丰台区文创企业创意训练营】 5月至12月，区文化创意产业促进中心组织举办创意训练营活动，由驻区文创产业园区/孵化器组织驻园、在孵文创企业进行创意培训的学习，资源整合、群策群力共同培育文创企业人才。九家园区/孵化器累计举办活动90期，累计参与课程2000人次。

（李　磊）

【开展“戏曲丰台”——戏曲衍生品征集评选活动】 9月至10月，开展“戏曲丰台”——戏曲衍生品征集评选活动，收到本市高校、文创企业以及非遗传承工作室的各类文化创意作品约130件/套，经过评选有30件产品获得最佳创意奖，被评选成为中国戏曲文化周推荐商品，在戏曲文化周期间举办戏曲丰台——文化衍生品创意展。

（李　磊）

【丰台区文化资源供给调查研究】 6月至11月，开展丰台区文化供给调查研究，对全区文化机构展开全面摸底调查，采集有效信息1.63万条，梳理出全区26类，1700余家文化消费供给机构，在此基础上形成《丰台区文化供给经济数据总台账》、《丰台区文化供需分析报告》和《丰台文化消费指南》等多项成果。

（李　磊）

【2017中国戏曲文化周】 国庆期间，由文化部、北京市人民政府共同主办的2017中国戏曲文化周在北京园博园举行。7天接待游客近20万人次，观看自媒体直播的网民185万人次，新浪微博#中国有戏#话题阅读量达到2025.6万。活动突出互动性、体验性、参与性，内容丰富，亮点纷呈，包括戏曲花车巡游、地方园唱地方戏、全球京剧票友大赛、戏曲非遗互动展演、戏曲大会等。同期还在园博园举办中东欧国家艺术嘉年华，促进中外文化艺术互鉴共赢。

（李　磊）

广播电视

【概　况】 2017年，《丰台新闻》播出300期，1700余条，播出时长4530分钟。制作播出各类栏目100余期（场），其中：《人大在线》、《政协视窗》、《清风苑》、《幸福生活大讲堂》各10期，《全景荟萃》11期，《丰台消防》12期，《法治风景线》13期，《真情零距离》15期，《成长的天空》21期，全程拍摄制作财政局重点工作情况 3 场。录制完成区委区政府各类重大会议12场次；区委组织部培训6场次；争创文明示范区和疏解整治活动资料片15场次；配合区直机关工委、区文联、区教委拍摄各类文艺演出4场次；“彩色跑”、“铁人三项赛”和“中国戏曲文化周”等重大活动的录制及直播保障工作，摄制《党

建创新促疏解 疏解整治促提升》、《党旗飘扬——丰台区基层党建示范点纪实》、《党徽在疏解工作中闪光》3部专题片；组织拍摄《丰台新坐标》风光片，共计7200分钟。累计录制自办栏目《在身边》96期，《南城人物》62期。户网站推送图文视频信息800余条，浏览量总计20万余次；微信公众号推送图文800余条，阅读量总计67万余次。

（郑 伟）

【重点工作宣传】 年内，《丰台新闻》分别开设“喜迎十九大 丰台加油干”、“喜迎‘十九大’丰台新变化”、“砥砺奋进的五年”专栏，全方位报道区委区政府的中心工作。围绕疏解整治工作，《丰台新闻》设立专栏“疏解整治促提升”进行连续报道。市党代会召开期间，开设专栏“砥砺奋进的五年”进行报道，展示全区在科技、党建等工作中取得的成果。6月底市环保督察组进驻丰台区，《丰台新闻》先后播发“北京市第一环保督察组进驻丰台督察”、“区环保局为三家火电企业颁发排污许可证”、“我区相关部门现场督察重点环境问题”、“我区多部门落实环保督察交办案件查处回头看”、“环保问题交办件已结372件”、“北京首个移动污染源监管办在新发地挂牌成立”、“我区多措并举改善区域环境”等新闻。纪念抗战爆发80周年期间，《丰台新闻》先后报道“全民族抗战爆发80周年群众纪念活动在我区举办”、“卢沟桥景区首次推出纪念全民族抗战爆发80周年珍藏版门票”、“红色宛平传承抗战精神”、“百年宛平城焕发新风采”等新闻。年内中国戏曲文化周在园博园举办，《丰台新闻》在举办前夕进行相关报道，营造浓厚的氛围。

（郑 伟）

【运用新媒体为宣传做保障】 年内，结合新媒体建设新发展、新需求、新思路，不断完善和调整融媒体“中央厨房”建设发展思路，形成独具特色的“瞰丰”、“知丰”、“听丰”、“宜丰”、“乐丰”等品牌栏目。制作播出的宣传《千年古镇长辛店》的视频在平台推送后浏览量25340次。参与“中国戏曲文化周直播团队”活动的前期准备与期间协助工作，直播活动历时4天，完成共计约26小时的直播。直播视频同步在丰台广电微信公众号、一直播、花椒直播、映客直播等平台上播出，综合观看量总计185.1万人，其中一直播64.1万人、花椒114万人、映客6.5万人、微信0.5万人。宣传区内各种文化体育活动，推送2017北京国际铁人三项赛和全民健身活动及常态宣传等三类内容进行宣传，发布报道23条（3个平台合计35次），可统计的总阅读（观看量）达14.7万次。推送区文委《全国儿童画大赛》评比活动，浏览量59191次；推送区文委、文化馆举办的《“我的丰台·我的家”舞蹈大赛》活动，浏览量共计106776次，目睹直播5.1万人次观看，一直播21万人次观看；推送区图书馆举办的《“我的中国梦、欢乐新北京”诵读比赛》活动，浏览量10205次。

（郑 伟）

【提升节目制作水平】 年内，制作完成“纪念全民族抗战爆发80周年”、“丰台区第十二次党代会”、“中国戏曲文化周”、“疏解整治促提升”等反映重点工作的短片、宣传片、新闻专栏包装等21项；完成区委理论中心组学习短片“理论热点半月谈”3期；协助区委办完成“杨艺文书记在丰台工作集锦”专题短片；协助区纪委完成专题片包装制作工作5项；完成区委组织部电教片《党徽在疏解工作中闪光》和丰台区迎检汇报片《党建创新促疏解 疏解整治促提升》的包装制作工作。营造喜迎十九大以及学习宣传贯彻党的十九大精神的良好氛围，围绕“庆祝香港回归20周年”、“庆祝建军90周年”、“纪念全民族抗战爆发80周年”等重要宣传节点，共创作公益广告片9部，频道宣传片17部。完成自办栏目高清改版工作2套，完成《丰台新闻》新开专栏包装12套，专题包装制作5部。

（郑 伟）

卢沟桥文化旅游区

【概 况】 2017年，卢沟桥文化旅游区完成全民族抗战爆发80周年服务保障、“卢沟晓月”中秋群众赏月协调保障、卢沟桥及宛平城文物保护等工作。围绕“爱国主义教育、文物保护、特色文化旅游”三大功能开展工作。全年接待参观人数41万余人，门票收入近640万元，社会团1459个，领导团102个。保障市、区领导调研、视察20余次，

（冯立华）

【重大活动保障】 年内，保障完成纪念全民族抗战爆发80周年纪念活动、北京市“万众一心、圆梦中华”全民族抗战爆发80周年群众纪念活动及丰台区为期20日的主题党日活动。主题党日活动期间，卢沟桥参观游客31610人，门票收入480366元；《宛平人家》话剧演出17场，接待团队74批次3060人。结合纪念全民族抗战爆发80周年主题设计发行“七七事变”纪念版门票1万张。

（冯立华）

【“卢沟晓月”中秋文化节】 年内，成立“群众赏月工作临时指挥部”，组织人员进行安全大检查，消除安全隐患。对卢沟桥、宛平城景观灯进行检修，营造国庆宣传氛围。中秋国庆期间共接待游客45604人，门票收入789000元，其中中秋节三天游客量30827人，门票收入573084元。结合“卢沟晓月”这一品牌特色，推出中秋节卢沟桥纪念版门票1万张。

（冯立华）

【卢沟桥石狮断代研究】 年内，卢沟桥石狮断代研究工作收集整理历史档案材料172份，15000余字。对卢沟桥石狮的时代风格做出综合判断，形成《卢沟桥石狮断代研究》资料汇编。

（冯立华）

【石质文物数字化保护】 年内，开展卢沟桥石质文物数字化保护项目。完成石狮数据库构建平台搭建和10座望柱狮子精模、简模、精模材质、简模材质、模型视频、90张正射影像图。

（冯立华）

【国际摄影周卢沟桥分会场展】 10月14日，由文化部主办的2017国际摄影周 “本来与未来，在平行时空相遇”卢沟桥分会场展览在卢沟桥广场开幕。此次展览为广大游客展示丰台之美，宣传卢沟文化、红色文化，日参观游客近500人。

（冯立华）

【红色主题活动】 年内，开展畅游京津冀发展红色旅游产业房车红色之旅活动、“铭记红色历史 传承革命精神”主题演出、爱我中华主题升旗仪式。与丰台区法院党组开展“党建共建”活动，在抗日战争纪念雕塑园、宛平城西城楼举办入额法官誓师大会和“诗香丰法 颂唱宛平”主题诗会活动。

（冯立华）

中国人民抗日战争纪念馆

【概 况】 2017年，是抗战馆建馆30年。以中共中央、国务院和中央军委名义于7月7日在抗战馆举办纪念全民族抗战爆发80周年仪式。年内举办“全民抗战 伟大壮举——纪念中国全民族抗战爆发80周年专题展览”。举办“首都大学生唱抗战歌曲 讲抗战故事 诵抗战家书”主题教育活动。7月6日至10日在北京举办“纪念中国全民族抗战爆发80周年国际二战博物馆馆长论坛”。围绕七七事变，联合国内一流科研院所、高校，编辑出版《日本侵华密电·七七事变》（51卷）大型原始资料集。统筹谋划、编辑出版《我的父辈在抗战中》（二）和《我的父辈在解放战争中》。7月15日至10月31日，

联合北京市徒步运动协会等单位共同举办“勿忘七七 重走抗战路——纪念全民族抗战爆发80周年”徒步活动。

（崔 旭）

【纪念全民族抗战爆发80周年仪式】 7月7日，中共中央、国务院、中央军委在抗战馆隆重举行纪念全民族抗战爆发80周年仪式。刘云山、刘延东、刘奇葆、许其亮、陈昌智、张庆黎等中央领导同志，在京参加过抗日战争的老战士和老同志代表、在京抗战烈士遗属代表，中央党政军群有关部门同志和蔡奇、陈吉宁、李伟、吉林和杜飞进等北京有关部门领导、各民主党派中央、全国工商联负责人和无党派人士代表，首都各界群众代表等，约1000人出席活动。刘云山发表重要讲话。

（崔 旭）

【《台湾抗日遗址遗迹摄影展》】 9月3日，在中国人民抗日战争胜利72周年纪念日之际，由抗战馆和台湾抗日志士亲属协进会共同举办的《台湾抗日遗址遗迹摄影展》开幕式在台北举行。原台湾地区领导人马英九出席开幕式并作专题演讲。

（崔 旭）

【“事实与真相——二战时期发生在亚太地区的罪行”专题展览】 10月，由抗战馆主办，美国旧金山海外抗日战争纪念馆协办的“事实与真相——二战时期发生在亚太地区的罪行”专题展览在美国开展。本次展览是首次在旧金山举办揭露日本军国主义在亚太地区反人类、反和平罪行的专题展览。

（崔 旭）

【悼念南京大屠杀死难者国家公祭日纪念仪式暨“丹青映史——侵华日军南京大屠杀遇难同胞80周年祭艺术作品特展”】 12月13日，抗战馆举办悼念南京大屠杀死难者国家公祭日纪念仪式暨“丹青映史——侵华日军南京大屠杀遇难同胞80周年祭艺术作品特展”展览揭幕仪式。9点30分，纪念仪式开始，奏唱国歌、集体默哀、嘉宾为展览揭幕、艺术家代表讲话，集体献花等环节结束后，与会嘉宾共同参观“丹青映史——侵华日军南京大屠杀遇难同胞80周年祭艺术作品特展”。该展览通过80余件油画、国画等艺术作品，警示世人铭记屈辱的历史，缅怀死难同胞的亡魂，珍爱来之不易的和平，共同开创美好的未来。

（崔 旭）

【北京市中小学“四个一”教育实践活动启动仪式】 3月1日，抗战馆举行2017年北京市中小学“四个一”教育实践活动启动仪式。该活动是按照市政府关于北京市中小学培育和践行社会主义核心价值观实施意见的相关精神，在市教委的统一组织下开展的。自2014年抗战馆已接待北京各区中小学生数十万人，取得良好的教育效果。

（崔 旭）

【《日本侵华密电·七七事变》新书发布暨出版座谈会】 6月19日，《日本侵华密电·七七事变》新书发布暨出版座谈会在抗战馆举行。该书是纪念全民族抗战爆发80周年系列活动中的重大国家出版项目，全书收录日本策划七七事变及发动、进行全面侵华战争期间，日本军部和外务省等内阁主要部门及日本驻外使领馆的秘密电报、秘密文件，具有很高的学术价值和极强的理论意义和现实意义。来自中国社会科学院、北京大学等历史研究机构的专家学者共20余人出席。中央电视台、新华社等18家新闻媒体进行报道。

（崔 旭）

【纪念全民族抗战爆发80周年音乐会】 7月7日，抗战馆正常对公众开放，共接待市纪委、陆军纪委等单位的观众共计1万余人，并在序厅举办“纪念全民族抗战爆发80周年音乐会”——中国音乐家协会爱乐乐团合唱团专场演出。

（崔 旭）

【纪念中国全民族抗战爆发80周年国际二战博物馆馆长论坛】 7月8日，“纪念中国全民族抗战爆发80周年国际二战博物馆馆长论坛”在京开幕，该活动是由抗战馆、国际二战博物馆协会、北京和平教育基金会共同主办，活动旨在借助国内丰富的抗战史料，更好地向海外传播中国抗日战争在世界反法西斯战争中的地位和贡献，以及帮助中国博物馆走向国际，加强国际交流与合作，讲好中国故事，传播中国文化。中国、美国、俄罗斯、日本等13个国家，36家国际组织和二战类纪念馆的专家学者代表共70余人出席活动。

（崔　旭）

【“勿忘七七　重走抗战路——纪念全民族抗战爆发80周年”徒步活动】 7月15日，“勿忘七七　重走抗战路——纪念全民族抗战爆发80周年”徒步活动启动仪式暨首场徒步行活动在抗战馆举行，活动旨在纪念全民族抗战爆发80周年，在广大人民群众中宣传抗战知识，进一步宣传、挖掘北京地区抗战资源，传播北京地区抗战故事，弘扬抗战精神。仪式上首次向社会发布《北京抗战遗存徒步指南》，详细介绍了北京市精选出的10个“抗战遗址”的位置、徒步线路等具体内容。首场徒步活动将抗战馆作为起点和终点，途经宛平城南城墙弹痕遗址、卢沟桥、宛平湖等地，全程约6公里，活动持续至10月底。

（崔　旭）

教　育

【概　况】 2017年，丰台区教委辖属教育单位283个（幼儿园137个、小学77个、九年一贯制学校13个、十二年一贯制学校4个、中学31个、特殊教育学校1个、中等职业学校5个、其他法人单位15个）。招生35193人（幼儿园15659人、小学10760人、初中5494人、普通高中2486人、中等职业学校794人）；毕业27511人（幼儿园10548人、小学9211人、初中4728人、普通高中2195人、中等职业学校829人）；在校生134456人（幼儿园44323人、小学65463人、初中14845人、普通高中7488人、中等职业学校2180人、特殊教育学校157人）。教职工总数17883人（幼儿园7077人、小学4838人、中学5467人、中等职业学校465人、特殊教育36人）。北京市特级教师80人、北京市学科教学带头人28人、北京市骨干教师162人。全年教育总投入47.14亿元。中小学固定资产总值2.61亿元。

（陶慧贤　武卫华）

【争创国家级挂牌督导创新区推进会】 3月29日，丰台区召开争创国家级挂牌督导创新区培训暨推进会。会议总结丰台区教育督导室在挂牌督导方面的主要成绩和经验，解读《全国中小学校责任督学挂牌督导创新县（市、区）评估细则》和《北京市中小学校责任督学挂牌督导创新区评估认定标准》，安排部署争创国家级责任督学挂牌督导创新区工作。区政府副区长、教育督导室主任张婕，区教工委书记薛红，区教委主任张洋，区政府教育督导室常务副主任刘占良，各中小学校长、专兼职督学、学校督导联系人等280余人参加会议。

（徐　晶）

【成立丰台区职业与成人教育集团】 4月19日，丰台区整合学校与社区学院，组建成立丰台区职业教育与成人教育集团。丰台区职业教育与成人教育集团是北京市职成一体化发展的首家，实现丰台区职成教育一体化办学格局。集团致力于服务区域产业转型升级和京津冀协同发展，服务高端人才培养，服务中小学课程改革，服务区域民生需求，推进现代生活性服务业品质提升和学习型城区建设。

（芦倩英）

【召开市区域优质教育资源整合模式丰台现场会】 4月20日，“集团发展、集群共享”——北京市区域优质教育资源整合模式丰台现场会在北京十二中召开。丰台区教委做教育集团集群发展的专题报告，北京十二中教育集团、丰台五小教育集团、方庄教育集群、卢沟桥教育集群进行大会主题发言。至此丰台区已经完成全区8个教育集群的调整划分，形成17个教育集团，实现区域集群集团的全覆盖。

（余　琴）

【举办丰港中小学校长研讨会】 5月19日至20日，由北京市港澳台教育交流中心与丰台区教育委员会共同主办，北京教育学院丰台分院承办的“特色创新谋发展 两地交流英才”2017年丰港中小学校长研讨会在首都师范大学附属丽泽中学召开。会上，丰台区学校分别与8所香港地区学校签约，建立校际合作关系。与会的香港及丰台教育界同仁，围绕特色办学、科技教学、课程建设、传统文化推广与研究以及教师培训和学生发展等进行了深入研讨。市、区教育部门领导，丰台区基层单位干部代表80余人参加活动。

（武卫华）

【中国少年先锋队北京市丰台区第六次代表大会】 5月27日，中国少年先锋队北京市丰台区第六次代表大会在北京市第十二中学隆重召开。大会听取中国少年先锋队丰台区第五届工作委员会所作的题为《牢记嘱托听党话 高举队旗跟党走 准备着为实现中国梦的美好未来接力奋斗》的工作报告，选举产生中国少年先锋队丰台区第六届工作委员会，并为首批丰台区少先队名师工作室和第六届丰台区少先队联合会成员单位颁牌。北京市少工委、丰台区领导、少先队工作专家学者到会。大会出席代表共有297人。

（黄　菊）

【成立“雄·安·丰·容”电子商务联盟】 6月9日，“雄·安·丰·容”电子商务联盟正式成立，并签署合作协议。联盟由学校与河北省容城县职业技术教育中心、河北省雄县职业技术教育中心、河北省安新县职业技术教育中心、全国电子商务职业教育教学指导委员会共同发起，是职业教育面临新挑战所做出的应对策略，为京津冀职业教育的合作提升再添新的动力。联盟为雄安三县职业教育搭建了有特色的产、学、研合作交流平台。三地职教申报了电子商务新专业，招收113名新生。

（孙晓娟）

【“七五”普法启动大会】 6月29日，丰台区教育系统召开“六五”普法总结暨“七五”普法启动大会。大会通过宣传片和先进校典型发言的形式对“六五”普法工作进行总结，教工委委员、教委副主任郭俊山对丰台区教育系统“七五”普法规划进行了解读。与会领导为教师和学生代表颁发《反校园欺凌手册》。张悦局长做总结发言，对教育系统“六五”普法工作成绩充分肯定，并对“七五”普法工作提出了要求。区法宣办主任、区司法局党组书记、局长张悦，区教工委副书记、区教委主任张洋，各基层单位主管法治工作的领导和法治联络员共200余人参加会议。

（邵　彤）

【怡海教育集团工会联合会揭牌】 7月7日，北京怡海教育集团工会联合会成立并挂牌，同时成立的包括集团内北京八中怡海分校工会、北京实验二小怡海分校工会、怡海幼儿园工会及怡海新世纪培训学校工会4家独立基层工会。怡海教育集团是丰台区最大的民办教育单位，包含北京八中怡海分校、北京实验二小怡海分校、怡海幼儿园、怡海新世纪培训学校四家单位。丰台区民办教育单位工会主席及怡海教育集团领导180余人参加揭牌仪式。

（王云鹏）

【举办中英校长交流会】 10月30日，由国家汉办、北京市教育委员会、英国大使馆文化教育处主办，丰台区教育委员会、丰台区教育科学研究院承办的以“弘扬传统文化 拓展国际视野”为主题的中英校长交流会在丰台第五小学教育集团科丰校区举行。会上，开展校际签约活动，缔结14对中外合作友好学校，双方就校园文化建设、师资队伍建设、课程建设等进行深层次交流。14名英国校长在丰台区学校进行为期6天的交流、访问，深入探讨两国教育领域的合作。市区教育部门领导，基层单位领导100余人参加活动。

（武卫华）

【小学生综合素质评价区域研讨活动】 12月6日，丰台区-石景山区小学生综合素质评价区域研讨活动在草桥小学举行。学校通过四节研讨课，及林艳玲校长的经验交流，向与会的专家、领导和教师展示学校对学生实施的课堂评价、即时评价、过程性评价和终结性评价等综合素质评价全过程。丰台区教科院综评办公室主任张巧认为此次活动体现了学校将“融情教育”的办学理念融入学生综合素质评价的全过程。北京市教育督导与教育质量评价研究中心主任赵学勤肯定了丰台区学生综合素质评价的实践研究与探索。丰台教委基教科有关负责人、石景山区骨干教师高研班学员、草桥小学综评管理团队共40余人参加了交流研讨活动。

（王庆润）

【综合实践课程现场展示】 12月10日，北京教育学院丰台分院在大葆台西汉墓博物馆举办2017年全国中学历史课程与教学高端学术研讨会分论坛--“回眸汉风 · 传承国韵”大葆台西汉墓综合实践课程现场展示。活动在博物馆书写竹简体验厅正式拉开帷幕。课程发展中心刘婧副主任介绍丰台分院中学教研室、课程发展中心基于学生核心素养的发展，在区域整体推进综合实践活动课程，实现学校教育与博物馆教育的有效衔接方面所进行的研究与探索。东铁匠营二中作为优秀代表进行汇报。同时远程连线海南昌江思源实验学校汉文化兴趣小组的老师和同学们，与他们一起在时空跨越中体验汉风华彩。来自两岸四地、14个省市的历史教育研究学专家、优秀教研团队及一线教师近百人参加活动。

（贺凯强）

普通高等教育

【概　况】 年内，驻丰台区普通高等院校有首都经贸大学、首都医科大学、北京电子科技学院、中国戏曲学院等4所。共有在校生36814人，成人教育在校生6908人；毕业10288人，成人教育毕业生2594人；招生11118人，成人教育招生2234人；有教职工44778人，专任教师4236人；留学生毕业982人，招生1082人，在校生1699人。

（郝宏来）

首都经济贸易大学

【概　况】 2017年，首都经济贸易大学占地面积36万平方米，学校产权校舍建筑面积45.53万平方米。图书馆建筑面积2.84万平方米，藏书203.05万册。固定资产总值12.94亿元，其中，教学、科研仪器设备资产总值5.81亿元。全年教育经费投入112313万元，其中，国家拨款89377万元、自筹经费22936万元。学校信息化经费投入1090万元，拥有计算机8789台，多媒体教室290个，信息化设备资产16399万元，网络信息点22000个，校园网出口总带宽6000Mbps，电子邮件系统用户5818个，上网课程178门。设19个院系（系、部），45个本科专业，4个专科专业，6个硕士学位授权一级学科点，4个博士学位授权一级学科点，4个博士后科研流动站。1个国家重点学科（二级），2个省部级重点学科（一级），2个省部级重点学科（二级）。国家实验室1个，省部级设置的研究（院、所、中心、实验室）4个。教职工1562人，其中，专任教师913，包括教授170人，副教授309人，讲师393人、助教39人，博士、硕士导师68人，硕士生导师376人，千人计划入选者3人。外籍教师14人，其中，11人为博士研究生。毕业生4597人，其中，全日制研究生1118人（博士生41人、硕士生1077人），普通本专科生2455人（本科2346人、专科109人），成人教育本专科生1024人（本科596人、专科428人）；非计划招生高等教育学生在职人员攻读硕士学位19人。本专科毕业生综合就业率95.85％，研究生毕业综合就业率97.09%。招生4703人，其中，全日制研究生1289人（博士生80人、硕士生1209人），普通本科生2548人，成人教育本专科866人（本科573人、专科293人）。高考北京地区一批提档线文史类574分、理工类575分。在校生16503人，其中，全日制研究生3301人（博士生389人、硕士生2912人），普通本专科生10118人（本科10004人、专科114人），成人教育本专科生3084人（本科2085人、专科999人）。留学生毕（结）业895人、招生942人、在校生1016人。网址：www.cueb.edu.cn。

（黄少卿）

【与美国新泽西州立罗格斯大学签署校际合作谅解备忘录】 3月5日，首经贸校长付志峰会见美国新泽西州立罗格斯大学（Rutgers，the State University of New Jersey）国际合作与外事副校长艾瑞克·加芬克尔（Eric Garfunkel）一行，并分别代表双方签订校际合作谅解备忘录，就推进教师访学和学生交流、开展中外合作办学项目等内容进行友好交流。

（黄少卿）

【开展“驼韵师话”活动】 5月11日，首经贸举行第一期“驼韵师话”分享会，学校工商管理学院教授陈立平与50余位青年教师分享从教30余年来的奋斗经历、教学经验、培养青年教师经验以及作为马拉松爱好者的运动感悟。“驼韵师话”是首经贸党委为落实习近平总书记关于教师队伍建设和使得建设的重要讲话精神推出的系列活动，力求通过老教师话师德、话学问、话人才培养和人生经历，引导全校教师将自我修养与互助成长相结合，强化师德教育引领，进一步增强教师思想政治工作的针对性、亲和力和体验感。全年首经贸共举办13场形式各异的“驼韵师话”活动。

（黄少卿）

【与意大利罗马第二大学签署合作协议】 5月17日，首经贸党委书记冯培率代表团访问意大利罗马第二大学（University of Rome Tor Vergata），并与意大利罗马第二大学校长朱赛佩·诺瓦利（Giuseppe Novelli）签署两校经济学院硕士双学位合作项目协议，为两校在中国“一带一路”战略下推进全方位、多层次、宽领域的深入合作开启新的篇章。

（黄少卿）

【成立决策模拟北京市重点实验室】 6月2日，城市群系统演化与可持续发展的决策模拟研究北京市重点实验室正式成立，该实验室以首经贸特大城市经济社会发展研究院为主体，是首经贸成立的首个北京市重点实验室，定位为“立足京津冀、服务城市和城市群的可持续发展并具有科学模拟和决策支持特色的智库型实验室”，主要研究方向包括：城市群空间协同规划的决策模拟、城市群产业监测及其资源环境优化调控的决策模拟、城市复杂系统运行机理及其应急管理、城市亚健康诊断及可持续修复治理。

（黄少卿）

【推进“一带一路”战略】 8月29日，“首都经济贸易大学‘一带一路’经济与管理人才培养基地”入选成为首批26个北京市“一带一路”国家人才培养基地之一。至年底，学校已与俄罗斯、白俄罗斯、波兰、匈牙利、罗马尼亚、保加利亚、意大利、印度尼西亚、老挝、泰国、马来西亚、埃及等“一带一路”沿线的14个国家25所高校正式签署校际合作协议，有93名来自“一带一路”沿线26个不同国家的留学生，其中学历留学生73人，包括本、硕、博三个层次，主要攻读国际经济与贸易、应用经济学、工商管理等专业；语言生20人，分别来自蒙古、哈萨克斯坦、越南、老挝、塔吉克斯坦等国家。

（黄少卿）

【获首个千万级公益捐赠】 8月，海航集团有限公司董事局副董事长、首席执行官、首经贸1983级金融学专业校友谭向东以个人名义向首经贸教育基金会非定向捐赠1000万元人民币，是首经贸教育基金会自成立至2017年底接受的单笔额度最大的公益捐赠。

（黄少卿）

【2017版本科人才培养方案出台】 8月，首经贸正式出台并实施2017版人才培养方案，聚焦人才培养目标和质量，完善“多样性、自主性、协同性”育人体系，多样化人才培养试验点增至29个，其中，拔尖创新人才试验点7个，国际化试验点9个，卓越人才试验点9个，“专业+”特色培养试验点4个。

（黄少卿）

【首次推出“开学第一课”】 9月6日，校党委书记冯培以“走向远方”为题，向全体2017级本科生和研究生讲授了“开学第一课”，提出正确自我定位、成为把握机遇的“追风者”和“观风者”的希望，号召将“做具有家国情怀的时代奋进者”作为自身发展的第一目标。“开学第一课”是学校首次推出的系列思想政治宣传教育活动，与“成长加油吧”、“成长课堂”及“创享课堂”一道成为首经贸加强学生思想政治工作的重要环节。

（黄少卿）

【获全国第八届“优秀皮书奖”一等奖】 9月，首经贸主创的《京津冀蓝皮书：京津冀发展报告（2016）》获得第八届“优秀皮书奖”一等奖，该书中的研究报告《京津冀企业发展指数研究》获第八届“优秀皮书报告奖”三等奖，学校城市经济与公共管理学院教授祝尔娟获“皮书专业化二十年特别致敬人物”称号。该皮书以“京津冀协同发展的新形势与新进展”为主题，构建发展、协同、生态文明、人口发展和企业发展五大指数，并运用构建的指标体系对京津冀协同发展的进展进行测度与评价，指出京津冀区域“大城市病”有所缓解、“1小时交通圈”正在形成、生态联防联控机制日益完善、产业转移对接步伐加快、创新协同效果显著、公共服务地区间差距逐步减小、市场一体化进程全面提速，并通过专题报告对京津冀三地重点领域进行专项分析。

（黄少卿）

【入选首都高端智库建设试点单位】 10月20日，首经贸特大城市经济社会发展研究院获批成为首批14家首都高端智库建设试点单位之一，是7家依托高校建设的首都问题研究机构之一，研究方向为“特大城市（北京）建设与治理”和“世界级城市群建设与京津冀协同发展”。

（黄少卿）

【获“全球先进孔子学院”称号】 12月12日，孔子学院总部在西安举行第十二届全球孔子学院大会，国务院副总理、孔子学院总部理事会主席刘延东出席大会并为首经贸与美国克利夫兰州立大学共建的孔子学院颁发“全球先进孔子学院”称号奖，年内共有25所孔子学院获此奖项。

（黄少卿）

首都医科大学

【概　况】 2017年，首都医科大学学校和附属医院总占地面积1563555平方米，总建筑面积2450845平方米，其中，学校占地面积239067平方米，建筑面积323497平方米。学校和附属医院固定资产总值2538058.18万元，其中，学校固定资产总值310955.63万元。学校和附属医院教科仪器设备资产值235826.86万元，其中，学校教科仪器设备资产值161581.90万元。全年教育经费投入143396.65万元，其中，国拨108480.70万元，自筹15564.06万元，科研经费19351.89万元。学校和附属医院图书馆建筑面积25942平方米，共藏书153.48万册，其中，学校图书馆建筑面积17901平方米，藏书95.13万册。学校有计算机8398台，教室132间，信息化设备资产21860.85万元，网络信息点数12532个，校园网出口总带宽3900Mbps，电子邮件系统用户数6344个，上网课程194门，电子图书2557105册，音视频2907小时，管理信息系统数据总量10200GB。设有10个学院、1个学部和1个研究院，21所临床医学院、19所附属医院以及1个预防医学教学基地，设有4个专科学院和34个专科学系。开设本科专业19个、长学制专业2个。有一级学科博士学位授权点8个和一级学科硕士学位授权点11个，按照三级学科统计，有博士学位授权点59个和硕士学位授权点78个。有博士后流动站9个，出站28人、进站31人、在站127人。有国家重点学科8个、国家重点（培育）学科2个、国家临床重点专科60个（含中医）、国家中医药管理局重点学科（培育）14个、北京市一级重点学科4个、北京市交叉重点学科1个、北京市二级重点学科6个、北京市一级重点建设学科2个、北京市二级重点建设学科6个、北京地区高等学校学科群1个，有国家临床医学研究中心6个、国家儿童医学中心1个；国家工程实验室1个，省部共建国家重点实验室培育基地1个、教育部重点实验室4个、北京实验室1个、北京市重点实验室53个；有国家工程技术研究中心1个、教育部工程研究中心4个、北京市工程技术研究中心10个、北京市高等学校工程研究中心1个、北京市哲学社会科学研究中心1个。设有国家生命科学与技术人才培养基地、卫生部全科医学培训中心、北京市全科医学培训中心、首都卫生管理与政策研究基地、北京神经科学研究所等。学校和附属医院共有教职员工和医务人员42467人，其中，校本部1538人、附属医院40929人；有院士7人、特聘顾问11人；正高职称2315人，其中，校本部111人、附属医院2204人；副高职称3715人，其中，校本部298人、附属医院3417人；有专任教师2912人，专任教师中教授769人，其中，校本部105人、附属医院664人，专任教师中副教授1172人，其中，校本部246人、附属医院926人；有博士研究生导师673人、硕士研究生导师1113人；有“长江学者奖励计划”特聘教授3人，讲座教授1人，青年项目1人；“千人计划”创新人才长期项目2人、青年项目1人，外专“千人计划”1人；校本部和直属附属医院有国家有突出贡献专家2人、省部级有突出贡献专家20人、享受政府特殊津贴专家106人；有外籍教师5人。年内有毕业生4416人，其中，学历教育学生中全日制研究生1071人（博士生231人、硕士生840人），普通本专科生1557人（本科生894人、专科生663人），成人教育1453人（本科928人、专科生525人）；以同等学力申请博士硕士学位335人（博士生115人、硕士生220人）。招生5133人，其中，学历教育学生全日制研究生1461人（博士生300人、硕士生1161人），普通本专科生1658人（本科生1108人、专科生550人），成人教育本专科生1261人（本科生1046人、专科生215人）；以同等学力申请博士硕士学位753人（博士生458人、硕士生295人）。在校生15717人，其中，学历教育学生中全日制研究生4388人（博士生919人、硕士生3469人），普通本专科生7060人（本科生5092人、专科生1968

人），成人教育本专科生3619人（本科生2914人、专科生705人）。留学生毕业57人，招生114人，在校生650人。本专科毕业生就业率96.19%、研究生毕业率97.25%，高考北京地区本科一批理工最低录取分数553分。网址：www.ccmu.edu.cn。

（梁　贲　王于英）

【获2016年度国家科技进步奖】 1月9日，附属北京天坛医院王拥军领衔的“高危非致残性脑血管病及其防控关键技术与应用”研究项目获得2016年度国家科技进步二等奖。王拥军团队在国际上率先提出“高危非致残性缺血性脑血管病”（HR-NICE）的新分类，并将其作为一个整体人群进行评价和干预。同年度，首医大获中华医学科学技术奖6项，北京市科学技术奖8项，教育部高等学校科学研究优秀成果奖（科学技术）3项。

（王于英　陈飞飞）

【新增3个本科专业】 3月13日，儿科学、精神医学和听力与言语康复学三个专业通过教育部审批。至此，学校共开设19个本科专业（含长学制）。

（王于英　陈飞飞）

【全国政协副主席、科技部部长万钢到首医大调研】 4月28日，全国政协副主席、科技部部长万钢到首医大调研，召开国家科技创新重点政策落实情况北京市属高校院所座谈会。科技部副部长李萌，北京市委常委、副市长阴和俊，北京市科委主任许强，北京市政府副秘书长刘印春等一同调研。座谈会在首医大学术交流服务中心会议室召开，会议由北京市政府副秘书长刘印春主持。万钢强调，要抓住当前科技发展的历史机遇，战略上把握科学的预见性，组织上创新科研的组织形式，加大体制机制改革和政策先行先试力度，革除制约创新发展的思想观念和深层次体制机制的障碍，打破领域的界限，打破学科的限制，引导有条件的企业与科研院所、大学合作共建新型研发机构，持续加强基础研究，促进科技成果转移转化。科技部政策法规与监督司、创新发展司、资源配置与管理司、基础研究司、高新技术及产业化司、社会发展科技司、火炬高技术产业开发中心负责人等，北京市科委、教委、卫生计生委、财政局负责人，北京市属高校代表北京工业大学、北京建筑大学、北方工业大学、北京工商大学负责人，北京市属科研院所代表北京市科学技术研究院、北京市农林科学院、北京市劳动保护科学研究所等负责人50人参加会议。

（王于英　陈飞飞）

【获第八届全国高等医学院校大学生临床技能竞赛总决赛一等奖】 5月14日，由2012级临床医学专业长学制学生余婷婷、周益民、齐中、孙婉琛4名学生组成的代表队参加在郑州大学举行的第八届全国高等医学院校大学生临床技能竞赛总决赛，荣获一等奖。本次42支参赛队伍、168名选手，共决出了3名特等奖，5名一等奖，12名二等奖和22名三等奖。4月15、16日，该代表队参加在山西医科大学举行的第八届全国医学高等院校大学生临床技能竞赛华北分区赛，获得“第八届全国医学高等院校大学生临床技能竞赛华北分区赛特等奖”和“三腔二囊管止血法操作单项奖”，以华北分区赛第一名的成绩进入全国总决赛。

（王于英　陈飞飞）

【1人当选国际护士会理事会理事】 西班牙时间5月27日，中华护理学会副秘书长、首医大护理学院院长吴瑛当选为国际护士会（International Council of Nurses，英文简称ICN）理事会理事。国际护士会成立于1899年，是由130多个国家和地区的护理学会组成的国际护士联盟组织，代表国际1600多万护士，是世界上历史最悠久的医药卫生领域的专业性国际组织，对全球的护理和医疗政策有重要的影响力，每4年举行一次国际大会。据悉，本届国际护士会理事会理事全球

共有13人当选，吴瑛院长为中国唯一当选人。

（王于英　陈飞飞）

【附属北京儿童医院正式启动“国家儿童医学中心”】 6月1日，以首都医科大学附属北京儿童医院为主体的国家儿童医学中心正式启动。中心成立后，开展了一系列解决儿童健康问题的行动，如建立与产科联动机制，开展出生缺陷监测、筛查、预防等研究；探索儿童健康及慢病居家式保健管理，借力信息化手段落实分级诊疗、促进患儿有序就医。

（王于英　陈飞飞）

【第二批临床诊疗与研究中心授牌】 6月14日，首医大举行第二批临床诊疗与研究中心授牌仪式，本次遴选出10家临床诊疗与研究中心。至此，首医大共成立22家临床诊疗与研究中心。临床诊疗与研究中心的主要功能是，以特定疾病或症候群为基础，体现转化医学，以提高临床诊疗水平尤其是精准医疗为目标，整合临床诊疗资源，推进相关诊疗技术的研究、应用和推广。

（王于英　陈飞飞）

【1人获国医大师荣誉称号】 6月29日，附属北京中医医院柴嵩岩获评第三届国医大师，附属北京中医医院危北海、陈彤云、中医药学院钱英荣获全国名中医荣誉称号。国医大师评选始于2008年，由人社部、国家卫生计生委和国家中医药管理局组织。作为中国政府部门在全国范围内国家级中医大师的评选，该荣誉主要授予德高望重、临床医术精湛的名医名家，入选者享受省部级先进工作者和劳动模范待遇。此前两届国医大师分别在2009年、2014年评出，每届30人。

（王于英　陈飞飞）

【1人获“白求恩奖章”】 8月17日，全国卫生计生系统表彰大会在京召开。首都医科大学优秀毕业生、附属北京儿童医院超声科主任贾立群荣获“白求恩奖章”，学校王拥军和贾继东分别荣获“全国卫生计生系统先进工作者”称号。学校3家单位荣获“全国卫生计生系统先进集体”称号，分别是首都医科大学附属复兴医院月坛社区卫生服务中心、首都医科大学附属北京安贞医院小儿心脏中心和首都医科大学附属北京潞河医院。

（王于英　陈飞飞）

【国家老年疾病临床医学研究中心在宣武医院揭牌】 9月9日，国家老年疾病临床医学研究中心揭牌仪式在首医大宣武医院南区举行。依托于宣武医院的国家老年疾病临床医学研究中心，是由国家科技部、国家卫计委、中央军委后勤保障部、国家食品药品监督管理总局联合批准的国家级临床医学研究中心。该中心主体分为临床部和研究部，主要任务是突破痴呆、帕金森病、脑卒中等老年重大慢性疾病防治及高龄外科围手术期评估、老年用药管理、老年共病、老年重症等关键领域的重大技术。已建立老年痴呆、帕金森病、脑卒中、抗衰老等13个临床和科研协作联盟，涉及近千家医院和科研单位；成立了“吴阶平老年医学论坛”、“衰老与干细胞研究中心”、“宣武医院—中科院遗传发育所联合研究中心”。

（王于英　陈飞飞）

【获批首批北京市“一带一路”国家人才培养基地】 9月，首都医科大学“一带一路”沿线国家医学教育及卫生管理高级人才培养基地项目获批首批北京市“一带一路”国家人才培养基地。此次共有91所在京院校申报，26所高校获批首批基地项目。该项目从人才培养和学科专业建设两个方面入手，吸引“一带一路”沿线国家硕士、博士学历教育的留学生和博士后、教育管理专门人才、高端技术技能人才来京学习交流。项目支持建设汉语或英文授课的专业基础及专业课程，非通用语种课程，中国概况、中国文化特色课程以及沿线国家相关文化、制度研究课程等。

（王于英　陈飞飞）

【2专业入选北京市属高校首批一流专业】 10月19日，临床医学和护理学两个专业入选北京市属高校首批一流专业名单。临床医学专业为学校1960年建校伊始所开办专业，是学校办学历史最悠久的领衔专业，也是国家级和北京市级特色专业。护理学专业始建于1961年，是国家级和北京市级特色专业。在国内首创胜任力本位护理人才培养模式，建立以护理学院为核心、临床护理教学部和临床护理学院为支撑的人才培养构架，是国内专业覆盖最全、一流特色专科数最多的护理专业平台。

（王于英　陈飞飞）

【SCI 收录论文数居全国医药类高校前列】 年内，附属北京天坛医院王拥军教授、附属北京安贞医院杜杰教授、宣武医院吉训明教授在医学著名期刊《Circulation》（影响因子17.14）各发表1篇原著论文。2016年科学引文索引扩展版（SCI）收录我校论文1946篇，在全国高等院校中名列第27位，居全国医药类高校首位。2016年中国科技论文与引文数据库（CSTPCD）收录学校论文5998篇。MEDLINE 收录学校论文2204篇。年度获批国家自然科学基金资助项目280项（含研究所），获批经费12954.5万元。年内，首医大校长、中国科学院院士、教授尚永丰、附属北京同仁医院教授王宁利、附属北京天坛医院教授王拥军、附属北京同仁医院教授徐亮，宣武医院放射科主任、教授李坤成入选2016年中国高被引学者榜单。

（王于英　陈飞飞）

【举办首医—清华肿瘤与免疫高峰论坛】 11月6日，由首医大主办的首医-清华肿瘤与免疫高峰论坛在首都医科大学召开。本次论坛的主题为“肿瘤与免疫”，学校校长尚永丰院士和清华大学医学院院长董晨教授共同担任论坛主席，会议邀请清华大学医学院和学校附属医院相关专业领域顶级专家分享最新前沿发现。学校副校长王松灵教授和清华大学医学院副院长张敬仁教授主持论坛。清华大学医学院专家、研究生，以及首医大肿瘤与免疫相关专业领域教师、科研人员、研究生近300人参加论坛。

（王于英　陈飞飞）

【临床医学位列全球顶尖学科前1‰】 11月9日，根据美国基本科学指标数据库（Essential Science Indicators，ESI）公布的数据，首医大6个学科入选 ESI 全球高水平学科前1%，分别是临床医学、神经科学与行为学、生物学与生物化学、免疫学、药理学与毒理学、分子生物学与遗传学，其中，临床医学位列全球顶尖学科前1‰，分子生物学与遗传学年内首次进入 ESI 前1%学科。

（王于英　陈飞飞）

【新增1所临床医学院、1所教学医院】 11月20日，“首都医科大学中日友好临床医学院”签约揭牌仪式在中日友好医院举行，标志着中日友好医院成为首都医科大学临床医学院。首都医科大学校长、中国科学院院士尚永丰和中日友好医院院长、中国工程院院士王辰共同签署合作协议，并为“首都医科大学中日友好临床医学院”揭牌。12月27日，“首都医科大学延庆教学医院”揭牌仪式在延庆区医院举行，标志着延庆区医院成为学校教学医院。至此学校共有21所临床医学院，12所教学医院。

（王于英　陈飞飞）

【全国第四轮学科评估】 12月28日，首医大临床医学和护理学2个学科在第四轮全国学科评估中排名进入 A 类。在本轮学科评估中，首医大共有11个学科参评，包括8个一级学科博士点，3个一级学科硕士点。根据评估结果，临床医学和护理学进入前10%排名，进入 A-类，药学、公共卫生与预防医学和生物学进入前20%排名，基础医学进入前30%

排名，生物医学工程进入前40%排名。

（王于英　陈飞飞）

【与境外院校签订合作协议】 9月 12日，首医大护理学院与哥伦比亚大学护理学院签订合作协议，双方在学生交流、教师访问等方面进行合作交流，协议的有效期为5年。年内，学校与拉德堡德大学、内布拉斯加大学、加拿大中医药学院、哥伦比亚大学、德克萨斯大学5所境外友好院校签订合作协议7份。落实已有合作项目，与国际高水平院校进行师生互访交换、学术以及科研方面的交流与合作。接待25个国家的51个团组来访。选派249名全日制在校生通过各类交流合作项目出境交流学习，其中本科生134人、硕士生55人、博士生60人。拓宽教师培养途径，争取到国家留学基金委、欧盟伊拉莫斯计划、欧亚太平洋学术网络等项目资助。

（王于英　陈飞飞）

北京电子科技学院

【概　况】 2017年，北京电子科技学院占地面积7.87万平方米，学校产权校舍建筑面积7.39万平方米。全年教育经费投入14774.24万元，其中，国家拨款11958.73万元、自筹经费2815.51万元。固定资产总值6.13亿元，其中，教学、科研仪器设备资产值1.63亿元。图书馆建筑面积6680平方米，藏书42.33万册，其中，纸质图书32.70万册、电子图书9.63万册。学校信息化经费投入281.46万元，拥有计算机3317台，多媒体教室座位3224个，信息化设备资产1.03亿元，网络信息点数1260个，校园网出口总带宽534Mbps，电子邮件系统用户数2960个，上网课程数280门，数字资源量5391GB，管理信息系统数据总量90GB。设有1个校区，8个系（部）；开设13个专业（本科生专业8个，研究生专业5个），覆盖8个学科；具有专业学位授权点2个。教职工314人，其中，专任教师131人，包括教授18人、副教授61人；硕士生导师42人；享受政府特殊津贴专家6人。毕业生530人，其中，学历教育学生中全日制研究生77人（联合培养硕士研究生29人、专业学位硕士研究生48人）、普通本专科生453人（本科生453人、专科生0人）。招生547人，其中，学历教育学生中全日制研究生94人、普通本专科生453人。在校生2034人，其中，学历教育学生中全日制研究生247人、普通本专科生1787人。电科院网址：www.besti.edu.cn。

（张　斌）

【教育部审核评估专家现场考察教学工作】 4月10日至13日，教育部高等学校本科教学工作审核评估专家组一行10人，到电科院进行现场考察。考察期间，专家们分别访谈院领导、各部门以及部分师生；走访行业部门，与学院毕业生代表进行座谈；通过听课、查阅资料等多种形式对学院本科教学工作情况进行了全面深入细致的考察。专家组对学院的办学成绩给予充分肯定，指出学院在学科专业建设、师资队伍建设等办学存在的7个方面的问题。学院据此制定《北京电子科技学院本科教学工作审核评估整改方案》并报送教育部。

（赵明丽）

【开展教育教学大讨论】 5月2日至6月2日，电科院以推进本科教学工作审核评估整改工作为契机，开展教育教学大讨论。召开11场座谈会，反复征求师生意见，共收集问题、意见和建议480多条。在讨论中，全体教职工解放思想、转变观念，回顾过去10年的教育教学工作，围绕提高办学水平和人才培养质量，查找突出问题，分析问题产生成因，就建设特色名校提出意见建议。

（赵明丽）

【教育部专家检查指导思想政治理论课教学】 5月16日，教育部高校思想政治理论课教学指导委员会主任委员、中国人民大学党委书记靳诺一行4人来院，在院党委书记鲍遂献的陪同下，旁听硕士研究生《中国特色社会主义理论与实践》课程的教学。课后专家们对课堂教学的内容、形式和效果给予肯定，就加强思想政治理论课教师队伍建设，进一步加强和改进思想政治理论课教学进行交流。

（赵明丽）

【进一步凝练校训】 7月，为进一步突出电科院的政治特色和办学特点，体现人才培养的目标和规范管理的要求，使校训更实在更具体更有针对性，经过全体师生员工研究讨论，确定新校训表述为"忠诚、笃学、严谨、守纪"。

（赵明丽）

【举行建校70周年庆祝活动】 9月，电科院举行建校70周年庆祝活动。23日，中办举办电科院建校70周年庆祝大会，中央办公厅班子成员、中央网信办副主任杨小伟，教育部副部长孙尧，北京市委常委、秘书长崔述强，中办各局（室、馆）主要负责同志及相关部委、行业部门的负责同志出席大会，共襄盛举。电科院还举办庆祝建校70周年文艺汇演、科技展、书画展、校友创新创业讲座等丰富多彩的活动，出版印制《北京电子科技学院校史》《七秩回眸——致北京电子科技学院70华诞（校友回忆录）》、校庆宣传画册、纪念邮册等，营造隆重热烈的庆祝氛围。

（赵明丽）

【合作培养博士研究生】 11月，电科院相继与中国科学技术大学、北京邮电大学签署联合培养博士研究生协议。12月，教育部批准同意电科院与中国科学技术大学、北京邮电大学联合培养网络空间安全一级学科博士研究生，从2018年开始招生，计划各10名。

（赵明丽）

中国戏曲学院

【概　况】 2017年，中国戏曲学院占地面积86246平方米，总建筑面积95000平方米。固定资产总值79415.83万元。全年教育经费投入26864.32万元，其中，国家拨款22002.08万元、自筹经费4862.24万元。图书馆总建筑面积5723平方米，藏有纸质图书26.47万册，中文图书26.18万册，西文图书2900册，电子图书190.64GB，中文期刊399种，外文期刊98种。学院设有京剧系、表演系、导演系、音乐系、戏曲文学系、舞台美术系、新媒体艺术系、国际文化交流系、思想政治理论课教学部、体育部、继续教育部、附中等12个教学单位，有"戏剧与影视学"、"音乐与舞蹈学""艺术学理论"3个一级学科硕士点，有14个本科专业和27个专业方向。戏剧戏曲学为北京市重点学科，并列入北京市文化艺术人才培养基地建设项目。教职工435人，其中，专任教师280人。专任教师中教授45人，副教授92人；硕士生导师116人。毕业生745人。其中，学历教育学生中全日制研究生134人，普通本专科生494人，成人教育本专科生117人（本科生76人、专科生41人）。招生735人，其中，学历教育学生中全日制研究生117人，普通本专科生511人、成人教育本专科生107人（本科生48人、专科生59人）。在校生2560人，其中，学历教育学生中全日制研究生288人，普通本专科生2067人，成人教育本专科生205人（本科生109人、专科生96人），非计划招生高等教育学生中在职人员攻读博士硕士学位73人。留学生毕（结）业30人，招生26人，在校33人。学院网址：www.nacta.edu.cn。

（张　琳）

【舒桐获第27届上海白玉兰戏剧表演艺术奖主角奖】 4月7日，第27届上海白玉兰戏剧表演艺术奖颁奖晚会在上海举行，舒桐教授荣获主角奖。上海白玉兰戏剧表演艺术奖。

（张　琳）

【参与国家戏曲“像音像”工程】 年内，参与中国京剧“像音像工程”，选取当代京剧名家及其代表性剧目，采取先在舞台取像、再在录音室录音、然后演员给自己音配像的方式，运用现代科技手段，反复加工提高，留下最完美的艺术记录。“像音像”工程组织者将本院纳入工程剧目申报单位，张火丁教授的剧目《锁麟囊》《春闺梦》《荒山泪》、周龙教授的剧目《八大锤》入选“像音像”工程。

（张　琳）

【第八届中国京剧节】 5月，第八届中国京剧艺术节在江苏南京举办。本院推荐的《朝金顶》、《收关胜》两出武戏入选京剧节武戏折子戏展演，青春版《江姐》入选优秀剧目展演。

（张　琳）

【《明月永恒》交响音乐会在美首演】 10月1日，本院与美国纽约州立宾汉顿大学联合创作的《明月永恒》交响音乐会在宾汉顿大学安德鲁音乐厅首演。 该音乐会由院音乐系教师沈鹏飞、牛长虹、单振岳及京剧系耿连军与宾汉顿大学音乐系的同行联合创作并演出。中西交响、珠联璧合，精彩纷呈，是一部中外联合作曲、中西乐器合奏，以中国古诗为唱词、以京剧唱腔为旋律，用西方美声演唱的具有开创意义的交响乐作品。

（张　琳）

【京剧表演专业入选北京市属高校首批一流专业建设名单】 年内，北京市教育委员会在20所市属高校中遴选出首批27个专业作为一流专业进行重点建设，本院表演（京剧表演）专业当选。北京市属高校一流专业建设周期为五年。

（张　琳）

【第八届“国戏杯”学生戏曲大赛颁奖晚会举行】 12月4日，第八届“国戏杯”学生戏曲大赛颁奖晚会在中国戏曲学院举行，中央电视台戏曲频道“快乐戏园”栏目全程录制。本届大赛历时四个月，参赛总人数逾6000人。其中，表演类参赛作品突破700个，绘画类参赛作品达到1600幅，器乐类参赛曲目达到32个（集体）。

（张　琳）

【京津冀地区武功武戏表演人才培训展演】 年内，本院推荐参加培训展演的19名武戏、武功演员均有斩获，其中武戏展示环节的杨杰、卫芃宇、梁馨媛、解天一、赵倩、宋亚龙、高艺振获“最佳表演奖”，李蜜鑫获“优秀表演奖”，参加武功展示环节的朵允琦、刘明明、苏子洋、赵克、王凯文、颜龙、王辉、赵特、李旭、李月、刘毅获“优秀技巧奖”，学院获“组织奖”。

（张　琳）

【多项学生工作成果荣获市级奖项】 年内，多项学生工作成果荣获2016年度市级奖项和荣誉。国际文化交流系党总支荣获2016年北京高校红色“1+1”活动优秀奖。在2016年北京高校优秀学生基层组织创建展示活动中，2014级多剧种班在北京高校“我的班级我的家”优秀班集体创建评选活动中荣获“示范班集体”荣誉称号。2013级京剧表演班、2014级戏曲舞台美术设计班、2014级国际文化交流班、2014级视觉传达设计班获得优秀奖。京剧系2016级女生宿舍0802室、国际文化交流系女生宿舍0605室、2016级新媒体艺术系男生宿舍317室荣获北京高校示范学生基层组织（宿舍）。

（张　琳）

【傅谨获2016年度国务院政府特殊津贴荣誉称号】 年内，根据国家人力资源和社会保障部公布的2016年享受国务院特殊津贴人员名单，傅谨教授获此殊荣。

（张　琳）

【北京市大学生舞蹈节】 年内，由学生处（团委）与表演系联合选送的舞蹈作品《贵妃情》

在“2017北京大学生舞蹈节”展演比赛中荣获传统舞专业组金奖第一名。该作品由表演系舞蹈专业李丽宏老师创排，2016级舞蹈班表演，并特邀京剧系研究生王珺参与演出。

（张　琳）

【第四届“麒麟杯”北京人物造型设计大赛】 年内，在第四届“麒麟杯”北京人物造型设计大赛上舞美系齐洁、宋静宇、孙静怡的作品《恢恢》获得二等奖；谭文科的作品《美狄亚》、李伊涵的作品《沉睡魔咒》和吕思琦的作品《曙色紫禁城》获得优秀奖。舞美系龚元副教授获得优秀指导教师奖。

（张　琳）

【北京市社科基金项目】 年内，根据北京市哲学社会科学规划办公室公布的2017年北京市社会科学基金项目评审结果，学院两个科研项目立项。其中，戏曲文学系教师刘小梅申报的项目“宋元南戏相关剧目题材流变研究”获得一般项目立项；导演系教师李小琴申报的项目“戏曲导演史论研究”获得研究基地一般项目立项。

（张　琳）

【第六届全国青少年民族乐器教育教学成果展演】 年内，在文化部第六届全国青少年民族乐器教育教学成果展演上，学院有8个节目入选，其中学院音乐系共有5个节目入选，附中有3个节目入选。

（张　琳）

【继续教育部获多项荣誉】 年内，部门申报的《传统文化在学校教育中传播的方法与途径研究》课题获得北京市教育科学“十三五”规划2017年度优先关注课题；继续教育部荣获“北京市校外教育先进集体”称号；根据北京市高参小办公室《关于教育部委托专项科研课题<美育协同机制研究>子课题》评审结果，两项子课题方案《优秀传统文化教育与基础学校美育相结合的课程体系协同构建模式》、《社会主义核心价值观与基础学校美育相结合的课程体系协同构建模式》获得立项。

（张　琳）

【2017第六届北京大学生戏剧节】 年内，参加第六届北京大学生戏曲节，表演系、音乐系、舞美系师生联合创作的实验豫剧《朱丽小姐》荣获多项大奖，获本届戏剧节“金奖”、“优秀剧目奖”；表演系2014级多剧种本科生王玉凤荣获“最佳女演员奖”、李晶花荣获“优秀女演员奖”；艺术实践管理处教师张思萌荣获“优秀人物造型设计奖”；该剧导演王绍军、编剧孙惠柱获“评委会特别奖”。

（张　琳）

【第四届老舍青年戏剧文学奖】 年内，2016级戏曲文学系研究生俞思含编剧的新编京剧《台城柳》获第四届老舍青年戏剧文学奖优秀剧本奖（一等奖）。

（张　琳）

体育　卫生

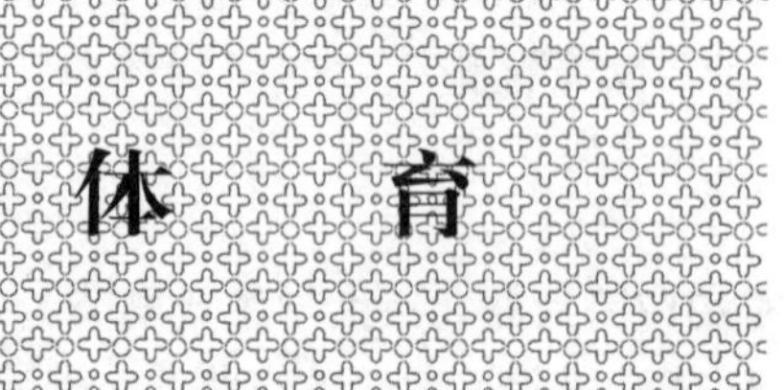

体　育

【概　况】 2017年，全区完成168块全民健身专项场地建设工作，其中建成棋苑158片，乒乓球长廊3个，篮球场地3块、笼式足球场地4块。全区登记注册的单项体育协会已经达到19个（武术协会、门球协会、信鸽协会、乒乓球协会、空手道协会、桥牌协会、健身操舞协会、跆拳道协会、游泳协会、网球协会、羽毛球协会、围棋协会、足球协会、田径协会、棒垒球协会、桌游协会、自行车协会、体育舞蹈协会、定向运动协会），地区体育协会3个（右安门地区体育协会、长辛店镇体育协会、南苑街道体育协会），人群类体育协会1个（青少年体育协会）。全区已登记注册社会体育指导员3294人。年内举办丰台区第十一届全民健身体育节、丰台区第二届欢乐冰雪季、2017年丰台区迎新春万人徒步大会、北京国际风筝节、“斯巴达勇士赛”北京站、北京国际铁人三项赛、第31届醒狮越野跑、数独三项赛、“千森杯”国际自盟公路越野职业一级赛（丰台站）、北京女子半程马拉松赛、欢乐跑中国10公里锦标赛、“健康丰台人”运动素质公开赛、体质促进运动会等，共计40场次，直接参与人数达到40余万人次。年度由丰台区培养输送的刘哲凯同学代表北京队获得第十三届全运会男子青少年标枪比赛冠军，刘哲凯荣获“最佳运动员”和“最佳新人”，北京市第十二中学体育分校闫苏京荣获“最佳教练员”，区体育局荣获第十三届全运会北京体育代表团“后备人才突出贡献单位”。组建青少年冬季运动队伍10支，教练员12人，运动员228人。参加2017年北京市青少年锦标赛，获得金牌 28块、银牌27块、铜牌35块。

（赵艳涛）

【习近平接见丰台区体育工作者代表】 8月27日，中共中央总书记、国家主席、中央军委主席习近平在天津会见全国群众体育先进单位、先进个人代表和全国体育系统先进集体、先进工作者代表以及在本届全运会群众比赛项目中获奖的运动员代表。丰台区体育总会秘书长王儒江作为获得2013－2016年度全国群众体育先进个人的北京市10名代表之一，在现场受国家领导人接见。丰台区体育局、右安门街道、丰台区健身操舞协会、北京市第十二中学体育分校4个单位荣获2013－2016年度全国体育系统先进集体。

（胡　博　赵艳涛）

【丰台区第二届欢乐冰雪季】 1月7日，丰台区第二届欢乐冰雪季活动在北京万龙八易滑雪场启动，活动历时84天，参与总人数24万人次，覆盖全区109家机关单位，21个街道乡镇。全区一共有7家冰雪场地为市民提供滑雪、滑冰、冰雪嘉年华等冰雪体验服务。此次活动由北京市丰台区人民政府主办，北京市丰台区体育局、北京市丰台区园林绿化局、北京市丰台区卢沟桥乡人民政府、北京市丰台区长辛店镇人民政府、北京市丰台区王佐镇人民政府、丰台体育中心管理处及相关企业等单位承办。

（王　博　赵艳涛）

【迎新春万人徒步大会】 1月21日，“全民健身，喜迎冬奥，助力丰台，共创文明”2017年丰台区迎新春万人徒步大会在北京园博园举行。此次活动由丰台区人民政府、北京市徒步协会主办，北京市丰台区体育局、北京市丰台区体育总会、北京园博园管理中心承办，现场6000名市民和线上的4000名徒步爱好者形成万人互动，用徒步的方式助力2022年北京张家口冬奥会，展现丰台区创建首都文明示范区的良好风貌。

（王儒江　赵艳涛）

【北京国际风筝节】 4月20日至21日，“放飞希望，放飞梦想”2017年北京国际风筝节暨京津冀风筝交流活动在北京园博园举办。有超过500名风筝爱好者参与，近300名驻京国际友人及“一带一路”国家留学生代表，共同参与风筝制作、放飞活动，通过感受中国传统文化，加强国际交往，传播中国影响力。此次活动由北京市体育局、北京市体育总会、天津市体育总会、河北省体育总会、北京市人民对外友好协会、北京市丰台区人民政府共同主办，北京市风筝协会、北京市丰台区体育局等单位联合承办。

（冯　佳　赵艳涛）

【斯巴达勇士赛（北京站）】 6月24日、9月24日，斯巴达勇士赛在丰台区王佐镇西庄店村徒步越野基地举行，分别有5300位、7000位勇士参与该赛事。更大的挑战、更刺激的障碍吸引众多健身爱好者、运动达人、时尚达人参赛，体验12公里和翻越28个障碍带来的挑战快感。此项赛事由盛力世家（上海）体育文化发展有限公司主承办。

（赵艳涛）

【中国数独大会】 7月21日至23日，2017中国数独大会在丰台区开幕，此次大会由世界智力谜题联合会、北京市体育总会、北京奥运城市发展基金会、北京歌华传媒集团有限责任公司主办，北京市数独运动协会、北京市丰台区体育总会承办，大会将全国中小学数独锦标赛、中国数独锦标赛、中国谜题锦标赛三赛合一，按照比赛先后时间顺序参赛。共有近900名数独爱好者参与。

（冯　佳　赵艳涛）

【“千森杯”国际自盟公路越野职业一级赛（丰台站）】 9月3日，“千森杯”国际自盟公路越野职业一级赛（丰台站）在北京丰台区长辛店北宫国家森林公园举行。此项赛事综合山地自行车、公路自行车、负重跑步及障碍跨越等技术要素，赛道为2.5-3.5公里一圈的环形赛道，包括铺设过的人工赛道和未铺设过的自然赛道，设置公路路段、山路、爬坡和不可骑的山路路段。本站赛事由国际自行车运动联盟（UCI）批准，北京市丰台区体育局、北京市丰台区长辛店镇人民政府主办，千森集团协办。活动共有来自20国家的94名职业选手参加。

（赵艳涛）

【北京国际铁人三项赛】 9月9日至10日，2017北京国际铁人三项赛半程奥运距离和奥运距离赛事在北京园博园举办。赛事由北京市丰台区体育局主办，北京市丰台区体育总会、美国国际管理集团（IMG）承办。在奥运距离项目的比赛中，选手途经丰台区内错落有致的村舍、高耸的山峰和蜿蜒的小路。精心规划的路线设计加之国际园林汇集的园博园，赛道沿途风光优美、景色宜人，可谓国际赛事中的“最美赛道”。此次赛事共有2076名中外运动员参赛。

（冯　佳　赵艳涛）

【北京女子半程马拉松】 9月23日，2017北京女子半程马拉松在北京园博园鸣枪开跑，本次赛事由中国田径协会、北京市妇女联合会、北京市体育局、北京市丰台区人民政府主办，北京跃尚体育科技有限公司承办。有近5000名女性参与。

（黄漪雯　赵艳涛）

【北京人和足球队成功冲超】 10月8日，中甲联赛第28轮在北京丰台体育中心举行，北京人和足球队主场2比0战胜新疆体彩足球队，提前2轮冲超成功。丰台体育中心荣获联赛优秀赛区奖。

（赵艳涛）

【丰台区“冰雪大篷车”进基层活动】 11月10日，丰台区“冰雪大篷车”进基层活动在方庄体育公园启动。此项活动由丰台区体育局主办，丰台区体育总会、北京睿智翔云广告有限公司承办。活动包括冬季冰雪项目宣讲及体验活动、旱地冰球、冰蹴球的体验与比赛、VR 模拟滑雪体验、冰雪知识问答等系列活动。系列活动将持续到2018年4月。

（刘向军　赵艳涛）

【全民健身专项活动场地项目】 年内。按照北京市体育局《关于申报2017年北京市全民健身专项活动场地建设需求的通知》文件要求，向全区21个街道乡镇征集该项目建设需求。经市体育局审批之后，丰台区最终有168片专项活动场地建设需求获得批准，涉及3块篮球场、4块笼式足球场、3个乒乓球长廊及158套棋苑，覆盖全区12个街道、4个乡镇的108个社区、村。于8月正式开工建设，11月10日全部完工。

（王　琦　赵艳涛）

【组建冰雪运动队】 年内，组建丰台区冰球队、短道速滑队和滑雪队，在年度北京市青少年锦标赛中获得金牌2块、银牌4块、铜牌2块。全年组建青少年冬季运动队伍10支，开展短道速滑、花样滑冰、高山双板滑雪、高山单板滑雪、冰球项目培训。

（胡　鹰　赵艳涛）

【优化体育市场环境】 年内，出动782人次，检查体育经营单位504家，开展3次联合执法行动，配合区纪委进行3次执法检查工作。全年完成30家单位的三级达标工作及14家行政许可工作。

（辛骥东　赵艳涛）

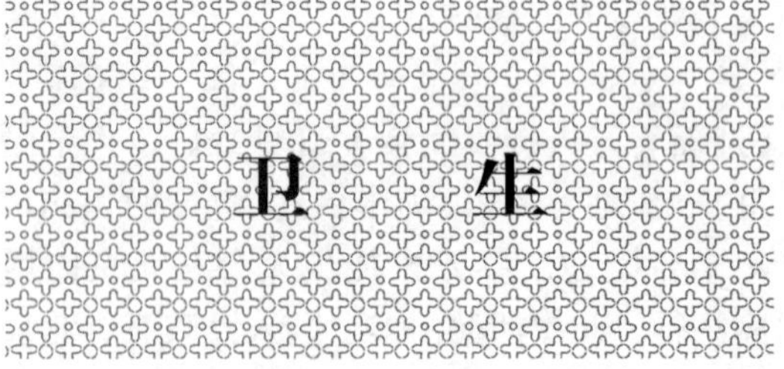

卫　生

医疗卫生与计划生育

【概　况】 2017年，全区常住人口218.6万人，其中户籍人口113.9万人，流动人口66.5万人。全区（户籍、流动）育龄妇女数量36.6万人，其中已婚育龄妇女16.0万人。户籍人口出生6398人，计划生育率99.56%。出生人口性别比107。年内一孩、二孩登记《北京市生育服务证》数量10590人。户籍人口出生率11.05‰、死亡率8.08‰、自然增长率2.97‰。因病死亡人数8880人，占死亡总人数的比率95.94%，死因顺位前十位的排列：恶性肿瘤、心脏病、脑血管病、呼吸系统疾病、损伤和中毒、内分泌，营养和代谢疾病、消化系统疾病、神经系统疾病、传染病和泌尿生殖系统疾病。户籍人口期望寿命 82.52岁，男性80.35岁，女性84.86岁。建立医联体合作关系69个。开展医师多点执业医疗单位69个，总人数973人。全年出院202503人次，病床使用率77.65%，平均住院13.8日（不含精神专科医院），全年住院手术49865人次。医护比1：1.09。区属医院成分血用血量47969单位。区内采血点6个，采血车4辆。 4月，全区352家医疗机构参加医药分开综合改革。

（王　春）

【社区卫生】 年内，全区社区卫生服务中心23所，其中政府办14所，非政府办9所；社区卫生服务站156个，其中政府办63个，非政府办93个；卫生技术人员3159人，其中医生1334人、全科医师471人、护士904人；全年门诊8109828人次。上门服务工作量20048人次。全区规划设置并运行的21所社区卫生服务中心、138个社区卫生服务站的基础建设全部符合北京市社区卫生服务机构的标准化建设要求。家庭医生签约率36.20%。健康建档数量179.71万份，建档率79.69%，其中建立电子档案172.06万份，电子建档率76.30%、使用率59.05%。

（王　春）

【农村卫生】 年内，全区村卫生室22家、性质分类（村办）、覆盖率100%。全年诊疗量24663人次。乡村医生162人。年度注册参加北京市乡村医生岗位培训的乡村医生200名，全部乡医均参加丰台区乡村医生岗位培训。

（王　春）

【传染病防治】 年内，甲类传染病0，乙类传染病14种3574例，死亡20例，发病率排在前三位的疾病分别是其它感染性腹泻病、流行性感冒、手足口病。结核病发病623例、艾滋病感染者及病人2774例（其中HIV感染者1944例，AIDS 病例830例），2017年新增艾滋病病毒感染者及病人 384例，死亡5例。人畜共患疾病发病人数2062人，（其中狂犬病0、人禽流感0、手足口病2057例、布病5例），无死亡。

（王　春）

【慢病防治】 年内，管理常住人口慢病患者51.01万人，其中高血压患者27.96万人，规范管理18万人；糖尿病患者管理9.11万人，规范管理人数6.78万人；冠心病患者7.66万人；管理脑卒中患者2.93万人，管理其他慢病患者3.35万人。年内，区政府明确将居家老年人开展家庭卫生服务列入为民办实事折子工程，14所社区卫生服务中心及签约服务总量2000人的任务指标。签约居家养老家庭卫生服务协议2105人，累计提供各类服务达14641人次。

（王　春）

【精神卫生】 年内，全区在册严重精神障碍患者6317人，报告患病率2.80‰，在册患者管理率为94.49%、在册患者规范管理率89.14%、在册患者规律服药率84.44%、在管患者病情稳定率为99.55%。精神科门诊基本药品使用补贴3415人，惠及率54.06%。

（王　春）

【学校卫生】 年内.全区中小学生人数83481人，体检人数78737人，学生常见病视力不良患病人数40994人，患病率52.11%（40994/78675）；肥胖患病人数14233人，患病率18.08%（14233/78708）；营养不良患病人数4491人，患病率5.71%（4491/78708）；贫血患病人数1122人，患病率1.43%（1122/78645）；龋齿患病人数8560人，患病率10.87%（8560/78737）；沙眼未检出患病学生。传染病情况：诺如病毒感染，学校暴发疫情7起，涉及病例258例，没有死亡病例；流感，学校暴发疫情8起，涉及病例130例，没有死亡病例。手足口病无暴发疫情。学校无集体食物中毒事件。

（王　春）

【计划免疫】 年内，计划免疫建卡53201人，建卡率100%。基础免疫接种387349人次，加强免疫接种161863人次。抽查210人，建卡率100%，建证率100%，卡证符合率100%，五苗全程合格接种率96.7%。麻疹疫苗应急接种329人，水痘疫苗应急接种145人。为221家企业、建筑工地、医疗机构等外来务工人员用工单位免费接种流脑疫苗2940人、麻疹疫苗2966人。全区共调查学龄前流动儿童52203人，无卡449人，补卡449人，补卡率100%；无证144人，补证144人，补证率100%。所有疫苗预约加补种率均为100%。为60岁以上老年人接种免费流感疫苗48138人，为中小学生接种免费流感疫苗47788人。报告预防接种异常反应（AEFI）94例，报告率1.33/万，报告 AEFI 门诊覆盖率100%。

（王　春）

【职业卫生】 年内，全区接触职业病危害因素单位270家，劳动者总数37618人，其中接触职业病危害因素8638人。“职业病与职业卫生信息监测系统”显示，职业健康检查机构累计开展体检106家单位（127户次），检查18762人次，检出职业禁忌证8人，疑似9人。新报告尘肺病12例、尘肺死亡1例，噪声聋2例；金属烟热1例，农药中毒15例，疑似职业病13例。开展职业卫生知识培训4次，300家用人单位和医疗单位421人参加。

（王　春）

【健康促进】 年内，丰台区创建健康社区189个，健康促进示范村44个，健康促进学校117个，健康促进医院12个，健康促进工作场所6个，无烟示范单位28家，C 级戒烟门诊5家，创建8家健康食堂、8家健康餐厅。全年开展社区大讲堂732场、精品大课堂10场、幸福生活讲师团卫生宣教40余场，受众3.3万余人次。开展健康素养月、卫生日、无烟日、流动人口、健康中国行、健康北京周等工作，开展宣传工作14次，利用辖区健康教育网络开展咨询活动355场，现场干预人群3.1万余人次。制作宣传品28种11.06万份，干预人群10万余人。累计发布报纸报道50条，播发电视台新闻13条，录制访谈节目3次，发布健康教育微博1030条，阅读总数214.1万余人次；发布微信593条，阅读量44.6万余人次。承接国家、北京市健康素养大型宣传活动、控烟主题大型宣传活动、计生人员健康素养、流动人口健康促进工作效果监测和典型经验研究等，干预人群20000余人。

（王　春）

【公共卫生监督】 年内，丰台区有公共场所单位2402户，监督检查10573户次，监督覆盖率99.83%，监督频次4.41，合格率96.35%。共实施行政处罚472起，罚款金额1205700元。其中旅店业场所户数716，已量化数685，量化比例95.67；文化娱乐场所户数142，已量化数134，量化比例94.37；公共浴室场所户数77，已量化数75，量化比例97.40%；理发店、美容店场所户数1061，已量化数1012，量化比例95.38%；游泳场（馆）场所户数37，已量化数36，量化比例97.30%；展览馆、博物馆、美术馆、图书馆场所户数2，已量化数2，量化比例100；商场（店）、书店48，已量化数46，量化比例95.83%；候车（机、船）场所户数6，已量化数6，量化比例100%。计划生育行政执法督查全区计划生育单位共计41户，开展监督检查121户次；监督检查合格率100%。

（王　春）

【医疗卫生监督】 年内，监督检查2723户次，覆盖率97.85%，合格率98.31%，处罚81起，罚款金额1406455.91元。打击非法行医工作中，出动卫生监督员1266人次，机动车361辆次，立案处罚非法行医类案件35起，罚款人民币共计483116元。监督所联合街乡镇、公安、食药监、城管等多个部门开展联合执法12次，向相关部门转发《打非协办单》25份。

（王　春）

【妇幼保健】 年内.剖宫产率45.04%，孕产妇死亡率7.89/10万。婚前检查人数1859人、疾病检出数310人，婚检率18.5%。新生儿死亡15人、新生儿死亡率1.18‰；婴儿死亡27人、婴儿死亡率2.13‰；5岁以下儿童死亡33人、5岁以下儿童死亡率2.60‰。新生儿出生缺陷发生率12.88‰，主要出生缺陷病种副耳、先天性心脏病。0-6岁儿童106409人，系统管理率97.37%，体检105011人。

（王　春）

【计生服务】 年内，开展健康促进进企业、进军营、进学校、进公园、进社区等活动，营造关爱流动人口的良好氛围。举办丰台区流动人口健步走暨全民健康生活方式日主题宣传活动。200名流动人口接受健康指导员培训。“新市民健康促进小屋”在丰台挂牌。在北京展览馆举办的“砥砺奋进的五年”大型成就展中，丰台区健康工具包进行展示。元旦、春节期间，与文化、科技、卫生“三下乡”活动相结合，走访慰问21户流动人口计划生育家庭，送去价值10500元的慰问品和21000元的慰问金。计生药具 免费发放点403个，发放药具24种、数量1621、总金额711864.98元。

（王　春）

【生殖健康】 年内，规范优生咨询人数1987人（男性974人，女性1013人），免费孕前优生健康检查定点医院1所。规范化优生孕检1006对，检出疾病679对，针对检出疾病进行指导、治疗。

（王　春）

【计生关怀】 年内，符合计划生育家庭奖励和扶助政策人数53927人，奖励总金额为3717.49万元。其中，独生子女父母奖励费38055人，金额231.18万元；独生子女父母年老时一次性奖励6800人，金额682.05万元；独生子女父母一次性经济帮助143人，金额143万元；农村部分计划生育家庭奖励扶助5366人，金额772.70万元；独生子女家庭特别扶助1486人，金额891.60万元；独生子女家庭伤残特别扶助2077人，金额996.96万元。开展“真情关怀 暖心行动”，为1353名失独家庭成员发放慰问金，总金额270.60万元。“幸福家庭”“关爱女孩”“暖心计划”等活动开展情况。年度获全国第二批创建幸福家庭活动示范区称号；评选出100户“幸福家庭之星”，举办第九届“幸福家庭之星”风采展示活动；“暖心计划”为计生特殊家庭打造的民生工程，投保1617人次，其中特扶人员1486人，为每位被保险人投入保费2789元。

（王　春）

【卫生计生经费管理】 年内，全区卫生系统直属单位总收入44.27亿元，其中财政拨款金额10.22亿元及业务收入33.92亿元；总支出43.56亿元，卫生事业专用基金619.33万元。全年全区卫生系统直属单位计划生育财政总投入金额3718.14万元。

（王　春）

食品药品监督管理

【概　况】 2017年，辖区有“四品一械”（食品、药品、保健食品、化妆品和医疗器械）生产经营主体共41483户，全部纳入1138个管理网格中。通过综合运用日常监督、联合检查、“双随机”抽查、“四不两直”检查等多种监管方式，实现食品药品生产经营主体监督检查全覆盖。全年完成食品药品检测20228批次；办理行政许可、备案10090件；受理投诉举报9679件，办结率100%。全年组织300余场次培训，在北京电视台、北京日报、丰台有线等媒体发布新闻报道307篇，在各电视媒体播放相关新闻340余分钟。配合市区两级完成党的十九大服务保障任务，及其他30余次重要活动食品安全保障工作。

（段文生）

【“四品一械”监督管理】 年内，全区41483户食品药品监管主体全部纳入1138个管理网格中，严格落实网格化管理。全区共查处食品药品案件9845件，罚没金额4038万元。全年共受理投诉举报9679件，办结率100%；全年办理行政许可、备案登记10090件；全年共完成食品药品检测20228批次，纳入国民经济和社会发展指标的小麦粉、蔬菜等六种重点食品合格率98.7%，药品合格率99.87%；全年受理投诉举报9679件，办结率100%。

（段文生）

【宣传培训】 年内，开展食品安全宣传周、安全用药月等主题宣传活动。拓展“微宣传”阵地。打造集“微平台”、“微推送”“微通知”“微舆情”“微汇报”，由内到外五“微”一体的新媒体宣传网。推出全新“丰台食药”官方微信公众号，开辟“创区 ing”微信专栏，回应群众关切的问题。

（段文生）

【完善行刑衔接执法保障体系】 年内，完善行刑衔接执法保障体系。区食药监局、区法院、区检察院、区公安分局联合会签《丰台区打击食品药品违法犯罪协作工作机制》，协同办理食品药品违法犯罪案件78件，实施行政强制167人，刑拘43人。区食药监局与区公安分局联合组织开展的非法回收药品“清窝”行动，出动260名执法人员，打掉25个非法回收药品窝点，查获假药400余种。

（段文生）

【“阳光餐饮”工程】 年内，全区开展“阳光餐饮”工程建设的各类餐饮单位2112家，其中，万丰路餐饮街、科技园区万达广场发挥示范引领作用，获评北京市首批“阳光餐饮”示范街区，形成品牌聚集效应。同时推进早餐示范店建设，丰台区便民早餐服务体系建设基本完成，规范化早餐网点统一配送率超60%。

（段文生）

【完善五大批发市场食用农产品溯源管理体系】 年内，完善五大批发市场食用农产品溯源管理体系建设。深入广东、四川、津冀地区等11个地级市35个区县的食用农产品主产区进行现场考察，与河北省农业部门、广东省海洋渔业部门、天津市水产管理部门进行监管衔接，完成运输、溯源等工作标准的互认对接；构建重点食用农产品安全供应渠道。将鳜鱼、鲈鱼、多宝鱼等重点水产品的供应企业纳入目录制管理，对熟食、豆制品、白条鸡、鲜蛋等供应渠道进行全面清理，在牛羊肉、大闸蟹、多宝鱼等食用农产品领域试行二维码溯源签；在销售环节实行“五率”规范化管理，即：供应商资质备案率、进货查验信息登记率、主要经营信息公示率、统一销售凭证使用率四个100%，重点食品检测合格率99%以上；食品全环节建立批零挂钩管理机制。五大农副产品批发市场与全区4000余家食品生产企业、大型商场超市、零售市场、餐饮单位实现“点对点”挂钩对接，统一销售凭证，实行“实名销售”。

（段文生）

社　会

民政工作

【概　况】2017年，丰台区民政工作着眼于保障改善民生、创新社会治理、强化法制民政建设，积极推进民政事业的改革创新发展。承担国家和北京市重点工程项目1项、市政府折子工程1项、区政府折子工程4项、区委重点督查事项3项、为民办实事项目1项，完成市民政局绩效考核62项。各项工作取得良好成效，年度任务顺利完成。

（韩丽敏）

【社会救助】2017年，城乡低保标准由家庭月人均800元上调到900元，低收入标准由1050元调整到1410元，城乡特困人员基本生活费为1350元。低保制度平稳运行，全年救助城乡低保对象5596户、10019人，支出1.13亿元；救助城乡特困供养人员124人，支出345.6万元；认定低收入家庭109户，256人。专项救助和临时救助政策充分落实，享受临时救助对象6140人次，支出689.42万元，享受专项救助累计支出2100.47万元（其中享受城乡医疗救助6269人次，支出1629.3万余元；享受教育救助79人次，支出35.17万元；享受供暖救助3375户，支出436万元）。出台《丰台区特困人员救助供养实施细则》，调整城乡特困人员救助供养标准，由单一的特困救助金形式转变为基本生活费+照料护理费的形式。与卫计委联合出台《丰台区关于住院押金减免相关问题的补充通知》，低保人员、低收入人员及民政部门认定的其他困难人员纳入住院押金100%减免范围，在本区5家公立医院就医免交住院押金，实行先看病后结算。

（韩丽敏）

【灾害应急】年内，与区气象局建立防灾减灾联动工作机制，在灾前防灾宣传和灾后灾情收集等方面实现信息共享。为街乡（镇）配备北斗报灾终端设备67台，制定《丰台区北斗应急通讯终端使用管理暂行办法》，定期进行报灾训练。以“减轻社区灾害风险　提升基层减灾能力”为主题在北京市第二实验小学怡海校区举行防灾减灾进校园活动。2017年，获评北京市综合减灾示范街道（乡镇）1个、国家综合减灾示范社区5个、北京市综合减灾示范社区6个。完善救灾物资储备库，采购棉被、雨衣、应急灯等11类救灾物资，支出资金86.99万元，救灾物资储备可满足保障2000人。

（韩丽敏）

【流浪乞讨人员救助】年内，接待并救助流浪乞讨人员2147人，其中国际求助4人；离站 2133人，就地安置79人；因残疾等原因异地护送 36人。依托社区服务管理网格开展经常性街头救助巡视活动300余次，全区开展联合集中救助活动26次。通过政府购买服务的形式，继续引入丰台区瑞丰社会服务中心开展露宿者关怀救助项目。

（韩丽敏）

【未成年人保护】 年内，出台了《丰台区域关于落实<北京市人民政府关于加强困境儿童和留守儿童保障工作的实施意见>的方案》，制定留守儿童和困境儿童“合力监护、相伴成长”关爱保护专项行动实施方案。积极引入社会力量，对受家庭暴力受害人提供及时有效救助服务。

（韩丽敏）

【慈善捐赠】 年内，共接受各类捐赠款5075.46302万元，各类衣物9.4725万件，发放临时救助款11.5万元；向丰台教委定向捐赠4965万元，向利智康复中心定向捐赠41.8055万元。建设规范化捐赠站点27个，全区规范化捐赠站点达到33个，实现每个街乡（镇）建设一个规范化捐赠站点的目标。推进慈善超市创新建设，制发《丰台区慈善超市创新建设实施方案》，加强对本辖区内慈善超市的支持和监督，创建慈善超市12家，全区慈善超市共有22家，实现“慈善超市”街乡（镇）全覆盖。深化慈善救助，实现街道乡（镇）慈善基金全覆盖，在原有120万元慈善救助基金基础上，建立500万元大额医疗救助专项金，完成620万元的专项基金设置。

（韩丽敏）

【地退超转人员管理】 年内，接收新安置征地超转人员556名，收缴安置费用13.53亿元。截止年底，全区有征地超转人员9565人，其中市管人员1308人、区管人员 8257人。全年发放地退超转人员退休费、抚恤金、生活补助费、取暖费等共计2.69 亿元；慰问地退、孤老病残超转人员1576人次，开支慰问经费37.9万元。加强对征地超转人员生活和医疗补助费的监管，追回生活补助费和医疗补贴72人次，计15万余元。与区人力资源和社会保障局联合出台了超转人员减员后的医疗费报销办法。

（韩丽敏）

【居家社区养老服务】 年内，推进全国居家和社区养老服务改革试点工作，出台《丰台区开展全国居家和社区养老服务改革试点工作实施方案》；开展养老服务需求实施调查，制定《丰台区居家和社区基本养老服务项目清单》；实施困难老人居家养老服务补贴，对城乡特困供养人员等四类重点保障老年人群分类分级给予补贴。在低层老楼加装外挂电梯，楼道加配智能代步器、履带式爬楼机，缓解老年人出行难问题。实施“幸福居家 邻里互助”服务工程，成立各类志愿服务队伍72支，招募志愿者1717人，开展各类志愿服务活动1491次。在全市率先启动“连心通”工作，惠及1.7万名空巢独居老年人。全年建设社区养老服务驿站30个、街乡镇养老照料中心3个，区级养老服务指导中心实现开工建设。落实国家和北京市各项老年人社会保障和优待政策，全年为60周岁及以上老年人办理《优待证》9724个，发放居家养老服务补贴7036.2万元，办理高龄津贴5万人次、531.72万元，为95周岁及以上老年人办理医疗补贴358人次、83万元。

（韩丽敏）

【养老机构建设】 年内，新建养老机构2家，扩建1家，新增床位511张，全区共有养老床位9731张。争取非营利性社会福利机构运营资助金1615.92万元。推进公办养老机构改革，7家公办机构已有5家改为公办民营。通过取得医保定点资格、内设医务室、与附近医疗机构签订服务协议等方式实现养老机构医养结合全覆盖。推进养老机构星级评定工作，年内新评二星级机构3家，全区星级机构达到19家。组织开展养老护理员、护士和院长培训，护理员参培率100%。开展养老机构服务质量检查整治活动，联合5部门印发《丰台区养老机构服务质量检查整治活动实施方案》。检查发现问题734项，其中基础项178项。经过整改，已运营的养老机构基础项目全部达标。

（韩丽敏）

【福利彩票发行】 年内，全区共有福利彩票销售网点352个，截止12月31日，共销售福利彩票6.43亿元，完成目标值5.49亿元任务的117.18%，完成挑战值6.28亿元任务的102.44%，累计销售额占全市13.79%，全市排名第二。年内获评北京市十佳销售站5个、市级优秀销售站31个、市级优秀销售员5名。

（韩丽敏）

【孤残儿童养育】 年内，丰台区儿童福利院新入院儿童5名，在院管理儿童共71名，其中院内41名、家庭寄养30名。加大国内外送养力度，依法推进孤残儿童回归家庭、融入社会，年内国外收养5名，国内收养3名。拓展儿童福利机构转型及儿福院康复服务功能，对50名在院残疾儿童开展脑瘫患儿的康复治疗。全年共接受捐款合计11.6308万元，物品838件。截止年底，全区共有23名散居孤儿和7名困难家庭残疾儿童，基本生活费每月按时发放到位。

（韩丽敏）

【残疾人两项补贴】 年内，对全区申请困难残疾人生活补贴和重度残疾人护理补贴的残疾人进行重新审核，全年共审核残疾人两项补贴申请材料1.9万份，并对2765位享受生活补贴的残疾人材料进行经济核查。全年发放困难残疾人生活补贴2960.6万元，发放人数4840人；重度残疾人护理补贴2217.8万元，发放人数13523人。两项补贴全部通过民政资金统发系统进行发放，确保资金安全。

（韩丽敏）

【福利企业】 年内，对取消福利企业资格后的福利企业证书进行收缴，收缴证书15本，收缴率100%。做好取消福利企业资格后的政策宣传和安全稳定工作，全年走访慰问残疾职工320名，投入资金18万余元。

（韩丽敏）

【双拥共建】 年内，成立丰台驻区部队全面停止有偿服务军地协调领导小组，协助部队开展停偿工作。在丰台街道19号院社区、长辛店街道装技所社区、南苑街道机场社区正式挂牌成立丰台区社区双拥工作站。开展驻区部队走访慰问，赠送慰问金540万元。开展航线净空整治，为空军执行任务保驾护航。在全区所有对外服务大厅设置军人优先绿色通道，落实军人优先政策。举办军民融合创新创业论坛，推动军民创新资源深度融合发展。开展“助力随军家属就业工程”试点，60余名随军家属走上工作岗位。全年为221名随军家属发放自谋职业扶助金831万元。优化驻区部队军人子女照顾入学政策，办理义务教育照顾入学手续139人次，90%以上满足第一志愿。

（韩丽敏）

【优抚优待】 做好优抚对象身份认定工作，全年认证优抚身份143名、接收部队移交伤残人员137名。截止年底，全区共有优抚对象3107人，全年发放定期抚恤金、一次性抚恤金、义务兵优待金等各类优抚资金14405.67万元。落实优抚数据常态化核查机制，完成3084家庭、3280人数据和实际状态确认。落实退役士兵安置和权益保障政策，全年接收复员、退伍军人333名。组织开展退役士兵技能培训，及时扶持就业，办理自主就业、落实市区国企、事业岗位共296人，其中事业编制7名，发放自主就业补助金1985.84万元。完成新老兵接待转运工作，接转60135人次。

（韩丽敏）

【军休安置】 年内，审核军休干部档案750份，完成军休干部接收安置481名，接收无军籍职工23人，全区现有军休干部11788名、军工3391人。军休干部售房不动产登记证办理工作取得第一批859户军休干部住房《具结保证书》、完成835户审批备案。推进军休服务保障社会化，引进家政服务、康复护理等服务项目，建立军休干部医疗绿色通道，推行家庭医生签约服务，完成南方庄社区卫生服务站在东大街建站，推进16号院社区卫生服务站建站工作。全区6000余名军休干部工资纳入民政资金统发平台。

（韩丽敏）

【基层民主建设】 推进社区民主协商工作，出台《丰台区关于加强城乡社区协商的实施方案》，制定《丰台区城乡社区协商专项考评细则》。在丰台街道、东高地街道探索开展城乡社区协商与街道（乡镇）协商联动机制试点工作。继续推动社区减负增效。

（韩丽敏）

【社区服务建设】 推进社区服务中心设施建设，出台《丰台区社区服务设施建设实施方案》，截止年底，全区设有区级中心1个、街道级中心16个、城市社区服务站301个、农村社区服务站61个。开展社区服务中心社会化运行试点工作，出台《关于推进社区服务社会化的实施意见》《丰台区社区服务社会化试点实施方案》，在和义、丰台等7个街道社区服务中心开展试点工作。全区登记的志愿服务组织483个，登记备案的志愿服务组织956个。制定《丰台区社区志愿者注册及志愿服务记录制度》，建立志愿服务组织机构存量监测机制。方庄街道 “十姐妹环保志愿服务队”获“首都学雷锋志愿服务金牌项目”称号。组织“九九重阳志愿为老服务”区级志愿服务活动，覆盖社区305个，惠及老年人5万余名。

（韩丽敏）

【婚姻登记服务】 12月，婚姻登记处被北京市民政局评为5A 级婚姻登记机关。作为北京市婚姻档案即时电子化试点单位，率先完成全区婚姻历史档案的电子化整合工作，建立婚姻档案管理系统，为当事人提供婚姻登记档案查询服务。开展多样化婚姻家庭服务，为8000余对新人举行颁证仪式并提供全程免费录像服务，开展婚姻家庭情感及法律辅导、未成年人社会保护服务 1000余件。联合丰台区邮电局在七夕节为新人发放《喜鹊》特种邮票和“海誓山盟”誓言卡150余张。与区司法局、车管所、公证处等单位建立信息核查机制，累计核查婚姻登记信息2000余人次。全年办理婚姻登记、收养登记、出具（无）婚姻登记记录证明19489件，执法合格率100%。

（韩丽敏）

【殡葬服务管理】 完成清明节群众祭扫服务工作，全区5个公墓、4个骨灰堂共接待祭扫群众60.2万余人，祭扫车辆10.1万余台。深入推进“节地生态安葬”，出台《丰台区的节地生态安葬补贴办法》，对符合条件的亡故居民给予补贴。在区属经营性公墓中推广自然葬、骨灰葬、立体葬。落实惠民政策，全年审核批准丧葬补贴人数1024人，发放丧葬补贴费512万元。

（韩丽敏）

【行政区划管理】 完成丰台区行政区划调整研究工作，形成《丰台区行政区划调整方案》，并经区委常委会议审议通过。深入开展平安边界创建工作，维护区内各地区边界安全稳定，全年处理确定区划权属56件。完成卢沟桥乡（地区办事处）和太平桥街道办公驻地迁移的审核、报送工作，并取得批复。

（韩丽敏）

【社会组织建设】 年内，全区共有社会组织488家，其中社团74家、民非企业414家。对404家应检社会组织进行年检，参检390家，年检率96.5%。对60家社会组织进行等级评估。争取政府资金800万元购买法律援助、社区服务、为老服务等40项社会组织服务项目，扶持社区志愿服务项目100项。依托街道建立了16个社会组织孵化基地。出台《关于开展丰台区社会组织“诚信建设行”活动方案》，全区社会组织诚信承诺率100%。全年完成社会组织行政许可事项66项，行政执法合格率100%。

（韩丽敏）

【见义勇为行为保护】 年内，依法确认见义勇为行为三起3人，发放行为确认一次性奖励金共计15.4万元；发放“京华见义勇为奖”、“社区安全保卫之星”奖励金6.4万元。规范见义勇为确认、颁证仪式，设计特式奖杯镶嵌专属标识。在丰台民政微信平台开辟人物榜专栏，刊登见义勇为先进事迹，扩大宣传领域。

（韩丽敏）

社会建设工作

【概 况】 2017年，以党的十八届六中全会精神及习近平总书记系列重要讲话和对北京工作的重要指示精神为指导，深入贯彻落实市社会建设工作会议精神及区委区政府的工作要求，坚持“深化改革、细化标准、扩大覆盖、全面提升”的工作理念，扎实推进全区社会建设工作。充分发挥党建引领作用，打造“连心通”工程。推进社区管理体制改革，修订《社区工作者管理办法》，启动“社区领头人”培养项目，开展“社工服务技能大比拼”和“寻找最美社工”活动。推进智慧社区规范化建设，新建市级“一刻钟社区服务圈”9个、市级“社区规范化”10个、“社区之家”示范点20个，新建市级智慧社区试点43个，完成智慧社区升星55个。开展向枢纽型社会组织派驻专业社工试点，建立专业社会工作服务项目库，培养社区心理指导师。推动街道社会组织孵化基地运行，扶持40项社会组织、100项社区志愿服务组织服务项目，新建专业社工机构5个，全区专业社工机构达到20个。通过实施“一街一社工”项目和专业社工社区服务督导项目，不断深化服务领域和服务范围。

（赵 明）

【老旧小区服务管理考核验收】 1月12日，为贯彻落实北京市《关于开展老旧小区自我服务管理试点工作的意见》、《中共丰台区委、丰台区人民政府关于丰台区加强老旧小区服务管理工作的意见》文件精神，联合区综治办、民政局、财政局等13个成员单位，4个街道办主管领导组成考评组，分2组对15个街道老旧小区服务管理工作进行验收。考评组深入老旧小区整治改造现场，对物防技防覆盖、环卫实施完善、停车位修建、自治组织培育等工作进行仔细查验，并就存在问题与所辖街道社区干部和居民代表进行交流评议，对进一步完善和提高此项工作提出意见建议，积极提升自治组织服务水平，切实做好老旧小区服务管理工作。

（侯 悦）

【社会建设稳步推进】 2月27日，组织34个主责单位召开会议，传达学习2017年北京市社会建设工作会议精神，就对《意见》落实情况的自查工作和《规划》的推进落实进行了部署，明确了工作要求。结合丰台区社会建设现状、存在问题及如何贯彻落实北京市社会建设工作会议精神、《意见》和《规划》任务，从“提高对社会建设的认识、善于发现问题、如何解决问题”三个方面提出了具体要求。通过此次会议，各主责单位进一步明确了各自的任务分工，增强了工作信心和责任意识，为更好的贯彻落实北京市社会建设工作会议精神、抓好《意见》和《规划》任务的落实奠定了基础。

（侯 悦）

【“社区领头人”培养项目正式启动】 3月15日，丰台区“社区领头人”培养项目正式启动。该项目作为人才培养重点项目之一，由区委社会工委、区社会办主办，北京市东城区社区参与行动服务中心组织实施。该项目旨在通过理论课程、实地参观等方式，提升40名商务楼宇党建工作者和社区“两委一站”负责人的实务能力、专业素养和理论水平，通过以点带面的方式提升丰台区社区参与式治理能力。

（侯　悦）

【市委改革办调研街道体制改革工作】 5月4日，市委改革办评估组对丰台区街道管理体制改革工作进行了调研，副区长张鑫主持会议，区社会办、编办、民政局、人保局、政府绩效办、财政局以及东高地街道、方庄地区办事处等单位就街道管理体制改革推进情况分别进行了汇报，会后评估组对部分街道社区进行了实地考察。通过工作汇报和实地考察，评估组对丰台区推进街道管理体制改革工作进展情况、绩效考评和协管员统筹管理等方面给予充分肯定。

（侯　悦）

【举办京台交流社区大讲堂活动】 9月22日，区台办、社会办联合举办“团圆中秋 相聚丰台 交流合作 融合发展”京台社区大讲堂活动。活动中，京台双方代表围绕社区营造、养老、环保、志愿服务等内容进行了经验分享和交流讨论，西罗园街道西罗园三区社区和高雄市三民区十美里社区发展协会结为友好交流社区。副区长张鑫出席活动并讲话：“两岸同根同源，社区建设各有特色，政府主导、加大投入看内地，民众参与、精细化服务看台湾，希望京台两地群众通过加强交流，促进两岸同胞的相互了解，共同提升两地社区治理水平。”

（侯　悦）

【组织社工机构学习十九大精神】 11月3日，组织15家专业社会工作机构对十九大会议精神进行集中学习和解读，各专业社会工作机构结合自身的工作特色就十九大报告中涉及社会领域、社会组织的内容进行了精研，特别是在政府扶持社会组织服务项目与十九大胜利召开的新形势相结合方面，在提升协商民主的广泛性、多样性、多元性、规范性和促进协商民主的制度化、机制化、常态化等方面进行了新思考，并做出紧贴报告内容的调整和再提升工作安排。

（侯　悦）

【举办新入职社区工作者培训班】 12月5日，为使新入职的社区工作者尽快适应工作需要，提升理论素养、业务水平和处理社区事务的综合能力，根据市社会办的工作安排，举办了新入职社区工作者培训班。培训坚持理论联系实际、学用结合、学以致用的原则，邀请社会工作知名专家和教授讲解社会工作基本知识，区发改委领导进行了区情介绍，特别邀请了优秀社区主任、书记和在商务楼宇工作的党的十九大代表就如何做一名合格的社区工作者进行了交流。

（侯　悦）

【“连心通”为空巢老人筑起暖巢】 年内，发挥党建引领作用，坚持“党委领导、政府主导、社会参与、全民行动”相结合的原则，在区级、街道、社区三个层面开展注册成立“‘连心通’党员志愿服务队”工作。党员志愿服务队主要由街道（地区）机关党员、社区党员、社区志愿者、非公企业和社会组织党员组成，统一使用“志愿北京”平台注册，开展关爱空巢独居老年人行动，提供上门服务、生活服务、居家养老服务、居家医疗服务、紧急救护和定位等基本服务，解决空巢独居老年人面临的生活困境。全区16个街道（地区）工委、319个社区党组织全部完成登记注册，建立“连心通”党员志愿服务队伍319支，为空巢老年人筑起暖巢。

（侯　悦）

【推进社会领域基层党组织建设】 年内，把“两新组织”党建工作纳入社区党建“三级联创”工作同步谋划、同步实施、同步考核。完善区、街、楼宇工作站三级管理工作体系，形成纵向到底、横向到边、上下联动、齐抓共管的楼宇工作站管理体系。深化楼宇党建“1+3+N”工作模式，提升楼宇党建工作水平。全区70座商务楼宇工作站共配备党务专职工作者153人、非公党建指导员100人。楼宇工作站办公经费增加到每年162万。共有办公场所1669.26平方米，其中通过财政补贴租赁的办公场所509平方米，商务楼宇工作站“三有一化”水平得到提升。

（侯　悦）

【社区公共服务设施建设】 年内，积极推进7个社区办公和服务用房新建、改扩建项目建设，4个项目完工交付使用，2个项目在建，1个项目准备进场。开展社区用房安全隐患排查工作，涉及15个街道87个社区。审核社区租赁办公用房项目，涉及社区74个，协调财政落实资金982.49万元。

（侯　悦）

【社区工作者队伍建设】 年内，修订管理制度，下发《丰台区社区工作者考勤管理制度》。加强人员培训，举办社区居委会主任站长心理减压培训、社区工作者骨干培训、社区营造与社区规划培训、社区工作方法培训，共培训1050人次。开展社区工作者“大比武，大练兵”和寻找丰台最美社工活动，提高社区工作者的服务意识和业务水平。根据2016年社会平均工资标准，完成社区工作者待遇提升工作。

（侯　悦）

【推进社区管理体制改革】 年内，以区委全面深化改革领导小组名义出台《丰台区深化街道社区体制改革实施方案》，明确街道社区体制改革的基本原则、重要任务、保障措施等内容，为街道社区深入开展体制改革提供依据。督导16个街道制定社区治理机制工作方案。召开部门和试点街道协调会，梳理各相关部门和街道在《街道社区管理体制改革》中的进展及亮点，抓好社区治理创新工作实地调研。与区编办、市政管委、城指中心一同前往密云区调研街道管理体制改革情况。

（侯　悦）

【城乡结合部地区社区建设】 年内，制定下发《丰台区关于明确未纳入城乡社区管理的建成居住区和新建居住区管理归属的意见》，为基层开展工作提供依据。指导乡镇、街道梳理本辖区内已建成和新建居住区的基本情况，与区民政局对接，探讨在13个情况清晰、条件成熟的居住区成立社区。

（侯　悦）

【枢纽型社会组织体系建设】 年内，成立丰台区社会组织联合会，这是区级枢纽型社会组织。指导16个街道筹建社区社会组织联合会，确定以备案形式为主的工作模式，各街道积极组织落实，年底所有街道全部成立社区社会组织联合会。

（侯　悦）

【社会组织参与社会治理】 年内，通过项目购买、项目扶持的方式，积极吸引社会组织参与社会治理，完成2016年市区两级98个购买服务项目工作。各项目联合各类社会组织600余个，累计举办活动近14000场，参加人数10万余人次，服务小时43000小时，发放宣传材料11万余份，受到服务对象的好评，基本实现按步推进、规范管理、保质实施的绩效目标。投入860万元开展2017年扶持社会组织服务项目工作，共扶持社会组织服务项目60个、社区志愿服务项目100个。

（侯　悦）

【社会组织服务品牌建设】 年内，通过开展社会组织公益行活动和购买社会组织服务项目，引导社会组织树立服务意识和品牌意识，不断提升服务质量和水平，从中发现、培育、评选和扶持一批优势品牌项目，共评选出优秀品牌项目8个。

（侯　悦）

【推进专业社工机构发展】 年内，新建专业社工机构5个，全区专业社工机构达到20个。通过实施“一街一社工”项目和专业社工社区服务督导项目，不断深化服务领域和服务范围，专业社工服务覆盖21个街道、乡镇的302个社区。

（侯　悦）

【推动志愿服务常态化】 年内，积极推进社会领域志愿服务工作，城乡社区志愿服务站实现全覆盖，14个专业社工机构建立了志愿服务组织，推荐评选出21个市级社会领域志愿服务示范项目，认定92名北京市五星级志愿者，全区实名注册志愿者343297名，占全区常住人口比例由2016年的13.35%提高到14.8%。

（侯　悦）

【提升社区服务水平】 年内，按照增量与提质相结合的原则，新建市级一刻钟服务圈示范点4个、市级社区规范化建设示范点10个，推进智慧社区规范化建设，新建市级智慧社区试点43个，完成智慧社区升星55个。

（侯　悦）

【老旧小区服务管理】 年内，围绕创建首都文明示范区工作，以“五有”为标准，开展市级老旧小区自我服务管理试点7个、区级老旧小区服务管理试点28个。推动老旧小区管理逐步向物业化管理转变。完善会议报告制度，提高区级专项资金使用效益，加强部门联动检查指导，有效推进老旧小区服务管理工作。加强自管会规范化建设，支持有条件的老旧小区自管会登记成为具备法人资格的社会组织。总结推广西罗园街道洋桥北里社区以封闭停车管理为突破口，以点带面解决社区无停车管理、无保安、无保洁、无物业“四无”难题的做法。

（侯　悦）

【社会资源开放共享】 年内，以“社区之家”示范点创建为契机，以居民需求为导向，整合辖区服务资源，动员驻区单位开放内部设施，进一步健全多元参与、社会协同、共建共享的社区服务体系。西罗园街道养老照料中心采取普惠和精准相结合的方式，让社区居民在家门口体验订单式养老服务，实现社区“养老照料中心+社区集中就餐、配餐、送餐”全覆盖。新村街道怡海达丰物业管理有限公司与社区共建长达17年，老年大学占地面积大，室内设施齐全，常年为老年人提供种类丰富的课程资源及活动场地，成为街道党建宣传的重要阵地。东高地街道首都机械公司向社区及周边居民开放室内外各类文化娱乐健身场馆，使居民无偿、低偿享受高品质服务。

（侯　悦）

【提升社区信息化水平】 年内，联合区城指中心起草《关于加强城市服务管理网格化体系建设的实施意见》。围绕“三网”融合工作要求，认真落实“三网”融合工作任务，推动“三网”在人员力量、信息系统、工作流程等方面的融合发展。强化街道协调指挥能力，推进卢沟桥街道、丰台街道、马家堡街道“三网”融合示范点建设。突出社区服务作用，联合区城指中心在所有社区建立微信公众号，形成社区“微网格”的工作机制。在29个社区（村）开展综合服务平台试点建设，围绕社区工作重点和需求，将社区民情图电子化、可视化，通过“一口录入，多口使用”的方式，使社区建设“情况清、底数明”，实现社区人、事、物等民情数据的联动共享。

（侯　悦）

人力资源和社会保障工作

【概　况】 2017年，聚焦全区民生福祉，把人民对美好生活的向往作为奋斗目标，以创业带动就业，帮扶2823人自主创业，带动就业3630人。医药分开综合改革稳步推进，跨省异地就医结算全面铺开。积极筹建国家级人力资源服务产业园区建设，纳入《北京第十二次党代会报告重点任务丰台区任务落实方案》。各项工作扎实推进，人力社保事业取得新进展。

（李飞飞）

【农村劳动力就业】 落实河西地区经济薄弱村帮扶工作，制定《丰台区经济薄弱村低收入农民就业帮扶增收工作实施方案》，实现农村劳动力就业4074人。

（李飞飞）

【创业带动就业】 认定丰台园科技创业服务中心等6家单位为“丰台区优秀创业服务机构”。举办主题为“筑梦丰台、创启未来”的“丰竹杯”青年创新创业大赛暨2017年丰台区优秀创业项目遴选活动，推荐北京诚真基业科技公司等企业的4个项目参加北京优秀创业项目遴选。落实区级就业创业补贴政策，发放免费创业工位补贴、创业课堂培训补贴，带动第三方服务机构为创业人员提供免费服务。年内共帮扶2823人自主创业，带动就业3630人。

（李飞飞）

【社保基金扩面征缴】 年内，丰台区基本养老保险、基本医疗保险、失业保险、工伤保险、生育保险参保人数分别为92.64万人、102.10万人、66.77万人、67.45万人、60.45万人；各项社保基金共计征缴139.02亿元，同比增长13.80%；累计支付各类保险待遇130.14亿元，同比减少3.28%。为全区4.39万名参保人员进行缴费补贴1096.77万元，城乡居民养老保险续保率97%。

（李飞飞）

【提升社保待遇】 年内，为全区19.75万名企业退休职工、1.7万名机关事业单位退休人员调整养老保险待遇，为2万名城乡居民提高基础养老金，为2.08万人提高福利养老金，并为这些人提高其他相关类待遇，共涉及资金3.37亿元。截至年底，企业退休人员平均养老金待遇水平3621.48元/月，同比增长5.61%；两次提高城乡居民基础养老金待遇和福利养老金待遇，分别提至610元/月和525元/月，调增幅度19.6%和23.53%。

（李飞飞）

【提高经办服务水平】 年内，建立大厅干部值班和定岗引导服务制度，全面实行“综合柜员”制。以《送香服务标准化手册》为指导，实施“服务六步法”，积极推进“互联网+智慧医保”益民服务和社保信息化平台建设。建立电话查访、监督员走访、第三方密访和满意度调查“四位一体”的服务监督评价机制，多视角、全方位主动接受社会监督评价。

（李飞飞）

【社保改革顺利推进】 年内，医药分开综合改革进展平稳有序，全区352家医疗机构全面实施医药分开，基层诊疗量占比50.2%，分级诊疗效果初步显现。跨省异地就医直接结算全面铺开，审核异地就医直接结算住院费用共计1385笔。完成新增定点医药机构工作，城乡居民医保制度整合稳步推进，6.4万名原新农合参保人员并入城乡居民基本医疗保险。核查未参保人员基本信息4.7万人，入户调查率100%。

（李飞飞）

【促进非首都功能疏解帮扶再就业】 年内，制定《非首都功能疏解过程中分流职工就业服务办法》，做好区属三家长途客运站等疏解企业的关停分流工作，深入长途客运站等疏解企业开展调研，制定“一站一策”就业帮扶方案。深入二七机车厂等去产能特困企业举办专场招聘会，帮助853名户籍分流职工顺利转岗，实现再就业。

（李飞飞）

【筹建国家级人力资源服务产业园区】 年内，以花乡樊家村人才大厦和劳动力安置项目产业用地为核心载体，瞄准“产业化、高端化、国际化”，积极推进国家级人力资源服务产业园区建设。推进丰台区人力资源服务产业园区建设纳入《北京市第十二次党代会报告重点任务丰台区任务落实方案》。

（李飞飞）

【聚才引智】 年内，搭建产学研用合作平台，推进博士后工作站建设，新建站4个，新招博士后4人，出站1人，2名在站博士后经过市级评审获得科研项目资助。截止年底，丰台区设站企业26个，在站博士后23人。推进高端领军人才职称评审直通车工作，择优推荐13人进入市级评审环节，最终3人获评教授级高级工程师，1人获评研究员职称。夯实“聚才引智之家”平台建设，初步形成“4+n”服务品牌，“4”即企业主题沙龙、校园招聘、企业认知行、职海导航课，促进企业交流，增进校企间合作；“n”是根据企业需求不断增加完善的服务内容，促进政企沟通，打破政策壁垒。

（李飞飞）

【完善公务员考核机制】 年内，初步建立起以业绩为依据，由品德、能力、廉政等要素构成的公务员考核评价体系。把平时考核结果与公务员日常管理、晋升任用、工资待遇挂钩，增强激励的时效性。

（李飞飞）

【劳动关系和谐稳定】 年内，调整健全解决企业工资拖欠问题协调小组，建立联席会议制度，并对全面治理拖欠农民工工资问题的工作任务进行了分解。加强政府部门、企业和职工三方协调机制建设，全区集体合同覆盖企业5194家，监控企业劳动合同签订率96.59%。加强“两网化”平台管理运用，充分发挥移动终端效能，规范劳动力市场秩序，严肃查处各类违法案件。全年共受理投诉、举报案件1469起，涉及职工4980人，追发工资2200余万元，妥善处理集体上访252起、突发事件6起，没有发生越级上访等恶性事件。

（李飞飞）

【提升仲裁调解效能】 年内，加大案前调解力度，积极推进在大中型非公企业、商会（协会）及工业园区建立调解组织，定期对工会、街乡调解员进行培训，建立仲裁机构与基层调解组织对接服务机制。改进办案方式，率先建立仲裁案件法律、法规规章数据库，方便查询案件裁决依据。实行案件繁简分流，提高仲裁办案效率。建立集体争议联动处置机制，加大终局裁决总量。全年共受理劳动争议案件5465起，结案4923起，结案率90.08%；成功调解2005件，调解率40.73%。

（李飞飞）

人口管理

【概　况】 2017年，丰台公安分局人口管理工作以党的十九大安保为中心，紧密围绕市局“四个不发生”创建活动，充分发挥人口管理系统职能作用，牵动并组织局属各派出所全面做好社区基层基础工作，不断提升社区防控系统化、科学化、智能化、法治化综合治理整体效能。有效整合群防群治力量，特别是在十九大安保期间，全区共组织发动群防群治力量112万余人次，其中治安志愿者64613人次，企事业、门店等社会力量21017人次。以出租房屋、流动人口、楼门单元为基础要求，全面深化平安建设，提高社会治安防控能力，与区综治办共同开展“零发案”社区创建活动，全年入室盗窃案件同比下降45.97%，洋桥、玉泉营、南苑镇三个市级入室盗窃挂账地区案件大幅下降。

（周　筠）

【推行“两队一室”警务运行模式】 7月，丰台分局正式推行派出所“两队一室”警务运行模式。结合区情特点，组织各职能部门和派出所倒排工期，将33个派出所划分成7大片区。以“松绑减负、提质增效”为目标，进一步规范落实对派出所的指导、培训、保障、监督、考核等工作。采取职能部门系统考核和政府群众打分的方式，评选出先进派出所5个、优秀社区警务队10支、优秀网格民警20名、示范达标社区警务室10个。

（周 筠）

【形成“四捆绑、四联动”工作机制】 年内，依托派出所“两队一室”建设，组织消防支队与各派出所、社区警务队和警务室进行捆绑对接，形成“四捆绑、四联动”工作机制。捆绑派出所，联动推进驻所模式，确保工作一贯到底。26名消防管片民警与33名派出所所长对接，直接参与派出所日常消防工作指导和实地检查。捆绑警务室，联动推进微型消防站进社区，确保责任一站到底。将355个微型消防站和站内2507名员工与全区警务室、社区警务队进行对接，实现包片包段检查，进一步落实网格责任。捆绑网格民警，联动推进高层住宅的消防检查，确保问题一查到底。以全区2072栋民用高层住宅为重点，逐一捆绑网格民警和楼门长，由驻所消防专员指导，落实属地检查责任。捆绑重点隐患问题，联动开展“清零”行动，确保隐患一清到底。消防专员带领派出所社区警务队共同开展消防隐患问题排查，将发现的隐患问题直接上账立项，督促整改，确保问题发现及时、整改到位。

（周 筠）

【发动群众群防群治】 年内，有效整合群防群治力量，特别是在十九大安保期间，全区共组织发动群防群治力量112万余人次，其中治安志愿者64613人次，企事业、门店等社会力量21017人次。多次会同区综治办、丰台治安志愿者协会共同研讨，出台《丰台区关于加强党的十九大期间群防群治组织发动工作方案》、《丰台区治安志愿者建设和管理办法》，动员街边门店营业员、快递投送员、物业公司保洁员、停车看护员等志愿者参与到社会面防控工作，扩大了群防群治力量的参与范围。做实后勤保障，针对安保需求，统一制做发放红袖标5万余个、肩灯5000余个。成立由区综治办、公安分局、团区委、武装部、文明办、商务委、卫计委、教委、民政局、司法局组成的7个区级专项检查小组，在重要安保节点，以联合检查和专项检查的形式，明察暗访，实地检查。

（周 筠）

【社区安全防范宣传】 年内，以出租房屋、流动人口、楼门单元为基本，全面深化平安建设，提高社会治安防控能力。制定《丰台分局推进社区视频警务建设实施方案》、《关于开展第一批视频监控建设达标示范小区（村）工作方案》、《丰台分局推进智能门禁建设实施方案》。联合区综治办制定街乡（镇）相关配套建设方案，以智能摄像机、智能门禁为主，推进社区科技化、智能化防范建设，安装视频监控设备8202套、智能门禁293套。与区综治办共同开展“零发案”社区创建活动，制作下发《致居民一封信》20万份，组织开展夏季安全防范季宣传活动，适时启动高发案地区弹性工作机制，加强对全区68处高发案点位的物技防建设和巡控。各项措施的有效落实，全年入室盗窃案件同比下降45.97%，洋桥、玉泉营、南苑乡三个市级入室盗窃挂账地区案件大幅下降。

（周 筠）

【出租房屋和流动人口管理】 年内，以“三类重点房屋”排查整治为重点，以市局部署的“一标三实”基础信息采集核对专项工作为牵动，依据大数据进行精确指导，对出租房屋和流动人口进行走访排查，对实有人口、实有房屋进行“大走访、大排查”，累计出动警力6.5万人次、流管员（保安、联防）等各类辅助力量9.1万人次，滚动入户走访检查出租房屋13.6万户、审查核录流动人口

64.9万人；新增登记出租房屋26264间、核销29825间、签订治安责任书2.6万余份；新增登记流动人口286238人、核销251654人、办理居住证（卡）527609张；采集核对各类信息2270701条，其中出租房屋333626条、流动人口1596554条、人户分离340521条；全局“三类重点房屋”的整改率和隐患消除率均为100%，实现重点房屋及问题隐患全部“清零”工作目标。

（赵　松）

【社区警务信息化建设】 年内，为推进分局社区警务信息化建设，组织派出所和科技公司召开座谈会5次，增强顶层设计、开展试点工作，并10月16日，全局正式开通“社区基本情况”、“实有人口走访”、“安全隐患管理”、“可疑车辆排查”等6个信息化工作模块，为完善安保基础数据、服务安保实战提供了有力支撑。运用科技信息化手段加强对出租房屋和流动人口的服务管理，与区综治办密切配合，为流管员配发“流动人口和出租房屋信息录用移动终端”307台，增强了流管员动态采集、实时录入的工作效率，为全局基础信息的数据采集提供了技术支撑。

（周　筠）

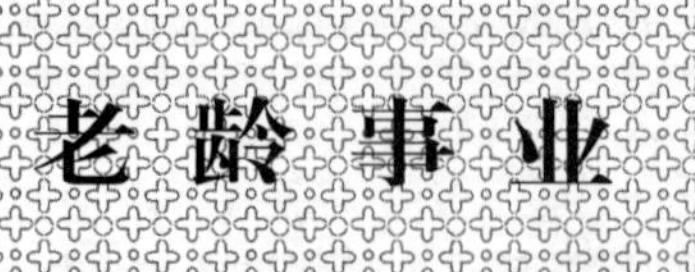

老龄事业

【概　况】 2017年，以落实《北京市居家养老服务条例》为核心，聚焦全国居家和社区养老服务改革试点任务，立足丰台实际，积极构建具有丰台特色的养老服务体系。加大养老设施建设力度，在3个街乡镇开工建设养老照料中心，在30个社区开工建设养老服务驿站。破解老年人热点难点问题，开展空巢老年人养老服务“连心通”工作，积极推动“幸福居家 邻里互助”养老服务工程、中医药健康养老示范工程。贯彻落实老年人社会保障和优待政策，开展“孝星”、“孝星榜样”评选命名活动，开展“敬老月”、“老年节”系列活动，积极营造养老孝老敬老的社会氛围。

（张利军）

【居家和社区养老服务改革试点工作】 年初，丰台区被民政部、财政部确定为第一批中央财政支持开展居家和社区养老服务改革试点地区。在民政部、财政部和市民政局、财政局的支持督导下，以政府办名义制发了《丰台区开展全国居家和社区养老服务改革试点工作实施方案》，各项试点工作稳步推进，成效明显。民政部、财政部多次到丰台区进行实地评估调研，对试点工作给予高度肯定，认为丰台区工作有成效，创新有亮点，较好地完成了国家给予的试点任务。

（张利军）

【空巢独居老人“连心通”养老服务】 年内，针对空巢独居老人较多的特点，在全市率先启动“连心通”工作，以“连心通”为平台，对接空巢独居老人服务需求，搭建和链接“党建功能引领、社会服务资源、综合技术支撑、服务效能监管”等4个平台，形成需求收集、供需对接、服务提供、服务评价的完整工作链条，提供生活服务、居家养老服务、居家医疗服务和防走失定位、紧急救助等服务，实现为老服务“情相连、事相帮、心相通”。

（张利军）

【加强养老服务设施建设】 年内，将养老服务设施建设列入区政府实事项目和折子工程进行重点督办，通过整合利用国有企业服务网点、街道社区所属设施、疏解腾退的闲置房屋等资源，建设社区养老服务驿站30家，投入运营23家，超额完成市级任务指标。

同时，在3个街乡镇开工建设养老照料中心。

（张利军）

【精准供给养老服务】　年内，在开展全区特殊和困难老年人筛查摸底的基础上，对全区约32.4万老年人口的基本信息和养老服务需求实施全面调查分析，形成《丰台区特殊和困难老年人筛查摸底报告》，为开展养老精准服务提供详实可靠的依据。实施困难老人居家养老服务补贴，对城乡特困供养人员等四类重点保障老年人群给予补贴。建立老旧小区居家养老服务补贴，重点支持社区养老设施建设和老年人居家养老基本生活服务。为347户经济困难的老年人家庭进行适应老龄化改造。为老年人集中且不具备加装外挂电梯或代步器条件的街道购置91台爬楼机，依托养老照料中心、社区服务驿站开展助行服务。引导养老机构开展141个辐射居家社区养老服务项目。建立社区养老服务机构与基层医疗卫生机构签约服务制度，投入运营的35家驿站全部与周边社区卫生服务中心签订协议。开展中医药健康养老示范工程，培训中医健康养老保健员2000名，举办大讲堂活动近30场，发放《中医健康养老知识手册》6500套。

（张利军）

【“幸福居家　邻里互助”养老服务工程】年内，依托品牌社工组织、设立“时间储蓄银行”、组建“低龄帮高龄”互助队伍、“小手拉大手”等活动开展，增强为老服务力量。截至年底已成立各类志愿服务队伍72支，招募志愿者1717人，开展各类志愿服务活动1491次。

（张利军）

【开展巡视探访服务】　年内，在丰台街道、东铁匠营街道等8个街道和长辛店镇、王佐镇建立养老服务专员队伍，依托专业服务机构开展培训，提高人员素质。通过“隔日电话访，隔周上门访，如遇紧急突发情况随时探访并协助施救”方式，为独居老年人提供探访巡视服务，有效降低了独居老年人因在家中发生意外无人知晓而延误救治的风险。截至年底已确定服务对象4267名，开展服务近14220人次。

（张利军）

【养老服务管理和技能培训】　开展养老服务管理精细化培训，以养老机构、驿站管理者为培训对象，选取专业培训机构，采取“专业授课+学习交流”、“请进来+走出去”的方式，提升管理人员能力，共组织培训10期、700人次。组织养老服务技能培训，通过公开招投标遴选有资质的培训机构，以低龄健康老年人、家庭照护者、居家社区养老服务从业人员、社区失业人员等为培训对象，缓解失能家庭照护难题，全年共举办照护技能培训98场，培训人数近3295人次。

（张利军）

【老年人生活状况监测调查】8月，完成2017年中国城乡老年人生活状况监测调查工作。按照全国老龄办抽选街道、社区和老年人名单，完成4个街道16个社区96位老年人三个层次的调查问卷和网上审核，进一步摸清了城乡老年人生活状况和养老服务需求变化情况，为制定有效应对人口老龄化的政策措施提供可靠的参考依据。

（张利军）

【落实社会保障和优待政策】　年内，落实国家和北京市老年人社会保障和优待政策，累计办理60周岁及以上老年人《优待证》9724个；为80周岁及以上老年人发放居家养老服务补贴7036.2万元；为90周岁及以上老年人办理高龄津贴5万人次，发放金额531.72万元；为95周岁及以上的老年人办理医疗补贴358人次，补贴金额83万元。

（张利军）

【评选命名“孝星”及“孝星榜样”】　年内，按属地管理原则，采取逐级遴选方式，评选命名北京市“孝星”200名，获得北京市“孝星榜样”1名。评选活动采取多渠道、多形式，广泛宣传先进人物事迹，借此营造关爱老年人、共建和谐的良好氛围。

（张利军）

【开展“敬老月”活动】 10月，开展以“关爱老年人 欢庆十九大”为主题的“敬老月”活动，进行政策宣讲、文化惠老、主题教育、走访慰问、权益保护、志愿服务等项目，共180项次，营造养老孝老敬老的社会氛围。

（张利军）

残疾人事业

【概 况】2017年，丰台区残疾人联合会（以下简称区残联）在编人员31人，其中行政编制8人、事业编制23人，全区有持证残疾人43252人；年内，深入开展学习党的十九大精神和“两学一做”学习教育常态化制度化工作；接受区委第二巡察组对区残联党组的巡察，举办第27次“全国助残日”主题活动；完成41792人残疾人需求动态更新；康复训练及救助965人，区残联政府购买服务2项；开展为1000户困难残疾人家庭居家服务；职业技能培训386人，新安置残疾人就业189人；4.6万人次残疾人享受到各类社会保障政策；各级领导参加走访慰问残疾人工作942人次、走访残疾人家庭0.96万户、慰问残疾人1.19万人、发放钱物613.18万元；举办丰台区第十三届残疾人运动会；市级以上信息网络载体刊发信息文章225篇条；全年新办残疾人证3440人。区专门协会开展各类活动51次。

（闫根旺）

【残疾人需求动态更新】 年内，完成调查41792人，进度100%；入户采集39323人，入户率96.36%；电话调查1487人，占比3.64%；需求申请人数20015人，响应人数18536人，响应率92.61%；需求申请项数50769项，响应项数47173项，响应率92.92%。

（闫根旺）

【全国助残日活动】 5月21日是第二十七次“全国助残日”，活动主题是“推进残疾预防，健康成就小康”。5月20日上午，丰台区在丰台花园举行第二十七次“全国助残日”主题活动，市残联副理事长唐海蛟、副区长张鑫等领导及区残工委相关单位、街乡镇残联、助残社会组织、专门协会、爱心单位、残疾人代表、助残志愿者180余人参加活动。 活动中，闫大夫早期教育康复指导中心、宝篮贝贝康复训练中心、丰台中西医结合医院三家单位进行关于做好残疾预防和康复工作的经验发言。举行创维集团北京分公司向丰台温馨精康园捐赠电器、区文化委向视力残疾人赠送40台听书机等授牌仪式，同时副区长张鑫作了讲话。仪式后，区残工委成员单位、助残社会组织与残疾人职业康复站开展了政策咨询、专家义诊、技能展示和辅具展示等活动。

（闫根旺）

【抓党建有特色】 年内，区残联党组构建起了党组统一领导，副职分工负责，总支承上启下，支部具体落实的党建工作机制；开展了深入学习党的十九大精神和“两学一做”学习教育常态化制度化工作；机关党支部完成了换届选举工作；建成了党员活动室、党员之家、楼道廉政文化墙等党建阵地；开展了廉政格言选记、党员志愿服务和参观警示教育基地等特色活动，并注重党组织战斗堡垒作用发挥，引领残联工会、妇委会开展工作，形成合力；区残联党总支2017年党建述职评议考核综合评价等次为好；在市残联党建创优活动中，丰台区利智康复中心获助残社会组织“先进基层党组织”称号，丰台区育慈儿童疗育中心活动项目被评为“特色党建品牌”项目，三名助残社会组织个人被评为优秀共产党员和优秀党务工作者。

（闫根旺）

【区委巡察残联党组】 11月24日，根据区委统一部署，区委第二巡察组对区残联党组开展巡察，召开区残联党组巡察工作动员会，残联党组全力支持和配合巡察组开展工作，对照“党的领导弱化、党的建设缺失、从严治党不力”三大问题，围绕“六项纪律”的执行，认真查找党组自身存在的问题，深刻剖析了问题产生的原因。并结合巡察过程中反映出来的和巡察组反馈的问题，认真抓好整改落实，做到即知即改，立行立改，制定方案限期整改。

（闫根旺）

【残疾人康复服务】 年内，完成“自闭症儿童家庭支持体系”调研课题；康复训练及救助965人，康复培训3000人次；发育迟缓儿童评估276人；残疾人辅具平台注册12365人，审批辅具申请1344人，适配辅具12645件；区残联购买服务2项；残疾儿童少年享受康复补助180人；彩票公益金项目救助37人。

（闫根旺）

【残疾人劳动就业】 年内，开展残疾人就业援助月活动；新安置残疾人就业189人，区残联安置残疾人大学生就业1人；征缴残保金5.1亿元；668名残疾人参加职康劳动；审核按比例安排残疾人单位1452家，岗位补贴和超比例奖励用人单位687家。

（闫根旺）

【残疾人教育培训】 年内，为31名适龄残疾儿童建立学籍，50名残疾儿童享受到彩票公益金助学补贴，101名残疾人学生和贫困残疾人家庭子女上学受到救助；残疾人技能培训386人；21名盲人参加医疗按摩继续教育。

（闫根旺）

【残疾人社会保障】 年内，4.6万人次残疾人享受各类保障政策，其中残疾人护理补贴13358人，生活补贴4775人，发放助残券6769人，个体就业残疾人社会保险补贴1496人；走访残疾人家庭0.96万户、慰问残疾人1.19万人、发放钱物613.18万元，残疾人基本生活保障实现全覆盖。

（闫根旺）

【残疾人文体活动】 年内，举办丰台区第十三届残疾人运动会、首届残疾人模拟冰壶赛和首届残疾人轮椅球类体验活动；在市残疾人棋牌赛中，区残疾人分获象棋肢残组、聋人组第一、第三名，围棋肢残组、盲人组第二名和桥牌组团体第二名。

（闫根旺）

【及时进行宣传信息报道】 年内，对第27次“全国助残日”以及各级领导942人次参加走访慰问残疾人等活动进行及时宣传报道；制作真情零距离节目1期；编制区残联七代会画册1本；推荐北京榜样1人；市级以上载体刊登信息225篇。

（闫根旺）

【残疾人信访维权】 年内，区残联共处理残疾人信访238件，处理市政府12345热线和96005丰台区政府环境热线235件；残疾人法律维权服务107件，法律知识讲座50场；建立了13人组成的无障碍环境监督员队伍。

（闫根旺）

【残联组织建设】 年内，区残联开展科级负责人轮岗工作；新招聘残疾人专职委员31人，残疾人工作者业务培训363人；完成21个街乡镇残联换届工作，确定4个温馨家园改革试点。

（闫根旺）

【残疾人居家服务】 年内，开展为1000户困难残疾人家庭提供为期半年的居家服务，开展居家服务5159次，产出服务14070小时，做到了领导重视、动员布置、对象筛查和服务落实“四到位”，残疾人的生活质量和获得感得到提升。

（闫根旺）

【残联信息化建设】 年内，完成残联内网办公系统的升级改造工作，搭建起了短信发送平台，形成了残联网站、办公系统、GIS 平台、微信公众号和短信服务为一体的信息化服务体系。

（闫根旺）

【开展社会助残活动】 年内，中国狮子联会北京会员管委会“温馨工程”项目服务基地落户南苑；区民革志愿者服务队开展“大手拉小手”助残活动；区残工委成员单位区人保局专场招聘64名残疾人达成就业意向，区卫计委白衣天使献爱心为200多名残疾人义诊。

（闫根旺）

消协工作

【概　况】 2017年，围绕中消协“网络消费诚信无忧”的活动主题，以消费教育引导为核心，从抓消协工作的制度化、规范化入手开展工作，全年共受理消费者投诉1087件，解决1044件，解决率96.04%，挽回经济损失116.85万元；受理消费者咨询1558人次，收到锦旗或表扬信19面（封）。开展新一届理事会换届筹备工作，下发《北京市工商行政管理局丰台分局关于北京市丰台区消费者协会第五届理事会换届及第一次会议筹备工作方案》，并报区政府和区人大，协会章程草案、理事单位名单、工作报告草案准备就绪。

（任　军）

【落实“两项维权”制度】 年内，全面落实消费环节经营者首问和赔偿先付“两项维权”制度，扩大丰台区消费争议快速和解机制覆盖范围，引导217家商业类重点企业落实“两项维权制度”，健全消费争议快速和解机制，自行和解消费纠纷12740件，涉及金额475万元。在微信公众平台“放心消费在丰台”开通“消费争议微信和解平台”，在50家大型商超和市场推行消费纠纷在线和解服务，开启了零距离“掌上”便民维权新渠道，提升企业处理消费者投诉效率。

（任　军）

【开展消费维权教育活动】 年内，与区市场消费环境建设联席会、工商分局、彩虹消费维权服务队联合制作消费教育系列丛书7册，联合成员单位走进社区、商超向消费者和经营者宣传法律法规知识和消费维权常识。联合社会专业组织以“消费讲堂”、“消费体验”等形式，开展“网络诚信 消费无忧”、“依法合规 诚信经营”为主题的消费教育讲座，深入宣传新《消费者权益保护法》、《侵害消费者权益行为处罚办法》等法律法规。全年共组织消费教育讲座78场，其中面向消费者61场、面向经营者17场，发放消费教育系列丛书32000余册。

（任　军）

【推进消费维权社会化】 年内，在“放心消费在丰台”微信公众号发布作品296篇、“彩虹3·15”微博发布信息1704篇，对消费维权工作进行宣传。在“今日头条”上开设“放心消费在丰台”专栏。就“共享单车”退还押金、预付费卡消费、购物抽奖猫腻、泄露消费者个人信息、低价购车骗局、租房纠纷等热点问题制作典型消费维权案例，被北京晨报、北京晚报、中国工商报、中国消费者报等媒体宣传报道28次。其中央视新闻频道“东方时空”对“网络医托消费警示”专题进行了播出，北京财经频道“消费观察栏目”对“健身房泄露消费者个人信息”“购物抽奖猫腻”进行了专题播出。丰台区消协开展的“3·15网络诚信　消费无忧”系列活动以及“雏鹰小分队”消费教育活动被中国工商报、中国消费者报、劳动午报等媒体宣传报道8次。充分利用辖区社会资源，在丰台区加油站、458路公交车、23个重点社区意见微信微博头条号新媒体渠道，建立全方位立体宣传模式。引导丰台区大型商场（超市）、市场主办方参与“放心消费创建”活动，共有120家参加创建单位签订了“放心消费创建”责任书，主动落实消费者权益保护的主体责任，切实保证产品质量安全和优质服务，推动丰台区市场商业服务业诚信建设向更深更广发展。

（任　军）

【参与消费体验式调查】 年内，在开展社会调查工作基础上，市消协联合天津、河北消费者协会共同开展的旅游体验式调查，区消协全程参与并圆满完成市消协部署的旅游体验式调查任务，将调查结果中的问题及相关建议反馈至市消协。通过此次调查，在活动组织、调查质量控制方面取得了宝贵经验。

（任　军）

【设立科技园区消费调解服务站】 年内，探索商务楼宇服务监管新形式，在丰台科技园区内入驻企业数量多、消费投诉举报集中、积极参与消费维权的4个商务楼宇中试点设立“消费调解服务站”，充分调动商务楼宇产权方和物业方参与落实“两项维权”制度，实现消费维权、普法宣传等监管服务端口前移，并逐步纳入非公党建、合同服务、年报服务、商标战略、广告指导等职能，实现服务“N 合一”的工作站模式。

（任　军）

人民生活

【居民收入稳步提高】 2017年，丰台区居民人均可支配收入55871元，比上年增加4698元，增长9.2%，增速比上年增加0.6个百分点，增速位居全市第一。其中，人均工资性收入32018元，比上年增加2939元，增长10.1%，工资性收入对总收入增长的贡献率为62.6%；人均转移净收入14078元，比上年增加1135元，增长8.8%（其中人均离退休金收入增长10.2%）；人均财产净收入8814元，比上年增加649元，增长7.9%；人均经营净收入960元，比上年减少27元，下降2.6%。工资性收入和转移净收入仍然是居民收入的主体，是拉动收入增长的重要因素。

（李　绚）

【居民消费保持平稳】 2017年，丰台区居民人均消费支出38127元，比上年增加296元，增长0.8%，增速比上年回落9.7个百分点。其中，人均食品烟酒支出7860元，比上年增加8元，增长0.1%；人均衣着支出2280元，比上年减少2元，下降0.1%；人均居住支出11623元，比上年增加579元，增长5.3%；人均生活用品及服务支出2393元，比上年减少536元，下降18.3%；人均交通和通信支出4795元，比上年增加15元，增长0.3%；人均教育、文化和娱乐支出4313元，比上年增加235元，增长5.7%；人均医疗保健支出3557元，比上年减少129元，下降3.5%；人均其他用品及服务支出1306元，比上年增加126元，增长10.7%。

（李　绚）

街乡（镇）

丰台街道

【概　况】 丰台街道位于丰台区中部，是区委、区政府所在地。东起西三环南路和造甲街，西至程庄路和京山铁路线与卢沟桥乡接壤；南有丰台南路和看丹路与新村街道毗邻，北至丰北路和丰体南路与卢沟桥街道相连，西四环、东大街、地铁九号线、地铁十号线贯穿辖区，交通便利。辖区面积9.18平方公里，设25个社区，常住人口14.9万人，流动人口3.5万人。有回、蒙、藏等16个少数民族，信仰伊斯兰教、佛教、基督教、天主教、道教的信教士。驻辖区单位3000余家，中学5所，小学5所，少年宫1所，幼儿园8家，医院6家，卫生服务站6个，敬老院2家。清真寺1座于1895年由大井村迁驻。火车站1处建于1896年。花园1座。市级保护二级古树6棵。连续第17次被评为区政府机关行政效能建设考核评估街道系统第一名。

（孟庆玮）

【社会综合管理】 年内，启动社会面一级防控10次、二级防控30余次，组织民兵完成丽泽桥看桥任务，动员各社区在册治安志愿者、辖区单位内保人员、非公企业楼宇志愿者、小门脸经营者等3945名各类社会志愿者佩戴“红袖标”在大街小巷、重要地段等参与巡逻值守20余万人次。

（孟庆玮）

【环境建设】 年内，对辖区内的散乱污企业进行排查，建立台账131家，清理整治市级台账“散乱污”企业16家；落实市、区两级拆违办工作要求，拆除违法建设112处24124.398平方米；针对“开墙打洞”进行集中整治，完成整治目标596间；依托“五人执法小分队”全年组织联合执法112次，出动力量1860人次，车辆430台次，集中清理占道经营点位12处，取缔占道经营380起，拆除违规广告牌匾265块3520平方米，清理非法小广告20000余张；聘用专业保洁公司，参与491条背街小巷的清扫保洁、13个旱厕的清掏保洁，生活建筑垃圾的收运工作；建立高压自管户台账，配合区环保局完成500余户高压自管户的煤改电工作。联合环保局、城管分队对贩卖私煤进行巡查处罚，夜间控煤巡查40次，出动人员160人次车辆80车次，查扣蜂窝煤300块、块煤1.1吨。

（孟庆玮）

【劳动就业】 年内，失业人员再就业920人，其中困难人员就业460人，失业率1.79%，社保所每周1次定期对失业人员进行职业指导，全年讲课52次，培训1000余人；采集空岗信息2500余条，工作完成率100%；公益性岗位新招聘5人；新申请市区灵活就业661人；处理辖区讨薪突发事件6起，涉及农民工120人。

（孟庆玮）

【住房保障】 年内，受理辖区居民申请办理保障房事项847件；原廉租房、经适房和限价房轮候家庭申请公租房家庭24户。居民申请变更事项631件，办理资格终止97件。发放经适房宛平项目选房排序单27户，经适房补选家庭38户；发放公租房选房排序单791户；入住公租房家庭新申请租金补贴178户。

（孟庆玮）

【助老服务】 年内，为符合条件的京籍及外埠老年人办理老年证940张，发放养老助残券总金额708万元；核发高龄津贴4632人次、高龄医疗补助18人次；为空巢老年家庭安装烟感报警器5300户、落实安装连心通100户；举办活动26场，辐射12个社区、服务对象600多人，“小餐桌”服务为空巢和高龄老人提供送餐服务90多人次，对失能老人免费专人送餐30多人次，做量子体检30人次。

（孟庆玮）

【社会救助】 年内，审核新申请享受低保待遇46户77人，撤销20户37人；新申请享受低收入待遇22户；办理医疗救助421人次；办理临时救助500户次；新申请享受“两项补贴”人数139人，撤销68人；使用丰台街道爱心家园一次性临时救助34人次；慈善救助11人次；为辖区困难家庭发放爱心卡179户。

（孟庆玮）

【社区建设】 年内，制定《丰台街道社区协商议事工作流程》，规范协商的内容、参与的主体、协商流程和工作要求、保障措施等内容。做到小事不出社区，大事不出街道，疑难问题依托相关职能部门共同破解。东大街东里、东幸福街、北大街、建国街、前泥洼5个社区通过引进专业公司的模式，进行停车带小区封闭管理，达到日夜值班、定点巡逻、监控覆盖、停车有序；北大地西区和东大街西里停车带小区封闭管理，进入对居民半价收费阶段，逐步向全收费过度。开展规范化建设示范点、社区之家等工作，北大街北里是规范化建设试点社区，社区更换服务站服务台，更换楼道单元门39个。

（孟庆玮）

【依法行政】 年内，制作横幅8条，悬挂铁路周边的8个社区沿线；深入社区、产权单位与承租人进行约谈、沟通50多次，协商腾退时间；在辖区永善里小区组织开展2017年“国际民防日”“12·4”国家宪法日宣传活动，发放宣传品近300个、资料400余份；各社区开展各项宣传活动，发放环保袋15000个。

（孟庆玮）

【安全生产】 年内，检查生产经营单位3026家次，下发整改通知单588份，发现隐患634处，督促整改隐患578处；联合检查10余次；开展易燃易爆场所、人员密集场所、三合一场所、养老福利机构等重点场所安全夜查2次，检查重点单位45家；对涉及职业危害的单位进行专项检查，主要检查机动车维修、加油站、制药厂、印刷厂等30家单位，发现隐患4处已整改完毕；制作“禁止燃放烟花爆竹”标识400个、井盖安全提示贴5000个、安全燃放横幅25条进行宣传；召开“防火防煤气中毒工作部署会”，取暖季一氧化碳报警器安装率100%。辖区取暖户610户，签订责任书818份，发放材料4922份，悬挂条幅70条，集中宣传12次；购买一氧化碳报警器262个，对19个社区存在过期、损坏的报警器更换252个，实现辖区一氧化碳报警器全覆盖。为辖区低收入人群安装燃气安全辅助设备和独立式感烟火灾探测报警器，完成对411户安装灶具188个、控制阀208个、软管195个、报警器410个。

（孟庆玮）

【矛盾化解】 年内，着重开展“两节”“两会”“六四”“十一”“十八届六中全会”“十九大”期间的矛盾排查工作。排查各种矛盾纠纷25件；重点摸排会议7次，组织召开相关部门和当事人的协调会16次；接待信访65件122批次 284人次，其中反映综合治理问题的12件，城市管理38件，环境卫生、违章建筑等5件，生活困难3件，其他7件。办结59件，信访件办结率91%。

（孟庆玮）

【社会保障】 年内，新办残疾人证223人，受理无障碍改造申请41户，申请辅助器具27人，儿童康复补助21人，组织10名残疾人参加就业援助月招聘会；依据政策做好非京籍适龄儿童206人入学审核；办理一孩生育登记429个，流动人口生育服务单482个，二孩生育登记370个。全年完成低保复审800户1480人；临时救助163户400人；采暖补贴132户264人；申请医疗救助130万元。受理辖区居民申请办理保障房事项847件。

（孟庆玮）

【文体活动】 年内，参与区级文化赛事4场；参与区级培训16场；组织街道级文化活动60场，社区级文化活动300余场，街道级培训40场次，受众人数达10000余人；丰台区老教协、丰台花园等单位的文艺团队2000余名文艺骨干为辖区百姓文艺演出25场，受众人数7000余人；利用体育生活化资金为社区安装7套体育健身器材32件、室内外乒乓球台10套、棋牌桌5张、轨道棋桌5张等；更新健身器材149件，为6个社区安装轨道棋19套。

（孟庆玮）

卢沟桥街道

【概　况】 卢沟桥街道始建于1968年，位于丰台区北部，东至丽泽桥、莲花桥一线，与太平桥街道接壤；南至丰北路及丰台西路，与丰台街道、新村街道交界；西至张仪村路，与宛平城地区相连；北至莲石路，与石景山区、海淀区毗邻。西三环、西四环、京港澳高速、莲宝路、大成路、卢沟桥路、青塔西路、丰北路等路线贯穿整个辖区，区域内公共交通便利。街道辖区面积59.73平方公里。管辖社区37个，其中3000户以上社区16个，与卢沟桥乡12个行政村相融交错，常住人口259466人，流管平台流动人口76173人，属于典型的城乡结合部街道。辖区内国家机关、文化、教育、商业、企业单位分布相对集中。有中央、市属单位中建一局、中铁电气化集团公司、铁路通信号集团公司、中国电子工业出版社等50余家；有中国人民解放军八一电影制片厂、海军装备研究院、解放军总参谋部第六十一研究所、解放军第三〇二医院、武警北京总队第三师等10个驻区部队；有公安派出所、工商所等10个区政府职能部门派出机构；有外埠驻京办事处机构12家；企事业单位4600余家。

（黄　婧）

【社会综合管理】 年内，完善“管理网、治安网、服务网”功能，整合辖区志愿者队伍7000多名，强调“十桥一线”重点守护，建立志愿者分时段上岗，机关、社区干部错峰盯守机制，成立联合执法队开展日巡夜查行动。接待群众来信、来电、来访178批次，领导深入现场解决问题21次，解决群众诉求问题10件。

（黄　婧）

【环境建设】 年内，建立“街长制”“河长制”环境治理7项工作制度，引入专业保洁力量，成立120多支群众队伍，对182条背街小巷实施专业化保洁，实施凉水河非法鸽子市场综合整治。制定《空气重污染应急预案》，处置空气重污染天气6次，协调环境综合整治10余次，实施重点环境保障活动60组次，治理散乱污企业89个，处理市容卫生网格案卷3000余件，清运渣土、堆料5000吨，打击劣质煤12吨，推进五里店、大井、青塔村等煤改电1242户。实施专项拆违行动28次，协调相关部门拆除违法建设60处52652平方米，综合治理“开墙打洞”163家，拆除西四环中路83号加达别克4S店违法建设10615平方米，整治蔚园22号院私搭乱建2944平方米，关停封堵望园路锦绣宫5100平方米，辖区新生违法建设保持“零增长”。

（黄 婧）

【劳动就业】 年内，采集空岗信息2710个，实现城乡劳动力就业指标478人，困难人员就业指标695人，失业人员就业指标1030人，创业指标231人，社区就业指标742人，创业带动就业指标277个，督查用人单位1246家，取缔“黑职介”3家，成立企业工会8家，街道工会服务站被评为北京市模范职工之家。

（黄 婧）

【住房保障】 年内，受理保障房申请485户，取得备案资格429户，开展协助调查310户，各类复核410户次，处理解锁事项103户次，接待来访来电咨询2600余次。向社区发放各类选房通知单72户次。接待来访来电咨询5000余次。

（黄 婧）

【助老服务】 年内，建设养老驿站3处，推送辖区老年人信息，审核新增60岁老年证848人次，新办理80岁养老卡929人，90岁高龄津贴人员81人，办理60岁老年证1073人，为80岁以上养老卡充值5007人52.845万元，核对发放超转、地退、遗属生活补助4501人次910.34万元，调标及补发工资521人101.31万元，慰问生活困难高龄家庭5户，发放慰问金及慰问品5500元。

（黄 婧）

【社会救助】 年内，统筹民政、计生、妇联、残联、社保五大系统，探索建设政务服务中心，组织落实各类民生保障2179万元，开展“春风送暖”“共产党员献爱心”活动，募捐善款12万元，捐助衣物90包22046件，紧急救助困难人员279人次68.26万元，走访慰问困难、高龄人员2723人次98万元。

（黄 婧）

【社区建设】 年内，完善更新社区民情图37个，广泛运用“互联网+”理念，实现手机APP微信网络服务平台创建全覆盖，“智慧社区”升星达标26个，建立社会综合服务管理平台试点社区3个，实施为群众办实事项目92个。

（黄 婧）

【基层党建】 年内，召开专题研讨会、专题民主生活会、专题组织生活会，查找现实问题103个，制定班子整改措施15项，制定基层党组织为民办实事81项，推进45个党支部规范化试点建设。完善工作纪律、作风管理制度39项，制定上会议题议事管理审批办法4项，量化处级干部包片联系社区、科级干部“一带一”指导社区督导流程6项16条，作风纪律检查督查通报21次，70篇实用信息和经验做法被《昨日市情、丰台信息、丰台政务》刊发，65条外宣信息被区级以上报刊和新闻媒体采用。

（黄 婧）

【非首都功能疏解】 年内，量化任务清单16项，查处无照游商、占道经营1097起，取缔无照经营单位、餐饮商户215家，治理违法群租房228处，疏解一般制造业、低端市场3家，整治规范普通地下室5处、人防6处，清理京铁家园小区地下空间34220平方米、房间2718间。

（黄 婧）

【安全管理】 年内，制定经营、生产、消防、交通、食品、药品安全、预防煤气中毒应急预案，更新建立11类生产经营单位台账1908家，签订安全责任书1908份。引进专业公司参与安全管理，指导30家小微企业完成达标，50家企业达到创建标准。检查危险化学品、建筑施工工地、汽车及修理、商市场、在建工地、加油站等危险行业生产经营单位

1260家次，发现安全隐患856处，督促整改762项，集中整治高风险密集场所1068处，拆除彩钢板房64处26408平方米，组织、指导应急演练718家，被推荐北京市安全生产先进单位、示范检查队和突出贡献奖。

（黄　婧）

【精神文明建设】 年内，建立“今日卢街”报纸、“文明卢街”微信、微博，处理网络舆情190件，推送微博、微信230条。拓宽“北京榜样”“最美丰台人”“发现丰台之美”创建途径，以“六个卢沟桥”为主题，举办“百姓周末大舞台”特色活动19场。

（黄　婧）

太平桥街道

【概　况】 太平桥街道位于丰台区的中北部，东与西城区接壤，北与海淀区毗邻，西南分别与卢沟桥、新村、右安门街道和南苑乡搭界，并与卢沟桥乡6个村交叉相连，是典型的城乡结合部地区，辖区面积9.81平方公里，常驻人口69620人。街道有编制科室21个、内设科室1个，2个事业单位、2个派驻机构和16个社区居委会。地区为首都交通枢纽、对外窗口和丰台区的经济、政治、文化活动中心之一。年内，街道被评为北京市交通安全先进单位、首都绿化美化先进单位、首都环境建设样板单位等。

（秦建超）

【社会综合管理】 年内，拆除违法建设11022平方米，清理占道经营1285起，取缔无证餐饮75家，清理“开墙打洞”127处，疏解一般制造业1家，治理“散乱污”企业92家，完成市场疏解1家，清理普通地下室23处，清理人防工程8处，发现并整改138处604间违法群租房。结合各项整治措施，加强流动人口和出租房屋基础信息采集，掌握辖区流动人口状况。

（秦建超）

【环境建设】 年内，完成市级环保督察交办件办理23件，出动执法人员1066人次，开展联合执法48次，整治点位126个。加大重点区域监管力度，对环境违法行为易发、多发点位及重点污染源切实加强管控。完成4个社区10户居民“煤改电”，辖区内全部实现无煤化，继续打击出售散煤行为。加强9个垃圾分类小区的指导、宣传与设施维护，提升垃圾分类水平。

（秦建超）

【劳动就业】 年内，完成就业302人，推荐困难就业149 人，超额完成就业创业指标。开展劳动日常巡查和检查3548户次，为农民工追讨工资21人8.95万元。结合区域提升工程，重点跟踪检查建筑施工领域拖欠工资问题。全年无突发和群体性讨薪事件。

（秦建超）

【住房保障】 年内，为467户家庭办理政策房备案等相关手续；签订市场租房补贴合同22户，发放补贴金额23400元；终止住房保障资格16户；审核保障性住房变更10户；完成廉租租金补贴发放资格复核3户；续签廉租合同4户；完成公租房资格、租金补贴及申请家庭资产、人员生存、房产等事项核查48户；完成 “三房轮候”家庭申请登记公租房6户；发放公租房项目选房通知单101份。

（秦建超）

【助老服务】 完成老年人家庭适老化改造；为辖区老年家庭配备简易报警器；建设莲花池、菜户营社区养老服务驿站。建立“低龄帮高龄”互助服务队和“小手拉大手”志愿服务活动；组织开展“孝星”评选、“老有所为”先进典型人物推荐宣传活动；开展老年人防范非法集资宣传活动20次，覆盖人群800人；开展 “敬老月”重阳活动。

（秦建超）

【社会救助】 年内，完成低保家庭复审2次，共168户269人。建档整理档案156人，完成175户277人的参保统计，全年发放低保金1067586.06元。为辖区内救助对象办理医疗救助临时救助47人，救助金额85473.2元。办理残疾人补贴40人，因病致贫救助2户，发放低保家庭采暖补贴14户17800元，电费补贴发放378户8596.25元，为低保家庭报销药费134人123468.21元。

（秦建超）

【社区建设】 年内，成立4家业委会。选树典型、提炼社区管理经验，以蓝调社区为规范化社区创建示范点，开展“爱在蓝调”“悦动蓝调”系列活动。为7个社区安装视频监控系统188台；联合太平桥派出所在4个社区开展7×24小时社区警务站建设；建立会商联动及反恐维稳联络机制，完成全国“两会”“一带一路”高峰论坛、党的十九大等重要、敏感时期安保任务。出动治安志愿者11.3万人次，专业警力7240人次，专职巡防队、社会单位及物业安保人员等其他防控力量1.7万人次。

（秦建超）

【基层党建】 年内，以推进“两学一做”学习教育常态化制度化为抓手，夯实基层组织基础。以选好建强党支部为突破，促进基层组织规范化。81个基层支部完成换届工作。筛选3个社区党委作为第一批党建示范点。全年发展预备党员10人，对13名党员进行组织处置，摸排流动党员929人，联系730人，纳入组织管理308人。

（秦建超）

【群团建设】 年内，发展工会会员870人，建立独立工会组织6家，完成企业建会任务。工会组织开展莲花池公园环湖健步走、登山等活动4次，组织慰问职工、劳模等375人次，体检420人次。选举产生新一届妇女联合会，开展“示范妇女之家”“示范儿童之家”创建、“寻找最美家庭”等活动。拓宽青年品牌活动渠道，精准帮扶困难家庭青少年，促进团组织规范化建设。

（秦建超）

【矛盾调解】 年内，受理来信、来访24件，同比下降7.7%，答复率100%。集中开展社会矛盾纠纷和重点信访人排查工作4次，处级领导干部接待来访332次476人次，约谈约访67次，涉及134人，下沉社区了解民情、化解矛盾92次。

（秦建超）

【安全监管】 年内，检查辖区企业3570家，发现隐患3508处，整改2997处；拆除彩钢板建筑80处7000平方米，清理可燃物300余吨。建成并完善16个微型消防站，为91户困难家庭淘汰不合格燃气灶具，为60岁以上老人安装2150套独立感烟报警装置。为辖区8处主要干路设置共享单车停放点，重新施划部分道路标志，安装机非护栏1300余米、地桩300根。

（秦建超）

【民生保障】 年内，做好优抚对象、征地超转人员等各类民政对象的管理服务，发放工资、补贴、抚恤金等各类资金483.7万元。完成2家社区养老服务驿站建设。为118人发放独生子女父母一次性奖励11.8万元。为467户家庭办理政策房备案等相关手续。完成119名非京籍适龄儿童少年入学联审工作。

（秦建超）

【文体活动】 年内，开展“周末百姓大舞台”“五月的鲜花”“悦动莲花 最美书评”活动、“不忘初心 永葆青春”书画展、“阅读点亮中国梦”读书征文活动等各类文化活动124场。完成96156社区大课堂49节。举办数字电影放映活动40场，观影400余人次。举办健步走、登山、健身操舞、全民健身知识竞赛、牌王争霸赛、青少年棋类比赛6项赛事活动，覆盖辖区居民5000余名。

（秦建超）

【环境整治】 年内，实施三路居93号院屋面防水、东管头社区车棚和绿地硬化，西站南路、太平桥中里15号楼东侧拆后硬化美化等多项工程。整治万润社区南侧河边脏乱点，拆除私搭乱建菜地、废品回收房14处，清运垃圾800余吨。查处无照经营 2000余起，取缔黑三轮车260余辆，查处非法散发、张贴小广告1100余起，规范“门前三包”2500 余次。

（秦建超）

【绿化美化】 年内，为14个社区采购黄杨、月季等27个品种苗木1.7万株，对9个社区700余株树木进行修剪。在太西里社区创新试点“阳台花园”“蔬菜进家庭”项目，为居民打造属于自己的“迷你花园”。加强91条背街小巷、18.5万平方米无责任单位管理、自管绿地保洁养护。实施菜户营、西里、天伦等社区公共区域卫生保洁服务项目，改善老旧小区环境卫生面貌。

（秦建超）

新村街道

【概　况】 新村街道位于丰台区中南部，东至草桥、新发地一线，西至丰台西站，南至羊坊、与大兴相接，北至京广铁路、造甲街、丰台南路和看丹路，行政区域总面积50.28平方公里，管辖8.5万户19.1万人，流动人口6.7万人，辖区有32个社区，2个筹备组。辖区内大学3所，普通高中1 所，初中3所，小学8所，幼儿园7所，社区医疗卫生机构8个。

（徐立松）

【社会综合管理】 年内，个人出租房屋税收征收1007万元；清理整顿群租房289处，接到各类举报件335件，整改289处。约谈承租人产权人46次，入户清理宣传81次，组织人力930余人次，通过张贴公告，向租户发放宣传告知单等措施，疏导租住地下空间的人员搬离。截至11月底，清理整治出租大院4处。加强治安巡逻志愿者队伍建设，认定星级志愿者4724人，其中四星25人，三星1759人，二星2270人，一星670人；占治安巡逻志愿者总数的99%。

（徐立松）

【环境建设】 年内，开展非法小广告专项整治行动，露天烧烤、无照经营、店外经营、占道经营专项整治活动，节假日、两会、重点会议期间环境秩序保障工作等专项整治行动10余项。健全长效机制，将地区每条街巷落实到社区、落实到人，街道聘用环卫保洁队、小广告清除队、日常检查队3支队伍，确保环境卫生工作精细化、常态化管理。明确门前三包内容，建立“门前三包”管理台帐1820家，追踪垃圾消纳地点，确保辖区商户产生的垃圾进入正规垃圾消纳场所。全年整治“开墙打洞”经营户232户，整治面积67379平方米，疏解人口620人。完成韩庄子丰益众菜市场西侧路、丰西社区门前路2条背街小巷环境整治工作。出资19万元对保温段小区公厕进行改造。协调城管分队、工商、公安、食药、交通部门联合执法对辖区重点地区重点整治。对辖区内脏、乱地区包括银地周边、万柳园周边、韩庄子二里周边、地铁九号线、十号线周边、怡海花园西门周边等重点地区，采取重点地段、重点时间、重点盯守。

（徐立松）

【劳动就业】 年内，城镇登记失业率1.65%；失业人员就业人数1303人，其中困难人员就业人数799人；企业建档动态保持户数186户；就业困难求职人员实现就业比例

89.58%；实现创业207人；带动就业270人；充分就业社区占总数81.3%。推荐城乡劳动力就业人数435人；空岗信息采集数2708人次；社区安置就业613人。

（徐立松）

【住房保障】 年内，受理新租房及补贴申请431户，其中公租房新申请310户，市场补贴申请62户，公租房补贴申请59户；保障房变更、终止、解锁291户，其中公租房变更115户、终止36户、解锁53户，廉租房终止59户，限价房变更6户、终止11户，经适房变更3户、终止8户。完成保障房复核391户，其中公租房复核190户，公租房补贴复核30户，市场补贴复核63户，廉租实物配租复核108户。完成公租房摇号、选房、发放选房单296户；完成经适房补选29户。完成区住保部署的经联网查出的名下有房及超标家庭56户的复核、笔录及上报汇总工作。全年接待群众来访来电730余次。

（徐立松）

【助老服务】 年内，办理各类老年事务2.3万人次。包括：办理老年证719人；80岁养老助残卡新申请546人；充值信息3.9万条，充值399.465万元；办理90岁以上高龄津贴新申请77人，发放高龄津贴27.5万元，上报各类老龄信息105条；与辖区内的3家养老机构分别签署合作协议，对辖区的老年人开展助餐、助浴、助洁等服务；联合新村社区卫生服务中心为辖区老年人提供签约式医疗卫生服务，与辖区372名老年人签订上门就医服务协议；建成丰西、万柳园2处社区养老服务驿站，为辖区老年人提供日间照料、助餐、助浴等多种服务；对辖区12户低保和3户95岁以上老年人家庭进行适老化改造；向区老龄委申请26.59万元的养老助餐服务补贴资金，指导怡海物业公司开放单位职工食堂作为养老餐桌；“连心通”腕表签约老人366人，发放“连心通”腕表366块；为9名老人办理助餐、助浴服务补贴；为万柳园、万柳西园社区楼梯间加装无障碍扶手设施，并支持2家养老驿站的建设，对桥二社区老年活动室进行改造，总费用105万元。

（徐立松）

【社会救助】 年内，低保家庭307户559人，办理新申请21户38人，终止21户42人，召开社区民主评议会35次；变更499户；低收入家庭3户8人。发放低保金584.92万元；低保调标补发13.4万元；受理医疗救助259人次35.92万元；重大疾病救助95人次38.79万元；贫困孕产妇救助1人3355.1元；因病致贫救助1人2709.89元；减免住院押金8.8万元；大额支出困难家庭救助45人次18.89万元；临时救助635人次56.89万元；教育救助2人9000元；办理燃煤自采暖补贴36户3.55万元；清洁自采暖补贴31户4.21万元；集中供暖补贴136户19.25万元。为5名儿童办理儿童生活费复审。为335名严重精神障碍患者监护人申领看护管理补贴53万元。为937名残疾人办理残疾人护理补贴，为317名残疾人办理生活补贴，共发放补贴49.4万元。为3名高中生办理慈善助学金6000元。为1名困境家庭服务对象办理入住福利机构。

（徐立松）

【社区建设】 年内，申报鸿业兴园社区、富锦嘉园社区为市级“一刻钟服务圈示范点”，惠及7000多户居民。申报怡海花园社区为“社区之家”示范点。使用老旧小区专项资金，改善老旧小区环境，在绿化保洁方面投入130万元，维修维护方面投入63万元，安全防范方面投入130万元。新成立中海九浩苑社区和银地家园第二社区，解决未纳入城乡管理地区居民“无归属”“办事难”问题。全年社区参加培训4次104名干部。为三环新城第二社区、万柳园社区和怡海花园社区购置办公桌、座椅等办公家具，支出22.8万元。社区办公与服务用房租赁项目12个，支出176万元。6月，社区购置打印机10台7920元；购置电脑25台146550元；7月，购置空调34台194440元。购置微波炉12台，电磁炉9台，折叠床26张，经费18300元。

（徐立松）

【非首都功能疏解】 年内，制定《新村街道"疏解整治促提升"专项行动2017年实施方案》，清理整治地下空间14处，涉及204人；清理散租住人和存在安全隐患的地下空间4处，涉及27人；依法取缔违法群租房319户，涉及1420人。开展安全隐患排查清理整治专项行动，拆违60681平方米，涉及7134人。拆除铁路林场区域内的违法建设20401平方米。

（徐立松）

【联合拆违】 年内，联合城管分队、派出所、社区居委会，出动人员13400余人次、车辆1000台次，劝拆并制止风格与林、万柳园、优筑、造甲南里、银地、富丰园、科一、桥二、万柳西、韩二、首经贸、富锦、造甲村等社区的违法建设。违法建设拆除127处62857平方米，新生违法建设零增长。

（徐立松）

【矛盾排查化解】 年内，接待群众来电来访110余人次；处理网信31件次；纸信202件713人次；市信访办转访件38批69人次；区信访办转访件51批217人次；自收12批26人次。

（徐立松）

【安全生产】 年内，出动9300余人次，检查辖区单位3400家次，下达文书3400份，发现安全隐患1591处，整改隐患1552处。全年签订各项责任书7500余份，发放张贴各类一封信、告知书等宣传材料95856份。制定《新村街道安全生产"党政同责、一岗双责"规定》、变更修订安全生产委员会组成人员及相关成员单位。春节期间检查辖区内11家烟花爆竹销售网点120余次；完成"百名专家服务万家企业"活动，协助安全生产专家全面开展为辖区30家商铺进行安全指导工作；在商市场、餐饮、物业、建筑、危化等行业完成51家小微企业安全生产标准化达标创建任务；完成辖区范围内6家试点企业的"一企业一标准一岗一清单"企业清单编制工作；全年2次聘请安全专家对辖区内53家重点企业开展安全指导工作；聘请培训专家为32个社区安全委员进行日常安全检查业务培训；完成安全生产责任险任务75家，并配合专家开展隐患排查工作；完成辖区302户低保户免费更换燃气灶具工作。安全生产大检查期间，出动854人次，检查单位1350家，发现安全隐患337项，完成整改246项，整改率73%；摸排上账隐患522处，整改492处。为微型消防站装备不完善的社区购买100个灭火器，发放4200个独立式感烟报警器。

（徐立松）

【交通安全综合整治】 年内，出资8万元，在造甲街道路两侧新建中心护栏90米、新建桩头6个、禁停标志4个、施划禁停标线1200米、新建便道桩120个。综合整治40次，联合丰北大队清理僵尸车150辆。对冷冻厂西侧道路交通乱象进行专项整治，采取疏堵结合，联合周边单位参与共同治理，投资29万元安装监控探头，做到"头上有监控措施，地下有管理队伍"。

（徐立松）

【民政服务】 年内，超转、军地退及优抚1012人，其中超转808人、军退47人、地退21人、伤残军人61人、义务兵家庭42户、三属22人、参战3人、在乡复员3人，农村籍士兵5人。发放各类人群生活费3000万余元；组织18名军退职工参加区级外出疗养活动；办理优抚人员集中供热采暖补助申请6人；办理超转自采暖补贴申请252人36万元。

（徐立松）

【双拥共建】 年内，与辖区部队开展拥政爱民活动，多次召开军地学联动会议，共创首都文明示范区，发挥地理优势，联系驻地部队对小区进行环境整治；八一建军节向9支共建部队和32户义务兵家庭送上亲情慰问。

组织八一建军节前各项双拥活动，采购6万元慰问品；11月份组织街道辖区部队参加区双拥办举办的团体羽毛球、篮球比赛，其中篮球比赛获得全区第一名。

（徐立松）

【劳动监察】 年内，完成劳动保障监察员日常巡查280家，劳动保障监察协管员巡查3500多家次；新增企业31家，地区单位3028家；劳动合同签订率99.5%，续订率99%；完成劳动用工规范一条街工作。补签规范的劳动合同42家企业，补缴社会保险1200人。150名员工补签劳动合同，3家企业补办社保登记证。年底完成农民工工资专项执法大检查，分网格分区域走访检查单位300家，发放宣传资料2500余份，确保年前工资无拖欠；完成办理知青返城人员3人，上报材料合格率100%。

（徐立松）

【妇联工作】 年内，推动妇联改革，4月12日开展第二届换届选举工作，推荐妇女代表101人，选举主席1人，副主席4人，执委31人。6月17日，在丰台科技园区生态园乒乓球训练馆，开展新村街道首届“和谐杯”家庭亲子乒乓球比赛。来自社区32个家庭团体、81名个人参加比赛。推荐姜琳娜参评2018年北京市三八红旗奖章。

（徐立松）

【助残工作】 年内，享受助残服务券的残疾人429名，为残疾人发放燃油补贴221人57460元；为119名残疾人办理城镇残疾人个体保险报销80%补贴985652.78元；春节期间，走访慰问500户困难残疾人家庭，送去慰问金和慰问品折合人民币304000元。为17名16岁以下残疾人儿童办理残疾儿童康复补助173450元。为5名残疾人大学生申请助学款项16400元。为辖区3142名残疾人办理残疾人服务一卡通申请，办理率99.96%。组织康复站劳动人员进行室外康复训练9次600人次；经过与用工单位协调，安置58名残疾人就业；35户残疾人家庭进行无障碍改造工作。

（徐立松）

【社保工作】 年内，社保业务下沉工作完成7533笔；医保报销1357笔；城镇居民医疗保险新参保2210人；城乡居民养老保险参保420人。

（徐立松）

【文教工作】 年内，组织155支文体队伍，3356名文体骨干，32名社区文教委员，开展文体活动180场，受众人数55000余人。为居民放电影50场次，周末大舞台演出13场次、观看人员6500余人。100平方米以上的社区文化室27个。辖区内32个社区均达到北京市“体育生活化社区”的标准。红十字会站32个，红十字急救员300余人。救助困难家庭15个。部分社区配置急救箱。辖区有社区卫生服务中心1个，社区卫生服务站9个。审核非京籍儿童入学650人，开展卫生知识讲座70余场。

（徐立松）

右安门街道

【概　况】 右安门街道位于丰台区中东部，辖区东至北京南站与东城区相邻，南至京山铁路与西罗园街道相连，西至菜户营与卢沟桥乡、太平桥街道接壤，北至护城河与西城区隔河相望。街道办事处坐落在右安门外翠林小区。2017年，辖区面积4.70平方公里，有大街小巷25条，设16个社区。常住人口3.3万户8.3万人。流动人口5714户1.9万人。驻辖区单位1493户，大学1所，中学3所，小学3所，幼儿园4所，医院3家，养老照料中心1

家，养老驿站2处，老年就餐点4处。

（富　晶）

【社会综合管理】 年内，动员社区群防群治力量参与治安巡逻，完成“两会”等重要时间结点的综合维稳任务。启用中心监控大屏，实现对辖区24小时集中监控。增设监控探头450个，安装数量同比增长33.1%，以东庄、北京南站、首医大及周边为重点、组织地毯式摸排和专项整治11次，清理日租房、黑旅店39家，组织联合执法行动230次，出动人员1960人次，查处占道经营各类车辆69台次，规范门前三包秩序2500余家次，立案处罚642起，清理游商200余人次。

（富　晶）

【环境建设】 年内，完善城市环境卫生精细化管理长效机制，落实160条背街小巷保洁责任。拆除违规广告牌匾65块，清除渣土640余吨、生活垃圾480余吨、小广告25000余张、堆物堆料135处。完成109户居民户内线、外电网及设备的安装、调试和验收工作，辖区实现“无煤化”。推进玉林西路精品示范大街建设，东庄棚户区改造、玉林西里、玉东三社区下水改造等任务。南站幸福路增设交通设施，引进专业停车公司，推进东庄、翠林地区停车秩序治理。

（富　晶）

【劳动就业】 年内，城镇失业转就业512人，采集空岗信息数2586条，跟踪回访就业困难人员100%，建立招聘单档案53户，组织50家企业参加的多场专业招聘会，提供就业岗位430余个，与招聘企业达成就业意向200余人。组织开展和谐劳动关系单位创建活动，对劳动用工情况实行网格化巡回监察，从9个方面对全地区60家单位劳动用工情况进行规范。

（富　晶）

【住房保障】 年内，受理新申请保障性住房家庭263户、市场租房补贴50户、公租房租金补贴70户。公租房资格复核31户，公租房租金补贴资格复核32户。组织356户家庭参与13个公租房项目的选房工作，其中165户家庭办理入住。月续签补贴合同74户次，发放补贴92万元。

（富　晶）

【助老服务】 年内，推进困难老人居家养老助餐服务、助浴服务、“低龄帮高龄”互助服务3个全国试点项目及“连心通”试点工作。党员上门服务、生活服务、居家养老服务和居家医疗服务4项基本服务派单155单。建成玉林里A型养老服务驿站和开阳里C型养老服务驿站，新增玉东一和开二社区2处老年就餐点。组织开展寿星评选活动，为360名老年人办理老年证，为3184名80岁以上老年人发放补贴31.97万元，为314名90岁以上老年人发放高龄津贴32.63万元，为19名95岁以上老人发放医疗药费补助14.18万元。

（富　晶）

【社会救助】 年内，审核新申请享受社会低保户待遇9户13人，发放低保金605.52万元。发放集中供热补助金30余万元、电价补贴2.31万元，新批特困供养对象1户1人。发放医疗救助款53.64万元、重大疾病救助款32.84万元，临时救助款7.84万元、教育救助款2.25万元、生育救助款0.42万元。向25名60岁以上低保老人发放慈善医疗卡，为4名低保家庭高三学生申请慈善助学项目。为389户困难家庭淘汰不合格燃气灶具并安装燃气安全辅助设备和独立感烟火灾探测报警装置

（富　晶）

【社区建设】 年内，完成翠一等11个社区的“智慧型”社区升星工作。指导翠二社区创建“社区之家”示范点，推动东滨河路、开三社区开展居民立体阳台绿化试点工作，完成开二、永乐社区市级社区规范化建设示范点奖励经费立项。落实《右安门街道楼门长管理制度》，健全完善楼门长例会和激励制度，更新社区民情图。辖区楼

门长人数1585人。

（富　晶）

【非首都功能疏解】 年内，清理地下空间18处，治理群租房47处，整治“开墙打洞”243处、清理67处直管公房转租转借，取缔无照经营单位36家、无证餐饮企业17家，治理“散乱污”小企业13家，拆除违法建设1万平方米。

（富　晶）

【安全生产】 年内，开展各类安全检查2642次，整改隐患893处。组织辖区单位、社区、企业开展集中消防培训和演练4次，受众2000余人，涉及企、事业单位20余家。建立微型消防站13个。开展取暖季预防煤气中毒检查80余次，整改隐患90余处。帮拆自拆彩钢板房20处6000余平方米，停产停业存在突出安全隐患企业20家、协助消防部门关闭取缔1家、联合执法部门行政处罚1家。全年组织开展检查498家、专项检查20余次。

（富　晶）

【社会保障】 年内，为9名社区管理退休人员自采暖补助9万元，发放25名地退人员退休工资143.15万元、113名超转人员生活补贴266.43万元，受理各类社会保障类人员药费报销670人次339万元，社会救助类人员药费报销342人次186万元，为退休人员变更医院2508人次，补（换）社保卡2833人次。

（富　晶）

【助残服务】 年内，召开街道残疾人联合会第七次代表大会，选举产生新一届街道残联主席团。走访慰问残疾人家庭510户、发放慰问金17.2万元、发放物品折款9.6万元，为226名残疾人和715名重度残疾人发放生活补贴和护理补贴300余万元，发放精神病人护理补贴35.17万元，全年办理残疾证128个，审核发放残疾儿童少年康复补助7人次7.72万元、城镇个体就业保险补贴90人次61.21万元、燃油补贴239人次6.21万元、扶残助学补贴10人次4.39万元，为64户家庭安装无障碍设施，帮助68名残疾人实现再就业。

（富　晶）

【基层党建】 年内，开展理论中心组（扩大）学习27次、班子成员讲党课16次。完成82个党支部换届，新建2个“两新”组织党支部，按程序发展预备党员、预备党员转正各15人。机关党总支、各社区党委和“两新”组织开展集中学习652次、党日活动378次。按照“B+T+X”体系，依托“一规一表一册一网”，在22个党支部开展规范化建设试点工作。完成4600余名党员的信息录入，接转组织关系378人次。开展“我为十九大做贡献”系列活动，编制《我为十九大做贡献》图册，反映和记录街道工作。

（富　晶）

【精神文明创建】 年内，开展“争当文明有礼右安人”“志愿服务的故事”等系列宣讲活动，依托学雷锋月、交通安全日等组织社区居民、学生开展社会主义核心价值观宣传教育活动，推荐地区24名群众参与评选“北京榜样”，完成7家全国和首都级精神文明单位（社区）的材料申报，举办新闻写作讲座培训等活动。健全意识形态工作责任制，借助右安门政务网和“右安佑安”微博、微信公众号等载体展示工作、传递正能量，发布微博、微信、信息3300余条。加强网络舆情引导，全年发布舆情提示100余条。

（富　晶）

【双拥共建】 年内，为12名服现役军人家庭发放义务兵优抚金36.72万元，为6名军工人员发放工资30.23万元，组织2名军工人员参加区级疗养活动。

（富　晶）

【文体活动】 年内，开展居民演讲比赛、书香家庭评选、旧书换绿植等文化活动。组织百姓周末大舞台演出11场，利用传统文化节日组织文艺活动12场，开展百姓宣讲、幸福生活讲师团宣讲、各类理论宣讲、市民教育讲座100余场。

（富 晶）

【矛盾排查】 年内，健全完善街道、社区两级矛盾纠纷排查调处机制和信访制度，定期对辖区各类矛盾纠纷进行自排、自查、自纠、自化，开展社会矛盾排查16次，受理各类来电来信来访892件，办结率100%。

（富 晶）

马家堡街道

【概 况】 马家堡街道位于丰台区东南中部，东与西罗园街道、大红门街道接壤，西与新村街道相邻，南与南苑街道交界，北与右安门街道隔路相望；辖区内南三环中路、角门北路、角门路、嘉和路、枫竹路、南四环路、马家堡路、马家堡中路、马家堡西路和嘉园路贯穿东西南北，构成便利的交通网。辖区呈长方形，东西宽1.53公里，南北长3.21公里，辖区面积4.95平方公里，居民小区73个，居民56538户，常住人口101885人，常住外来人口22110人，设16个社区居委会。

（金中波）

【社会综合管理】 年内，加强治安志愿者队伍建设，开展群租房治理、禁毒、反恐、预防艾滋病等宣传活动，发放材料3万余份，组织开展反恐演习活动1次；规范矫正帮教工作，排查630人次，帮扶“两类”人员11人次；雇佣第三方力量对地铁站口进行定点看护，查扣黑三轮250辆；投资20余万元安装监控探头30个，为警务工作站配备保安20名，购买电动巡逻车16辆；成立主要领导负总责、分管领导负直接领导责任的市级社会治安重点挂牌督办整治领导小组，坚持与派出所的治安案件分析研判和预警响应机制，推进市、区两级治安重点地区摘牌。完成14处普通地下室、18处人防工程关停任务，清理群租房160户。

（金中波）

【环境建设】 年内，拆除违法建设35处5391.19平方米。立案处罚占道经营680起，完成率126%；建立工商、食药、城管、公安等多部门的联勤联动工作机制，取缔无证餐饮52家、无照经营单位18家，取缔散乱污企业52家、整改10家，疏解市场1家；整治、恢复“开墙打洞”190处；专项整治点位1130处次，宣传告诫620人，清理堆物垃圾550余吨；整治环境问题区级台账41个、市级台账29个，整治、规范店外经营商户400处次，取缔无照经营171处次，拆除违规广告牌匾108块、地锁22个，整治、取缔废品收购点位10处次；落实“门前三包”责任制，实现大排档违规外摆现象归零；清理小广告2400张，小广告停机166起；完成“社区服务街、嘉三支路”街巷胡同整治项目和嘉和路-镇国寺北街路段精品大街整治项目，制定街长制工作实施方案，定人定岗定责，完成辖区有证有照餐饮单位统计和台账建立工作；整改落实中央环保督查问题18件，办理、回复市级环保督办件71件；完成平房区“煤改电”改造施工289户；处理园林绿化网格件1219件；整修枫竹苑北路绿化带779平方米，铺砖193平方米；建立网格内污染源台账201家，组织环保网格员开展日常巡查，加大对辖区12处工地的检查工作；与130家单位签订餐厨垃圾清运协议；建立马草河和旱河“河长制”组织管理体系，加强节水监管工作，发放预警通知书28份；办理回复各类环境问题信访件510份，回复率100%。

（金中波）

【劳动就业】 年内，街道新增登记失业人员527人，帮助失业人员实现再就业518人，采集空岗信息1712个，保持“零就业家庭”100%安置率，城镇登记失业率为1.41%，实现灵活就业307人，创业带动就业214人，实现自主创业172人。

（金中波）

【住房保障】 年内，完成公租房申请受理510户，复审廉租房50户、公租房346户，受理市场租金补贴120人，组织选房入住331户。

（金中波）

【助老服务】 年内，为辖区60岁以上老年人办理老年证563个，为65岁老人办理养老助残卡11891个；享受高龄津贴老人274人，其中：新增享受高龄津贴老人71人，发放高龄津贴30.6万元；享受95岁以上高龄医疗补助15人，报销医疗补助1.8万元。新增402名80岁老人，发放居家养老补贴333.4万元。老人节期间，开展走访慰问辖区高龄老人，为11名北京市、丰台区高龄特困老年人发放慰问金11000元。年内，推荐孝星候选人16名，经过市区两级考评，荣获北京市孝星光荣称号10人。

（金中波）

【社会救助】 年内，为退休人员报销医药费金额125.3万元，报销医药费121万元，发放失业救济金204.9万元，发放低保金676.7万元 。做好4894名退休人员社会化管理工作；走访慰问街道辖区重病、特困、高龄、军工等困难家庭约400户。救助488户135万元；伤残抚恤56.9万元。

（金中波）

【社区建设】 年内，为西里三社区农机小区建设铁艺楼门和翻建自行车棚，为欣汇社区角门13号院和角门东里西社区皮革小区安装摄像头22个，推进老旧小区“有安全防范”“有停车管理”；依托“我家城南”微信平台启动“志愿服务日”活动，做好城南嘉园社区规范化示范点建设工作。翻建角门东里西社区办公用房，完成嘉园二里、西里一、西里二、富卓苑、星河苑5个社区的办公及服务用房屋顶防水改造，提高社区服务能力；开展嘉园三里文明养犬和嘉园一里微型花园志愿服务项目试点工作；完善社区乱堆乱放、不文明养犬等现象的发现、劝导机制，劝阻不文明现象3130人次。指导成立业委会1个、业主大会筹备组3个、按程序受理召开业主大会申请2个。

（金中波）

【安全生产监管】 年内，投资33万元为社区微型消防站配备14类992套消防器材，联合右安门消防中队对社区安全员、物业保安和派出所消防民警进行火灾处置演练，对社区消防网格员进行业务培训，增强社区的火灾预防和应急处置能力；开展安全生产和“119”宣传咨询日主题活动，印发火灾隐患逃生手册、消防安全宣传挂图等材料9万余份，制作硬质防火和交通宣传标语74块，开展居民楼堆物堆料、可燃物清理整治行动，为404家低保家庭更换老旧燃气灶具，对642户弱势群体采取结对子等形式进行帮扶，为平房区家庭配备灭火器350个，拆除彩钢板建筑42处；建立安全生产分级监管模式，检查生产经营单位3478家次，发现整改隐患1658处；在角门北路与嘉园路西沿长线、镇国寺北街永辉超市门前安装交通设施，缓解高峰时段交通拥堵；完成5家重点企业“一企一标准、一岗一清单”编制任务和51家小微企业标准化创建工作，企业隐患制度完备率100%，隐患信息系统使用率95%，创建1个“一区一警”警务工作站、1个文明交通平安示范社区；为3140名60岁以上户籍老人家庭安装独立感烟报警装置，完成预防煤气中毒和6个烟花爆竹销售点安全监管工作；开展安全隐患大排查大清理大整治专项行动，整治安全隐患436处，其中完成市区级台账任务207处。

（金中波）

【老旧小区环境改造】 年内，马家堡小区环境综合整治一期工程收尾，推进二期工程立项评审组织工作；以嘉园二里社区为重点，组织社区并协调辖区单位开展小区内环境整治工作，拆除违法建设306处5392平方米，清理绿地48处12520平方米；参与环境整治人员3200余人次，出动车辆872台次，清理垃圾堆物2722吨。

（金中波）

【网络化管理】 年内，完成区城指中心督办环境问题网格2630件，落实环境晨巡制度，发现并上报各类问题、隐患36189件，通过视频监控系统发现问题509件，接收96005丰台城市环境热线市民举报3365件，回复率100%。

（金中波）

【精神文明建设】 年内，成立首都文明示范区创建工作领导小组，细化工作方案，明确各创建专项组的责任分工，并动员社会各界投身的创建工作中来；制定专门的创建工作宣传方案，在主要路段布置硬式标语横幅60余处，各辖区布置宣传展板104块，电子显示屏20块，依托社区志愿者开展入户宣传，发放《致居民的一封信》5万封，入户脚垫5万个，海报800余份，开展“共创文明区、共建新丰台”新年团拜活动，寒暑假“小手拉大手，共创首都文明示范区”文明小使者进社区活动等群众性文化活动；开展十九大精神宣传工作，举办学习贯彻十九大主题书画展，组织文明引导员编唱快板书节目《起航中国》。通过“送学送书上门”、主题歌会等方式学习宣传十九大精神。将意识形态教育纳入到理论常态教育中，开展对党员干部、社区精神文明专职的意识形态培训教育；加强新闻信息员队伍建设，以街道、区政府官网，平面媒体以及微信、微博为平台打造意识形态宣传阵地；围绕辖区疏解非首都核心功能，提高城市社会治理和社会公共服务水平等工作拓展外宣平台，报送区两办信息89篇，编发马家堡街道情况36期，马家堡街道官网上发布信息3649篇，官方微博3460条，微信平台信息162条，区级以上媒体对街道重点工作进行报道36次。

（金中波）

【文化体育卫生】 年内，举办“国粹艺术进社区”品牌文化活动、周末百姓大舞台系列活动等文化活动68场次，参与活动演员1800人次；为社区文化室购置音响、服装、道具等；开展全民健身宣传活动，发放宣传品2000册，举办趣味运动会、国民体质测试、健康锻炼知识讲座等全民健身活动40场，参与人数6万人次；完成188名非京籍适龄儿童入学审核工作；投入经费3万元，用于红十字“两节”送温暖、青少年校外教育、流动儿童强化免疫及查种补漏等宣传教育和卫生保障工作。

（金中波）

【基层党建】 年内，组织156个基层党组织开展专题组织生活会，对辖区4280名党员进行民主评议，并对1名不合格党员进行退党处理；调整党务专职工作者3人，其中提职1人，降职1人，解聘2人。新招录党务工作者21名，非公党建指导员2名，开展组工业务培训7天，入党积极分子、党务工作者业务培训3天，依程序处理长期不参与组织生活和不缴纳党费的党员18名；新建社区在职人员党支部8个，撤消流动党支部7个，完成86个党支部的换届选举。调整党支部书记，55位居民党员走上党支部书记岗位；制定《推进“两学一做”学习教育常态化制度化实施方案》，明确街道工委、社区党委、楼宇党委、机关党总支、社区党支部、党员等的学习教育职责和要求，确保“一规两册”使用规范有序；完成区级党建示范点建设5个，建立党支部试点32个，落实“B+T+X”工作机制。统一印制并下发《党委会记录本》，推进街道机关和社区党建工作全程纪实。

（金中波）

【群团工作】 年内，完成残联和妇联换届工作，为250名享受生活困难补助的残疾人补发补助金59.8万元，为395名残疾人家庭发放慰问金23.8万元。完成2142名持证残疾人基本需求和服务状态动态更新工作；工会建会1062家，举办暑期职工子女托管班，发放温暖大礼包687份。深化党建带团建，组织社区团委、青年汇开展青少年服务工作。

（金中波）

【法治建设】 年内，律师审查各类合同131件，代理行政诉讼案件5件，民事案件10件，行政复议1件，依申请信息公开事项3件；实施每周例会统一学法活动，成立法律智囊团为地区疏解整治促提升工作提供法律服务。受理调解各类纠纷隐患318件，成功率98.5%；集中开展法律服务60次，组织开展“关爱农民工暖冬行”法律援助、流动人口普法宣传周、消费者维权讲座等11场次，发放材料8000份；开展矛盾纠纷排查4次，摸排矛盾8件，涉及人员110余人，依法配合区有关部门做好嘉园一里煤库和木箱厂宿舍平房区集体访工作，推进居民依法逐级信访，化解突出矛盾问题。

（金中波）

西罗园街道

【概　况】 西罗园街道位于丰台区东北部，东起木樨园立交桥中心线，西到右安门外大街草桥路口，北起北京南站东南侧，南至角门路。辖区面积2.86平方公里。凉水河由西北向东南蜿蜒过境，境内长2公里，马草河经海户西里汇入凉水河。辖区西北紧邻北京南站，南三环中路、马家堡东路、马家堡路、角门路纵横交错，交通便利。2017年，辖区内常住人口为8.3万，流动人口1.6万。下设16个社区居委会。有中小学校6所、职高1所、托幼园10所，医疗卫生机构5所，社区卫生站4所，养老院1所，驻辖区部队2个。中国评剧院和北京京剧院坐落于辖区内，中国评剧大剧院是集戏剧、歌舞、音乐、演出为一体的一所多功能文化场所。

（董　雪）

【社会综合管理】 年内，签订综治维稳各类责任书900余份，签订率100%。为第二社区及洋桥村社区增加视频监控设施，为花椒树、洋西、洋北社区视频监控线路施行维护，辖区16个社区安装视频探头791个。成立综治中心和反恐处理突发事件应急小分队并组织应急反恐演练。拆除违法建设11161平方米，疏解流动人口415人。清查和治理“开墙打洞”商户142户，涉及5210平方米365人。查处占道经营805起。成立“散乱污”企业清理整治专项工作小组，完成治理124家。治理无照无证经营单位53家，疏解流动人口259人。完成8家便民服务、2家连锁蔬菜网点提升工作。整治群租房235处，疏解流动人口3632人。协同区房管局清理直管公房转租转借88户。

（董　雪）

【环境建设】 年内，巡河700余次，清理河面漂浮物3 次，清运河岸垃圾103次，制止河岸违法建设1起。检查社区卫生48次、清理无主垃圾930车、清理非法小广告28963张、拆除广告牌匾108块、对198户商家的电子显示屏建立台账和逐步拆除。与辖区正规餐饮单位签订餐厨垃圾清运合同129家。在辖区8个小区进行垃圾分类回收。为6个物业管理不到位社区，聘请保洁服务公司进行日常服务。投入500余万元完成西罗园北路及一四区路街巷环境整治工作、洋桥北里小区中心花园改造、洋桥村平房区背街小巷环境整治。社区聘请专业绿化管理队伍，增补树木60余棵、处理危病倒折树25棵、修剪养护树木437棵；开展辖区绿化宣传1次，发放宣传材料500份。处理绿地绿化整改件2221件，统一制式编号“门前三包”标牌780家，行业部门检查26处、环境卫生检查21次、检查环境台账问题82处、背街小巷检查86处、检查督办件466件、上报卫生信息62份。组织联合执法57次，出动执法人员3849人，车辆652车次，查处无照游商1700起，处罚762起5.51万元；查处占道经营959起，处罚2起1300元；查扣黑车、黑摩的62辆。

（董　雪）

【劳动就业】 年内，新增城镇登记失业人员564人，城镇登记失业率1.72%。组织免费招聘洽谈会10场、开展项目展示2场，采集就业空岗信息2274条。594名失业人员实现就业，完成全年就业指标的127%，其中就业困难人员359，完成全年指标的138%；职介推荐就业235人，完成全年指标的147%；实现创业112人，带动就业79人；就业率1.7%；企业建档动态保持50户。

（董　雪）

【住房保障】 年内，新申请各类保障房350余户。上报公租房申请家庭323户、公租补贴申请家庭76户、市场租房补贴申请家庭25户、三方轮候家庭6户、市场租房补贴资格转公租补贴资格9户。完成公租房补贴家庭复核59户、市场补贴家庭复核38户、廉租资格家庭每月复核35户、实物配租家庭复核55户。发放选房单367户。用系统资格复核模块复核阅园二次登记家庭101户、经适房资格家庭34户、高立庄项目选房家庭20户、保障房系统配租套型与标准不一致数据72户、有公租补贴资格家庭16户、保障房家庭子女配租情况8户、社保医保数据筛查3户、廉租房名单与郭一公租房选房入住名单重复家庭5户、郭一公租房入住家庭31户。完成家庭资格变更51户、解锁52户、终止各类保障房资格66户；退回重报25户；发放公租房备案单278户，市场租房备案单28户；发放公租补贴信息确认单70余户；发放补贴停发通知单、资格终止单、资格变更信息告知单等120余户。解决住房问题4个、各类投诉问题8个。

（董　雪）

【助老服务】 年内，开展地区60岁以上空巢老人居家养老服务需求摸底调查，辖区有空巢老人7152人，对空巢独居老年人施行帮扶服务。开展年度“孝星”评选活动，选出48名街道孝星。建成西罗园二区养老服务驿站，挂牌经营。完成马家堡东里及帮为两家养老服务驿站的经营验收。完成养老照料中心消防设施安装改造工程。完成养老服务“送餐、助餐”体系建设，辖区养老照料中心和养老服务驿站用餐、送餐量163916人。养老照料中心与3家医院建立合作关系，为辖区老人建立连续性医疗和健康管理制度，进行义诊，服务3105人。养老照料中心上报短期照料、精神关怀、信息管理、助医、拓展5个辐射项目参加老龄办的项目评审会。截至10月发放90岁以上高龄津贴3257人次34.4万元。审核高龄新增材料89份，变更材料59份。核算高龄药费12份3.06万元。为60岁以上老人办理老年证927张。为老年人优待卡变北京通—养老助残卡换卡12312人次。为21户90岁以上老年人家庭进行适老化改造。为地区60岁以上老年人家庭免费配备简易光电感烟火灾探测报警3800户。办理政府购买服务补贴申请94人。办理申请入住福利机构补贴4人。为189名特困老年人购买意外伤害险。组建4支192人低龄志愿者队伍，帮扶特殊独居老人65人。与145名老人建立家庭病房。为辖区角一社区108个楼门的2层、3层安装楼梯扶手216组，金额13.61万元。为第四社区23号楼修建养老助残安全坡道，金额4.76万元。为辖区户籍80岁以上老年人购买家政服务卡3673户36.73万元。慰问特困、百岁及低保低收入老人28位2.15万元。

（董　雪）

【社会救助】 年内，撤销收入超标低保家庭

19户，新增5户；为314户632名低保对象办理低保审核并发放低保金382.1万元，为92名低保对象申请医疗救助22.9万元，救助低保家庭高三在校生3户和新生6人3.27万元。为16名无丧葬补助人员发放丧葬费8万元、为117名低保对象发放供暖补助17.35万元，清洁能源自采暖救助11户1.54万元，燃煤自采暖救助7户7000元。申请报销退养药费3.5万元。低保人员重大疾病救助24户4.68万元。办理临时救助29户11.13万元。慈善救助患大病2户1.4万元。残疾人享受生活补贴238人，1—10月发放补贴12.33万元。享受护理补贴695人，6—10月发放补贴51.24万元。

（董　雪）

【社区建设】 3月，完成立业大厦社区办公用房内部装修改造及办公设备采购安装，5月，鑫福里、海户西里南与洋桥村3个社区入住办公。年内，吸收新社区工作者上岗就职12人，街道社区工作者254人，平均年龄39岁，97%以上为大专学历。成立马家堡东里社区东丽温泉业委会。开展“最美社工”系列活动，洋桥北里社区获得“最美社工团队”称号，西罗园第三社区马凤新个人获得“最美社工”称号。按首都文明示范区创建检查验收指标要求，从45项基础民主制度健全情况、社区协商议事、居务公开、民主制度推行等方面，对16个社区进行具体培训，先后进行3轮巡回指导，社区材料达标。

（董　雪）

【文体建设】 年内，成立西罗园街道公共文化服务协会和创开绿享文化服务中心两个社会组织，搭建各方参与公共文化服务的平台。对洋东、洋北等社区文化室及图书室进行改造。指导洋桥北里社区进行体育器材更新。辖区建有不同种类的群众文化队伍55支，组织居民参与戏曲进社区活动6次、声乐培训4次、基层文化骨干合唱指挥培训4次，参与者超过200人次。街道工委和纪工委策划、监制，四路通社区艺苑评剧队筹办，推出反腐倡廉警示教育题材原创评剧《梦惊三板》。在中国评剧院小剧场举办第四届戏曲票友 PK 赛，参赛者40余人，19个节目，剧种为京剧和评剧。组织开展“周末百姓大舞台”演出活动，20余支队伍在万芳亭公园进行专场演出11场。开启3支足球俱乐部进校园的试点工作，实现协会、中心、社区相互协同的公共文化服务发展模式。组织戏曲灯谜联欢会、宝宝大赛、助残日趣味运动会、法律宣传、健康教育、社区大讲堂等各类特色活动90余场次。以社区为主体开展各类运动会23场，乒乓球赛5场，大步行7场，棋牌赛6场，讲座5场。举办两届幼儿足球赛，辖区10所幼儿教育机构参加比赛，参与人次超过400人。与丰台区桌游协会联合举办牌王争霸赛，18组60余位居民参加。举办健康快乐直通车西罗园街道专场，鼓励大家培养健康向上的生活方式。

（董　雪）

【矛盾排查调处】 年内，调解一般纠纷382件（同比396件下降3.5%），成功380件，调解率99.48%。领导包片、科室包社区，健全领导接访日制度和信访代理制度。处理网上信访信息系统登记42件，网信15件，纸信20件。持续推进老旧电梯更新、角一废弃煤库违建重点信访案件工作。角一废弃煤库6月清退所有商户，拆除手续按法律程序正常进行。

（董　雪）

【慈善捐助】 年内，开展“春风送暖”主题募捐月活动，参与人数689人，收捐助款1.82万元，衣被2714件。推进慈善超市建设，完成慈善超市的申报。

（董　雪）

【助残工作】 两节走访慰问辖区困难残疾人370户，发放慰问金22.4万元。“六一”为11名贫困残疾儿童发放慰问金4700元、6名残疾人学生和生活困难残疾人子女办理扶残助学补助并发放补助金1.99万元、为1名脑瘫儿童免费配发捐赠的脑瘫儿童轮椅1台、为0-17岁残疾儿童申请并发放康复补贴6.23万元。为593人注册“北京市残疾人辅助器具综合服务平台”，15名残疾人从平台申请辅助器具。为540名重度残疾人安装火灾报警器。新受理各类残疾人证134人。为251名肢体残疾人发放燃油补贴6.58万元。为37名残疾人提供专业的康复训练，开展120名残疾人及家属参加的康复培训。完成31户残疾人家庭无障碍改造入户评估。组织地区残疾人参加职业技能培训并安置就业10名。为164名残疾人补发2016年度生活补贴44.19万元；发放养老助残券380人3.8万元；办理社会保险补贴109人89.22万元；办理城乡养老保险108人；为3名重度残疾人申请喘息式机构托养服务，为31户困难残疾人家庭办理居家服务。知了社会发展中心为花椒树职康站学员提供43次康复服务。完成年度残疾人基本需求和服务状况动态更新的入户、调查及系统录入工作，更新调查2103人，录入率100%。开展残疾人普法宣传，100余名残疾人及社区居民参加。18名残疾人专职工作者参加市区残联培训3次，街道残联组织培训12次。组织38名残疾人参加区残联首届模拟冰壶球比赛和丰台区残疾人第十三届运动会。购买专业康复机构为残疾人提供所需的定向训练及服务165次，受益780余人次。

（董　雪）

【精神文明建设】 年内，制定《西罗园街道学习贯彻党的十九大精神宣讲活动工作方案》，组建街道党的十九大精神宣传团，开展“不忘初心跟党走 砥砺筑梦新征程”为主题的百姓宣讲活动5场。开展纪念全民族抗战爆发80周年爱国主义宣传教育，组织辖区党员160人前往宛平城参加“铭记历史 不忘初心”主题党日活动。10月，组织近千名党员群众参观“砥砺奋进的五年”大型成就展。入户宣传发放《致辖区居民的一封信》3.5万封。设立创建投诉热线，24小时接件。微信公众平台和官方微博刊登创建工作简报19期。制作创建首都文明区户外硬式宣传标语24块3000余米。张贴《同心协力创建首都文明示范区》海报600张。发放道德模范宣传折页和宣传品3.6万份，实现入户率100%。街道结合“花椒树故事会”“学雷锋志愿服务月”等活动将社会主义核心价值观融入国民教育和精神文明建设中。组织各类讲座50余场。创新“花椒树故事会”微故事 PK 赛形式，弘扬社会主义核心价值观。在三环沿线及主干道两侧增设24处精神文明宣传栏和社会主义核心价值观文化墙2000米。组织策划“共享单车 文明骑行”、西罗园一区24号楼拆违、集中销毁“黑摩的”等10余次媒体采访，在中央电视台、北京电视台、《北京日报》等主流新闻媒体发布新闻67条。微信公众平台、官方微博等自媒体发布相关消息201条。

（董　雪）

【安全管理】 年内，检查各类企业1842家次，与企业签订生产和消防安全责任书，下达限期整改通知单710份。完成68家社会单位223台车辆基础台帐核对，与在账单位签订5种类型的年度交通安全责任书。组织交通安全联合治理行动13场，粘贴自行车反光标贴2万张，清理路侧乱停车3辆，对长期占用道路停放的车辆发放限期自行清理告知书5次。每月对辖区内道路路面进行交通隐患排查，发现整改隐患8处。与4家企业开展隐患排查治理“一企一标准、一岗一清单”编制工作。建设社区微型消防站16个，配置专业队伍，配合参与灭火18起。举办安全宣教培训44次，消防演习36次，参与演习商户48家，参与社区32个，发放宣传材料5.35万份，参与活动3111人次。16个社区123栋高层住宅楼全部建立消防安全排查台账。完成52家小微企业安全生产标准化建设。每季度对“五类食堂”食品安全进行监督巡查，监督辖区“四品一械”生产及经营单位427户，监督覆盖率100%。查处非法行医4处。

（董 雪）

【党风廉政建设】 年内，签订责任书46份、监督责任书16份、承诺书68份。领导班子中心组学习22次，组织准则和条例学习3000余人次。组织16个社区退休党员干部，组建16个小组48人的党风政风义务监督员队伍，对社区办事大厅作风状况、文明区创建、环境建设、落实“河长制”等重点工作开展专项检查。对街道科、队、站、所工作状态进行不定期检查6次，发现整改各类问题19个。纪工委组织明察暗访5次，下发提醒式通知3次。接到并处理政风在线转来的信访件10件，办结率100%。组织党风政风监督检查192次。

（董 雪）

【网格化管理】 年内，组织新业务知识培训2次，参训人员160余人次。社区人员每天对网格进行巡查2次以上，街道网格督导员每周对社区60个网格巡查1遍。网格中心巡查社区环境卫生、环境秩序20余次。接收信息化城市管理网格件2578件，处理完成1869件，考核合格率99.11%。进行网格件周统计、周分析48次，月统计、月分析、月通报12次，召开环境周例会23次。接收社会服务管理平台热线数量3038件，其中12345热线2771件，96005热线200件，政府舆情25件，微信微博42件，案卷均进行接收、回复处理。社区上报街道网格化社会服务管理平台 12994件，自处率100%。

（董 雪）

东铁匠营街道

【概 况】 东铁匠营街道是建国后北京市第一批街道之一，是北京市在丰台区的老工业基地，具有鲜明的经济时代特征。街道位于丰台区最东部，辖区总面积12.9平方公里，东邻朝阳区、北与东城区（原崇文区）接壤，毗邻丰台区的大红门街道、方庄办事处和南苑乡，是典型的城乡结合部地区。2017年，社区居委会25个，总人口246245人。其中，常住人口195545人，流动人口50700人，流动人口约占辖区常住人口的26%。辖区有北京市同仁堂科技发展股份有限公司、北京地铁车辆装备有限公司、方庄污水处理厂、方庄供热厂、劳动午报社、北京联合大学特殊教育学院等中央、市属和非公企事业4800余家。

（赵欣莉）

【社会综合管理】 年内，完成“两会”“一带一路”“六四”“市第十二次党代会”“善心汇事件”“党的十九大”期间等重大活动和敏感节点安保维稳工作；整治普通地下室29处、人防地下室21处，整治出租大院8处、彩钢板建筑13处，整治违法群租房190处；制订反恐工作方案与应急预案，成立反恐应急处突小分队，配备反恐防恐装备，定期开展反恐培训工作，做好处置、支援、联动等反恐处突工作准备；开展“善心汇”案件、“e 租宝案件”“滨海大宗”等非法集资摸排检查工作；完成2016—2017年度预防煤气中毒“温暖二号”“温暖三号”和“温暖四号”宣传工作，签订责任书1000余份；启动地下室防汛工作，确保安全度汛。

（赵欣莉）

【环境建设】 年内，针对辖区宋家庄交通枢纽、刘家窑地铁口、顺三条、顺四条、横五条、顺五条、同仁东路、宋庄路、定安南路、安乐林路进行大型综合整治90余次；煤改电3629户，修建箱变23台，柱变39台，协调建成开闭站2台，变电站1台；新生违法建设零增长，拆迁既有违法建设41000余平方米；推进“散乱污”治理，完成台账379家，包括无证无照类、违法建设类、安全隐患类等；整治“开墙打洞”工作，整治门店520家。

（赵欣莉）

【劳动就业】 年内，接收失业人员档案1095份，转出失业人员档案1062份，办理失业登记1065人次，发放失业金2500人次，新建档案68人，开具各类证明2600份，残疾、低保复审1265人次，2017年高招报名9人，录取8人。享受社会保险补贴月平均2600人次，全年31200余人次，新增享受社会保险补贴人员1015人，停止享受941人；失业率实际控制在 1.15%；失业人员就业1062人，完成率106.2%；困难人员就业771人，完成率154.2%；走访跟踪服务用人单位180户，完成率100 %；创业带动就业384人，完成率115%；充分就业社区25个，完成率100%；成功推荐外阜人员就业50人，完成率100%；空岗信息采集2632人，完成率101%；开设职业指导培训42场，770人参加，成立“东方红”社保联盟，举办多场系列招聘会，提供岗位5000余个，求职者约6500多人，达成就业意向1000余人。

（赵欣莉）

【住房保障】 年内，保障房申请合格初审录入367户，发放保障房备案通知单232户；市场租金补贴全年新申请35户；公租房租金补贴新申请71户；公租房申请家庭520户；廉租房实物配租家庭176户；公租补贴复核67户；廉租补贴35户；公租房选房414户；各类变更终止280户、联审效验解锁103户。

（赵欣莉）

【助老服务】 年内，将蒲黄榆社区卫生服务中心和铁营卫生服务中心作为居家养老服务试点机构，评估近500位老人，正式签约200余人，提供上门医疗服务327人次；为辖区老旧小区老年人安装敬老爱心椅238把；为4639名空巢老人，提供“连心通”服务，建立信息平台，对老人进行24小时监测；举办“喜迎十九大 最美是夕阳”庆重阳中老年文艺汇演、以“情满金秋 爱在重阳”为主题的老年人益智比赛以及“敬老家风翰墨传情”老年书画展，参与活动的老年人700余人。

（赵欣莉）

【社会救助】 年内，审核低保611户1106人，发放低保保障金1300万元；审核低收入24户58人；审核特困供养、临时救助、因病致贫、慈善、大额支出、医疗救助、助学救助、流浪乞讨支出510户547人，发放救助金200万元；审核残疾人两项补贴1778人，发放补助金214万元；审核精神障碍患者监护人453人，发放看护补贴104万元；发放民政对象慰问金45.5万元，走访1208人次，走访慰问701人，发放2.6万元。街道与蒲黄榆社区卫生服务中心、铁营卫生服务中心为580位老人进行上门医疗评估，正式签约213人，提供上门医疗服务327人次。为老旧小区老年人安装敬老爱心椅238把、老年助行扶手300米。为1284户空巢老年人发放“连心通”腕表。审批高龄特困13人，发放养老助残补助670万元。整合辖区资源，建有养老驿站1家。

（赵欣莉）

【社区建设】 年内，确定6个社区10个老旧小区的整治项目，老旧小区自我服务管理市级示范点创建小区1个、区级自我服务管理市级示范点小区3个；联合社工事务所对老旧小区自管会人员进行培训授课5次，组织召开老旧小区工作会议2次；确定红狮、刘二、安一社区为2017年议事协商试点社区，开展社区协商会议300余次，内容覆盖环境治理、安全巡逻、邻里纠纷、老旧小区治理等居民生活各个方面；与辖区单位北京市丰台区颐养康复养老照护中心共建“社区之家”项目，提供服务327天2200人次；参加区社会工委“最美社工”表彰会暨社区治理创新展示活动，东铁匠营街道获“优秀组织奖”称号；组织志愿者服务站开展活动项目105项1580场次，参与各项服务工作的志愿者11583名，服务对象69582人；动员群防群治38028人次，其中巡防队员2655人次、治安志愿者33246人次、其他人员2127人次，联系专业警力1550人次、地区单位576家、社会组织2个、社区社会组织135个。

（赵欣莉）

【基层党组织建设】 年内，督促239个基层党组织集中学习1659次、召开组织生活会239次、过“组织生活日”1659次，完成承诺践诺9000余人次。组织辖区内9208名党员观看党的十九大开幕式；维护党员基本信息9000余条，对815名流动人口库中登记在册党员和6名身份证号码重复党员进行核实，增加党员113名，删除党员16名，确定失联党员2名。发展党员27人，其中包括社区工作者20人，非公企业人员5人，社会组织人员2人。新摸排党员12人，新建医药协会党支部、包装水协会党支部、慈善义工联合会党支部等6个非公企业和社会组织党组织。

（赵欣莉）

【非首都功能疏解】 年内，关停人防工程23处，疏解人口663人；关停普通地下室41处，疏解人口1097人；拆除、关停出租大院8处，疏解人口600人；查处整治群租房190处，疏解人口879人；疏解高密度高风险场所15处，涉及人口1100人；整治散乱污379处，疏解人口1118人；整治开墙打洞650处，疏解人口1920人；整治占道经营900处，疏解人口540人；拆除违建30000处，涉及1310平方米，疏解人口3000人；食药、工商取缔无证餐饮、无照经营590户，疏解人口3002人。

（赵欣莉）

【安全管理】 年内，为60岁以上户籍老年人家庭安装5930套独立感烟报警装置；开展“安全生产大检查”专项行动，发放各类宣传材料15000余份，张贴各种宣传海报2000余份，制作宣传条幅30条，组织重点企业负责人或安全管理人员、街道及社区各类安全管理人员120人开展安全生产管理工作培训。出动各类检查、执法人员5400余人次，整治或消除各类安全隐患192处。拆除区属单位内部彩钢板房480平方米；开展“大排查大清理大整治”专项行动。消除安全隐患88处，拆除、清理违法建设185处30000平方米，关停50余家。拆除华博医院3000平方米彩钢板房；关停新君公寓并拆除其中1540平方米彩钢板房，清退478人；举办“全面落实企业安全生产主体责任”主题活动，联合燃气企业以燃气安全知识宣传为主要内容的安全生产宣传咨询日活动；举办“关注消防、平安你我”主题宣传活动。

（赵欣莉）

【信访工作】 年内，排查出矛盾纠纷19件，协调、办理、化解19件。受理群众来访、来信169次，办结率100%，无越级上访。

（赵欣莉）

【助残工作】 年内，召开残疾人联合会第七次代表大会，完成东铁匠营街道残协换届选举工作，设立残联执行理事会，产生新一届残联主席团成员。其中31名主席团委员，15人出席丰台区残疾人代表，4人被选为丰台区残疾人代表大会主席团委员；摸排街道残疾人台账，建章立制，登记造册，随时核对各社区残疾人人员的分布状况。

（赵欣莉）

【劳动监察】 年内，巡查用人单位3919家，实现从业人员同比减少14913人；对112家餐饮服务单位的91家进行劳动用工规范，普及率81.3%，书面审查用人单位63家；开展劳动用工情况专项执法、工资支付大检查、清理整顿人力资源市场秩序等专项执法大检查6次，劳动法律法规宣传5次，劳动法和劳动合同法讲座2次；受理各类投诉、举报案件3起，涉及职工3人，追回工资及欠款2.7万元，劳资纠纷问题全部解决，办理知青及配偶户口回京手续 2户。

（赵欣莉）

【社会保障】 年内，城乡居民养老保险管理

579人；城镇无保障老人管理736人；城镇居民基本医疗保险管理9904人，新参保1201人，减员263人，临时卡发放622人，社保卡发放961人，提交制卡表542人，信息同步17人，异地审批医疗34人，退费5人；服务网点申领、挂失、补卡、换卡等5790人次，管理药费报销人员近3万人，其中：管理企业就近报销人员1.4万人、社会化退休人员1.3万人，享受灵活就业人员及领取失业金享受医疗待遇人员近3000人；医药费报销1334人次500余万元。变更医疗信息3459人次；低保管理629户1120人，新增低保48户81人，撤消低保56户79 人；医疗救助160人次59.56万元；丧葬补贴24人12 万元；临时救助215人128万元；组织1195名退休人员参加各项文体及疗养活动，日常、节前慰问高龄、特困退休人员950人，发放米面油4000余份。组织一次性慰问辖区失业人员154人6.16万元。

（赵欣莉）

【文体活动】 年内，打造街道特色文化团队——城南民族管弦乐团，连续3年在丰台区基层文化建设“六个十”项目中评为一类优秀文化团队；打造“一品一街”群众品牌文化活动，连续举办五年“城南雅韵 国乐飘香”民乐专场音乐会，获得北京市2015—2016年度优秀群众品牌文化活动；检查地区无证自办园，关停无证自办园3家；开展非京籍适龄儿童入学审核工作，入户核查160人，通过146人，经补缴社保后进入民办校就读4名。

（赵欣莉）

【精神文明建设】 年内，组织开展理论中心组学习18次；制定《东铁匠营街道意识形态工作实施细则》，与25个社区签订意识形态工作安全责任书；建立新的社会阶层人士台账，发展新的社会阶层代表18人；辖区1个单位和4个社区评选为首都文明单位和首都文明社区；组织开展“2017北京榜样·最美丰台人”选树工作，推荐候选人18名；开展“幸福生活讲师团”活动15场，“北京周末社区大讲堂”1场，社区学院、职教中心校教师进社区培训50余次；完成4个科普社区建设工作，新申报2018年科普社区2个。组织宣传报道，首都文明网、首都科技网、学习型城市网刊登150余条，中央媒体人民网、新华网、中国网刊播8条，市属媒体《北京日报》《北京晚报》《中国青年报》、北京电视台、千龙网刊播8条，区属媒体《丰台报》、丰台有线刊播28条。街道官方微博“东铁匠营街道工委”发布微博681条，街道微信公众号“丰台铁营”发布微信297条。

（赵欣莉）

【法律服务】 年内，调解纠纷608起，成功587起，成功率97%。其中婚姻纠纷145起，邻里纠纷185起，其他纠纷221起，房屋继承纠纷50起，物业纠纷5起，环境污染纠纷2起。排查纠纷352次，预防纠纷42件，制止群体性上访406人。走访两类人员家庭320余人次，帮扶救助生活困难两类人员12000余元。举办法制讲座15场，提供法律咨询服务1000余人次，发放法律宣传品3000余份。

（赵欣莉）

【食品药品监管】 年内，建立辖区内“四品一械”基本台账，受理各类投诉举报853件；检测辖区内“四品一械”单位1718户次，对各类食品进行快速检测600件；利用微信平台、东铁营快报等方式及时发布食药安全信息，发布各类信息100余条；向广大群众宣传食品药品安全知识16次、组织开展无证餐饮宣传6次，发放宣传资料4000余份；组织联合执法63次，对辖区无证餐饮经营行为进行查抄取缔；开展五类食堂专项整治，完成检查24户；组织企业培训4次，对辖区内存在违法行为的经营单位进行行政处罚，立案97件，做出行政处罚15件，罚款728084.8元。

（赵欣莉）

方庄地区

【概　况】 方庄地区位于丰台区东部。成立于1985年5月。东起分钟寺桥，南起南三环辅路，西至蒲黄榆路，北至南二环辅路。2017年，辖区总面积5.53平方公里（小区面积3.14平方公里）。下辖16个社区。现有户籍人口21141户50251人，其中汉族47990人，占95.5%，常住人口83641人，流动人口8418人。年内新出生342人，出生率0.68%，死亡1460人，死亡率2.91%。现有法人单位2144个，其中中央单位8家，市属单位6家，区属单位15家。医院2所，社区卫生服务中心1个、社区卫生服务站5个。有技校2所，中学3所，小学5所，小学初中一贯制学校1所，幼儿园11所。养老机构3家，其中养老驿站2家，养老照料中心1家。途经辖区公交线路26条，地铁5号、14号线贯穿辖区。实现区级财政收入4.46亿元，同比增长26%，代征房产税359.95万元，同比减少23%。年内，获全国为侨公共服务体系示范单位、北京市交通工作先进集体标兵及社区青年汇优秀奖。

（乌兰塔娜）

【社会综合管理】 年内，开展社会治安专项整治行动，完成党的十九大、全国“两会”“一带一路”国际合作高峰论坛等重大活动以及元旦、春节、国庆等重要节日期间的安保维稳任务；建立完善地区志愿者台账2900名；持续开展安全生产大检查，排查生产经营单位和重点行业839家，发现隐患226起，隐患整治完成率100%；开展消除安全隐患专项整治行动，拆除彩钢板建筑186处17003平方米，治理上账隐患225处，整治“三合一”高风险密集居住场所重大安全隐患12处；开展“食安系列”专项整治行动，加快市民满意的食品安全地区建设；为芳群园二区、芳城园一区安装了停车智能管理系统。

（乌兰塔娜）

【环境建设】 年内，开展联合整治428次，拆除违法建设410处17710.11平方米，整治“开墙打洞”207处5587平方米，关停地下空间69处、整治群租房146处，清理占道经营立案处罚859起，清理整治无照经营点位10处，清理整治无证餐饮92家；落实“清空”计划，加大煤改清洁能源、燃煤锅炉改造、扬尘治理工作力度，确保PM2.5平均浓度在60微克范围以下；推行“街巷长制”“河长制”，地区12条主要大街、132条背街小巷、1条河道全面实施分片包干实名管理；搭建地区城市管理综合执法平台，建立城管执法、公安消防、市场监管、安全生产、环境保护等综合执法机制和联合惩处治理机制，城市大管理格局初步形成。

（乌兰塔娜）

【劳动就业】 年内，开展“就业和社会保障服务在身边”系列活动，挖掘空岗信息2454个，组织招聘会4次，开展面对面指导24次，实现就业448人，保证地区无零就业家庭；坚持对辖区132家用工单位劳动合同履行情况进行监督检查，受理劳动投诉举报案件3起，涉及职工60余人，追回拖欠工资22万元；开展劳动政策法律法规讲座6次，参加人数600人。

（乌兰塔娜）

【住房保障】 年内，受理新申请保障住房191户，变更133户，终止资格41户，接待来访来电咨询5220人次；复核廉租房22户、市场性租房补贴117户，复核公租房109户、公租房补贴44户；登记保障性住房意向627户次，复核208户。

（乌兰塔娜）

【助老服务】 年内，搭建方庄“连心通”综合服务平台，形成服务空巢独居老人的组织网络。发放空巢独居老人腕表400块，地区16个社区实现全覆盖；建成养老驿站2家、养老照料中心1家，推动社区养老和生活服务功能集成，为空巢老人提供精准个性化服务。

（乌兰塔娜）

【社会救助】 年内，办理医疗、重大疾病救助26户66人次，发放救助金20万元；办理临时救助10户，发放临时救助金3万元；申请新生入学救助金4500元；开展集中救助行动30次，疏导流浪乞讨人员20人次；落实残疾人保障政策，走访慰问困难残疾人250户，发放慰问金15.6万元；为325名残疾人申请办理助残券、生活补助；持续开展“一日、两月、三主题”系列捐赠活动，收到捐款6.65万元，募集衣物1万余件。

（乌兰塔娜）

【社区建设】 年内，社区办公用房总面积6653.02平方米，确保16个社区办公用房全部达标；实施社区工作者全面成长计划，对256名社工进行专题培训；以“一刻钟文化服务圈”为建设单元和服务模式，运用“互联网+”服务手段，推广“再生活”废品回收、“ok家”网络、智慧社区信息化平台，依托社区治理公共微信服务平台，实现运用大数据提升区域管理；继续推广居民代表议事协商机制，发挥基层党组织在民主协商中的领导核心作用，使小区管理向群众自治回归。

（乌兰塔娜）

【信访工作】 年内，开展社会矛盾排查15次，受理矛盾纠纷20起，调处成功20起，成功率100%；接待群众来访80批220人次；接办群众信访件43件，回复43件，结案率100%。

（乌兰塔娜）

【基层党建】 年内，坚持以学习宣传贯彻党的十九大精神为主线，以“两贯彻一落实”为重点，开展送十九大精神“九进”活动；培养入党积极分子92人，发展党员51人，接转党员组织关系330人；落实管党治党责任，建立党建“三级责任清单”，健全“B+T+X”党建工作责任体系和党建考核办法；建成地区党建促进中心和4个社区党建示范站；完善党支部“一规一表一册一网”内容，推广党员“三亮”活动和积分管理，开展基层党支部党建项目“1+1”、评星定级、主题党日等活动；推进“大走访、大调研、大服务”工作，处级领导干部联系走访企业570家；分解细化党风廉政建设“两个责任”，签订个性化《党风廉政建设责任书》400余份。

（乌兰塔娜）

【文教卫生】 年内，有群众文体活动组织80个，参加活动群众2000人；开展惠民文体活动100场，受益群众8.5万人；完善入学审核制度，做好非京籍适龄儿童入学、转学审核工作；组织方庄“好舞蹈”“好声音”“好绘画”“小陶子”等品牌活动，原创作品推陈出新；开展学龄前流动儿童强化查漏补种及外来务工人员麻疹、流脑疫苗接种的宣传、引导工作，完成目标儿童入户摸底率95%以上，补种率100%；组织辖区企业职工、社区居民133人无偿献血，献血量137袋；发放各类卫生防病宣传册及海报2万余份。

（乌兰塔娜）

【精神文明建设】 年内，开展“北京榜样”“方庄大爷”等系列活动；作为丰台区创建首都文明示范区受检单位，5个社区、200名居民接受问卷调查，2个社区接受实地检查验收，完成首都文明示范区创建工作；加强新闻宣传工作力度，在央级媒体刊发新闻13条、市级媒体24条、区级媒体20条，报送“两办”信息82条，以“方庄生活”微信公众号为抓手，采写编发微信156条。

（乌兰塔娜）

南苑街道

【概　况】 南苑街道位于京城正南，丰台区东南部，人称“天安门前第一镇”。历史上是元、明、清三代的皇家苑囿旧址，元称飞放泊，明称南海子，清称南苑。1954 年南苑镇政府改为南苑镇办事处，1990 年改为南苑街道办事处。东与东高地街道相接，西至南苑乡新宫村，北与和义街道为邻，南与大兴区交界。2017年，辖区面积13.62平方公里，下辖12个社区居委会。居民32413户，常住人口 50180人，户籍人口15839户23099人，流动人口17217人，其中包括汉族、回族、满族、蒙古族、朝鲜族等13个民族。辖区内有8家中央、市属单位，武警北京总队二师、空军南苑场站等38支驻区部队，清真寺和基督教堂各1座，正规幼儿园3所、小学5所、中学1所、中专1所。医院1所，社区卫生服务站2个，养老机构3个。途经辖区公交线路22条。有为民服务大厅300平方米、地区文化中心2000平方米、文化广场1处。南苑街道获得首都环境建设样板单位称号，南苑街道社会治安综合治理办公室获北京市工人先锋号。

（田蕴慧）

【社会综合管理】 年内，开展“红袖标筑成”“微巡逻、混编组团”“平安使者”等活动，组织发动防控力量1900人。为200户家庭免费安装网络摄像机，入室盗案件同比下降35%。群众安全感满意度同比提高0.2%。排查156名涉善（善心汇传销组织）人员，确认疏导129人。关停出租大院10个。治理违法群租房40处，配合牵头部门整治直管公房转租转借16处。对壳牌加油站周边6个出租大院近万平方米的彩钢板房进行拆除，对南苑棚改B地块的出租大院库房出租进行清零。

（田蕴慧）

【环境建设】 年内，拆除违法建设10处25344平方米，治理开墙打洞门店187处。完成南苑北里四区1-2号楼60户居民自来水主管线改造工程，平房居民“煤改电”设备安装和户内线改造1469户，共享单车服务点的选址和停车标识施划10处，建成警备西路至北马路便民路140米，养护翻修大泡子坑洼道路，新建大泡子路、警备西路的雨水管线450米，改造重点积水隐患4处，新砌雨污水篦子10个，改造污水管线120米，购置抽水机6台、潜水泵11个、特制雨水篦子应急防护盖30个，处置诚苑中里排污口，新建污水管线30米，抽排污水淤泥125立方米。查收小煤炉49个、燃煤锅炉6个，散煤38吨，处理运煤车2辆。配合回收优质煤347吨。处置“散乱污”企业 35个。

（田蕴慧）

【劳动就业】 年内，城镇登记失业率1.56%，城乡就业人数588人，企业建档动态保持户数50户，创业指标数109，带动就业指标数130，高校毕业生就业率指标数100%，充分就业社区比例指标数91.6%。空岗信息采集完成1527个，失业人员推荐就业277人，社区安置就业370人。

（田蕴慧）

【住房保障】 年内，受理保障房新申请材料410份，市级备案通过184户；接待来访、咨询群众782人；协助南苑村拆迁，开具无保障房证明900余份。

（田蕴慧）

【助老服务】 年内，完成辖区1197名空巢老人的需求登记调查，“连心通”签约92名老人。引入为老服务企业和社会资本，搭建为老服务合作平台，在阳光星苑社区建立C类养老服务驿站。为辖区的老人提供养老助餐、助洁、助浴、康复理疗、心理咨询、文化娱乐等居家养老服务。为49名常住户籍的四类老年人（托底保障群体、困境保障群体、重点保障群体和一般保障群体）以政府购买服务的方式开展助餐助浴补贴活动。为辖区内80岁以上的191户高龄空巢老人，提供油烟机清洗和家政服务2项活动。

（田蕴慧）

【社会救助】 年内，辖区低保490户899人、低收入4户10人，特困人员6人，困难人员占常住人口1.7%。开展社会救助2448人（户）次，其中医疗救助446人次，发放救助金125.8万元；大额支出救助9人次，发放救助金10.74万元；临时救助305人次，发放救助金63.16万元；教育救助5人次，发放救助金2.25万元；电价补贴一二三季度涉及1481户次，发放补贴3.25万元；供暖补助202户，发放补贴20.95万元，其中燃煤自采暖救助178户，发放补贴金额17.8万元，清洁能源自采暖救助24户，发放补贴3.16万元；为城市特困人员发放价值3000元的冬季服装。办理慈善助老卡15人，发放慈善金5599.42元。“春风送暖”捐赠活动捐款48107.30元，捐赠衣物5900件；“捐赠月”活动接收衣物1200件。

（田蕴慧）

【社区建设】 年内，为西新华2号院安装监控设备，为槐房社区大泡子及槐房路安装监控设备，为诚苑中里制作防火提示牌，为槐房社区大泡子及槐房东里61、62号院、西新华2号院、诚苑中里、翠海明苑六必居宿舍建立微型消防站。为西新华2号院志愿者之家安装电表，翠海明苑六必居宿舍进行楼道粉刷，为西新华社区新华路1号院进行楼道粉刷，整修诚苑中里外侧围墙。为槐房南里300号楼、槐房路157号、167号路、大泡子4号楼进行垃圾清运。为西新华2号院、诚苑中里规范停车划线，为槐房社区槐房路157号安装减速带。以机场社区南苑场站为“社区之家”示范点，将南苑场站运动场向社区居民免费开放。在辖区12个社区搭建社区议事厅平台，召开协商议事会议60余次，协调处理居民矛盾、解决居民关注的热点难题150余件。

（田蕴慧）

【双拥共建】 年内，举办庆祝建军90周年双拥表彰大会暨共建文艺汇演，对12支优秀部队、6个支持军地建设先进企业、24名优秀军人家属进行表彰。走访慰问辖区部队11支，举办庆祝建军90周年双拥书画展，展出军民原创作品80余幅。开展“双拥杯”羽毛球比赛、“南苑亲子杯”乒乓球赛等体育活动、“送政策 进军营”社保就业政策咨询会等活动。与共建部队联合开展学雷锋月、植树日、环境清洁日、结对帮扶等活动，开展“最可爱的人帮助最困难的人”“第二故乡妈妈”“少年军校”等双拥品牌的推广。

（田蕴慧）

【文体建设】 年内，完成5处社区棋苑、1处乒乓球长廊和1处笼式足球场地建设，为辖区500名居民开展国民体质测试。开展"文明南苑、魅力创区"主题艺术季、“五月鲜花红绽放南苑情”文艺汇演季、体育生活化社区体质促进运动会“体育季”3个“特色季”活动60余场。成立京剧票友会2支。

（田蕴慧）

【安全管理】 年内，约谈整改隐患不力和拒不整改的生产经营单位15家。出具检查单2600份，已整改隐患465处。设立微型消防站点8个，为社区微型消防站配置投掷式灭火瓶200个。清拆机关内部办公用房彩钢板13处1917平方米，清拆腾退包括南苑场站、机场西侧26个出租院在内的社会面彩钢板建筑45611平方米。开展交通安全“净化行动”“一区一警”等活动，开展交通宣传活动70次，发放宣传材料21000份、宣传袋6000余个，制作宣传展板30块。

（田蕴慧）

【劳动监察】 年内，巡查用工单位337家，核实和销账152家。劳动监察巡查220余人次。开展《劳动用工书面审查》工作，审查63家社会单位，涉及人员1782名，接待并处理解决劳资纠纷22起，涉及劳动者189人。开展劳动用工集中宣传2次、集中培训1次，涉及劳动者200余人，发放宣传资料200余份，接受劳动政策咨询50人。对农民工工资支付情况进行专项执法检查，涉及农民工6500人，化解农民工讨薪事件4起158人，追缴工资176.62万元，其中调解公园懿府一期工程江苏江都项目部19名农民工19.6万元、公园懿府一期工程装修工程52名农民工72万元、公园懿府二期工程装修工程68名农民工75万元以及中通快递劳动纠纷19人10余万元。

（田蕴慧）

大红门街道

【概　况】 大红门街道位于丰台区东部，分布在南中轴线两侧，面积9.56平方公里，东接东铁营地区、朝阳区，西邻西罗园办事处、马家堡地区，南北在三、四环之间。2017年，有建制居民小区114个，划设32个社区，管辖户数95807户，常住人口20.3万人，在册流动人口7万余人。大红门街道辖区与南苑乡的大红门村、时村、果园村等8个行政村存在区域重叠，前述人口数量尚未包含农村人口及其行政区内的外来人口。辖区内有大红门派出所、石榴园派出所、商城派出所3处公安派出所；大红门交警队和大红门工商所。辖区内有公交线路30余条（含快速公交1号线），长途客运站2处，地铁线路2条（含在建8号线），角门站、大红门站、石榴庄站地铁站3处。有2所社区医院为木材厂医院、大红门医院；有小学4所，即大红门一小、大红门二小、时光小学、东铁营一小分校，中学3所，北京市佟麟阁中学、东铁营二中、北京第十八中学嘉泰学校。

（康晓燕）

【社会综合管理】 年内，结合街道“两域两路”工作总部署，组织巡防队与石榴园地区、建欣苑地区社区联合开展治安巡逻微循环行动。针对夜间入室盗高发等特点，组建治安巡逻编队，每天夜间开展巡逻工作。辖区各类案件同比呈下滑趋势。做好全国“两会”“一带一路”国际峰会、“六四”敏感时期、北京市第十二次党代会、“党的十九大”等重要时期社会面安保工作，加大对交通枢纽、经济重要区域、重要桥梁等重要点位进行巡逻、盯守。投入188万元，完成8个社区技防设施、3个社区物防设施的安装、1个社区门禁系统安装。对重点人进行入户走访，走访160人次，开展无邪教社区创建工作，组织各社区进行警示教育讲座13次，销毁各类反宣品150余份。开展《反恐怖主义法》集中宣传5次，各社区开展《反恐怖主义法》的宣传活动6次，发放相关宣传品15000余份。

（康晓燕）

【环境建设】 年内，由14名协管员组成的社区环境建设自查队定期负责31个社区和2个专业保洁队伍的环境卫生保洁情况日常巡查。处理涉及考核的10类网格案卷4905件，办结率100%。街道联合城管、公安、交通、食药等职能所队开展联合执法800次，出动3万人次，取缔无照游商580余起，规范门前三包、清理堆物堆料710余处，取缔露天烧烤70余起、非法大排档30余起，暂扣经营用小煤炉90余个。对年度在施台账工地进行日常检查，督促其减少噪音扰民、做好渣土苫盖、控制施工扬尘，做到无土堆、裸地不覆盖问题。煤改电工作完成116户，完成设备安装83户、户内外施工85户，其中蓄能式电暖器82户，空气源热泵1户。对大红门东街、南顶村、东罗园、苗东社区、彩虹城社区等社区平房区部分居民、商户遗留的散煤进行回收，回收散煤34.3吨。

（康晓燕）

【劳动就业】 年内，登记人员失业率1.31%；空岗信息采集2402个，完成率100%；失业人员就业人数887人，完成率101%；困难人员就业人数633人，完成率145%；走访跟踪服务用人单位90户，完成率100%；实现创业243人，带动就业292人，完成率112%。推荐城乡劳动力就业人数337人，完成率105%；社区安置就业633人，完成率105%。组织招聘会2次。4050就业困难人员就业633人。

（康晓燕）

【住房保障】 年内，初审新申请公租房及市场补贴家庭390户，市级已备案公租房申请家庭336户。市级已备案市场租房补贴申请家庭53户。各类资格复核339户。发放银地家园、高米店、亦庄新城、高立庄、郭公庄一期等10余个公租房项目选房通知单394户；发放晓月景园经适房剩余房源选房通知单34户。新入住公租房168户，已办理公租房补贴80户。各类资格终止71户、资格变更155户。廉租房补贴资格复核18户，续签合同18户，市场租房补贴资格复核46户，续签市场租房补贴合同38户。

（康晓燕）

【助老服务】 年内，办理老年卡989张，受理高龄补贴申请136人，办理高龄药费报销64人次134359.15元。完成2017年度“老有所为”先进典型人物及先进老年组织评选推荐工作。发放至各社区《服务养老指南》8500份。推进居家养老、为老服务的平台建设，完成地区空巢家庭登统计1511人。完成地区第一批中央财政支持开展居家和社区养老服务改革试点地区特殊和困难老年人筛查摸底工作。完成地区空巢老人基本信息统计，并建立电子台账。完成2017年度孝星评选活动，选举孝星并通过市级审核19名。完成社区及养老驿站助残卡终端设备安装的统计核查工作。完成对地区困难失能老年人的助餐助浴删选统计工作，申报失能老人177人。新年及重阳节慰问困难老人并发放慰问物资208份。完成两家养老驿站建立与培育工作，完善老年人网络平台维护。

（康晓燕）

【社会救助】 年内，管理低保家庭668户1209人，新认定低收入家庭37户，变更待遇170户，终止27户。发放低保及生活困难补助金1051万元；阶梯电价补贴2.9万元，春节慰问金39.84万元。完成668户低保家庭低保复审及调标工作。办理退养人员报销医药费4人次 2.7万元；低保人员医疗救助105人次30.4万元，临时救助194户34.7万元；重大疾病53人次49.6万元。清洁能源自采暖申请57户7.5万元；冬季燃煤补贴92户9.2万元。办理低保人员2016年11月-2017年3月集中供暖补贴277户40.9万元。无业居民丧葬补贴52人26万元。低保新生救助9人3.9万元。

（康晓燕）

【社区建设】 年内，完成石榴庄东街社区迁址及配套办公软硬件设施配置工作，规范31个社区党委、居委会牌匾标识。31个社区构建网格79个，每个网格指定网格格长和2-3名网格员，实行“分格统筹、分片负责、分工合作”。按照“一个网格一本巡查记录、一个片区一本工作日记”原则，开展网格化“日巡”管理。

（康晓燕）

【安全管理】 年内，出动各类执法检查力量5959人次，监督检查单位2013家，出租房屋4403处，发现重大隐患问题3项，一般隐患问题2872项；发放整改通知书1987份，消除各类安全隐患11000余处，发放《 致辖区经营单位负责人和员工的一封信》2800 余份。拆除辖区内违法建设46处15513.5平方米；清理非法租住、非法经营场所757处，清退相关从业人员1484人；关闭、取缔违规商户31家，行政处罚违法占道2人2000元。对街道涉氨、涉爆涉危企业，商超、客运站等人员密集场所等27家单位建立重点单位台账，对40家企业建立安全标准化企业台账，纳入清单编制企业18家，对辖区1984家其他生产经营单位按照国民经济类型分类建立台账，督促企业进行自查自改，建立隐患台账，并在企业内部进行公示。

（康晓燕）

【信访工作】 年内，接收信访诉求493件，其中上级转办网上诉求298件、纸信69件、来访76件及人民建议11件，接待群众来电、来访39件。

（康晓燕）

【非首都功能疏解】 年内，关停正天兴市场、方仕国际商贸城、京铁鸿都国际轻纺城市场、北方世贸轻纺城4家市场，完成天雅女装大厦、新世纪服装市场、丹陛华小商品市场3家市场的升级改造，清退商户4154户12748人。推进中联华都红门鞋城和京温服装商贸城的升级改造工作。关停人防工程14处（含7处反弹工程），整治普通地下室24处，疏解人员1328人。拆除违法群租房127处，疏解1195人。开展“散乱污”专项排查，制定台账，取缔189家企业。配合区环保、食药等部门，清理整治环保不达标、无证无照的 “散乱污”企业11家。执法部门统一查处整改计划内的11家和计划外的1家散乱污企业。

（康晓燕）

【劳动监察】 年内，对网格8880家单位进行信息更新。对餐饮行业建立台帐，进行信息采集录入和日常巡察，抽出17家单位共68家开展书面材料审查，指导督促各餐饮企业及时与职工签合同，上保险，足额发放工资。3月，与辖区内22个市场签订无拖欠工资责任书，22个市场包含企业与个体户数为8404家，占地区单位总数的85%。配合市区对地区所有餐饮行业进行劳动用工规范执法大检查，大一网格组涉及企业85家、大二网格组涉及企业43家、大三网格组涉及企业102家、大四网格组涉及企业39家，工地市场组涉及企业91家，共360家。重点解决工资发放及社会保险缴纳工作。同时对辖区内2个工地、37家无资质幼儿园等进行重点管理。

（康晓燕）

东高地街道

【概　况】 东高地街道位于丰台区东南部，东南与大兴区接壤，西与南苑街道毗邻，北与和义街道相连，辖区内南苑东路、万源北路、南大红门路（104国道起点）等7条道路贯穿，交通便利。辖区面积约3.27平方公里，设有10个社区，常住人口4.5万人。2017年，辖区内驻地主要单位有航天科技集团公司第一研究院、航天科技集团公司第五研究院508所、航天科技集团公司第九研究院、中国航空精密机械研究所（303所）、北京航天建筑工程公司第一分公司等。辖区内有中学3所，小学4所，一级一类幼儿园1所，青少年科技馆1所。有综合性医院1所，大型文化广场1处，文体中心1处，社区服务中心1处。东高地城市建设始于建国初期，经过半个世纪的改建和新建，已形成布局合理的航天城。市政、生活、商服、文化、体育等设施配套齐全。地区绿化面积100公顷以上，被评为北京市花园式街道办事处，驻地航天科技集团公司第一研究院被评为全国绿化先进单位。

（陈胜凯）

【社会综合管理】 年内，联合派出所组织开展防盗窃防诈骗宣传7次，发放宣传材料4万余份。联合城管分队整治游商、小贩60余起。常住人口控制在4.6万以内，流动人口控制在5500人以内，清理关停出租大院4处。全年综治工作考核为优秀，群众安全感满意度全区排名前列。

（陈胜凯）

【环境建设】 年内，对辖区内335楼群院落乱堆乱放的杂物进行清理整治，出动人力8500余人次，清理垃圾960车次。投入资金354850元，动用各类车辆 860台车次，清运生活垃圾及渣土3975吨。清除新增“小广告”15000余条，清理卫生死角垃圾203处，清理绿地32万平方米，规范门前三包825家。义务植树350株，参与人数1100余人。开展城管联合执法“四公开一监督”工作172次。开展百日整治行动，联合执法42次。处理既有违法建设53起，拆除面积15500平方米。治理“散乱污”企业46家，疏解一般制造业1家。开展美国白蛾防控工作，安放黑光灯10个，诱捕器10个，高射程打药车42台次，使用药品1.12吨，投入资金11万元，预防面积0.45亩。开展绿色工地综合检查367次。东高地保洁队对地区58条背街小巷进行清扫保洁工作，清扫面积11万平方米。

（陈胜凯）

【劳动就业】 年内，接收失业人员档案457份，就业439人；为失业人员发放失业保险金822人次1089150元；办理灵活就业保险补贴335人；完成全民参保调查1748人；两节期间，一次性慰问失业人员11名5500元，退休人员41名12300元；为66家用工单位建立用工需求档案，采集空岗信息2452个，成功推荐109名城乡劳动力就业。办理社保卡挂失与补卡、换卡等业务4743人次；为17名失业人员办理退休审批手续。

（陈胜凯）

【住房保障】 年内，复核廉租房租金补贴家庭113户，公租房补贴家庭50户，发放补贴684949元，签订租房合同53份；新受理保障房53户；对81户租金补贴家庭、96户实物配租家庭、223户经适房家庭、212户限价房轮候家庭进行复核；为117户家庭做变更手续。

（陈胜凯）

【助老服务】 年内，办理老年证372个，发放养老助残卡1992张，为80周岁以上老人发放养老津贴52203人次5169050元，高龄津贴发放1673人次130300元，高龄医补15125.68元；115名独居老人纳入社区邻里守望三对一巡视服务，开展各类巡视服务16982人次；发放烟感器3090套；发放助困金79850元。对荣获市、区级8名孝星发放奖金5000元；年底“连心通”平台正式运行。

（陈胜凯）

【社会救助】 年内，“两节”走访慰问贫困家庭400户，发放慰问金5万元，米面油等慰问品400套；共产党员献爱心捐款16个单位1021人，捐款39683元；开展“春风送暖”“冬衣送暖”募捐月捐款28493.2元，收到物品604包11081件，参与人数3132人次；慈善救助大病困难家庭和困难高中生17000元。

（陈胜凯）

【社区建设】 年内，推进万源南里社区办公服务用房改扩建；为东营房社区办公用房楼顶做防水、三角地第二社区办公用房外墙粉刷和加固、梅源社区办公用房做防水和内墙粉刷、万源东里社区活动用房粉刷及吊顶；对东高地社区、三角地第一社区、万源东里社区、梅源社区、西洼地社区900余平方米办公和服务用房的彩钢板屋顶进行改造；投入10余万元对万源南里老旧小区进行维修改造，为23栋8个单元、26栋5个单元安装防雨板，对23栋南侧长100多米的雨水排水沟翻修，26栋东侧300多平方米拆违路面硬化；投入20余万元为社区配备电脑、办公家具、空调设备等。

（陈胜凯）

【社会保障】 协助外省退休人员进行养老资格认证170人；办理退休、一老一小、失业药费手工报销177人次，报销金额2013841.96元；办理城镇居民大病医疗保险3380人；城乡居民养老保险122人；发放无保障人员的养老待遇615人；组织230名无保障老年人进行免费体检；发放丧葬补助11人55000元。为234户481名低保人员发放低保金5438372.62元；办理医疗救助155人498577.86元，教育救助4人18000元。

（陈胜凯）

【助残服务】 年内，办理残疾人证146件。发放春节慰问金240人148000元。完成街道残疾人联合会换届工作。完成1206名残疾人信息更新工作。发放城镇个体就业残疾人社会保险补贴105人849046.5元。参加区残联运动会，获得团体第一名。

（陈胜凯）

【信访工作】 年内，接待群众来访65批1160人次，同比上升58.54%和694.52%；接收北京市信访综合办公平台交办案件10件，同比上升66.67%，信访案件答复率、办结率100%。政风在线系统接件8次，答复、办结率100%。

（陈胜凯）

【安全监管】 年内，制定安全生产、消防安全"一岗双责"制度；与辖区的中央、市区属单位、地区商市场、餐饮宾馆等企业签订安全生产责任书200份、消防安全责任书2000份；开展各项安全生产、消防安全专项行动20次，检查生产经营单位2279家，查出事故隐患2689起；现场整改2064起，限期整改625起；完成辖区10家小微企业达标及核查工作；完成安责险签订企业25家；为辖区低保、80岁以上老人和残疾家庭更换燃气灶具和烟感报警器248台；拆除彩钢板房11000余平方米；对居民住宅楼可燃物进行清理，投入经费101150元，出动人员380人次，清理清运杂物121车；对辖区36栋高层建筑开展安全隐患摸排；对12处存在风险隐患的电梯进行整治；组织安全应急知识培训进社区活动10次，辖区约1000名居民参与；开展各类培训40场次，参训人员9000余名；组织安全应急事故、消防安全演练25场，参演人员1300名；与辖区27家中央、市、区属单位签订交通安全责任书；在通往益丰园的道路西侧300米安装隔离桩和在益丰园桥上安装隔离护栏13组。

（陈胜凯）

【劳动监察】 年内，接待劳动咨询35起，接投诉举报案件7起，涉及100余人，追讨拖欠工资150多万元。同比投诉案件减少4起，案件投诉率降低36.3%。与用人单位签订责任书220余份。完成劳动用工情况摸排300多家单位，并在"两网化"信息平台更新录入信息819条。完成对用工单位入户巡查940多次，涉及19246人次，签订劳动合同820户，签订率98.2%，未签订劳动合同14户47人，提出限期整改，督促用人单位补签劳动合同196份。

（陈胜凯）

【文化建设】 年内，以"中国航天日"（4月24日）、世界读书日、十九大等重要时间节点，在社区搭建文体惠民平台。快板书《航天英雄赞》和"东高地航天长虹京剧团"入选基层文化建设"六个十"示范项目，京剧《航天颂》获得优秀项目资金。挖掘"将军楼"历史并将其改造成反映航天一院历史的展馆，填补地区文物空白。成立北京市首家街道级曲艺团——东高地曲艺团，聘请中国煤矿文工团著名表演艺术家应宁为曲艺团艺术指导，开展一系列曲艺走进社区、学校、企业活动。全年开展街道级以上文体活动30场，其中"周末百姓大舞台"举办12场，10个社区开展各类自娱自乐的文体活动上百场。

（陈胜凯）

【纪检监察】 年内，召开街道党风廉政建设工作大会，签订党风廉政建设个性化责任书和保证书408份，其中责任书67份，保证书341份。将丰台区纪委编印的1000本《反腐倡廉》宣传手册，发放至街道所辖10个社区。组织开展《关于新形势下党内政治生活的若干准则》《中国共产党党内监督条例》和十八届中纪委七次全会精神应知应会知识测试活动。参与答题测试的党员2026名，测试党员比例85%。开展"'为官不为''为官乱为'问题"和"查处群众身边的不正之风和腐败问题"两个专项整治活动。根据《中共丰台区纪委关于开展纪律处分执行情况专项检查的工作方案》要求，在全街道范围内开展一次纪律处分执行情况的自查，对2013年至2017 年上半年的已结的3件案件进行自查，在自查自纠中没有发现问题。聘请廉政监督员15名，分成4个监督小组，对街道社区工作秩序、作风纪律、服务质量等方面开展明查暗访，发现问题及时纠正。

（陈胜凯）

【宣传工作】 年内，更新街道政府网站信息600余条，更新街道官方微博90余条，粉丝数270人；做好宣传工作，配合街道各科室、各社区外宣50余次，在人民网、新华网等中央级媒体发稿14次，《北京日报》《北京晚报》、北京电视台、北青网等市级媒体发稿20次、《丰台报》、丰台有线等区级媒体发稿37次。完成创建首都文明示范区任务，高凤林当选为北京榜样和全国道德模范。

（陈胜凯）

【工会工作】 年内，新增建会企业19家，新增会员116人；签订工资专项协议163份，签订率97%，厂务公开建制率98%，职代会召开率98%；全年收缴会费11.37万元。深化服务职工常规工作，完成"春送岗位、夏送清凉、秋送助学、冬送温暖"和走访慰问等传统服务帮扶工作。组织发放免费电影券、庙会门票等各类票、券3540份，为地区建会企业订阅《劳动午报》和《北京日报》等刊物115份，办理重大疾病、意外伤害和女职工特殊疾病互助保障483人次，工会会员享受"二次报销"政策975名，受助金额140780.33元。

（陈胜凯）

【社区服务中心工作】 年内，开展大讲堂活动42节；每月按要求编辑发布社区新闻61条，全年发布730余条；"小红树"更新数据9600余条；237户个人房屋出租，征收税款362004.39元；利用 LED 电子屏播放各科室公益广告15次；改造现有房屋建设养老驿站，内部改造面积420平方米；便民服务网点84家，连锁网点数24家，同比增长17家。

（陈胜凯）

【基层党建】 年内，推进"两学一做"学习教育常态化制度化，街道工委所属82个基层党组织和2386名党员，学习宣传贯彻党的十九大精神，深入开展亮明身份、公开承诺、示范带头等实践活动。64个党支部按期完成换届选举。推进党支部规范化建设，选择13个党支部开展试点工作，探索完善"B+T+X"和"一规一表一册一网"工作体系。开展"连心通"服务试点工作，组织开展"悦讲·悦享"大讲堂活动。做好非公党建工作，组建成立航天万源商务楼宇联合党支部，开展双向服务活动，助力地区建设，促进企业发展。

（陈胜凯）

和义街道

【概　况】 和义街道位于丰台区东南部，东与大兴区旧宫镇树桥村、朝阳区小红门乡毗邻，东南与东高地街道相邻，西南与南苑街道接壤，北与南苑乡、大红门街道为邻，形成“你中有我、我中有你”“犬牙交错”的地域特点。和义地区原为大兴县行政区域，主要是北京市南郊农场用地，成立于1998年12月，并于1999年2月划入丰台区。街道东西最大距离约3.9公里，南北最大距离约2公里。2017年，辖区面积7.38平方公里，下辖9个社区，辖区常住人口4.5万人。辖区内有6条城市道路，其中南苑路和槐房路为主干路，大红门南路为次干路，通久路、久敬庄路和龙河路为支路。辖区内设有初中1所，小学2所，幼儿园4所，医疗卫生机构3家，公共图书馆（室）10个，爱心家园1个，社区服务站9个，文化体育活动室9处，驻区部队5家。年内辖区出生人口113人。

（李　雪）

【社会综合管理】 年内，建设街道、社区两级综治中心，开展“红袖标筑城”行动，实现每个社区100名以上治安巡逻员实名登记；投资86万元，在各社区监控盲点安装173个探头；推进“雪亮工程”，将社区监控网络与公安监控网络进行无缝连接；以综治宣传月为平台，推进综治宣传进社区、进单位、进学校、进家庭，扩大综治宣传的覆盖面，提高综治工作知晓率；全年收集群众意见建议1038件次，处置率100%；街道、社区调解委员会，调处民间纠纷400余件，制作人民调解协议书50余份；开展法律讲座和普法宣传30余场次，开展律师免费法律咨询活动，接待群众法律咨询2100余人次。

（李　雪）

【环境建设】 年内，制定《和义街道“街长制”工作方案》，对辖区背街小巷以及南苑北里、和义东里老旧小区，引入社会化专业保洁服务力量进行专业保洁，全年投入日常保洁、应急管理等经费70余万元，处理各类环境网格案卷7000余件；强化门前三包管理，查处整治无照游商、占道经营、堆物堆料、乱贴小广告等行为，制作执法案卷198卷，罚款26.7万元。推进太阳城路、和义派出所后侧路背街小巷整修任务；统筹资金60余万，对和义东里、六合庄、窑窝村等老旧小区、平房区的绿地、路面、路灯、楼道窗等进行整修。完成1300余户平房区居民的“煤改电”工作，打击违法使用燃煤，每月定期做好工地扬尘检查，对未按照有关要求施工的工地处罚3起，罚款7.7万元，制定空气重污染应急分预案，组织重污染天气应急演练，落实重污染天气的各项保障措施；成立街道、社区两级河长制组织机构，开展河道排污口排查和污染源摸底调查工作，对小龙河及北支沟垃圾进行清理并安装护网，确保主河道的清洁；推动餐厨垃圾规范化处理，实现辖区单位、餐饮企业的餐厨垃圾全部集中收集、运输和处理。

（李　雪）

【劳动就业】 年内，推荐城乡劳动力就业197人，对20名就业意愿困难人员进行登记，指导、跟踪、回访，实现创业101人，带动就业114人。

（李　雪）

【住房保障】 年内，完成已入住廉租房年度复核94户，三房轮候家庭申请公租房31户，新申请公租房及市场租金补贴252户，廉租房续签合同48户，通知保障房各房源项目选房121户，完成已入住公租房年度复核51户，家庭解锁54户，保障房家庭情况变更44户，市场补贴复核及签订合同35户。

（李　雪）

【助老服务】 年内，依托西一社区养老服务驿站，向辖区老年人提供日间照料、助餐、健康指导等多种服务。为80周岁以上享受养老卡补助的1344位老人审批充值150万余元，为享受高龄津贴的90岁以上的115位老人发放高龄津贴12万元。开展为辖区60岁以上老人及重症残疾人进行免费入户理发活动，受益人数600余人次。

（李　雪）

【社会救助】 年内，为辖区352户低保户发放救助保障金710万余元；为严重精神障碍患者申请护理补贴148人25万元；为享受残疾人两项补贴的640人发放补贴105万元；为低保人员发放医疗救助446人次74万元；发放医疗重大疾病救助42人次29万元；办理大额医疗报销51人次23万元；为因病致贫1人报销药费3907元；为优抚对象报销药费3人次4万元；完成低收入家庭医疗救助6人次，报销药费21274.6元；为2户贫困孕产妇办理救助6800元；办理大病特困人员住院押金借款4人27万元；为低保困难户申请临时救助152人次36万元；为低保户办理住院押金减免205户54万元；为低保户办理燃煤采暖补贴和清洁能源补贴51户5.6万元；为低保应届大学生办理教育救助1.3万元；为40人办理慈善助老卡，发放金额16488.54元。

（李　雪）

【社区建设】 年内，统筹使用资金34万元，为辖区弱势群体安装烟感报警器、为久敬佳园安装监控探头、微型消防站建设及辖区整体环境提升等。投入9万余元，对辖区宣传栏进行修缮、替换。完成东一社区办公用房建设和装修，并投入正常使用。开展社区层面协商议事会90余次、会商会10余次，解决西二社区楼道上下水纠纷、西三社区居民与施工单位纠纷等问题。指导社会组织孵化中心工作，对其中的28家社会组织进行入驻登记备案，重点孵化颐乐关爱长者工作室、久敬庄家园盾牌志愿服务队、和义街道社工协会3支社区社会组织团队，全年开展专家咨询、培训、交流等各类活动18次，并按季度出版工作简报，承接大兴区社区建设考察团2次。

（李　雪）

【基层党建】 年内，依托“和义学堂”，每月定期组织开展党的理论知识讲座和主题党日活动，开展讲座、培训等活动12次；开展以党建为主题的参观学习2次；组织观看红色电影2次。选取3个社区，重点打造基层党组织示范点建设。围绕“B+T+X”体系，在10个支部推进“一规一册一表一网”规范化建设。开展党员组织关系集中排查、党员基本信息核查、流动党员管理、党费收缴、困难党员帮扶和党内表彰等基础工作，表彰街道优秀党员31名，表彰社区优秀党员232人；为单位困难党员组织献爱心活动1次，捐款2.6万元；帮扶困难党员42人；发展党员10名。修缮、更新党群活动服务中心、社区党员活动站，配置需要的设施，落实制度上墙，打造符合“六有”标准的党组织活动阵地。走访摸底调研非公企业280家，成立禾顺（北京）科级孵化器有限公司党支部，在非公领域、社会组织各发展党员1名。

（李　雪）

【精神文明建设】 年内，网站更新各类信息400余条，编辑发布微信手机报81期。悬挂硬式标语口号49条，创办文化墙6处，更新街道、社区宣传栏46处，滚动电子显示屏11块，张贴宣传海报1000份，发放致居民一封信1万份，印制首都文明区群众满意度调查问卷宣传折页1.8万份，发放创区宣传脚垫1.8万份以及各类宣传手册4000本。组织各社区开展主题活动20余次，发动党员800余名参与环境整治活动。

（李　雪）

【党风廉政建设】 年内，签订2017年党风廉政建设责任书204份，建立责任清单43份。对街道涉及“三重一大”等党风廉政建设制度落实情况进行监督，提出廉政建议10余条。针对中央环保督察期间街道涉及的5个重点件开展提醒谈话11人次。结合深化“为官不为、为官乱为”专项治理工作，收集街道、社区汇总自查问题和意见建议25条，查找出问题清单5项，提出整改措施5项。全年街道处级领导带队开展党风廉政及日常作风检查24次，社区党风廉政监督员开展明察暗访32批次，发现问题7大类，提出工作建议13条。

（李　雪）

【非首都功能疏解】 年内，关停占地4.1万平方米、有商户650余家的北方世贸鞋城。拆除违法建设19.6万平方米，其中完成久敬庄57号院的12万平方米拆违整治工作，腾退租户3300余户；成立南苑森林湿地公园环境整治指挥部，抽调委办局及街道工作人员39人组成专班，拆除违法建设6.1万平方米。完成17个出租大院的整治工作，治理“开墙打洞”142处，疏解一般制造业3家，整治“散乱污”企业10家，“占道经营整治”立案处罚703件，整治“群租房”17家，取缔“无照无证餐饮”62家。

（李 雪）

【工会服务】 年内，新增10人以下建会单位26家，发展会员225人。召开10场建会工作推进会和职工沟通会，接待咨询人数172人，现场入会32人。开展工会会员京卡专享活动9次，发放庙会票1284张、大米152袋、理发券99张、评剧票14张、温泉票15张、洗衣券67张、电影票116张、大枣票110张和干果礼盒128盒。两节期间为辖区困难职工发放节日救助金1.1万元，慰问礼品60余件，“五一”期间为困难职工节日补助发放1800元，助残日为困难残疾职工发放慰问金1000元。

（李 雪）

【安全监管】 年内，检查生产经营单位3000余次，各类专项检查7次，签订各类安全责任书600余份；推进安全隐患整治工作，约谈单位负责人31家，发放各类告知函、整改通知书500余份，拆除彩钢板房1.7万平方米，开展安全隐患大排查大清理大整治行动，出动人员2000余人次，监督检查单位1000余家次，腾退违法出租房屋600余处，消除丰台区挂账隐患58处，消除“三合一”“高风险密集居住场所”安全隐患37处；完成小微企业安全生产标准化建设55家，为老年人以及困难居民家庭安装独立感烟报警装置1000余套，建立消防安全VR互动式体验室，建成电动车集中充电处12处。开展食品药品日常监督检查300余户次、专项整治行动40余次、处理投诉举报97起，发现违法行为并立案处理42起，罚没金额34万元，快检食品460样次，行政许可受理31件。

（李 雪）

【助残服务】 年内，两节走访慰问贫困残疾人260户，发放慰问金、慰问品折合16.4万元，发放儿童康复补贴9.5万元，发放残疾人机动轮椅车燃油补贴3.3万元，发放城镇个体就业残疾人社会保险补贴45.46万元，发放生活补助51.94万元，发放残疾人助学补贴4000元，发放助残券24.19万元。为104名新增残疾人录入办理第二代残疾人证。为9个社区申请安装一卡通延期设备。为3名残疾人提供免费的法律咨询，组织7名残疾人参加区残联举办的招聘会、美甲培训等活动。筛选11名处于最佳康复期的肢体和偏瘫残疾人，到南苑社区医院进行系统的肢体康复训练。为1名残疾人申请入住精康园补贴。为110余名残疾人申请辅助器具。为74名困难残疾人申请困难家庭家政上门服务。开展丝网花制作培训、瑜伽培训等近20项文体活动。

（李 雪）

【社会保障】 年内，为60名失业人员办理退休审批手续，办理退休人员医疗增加195人，医疗补缴180人，职业病2人，工伤鉴定2人，劳动能力鉴定4人。办理市、区灵活就业人员203人。受理辖区内无业人员丧葬补贴申请6人3万元。为退休人员办理报销药费101份54.25万元。为无保障老人办理丧葬费补助金14人次7万元。办理社保卡服务网点业务1422人次、城镇居民医疗保险业务220人次。办理一老一小新参保312人，为79户参保人员报销药费111.67万元。

（李 雪）

【文体建设】 年内，申请体彩公益金53万元，添置室外健身器材139件；投入资金3万余元加装体育健身宣传栏、维修更新社区文化室、文化广场的设备；申请区体育局轨道棋项目，为西一等4个社区安装5套轨道棋；引入专业社会力量，运营街道文化中心，提供多种文体服务，新增10余处室内文体活动场所。组织社区趣味运动会、亲子趣味运动会、社区乒乓球比赛、社区篮球比赛、健步走等活动50余场次。安排“周末大舞台”“和文化节”等演出13场，受众1万余人。完成非京籍幼升小咨询审核工作，收取非京籍幼升小相关证明材料和审批表97份，审核通过87人。

（李　雪）

【公共卫生服务】 年内，协调卫生监督所及相关部门查处与关停非法行医2处。对辖区内2家存在突出安全问题的幼儿园进行约谈，并提出整改措施及时限，对存在严重问题整改不到位的千真幼儿园进行关停。为辖区白血病患儿申请全国红十字会小天使基金救助金3万元，募集红会捐款1.1万元。开展健康知识与应急救护讲座20余场，参与居民1200余人。发放精神病患者看护补贴155人25.14万元。

（李　雪）

【劳动监管】 年内，化解调处各类违反劳动法规事件6起，涉及金额3.6万元，调处率100%，辖区无工资拖欠、使用童工等现象。签订工资集体协商18份，涉及185家企业，其中独立开展工资集体协商的非公企业10家，签订区域性工资集体协商9份，涵盖175家不具规模的非公企业，工资集体协商签订率96%。

（李　雪）

宛平城地区

【概　况】 宛平城地区位于丰台区中西部，东与新村街道、卢沟桥街道交界，南与大兴区接壤，西与房山区、长辛店街道、长辛店镇交界，北与石景山区毗邻。2017年，辖区面积42.67平方公里，常住人口5.7万人，有户籍居民人口19753户49413人，农业人口457户899人。下辖9个社区2个行政村，居民主要分布在高速路以南的楼房区和东关楼房区，农民集中居住于卢沟桥西、北天堂村、永合庄村，人口分布不均衡，大致统计有73%以上人口居住在晓月苑地区。属于典型的城乡结合部。整个区域沿永定河呈西北至东南狭长地带，城内交通发达，路网密集，铁路、公路、城轨纵横交错，京广、京九、京石、京山、丰沙等专线贯穿境内。宛平地区是西山-永定河文化带的重要组成部分，也是永定河绿色生态发展带丰台段的核心区域。辖区内著名的宛平城、卢沟桥、赵登禹墓、抗日战争纪念馆和雕塑园，是重要的爱国主义教育基地，作为国家级历史文物保护单位，景区年游客接待量达百万人次，近年来多次承接国际性、国家级纪念活动。同时又有宛平湖、晓月湖、绿堤公园等生态旅游资源，毗邻丰台科技园区。从政治意义、地理位置、人口结构、城乡发展进程等各方面来看，都是一个非常有代表性的地区办事处。

（郭翔宇）

【社会综合管理】 年内，实行“三级包片包干”责任防控机制，动员地区900多家单位1298名志愿者，在地区20个“志愿服务示范岗”提供志愿服务。引入专业巡防力量，成立地区应急巡防队3支，对辖区5个段路铁路、老国企遗留厂区、主要大街重点区域实行重大活动期间24小时不间断巡逻和检查。清理整治出租大院10处，取缔违法群租房25处。采取“5+2”“白+黑”工作模式对辖区煤火取暖户进行领导包片检查，发现问题立即整改。免费发放一氧化碳报警器500个，出动各类宣传检查力量2000人次，发放各类宣传品、提示贴15000份，全面覆盖煤火取暖户。

（郭翔宇）

【环境建设】 年内，提升宛平城内街道路铺装、沿街建筑立面、门牌字号及夜景照明，修正特色院落和巷弄。对宛平城东关拆后“留白增绿”，打造出“城墙下的社区花园”——宛平苑公园。完成晓月苑地区环境综合提升工程二期工程的土山勘察工作，晓月中路精品街创建项目完成前期的准备工作，铺装便道约500平方米。在9条大街设置街长，维护街道环境秩序，检查治理河道两侧环境。

（郭翔宇）

【劳动就业】 年内，城镇登记失业率0.96%，城乡劳动力就业人数251人，充分就业地区创建比例100%。创业人数113人，带动就业144人。企业建档动态保持户数35户，就业困难求职人员实现就业比例125%。城乡劳动力推荐成功人数72人，空岗信息采集数1808人，社区安置就业177人。

（郭翔宇）

【住房保障】 年内，办理完成公租房申请136户、廉租房1户、市场租房补贴24户、公租房补贴34户。

（郭翔宇）

【助老服务】 年内，发放养老助残卡1000余张，办理老年证220个。为辖区60岁以上老年人安装报警器。建立“连心通”调度服务中心，经过前期筹备、调查摸底，完成与空巢独居老人签约，系统平台建设，“一刻钟生活服务圈”服务商、养老服务机构和社区卫生服务中心的对接等工作。

（郭翔宇）

【社会救助】 年内，为地区低保户、低收入人群以及高龄老人发放社会救助资金28.9万元，为优抚对象减免医疗费用9100元。对9名残疾儿童少年走访慰问，为2名低保残疾人子女高中生申请助学补助，为13名城镇个体就业残疾人申请社会保险补贴，为10名符合条件残疾人申请助残券，为64名残疾人申请辅助器具，为2名智力残疾儿童申请儿童彩票公益金救助，发放残疾人生活补贴和护理补贴96万元，发放严重精神病监护人补贴13.5万元。组织“春风送暖”捐款活动，募得捐款1.7万元。开展红十字会两节救助慰问活动，救助困难家庭30户2.4万元。

（郭翔宇）

【社区建设】 年内，引导居民进行停车自治，城南二社区投资26000元安装智能车辆管理系统。做好地区居家养老服务工作，新筹建北部养老服务驿站正式运营。与两家装饰公司达成协议开展居民应急维修服务工作。启动抗战雕塑园“社区之家”示范点建设工作。与卢沟桥旅游区办事处统筹协调服务用房，在宛平城社区东侧临街筹建全新的文化室，投资360577.3元，面积为200平方米。

（郭翔宇）

【安全隐患专项整治】 年内，开展安全隐患大排查大清理大整治专项行动，检查企业829次，下达整改通知书266份，整改隐患319条，关停清退企业80余家。如期完成“双百”活动、一企一标准、一岗一清单、有限空间、危险化学品及涉粉企业等专项工作。丰台区第二批专项行动安全隐患台账34家企业全部整改完成，16家“三合一”、高风险密集居住场所新台账全部整改完成。

（郭翔宇）

【食药安全监管】 年内，针对辖区“四品一械”经营主体日常监督检查548次，覆盖率100%。抽检药店4家次，检查“四品一械”经营主体609户次，立案27起。开展大规模无证餐饮专项检查56次，检查餐饮主体近200户次，检查餐饮企业9户，取缔无证无照餐饮单位18户。对辖区20所中小学校、托幼机构以及儿童福利院食堂和养老院及周边200米范围内的餐饮服务单位实施全覆盖监督检查。

（郭翔宇）

【助残工作】 年内，走访慰问残疾少年儿童9名，为低保残疾人子女高中生申请助学补助2人，为城镇个体就业残疾人申请社会保险补贴13人，为符合条件残疾人申请助残券10人，为64名残疾人申请辅助器具，为智力残疾儿童申请儿童彩票公益金救助2人，发放残疾人生活补贴和护理补贴96万元，发放严重精神病监护人补贴13.5万元。

（郭翔宇）

【“无煤化”治理】 年内，完成5个社区的散煤回收工作，回收存煤111吨。与10个社区、村和7家自管户签订无煤化承诺书。全年，地区煤改电户内线改造1325户，完成进度98%；设备安装1377户（含42户大户型），完成98.85%。

（郭翔宇）

【劳动保障】 年内，加强劳动保障性法律宣传，发放各种法律法规宣传材料13000余份。调解劳资纠纷事件19起，涉及农民工人数245人，涉及工程和工资款2500余万元，维护农民工合法权益。

（郭翔宇）

【文化活动】 年内，开展“宛平大舞台，想上你就来”系列文艺活动、“铭记红色历史传承革命精神”红色主题群众文化活动、迎新春“金鸡鸣春送万福”写春联送祝福、“党的光辉照我心”学党章知党规书法比赛展览、“宛平记忆”宛平城地区居民书法绘画摄影展等活动近百场、周末百姓大舞台11场、放映数字电影50场，受众人数2.5万人，组织参加各类文化培训11类48次。制作歌曲集《唱响宛平》、自编自导自演舞台短剧《抗战烽火》、参与演出原创话剧《宛平人家》，追寻红色记忆，彰显地区文化特色。

（郭翔宇）

长辛店街道

【概　况】 长辛店街道地处丰台区西南部。位于卢沟桥西侧，东临永定河、大宁水库，西至镇岗塔，与云岗街道、王佐镇相邻，南接房山区南岗洼，北到园博园，与石景山区、门头沟区接界，南北长、东西窄，西侧有南北走向的两道丘陵，地势西高东低。属城乡结合部。有京广铁路、京九铁路、京港澳高速、京周公路南北向穿过。2017年，辖区面积46.63平方公里，下设26个社区，常住户44591户，常住居民104206人。辖区内有中央企业5家，驻军部队10支。以铁路、军工业为主，为丰台区重工业集中地。

（邵晓洁）

【社会综合管理】 年内，推进街道“雪亮工程”建设，投入275万元为社区安装视频监控探头232套。为朱南社区61个楼门安装门禁对讲系统。为辖区派出所、街道保安分队、安全员及社区购置警用四轮电瓶车、电动车、充电手电等警用装备。为改善长辛店大街、309公交车站、朱家坟商业街、二七车辆厂生活区周边环境秩序，开展综合治理专项整治行动58次。第二季度居民安全感满意度94.62%。

（邵晓洁）

【环境建设】 年内，联合多方面力量，街道、社区、物业齐动手，集中整治辖区环境。创区期间，辖区清理垃圾393车2751立方米。在平房区居多的社区，动员辖区志愿者清理小广告，保洁公司打扫环境、清理堆物堆料。联合工商所、食药所、环卫所、长辛店派出所对长辛店大街进行集中整治。发放对商户的告知书460余份，调动保安100名、执法人员35人、车辆10台、清理工人68人，清理垃圾40车。背街小巷整治中明确背街小巷501条19万平方米和57个旱厕的保洁范围，形成胡同有清扫、垃圾设施周边有管理、清运及时到位的管理模式。整治市级台账上账的散乱污及无证无照经营的问题企业150家。投资2621万元，完成辖区4186户“无煤化”改造工作，拆除或停用燃煤锅炉6家，解决棚改范围内因涉及搬迁未签订煤改电合同的住户的取暖问题。

（邵晓洁）

【劳动就业】 年内，新增失业人员1178人，完成失业人员就业980人、困难人员就业485人、推荐失业人员就业432人。实现自主创业135人，创业带动就业186人，社区安置就业人员502人。充分就业社区占比81%，空岗信息采集1750个，失业率控制在2.1%以内。开展劳动保障宣传5场次，发放宣传册600多份，开展劳动用工检查3128家单位，对重点单位检查634次，对巡查中发现违规违法问题及时进行处理上报。

（邵晓洁）

【住房保障】 年内，受理保障性住房及市场化补贴申请家庭631户。市场化补贴核算上报2208户，廉租房租金补贴核算上报895户。保障性住房定期资格复核家庭188户，信息变更71户，资格终止117户。发放经济适用商品住房选房材料196户、保障性住房资格备案通知单415份。全年受理各类咨询3000余次。

（邵晓洁）

【助老服务】 年内，以长辛店街道养老照料中心为核心，在老工业区家属集中的四大片区建立养老驿站，并逐步在多个条件成熟的社区建成微型养老驿站，即“1+4+N”分级建设规划。10月13日，陈庄养老服务驿站建成，占地400平方米，具备日间照料、助餐服务、健康指导等多项功能，为周边的老年居民提供近距离养老服务。以“敬老月”为契机，为有需要的老人家中安装烟感报警器4770个、为朱南和东山坡社区安装老年扶手3038米，为老人提供免费法律服务，组织老年人参与健步走等活动。

（邵晓洁）

【社会救助】 年内，为563户低保家庭发放低保金9602505.65元，实施教育救助18人34900元；临时救助138人次495210元；医疗救助329人次505291元；重大疾病救助173人次613373元。统计上报困境未成年人信息186人，新增39人，留守儿童2人。

（邵晓洁）

【社区建设】 年内，指导各社区开展议事协商工作124次，制定街道《关于加强城乡社区协商的实施方案》，规范议事协商日常管理。以“三点一到位”和“1：1配套”两种管理模式，推动老旧小区自治管理。开展监控设备安装、门禁系统设置、信报箱维修、消防器材配备、环境综合整治5大项目，实现共商共建、共治共享。以“时间储蓄银行”的运行理念为蓝本，建立台账，汇总社区志愿者人数2722人，明确志愿服务反哺机制。

（邵晓洁）

【非首都功能疏解】 年内，完成疏解整治促提升工作，拆违面积13万平方米，重点对北京军区联勤部和杜家坎7号院2处区域进行联合整治，拆除违建10万平方米，其中彩钢板8万平方米，清退1000余人，清退企业30余家。整治“开墙打洞”186处，清理整治占道经营重点点位5处，立案处罚660起，取缔无证餐饮单位56家，疏解一般制造业1家，治理“散乱污”企业150家，整治直管公房转租转借1处，各项指标完成率100%。

（邵晓洁）

【棚户区改造】 4月1日，长辛店街道棚户区改造项目正式启动，棚户区改造范围东起丰台区河西再生水厂及配套管网工程西红线，西至京广铁路线，南到赵辛店跨线桥，北至长辛店大街北口现代叉车林德叉车销售部南墙。占地73.92公顷，其中国有土地61.52公顷，长辛店村及赵辛店村集体土地12.4公顷。棚改范围内涉及4个社区4996户住宅，35家单位，271处房屋以及241户宅基地。10月28日，棚改拆迁签约环节，首日签约2164户，签约率44.05%。前三天签约3690户，占比74.91%。

（邵晓洁）

【安全生产大检查】 年内，开展检查320家次，包括建筑施工企业8家，工业企业65家（有限空间作业13家），人员密集场所95家（高层建筑3个），出动1408人次，160车次，查处现场立即整改隐患16处，限期整改隐患511处，开具责令整改通知单168张。各社区检查单位1088家，发现隐患368处，现场整改101处，限期整改267处。

（邵晓洁）

【食药安全】 年内，召开无证餐饮整治专题会12次，转型宣传2次，发放告知书等宣传材料800余份。对无照无证相对集中的聚集区开展多次联合执法，关停取缔无证无照餐饮单位56户，完成率100%，疏解1200人左右。对辖区内107家餐饮单位和16家药店进行量化分级，完成率100%。全年完成假冒伪劣白酒黑窝点、黑作坊专项行动，保健品专项整治，药品、医疗器械集中整治等21个专项整治工作。受理个体食品流通许可各类申请59例，发证38例，完成食品流通快检样品600件，合格率100%，完成行政处罚案件34件，罚没款125631元。

（邵晓洁）

【文体活动】 年内，举办各类文艺演出41场，其中社区百姓大舞台演出24场，文体协会综合演出13场，“同心协力 积极创建首都文明示范区”宣传演出4场，播放电影50场。开展“我眼中的长辛店”绘画作品展，展出书法和绘画作品243副，宣传长辛店悠久的历史文化。在二七体育场、珠光嘉园社区、车辆厂社区、长辛店七小4个健身广场安装500平方米的全民阅读和全民健身文化墙。举办“全民健身 乐享生活”第二届全民健身毽球联赛，26支代表队235人参加比赛。指导社区全年开展花式健步走、居民运动会等全民健身活动80余次。

（邵晓洁）

【法律服务】 年内，成立人民调解工作小组，解答法律咨询3500余人次，制作完成人民调解协议书33份，收到群众感谢锦旗4面。派驻律师每周到社区值班，集中解答群众有关棚改和人民调解工作相关法律咨询。对于患病行动不便的当事人，开通绿色通道，提供上门服务。通过讲座、海报等方式，为居民解读房屋产权、婚姻继承等相关法律法规，法治文艺宣传小分队举办法治文艺巡回演出，以身边真实发生的案件、事例为原形，用小品、戏曲等节目形式，进行文艺普法。

（邵晓洁）

云岗街道

【概　况】 云岗街道地处丰台区西南部，东与长辛店街、镇为邻，西与王佐镇相连，北与门头沟区接壤。2017年，辖区面积8.53平方公里，常住人口5.2万人，辖区内主要有航天科工集团第三研究院、航天科工集团十一院、航天六院101所、北京京丰燃气热电有限公司和新兴际华应急救援科技有限公司等47家中央、市区属单位；有1所中学，1所小学，1所职业高中，1个青少年科技站，3所幼儿园以及航天三院教育中心。街道办事处下设9个社区居委会。

（杨海霞）

【社会综合管理】 年内，对2232名治安志愿者进行培训，并完成治安志愿者三星级认定工作。云岗街道9个社区综治中心挂牌，完成总体建设，覆盖率100%。9个社区的监控系统建设完善。成立反恐怖工作领导小组，加强反恐怖主义工作。十九大期间，每天定时组织召开地区矛盾风险研判会，对辖区矛盾纠纷进行动态排查。在镇岗南里社区安装固定横幅2条，便民宣传栏1个，交通安全展板一块，文明公约3块。

（杨海霞）

【环境建设】 年内，协调配合区市政管委对镇岗塔损坏路面进行修缮，并对沿路雨洪排水设施进行重新改造。按照背街小巷整治计划，投资200余万元，对云岗百货西路、北里15楼周边和云岗建设银行门前等3条背街小巷改造和整治，整治面积8000平方米，硬化道路2000平方米。完成辖区446户燃煤用户煤改电工作，并回收散煤350吨。上半年受理96005城市环境热线和12345困难救助热线363起，处理网格案件1375件，结案率99%。

（杨海霞）

【劳动就业】 年内，帮助344名失业人员实现就业、202名就业困难人员实现社区就业；为辖区内符合条件的4050大龄就业困难人员、失业1年以上的城镇登记失业人员享受“灵活就业”社保补贴、清洁能源自采暖补贴、外出就业交通补贴等就业优惠政策服务，享受就业困难人员补贴503名，登记失业率控制在2%以内。

（杨海霞）

【住房保障】 年内，审核上报公共租赁住房新申请家庭105户、进行廉租住房和市场租房补贴家庭做房屋安全鉴定37户、新签市场租房补贴21户、廉租住房补贴续签合同31户、为廉租住房家庭申请发放租金补贴278000元、为市场租房补贴家庭申请发放租金补贴36500元、为公租房入住家庭申请发放租金补贴58020元。

（杨海霞）

【助老服务】 年内，为60岁以上老年人办理老年证213人；为80岁以上老年人，每月发放养老补贴23852人次2371150元；发放高龄津贴9.6万元；完成6469名老年人“卡变卡”北京通的发放工作；为2090户老年家庭免费安装烟感报警器；对2422名空巢老人生活需求进行调查摸底搭建“连心通”平台系统；为5名老人家庭申请困难补助并进行慰问；为大灰厂、南二社区老旧小区80以上老年人和失能半失能老年人提供免费的家政服务。与731医院合作建立云岗街道养老照料中心；有注册志愿者4245人，注册志愿服务队伍41支，开展志愿服务项目27个，服务时长99762小时。

（杨海霞）

【社会救助】 年内，发放城镇低保金3357人次259.95万元；临时救助79人次17.41万元；慈善救助60岁以上老人医疗费1万元；低保医疗救助138人次30万元；低保新生救助3人1.3万元，电费补贴9000元；为低保人员燃煤补贴7.2万元；清洁能源自采暖1000元；慈善大病救助2人1万元；全年为179名地退人员统发工资987万元，超转人员工资5万元，军休人员发放工资46万元，取暖费1.7万元。为地退人员变更定点医院20人次，发放9人死亡抚恤金115万元；为208户322人发放低保金296万元，为优抚对象（定补人员、烈士子女、农籍士兵、伤残军人）发放生活补助66万元，发放精残监护人补贴27万元；在“春风送暖”捐赠活动中筹善款20560元、衣物3338件（折价54770元）。春节为特困人员发放2万元的慰问品，慰问优抚对象63人5万元，八一、两节期间为优抚对象（伤残军人、义务兵家属、军工）发放5万元的慰问品。低保办理新申请20户42人；终止15户23人；变更56户71人，慈善高中生救助3人6千元。发放残疾人护理补贴396名20万元、残疾人生活补贴170名50万元。

（杨海霞）

【社区建设】 年内，使用老旧小区专项资金14万元，用于南二社区老旧小区线路改造和大灰厂社区老旧小区周边道路、护栏改造；解决翠园社区办公用房问题；投入资金14.2万元为北区社区、镇岗南里社区、南一社区安装便民椅；投资13万元为北里社区安装棋牌桌、围棋桌、休闲座椅；投资1.74万元为镇岗南里社区规划停车位290个；对南二社区、云西路社区、大灰厂社区办公用房进行改造；为9个社区安装视频监控系统。

（杨海霞）

【基层党建】 年内，开展以“一规一表一册一网”为载体的试点工作，抽查手册33本、党员手册111本，向各党组织逐一反馈书面检查意见；完成社区党组织计划开展的服务群众项目54个，投入经费145.16万元；完成本年度8名新党员发展计划及9名预备期党员转正工作，全年为188名党员办理接转手续，完成系统中1600名党员的基本信息补充完善工作，以积分形式对1075名党员进行管理和评价；收到14个地区单位的510名党员和26名群众的捐款24561元；党的十九大召开期间，组织926名党员填答“十九大报告自测100题答卷”，组织党员参与“党的十九大精神应知应会在线答题”6000余人次，以党员为骨干的2000余名治安志愿者参与街面巡逻值守，投身社会面防控。

（杨海霞）

【残联换届选举】 年内，召开残联换届选举大会，选举产生云岗街道残联第七届主席团主席1名、副主席2名、执行理事会理事长1名，委员21名；同时，会议还推举产生出席参加丰台区残疾人联合会第七次代表大会代表7名、主席团委员候选人1名。

（杨海霞）

【妇联换届选举】 年内，完成街道妇联换届选举工作，选举产生云岗街道第二届妇联执委31人，其中主席1人，副主席4人，委员26人。新一届委员中云岗街道社区妇联干部15人，占48%，单位妇女代表4人，占13%，非公企业妇女代表6人，占19%；社会组织妇女代表1人，占3%，各类妇女骨干4人，占13%，各类先进人物1人，占3%；，中共党员20人，占65%。平均年龄44岁，大专以上文化27人，占87%。

（杨海霞）

【侨联统战工作】 年内，完成宗教聚会点摸排工作，加强对4名参与宗教活动党员的教育和管理；联合食药所开展清真食品标志管理专项治理；举办“侨心向党心 笔墨寄深情”书画作品展；组织15名侨眷参加“第八届首都新侨乡文化节”合唱彩排和比赛，代表丰台区获得全市第二名；承办“北京市华侨服务中心敬老助老”活动。

（杨海霞）

【群团工作】 年内，组织开展插花、制作琉璃小夜灯、手工制作口金包的活动；组织联合工会北里社区参加舞蹈比赛，表演的舞蹈《浪漫的草原》获优秀奖。田城社区、云西路社区、镇岗南里社区分别被丰台区妇联命名为丰台区“儿童之家”。开展“最美家庭”的推荐评选工作，辖区4户家庭被评为“丰台最美家庭”。张立春家庭被评为“首都最美家庭”。为辖区20名精准帮扶对象一一对接除社区帮扶力量外的社会帮扶力量。综合考虑辖区精准帮扶对象基本状况，确定“微心愿”服务项目，为全部精准帮扶对象完成至少1次“微心愿”。全年投保935人次，投保率53%，保险总额46828元。受理保险理赔24人，理赔金额20951.51元，二次报销核查473人次88471.65元。

（杨海霞）

【社会保障】 年内，为265名城镇登记失业人员申领、发放失业金185.5万元，报销失业期间门（急）诊药费、住院医疗费4万元；社会化管理退休人员（企业职工养老保险退休人员）1113人，其中，五七工退养106人；享受城镇老年人福利养老金待遇505人；享受城乡居民养老保险待遇130人，享受城乡居民医保待遇5124人（其中“一小”4338人，“一老”701人，残疾和无业居民85人）；办理社保卡挂失补换领卡5184人次；为1047名符合条件人员修改变更定点医院；为辖区267名无保障老年人开展免费体检；为260名异地退休人员进行生存认证。

（杨海霞）

【非首都功能疏解】 年内，拆除违法建设6处3712平方米，涉及77人。封堵开墙打洞沿街门店103家5320平方米，涉及386人，规范门店33家。加强对辖区散乱污的治理整顿工作，取缔41家，规范10家。整治天际线行动中，拆除违规户外灯箱、牌匾75块，清理非法张贴、喷涂广告157处、占道经营290 处，清理无主垃圾和废弃物900余车。

（杨海霞）

【信访工作】 年内，受理上级交办件5件，受理群众来信8件、来访117件257人次，其中集体访25起166人次，包括重访、个人访 91人次，回函答复信件13件，调节涉法案件16起，接回越级访2人次，主动约访、下访16次，对辖区社会面进行大排查3次，组织社区书记主任以及信访专职人员信访宣传1天，上报信息12篇，撰写调研报告1篇。

（杨海霞）

【公共安全】 年内，召开地区安全生产、消防安全大会，与社区、辖区重点单位分别签订安全生产、消防安全和烟花爆竹等涉及行业安全目标管理责任书200余份。签订《云岗地区十九大期间消防安全管理责任书》80余份。组织召开安全生产专项会议12次；召开消防安全部署会5次；对辖区内493家生产经营单位实现检查覆盖率100%，云岗街道专职安全员出动检查人员2500余人次，检查门店2100余家次，发现隐患1600余处，下达限期整改通知书665份。与辖区36个禁放单位签订《重点地区烟花爆竹安全管理工作责任书》；开展烟花爆竹宣传活动11次，发放宣传资料5500余份，设立禁放点36处，张贴禁放标识100余张，悬挂宣传条幅50条，在主要路段设立宣传标牌6块、社区设立宣传栏20余处；9个社区新配发100把灭火鞭和消防水桶；清理楼道和车棚的堆积杂物100余处，清理可燃物70吨；完成30家小微企业标准化创建工作、双百专家服务企业、对话谈心活动；为408家困难家庭安装燃气灶具、安全辅助设施和感烟报警器，完成率112%；发现并督促整改隐患80余处；复检及维修灭火器842具，购置消防器材10套。

（杨海霞）

【劳动保障】 年内，完成举报、投诉案件26起，涉及航天三院、航天十一院、航天二院、京丰热电厂等23家单位，涉案人数258人，监督发放工资、经济补偿金178万元；根据区劳动监察大队的统一安排，开展拖欠农民工工资问题检查、餐饮服务业遵守劳动保障法律法规检查等6次专项执法检查，涉及用人单位517家次，劳动用工人数2500余人次；对网格内用工单位劳动用工情况进行每日巡查，全年巡查用人单位1747次，涉及人数3300余人。

（杨海霞）

【宣传工作】 年内，开设微信公众号“幸福云岗”，并编排发布新闻100余篇；在新华网、今日头条刊登新闻40余篇；开展、承办各类宣讲20余场。组织理论中心组学习20次；承办“台湾高屏社区参访团走进丰台”活动。申报街道、京丰燃气为首都文明单位，南一、南二、镇岗南里、翠园、云西路5个社区为首都文明社区。

（杨海霞）

【文体活动】 年内，投入140万元，建成笼式足球场并投入使用；投入70多万元为社区文化室配备设施；争取区投资30万元，在田城社区建设体育健身俱乐部，免费对公众开放。组织开展“喜迎十九大”千人大合唱比赛；开展专场文艺演出活动9场，支出经费45000元；开展“科技引领云岗人，共创文明示范区”科技节活动；组织中华古典诗词朗诵大会2场；举办百姓周末大舞台活动11场，各社区放映电影50场；完成文化“四进”文艺演出1场；组织50人参加2017年健康丰台人运动素质公开赛，在“云岗 VS 王佐”对抗赛中获胜。荣获体能综合素质二等奖2个，体能综合素质三等奖1个，3个单项一等奖。参加丰台区2017年“我的丰台我的家”舞蹈大赛，获三等奖；组织参加丰台区2017年“一区一品”系列赛事八公里接力赛，获全区第一名；组织“爱之声”合唱团参加丰台区合唱比赛并在全区夺冠。

（杨海霞）

卢沟桥乡

【概　况】 卢沟桥乡位于丰台区北部，地跨西二环至西五环，与海淀、西城、石景山三区接壤，行政面积56.3平方公里，地理位置优越，经济发展迅速，系北京市重点规划建设的地区之一。全乡下辖1个社区，19个行政村，6个直属公司，6个事业单位和3个改制企业，常住人口6万余人。2017年，全乡完成总收入58.3亿元，同比增长98.1%；人均收入31609元，同比增长13.5%；劳均收入52529元；留区税收完成7.7亿元，同比增长5%。

推进思想政治建设。坚持党委理论中心组学习制度，不断用党的十九大精神、习近平总书记两次视察北京重要讲话精神、市十二次党代会精神武装头脑，加强自身建设，提高政治站位，全年开展党委理论中心组学习13次，十九大精神宣讲50场。推动“两学一做”学习教育常态化制度化，开展党内经常性教育，增强党员的党性意识和政治规矩意识。落实意识形态主体责任，牢牢把握意识形态话语权，全年发布微博1806条、推送微信公众号750条，把全乡党员干部群众的思想政治行动统一到以习近平同志为核心的党中央周围。

打造党建引领发展格局。实施党建责任“清单化”管理，层层压实责任、层层传导压力。按照《丰台区落实党建工作责任制全程记实工作细则》要求，引导班子成员记好党建手册，落实好党建责任。成立党建办公室，配齐配强党建力量。与基层党组织签订党建责任书，突出从严要求。以“一规一表一册一网”为载体，强化“两新”组织“两个覆盖”，年内新建非公党组织2个，非公党组织覆盖率89%、社会组织党组织覆盖率81%。研究编制《非公党建三年规划》，推动非公党建由组织上的“有形覆盖”向工作上的“有效覆盖”转变。坚持典型引路，着力打造党组织群众工作法“张仪村”模式、党员红色教育“大瓦窑”基地等5个基层党建示范点，形成“一村一品”党建引领发展新格局。

建设素质过硬干部队伍。坚持党管干部原则，坚持德才兼备，以德为先，落实新时期好干部标准，坚持事业为上、公道正派，突出政治标准，倡导实干导向，发挥干部选拔任用“指挥棒”作用，全年任免干部113人次，其中基层干部调整53人次。依托青年读书会平台，以书“启智”、以书“育人”、以书“聚力”，探索人才培养新机制。创新干部培养模式，与中国人民大学农发院合作开展“干部能力提升”项目建设，通过开展“课堂式”教学、设置“流动式”课堂、聘请9名人民大学知名教授为全乡首批“智库”专家，深化学习型班子建设，建强一支引领全乡改革发展的“领头羊”队伍。

加强党风廉政建设。纠正“四风”，全年“三公”经费实现“零增长”。加强纪律教育，通过邀请市、区纪委领导及专家授课、开展廉政教育测试等形式，增强党员干部纪律意识。强化纪律执行，推动监督执纪“四种形态”常态化，先后提醒谈话18人，谈话函询3人，问责3人，通报批评1人，立案5人，党纪处分9人。深化“两个专项”整治成果，整治“为官不为”“为官乱为”和“侵害群众利益”的行为，治理群众身边的不正之风。与区委党校合作，开展全面从严治党“两个责任”在基层落实课题研究，推动全面从严治党决策部署在全乡形成生动实践。

推进民主法治建设。加强党对人大、群团、统战等工作的领导。支持乡人大依法开展工作，发挥人大制度优势，开展民主协商。推动群团组织改革，增强职工群众凝聚力，发挥群团组织在疏解非首都功能、服务保障十九大等中心工作中的积极作用。开展“七五”普法，推进普法宣传进农村、进社区、进企业。做好统战、民族、宗教等工作，不断增进共识，凝聚起推动全乡经济社会发展的力量。

疏解非首都功能。疏解整治促提升工作纵深推进。全乡上下按照市、区统一部署，制定实施方案，强化调度指挥，以疏解促发展，以疏解促转型。全年拆除违法建设29.8万平方米，完成棚户区改造927户，治理群租房784户，调整市场4家，疏解关停长途客运站1家，调整疏解一般制造业企业5家，治理散乱污企业167家，治理普通地下室10处，开墙打洞512处，清理占道经营1552件，无证餐饮182户。挖掘疏解腾退空间利用，统筹谋划“留白增绿”，梳理可承载空间。广安路小井村段出租大院蜕变成为笼式足球场，菜户营“双营路”48间1000平方米的房屋计划改造成党建群众服务中心。

推进经济发展提质增效。推进创新驱动，寻找经济发展新动能，产业结构持续升级，全年乡域经济呈现平稳运行发展态势。不断优化招商环境，加大重点产业项目的推介力度，重点企业服务绿色通道机制不断完善，新注册备案企业935家，引进注册资金30万以上企业710家，其中亿元或创新企业26家。重点项目招商工作进展顺利，恒泰广场、和谐广场经营状况良好，写字楼招商100%。郭庄子综合楼、中阳大厦、中都科技大厦等项目招商进展顺利。集体三资管理水平显著提升，执行“三重一大”相关程序，强化对外投资和经济合同规范化管理。延伸审计监督触角，全年完成审计项目7项。配合区审计局完成全乡20个村（社区）的审计调查。

提升农村集体“三资”管理水平。执行“三重一大”“四议一审两公开”民主决策程序，召开全乡“三资”管理工作推进会，强化对外投资和经济合同规范化管理。延伸审计监督触角，对7个村开展经济责任审计；强化审计结果运用，实行审计整改“一把手”负责制。配合区审计局对全乡20个村（社区）开展审计调查，跟进整改进度，对村主要领导和财务人员开展财务管理业务培训，提高农村集体“三资”管理水平。

城市化实施方案获批。创新统筹机制，坚持规划先行，与市规院合作，开始研究编制全乡城市化建设统筹实施方案，加大规划、成本、收益、政策等方面的统筹，推动全乡整体实现城市化。通过加强与市、区各部门协调，《卢沟桥乡城市化建设实施方案》于8月经市政府常务会审议，批准全乡“2+2+7”城市化建设分类实施方案，为集中解决全乡“绿隔”遗留问题，加快实现全面城市化奠定坚实基础。

城市建设重点突破。重点村建设在土地上市环节实现重大突破，完成西局三期、周庄子一期土地上市，小瓦窑一期实现挂牌公告。棚改项目取得重大进展，小井村已启动宅基地腾退工作，完成签约率92.51%，非宅腾退18万平方米；万泉寺村建设25.7万平方米安置房，完成村民回迁安置，同时，启动集体企业腾退，腾退面积14.5万平方米；岳各庄棚改项目启动规划调整。配合推动土地供给侧结构性改革，加大集体土地租赁房建设，张仪村、郭庄子、小屯、东管头、西局部分用地纳入集体土地建设租赁住房项目。

城市管理稳步推进。完成环保督察任务，抓好中央和市级环保督察反馈意见整改。落实环保督察工作要求，出动14327人次9501车次，领导带队检查24次、开展专项整治点位1466个，取缔无照经营260起，规范店外经营350次，检查工地42次，176件交办案件全部按时办结。落实清洁空气行动计划，执行最严格的环境保护标准，做好空气重污染天气预警，全年发布各类预警13次，加大对辖区重点企业、工地等落实空气重污染预警的检查力度，推进煤改电工作，完成“煤改电”户内线改造和设备安装132户。明确全乡五条河流的水务分管责任，落实“河长制”。处理城市管理网格案卷4055件，出动执法人员1.2万人次、执法车辆900辆次，清除各类小广告9.6万张，处理主要大街门前三包环境卫生问题1万次。出台《卢沟桥乡城乡环境管理街长制工作方案》，由乡主要领导、主管领导“分片包干”，确保辖区内环境责任全覆盖、无死角。开展小屯路整体情况摸排，制定专项整治方案，逐步实现卢沟桥乡精品示范街区工作目标。

民生福祉持续增强。全年完成重要民生实事7件。办理城乡居民养老保险新参和续缴手续13253人，参保率100%。发放特困人群救助金216.6万元，救助困难群体297人。指导西局、大井、小瓦窑3家基层服务站加强规范化建设。争取市、区各类就业补贴，申请市、区社会保险补贴和岗位补贴资金2198.96万元，区、乡外出就业补助200万元，推荐就业补贴23.62万元。新农合全年报销17760人，报销总金额2624万元。加强就业指导培训，开展就业政策进家庭、进企业、进服务站活动，受众6万余人。养老服务“连心通”正式运行，完成全乡空巢独居老人摸底调查工作，为全乡20个村、社区老年人家庭发放、安装简易报警器1470个。完成1549名残疾人基本需求和服务状况动态更新，进行乡残联换届选举，保障残疾人权益。为乡域内11所幼儿园加装789个监控探头，确保幼儿在园安全。贯彻落实市、区文件精神，在全乡医疗机构开展医药分开综合改革。探索老旧小区治理新路径，张仪村丰仪家园为村民加装电梯43部，小瓦窑村为老旧小区加装电梯45部。促进便利化发展，全乡133家生活性服务业网点中连锁企业52家，连锁化率39%，比上年提升3.5个百分点，新建便民网点12家。落实丰台区政府菜篮子工程，在西局村、东管头村引进北京新发地菜篮子直营店，满足周边小区居民生活需求。

群众安全感提高。以党的十九大服务保障工作为重点，围绕“四个坚决防止、两个确保”工作目标，对876处出租场所、辖区22家商场、17家市场、17家超市及10个加油站等重点点位进行全方位、无死角排查，检查生产经营单位2780家次，开展重点人、重点部位大排查，做好重要道路、重要点位看护任务，完成党的十九大、“一带一路”高峰论坛、全民族抗战爆发80周年纪念活动的服务保障工作，群众安全感、满意度全区排名第三，乡域安全稳定进一步增强。落实安全生产责任制，开展“安全生产十大专项行动”及“大排查大清理大整治专项行动”，强化安全隐患排查整治，完善各类安全生产措施，检查单位5810家次、出动检查人员9825人次、排查并整治一般隐患1570处、重大隐患45处、拆除违法建设及彩钢板建筑189处75279平方米、清理非法租住非法经营232处、停产停业92家、关闭取缔64家。配合推进“阳光信访”平台建设，实现办理过程与结果双公开，构筑信访维稳工作全程管控体系，信访办结率100%，信访总量批次下降18.9%，件次下降47.9%，人次下降31.8%。严格食药管理，落实“丰台区‘创建北京市食品安全示范区’”工作，推进“阳光餐饮”工程，将日常监督检查与专项行动有机结合，开展各类联合执法70次，出动执法人员1200人次，立案查处违法行为393件，罚没款128万元。

群众幸福感提升。以创建首都文明示范区为契机，开展群众性精神文明创建活动，推进移风易俗、文明养成。举办丰富多彩的群众文化活动，完成星火工程、百姓周末大舞台、“风韵卢沟 欢乐畅享”群众文化节等文艺演出64场，开展“书香卢沟”系列活动47场。讲好文化品牌故事，举办第六届卢沟桥乡“万丰晓月杯”京剧票友大赛，参赛票房和参赛人数均创历史新高。创建北京市体育特色乡镇，西局村、大瓦窑村、周庄子村被评为北京市体育特色村，全乡体育特色村增加至6个。

（耿玉倩）

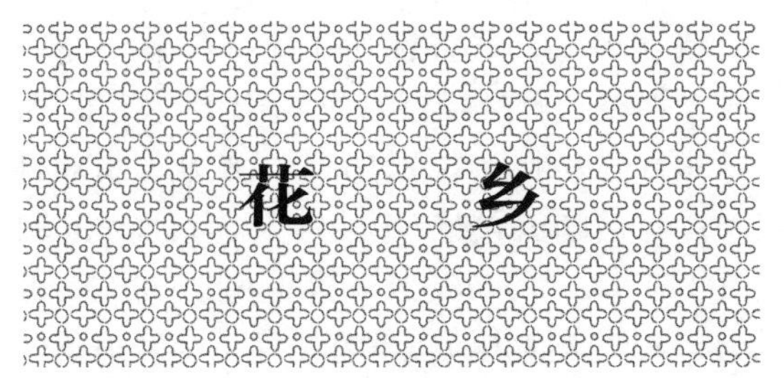

花 乡

【概 况】 丰台区花乡位于北京城区西南部，距天安门10余公里，区域面积50.3平方公里，东临南苑乡，西接宛平城地区，北与丰台街道、卢沟桥乡相邻，南与大兴区接壤。下辖黄土岗、草桥、白盆窑、新发地、郭公庄、六圈、羊坊、高立庄、葆台、纪家庙、樊家村、造甲村、看丹、榆树庄14个村、草桥欣园第一社区、草桥欣园第二社区、纪家庙社区、天伦锦城社区、郭公庄幸福家园社区、四合欣园社区、白盆窑天兴家园7个社区和1个总公司，下辖工业公司、农业公司、经贸公司和物资公司4个分公司。2017年，常住人口20万人，同比减少0.9万人，户籍农业人口2.7万人。辖区内有1个总公司党委，14个村级党组织和6个社区党组织。花乡种养花卉的历史有800年之久，是“中国花木之乡”和“国家重点花文化示范基地”。全年全乡实现集体经济总收入39.4亿元，比去年同期增加2亿元，同比增长5%；实现留区税收7.6亿元，同比增长5.7%；居民人均可支配收入达2.8万元，同比增长6.1%；乡域劳动力登记失业率控制在1.3%以内；细颗粒物年均浓度为62.3微克/立方米，达到市、区的要求。

抓基层党建，推动全面从严治党向纵深发展。加强基层党的建设。采取“清单制”工作法，落实党建主体责任。根据实际，突出村级书记党建工作第一责任人的责任，签订党建工作个性化的责任清单；针对班子，按季度、按月制定工作清单；围绕党建重点内容、任务制定检查清单和督导清单。明确创新引路、示范带动的思路，推进草桥村、白盆窑村、榆树庄村等5个村级党委、党总支党建工作示范点建设。通过开展规范化培训，业务知识测试，分片检查交流，参观学习等形式，全面推进全乡38个党支部规范化试点建设工作。推进党支部规范化建设，采取专项督查、随机抽查、交流互查等方式进行定期检查，为2018年全面铺开党建创新规范化建设工作打下基础。建立“两新”组织包片走访制度，推进非公领域党建工作。全乡202家非公企业中，已建立党支部25个，涉及企业174家，覆盖率86%。把握舆论导向，有效管理意识形态阵地，与20个基层党组织签订意识形态安全责任书。围绕“疏解非首都功能、棚户区改造和环境整治、城市化建设”等主题，利用户外宣传阵地、公众微信号、媒体宣传报道等形式加大对外正面宣传报道力度。全年组织中央、市区媒体宣传报道200篇次，全乡各村（社区）开通微信公众号25个，推出微信公众号信息227期。

加强干部队伍建设。以党支部书记和乡村干部队伍建设为重点，组织开展学习轮训活动。全年围绕市十二次党代会精神和党务知识等相关内容，开展为期2天的党支部书记专题培训，提高支部书记履职能力。加强人才队伍培养，组织花乡集体经济组织经理人、村级后备干部、乡机关干部培训56人次。

深化党风廉政建设和反腐倡廉工作。严格落实“两个责任”，并向基层延伸深化。坚持每季度召开党风廉政建设形势分析会1次，制定、修订个性化责任清单234份，组织签订党风廉政建设个性化责任书338份，实现党风廉政建设责任全覆盖。运用监督执纪“四种形态”，进行提醒性谈话35人次，诫勉谈话1人。全年接收信访举报件29件，其中已办结18件，正在办理5件，移送相关部门6件。接收刑转件11件，已办结7件，另有4件正在办理中，按照有关规定开除党籍7人。延伸监察体制改革，将监察工作向村、社区等基层组织推进。在全乡7个党委、18个党总支、173个基层党支部设置纪检委员，实现辖区监察工作全覆盖。开展“为官不为”“为官乱为”和“严肃查处群众身边的不正之风和腐败问题”两项专项治理工作，抓好“疏解整治促提升”等重点工作的监督检查，组织全乡党员干部签订《承诺书》283份。支持乡人大、工青妇、残联依法有序开展工作。坚持党管武装，连续7年完成征兵任务。

学习“十九大”精神，打牢思想基础。围绕学习贯彻党的十九大精神，组织党员干部和群众、以及村级组织集中收听收看开幕会、闭幕会、见面会，分专题开展研讨；举办花乡地区学习贯彻党的十九大精神农村地区宣讲活动，14位处级领导分别到所联系村专题宣讲十九大精神，收听讲座1262人次；采取市、区、乡党代表导学、联组学习的方式，开展“践行十九大，强化履职担当”主题交流研讨活动，举办座谈研讨23场21个基层党组织760人参加；依托理论学习中心组、形势报告会、村级书记讲党课、集体参观、读书看报等学习载体，引导党员干部和群众把思想和行动统一到十九大精神上来。全乡组织参加市区理论中心组学习5次、乡理论中心组学习10次、村级书记讲党课30次、组织参观“砥砺奋进的五年”大型成就展800人。营造浓厚的舆论氛围。乡村各级组织充分利用文化墙、公开栏、展板、横幅、电子显示屏等宣传阵地，大力宣传党的十九大提出的一系列重大战略思想、重大理论观点和重大工作部署，确保全方位、多角度的宣传十九大精神。2017年花乡党委被评为北京市理论宣讲示范基地工作先进单位。制作硬质宣传标语横幅260块、打造宣传文化墙（围挡）33处、悬挂宣传道旗140面、张贴宣传画300张、25块电子显示屏滚动播放宣传画面480小时。

强化责任担当，完成非首都功能疏解任务。落实“十大专项行动计划”，在“疏”上持续用力，非首都功能疏解任务全面完成。调整疏解区域性市场8家，涉及建筑面积30万平方米，摊位4160个，从业人员8411人；仓储物流设施5家，涉及建筑面积6.82万平方米，商户129家，从业人员578人。市场、大型仓储物流疏解整治任务全区最重，完成量分别占全区任务的50%和70%以上。拆除既有违法建设118处90万平方米。关停疏解一般制造业4家，清理整治“散乱污”企业74家；查处占道经营962起，罚款83150元；全乡10个重点点位秩序全部达到销账标准；清理取缔无证餐饮249家；完成无证照经营点位清理整治30户；关停“开墙打洞”门店489处；治理群租房111户，整治拆除出租大院115个，拆除腾退面积276443平方米。

消除瓶颈制约，区域发展环境进一步提

升。加快完善基础设施建设。地铁16号线、19号线、房山线北延、新机场线进场施工。康辛路二期、丰台南路建成通车。变单一项目建设为区域统筹。完成天坛医院、口腔医院周边地区规划方案编制工作，并已上报市规划委。推进棚改项目落地。看丹村棚改项目宅基地腾退签约93%，榆树庄村签约92%。以争创首都文明示范区和迎接市环保督察为抓手，推进环境秩序集中整治，关停店外经营、露天烧烤、汽车修理47家，清理占道经营游商摊贩500个，拆除私搭乱建280处，清运垃圾507车次，清理卫生死角70处，清理小广告5.7万张，辖区环境秩序明显改观。完成剩余182户村民的煤改清洁能源工作，实现辖区“无煤化”的目标。推进草桥东路精品示范街区建设，切实做好背街小巷、自管公厕、自管垃圾房的清扫保洁任务。打造绿色宜居城市空间，对现有9706.37亩林地做好养护工作；提升区域花卉文化内涵，打造镇国寺北街、草桥东路两条花卉精品街，利用边角地制作绿雕作品20个，试点种植阳台花卉510盆；打造花卉历史文化博览园，加大白盆窑村拆后还绿，利用牡丹、芍药妆点旧村，新增高品质绿化面积3万平方米。

坚持首都功能，经济转型升级提质增效。统筹各种要素资源，加快发展方式转变。建设现代农产品流通产业。筹建12万吨冷链储存设施和新发地蔬菜综合交易楼项目；通过“互联网+”，实现蔬果购置便民化；保障首都市民的农产品供应，利用300辆蔬菜直通车服务覆盖500个小区。

在“优”字上集中发力。推进国家数字出版产业发展，榆树庄北京国家数字出版基地先导区投入使用，现已注册企业216家，注册资本17亿元；打造京津冀协同发展的重要亮点，北京西南物流成功落户涿州，黄土岗北京京开五金建材批发市场高碑店分市场正式挂牌营业；有效利用疏解腾退空间，中关村军民融合创新工场落户纪家庙村，中宏军民融合产业园进驻草桥村；大力发展“双创”服务产业，郭公庄村“共享际”成为北京城区最大的双创社区；集办公、商务、娱乐、生活为一体的花香美域项目完成基础设施建设。发展生活性服务业。一站式休闲体验型奥特莱斯——花乡奥莱村，成为北京市最具特色的示范性旅游休闲购物目的地之一；继续发挥传统花卉产业优势，提升花卉文化创意产业效益。在第九届中国花卉博览会上，花乡总公司、草桥村、黄土岗村、白盆窑村等单位参展的各类花卉产品获得48个奖项，其中金奖5个、银奖7个，铜奖22个、优秀奖14个。

维护安全稳定，地区发展基础更加坚实。在全区率先筹建花乡维稳指挥中心。实施社会治安综合治理，推进平安创建工作，确保重大节日、重要会议及活动期间的社会和谐稳定。制定《市级挂账社会治安重点地区整治工作方案》，加大重点地区的物防、技防设施投入，增强辖区群众的安全感。强化安全生产责任制，定期召开安全工作会，研究部署安全工作，遏制和防范重特大安全生产、火灾事故的发生，保障人民群众生命财产安全。加强安全隐患排查力度，结合安全隐患大排查大清理大整治专项行动，严查彩钢板、群租公寓及商用、居住、仓储“三合一”“多合一”式违法行为，整治清理郑王坟97号院、花乡汽车产业园及周边等一批安全隐患点。截至12月28日，实施监督检查2516家，拆除清理违法建设90717平方米，清理非法租住、非法经营422处，关停取缔238家，208个安全隐患点全部整治完成，保障辖区的生产、消防安全。强化火灾应急处置机制，在原有12个微型消防站的基础上，建成花乡六圈小型消防站，并筹建黄土岗小型消防站，提升扑救能力。以首善标准全面提升食品药品安全治理水平，建立食药安全风险监测体系，加大食药安全宣传培训力度，结合全区创建食品安全示范区、“阳光餐饮”工程，开展日常检查1139户次，发现并解决问题率100%；提升食药安全风险防控能力和水平。制定《花乡区域河道“河长制”管理工作方案》，与十五个基层单位签订花乡地区河道长效管理责任制，实现乡级、村（社区）级河道“河长制”全覆盖。制定防汛抢险预案，落实防汛值班责任制，完成暑期3次强降雨积水点的抢险任务。

坚持民生优先，保障服务水平不断提升。推进劳动就业，完成全年劳动力就业指标151%、实现创业指标103%、推荐劳动力就业指标103%，新型农民培养、职工技能培训、中高级技能培训超额完成全年任务。开通政策宣讲“绿色通道”，保障企业与劳动者充分享受市、区、乡各项惠民政策。加大乡级劳动监察执法力度，推动辖区餐饮行业“规范一条街工程”。做好北京市城乡居民基本医疗保险参保缴费服务工作，对接各基层经办单位，全力做好辖区城乡老人、劳动年龄内居民和非在校学生儿童的参保服务工作，全乡社会保障卡持卡率98%。完成2017年非京籍适龄儿童入学联审，加强对无证自办幼儿园的安全管理。开展精神文明创建活动，推荐首都文明村9个、文明单位4个，推荐18名先进人物参加“北京榜样”评选活动，开展争当“北京文明小使者”活动。造甲村市民学习中心被认定为“丰台区市民学习中心”，草桥村于运乐被评为“首都市民学习之星”。发展文化体育事业，开展周末百姓大舞台活动和“星火工程”演出；组织参加“我的丰台我的家”合唱比赛；组织葆台村、草桥村、天伦锦城社区、四合欣园社区和造甲村综合文化室的申报建设；强化文物及文化市场管理工作。筹建造甲村门球场，举办2017年“健康丰台人”运动素质公开赛。组织红十字会博爱捐款活动；对25户因病致困家庭进行慰问；加强麻疹等可预防疾病免疫预防接种。开展计生卫生“三下乡”活动；为全乡4967名1-18周岁独生子女家庭办理意外伤害保险。

落实从严治党责任，政府自身建设加强。学习贯彻党的十九大精神，推进“两学一做”学习教育常态化制度化建设，抓好“两贯彻一落实”，严格落实党风廉政建设责任制，坚决纠正“四风”突出问题，严控“三公”经费规模，政风行风持续改善。加强审计监督，对总公司和全乡15个集体经济组织开展农村专项审计调查，规范“三资”管理。接受乡人大的监督，办复市区两级人大代表和政协委员的建议、提案4件、乡人大建议14件，代表满意率100%。坚持政务信息公开，建设阳光透明政府。推进重点领域政务公开，组织“政务开放日”活动，全年通过门户网站、微信公众号等多种形式公开政府信息1204条，保障群众的知情权、参与权、表达权和监督权。深化依法行政实践，推进法治政府建设。全年办理行政申请76件，办结率100%。开展“七五”普法宣传工作，营造全乡遵法守法的氛围。

（闫晓辉）

南苑乡

【概　况】 南苑乡位于北京市区南部，丰台区东部。北起南二环路，与西城区、东城区相接；南至南五环路，与大兴区接壤；西起京开高速路，与花乡、卢沟桥乡毗邻；东至丰台区东边界，与朝阳区相连。辖区内由北至南依次有南二、三、四环路，东西两侧有京开、京台和京沪高速公路，南部有南苑机场，西北部有北京南站，地理位置优越，交通便捷，距天安门5公里，素有天安门前第一乡之称。2017年，乡域总面积约60.2平方公里，其中乡辖面积约16.4平方公里，与南苑、东高地、和义、大红门、东铁营、马家堡、西罗园、方庄、右安门9个街道相邻，辖区内有9个派出所，7个税务所，4个工商所，是典型的城乡结合部地区。全乡下辖12个行政村、7个社区，完成8个村整建制转居。全乡常住人口总数10.2万人，户籍人口31205人，户籍农民8024人；流动人口2.69万人；实际在辖区范围内从事生产、经营的人口18万人；经济组织成员股东23790人，劳动力14031人。全乡实现总收入34.3亿元，上缴税金2.5亿元，实现人均劳动所得40923元，同比增长14.4%。区域环境改善，细颗粒物浓度较年初下降34%，城乡环境建设工作排名乡镇第一。

疏解整治促提升。全年拆除违法建设86万平方米，疏解正天兴、京都世纪等6家区域性市场，商户6000余户，治理“开墙打洞”542处，清理占道经营2627起，取缔无证无照经营644户，整治违法群租房132处。全乡专项行动12项任务中9项指标超额完成，7项完成进度位列全区前三，地区常住人口全年控制在10.2万人以内。

经济结构持续向好。推进供给侧结构性调整，促进产业的转型发展。金城源爱家家居市场转型为艺术品商场，全面提升经营品质和规范化管理程度；2座万达广场相继开业，弥补乡域缺乏大型精品商业综合体覆盖的短板；右安门医院产业稳步发展壮大，嘉祥敬老院、石榴庄泰颐春养老院先后投入运营，医养结合产业资源进一步集聚；亚林西还建产业项目相继落地，高端商务楼宇经济体量进一步壮大；争取果园和金城源租赁房项目，实现集体产业模式创新，增收渠道拓宽。西铁营发展模式优势凸显，新建产业实现增收，集体经济步入良性发展轨道，树立全乡产业转型发展的典范。

注重提质增效，持续优化产业发展环境。全年退出一般性制造业4家、坚决关停“散乱污”企业298家。既有项目和新建项目围绕“高精尖”定位，着力打造主导产业，培育特色经济，发展质量与效益稳步增长。大力提升生活性服务业，新建便民服务网点16个、品牌连锁商业网点33个。全年新登记备案注册企业435家，总注册资金35.64亿元。其中千万元规模以上企业26家，亿元规模以上企业2家；新引进文化、科技类企业165家，同比增长55%。

规范管理和深化改革并举，保障集体经济组织健康发展。开展全乡财务人员业务培训，更新农村管理信息化系统数据资料。加大全乡集体资产年检力度，16个集体经济组织全部纳入预决算审查范围。深化花园宏达产权制度改革，进一步增强集体经济组织活力。加强土地补偿费专储账户管理，开展租赁合同规范性检查，加大农村产权交易平台推广力度，使尽可能多的物业资产纳入产权交易平台，确保基层经济组织收益最大化。

城市化建设进一步完善。完成全乡城市化建设实施方案。坚持统筹规划、统筹用地、统筹政策、统筹成本、统筹收益、统筹房源的原则，编制《南苑乡城市化建设实施方案》，达到减少建筑规模、减少用地指标，增加配套设施、增加公共绿地的规划效果，通过市政府常务会审批，为破解时村、东罗园、分中寺难题，解决花园、马家堡等城市化遗留问题奠定基础。

紧盯项目加快城市化进程。槐新组团、亚林西4宗土地实现入市交易；大红门一期纳入政府储备，全年供应建设用地21.6公顷，回笼资金132亿元。制定《南苑乡集体土地建设租赁住房实施方案》，金城源、果园2个项目纳入全市第一批实施范围，已完成占地批复和地上物腾退。紧抓南苑森林湿地公园范围内地上物腾退，加大腾退力度，建立台账，十个月完成腾退总任务量85%。盯实南苑村棚改项目，以政府购买服务模式筹措启动资金114亿元，集体土地腾退启动，宅基地签约率96.28%。落实住房保障，分中寺E地块回迁房12万平方米主体结构封顶，剩余27万平方米全面开工，亚林西项目1643户村民实现回迁。

补齐短板，完善城市基础设施。全年实现开复工面积251万平方米。推进亚林西、槐新组团回迁房周边路网建设，亚林西中路、槐房四号路、槐房铁路道口平改立等8条道路工程竣工，地铁十九号线右安门站、新宫站地上物腾退有序开展，临泓、西铁营变电站等4个电力设施主体完工，槐房再生水厂投入使用。

大幅提升生态文明和宜居环境。完成中央和市级环保督察迎检与问题整改工作，着力解决环境、秩序、民生等领域存在的突出问题，办结交办案件110件。落实“2013-2017年清洁空气行动计划”，实现乡域范围内无煤化，完成煤改电363户，加大散煤治理，全年收缴燃煤123.55吨；完成辖区50台燃气锅炉改造工作，治污效果逐步显现。践行精细化城市管理模式，建立落实“河长制”和“街长制”管理制度，聚焦水环境治理，推进槐房支沟小流域治理工程；实施槐房西路环境整治提升工程，打造新宫大街、临泓路精品示范街，修缮美化西铁营步行街；完成平原造林任务27.33公顷，乡域环境承载能力持续提升。

加强社会面管控力度。成立综治中心，推进“1443”工程，建立情报会商、零报告、督查巡查等工作机制，不断完善社会治安综合治理体系建设。在重大活动时期自主加压，通过设立红旗岗，建立实名制管控台账，开展24小时无缝隙巡查，集中处置突发事件6起。加大信访问题“催办”和“包办”的力度，成立信访专班，落实处级领导干部轮值接访制度，将矛盾吸附在乡内，化解在日常。推进稳控工作的开展，全年组织党员干部、民兵、志愿者等群防群治力量180393人次投入保障，完成党的十九大、“一带一路”国际高峰合作论坛和市第十二次党代会等重大活动的维稳安保任务，不断强化乡域社会面防控力度，确保全乡社会面安全稳定，群众安全感满意度同比上升13个位次，提升幅度位列全区第一。

突出安全工作重要地位。建立政府、社区村、生产经营单位多层级安全检查网络，完善消防基础设施建设。做好市安全生产专项督查整改工作，修订《南苑乡安全生产“党政同责、一岗双责”规定》，进一步健全安全管理体系，压实安全管理责任，11项问题全部整改到位。深刻吸取“11.18”大兴火灾事故教训，全面开展安全隐患“大排查、大清理、大整治”专项行动。全乡各级领导干部上下一心，舍小家、保大家，出动检查人员11344人次，检查场所5403家次，完成重点安全隐患场所整治213家，重大安全隐患整改率100%。期间拆除清理彩钢板12万平方米，治理违法群租房92处，通过专项行动消除一批安全隐患，提升群众的安全感。

服务保障全面提升。加大政策落实力度，鼓励规范用工，完成规范就业人数1115人。申请并发放各类就业及社保补贴1572万元，为全乡3206名超转人员发放生活补助8000余万元。完成城乡居民养老保险参保续保4016人，推进城乡居民医疗保险整合工作，医保覆盖率99%。社会救助体系不断完善，发放低保金、救济金35.5万元。养老服务发展步伐加快，建成养老机构4家，新增床位882张。强化食品药品日常监管，以创建食品安全示范区为抓手，形成“一所多站”管理模式，推进“阳光餐饮”工程，确保乡域百姓食品药品安全。

不断提升公共服务水平。取缔无证幼儿园9所，实现乡域幼儿园监控技防、消防设施全覆盖。推进医改，打击非法行医9处。提升公共卫生服务水平，完成65岁以上老人健康管理和中医体质辨识工作。实施“连心通”工程，将全乡60岁以上空巢老人全部纳入服务范围。对155户优抚、特困户进行住房状况调查和房屋安全鉴定。强化严重精神障碍患者管理，监护补贴覆盖面扩大一倍。开展残疾人信息需求服务更新工作，完成全乡残疾人联合会第七届理事会换届工作。

进一步夯实文化名片根基。围绕首都公共文化服务示范区创建，补齐乡域文化设施短板，筹措资金260万元，用于改建乡级文化中心及双石二社区文化中心。推进全民健身，创建体育特色村1个、体育生活化社区3个，新建健身场地7块。挖掘南苑文化，围绕宣传贯彻党的十九大精神及全民健身、重阳敬老等主题，不断推陈出新，全年开展各类文体活动400余场，参与群众20000余人。搭建平台，加强对民间艺术及非遗项目的开发与利用，中幡盛会区级申遗成功。

进一步加强社会管理服务。完成新宫、德鑫嘉园2个社区建设任务，指导7个社区强化管理提升服务，开展社工队伍能力建设，建立并完善社区民主议事协商、首问负责制等30余项规章制度，管理和服务步入正轨。生活性服务业与社区同步建设，实现新建社区便民服务全覆盖。

增强服务型政府建设。坚持以习近平新时代中国特色社会主义思想为指导，全面贯彻落实党的十九大精神，树立“四个意识”。乡政府“两学一做”学习教育常态化，巩固机关作风建设活动成果，落实中央八项规定精神，纠正“四风”，政府督查督办加强。加强审计监督，开展基层单位财务检查和专项审计，“三资”管理进一步强化。围绕疏解、拆违、环境整治等重点任务，争取各类资金20941.9万元，缓解集体经济组织资金压力。聘请专业法律顾问，运用法治思维和法治方式开展决策，清理规范性文件19件，明确行政执法权12项。自觉接受人大监督，办理人大议案3件、建议12件，办复率100%。公开政府信息2057条，办复群众热线2246件，办结率、满意率位于全区前列。落实党风廉政建设责任制，加强审计监督，推进正风肃纪，营造风清气正环境，建设人民满意的服务型政府。

（蒲金艳）

长辛店镇

【概　况】 长辛店镇位于北京市区西南、丰台区西部的永定河西岸。东距卢沟桥1公里，北隔永定河与石景山区相望，西北隔山和门头沟区相邻，西南与王佐镇和房山区接壤。长辛店镇是北京西南的交通咽喉，京石、京周、京原等公路，京广、京原、京九复线等铁路皆在镇域内穿过。长辛店镇属于燕山山脉浅山区，是离北京中心城区最近、地貌特征显著的丘陵地带。2017年，全镇总面积62.44平方公里，下有9个行政村、37个自然村，农民人口约1.7万人。其中张郭庄、张家坟、李家峪、东河沿、辛庄5个村宅基地腾退工作已完成，腾退宅基地3197户，整体腾退比例97%，非宅腾退完成40%；太子峪村正在进行棚改前期准备工作。赵辛店村和大灰厂村暂时保留。

农村集体经济总收入实现3.18亿元；农民人均所得实现2.3万元；留区税收完成9911万元。招商引资企业371家，其中，注册资金千万元以上的企业32家、亿元以上的企业12家。

借势疏解整治，促产业转型升级。新增违法建设实现“零增长”，市级已销账既有违法建设73万平方米，完成全年计划112%；占道经营重点点位全部整改完毕，处罚570起，达到全年任务计划的105.6%；整治出租大院13处、开墙打洞393处、在账无证无照餐饮单位116户。完成京周路长辛店路段精品示范街工程。加强生活性服务业创新发展，注重腾笼换鸟、留白增绿，加强对疏解腾退空间利用的引导。制定《长辛店镇2017年提高生活性服务业品质工作方案》，初步建立全镇便民网点资源台账，加强对各村的服务指导，结合朱家坟市场招商、鑫兴市场升级、长辛店精品街建设，推进全镇生活性服务业创新发展，引入各类生活性服务业企业17家。

紧握政策机遇，加强顶层设计。坚持以规划引领发展，按照新版北京城市总体规划研究区域功能定位，有序开展镇域规划实施方案编制工作。重点编制《长辛店集体产业用地规划实施方案》，推动集体建设用地试点规划指标落地，成立镇级集体土地统筹利用股份公司。产城融合示范区建设已完成总体方案初稿设计。张郭庄 D-05地块利用集体土地建设租赁住房供地工作已取得市级预审意见。

补齐短板，加快基础设施建设。紧抓首都中心城区定位和新一轮城南行动计划契机，加快基础设施建设。北宫220KV、南营110KV 输变电站项目宅基地及非宅腾退工作按期完成；京周路段污水管线项目完成宅基地入户摸排工作；北支沟、九子河截污及治理工程前期工作完成并进场施工；东河沿回迁房建设有序进行；芦井路、北十五路已完工；沟西村纳入回民公墓二期项目；完成丰台区老年综合服务中心项目腾退工作，建设单位已进场施工。完成北京十中槐树岭校区非宅腾退工作，部分地块已进场施工。

塑造特色文化品牌，丰富群众文化生活。秉承特色化、精品化、国际化的标准，成功举办长辛店镇第三届（春分）民俗文化节、大枣采摘季朗诵会、爱驻夕阳金婚婚纱摄影、重阳杯老年象棋比赛、千森杯国际自盟公路越野职业一级赛等特色文化品牌活动，进一步提升镇域知名度和美誉度。开展百姓大舞台活动，组织精品节目展演，将原创微话剧《长辛店故事》搬上舞台，不断满足人民群众日益增长的精神文化需求。

进一步做好民生和服务保障工作。多渠道开展社会救助，保障困难群众基本生活。实现劳动力就业775人，公益性就业组织托底安置就业困难人员24名。做好医药分开综合改革政策解读，办理城乡居民养老保险参保续保，新农合参合率99.98%。持续推进“医养结合”及养老服务“连心通”工作，提升居家养老服务水平。完成医疗救助191人次。建设全区首批特扶人员活动基地，加大对计生特殊家庭的帮扶力度。抗震节能改造农宅4408户。

全面推进清洁空气行动计划。按照“三查十无”管理要求对全镇企业开展检查，查处各类环境问题115起，关停工业粉尘直排企业34家，整治无照经营20家、“散乱污”企业478家，调整退出一般制造业15家。针对天峪沟砂石加工企业扬尘污染问题开展联合执法，按照“两断三清”工作标准，查处非法砂石料厂26家。开展施工工地联合检查、秸秆集中粉碎、企业锅炉及经营性燃煤炉自查等工作，实现施工工地符合“绿色标准”、秸秆粉碎“科学有效”、燃煤锅炉台账“动态清零”。

落实河长制工作举措，抓好市容环境提升。制定并落实《长辛店镇进一步全面推进河长制工作方案》，对镇域内河道排污口进行详实的核查，建立河道档案，做到“一河一档”，摸清底数，有效治理。核查、拆除新生违法建设115处5.5万平方米，拆除既有违法建设43处73万平方米。实现辖区内有证有照餐饮单位餐厨垃圾规范化收运，并保持动态更新。非棚改村节能保温工作实施完成。推进太子峪路两侧背街小巷环境整治等4个环境提升项目。完成梨园北坡500亩彩叶林工程，对李家峪路进行绿化美化，栽植各类花卉10.4万盆。

地区安全形势平稳可控。全年来信来访543件，办结501件，办结率92%。完成纪念全民族抗战爆发80周年、千森杯国际自盟公路越野职业一级赛等大型活动服务保障工作。创立“千人千灯”巡防队伍，完成“两会”“一带一路”高峰论坛、党的十九大等重大活动期间的安保维稳工作。

政府工作效能稳步提高。着力推进政务公开、信息公开，通过政府官网、政务公开栏、《长辛店镇报》、公文下发等形式公开各类政务信息330余条，受理申请公开68件。坚持和完善领导干部驻村工作日制度和领导干部信访接待日制度。执行镇人大的各项决议，自觉接受人大的监督，全年办理区、镇人大代表建议、批评和意见25件，办结率100%。

（傅宝奎）

王佐镇

【概　况】 王佐镇地处丰台区的西南部，北部毗邻门头沟区，南部与房山区相连。辖区面积61.33平方公里，下辖8个中心村，36个自然村，户籍人口34920人，农业人口15013人2017年，全镇经济总收入15.2亿元（不含家庭收入），同比增长30%；人均纯收入21556元，同比增长13.1%。

提升农村集体经济，合理产业结构，镇域经济提质增效。启动村级集体资产产权制度深化改革工作，完成资源整合。转型升级优质农业休闲产业项目，申报魏各庄洛平精品园雨水收集、怪村美丽田园景观工程、沙锅村街巷整治项目等支农、科普益民惠农、经济薄弱村帮扶等项目8个，争取资金3839万元。整合镇域招商资源，全年新增注册企业68家，其中百万元以上企业28家。

推进非首都功能疏解，优化发展环境。落实新增产业禁止和限制目录，疏解一般制造业企业5家，清理整治“散乱污”企业105户，拆除违法建设102238.92平方米。依法取缔占道经营商户10家，无照商户99家、无证餐饮商户66家，关停出租大院13个，治理“开墙打洞”61处，发现和制止环境违法行为200余起。

加快城乡一体化发展，全面打造环境新面貌。推进大气污染治理、环境秩序整治等环境突出问题，完成市级环保督查举报案件80件，涉及各类问题93个。“无煤化”工作扎实推进，完成两个试点村1715户直热式换购、1222户蓄能式新增空气源设备的安装及户内线施工，对248户遗漏户进行电采暖设备及户内线安装。生态环境持续优化，完成590亩平原造林任务，林木覆盖率63%。完成65块疑似侵占林地图斑和10块留白增绿核实、整改工作。新建魏各庄村、庄户村2座生活垃圾中转站，新建、改造17座公厕，提升清扫保洁和垃圾筛分、清运水平。完成大灰厂路精品大街设计方案，启动云岗路精品大街建设工作。美丽乡村有序推进。实施乡村振兴战略，做好南宫、西庄店“美丽乡村”创建工作和提升工作，开展农村人居环境整治行动。

改善民生、人文环境，提高公共服务水平。举办“春风行动”专场就业招聘会。发布空岗职位947个，全年失业率控制在2.55%。城乡居民养老、医疗保险及新农合完成参保及报销18392人1353.9万元。启动“连心通”工程，为辖区空巢独居老人提供便捷服务。完成医药分开综合改革，新建西庄店社区卫生服务站并投入使用，同时纳入医保定点机构。北大附小丰台学校扩建项目、民大附中丰台实验学校小学部项目、汉林院学校项目取得突破，中央民族大学新校区开工奠基，人大附中丰台学校迎来第一批新生入学。王佐镇家长学校正式挂牌，家校共建工作纳入各村目标责任制考核体系。完成87名非京籍适龄儿童入学审核。完成镇级文化服务中心建设并投入使用。举办第五届群众舞蹈大赛、全镇第一届乒乓球、羽毛球比赛等各类活动50余场。举办2场“斯巴达勇士赛”活动，完成北京国际铁人三项赛服务保障工作。完成北京南宫温泉庄园北京市休闲农业五星级园区评定。

补齐短板，推进基础设施、重点项目建设。完成中环路北段、南宫1号路、物流园区路、周云路年度工程建设任务。西沟河道治理工程取得区政府批示，报区财政局进行评审。配合完成鲁家山循环经济基地供水保障工程、北湖变电站、王佐消防站、京港澳高速南岗洼积水治理工程建设。取得青龙湖地区棚户区改造及环境整治项目授权及分区实施计划批复，完成南一区项目相关征拆服务单位招投标工作，并正式启动项目建设。完成庄户二期村民自住楼项目主体5.1万平方米建设工作。取得西王佐村村民自住楼项目立项批复、施工联办单等前期手续。

开展专项整治，处理社会矛盾，社会环境更加稳定。完成全国两会、“一带一路”国际合作高峰论坛、纪念全民族抗战爆发80周年、两节、党的十九大等重大活动期间服务保障任务。开展消除安全隐患专项行动，拆除各类违章建筑、更换彩钢板建筑24800平方米，整改消除各类安全生产隐患774处。完成19家小微企业达标复评验收，37家生产经营单位参保。排查整治非法运输、存储和灌充液化气，查扣液化气瓶136个，治安拘留4人；打击制假造假、传销窝点11家。安装人脸识别摄像探头84部，建成佃起、西王佐和庄户王庄村视频监控室，实现与公安系统监控联网、视频联通。

强化政府履职能力，提升综合服务水平。开展“两学一做”学习教育，树立和自觉践行“四个意识”。落实党风廉政建设责任制，履行主体责任和“一岗双责”，落实《关于新形势下党内政治生活的若干准则》《中国共产党党内监督条例》和中央八项规定精神及廉政各项规定，遵守中央、市、区有关规定，加大对政府采购、工程招投标等重点领域财政监管力度。根据区审计局的相关要求，完成村级专项审计工作。加强法治政府建设。组织召开政府常务会12次，办公会24次，政府专题会19次，办理议题400余个。办理区、镇人大代表建议28件，区政协委员建议1件。完成《镇政府工作规则》《财务管理制度》修订工作。

（冯子烨）

人　　物

组织机构负责人名单

中共北京市丰台区委员会

书　记　杨艺文(女，3月免)
　　　　汪先永(3月任)
副书记　冀　岩　钟百利
常　委　张巨明　肖辉利　狄　涛
　　　　高　峰　吴继东　李正斌
　　　　李　岚(女)
　　　　周　健(挂职干部，9月免)

丰台区委工作机构负责人

区委办公室主任　李　岚(女)
组织部部长　张巨明
宣传部部长　狄　涛
统战部部长　李　岚(女)
精神文明办公室主任　徐　鸾(女)
台湾工作办公室主任　房书勇(女)
区编办主任　许　民
区委区政府政策研究室主任　冯志成
区委区政府信访办公室主任　钱爱平
保密局局长　尚保华(女)
区直机关工委书记　刘淑钰(女)
区委老干部局局长　朱运昌

中共北京市丰台区纪律检查委员会

书　记　李正斌
副书记　王和友　翟光红(3月免)
　　　　马若怡(女，3月任)
　　　　董明月(女)
常　委　鲍书田(女)　李　振　云　强
　　　　刘金鹏　　蒋加强

北京市丰台区监察委员会

主　任：李正斌(4月任)
副主任：王和友(4月任)
　　　　马若怡(女，4月任)
　　　　董明月(女，4月任)
委　员：李　振(4月任)　云　强(4月任)
　　　　刘金鹏(4月任)
　　　　倪贵东(4月任)　穆　健(9月任)

丰台区第十六届人民代表大会常务委员会

主　任　李昌安(侗族)
副主任　王建斌　王振华　李　屹
　　　　王百玲(女)
　　　　刘　颖(女，不驻会)
委　员　于临溏　王　丰
　　　　王诗雪　王　峻
　　　　巴恩来(满族)　成家军
　　　　毕永丰　刘　鹏
　　　　刘藏生(女)　孙培云(女)
　　　　芦　杰　李有毅（女）
　　　　李　江　李　军
　　　　李　琼(女)　杨中春
　　　　吴　燕(女)　邹　凌
　　　　辛殿军　迟　岚(女)
　　　　张世伟　张金豹
　　　　张建明　张俊峰

张雪梅(女，回族)
陈运柏　陈国林
陈春生　尚振国
赵万军　郝照平
钟媛媛(女，畲族)
俞亚茹(女)
骆增全　黄树森
黄秋莉(女，满族)
黄　磊　康至宁(女)

丰台区人大工作机构负责人

办公室主任　赵万军
研究室主任　刘藏生(女)
代表联络室主任　李　军
财政经济工作委员会主任　张世伟
内务司法工作委员会主任　巴恩来(满族)
教科文卫体工作委员会主任　毕永丰
城建环保工作委员会主任　俞亚茹(女)
农村工作委员会主任　尚振国

丰台区人民政府

区　长　冀　岩
副区长　肖辉利　吴继东
周　健(挂职干部，12月免)
王新元　张　婕(女)周新春
李春滨　张　鑫
杨振涛(挂职干部，12月免)

丰台区政府工作机构负责人

政府办公室主任　连　宇
国有资产监督管理委员会党委书记
李大维
主任　王玉昌
经济和信息化委员会党组书记、主任
吴神赋
区委社会工委书记、社会办主任
王珮琦(1月免)
李振茹(8月任)
民政局党组书记、局长　张　莉(女,1月免)
裴玉珍(女,1月任)
人力资源和社会保障局党组书记、局长
肖　敬
投资促进局党组书记、局长
杨善华
商务委员会党组书记、主任
郭晓一(女)
旅游发展委员会党组书记
曹　生(6月免)
王　萍(女,7月任)
主任　于临溏(1月免)
王　萍(女,7月任)
住房城乡建设委员会党组书记、主任
刘　郦(女)
市政管理委员会党组书记、主任
李春滨(1月免)
姜东升(1月任)
科学技术委员会党组书记、主任
朱京宁
区委农工委书记、区农委主任
肖文燕(女)
文化委员会党组书记　史文彬
主任　王　虹(女)
区委教育工委书记　薛　红
区教委主任　张　洋
教育督导室主任　张　婕
房屋管理局党组书记、局长
苏　军
环境保护局党组书记、局长
隆　重
国土资源分局党组书记　尹宇虹
局长　李文忠
规划分局党组书记、局长　杨　浚(女,6月免)
李文忠(6月任)
园林绿化局党组书记、局长　张小龙(7月免)
王世义(7月任)
绿化办、主任　张小龙(7月免)
王世义(7月任)
气象局党组书记、局长　冯永芳(女)
水务局党组书记　苏　烨
局长　刘权来
体育局党组书记、局长　纪亚辉

中关村科技园区丰台园工委书记、
管委会主任　周新春
丽泽金融商务区工委书记、管委会主任
马福江
金融办党组书记、主任　张尚玉
民族宗教事务办公室主任　马士有
发展和改革委员会党组书记、主任
刘怀生
安全生产监督管理局党组书记、局长
董铁铮
统计局党组书记　刘庆文
局长　韩　伟
国家统计局丰台调查队队长
亓学霞
审计局党组书记、局长　段德珍(女,7月免)
陈　燃(7月任)
质量技术监督局党组书记、局长
田宝林
财政局党组书记、局长　段德珍(女,1月任)
国家税务局党组书记、局长 刘嘉权(回)
地方税务局党组书记、局长 金志雄(满)
北京市工商局丰台分局党组书记、局长
余巨川(4月免)
李广隆(4月任)
卫生和计划生育委员会党委书记
毕永丰(10月免)
李海秋(10月任)
主任 张　扬
食品药品监督管理局党组书记、局长
李云鸿
法制工作办公室党组书记、主任
廉　峰
外事侨务办公室主任　梁彦梅(女)
城市管理综合行政执法监察局
党组书记、局长　姜东升(7月免)
齐建明(9月任)
丰台区城市管理监督指挥中心
党组书记、主任　李春滨(1月免)
姜东升(1月任)

北京南站地区管委会副书记　李宝英(女)
副主任　李宝英(女)
朱　晖
陈银亭(女)

政协北京市丰台区第十届委员会

主　席　刘　宇
副主席　李秀瑛(女)　连　宇　冯晓光
张兆旗(回族)张振军　徐朝辉
秘书长　赵冬辰

常务委员（按姓氏笔画为序排列）

马士有(回族)　马建勋
王卫军　王艳霞(女)
邓继林　田秀华
田宝林　付学江
吕　剑　刘　红
刘少华　刘宝忠(回族)
许　翔(女)　孙士武
李　洁(女)　李小月(回族)
李云鸿　李宏卫(女)
杨　勇　杨秀龙
吴立群　余巨川(满族)
张　涓(女、藏族)　张少勇
张世平(女)　张昌斌
陈　丹　陈世福
陈景泉　金　铮(女)
金志雄(满族)　赵克强
洪　鑫(朝鲜族)　高广颖(女)
高立刚　郭媛媛(女)
曹　莹(女、满族)　隆武华
韩　伟　韩秀娟(女)
温建东　温智勇
解明珠(女)　蔺　熠
樊　洪　樊　维(女)
穆慧妍(女)

丰台区政协工作机构及负责人

区政协办公室主任　张永金
区政协研究室主任（文史资料委员会）
杜彦奎
区政协专门委员会工作一室主任

（教文卫体委员会） 解明珠（女）
区政协专门委员会工作二室主任
（经济科技委员会） 刘少华
区政协专门委员会工作三室主任
（城乡建设和管理委员会） 付学江
区政协专门委员会工作四室主任
（社会法制委员会、民族宗教和港澳台侨委员会） 王卫军
区政协专门委员会工作五室主任
（提案委员会） 许　翔（女）
区政协专门委员会工作六室主任
（学习委员会） 文姜丽（女）

丰台区各民主党派负责人

民革丰台区工委主委 张兆旗（回族）
民进丰台区工委主委 徐朝辉
民盟丰台区工委主委 张振军
民建丰台区工委主委 李　奇
农工民主党丰台区工委主委 韩秀娟（女）
九三学社丰台区工委主委 刘　颖
致公党丰台区工委主委 王艳霞（女）

丰台区社会团体负责人

丰台区总工会主席 王建斌
共青团北京市丰台区委员会书记 乔学慧（8月免）
杨　勇（11月任）
丰台区妇女联合会主席 姜　萍
丰台区工商联主席 田秀华
党组书记 施晓义
区归国华侨联合会主席 洪　鑫
区红十字会会长 张　婕（女，4月免）
张　鑫（5月任）
丰台区文学艺术界联合会主席 初建华（3月免）
张小龙（7月任）
常务副主席 李　澎（7月免）
科学技术协会常务副主席 邓继林
残疾人联合会主席 李　岚（女）
党组书记 姜兆祥
区消费者协会会长 张　京
丰台区餐饮住宿服务行业协会会长 穆慧妍（女）
丰台区维修服务行业协会会长 王德意（12月免）
刘纯仁（12月任）

丰台区事业单位负责人

区委党校校长 钟百利
常务副校长 宋金忠
党史工作办公室（地方志办公室）主任 刘怀广
机关事务管理处党组书记、处长 白子荣
档案局党组书记、局长 谷　卫（9月免）
李建刚（9月任）
地震局党组书记、局长 李桂喜
广播电视中心党组书记、主任 何岳飞（8月免）
环境卫生服务中心党组书记、主任 杨桂红（女）
房屋经营管理服务中心党组书记、主任 李　勇
农村合作经济经营管理站党组书记、站长 王升贵
丰台区房屋征收中心党组书记、主任 刘立宏
文化创意产业促进中心党组书记 韩骏伟
主任 樊　维（女，9月免）
北京汽车博物馆党组书记 刘少华（7月免）
杨　蕊（女，7月任）
馆长 杨　蕊（女）
北京园博园管理中心党组书记 王长松（1月免）
主任 花伟军
卢沟桥文化旅游区办事处党组书记、主任 王　华（7月免）
李　卫（9月任）

丰台区企业负责人

丰台区烟草专卖局（公司）局长（经理）
杨　捷(10月免)
曹　盛(10月任)

北京丰贸投资经营管理有限公司党委副书记
徐玉江(主持日常工作)

丰台区修理公司党委书记、总经理
刘立志(12月免)

京都公司总经理　刘　视

丰鑫源物资集团公司党委书记、总经理
米惠朋

丰台区国有资本经营管理中心总经理
刘震坤

综合投资公司常务副总经理　朱克强(5月任)

丰台区城市建设综合开发公司经理
胡新鹏

世界公园总经理　张　军

丰台区政法军事机构负责人

政法委书记　高　峰
检察院检察长　叶文胜
法院院长　张　雯
区人民武装部部长　朱继明
政委　李树元
民防局局长　刘　涛
司法局局长　张　悦
公安分局局长　王新元
政委　孟晓威
交通支队支队长　赵宏伟
政委　许春生
消防支队支队长　刘永利
政委　曲　毅(11月免)
雷永利(11月任)

丰台区街道、乡（镇）负责人

大红门街道办事处
工委书记　李建刚(9月免)
张永梅(女,9月任)
主　任　张永梅(女,9月免)
张晓光(9月任)

东高地街道办事处
工委书记　孙学伟
主　任　孙学伟(7月免)
高　松(7月任)

东铁匠营街道办事处
工委书记　李广民
主　任　刘海东(9月免)
李雪松(9月任)

方庄地区办事处
工委书记　田秀文(女)
主　任　赵长河

丰台街道办事处
工委书记　王百玲(女,5月免)
赵　刚(7月任)
主　任　赵　刚(7月免)
孙绪勇(7月任)

和义街道办事处
工委书记　王　野
主　任　张小玲(女)

卢沟桥街道办事处
工委书记　高文娟(女)
主　任　赵胜利(9月免)
李　岩(9月任)

马家堡街道办事处
工委书记　徐爱华
主　任　石大伟(9月免)
王　涛(9月任)

南苑街道办事处
工委书记　李振茹(8月免)
赵胜利(8月任)
主　任　李　忠

太平桥街道办事处
工委书记　裴玉珍(女,9月免)
何岳飞(9月任)
主　任　齐建明(9月免)
范　祥(9月任)

西罗园街道办事处
工委书记　常志杰(2月免)
刘海东(8月任)
主　任　杨　杰(8月免)

梁晓芳(女,9月任)

新村街道办事处
工委书记 李跃生
主　任 穆志军

右安门街道办事处
工委书记 凌佩利
主　任 卢英博

长辛店街道办事处
工委书记 蔡志强(8月免)
芦　杰(9月任)
主　任 苏晓文

云岗街道办事处
工委书记 刘权利(7月免)
夏远峰(7月任)
主　任 夏远峰

宛平城地区办事处
工委书记 王　华(7月免)
杨　杰(8月任)
主　任 薄　澜(女)

卢沟桥乡党委书记 李春生
人大主席 骆增全
乡长 郭新占

南苑乡党委书记 王振华
(2016年12月免)
刘永宗(7月任)
人大主席 辛殿军
乡长 刘永宗(7月免)
杨　云(7月任)

花乡党委书记 李　智(2月免)
王　华(7月任)
人大主席 康至宁
乡长 王世义(7月免)
彭松涛(9月任)

长辛店镇党委书记 王　萍(女,8月免)
蔡志强(9月任)
人大主席 陈国林
镇长 张晓东

王佐镇党委书记 陈　阳
人大主席 芦　杰(8月免)
镇长 魏　楠(女)

丰台区部分金融单位负责人

中国工商银行北京市丰台支行行长
王智先

中国农业银行北京市丰台区支行行长
姜　华(女)

中国建设银行北京市丰台支行行长
王　林(9月免)
周　蕾(9月任)

中国银行股份有限公司北京丰台支行行长
韩　温

北京农村商业银行丰台支行行长
韩　军

荣誉栏

全国先进单位

全国维护妇女儿童权益先进集体

丰台区卢沟桥街道大瓦窑社区家庭矛盾调解团

全国巾帼文明岗

丰台区妇幼保健院妇女保健科

丰台区国家税务局第二税务所

全国为侨公共服务体系示范单位

方庄地区办事处

2017 年度全国检察宣传工作先进单位

丰台区人民检察院

全国检察新媒体月度优秀作品奖

丰台区人民检察院微信公众号：丰台检察

国家级服务业标准化示范单位

北京汽车博物馆

全国优秀公安基层单位

丰台公安分局禁毒中队

创建无邪教示范乡镇

卢沟桥乡

创建无邪教示范村

卢沟桥乡小井村

2017 年全国清理整顿人力资源市场秩序专项行动成绩突出单位

丰台区劳动监察大队

第二届全国行政服务大厅典型案例展示活动“作风建设优秀”单位

丰台区医保中心

国家高水平体育后备人才基地（2017-2020 年）

北京市第十二中学体育分校

全国群众体育先进集体（2013-2016 年）

丰台区体育局

北京市第十二中学体育分校

丰台区健身操舞协会

右安门街道

2017 国际创新创业博览会年度双创突出贡献奖

丰台区总工会

2017 年全国最具影响力百家工会新媒体

丰台区总工会

全国工会电子职工书屋建设示范单位

丰台区总工会

全国第二届平安中国微电影微视频比赛“优秀微电影”奖

丰台区法院宣传科（与法制网联合拍摄）的《执行法官老左》

第五届亚洲微电影节金海棠奖平安中国单元优秀微电影奖

丰台区法院宣传科（与法制网联合拍摄）的《执行法官老左》

2016-2017 年度全国消协组织先进集体

丰台区消费者协会

全国文明乡镇

南苑乡

全国文明单位

右安门街道永乐社区

第十七届全国 QC 小组成果发布赛二等奖

丰台区烟草专卖局（公司）的京丰鼎盛 QC 小组的《提高丰台烟草公司卷烟单箱销售额》QC 课题

全国三八红旗集体

北京博爱医院护理部

全国百强社区卫生服务中心

丰台区马家堡社区卫生服务中心

全国先进个人

王春梅事迹材料

王春梅，女，1961年7月出生，大专学历，中共党员，现任丰台区南苑乡南苑村党总支副书记、村主任。作为基层干部，多年以来她始终把群众的事放在心上，急群众之所急，想群众之所想，在村域发展、村民服务上竭尽全力。她曾荣获丰台区优秀共产党员、丰台区基层妇女工作先进个人，2014年荣获北京市“三八”红旗奖章，2017年荣获全国巾帼建功标兵。

做关心群众疾苦的基层干部。她给自己定下服务原则：全心全意为人民服务，解决处理好村里与百姓的关系，关心群众疾苦、尊重群众意见、维护群众利益，百姓的需要就是命令，就是冲锋号、就是自己义不容辞的责任。她关心低保户、关爱孤寡老人，事无巨细。她为出狱村民解决生活困难问题，多次谈心谈话，安排工作，使入狱30余年的村民建立自信，快速融入社会。她连夜送孤寡老人去医院治疗，老人去世后又为其操办后事。

做妇女群众的知心人。2016年以前，王春梅曾担任近10年的妇代会主任，负责村里的来信来访和矛盾调解工作，她对群众来信来访及时登记，认真转办处理。为了解决群众的家务事，因白天事务性工作比较多没时间就晚上去当事人家解决纠纷。在创建“一分地”农民公社中，她改变以往传统的经营模式和经营理念，以有偿使用的形式，促进了农村向都市转型，解决了37名失地失业妇女的安置问题。

做服务村域发展的排头兵。为了改变南苑村的落后面貌，发展集体经济，她多次到其他地区参观学习，吸取经验，开阔视野，增长智慧，提高自己的能力和水平。她带领妇女群众积极争创“双学双比”妇字号基地，在南苑村农民公社、南苑小镇农场等“双学双比”妇字号基地创建中，先后向全国、市、区妇联争取项目资金 30 万元，使南苑村成为集观光、休闲、旅游、科普、教育为一体的现代农业基地。

全国维护妇女儿童权益先进个人

丰台区妇联　张淑香、陈　丽

全国巾帼建功标兵

丰台区妇联　王春梅

全国最美家庭

丰台区妇联　于业华

全国检察系统自媒体二十强

丰台区检察院韩雪的微信公众号“雪语微风”

检察业务援疆工作先进个人（高检政〔2017〕86 号）

丰台区检察院　高海涛

全国卫生计生系统先进工作者

丰台区卫生和计划生育委员会　张建军

中国共产党中央纪律检查委员会、中华人民共和国监察部嘉奖

丰台区纪委区监委　李　振

中国自然科学博物馆协会优秀科普工作者

北京汽车博物馆　刘井权　窦立敏

全国科普讲解大赛二等奖

北京汽车博物馆　曾红娟

全国优秀人民警察

丰台公安分局　张　浩

全国公安系统优秀教官

丰台公安分局　王　栋

全国知识产权系统和公安机关执法工作突出个人

丰台公安分局　巴德实

2013 至 2016 年度群众体育工作先进个人

东铁匠营街道办事处　杨章君

丰台区体育局　李　昂　王儒江　罗建平

全国党的建设研究会 2017 年度调研课题自选课题报告优秀奖

丰台区委组织部张巨明的《基层党建述职评议考核工作思考与实践》调研报告

安全生产监管监察工作先进个人

安监局　李　颖

全国法院系统先进个人

丰台区法院　李永平

全国“两会”舆论引导工作先进个人

丰台区法院　陈　璐

全国信访系统优秀信访工作者

丰台区信访局　王　凯

全国统计系统先进个人

统计局　韩　伟

北京市先进单位

2017 年度北京市理论宣讲示范基地工作先进单位

花乡

北京市交通安全工作先进单位

花乡、太平桥街道

北京市示范儿童之家

丰台区瑞丰社会服务中心

最受青年欢迎的群体活动奖

马家堡街道时代风帆社区青年汇

地区青年调研报告优秀奖

马家堡街道时代风帆社区青年汇

优秀社区青年汇

马家堡街道时代风帆社区青年汇
方庄地区办事处
北京市安全生产工作先进单位
丰台区商务委员会
区住建委
丰台区规划分局
卢沟桥街道安全生产办公室
2017 年度北京市乡镇、街道安全生产检查队规范化建设示范检查队
卢沟桥街道检查队
2017 年度乡镇、街道安全生产检查队“最具影响力”微信公众号
卢沟桥街道检查队
2016 年度积极参与无偿献血公益事业荣誉证书
卢沟桥街道办事处
北京市第三届“辛勤育苗”学前教育工作先进集体
卢沟桥街道办事处文教卫生科
2015-2017 年度北京市司法行政系统先进集体
司法局矫正科
丰台区司法局和义街道司法所、新村街道司法所
北京市未成年人保护工作先进集体
丰台区司法局
北京市司法行政系统十九大维稳安保工作集体二等功
丰台区司法局社区矫正管理支队
北京市司法行政系统十九大维稳安保工作集体三等功
丰台区司法局律管科、卢沟桥街道司法所
北京市司法行政系统十九大维稳安保工作先进集体
丰台区司法局基层科、花乡司法所、丰台司法所、新村司法所、长街司法所
花乡
2015－2016 年度北京市交通工作先进集体标兵
方庄地区办事处
2017 年度中国健康科普大赛（北京疾控赛区）优秀组织奖
丰台区疾病预防控制中心
2017 年度微生物及其致病因子监测工作先进单位
丰台区疾病预防控制中心
2017 年度北京市健康素养推广行动最佳组织奖
丰台区疾病预防控制中心
2017 年度北京市社区处方点评先进管理单位
丰台区社区卫生服务管理中心
首都绿化美化先进单位
丰台区园林绿化局
北京市工人先锋号
丰台区纪委组织部
首都全民义务植树先进单位
丰台区财政局
北京市区机关档案工作测评优秀单位
丰台区财政局
2016 年度北京市青年文明号
北京汽车博物馆
北京市共青团员先锋岗示范集体
北京汽车博物馆
2017 年北京市“中国故事—博物馆优秀讲解案例展示”活动专业讲解员组二等奖
北京汽车博物馆
“第十一届（2016）北京阳光少年活动”优秀组织奖
北京汽车博物馆
“第十一届（2016）北京阳光少年文化科普进校园活动”先进集体
北京汽车博物馆
首都学雷锋志愿服务金牌
北京汽车博物馆的“文化服务，志愿先行”项目
第十一届首都职工文化艺术节“幸福劳动者”职工原创曲艺、小品比赛三等奖

北京汽车博物馆的短剧《博物馆里的雷锋》

第三届北京科普基地优秀教育活动优秀奖

北京汽车博物馆举办的“未来赛车手运动会”

第三届北京科普基地优秀教育活动二等奖

北京汽车博物馆的“无动力小木车大赛”

学雷锋教育基地

北京汽车博物馆

2016 中国旅行口碑榜最佳战略合作伙伴

北京汽车博物馆

京津冀新能源汽车科普及体验基地

北京汽车博物馆

电动出行•守护蓝天 2016 年度电蓝最佳伙伴称号

北京汽车博物馆

北京市公安局先进党支部

丰台公安分局刑侦支队十四中队党支部、太平桥派出所党支部、马家楼派出所党支部、新发地派出所党支部

2015-2017 年度北京市公安机关先进集体

丰台公安分局西罗园派出所、马家楼派出所、大红门派出所、治安支队环食药旅中队

2017 年度北京市政法系统先进基层党组织

丰台公安分局新发地派出所

2017 年度先进社区居、村委会

东铁匠营街道木樨园第一社区

长辛店街道北关社区

右安门街道玉林西里社区

北京市 2015—2016 年度优秀群众品牌文化活动

东铁匠营街道“城南雅韵 国乐飘香”民乐专场音乐会

5A 级婚姻登记机关

丰台区民政局婚姻登记处

北京市民政工作先进集体

丰台区民政局婚姻登记处

丰台区救助管理站

丰台区儿童福利院

丰台区军队离休退休干部第16休养所

北京市科学技术普及工作先进集体

丰台区气象局

2013-2016 年度北京市档案系统先进集体

人力资源和社会保障局社保中心

北京市继续教育管理工作先进集体

人力资源和社会保障局教育培训科

2016 年度就业再就业工作优秀奖

人力资源和社会保障局就业促进科

第十三届北京市思想政治工作优秀单位

丰台区环境卫生服务中心丰台环卫所

首都环境建设样板单位

丰台区环境卫生服务中心

区住建委

丰台区环境卫生服务中心长辛店环卫所

企业财务决算报表编制工作先进单位

丰台区国资委

北京市总工会 2017 年度文化示范单位

丰台区总工会

北京市工会工作标兵单位

丰台区总工会

北京市三八红旗集体

丰台区总工会女职工委员

丰台区人民法院民五庭

北京市特色职工志愿服务总队

丰台区总工会职工志愿服务总队

北京市人民调解工作先进集体

和义街道人民调解委员会

北京市人力资源与社会保障工作先进单位

和义街道人民调解委员会

2015—2017 年度首都文明单位

丰台区人民法院

北京市法院基层党建创新规范化项目

丰台区人民法院

第十届北京市先进法院

丰台区人民法院

第十届北京市法院先进集体

丰台区人民法院刑二庭

北京市法庭十佳人民法庭

长辛店人民法庭

人民法庭单项工作突出贡献奖（联调联动）

卢沟桥人民法庭

北京市人民调解先进集体

丰台区人民法院7日调解室

2016 年度青年文明号

丰台区人民法院民三庭

北京市政法系统先进基层党组织

丰台区人民法院民五庭

2018 迎新春优秀文艺展演活动最具创意奖

丰台区人民法院拍摄的情景剧《京豫小麦粒》

2018 迎新春优秀文艺展演活动一等奖

丰台区人民法院拍摄的情景剧《京豫小麦粒》

北京市法院学术讨论会组织工作先进集体

丰台区人民法院

首都劳动奖状

丰台第五小学

首都绿化美化先进单位

太平桥街道

2016 年北京市安全生产月活动最佳实践活动奖

太平桥街道

2016 年度首都环境建设样板单位

太平桥街道

南苑乡

北京市人民调解工作先进集体

和义街道人民调解委员会

北京市司法行政先进集体

和义街道司法所

2017 年第十三届北京市思想政治工作优秀单位

东高地街道工作委员会

北京市广播影视协会 2016 年度优秀广播电视节目

丰台区广播电视中心选送的“千年古镇——长辛店”

北京市综治工作先进集体

宛平办事处综治办

北京市文化工作先进集体

宛平办事处

2015-2017 年度首都文明乡镇

南苑乡

北京市同邪教斗争先进集体

南苑乡

2017 年度无偿献血工作单位

南苑乡

2015-2016 年度北京市未成年人保护工作先进集体

右安门街道

首都社会治安综合治理 2013-2016 年度先进集体

右安门街道东庄社区

2016 年度交通安全目标管理考核评价先进单位

区住建委

北京市房地产开发企业资质审批工作标兵单位

区住建委

2016 年度安全生产管理先进监督单位

区住建委

2016 年住房保障先进单位

区住建委

建筑施工安全生产知识竞赛集体优秀奖

区住建委

首届轨道交通乒乓球赛二等奖

区住建委

2014-2016 年度北京市统计系统先进集体

丰台区统计局办公室

2014-2016 年度北京市统计系统先进集体

丰台区统计局科技园区统计所

助残社会组织先进基层党组织

丰台区利智康复中心

特色党建品牌

丰台区育慈儿童疗育中心

2017 年北京青年测绘地理信息工程师学术演讲比赛优秀组织奖

丰台规划分局

2016 年度卷烟营销网建评优活动"先进部门"

丰台烟草专卖局（公司）营销网建科

北京市烟草专卖局（公司）系统"优秀共青团干部"

丰台烟草专卖局（公司）朱施玮

北京市第七十次 QC 小组成果发表会三等奖

丰台区烟草专卖局（公司）的小太阳 QC 小组的《提高专卖信息管理信息系统违法违规筛查命中率》QC 课题

北京市烟草专卖局（公司）2017 年优秀 QC 成果三等奖

丰台烟草专卖局（公司）的联创小组的《提高零进货客户卷烟购进量》项目

2017 年北京烟草十佳精益项目

丰台烟草专卖局（公司）的《提高假私卷烟查获量》精益课题项目

北京市首届村歌大赛优秀奖

太子峪村

北京市模范职工之家

赵辛店村

丰台区环境卫生服务中心太平桥环卫所

2013-2016 年度首都社会治安综合治理先进集体

赵辛店村

北京市先进个人

首都最美家庭

丰台区妇女联合会　宋丽娜　李宏权
高恩顺　张淑芳　孙雪冰　张炳辉
刘燕侠　杨建斌　薛双林　付国强
沈桂霞　陶小静　史彩云　郑金秀
黄继利　杨凤荣　孙贻旺　郭淑敏
张立春　李爱莲　于业华　惠　赓
王淑敏　张纪孙　张建琳　张秀云
等家庭

方庄地区办事处　杨建斌家庭　刘燕侠家庭

丰台区卫生和计划生育委员会　李宏权家庭

北京汽车博物馆　孙雪冰家庭

北京市妇联系统优秀调研成果二等奖

丰台区妇联　姜　萍　李雪梅　饶　巧

2017 年度北京市交通安全优秀管理干部

卢沟桥街道办事处　赵玲萍

2017 年度北京市安监局系统优秀编辑

卢沟桥街道办事处　尤剑华

2017 年度北京市安全生产专职安全员领军人才

卢沟桥街道办事处　马　征

2015-2017 年度北京市司法行政系统先进个人

丰台区司法局　梁云高　付紫雁

北京市司法行政系统十九大维稳安保工作个人二等功

丰台区司法局　张　悦　付紫雁

北京市司法行政系统十九大维稳安保工作个人三等功

丰台区司法局　王志群　郝志刚　王万山
赵　楠　孙奉芃

北京市司法行政系统十九大维稳安保工作先进个人

丰台区司法局　舒　炜　李　薇　付星辰
陈　晨　刘志玮　王　蕾
袁世嵩　杜　刚　宁　杰
张　婧　周建华　曹艳梅
席学会　付紫雁

北京市检察机关 2015-2016 年度办案集体二等功

丰台区人民检察院反渎职侵权局

北京市"百名法学英才"

丰台检察院　张　倩

北京市"客座检察官"

丰台检察院　张　帆

2015—2016 年度首都精神文明建设奖

丰台检察院　金　朝

刑事申诉检察业务标兵

丰台检察院　张　哲

北京市未成年人保护工作先进个人

丰台检察院　陈莎莎

北京市基本医疗卫生制度建设工作先进个人

丰台区卫生和计划生育委员会

杨秀泉　刘红兰

首都绿化美化先进个人

丰台区园林绿化局　刘　有

丰台区民政局　王　雅

太平桥街道　马勇刚

北京市六五普法先进个人

丰台区财政局　袁会涛

北京市优秀工会工作者

北京汽车博物馆　刘月英

“我有我精彩”职工演讲比赛三等奖

北京汽车博物馆　胡子雨

北京市科普讲解大赛二等奖

北京汽车博物馆　张德智

北京市科普讲解大赛三等奖

北京汽车博物馆　张　涛

首都劳动奖章获得者

丰台公安分局　孙晓锋

丰台区教育委员会　赵爱芹　王自勇

右安门街道　李志萍

北京市三八红旗奖章

社会工作委员会　崇　敬

北京市公安（系统）优秀共产党员

丰台公安分局　于　洋　王玉刚　尚　磊
荣　蓉　戴　龙　杨　瑱
郑思琪　张　涛　李　宁
张晓旭　周文昌　张继斌

北京市公安（系统）优秀党务工作者

丰台公安分局　凌子军　周　欣　秦军涛
宋　波

北京市交通安全工作先进个人

丰台公安分局　晏海涛

2015-2017 年度北京市公安（系统）先进个人

丰台公安分局　周　峰　金国强　褚荣祥
杨　瑱　周文昌

首都社会治安综合治理先进工作者

丰台公安分局　王　希

2017 年度北京市公安（系统）最美警察

丰台公安分局　刘艳庆、巴德实

2017 年度北京市政法系统优秀共产党员

丰台公安分局　侯哲利、巴德实

2017 年度北京市政法系统优秀党务工作者

丰台公安分局　周　欣

2014—2016 年度北京市文化系统先进个人

东铁匠营街道办事处　杨章君

北京市民政工作先进个人

丰台区民政局　何海涛　吴　军　王付红

2017 北京榜样安监之星

丰台区环境卫生服务中心　师兆林

北京市党的建设研究会 2017 年度立项课题三等奖

丰台区委组织部　张巨明的《基层党建述职评议考核工作思考与实践》调研报告

2017 年北京市安全生产先进个人

安监局　牛玉杰　陈　伟

南苑乡　张　京

住建委　张　驰

2013-2016 年度北京市食品药品监督管理系统先进个人

丰台区食品药品监督管理局　蔡　瑾

2013-2016 年度首都社会治安综合治理先进工作者

丰台区食品药品监督管理局　冯　鑫

北京市文化工作先进个人

长辛店街道　范　爽

北京社会好人榜

和义街道　曹小燕

北京市人民调解工作先进个人

丰台区人民法院　董　影

第四届司法业务技能标兵（民事审判）

丰台区人民法院 李冬冬

第四届司法业务技能标兵（执行庭）
丰台区人民法院 何东奇
第四届司法业务技能标兵（书记员）
丰台区人民法院 杨 堃
第四届司法业务技能标兵（司法警察）
丰台区人民法院 于 泊
北京市法院模范法庭干警
丰台区人民法院 张莉莉 汪成明 刁 彤 王菲菲 王 雪
立案工作先进个人
丰台区人民法院 郭 宏
第十届北京市"人民满意的政法干警"争创奖
丰台区人民法院 胡 海
北京市少年法庭工作荣誉贡献奖
丰台区人民法院 翟丽萍
北京法院少年法庭工作先进个人
丰台区人民法院 李 倩
北京法院少年法庭工作优秀个人
丰台区人民法院 王 芳
2015-2016 年度北京市同邪教斗争先进个人
丰台区人民法院 胡春生
第三届北京市法院模范法官
丰台区人民法院 胡 海 李冬冬 吕慧敏
第三届北京市法院先进法官
丰台区人民法院 刁 彤 何东奇 刘 婷 舒 翔
第十届北京市法院先进工作者
丰台区人民法院 李婍婧 齐 军 王凤琴
北京法院十佳速裁法官
丰台区人民法院 魏洪杰
北京法院十佳特邀调解员
丰台区人民法院 刘爱玲
北京市职工互助保险考核先进个人
房屋经营管理中心 杨 云
2016 年北京市安全生产月活动"优秀新闻报道奖"
丰台区广播电视中心 王 猛 徐 可
2016 年度首都无偿献血宣传组织动员工作先进个人
丰台区广播电视中心 田 锐
北京市平原地区造林工程建设优秀个人
宛平办事处 高雪松
北京市优秀团干部
宛平办事处 赵晨娟
"2017 安监之星·北京榜样"主题活动月安监之星
城建开发公司 胡新鹏
北京市首届"人道奖"获得者
右安门街道 刘 擎
北京市专业社会工作领军人才
右安门街道 李志萍
2014-2016 年度北京市统计系统先进个人
丰台区统计局 宋燕红
2017 年度北京市优秀统计分析报告评比区局队组专题分析类三等奖
丰台区统计局王莉、顾军晓的《丰台区常住人口变化趋势分析》
助残社会组织优秀共产党员
丰台区残联 刘燠函
助残社会组织优秀党务工作者
丰台区残联 赵玉飞 石兴明

统计资料

丰台区2017年主要经济和社会发展指标

项　目	单　位	2017年	2016年	增长速度（%）
一、综合				
地区生产总值（GDP）	万元	14275390	12970328	6.5
第一产业	万元	7444	5751	28.5
第二产业	万元	2816717	2765319	-2.8
第三产业	万元	11451229	10199258	9.0
财政收入	万元	2986918	1331481	124.3
#一般公共预算收入	万元	1131147	1045915	8.1
#增值税	万元	389775	262987	48.2
企业所得税	万元	206381	147624	39.8
城市维护建设税	万元	95783	91525	4.7
房产税	万元	146032	89572	63.0
财政支出	万元	4944904	2603388	89.9
二、人口与就业				
常住人口	万人	218.6	225.5	-3.1
男	万人	110.7	114.3	-3.1
女	万人	107.9	111.2	-3.0
出生率	‰	9.07	10.56	
死亡率	‰	5.01	4.96	
自然增长率	‰	4.06	5.60	
户籍人口	人	1138502	1153325	-1.3
非私营法人单位从业人员	人	680141	656511	3.6
#在岗职工	人	614827	587063	4.7
从业人员平均工资	元	93982	86457	8.7
在岗职工平均工资	元	97025	90006	7.8
三、固定资产投资				
全社会固定资产投资	万元	9834988	9608931	2.4
#房地产开发	万元	4050202	6481523	-37.5
本年新增固定资产	万元	3088824	3381439	-8.7
房屋建筑施工面积	平方米	17933908	18844299	-4.8
房屋建筑竣工面积	平方米	2961985	2147480	37.9
四、农业和农村经济				
农村从业人员	人	175157	190540	-8.1

项　目	单 位	2017年	2016年	增长速度（%）
耕地面积	公顷	2054.09	2128.99	-3.5
农业机械总动力	千瓦	16837	16921	-0.5
农林牧渔业总产值	万元	20797.0	17012.3	22.2
农业	万元	8839.8	8015.9	10.3
林业	万元	9797.0	6734.7	45.5
牧业	万元	745.1	846.6	-12.0
渔业	万元			
农林牧渔服务业	万元	1415.1	1415.1	
农作物播种面积	公顷	214.1	229.5	-6.7
粮食产量	吨	251.7	151.5	66.1
蔬菜产量	吨	2925.7	4856.3	-39.8
禽蛋产量	吨	341.9	360.1	-5.1
牛奶产量	吨	36.0	109.4	-67.1
肉类产量	吨	129.6	117.9	9.9
#猪肉	吨	88.2	70.1	25.8
干鲜果产量	吨	766.3	863.4	-11.2
农村经济总收入	万元	1469044.2	1208486.9	21.6
利润总额	万元	38318.0	83955.7	-54.4
税金总额	万元	96360.7	87460.4	10.2
提取盈余公积金	万元	2012.3	8591.1	-76.6
农民人均所得	元	29673.5	26617.2	11.5
五、工业（规模以上）				
企业单位个数	个	152	168	-9.5
工业总产值	万元	4376097	4465387	-2.0
轻工业	万元	871864	810940	7.5
重工业	万元	3504233	3654447	-4.1
主营业务收入	万元	4987686	4978215	0.2
主营业务成本	万元	4038674	4025079	0.3
主营业务税金及附加	万元	26647	24211	10.1
利润总额	万元	351509	310242	13.3
六、商业				
社会消费品零售额	万元	11352147	10753345	5.6
限额以上	万元	8555071	8178561	4.6
限额以下	万元	2797076	2574785	8.6
网点数	个	77320	78673	-1.7
营业人员	人	286327	310562	-7.8
七、外经外贸、旅游				
新批三资企业	个	27	23	17.4
合同外资金额	万美元	3677	54480	-93.3
实际利用外资	万美元	10263	10414	-1.4
海关进出口总额	万美元	1529963	1217670	25.6
进口	万美元	1162174	943901	23.1
出口	万美元	367790	273769	34.3
旅游人数	万人	1206.2	1208.5	-0.2
八、教育				
学校数	个	270	276	-2.2

项　目	单 位	2017年	2016年	增长速度（%）
#小学	个	77	77	
普通中学	个	48	48	
招生数	人	35376	33115	6.8
#小学	人	10760	10390	3.6
初中	人	5494	5194	5.8
高中	人	2486	2428	2.4
在校学生数	人	135080	139099	-2.9
#小学	人	65463	67455	-3.0
初中	人	14845	17377	-14.6
高中	人	7488	7561	-1.0
毕业生数	人	27658	28378	-2.5
#小学	人	9211	9377	-1.8
初中	人	4728	5108	-7.4
高中	人	2195	2318	-5.3
幼儿园个数	个	137	143	-4.2
在园幼儿	人	44323	43421	2.1
九、文化				
文化馆（站）	个	20	19	5.3
公共图书馆	个	2	2	
公共图书馆藏书	万册	106	102	3.9
区级以上重点文物保护单位	个	31	31	
十、卫生				
卫生机构个数	个	539	550	-2.0
#医院	个	74	71	4.2
床位数	张	10554	10045	5.1
#医院	张	10398	9894	5.1
卫生技术人员	人	19706	18635	5.7
#执业（助理）医师	人	7572	6975	8.6
注册护士	人	8237	7989	3.1
十一、公用设施				
区级以上公园	个	14	14	
体育场地	个	1275	1275	
道路里程（区管）	公里	1354.0	1348.9	0.4

注释：

1、地区生产总值增长速度按可比价格计算。

2、人口出生率、死亡率、自然增长率按常住人口计算。

3、耕地面积为压年数据。

4、旅游人数为A级及以上和重点旅游景区接待人数。

5、体育场地个数为第六次全国体育场地普查数据，时点为2013年12月31日。

丰台区2017年国民经济和社会发展统计公报

北京市丰台区统计局　国家统计局丰台调查队
北京市丰台区经济社会调查队

2018 年 3 月 15 日

2017年，全区人民在区委、区政府的坚强领导下，深入学习贯彻党的十九大精神，以习近平新时代中国特色社会主义思想为指引，坚持稳中求进，牢固树立五大发展理念，紧紧围绕首都城市战略定位，全面落实京津冀协同发展，扎实推进疏功能、稳增长、促改革、调结构、惠民生、防风险等各项工作，经济社会健康发展，人民生活稳步提高。

一、人口

年末全区常住人口218.6万人，比上年末减少6.9万人。其中，常住外来人口75.4万人，比上年末减少4.5万人，占常住人口的比重为34.5%，比上年末下降0.9个百分点。在常住人口中，城镇人口218.2万人，占常住人口的比重为99.8%。全区常住人口出生率为9.07‰，死亡率为5.01‰，自然增长率为4.06‰。常住人口密度为每平方公里7155人，比上年末减少226人。年末全区户籍人口113.9万人，比上年末减少1.5万人。

表1　2017年末常住人口及构成

指　　标	人数（万人）	比重（%）
常住人口	218.6	100.0
按城乡分		
城镇	218.2	99.8
乡村	0.4	0.2
按性别分		
男性	110.7	50.6
女性	107.9	49.4
按年龄组分		
0-14岁	21.8	10.0
15-59岁	161.7	74.0
60岁及以上	35.1	16.1
其中：65岁及以上	24.0	11.0

图1 2013—2017年常住人口及增长速度

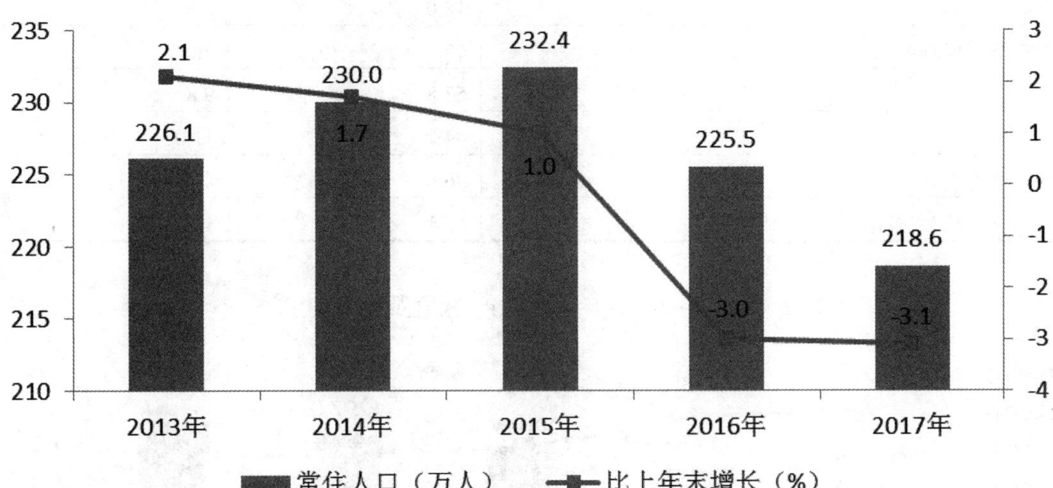

二、综合

经济发展：初步核算，全年实现地区生产总值1425.8亿元，比上年增长6.5%。其中，第一产业增加值0.7亿元，增长28.5%；第二产业增加值283.3亿元，下降2.8%；第三产业增加值1141.7亿元，增长9%。三次产业结构由上年的0.1：21.3：78.6调整为0.1：19.9：80.1。按常住人口计算，全区人均地区生产总值达到6.4万元，比上年增长13.3%。

表2 2017年地区生产总值

指　　标	绝对数（亿元）	比上年增长（%）
地区生产总值	1425.8	6.5
按产业分		
第一产业	0.7	28.5
第二产业	283.3	-2.8
第三产业	1141.7	9.0
按行业分		
农、林、牧、渔业	0.8	26.6
工业	138.9	1.0
建筑业	145.2	-6.5
批发和零售业	116.3	5.1
交通运输、仓储和邮政业	49.3	15.1
住宿和餐饮业	29.9	4.4
信息传输、软件和信息技术服务业	59.8	5.5
金融业	160.7	14.2
房地产业	127.6	0.3
租赁和商务服务业	133.2	8.4
科学研究和技术服务业	237.0	13.0

指　　标	绝对数（亿元）	比上年增长（%）
水利、环境和公共设施管理业	18.0	8.9
居民服务、修理和其他服务业	17.9	2.0
教育	53.8	9.8
卫生和社会工作	44.7	11.0
文化、体育和娱乐业	30.6	4.7
公共管理、社会保障和社会组织	62.1	12.4

图2　2013—2017年地区生产总值及增长速度

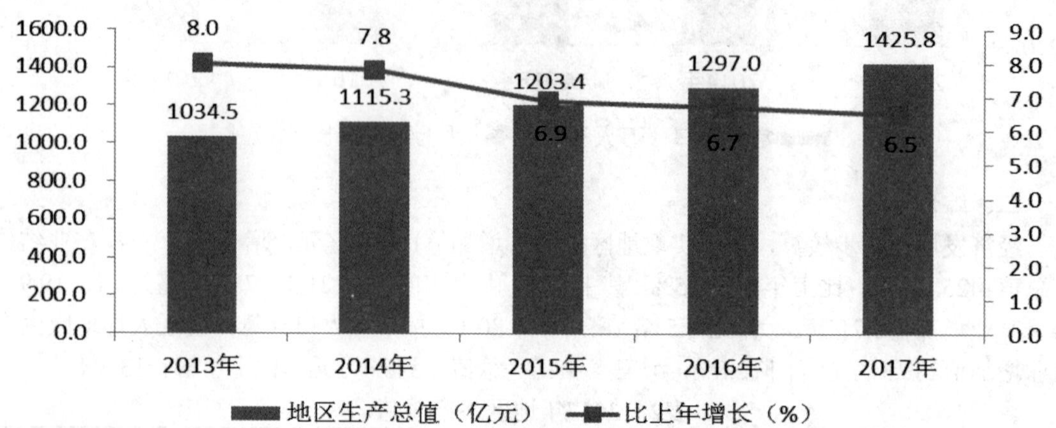

财政：全区完成一般公共预算收入113.1亿元，比上年增长8.1%。其中，增值税39亿元，增长48.2%；企业所得税20.6亿元，增长39.8%；房产税14.6亿元，增长63%；城市维护建设税9.6亿元，增长4.7%。一般公共预算支出227.4亿元，比上年增长17.2%。其中，用于医疗卫生、城乡社区事务、教育、社会保障和就业的支出分别增长36.4%、34.1%、12.4%和6.1%。

图3　2013—2017年一般公共预算收入及增长速度

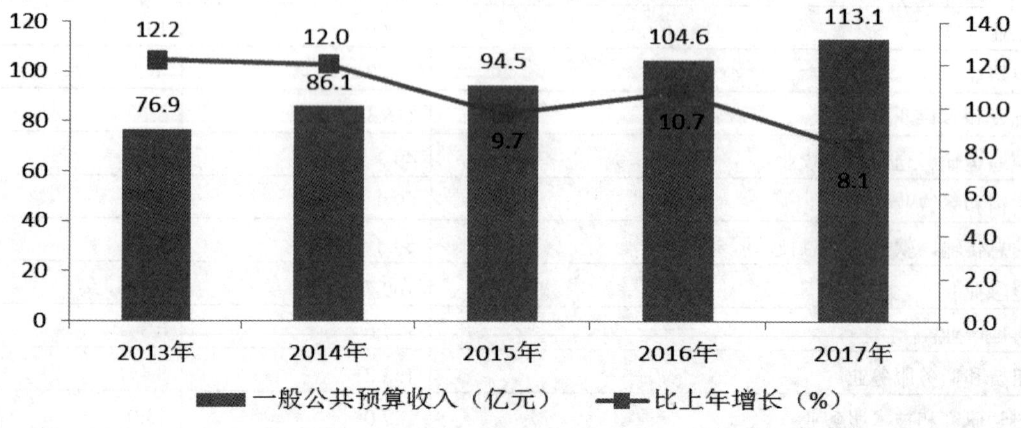

三、农业

全年实现农林牧渔业总产值2.1亿元，比上年增长22.2%。其中，农业产值8840万元，增长10.3%；林业产值9797万元，增长45.5%。

全区粮食播种面积744亩，比上年增长25%。粮食产量252吨，增长66.1%；粮食亩产338.4公斤，增长32.9%。

表3 2017年主要农副产品产量

指 标	单 位	产 量	比上年增长（%）
粮食	吨	252	66.1
蔬菜	吨	2926	-39.8
鲜蛋	吨	342	-5.1
牛奶	吨	36	-67.1
出栏生猪	头	1178	16.9
干鲜果	吨	766	-11.2

全区13个农业观光园全年共接待265.1万人次，比上年增长54.2%；实现总收入1.6亿元，增长73.4%。

四、工业和建筑业

工业：全年规模以上工业企业实现工业总产值308.7亿元，比上年增长2.1%。其中，高技术产业产值80.8亿元，增长1.8%。从主要行业看，医药制造业和专用设备制造业分别增长14.2%和12.4%，铁路、船舶、航空航天和其他运输设备制造业，计算机、通信和其他电子设备制造业分别下降1.8%和4.8%。

全年规模以上工业企业实现销售产值312亿元，比上年增长1.3%。其中，内销产值302.6亿元，增长0.6%；出口交货值9.4亿元，增长29.1%。

表4 2017年规模以上工业总产值

指 标	绝对数（亿元）	比上年增长（%）
工业总产值	308.7	2.1
其中：现代制造业	162.2	-0.8
其中：高技术产业	80.8	1.8
其中：铁路、船舶、航空航天和其他运输设备制造业	57.0	-1.8
电力、热力生产和供应业	42.2	0.6
计算机、通信和其他电子设备制造业	34.3	-4.8
医药制造业	23.8	14.2
专用设备制造业	22.5	12.4
汽车制造业	20.1	-16.8
仪器仪表制造业	18.4	1.4
非金属矿物制品业	16.8	-2.3
有色金属冶炼及压延加工业	16.3	64.0
通用设备制造业	10.6	29.5

全年规模以上工业企业实现利润总额25.4亿元，比上年增长22.6%。从主要行业看，计算机、通信和其他电子设备制造业实现利润5.6亿元，下降2.9%；医药制造业实现利润4.9亿元，增长46.5%；电力、热力生产和供应业实现利润4.8亿元，增长0.7%；仪器仪表

制造业实现利润2.2亿元，增长2.3%；专用设备制造业实现利润1.9亿元，增长0.3%。

建筑业：全区具有资质等级的总承包和专业承包建筑业企业完成建筑业总产值1627.1亿元，比上年增长7.3%。其中，在北京地区完成产值374.4亿元，增长0.3%；在外省完成产值1252.7亿元，增长9.6%。

五、金融

年末全区金融机构各项存款余额7014.3亿元，比上年末增长11.1%。其中，储蓄存款2335.4亿元，下降2.1%。各项贷款余额4199亿元，比上年末增长15%。

六、固定资产投资和房地产开发

固定资产投资：全年完成全社会固定资产投资983.5亿元，比上年增长2.4%。其中，基础设施投资240.1亿元，增长28.3%。分产业看，第一产业投资0.1亿元，比上年下降66.1%；第二产业投资31亿元，下降55.8%；第三产业投资952.4亿元，增长7%。

图4　2013—2017年全社会固定资产投资及增长速度

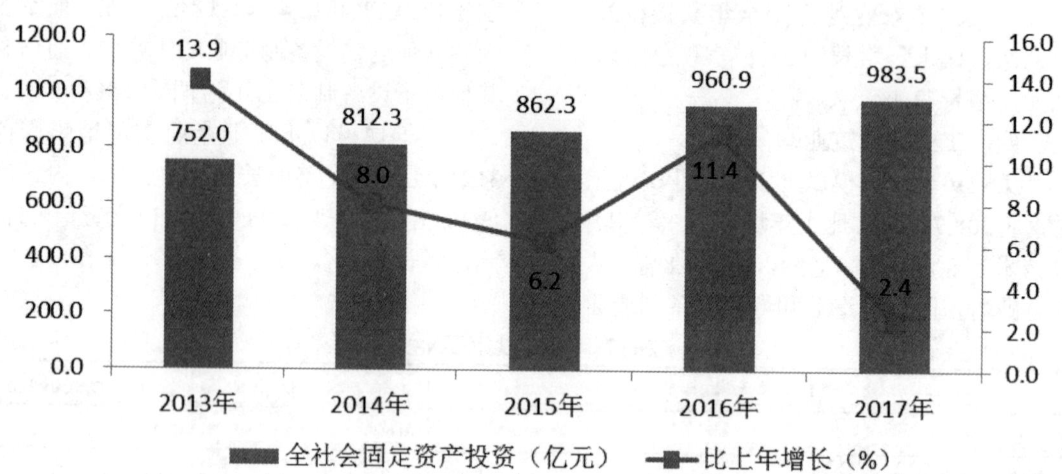

房地产开发：全年完成房地产开发投资405亿元，比上年下降37.5%。其中，住宅投资210.1亿元，下降43.5%；办公楼投资93.3亿元，下降30%；商业营业用房投资33.9亿元，下降8.6%。

年末全区商品房施工面积1523万平方米，比上年末增长3.6%。其中，本年新开工面积331.1万平方米，增长51.9%。全年商品房竣工面积245.1万平方米，增长14.1%。

表5　2017年房地产开发和销售主要指标

指　标	单　位	绝对数	比上年增长（%）
投资额	亿元	405.0	-37.5
其中：住宅	亿元	210.1	-43.5
商品房施工面积	万平方米	1523.0	3.6
其中：住宅	万平方米	708.5	-0.7
其中：本年新开工	万平方米	331.1	51.9
商品房竣工面积	万平方米	245.1	14.1
其中：住宅	万平方米	115.4	2.8

指 标	单 位	绝对数	比上年增长（%）
商品房销售面积	万平方米	102.2	-28.1
其中：住宅	万平方米	76.0	-28.6
商品房待售面积	万平方米	195.9	80.8
其中：住宅	万平方米	90.4	52.3

七、市场消费

全年实现社会消费品零售额1135.2亿元，比上年增长5.6%。其中，实现网上零售额64.1亿元，增长9.2倍。在限额以上批发和零售企业中，汽车类实现零售额259.8亿元，比上年增长0.1%；中西药品类实现零售额108.9亿元，增长5.2倍。

表6 2017年社会消费品零售额

指 标	零售额（亿元）	比上年增长（%）
社会消费品零售额	1135.2	5.6
按限额标准分		
限额以上	855.5	4.6
限额以下	279.7	8.6
按行业分		
批发业	138.1	12.7
零售业	914.0	4.2
住宿业	7.4	7.0
餐饮业	75.7	9.6

图5 2013—2017年社会消费品零售额及增长速度

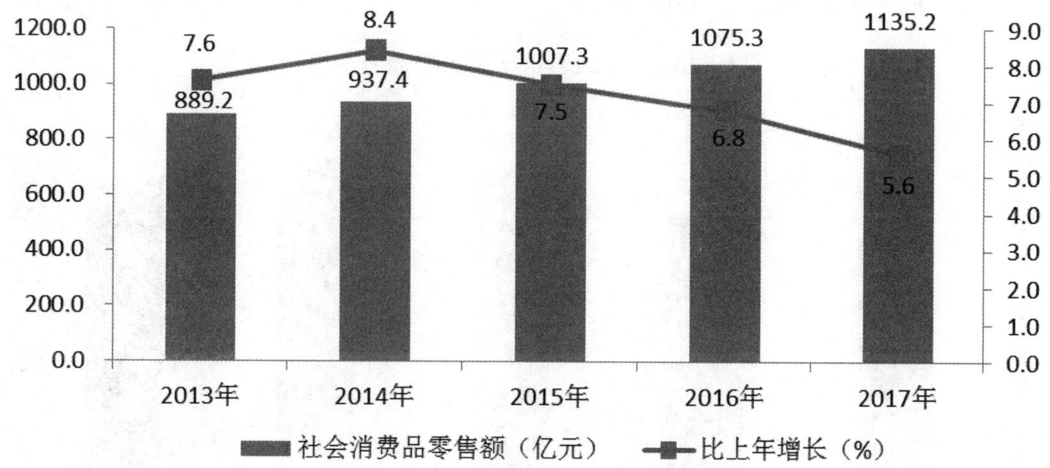

全年限额以上批发和零售业实现商品购销总额4610.2亿元，比上年增长5.3%。其中，商品购进总额2270.9亿元，增长6.1%；商品销售总额2339.2亿元，增长4.5%。

八、对外经济和旅游

对外经济：全年新批三资企业27家，批准合同外资3677万美元。实际利用外资1亿美元，比上年下降1.4%。

全年进出口总额153亿美元，比上年增长25.6%。其中，进口116.2亿美元，增长23.1%；出口36.8亿美元，增长34.4%。

图6 2013—2017年进出口总额及增长速度

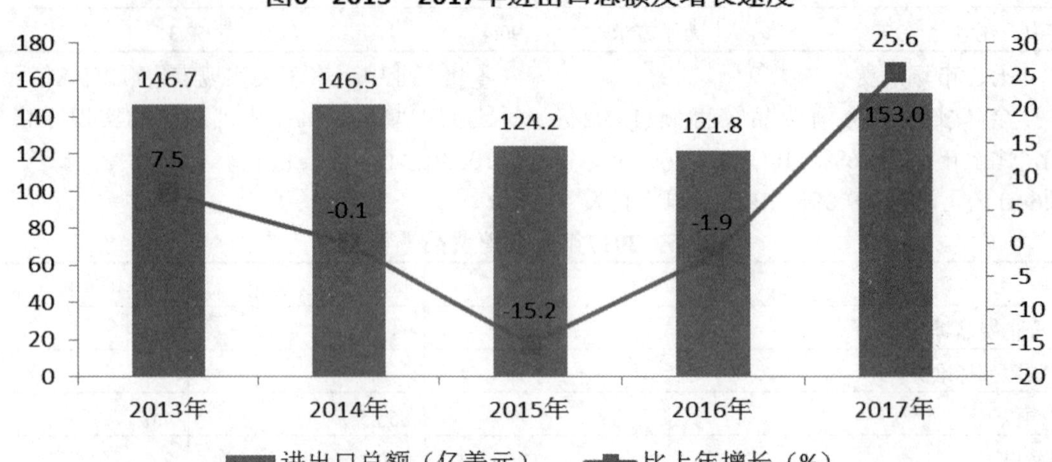

旅游：全区A级及以上和其他主要旅游区（点）全年接待游客1206.2万人次，比上年下降0.2%；其中入境游客7.8万人次，增长13.7%。实现总收入2亿元，比上年下降10.4%。其中，门票收入1.4亿元，下降11.7%。

九、人民生活、就业和社会保障

人民生活：全年全区居民人均可支配收入55871元，比上年增长9.2%。全区居民人均消费支出38127元，比上年增长0.8%；恩格尔系数为20.6%，比上年下降0.2个百分点。全区居民人均住房建筑面积29.2平方米，比上年增加0.2平方米。

就业：全年城镇新增就业3.71万人。年末城镇登记失业率为1.68%，比上年末下降0.13个百分点。

图7 2013—2017年城镇新增就业人员

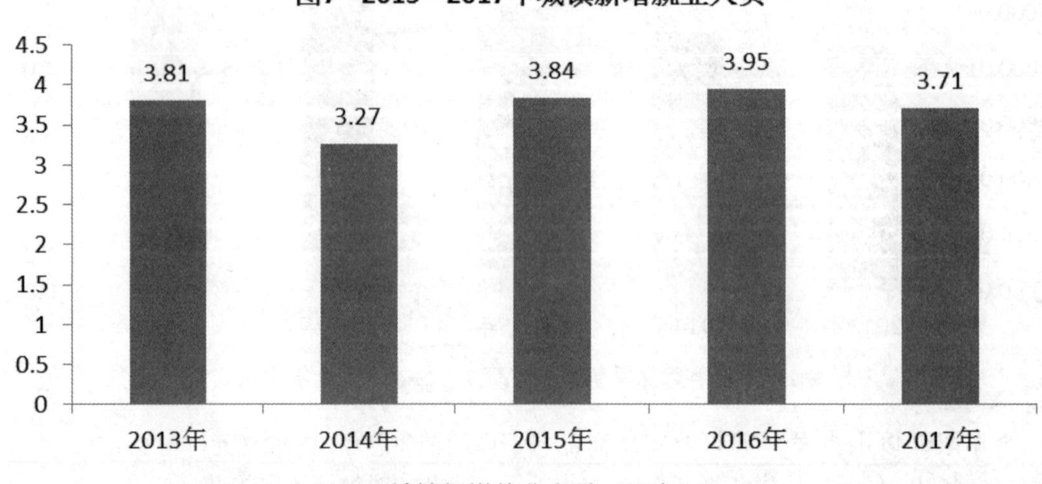

社会保障：年末全区参加基本养老、基本医疗、失业、工伤和生育保险人数分别为93.3万人、102.8万人、67.3万人、67.9万人和61万人，分别比上年末增加3.9万人、3.2万人、3.5万人、3.1万人和3.5万人。年末参加城乡居民养老保险的农村居民为8.9万人，比上年末增加857人。

全区享受城市最低生活保障的人数为9946人，享受农村最低生活保障的人数为235人。

表7　社会保障相关待遇标准变化情况

单位：元/月

指　　标	2017年	2016年
城市居民最低生活保障标准	900	800
农村居民最低生活保障标准	900	800
职工最低工资标准	2000	1890

年末全区有各类收养性单位36家，床位8848张，年末在院人数3744人。全区有社区服务中心17个。

十、科技、教育、文化、卫生、体育

科技：全年专利申请量与授权量分别为11359件和6123件，分别比上年增长13.6%和14.6%。其中，发明专利申请量与授权量分别为5105件和2078件，分别增长10.9%和17.5%。签订各类技术合同3158项，比上年下降5.6%；技术合同成交总额704.6亿元，增长10.5%。

年末中关村国家自主创新示范区丰台园投产开业企业1750家，全年实现总收入4950亿元，比上年增长12.4%。其中，技术收入580亿元，增长15.1%；产品销售收入920亿元，增长10.6%。全年实现利润总额530亿元，增长53.3%。实缴税费148亿元，增长6.7%。出口总额11亿美元，下降20.1%。

教育：全区普通高中招生2486人，在校生7488人，毕业生2195人。初中招生5494人，在校生14845人，毕业生4728人。小学招生10760人，在校生65463人，毕业生9211人。幼儿园入园幼儿15659人，在园幼儿44323人。职业教育招生794人，在校生2180人，毕业生829人。成人教育招生135人，在校生624人，毕业生138人。

文化：年末全区有公共图书馆2个，馆藏图书106万册；档案馆1个，馆藏案卷14.2万卷件。文化馆（站）20个，文化广场31个，各类群众文化团体1100余个。非物质文化遗产保护项目44项，其中国家级2项。

卫生：年末全区共有卫生机构539个，比上年末减少11个；其中医院74个。医疗机构共有床位10554张，比上年末增加509张；其中医院10398张。全区卫生技术人员达到19706人，比上年末增加1071人；其中执业（助理）医师7572人，注册护士8237人。全区医疗机构共诊疗1817.1万人次，健康检查59.9万人次。

体育：年末全区有体育场馆1275个，全民健身工程512个，社会体育指导员3294人。举办北京国际铁人三项赛、卢沟桥醒狮杯越野跑、欢乐冰雪季、万人徒步大会等各类赛事活动168场次。我区运动员在全市体育比赛中共获奖牌180枚，其中金牌52枚。

十一、环境、能源和安全生产

环境：全区有密闭式清洁站242座，生活垃圾无害化处理率为100%。城市道路日清扫保洁面积2326万平方米。全区细颗粒物（PM2.5）和可吸入颗粒物（PM10）年均浓度值分别为62微克/立方米和90微克/立方米，分别比上年下降21.5%和9.1%。二氧化硫和二氧化氮年均浓度值分别为9微克/立方米和49微克/立方米，分别比上年下降18.2%

和7.5%。

全区林木绿化率为39.85%，比上年提高0.1个百分点。城市绿化覆盖率为46.64%，比上年提高0.07个百分点。人均公园绿地面积8.2平方米，比上年增加0.4平方米。

能源：全年能源消费总量453.39万吨标准煤，比上年增长1.87%。万元地区生产总值能耗0.318吨标准煤，比上年（可比价）下降4.31%。

安全生产：全年共发生道路交通死亡事故68起，比上年增加4起；死亡71人，增加5人。发生生产安全死亡事故6起，比上年减少5起；死亡6人，减少7人。发生火灾256起，比上年减少137起；死亡4人，减少1人。

公报注释：

1.本公报中数据均为初步统计数。

2.地区生产总值及各产业、各行业增加值绝对数按现价计算，增长速度按可比价格计算。

3.规模以上工业企业是指年主营业务收入2000万元及以上的全部法人工业企业。

4.限额以上批发零售企业是指年主营业务收入2000万元及以上的批发企业和年主营业务收入500万元及以上的零售企业。

5.恩格尔系数是指居民食品支出占消费支出总额的比重。

6.体育场馆数为第六次全国体育场地普查数据（时点为2013年12月31日），包括标准和非标准的所有体育场地。

7.因四舍五入关系，本公报数据存在分项与合计不等情况。

附　录

中共北京市丰台区委主要文件目录

中共北京市丰台区委文件

京丰发〔2017〕1号　中共北京市丰台区委关于印发《区委常委会2017年工作要点》的通知

京丰发〔2017〕2号　中共北京市丰台区委关于同意区委组织部开设党费专用存款账户的批复

京丰发〔2017〕3号　中共北京市丰台区委关于做好出席北京市第十二次党代会代表选举工作的通知

京丰发〔2017〕4号　中共北京市丰台区委关于印发《2017年区委常委会议题计划》的通知

京丰发〔2017〕5号　中共北京市丰台区委关于印发《丰台区深化监察体制改革试点工作领导小组组成人员及主要职责》的通知

京丰发〔2017〕6号　中共北京市丰台区委关于印发《北京市丰台区深化监察体制试点实施方案》的通知

京丰发〔2017〕7号　中共北京市丰台区委 北京市丰台区人民政府关于印发《北京市丰台区环境保护工作职责分工》的通知

京丰发〔2017〕8号　中共北京市丰台区委关于加强保密工作的实施意见

京丰发〔2017〕9号　中共北京市丰台区委北京市丰台区人民政府关于印发《丰台区贯彻落实中央环境保护督察反馈意见整改工作方案》的通知

京丰发〔2017〕10号　中共北京市丰台区委关于评选"'两学一做'先锋"和"'两学一做'示范基层党组织"的通知

京丰发〔2017〕11号　中共北京市丰台区委关于认真学习宣传贯彻北京市第十二次党代会精神的通知

京丰发〔2017〕12号　中共北京市丰台区委关于印发《中国共产党北京市丰台区委员会工作规则》的通知

京丰发〔2017〕13号　中共北京市丰台区委关于印发《中国共产党北京市丰台区第十二届委员会常务委员会工作规则》的通知

京丰发〔2017〕14号　中共北京市丰台区委关于印发《北京市第十二次党代会报告重点任务丰台区任务落实方案》的通知

京丰发〔2017〕15号　中共北京市丰台区委关于印发《中共丰台区委常委会带头落实全面从严治党主体责任的实施办法》的通知

京丰发〔2017〕16号　中共北京市丰台区委关于转发《中共北京市丰台区人大常委会党组关于进一步加强和改进全区人大

工作的若干意见》的通知

京丰发〔2017〕17 号 中共北京市丰台区委关于成立北京市丰台区第十六届人民代表大会第三次会议临时党委的决定

京丰发〔2017〕18 号 中共北京市丰台区委关于成立北京市丰台区第十六届人民代表大会第三次会议临时党委的决定

京丰发〔2017〕19 号 中共北京市丰台区委印发《中共北京市丰台区委关于中共北京市丰台区委关于维护党中央集中统一领导的规定》的通知

中共北京市丰台区委办公室文件

京丰办发〔2017〕1 号 中共北京市丰台区委办公室印发《关于调整分管系统党建工作组的方案》的通知

京丰办发〔2017〕2 号 中共北京市丰台区委大事记（2016 年 12 月）

京丰办发〔2017〕3 号 中共北京市丰台区委大事记（2017 年 1 月）

京丰办发〔2017〕4 号 中共北京市丰台区委办公室关于印发《丰台区政协 2017 年协商工作计划》的通知

京丰办发〔2017〕5 号 中共北京市丰台区委大事记（2017 年 2 月）

京丰办发〔2017〕6 号 中共北京市丰台区委办公室关于印发《丰台区关于中央巡视组“回头看”反馈问题整改落实责任分解方案》的通知

京丰办发〔2017〕7 号 中共北京市丰台区委办公室关于印发《丰台区落实党建工作责任制全程记实工作细则》的通知

京丰办发〔2017〕8 号 中共北京市丰台区委办公室北京市丰台区人民政府办公室关于印发《丰台区“疏解整治促提升”专项行动区领导包片分工表》的通知

京丰办发〔2017〕9 号 中共北京市丰台区委办公室北京市丰台区人民政府办公室关于印发《丰台区 2017 年城乡环境建设管理工作方案》的通知

京丰办发〔2017〕10 号 中共北京市丰台区委办公室北京市丰台区人民政府办公室印发《关于加强城市服务管理网格化体系建设的实施意见》的通知

京丰办发〔2017〕11 号 中共北京市丰台区委办公室北京市丰台区人民政府办公室关于印发《丰台区 2017 年安全隐患整治十大专项行动方案》的通知

京丰办发〔2017〕12 号 中共北京市丰台区委办公室北京市丰台区人民政府办公室关于开展“一带一路”国际合作高峰论坛保障领导包片督查工作的通知

京丰办发〔2017〕13 号 中共北京市丰台区委大事记（2017 年 3 月）

京丰办发〔2017〕14 号 中共北京市丰台区委办公室北京市丰台区人民政府办公室关于成立 2017 中国戏曲文化周组委会丰台指挥部的通知

京丰办发〔2017〕15 号 中共北京市丰台区委办公室北京市丰台区人民政府办公室印发《关于进一步加强新形势下党委系统信息化工作和电子政务内网建设的意见》的通知

京丰办发〔2017〕16 号 中共北京市丰台区委办公室北京市丰台区人民政府办公室印发《丰台区关于加强城乡社区协商的实施方案》的通知

京丰办发〔2017〕17 号 中共北京市丰台区委办公室印发《关于落实北京市国有企业党建工作会议精神加强和改进国有企业党建工作的实施意见》的通知

京丰办发〔2017〕18 号 中共北京市丰台区委办公室关于传达学习中共北京市委十一

届十四次全会精神的通知

京丰办发〔2017〕19 号　中共北京市丰台区委大事记（2017 年 4 月）

京丰办发〔2017〕20 号　中共北京市丰台区委办公室印发《丰台区关于落实中央巡视组“回头看”反馈问题的整改方案》的通知

京丰办发〔2017〕21 号　中共北京市丰台区委办公室北京市丰台区人民政府办公室印发《丰台区关于完善矛盾纠纷多元化解机制的实施意见》的通知

京丰办发〔2017〕22 号　中共北京市丰台区委大事记（2017 年 5 月）

京丰办发〔2017〕23 号　中共北京市丰台区委办公室印发《关于推进全区“两学一做”学习教育常态化制度化的实施方案》的通知

京丰办发〔2017〕24 号　中共北京市丰台区委办公室北京市丰台区人民政府办公室印发《丰台区关于配合做好市级环境保护督察组开展督察工作的方案》的通知

京丰办发〔2017〕25 号　中共北京市丰台区委办公室印发《丰台区关于加强基层党风廉政建设任务分解方案》的通知

京丰办发〔2017〕26 号　中共北京市丰台区委办公室印发《关于进一步加强对区纪委区监委派驻机构统一管理的意见》的通知

京丰办发〔2017〕27 号　中共北京市丰台区委大事记（2017 年 6 月）

京丰办发〔2017〕28 号　中共北京市丰台区委办公室北京市丰台区人民政府办公室关于进一步加强区属部门单位内部彩钢板建筑清理拆除工作通知

京丰办发〔2017〕29 号　中共北京市丰台区委办公室北京市丰台区人民政府办公室关于印发《丰台区进一步全面推进河长制工作方案》的通知

京丰办发〔2017〕30 号　中共北京市丰台区委办公室印发《中共丰台区委关于开展巡察工作的实施意见》的通知

京丰办发〔2017〕31 号　中共北京市丰台区委大事记（2017 年 7 月）

京丰办发〔2017〕32 号　中共北京市丰台区委办公室北京市丰台区人民政府办公室关于印发《北京南苑森林湿地公园规划建设指挥部成员名单》的通知

京丰办发〔2017〕33 号　中共北京市丰台区委办公室北京市丰台区人民政府办公室关于印发《丰台区推进首都商务新区规划建设指挥部成员名单》的通知

京丰办发〔2017〕34 号　中共北京市丰台区委办公室北京市丰台区人民政府办公室关于印发《丰台区迎接市委市政府安全生产督察工作方案》的通知

京丰办发〔2017〕35 号　中共北京市丰台区委办公室关于印发《中共北京市丰台区委党史工作办公室（北京市丰台区地方志编纂委员会办公室）主要职责内设机构和人员编制规定》的通知

京丰办发〔2017〕36 号　中共北京市丰台区委办公室关于印发《区领导基层联系点制度》的通知

京丰办发〔2017〕37 号　中共北京市丰台区委大事记（2017 年 8 月）

京丰办发〔2017〕38 号　中共北京市丰台区委办公室印发《丰台区关于在查办党员和公职人员涉嫌违纪违法犯罪案件中加强协作配合的实施办法（试行）》的通知（保密电脑）

京丰办发〔2017〕39 号　中共北京市丰台区委办公室北京市丰台区人民政府办公室关于印发《党的十九大召开期间丰台区网络安全应急协调工作实施方案》的通知

京丰办发〔2017〕40 号　中共北京市丰台区委办公室关于认真组织收听收看中国共产党第十九次全国代表大会盛况的通知

京丰办发〔2017〕41 号　中共北京市丰台区委办公室北京市丰台区人民政府办公室关于印发关于进一步加强党的十九大期间区领导检查安全稳定和服务保障工作的通知

京丰办发〔2017〕42 号　中共北京市丰台区委办公室关于迅速传达贯彻落实蔡奇同志批示精神的通知

京丰办发〔2017〕43 号　中共北京市丰台区委办公室关于印发《丰台区党的十九大安保维稳和服务保障总体工作方案》的通知

京丰办发〔2017〕44 号　中共北京市丰台区委大事记（2017 年 9 月）

京丰办发〔2017〕45 号　中共北京市丰台区委办公室北京市丰台区人民政府办公室关于进一步做好党的十九大安全服务保障工作的通知

京丰办发〔2017〕46 号　中共北京市丰台区委办公室关于印发《丰台区委办公室 2018-2019 年政府购买服务指导性目录》的通知

京丰办发〔2017〕47 号　中共北京市丰台区委办公室关于印发《丰台区学习贯彻党的十九大精神宣讲活动工作方案》的通知

京丰办发〔2017〕48 号　中共北京市丰台区委办公室关于印发《2017 年丰台区党风廉政建设责任制检查考核工作方案》的通知

京丰办发〔2017〕49 号　中共北京市丰台区委大事记（2017 年 10 月）

京丰办发〔2017〕50 号　中共北京市丰台区委办公室北京市丰台区人民政府办公室关于落实市委指示全面加强火灾防控工作的通知

京丰办发〔2017〕51 号　中共北京市丰台区委办公室北京市丰台区人民政府办公室关于开展安全隐患大排查大清理大整治专项行动的通知

京丰办发〔2017〕52 号　中共北京市丰台区委办公室北京市丰台区人民政府办公室关于转发《中共北京市委北京市人民政府安全生产第三督察组关于丰台区安全生产工作的督察反馈意见》的通知

京丰办发〔2017〕53 号　中共北京市丰台区委办公室印发《丰台区关于加强和改进城市基层党建工作的实施方案》的通知

京丰办发〔2017〕54 号　中共北京市丰台区委办公室北京市丰台区人民政府办公室关于印发《八项规定精神的实施细则》的通知（保密电脑）

京丰办发〔2017〕55 号　中共北京市丰台区委大事记（2017 年 11 月）

京丰办发〔2017〕56 号　中共北京市丰台区委办公室北京市丰台区人民政府办公室关于印发《丰台区对中共北京市委北京市政府安全生产第三督察组督察反馈意见的整改方案》的通知

京丰办发〔2017〕58 号　中共北京市丰台区委办公室北京市丰台区人民政府办公室印发《关于对全面从严治党突出问题开展专项整治的工作方案》的通知

丰台区人民政府主要文件目录

丰台区人民政府文件

丰政发〔2017〕1 号　关于印发区十六届人大一次会议审议批准的《北京市丰台区人民政府工作报告》的通知

丰政发〔2017〕2 号　关于印发《“十三五”时期丰台区文化事业发展规划》的通知

丰政发〔2017〕3 号 关于印发《丰台区全民健身实施计划（2016-2020 年）》的通知

丰政发〔2017〕4 号 关于印发《2017 年区政府折子工程》的通知

丰政发〔2017〕5 号 关于印发《丰台区社会信用体系建设实施方案》的通知

丰政发〔2017〕6 号 关于印发《丰台区土壤污染防治工作方案》的通知

丰政发〔2017〕7 号 关于印发《丰台区医药分开综合改革实施方案》的通知

丰政发〔2017〕8 号 关于印发《丰台区 2017 年办好重要民生实事项目分工方案》的通知

丰政发〔2017〕9 号 关于加强政务服务体系建设的实施意见

丰政发〔2017〕10 号 关于公布第四批区级非物质文化遗产代表性项目名录的通知

丰政发〔2017〕11 号 关于印发《丰台区空气重污染应急预案（2017 年修订）》的通知

丰政发〔2017〕12 号 关于印发丰台区 2017-2018 年秋冬季大气污染综合治理攻坚行动量化问责实施办法的通知

丰政发〔2017〕13 号 关于实行中期财政规划管理的实施意见

丰政发〔2017〕14 号 关于印发《搭建丰台区城市管理综合执法平台工作方案》及《丰台区城管执法重心下移实施方案》的通知

丰政发〔2017〕15 号 关于撤销北京市丰台区监察局（北京市丰台区预防腐败局）的通知

丰政发〔2017〕16 号 关于取消和调整非行政许可审批事项的通知

丰政发〔2017〕17 号 关于贯彻落实《北京市人民政府关于加强困境儿童和留守儿童保障工作的实施意见》的通知

丰政发〔2017〕18 号 关于发布公共服务事项目录和办事指南的通告

丰政发〔2017〕19 号 关于印发《丰台区关于落实〈北京市城乡居民基本医疗保险办法〉实施方案》的通知

丰台区人民政府办公室文件

丰政办发〔2017〕1 号 关于印发《丰台区开展“疏解整治促提升”专项行动 2017 年实施方案》的通知

丰政办发〔2017〕2 号 关于调整全民健身工作联席会议成员的通知

丰政办发〔2017〕3 号 关于调整中央民族大学新校区推进建设协调小组成员的通知

丰政办发〔2017〕4 号 关于印发《丰台区 2017 年固定资产投资计划》的通知

丰政办发〔2017〕5 号 关于印发《丰台区 2017 年经济社会重点指标任务分解方案》和《关于加强一季度开门红工作的意见》的通知

丰政办发〔2017〕6 号 关于印发《丰台区 2017 年度保障性安居工程用地供应计划》的通知

丰政办发〔2017〕7 号 关于印发丰台区全社会固定资产投资调度工作安排的通知

丰政办发〔2017〕8 号 关于印发《丰台区 2017 年清洁空气行动计划实施方案》的通知

丰政办发〔2017〕9 号 关于印发《丰台区迎接 2017 年环境保护部第一季度空气质量专项督查工作方案》的通知

丰政办发〔2017〕10 号 丰政办发【2016】1 号关于印发《丰台区实施城乡环境“街长制”管理办法》的通知

丰政办发〔2017〕11 号 关于印发《丰台区促进公共文化服务城乡联动的实施意见》等文件的通知

丰政办发〔2017〕12 号 关于印发《中共丰台区人民政府党组 2017 年党建工作要点》的通知

丰政办发〔2017〕13 号　关于印发《丰台区落实基层流管站和流管员队伍规范化建设工作实施办法》的通知

丰政办发〔2017〕14　号关于印发《丰台区空气质量保障方案》的通知

丰政办发〔2017〕15 号　关于印发《丰台区“十三五”期间无障碍环境建设工作方案》的通知

丰政办发〔2017〕16 号　关于印发《2017 年区政府督查工作方案（审议稿）》的通知

丰政办发〔2017〕17 号　关于印发《丰台区 2017 年水污染防治工作实施方案》的通知

丰政办发〔2017〕18 号　关于印发《丰台区公共安全视频监控建设联网应用工作实施方案（2017-2020 年）》的通知

丰政办发〔2017〕19 号　关于印发《丰台区土壤污染防治工作方案 2017 年重点任务分解》的通知

丰政办发〔2017〕20 号　关于印发《加快丰台区政府投资建设项目前期工作的意见（试行）》的通知

丰政办发〔2017〕21 号　关于印发《丰台区创建北京市食品安全示范区工作方案》的通知

丰政办发〔2017〕22 号　关于印发丰台区加强高风险电梯综合整治工作的通知

丰政办发〔2017〕23 号　关于印发《2017 年丰台区缓解交通拥堵行动计划》的通知

丰政办发〔2017〕24 号　关于加强“一带一路”国际合作高峰论坛消防安全管控措施的通知

丰政办发〔2017〕25 号　关于印发《加强丰台区文物安全管理工作的实施意见》的通知

丰政办发〔2017〕26 号　关于印发《丰台区进一步聚焦攻坚加快推进水环境治理工作方案》的通知

丰政办发〔2017〕27 号　关于印发《2017 年度区政府绩效管理工作实施方案》、《2017 年度绩效任务书》的通知

丰政办发〔2017〕28 号　关于印发《北京市丰台区 2017 年政务公开工作要点》的通知

丰政办发〔2017〕29 号　关于印发《丰台区开展全国居家和社区养老服务改革试点工作实施方案》的通知

丰政办发〔2017〕30 号　关于印发《北京市丰台区贯彻质量发展纲要实施意见 2017 年行动计划》的通知

丰政办发〔2017〕31　号关于调整区长副区长区长助理政府办主任工作分工的通知

丰政办发〔2017〕32 号　关于印发《丰台区 2017 年政务服务管理重点工作分工方案》的通知

丰政办发〔2017〕33 号　关于印发《丰台区地方志事业发展规划纲要（2017-2020 年）》的通知

丰政办发〔2017〕34 号　关于印发丰台区火灾隐患整治工作方案的通知

丰政办发〔2017〕35 号　关于印发《丰台区跨乡镇（地区）界水体断面补偿办法（试行）》的通知

丰政办发〔2017〕36 号　关于进一步严控政府发文、提高文件质量的通知

丰政办发〔2017〕37 号　印发《丰台区推进“阳光餐饮”工程工作方案》的通知

丰政办发〔2017〕38 号　转发区教委、区政府教育督导室关于加强责任督学挂牌督导工作的意见（试行）的通知

丰政办发〔2017〕39 号　转发《丰台区 2017-2018 年秋冬季大气污染综合治理攻坚行动方案》的通知

丰政办发〔2017〕40 号　关于印发北京市丰台区民族宗教事务办公室主要职责内设机构和人员编制规定的通知

丰政办发〔2017〕41 号　关于设立北京市丰

台区城市管理委员会的通知

丰政办发〔2017〕42 号　关于印发北京市丰台区政务服务中心主要职责内设机构和人员编制规定的通知

丰政办发〔2017〕43 号　关于印发北京市丰台区房屋管理局（北京市丰台区人民政府住房保障和改革办公室）主要职责内设机构和人员编制规定的通知

丰政办发〔2017〕44 号　关于印发北京市丰台区人民政府外事侨务办公室主要职责内设机构和人员编制规定的通知

丰政办发〔2017〕45 号　关于对部分区政府挂牌督办重大、突出火灾隐患销账的通知

丰政办发〔2017〕46 号　关于加强 800 兆无线政务网设备终端管理工作的通知

丰政办发〔2017〕47 号　关于对区域性、突出火灾隐患单位实施挂牌督办的通知

丰政办发〔2017〕48 号　关于印发《北京市丰台区人民政府办公室 2018 年-2019 年政府购买服务指导性目录》的通知

丰政办发〔2017〕49 号　关于印发《丰台区危险化学品安全综合治理三年行动计划（2017 年 6 月-2020 年 5 月)》的通知

丰政办发〔2017〕50 号　关于全面做好 2017 年市区重大决策任务落实工作的通知

丰政办发〔2017〕51 号　关于印发丰台区 2017 年土地利用和管理督察工作实施方案的通知

丰政办发〔2017〕52 号　关于 2017 年 9 月-11 月公文报送质量有关情况的通报

"丰政办发〔2017〕53 号　关于印发《北京市丰台区推进首都标准化战略实施工作要点》的通知"

丰政办发〔2017〕54 号　关于落实“十三五”时期保护发展森林资源目标责任制有关工作的通知

丰政办发〔2017〕55 号　关于印发《北京市丰台区政府性债务风险应急处置预案》的通知

索　引

说明：1. 主题词首按汉语拼音序排列，首字相同按第二字音序，其余类推。
　　2. 主题词后的数字表示该词及内容页码，a、b 字母在双栏文中分别表示左、右栏。
　　3. 特载、附录部分不作索引。

A

B

C

D

E

F

G

H

J

K

L

M

N

P

Q

R

S

T

V

W

X

Y

Z